제국주의 오리엔탈리스트와
앙코르 유적의 역사 활극

앙코르와트

앙코르와트

제국주의 오리엔탈리스트와
앙코르 유적의 역사 활극

초판 1쇄 찍은날 2014년 7월 25일 | **초판 1쇄 펴낸날** 2014년 8월 5일

지은이 후지하라 사다오 | **옮긴이** 임경택

펴낸이 한성봉 | **편집** 안상준·강태영 | **디자인** 김숙희 | **마케팅** 이요한 | **경영지원** 국지연

펴낸곳 도서출판 동아시아 | **등록** 1998년 3월 5일 제301-2008-043호

주소 서울시 중구 퇴계로 20길 31 [남산동 2가 18-9번지]

홈페이지 www.EastAsiaBooks.com | **블로그** blog.naver.com/dongasia1998

페이스북 www.facebook.com/dongasiabooks | **트위터** www.twitter.com/dongasiabooks

전자우편 dongasiabook@naver.com | **전화** 02) 757-9724, 5 | **팩스** 02) 757-9726

ISBN 978-89-6262-083-2   93910

잘못된 책은 구입하신 서점에서 바꿔드립니다.

제국주의 오리엔탈리스트와
앙코르 유적의 역사 활극

앙코르와트

후지하라 사다오 藤原貞朗 **지음**
임경택 옮김

동아시아

| 일러두기 |

• 본문 아래 달린 각주는 옮긴이 주이다.
• 지은이 주는 본문에 번호를 달고 마지막 부분에 모아 실었다.
• 본문과 주석 등에 나오는 인명, 지명, 저서명 등의 고유명사는 국립국어원 외래어 표기법을 따랐으며, 표기법이 명확하지 않은 것은 최대한 원어 발음에 가깝도록 적었다.

"고고학이란 무엇인가. 건축물의 오랜 희생의 역사에 다름 아니다. 그리고 고고학의 임무는 화려한 장송의식을 행하는 것이다."

—**알프레드 푸셰**, 1951년

"앙코르에 들어가는 것은 이 훌륭한 현요혼미眩耀混迷를 훔쳐보는 것이다. 앙코르와 같이 면면히 스스로를 보여주는 고도는 많지 않으며, 더욱이 그 어떤 것도 과거의 사물을 충분히 이야기하지 못하고, 그 신비, 희비극, 영화를 충분히 그리워하게 하지 않는다. 앙코르의 모든 문들은 신비유암神秘幽暗을 향해 열려 있다. 이 문들의 조각들, 회랑에서 들려오는 무언가의 속삭임, 부근에서 발굴된 유적에서도 그 불명료한 혼미훤효混迷喧囂의 신비를 해명하지 못한다. 안타깝다."

—**조르쥬 그롤리에**, 『앙코르 유적』, 1932년

"앙코르와트의 건축사상의 위치, 그 예술적 가치는 학술계의 대문제이고, 그 일반 역사 및 종교사상에 공헌하는 바도 실로 큰 것이며, 하루아침, 하룻밤에 풀어낼 수 있는 것이 아니다."

—**이토 주타**, '기원정사도와 앙코르와트', 1913년

| 차례 |

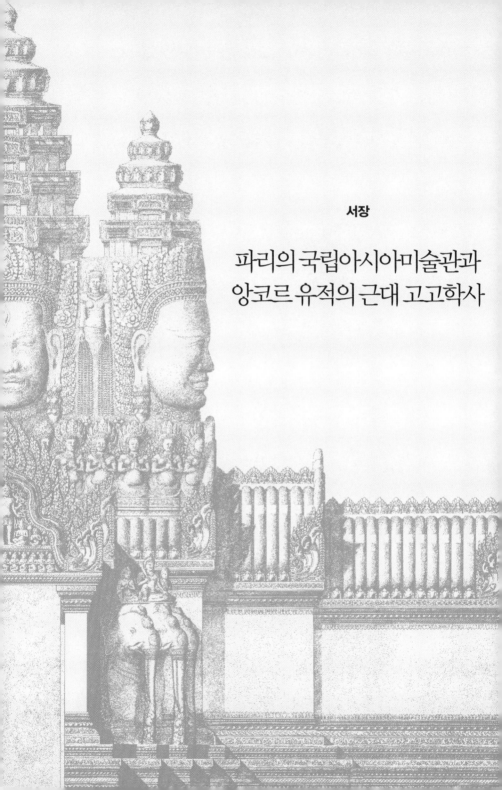

서장

파리의 국립아시아미술관과
앙코르 유적의 근대 고고학사

파리의 지하철 6호선과 9호선이 교차하는 트로카데로Tricadéro역에서 내려, 나지막한 언덕에 서 있는 샤요Chaillot궁의 넓은 베란다에 서서 에펠탑을 바라본다. 10년 전(1998년), 이 책의 기초가 되는 조사를 하고 있던 나는 오전 10시 정각에 탑을 바라보면서, 100년쯤 전 좋았던 시절belle époque의 파리를 상상하면서 그날의 일을 시작하는 나날들을 보내고 있었다.

에펠탑이 세워진 것은 1889년의 파리 만국박람회 때였고, 이 탑을 바라보는 샤요궁은 1937년 파리 국제박람회 때에 완성되었다. 그 이전에, 여기에는 1878년의 파리 만국박람회 때에 세워진 트로카데로궁이 있었고, 궁전 내부에는 캄보디아의 앙코르 유적군遺蹟群에서 가져온 크메르미술품과 복제품들이 장소가 비좁을 정도로 전시되어 있었다. 1889년의 박람회에서는 앙코르 와트 사원의 탑 1기가 전시관pavilion으로 복원되어 에펠탑의 동쪽에 솟아 있었다. 이곳은 유럽에서 최초로 앙코르 유적의 유물이 등장한 기억의 정형topos이었다.

얼마간 옛 파리를 상상한 나는 탑을 뒤로 하고 조사를 하던 장소로 향했다. 샤요궁의 동쪽 날개부를 따라 뻗어 있는 윌슨대통령로를 따라 걸어가다 보면, 캄보디아를 포함한 프랑스령 인도차이나 연구를 수행하기 위해 1899년에 창설된 프랑스극동학원의 파리본부가 있다. 그곳에서 조금 더 걸어가 이

그림1 현재의 기메미술관(파리)의 1층 정면 전시실

에나 광장으로 나서면, 입구가 원기둥형으로 생긴 독특한 건물이 보인다. 프랑스 최대의 아시아미술 컬렉션을 보유한 국립아시아미술관Musée National des Arts Asiatiques—Guimet, 통칭 기메미술관Musée Guimet이다. 이 미술관이 파리에 등장한 것도 1889년이었다. 상상 속의 트로카데로궁, 프랑스극동학원, 그리고 기메미술관, 이들 세 곳이 당시의 나의 조사장소였고, 이 책의 주역들이 깊이 관

여된 장소이기도 하다.

창립자 에밀 기메Emile Etienne Guimet(1836~1918)의 이름을 딴 기메국립아시아
미술관은 일본에서는 비교적 잘 알려진 존재이다. 1874년에 중국과 일본을
방문한 에밀 기메는 주로 불상을 수집해 귀국한 후, 리옹과 파리에 자신이 수
집한 종교미술품을 전시하는 미술관을 설립했다. 그가 수집한 불상을 보고
자 기메미술관을 찾는 일본인 관광객도 적지 않다. 하지만 이 미술관을 찾는
일본인은 적잖이 당황하지 않을까? 미술관의 얼굴이라고도 할 수 있는 정면
입구의 전시실에 있는 것이, 일본의 불상도 우키요에浮世絵*도 아니고, 중국의
청동기나 도자기도 아닌, 캄보디아의 앙코르 유적에서 출토된 크메르 조각
상이기 때문이다(그림1). 일본의 서화와 골동품들은 3층에, 그리고 특별히 관
심을 끌 만한 불상은 입장료 무료인 별관에 전시되어 있다. 이 미술관의 얼굴
은 무엇보다도 크메르미술인 것이다.

지금부터 나는 이들 크메르미술품을 둘러싼 몇 가지 이야기에 대해 쓰려고
한다. 그렇다고 크메르미술에 대한 해설을 하겠다는 것은 아니다.

미술관에 전시되어 있는 작품의 옆에는 대체로 작품명이나 제작년도를 기
록한 가로세로 각 10센티미터 정도의 작은 플레이트가 있다.

예를 들면, 기메미술관에서 가장 큰 조각상 옆에는,

〈거인의 참뱃길〉, 캄보디아, 프레아 칸Preah Khan(앙코르) 유적 출토, 씨엠립Siemreap

---

* 일본의 에도 시대인 17세기에 성립된, 당대의 사람들의 일상생활이나 풍경 또는 풍물을 그린 풍속화.
  연극, 고전문학, 와카(和歌), 풍속, 지역의 전설과 기담, 초상, 정물, 풍경, 문명개화, 황실, 종교 등 다채
  로운 제재를 지니고 있다.

그림2 〈거인의 참뱃길〉12세기 말~13세기 초, 프레아 칸(앙코르) 유적 출토

"Chaussée des Géants"

Cambodge,
Preah Khan (Angkor),
district et province de Siemreap
Style du Bayon, fin du
XIIᵉ siècle-début du XIIIᵉ siècle
Grès

MISSION LOUIS DELAPORTE, 1873-1874
MUSÉE GUIMET, APRÈS 1927   MG 18102
ET 18103, 24615 À 24617

그림3 그림2의 작품캡션

주. 바이욘Bayon 양식. 12세기에서 13세기 초 제작, 사암砂巖

이라고 쓰여 있다(그림2, 그림3).

일반적인 미술서적이라면 이 기술을 좀 더 상세하게 논술하는 것이 통례일 것이다. 즉, 프레아 칸 유적이란 어떤 유적인가, 12세기의 캄보디아는 어떠한 상황에 처해 있었는가, 누가 제작했는가, 바이욘 양식이란 어떤 양식을 가리키는 것인가 등등에 관해 해설했을 것이다. 그러나 이 책의 목적은 미술품에 관한 해설이 아니다. 내가 주목하는 것은 작품의 명칭이나 제작년도 아래에 작은 문자로 기록된 정보이다. 이 〈거인의 참뱃길〉의 경우에는 이렇게 기록되어 있다.

루이 들라포르트 조사대. 1873~1874년. 1927년 이후 기메미술관에 소장.
MG18102, 18103, 24615~24617.

마지막의 숫자는 미술관 소장품의 정리번호인데, 그 앞의 정보는 무엇일까? 그것은 이렇게 읽는 것이 정답일 것이다. "1873~1874년에 수행된 루이 들라포르트Louis-Marie Joseph Delaporte(1842~1925)의 유적조사 과정에서 수집되어 프랑스로 가져왔다. 기메미술관이 소장하게 된 것은 1927년부터이다." 요컨대 이것은 전시작품의 내력, 즉 이 작품이 미술관에 소장되기까지의 경위를 간결하게 표시한 것이다. 하나 더 있는 내력 정보를 보도록 하자. 같은 프레아 칸 유적에서 출토된 것인데, 내력에는 이렇게 쓰여 있었다. "1931년, 프랑스극동학원으로부터 송부. MG18048"

이러한 정보들로부터 무엇을 읽어낼 수 있을 것인가? 미술관 1층의 크메르 조각상들의 작품내력을 대략 읽어보면, 거의 대부분의 조각상이 1870년대부터 1930년대에 걸쳐 수집되어 기메미술관의 소장품이 되었다는 것을 알 수 있다. 이 시기는 프랑스가 캄보디아를 포함한 동남아시아의 인도차이나 반도를 식민지화하고 있던 시기와 정확하게 겹친다. 크메르미술품이 현재 프랑스국립미술관에 소장되어 미술관의 얼굴이 되어 있는 현실과, 과거에 프랑스가 캄보디아를 식민지 지배했다는 역사적 사실이 관계가 없지는 않을 것이다. 또한 루이 들라포르트라는 인물이 1873년에 앙코르 유적을 조사했다는 것, 그리고 프랑스극동학원이라는 기관이 존재했다(그리고 현재도 존재하고 있다)는 것도 또한 식민주의시대의 역사와 무관하지 않다는 것을 상상할 수 있을 것이다.

　기메미술관은 국립아시아미술관이라는 이름에 걸맞게, 프랑스를 대표하는 아시아미술관이고, 또한 구미歐美에서도 손꼽을 정도로 아시아미술 컬렉션을 보유하고 있는 시설이다. 그러나 아시아미술관이라는 이름을 지닌 전 세계의 미술관 중에서, 크메르미술을 다수 보유하고 미술관의 얼굴로 삼고 있는 곳은, 프놈펜Phnom Penh에 있는 국립캄보디아미술관을 제외하면 이 미술관 정도이다. 북미든 영국이든 독일이든, 이른바 아시아미술관 컬렉션의 중심이 되는 것은, 인도나 중국의 불교유물이거나 고미술품들이다. 왜 프랑스의 국립미술관만이 예외적으로 캄보디아미술을 다수 소장하고 있는 것일까? 중국이나 인도, 일본의 명품을 다수 소유하고 있는 대영박물관The British Museum이나 워싱턴의 프리어 갤러리Freer Gallery of Art, 혹은 보스턴미술관Museum of Fine Arts, Boston이 거의 소유하고 있지 않은 크메르의 고미술품을, 왜 프랑스만이 가지고 있는 걸까? 작품의 내력이 보여주는 것처럼, 프랑스 식민지시대에 대량의 미술품이나 고고학적 유물이 동남아시아로부터 프랑스로 옮겨졌기 때문이라는 것은 더 말할 나위가 없다.

프랑스는 1887년에 통킹Tonking, 안남Annam, 코치시나交趾支那*, 캄보디아아를 보호국으로 하는 '프랑스령 인도차이나 연방'을 구축해(1893년에는 라오스도 병합), 20세기 중반까지 이 지역을 식민지 지배했다. 이 시기에 앙코르 유적은 프랑스의 연구기관에 소속되어 있던 프랑스인 고고학자들이 거의 독점적으로 조사했다. 인도차이나에서 근대적인 의미의 고고학은 프랑스에 의해 개시되었고, 학술적 조사와 보존활동이 이루어졌으며, 동시에 대량의 유물이 프랑스로 이송되었다.

작품의 내력정보는 더욱 다양한 사건들을 암시하고 있다. 전술한 프레아 칸의 유적에서 출토된 불상은 1931년에 프랑스극동학원에서 보내왔다고 기록되어 있는데, 1931년은 파리에서 국제식민지박람회라는 만국박람회와 같은 이벤트가 성대하게 개최되었던 해이다. 박람회에는 실물크기의 거대한 앙코르와트의 복제품도 세워졌었다(그림68, 69, 73~75를 참조). 불상을 보내온 것도 아마 이 박람회와 관계가 있었을 것이다. 또한 〈거인의 참뱃길〉을 기메미술관이 소장하게 된 것은 1927년 이후라고 되어 있는데, 그렇다면 1874년에 조사된 이후, 1927년까지의 약 반세기 동안 이 거대한 조각상은 어디에 있었던 것일까? 작품의 내력은 다양한 정보를 암시하면서, 더욱더 많은 수수께끼를 던져주고 있다. 도대체 루이 들라포르트는 어떤 인물일까? 프랑스극동학원이란 무슨 시설일까? 식민지에서의 고고학적 활동은 어떠한 체제하

---

* 코치시나는 프랑스 통치시대의 베트남 남부에 대한 호칭이다. 코치(交趾)는 원래 베트남 북부에 대한 옛 명칭이나, 프랑스가 자의적으로 사용한 명칭이다. 유럽에서는 Cochin China 또는 Cochinchina, 프랑스어로는 la Cochinchine라 부르고 있다.

에서 이루어졌던 것일까?

이 책에서는 이러한 의문들에 답하고자 한다. 구체적으로는 19세기 중반 이후부터 20세기 중반까지에 걸쳐 약 100년 동안, 프랑스 고고학자들이 수행한 앙코르 유적의 고고학의 역사, 그리고 프랑스인에 의한 크메르미술사 편찬의 역사에 대해 설명하고자 한다. 이 시기에 앙코르 유적이 재발견되고 프랑스인에 의한 학술조사가 시작되어, 오늘날에 이르는 앙코르 고고학의 기초가 마련되었던 것이다. 이러한 공헌이 없었다면, 오늘날 세계문화유산으로 유명해진 앙코르 유적은 폐허로부터 소생될 수 없었을 것이라고 해도 과언이 아니다. 적어도 전 세계에 알려진 유적은 되지 않았을 것이다.

하지만 그 한편으로, 대량의 유물이나 미술품이 유적지로부터 반출되어 프랑스로 이송되었다는 현실도 존재한다. 이송 방식은 시기에 따라 크게 달라진다. 대충 살펴보면, 19세기 후반의 들라포르트는 문화재에 대한 법적 정비가 이루어지 않은 가운데 캄보디아 국왕으로부터 무언가 미술품 교환의 약속을 얻어내, 나폴레옹이 고대 이집트의 거대한 조각상을 파리에 가져와 루브르 궁전에 전시한 것처럼, 〈거인의 참뱃길〉을 파리로 가져왔던 것이다. 20세기에 들어서자 불법적인 유물이송은 제한된다. 하지만 법적 정비가 이루어진 후에도 합법적으로 프랑스로 조각상들을 이송했고, 나아가 구미 국가들이나 일본의 미술관에 조각상을 교환하거나 매각했는데, 그러한 행위는 20세기 중엽까지 계속되었다.

도대체 어떤 구실로, 귀중한 크메르의 조각상을 유적지에서 반출해 프랑스로, 그리고 북미, 일본으로 가져갔었던 것일까? 오늘날의 관점에서 보면, 여기에는 심각한 정치적 문제가 가로놓여 있다. 여태까지의 앙코르 유적의 고고학사는, 프랑스가 행한 고고학적 조사의 학술적 공헌과 식민주의시대의 정치적 부채負債의 유산이 몇 겹이고 겹치고 교차하면서 구성되어왔다. 이 책은 바로 그 교차의 실상을 그려내고자 하는 것이다.

이 책은 기본적으로 편년체의 서술로 이어간다. 각각의 시대를 대표하는 인물이나 학술기관 그리고 사건들을 클로즈업시켜 상술하며, 아울러 자세한 연보 정보도 삽입했다. 앙코르 고고학사의 역사 활극으로 읽을 수도 있고, 동시에 학사연표로도 활용할 수 있는 책을 지향했다. 또한 다수의 미간행 고문서 자료나 시각 자료를 이용하고 있다는 것도 이 책의 특징 중 하나로 덧붙여 두고 싶다.

제1장은 1860년대부터 1900년까지의 앙코르 유적의 답사 상황에 대해, 루이 들라포르트를 주인공으로 삼아 이야기한다. 재발견된 유적을 프랑스인들은 어떤 눈으로 보았을까, 유적답사의 목적은 무엇이었을까, 어떠한 과정을 거쳐 프랑스로 유물을 이송했을까, 그 목적은 무엇이었을까 등등을 검토한다. 또한 들라포르트는 다수의 앙코르사원의 '복원도'나 복제품을 제작했다. 그것들을 분석함으로써 현재와는 다른 19세기의 고고학의 이념과 이상을 밝히고자 한다.

제2장에서는 1900년부터 1920년까지의 시대를 다루는데, 본격적인 학술조사기관으로 설치된 프랑스극동학원의 설립이념과 활동내용에 대해 서술한다. 식민지의 유적군을 앞에 두고 초창기의 학원은 어떤 조사를 했을까, 유적조사를 위한 법적 제도는 어떻게 정비되어 있었을까, 나아가 식민지에 학술기관을 설치한 프랑스의 목적은 무엇이었을까, 어떠한 이상을 내걸고 있었을까. 아마도 그 이상은 식민지의 정치정책과 깊이 연관되어 있었을 것이다.

제3장과 제4장은 시대적으로는 동일하게 1900년부터 1920년대를 무대로 하는데, 실제로 식민지의 고고학에 종사한 조사원들에게 초점을 맞추고 있

다. 새롭게 창설된 극동학원은 아시아의 식민지 고고학이라는 새로운 학문을 개시했다고 할 수 있다. 초기의 조사에 참가한 구성원들의 대부분은 전통적인 동양학 교육이나 고고학 교육 중 그 어떤 것도 받은 적이 없는, 학문적으로는 아마추어였다. 그들은 식민지에 파견되어 현장 밑바닥에서부터 경력을 쌓아갔다. 한편 프랑스 본국에는 동양학을 공부한 엘리트 연구자가 있었고, 식민지로부터 이송되어온 고고사료나 고미술품을 이용해 현지를 방문하지 않고 현지조사원들과는 다른 방법으로 고고학적 연구를 전개해갔다. 1920년대에는 파리에도 앙코르 고고학을 연구할 수 있는 교육연구시설이 충실해졌다. 앙코르 유적의 연구를 둘러싸고, 식민지 현지와 본국 프랑스의 이중연구체제가 형성되었던 것이다. 양자 간에는 몇 가지 차이점이 있었고, 그것이 앙코르 유적 고고학의 역사를 보다 복잡하게 만들어버렸다. 그리고 프랑스 내부의 연구조직의 차이가 현지 유적에 심각한 피해를 초래하게 된다. 이 책은 그러한 양상에 대해 상세하게 기술하고 있다.

제5장과 제6장은 1920년부터 1930년대에 걸친 시기, 즉 앙코르 유적이 세계적인 주목을 받던 시대를 무대로 하고 있다. 이 시기에 극동학원에 의한 고고학적 조사는 비약적인 진전을 이루게 되는데, 그러한 학술적 성공의 배후에는 비교적 잘 알려진 '앙드레 말로André Malraux 사건'과 아주 최근까지 극비사항으로 숨겨져왔던 학원에 의한 고미술품 판매 등 스캔들이나 사건들이 잇달아 일어나고 있었다. 이러한 사건이나 실태를 고문서 자료에 기초해 정확하게 복원하고자 한다. 이 사건들은 명백히 식민지 고고학의 부채이며 유산이기는 하지만, 그렇다고 해서 장난삼아 스캔들을 선동하는 것이 아니라 고고학사 안에 그 사건을 자리매김하여, 왜 문제가 있는 사건들이 이 시기에 잇달아 일어났는가를 분석한다. 그리고 역설적으로는, 부채가 되는 이러한 사

건이 실은 고고학의 성공과 깊게 관련되어 있다는 것을 밝히고자 한다.

　제7장은 파리 국제식민지박람회가 개최되었던 1931년의 파리로 무대를 옮겨, 이 박람회에서 드러난 1930년대의 앙코르 유적의 고고학이 지녔던 제반 문제들에 대해 깊이 고찰한다. 이 박람회에는 장대한 등신대의 앙코르와트 복제물이 건립되었다. 정밀한 세부를 그대로 재현했고, 학술적으로도 정확한 복제물에는 극동학원의 조사 성과가 반영되어 있었다. 30여 년에 걸친 학원의 활동을 보여주는 전람회도 개최되었는데, 박람회의 전시관 장식에는 앙코르와트의 도상圖像* 외에 고고학에 종사하는 조사원이나 원주민도 등장했다. 메트로폴Métropole**(파리)에서 앙코르 유적과 그 고고학은 어떻게 표상될 운명에 처해 있었던가? 우리들은 분석을 통해, 식민지 고고학이 어떠한 방법으로 프랑스의 식민지정책의 (허구적인) 성공을 방증하는 증거로 이용되었는가를 알게 될 것이다.

　제8장에서는 1940년대 전반, 즉 제2차 세계대전 중의 앙코르 고고학의 상황과 일본과의 관계에 대해 논한다. 1941년 일본은 프랑스령 인도차이나 진주를 개시하는데, 그 군사행동과 연동하는 방식으로 일본의 학술기관은 인도차이나와의 '문화협력'사업을 전개했다. 프랑스의 연구자와 일본의 연구자 사이의 '교수 교환', 일본의 고미술품과 크메르 유물을 교환하는 '고미술품 교환', 미술전의 교환사업 등이 잇달아 실현되었던 것이다. 그리고 다수의 일본

---

*　　종교나 신화적 주제를 표현한 미술 작품에 나타난 인물 또는 형상.

**　메트로폴은 수도나 중심도시, 식민지나 해외영토에 대해 본국이라는 의미를 지니고 있다. 이 책에서는 주로 파리를 의미하지만, 프랑스와 그 식민지였던 지역과의 관계를 부각시키고자 하는 저자의 의도를 살리기 위하여 그대로 메트로폴이라 표기하기로 한다.

지식인이나 미술가, 불교사절, 저널리스트가 앙코르를 참배한다. 일본 국내에서는 앙코르 유적에 관한 저작물도 연이어 간행된다. 일본에서 앙코르 유적이 일반적으로 널리 알려지게 된 것은, 바로 이 전시 중의 일이다. 마지막으로 일본 또한 프랑스에 의한 식민지 고고학과 결코 무관계가 아니었다는 것을 확인하고 싶다.

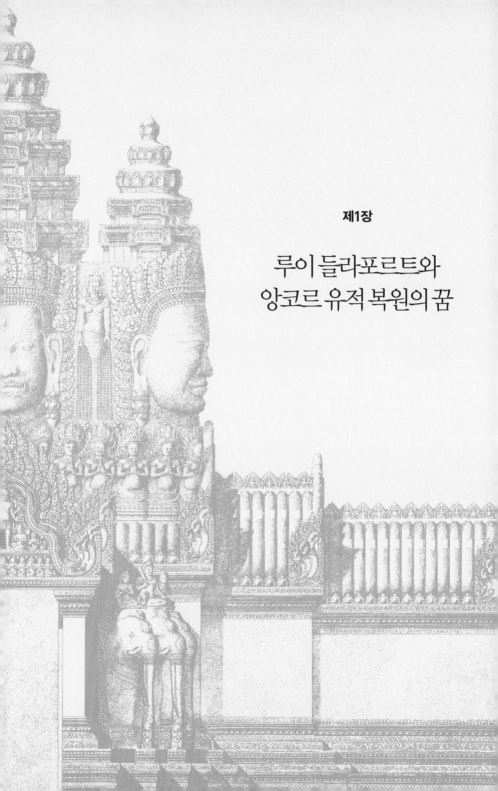

제1장

루이 들라포르트와
앙코르 유적 복원의 꿈

기메미술관의 전시품과 들라포르트

기메국립아시아미술관 1층의 정면 전시실을 장식하고 있는 크메르 조각상들 중에서 특히 눈길을 끄는 것은 프레아 칸 사원(앙코르)의 참뱃길에 있었다고 여겨지는 군상 조각 〈거인의 참뱃길〉(12세기 말~13세기 초)이다(그림2). 이 조각상은 데바*가 마치 줄다리기를 하는 것처럼 7개의 머리를 지닌 나가**를 끌어당기는 모습을 하고 있는데, 그것은 이 조각상이 힌두교의 천지창조 신화 '유해교반乳海攪拌, Churning of the Ocean of Milk'***을 표현하는 조각의 일부라는 것을 전해주고 있다. 이 미술관이 전시하고 있는 최대 규모의 군상을 파리에 가져오도록 요청한 것이, 이 장의 주인공인 루이 들라포르트이다(그림4).

후에 해군 대위가 된 들라포르트는 당시 프랑스가 보호국으로 삼은 지 얼마 되지 않은 코치시나에 파견되어, 1866년 메콩 강 유역을 답사했다. 그 답

---

* 하위신을 뜻하는 산스크리트어로서, 특히 힌두교의 남신을 가리킨다.
** 인도 신화에서 대지의 보물을 지키는 반신(半神)격의 강력한 힘을 소유한 뱀.
*** 유해교반이란 '젖의 바다 휘젓기'라는 의미로, 힌두교의 천지창조 신화를 가리킨다. 지금도 신들이 죽지 않고 목숨을 지켜가며 세계에 군림하고 있는 것은, 이 신화에서 등장하듯이 우윳빛 바다를 저은 덕분이라고 한다.

그림4 루이 들라포르트의 초상사진

사 중에 폐허가 된 앙코르 유적군을 만나 한눈에 반해버렸다. 그리고 1873
년, 이번에는 스스로 인도차이나 조사대를 조직해 그 조사대의 대장이 되어
다시 앙코르를 방문했다. 이때 이 거대한 군상을 포함한 진품의 조각상과 부
조물, 비문이 있는 석판 등 약 70점의 유물과, 현지에서 수집한 대량의 주물
틀을 파리로 가져갔던 것이다. 진품의 조각과 주물틀을 바탕으로 제작한 복
제품은 1878년의 파리 만국박람회에서 햇빛을 보게 되었다. 전시회장의 모

습을 그린 당시의 보도판화는 이 조각상의 거대함과 그것을 올려다보는 관객들이 놀라는 모습을 전해주고 있다(그림28 참조). 앙코르 유적의 조각상이 유럽인들 앞에 처음으로 나타난 것이 바로 이때이다.

일반적으로, 프랑스인에 의한 앙코르 발견 이야기는 1863년에 캄보디아를 방문해 유적군의 존재를 구미에 전한 식물학자 앙리 무오Henri Mouhot (1826~1861)로부터 시작된다.[1] 들라포르트는 진정한 의미에서의 발견자는 아니다. 그가 앙코르를 방문한 것은 무오보다 3년 후였고, 게다가 두다르 드 라그레Ernest Doudart de Lagrée(1823~1868) 해군 대위가 이끄는 조사대의 일원에 지나지 않았다. 이 조사보고서 『인도차이나 탐험여행』은 그 조사에 참가했던 프란시스 가르니에Francis Garnier(1839~1873)에 의해 1873년에 출간되었다.[2] 들라포르트의 최초의 저서 『캄보디아 여행, 크메르의 건축』이 간행된 것이 1880년이므로, 출판물 면에서도 가르니에가 먼저였다.[3] 또한 1860년대에 앙코르 유적을 방문한 서구인은 프랑스인뿐만이 아니었다. 1864년에는 독일의 민속학자 아돌프 바스티안Adolf Bastian(1826~1905)이, 1866년경에는 청나라를 방문한 사진가로 알려져 있는 스코틀랜드 출신의 존 톰슨John Thomson(1837~1921)이 앙코르 유적을 찾아가 사진에 담았다.[4] 1876년에는 영국의 유명한 건축사가 제임스 퍼거슨James Fergusson(1808~1886)이 『인도와 동아시아의 건축의 역사』(『건축사』 제3권)를 간행하여, 앙코르 유적의 건축물을 높이 평가했다.[5] 그러한 의미에서 1866년에 앙코르 유적을 방문해 1880년에 저서를 낸 들라포르트는, 재발견자로서는 세 번째 혹은 네 번째에 해당한다. 하지만 나는 루이 들라포르트를 이 책의 최초의 주인공으로 삼고 싶다. 그 이유는 두 가지이다.

그림5 들라포르트가 그린 크메르 조각의 스케치

첫째 이유는, 그가 유럽에 처음으로 앙코르 유적의 진품 조각상을 옮겨가 크메르미술관Musée khmer de Compiègne을 설립하고, 장래를 대비한 조직적이고 계속적인 고고학적·미술사적 연구를 기도했기 때문이다.

물론 그의 연구는 오늘날의 학술적 수준에서 보면 오류도 많고, 건축연대에 대해서는 실증적으로 무엇 하나 밝히고 있지 않다. 하지만 유적의 미적 가치와 미술사적 가치를 설명하고, 유물의 양식 분석을 통해 앙코르 역사의 일단을 해명하려고 시도한 그는, 고고학의 역사를 더듬어가려고 하는 이 책의 출발점으로서는 매우 적절한 인물이라 할 수 있을 것이다. 예를 들어 들라포르트는 1880년대의 저작에서 조각상의 세부를 적확하게 파악한 스케치(그림5)

• 앙코르와트
— 제국주의 오리엔탈리스트와 앙코르 유적의 역사 활극

를 발표했는데, 이것은 조각상의 양식적 분류를 지향하는 것이었으며, 20세기에 본격화하는 크메르 조각에 관한 미술사적 연구를 예고하는 것이었다.

한편, 그의 저작에는 현실의 광경과는 동떨어진 환상적이고 신비적인 앙코르 이미지도 다수 삽입되어 있고, 전근대의 서구인들이 지니고 있었던 동방환상의 다면성을 전형적으로 드러내고 있다. 반드시 다가올 20세기의 학술적 연구를 예고하면서도 전근대적인 이국주의exoticism가 넘치는 이 서적은 현재에도 계속되고 있는 앙코르 고고학의 시초를 알림과 동시에, 우리들이 떨쳐버린 19세기의 신비적인 앙코르상을 전해주는 증언이 되었다. 그의 저작과 활동을 돌아봄으로써, 우리들은 19세기와 20세기의 전환기에 고고학사考古學史상 어떠한 변화가 있었던가를 밝힐 수 있을 것이다.

들라포르트를 주인공으로 삼은 또 하나의 이유는 그가, 식민지 답사를 행했던 19세기 후반기에 프랑스인들의 전형적인 삶을 이상적으로 살아갔던 인물이기 때문이다.

1929년에 간행된 『탐험가 루이 들라포르트의 크메르 유적조사』라는 제목의 책이 있다.[6] 르네 드 보베René de Beauvais라는 필명으로 들라포르트의 아내가 쓴 청소년 대상의 위인전이다. 여기에는 군인으로서 7개의 바다를 항해하던 중에 앙코르 유적의 아름다움에 매료되어, 퇴역 후에는 미술관 학예원學藝員으로서 미술사연구에 몰두했던 들라포르트의 일생이 그려져 있다. 청소년들에게 독일의 하인리히 슐리만Heinrich Schliemann(1822~1890)*이나 스웨덴의 스벤

---

* 트로이와 미케네 유적을 발굴한 것으로 유명한 독일 출신의 고고학자.

헤딘Sven Hedin(1865~1952)* 등 세계적으로 유명한 탐험가에 비견될 만한 위인이 프랑스에도 있었다고 이야기하고 있는 것이다. 다수의 식민지를 보유했던 제국주의시대의 프랑스에서 살고 있는 젊은이들을 향해, 군인으로서 조국에 몸을 바치면서 이국 예술의 미를 발견한 문무겸비의 이상적 위인으로서, 들라포르트의 생애를 이야기해주고 있는 것이다.

19세기 후반, 프랑스에는 아시아 고고학을 전문으로 하는 학술기관이 아직 존재하지 않았다. 다음 장에서 논의할 프랑스극동학원(당초의 명칭은 '인도−차이나 고고학조사대')이 인도차이나총독부가 있던 사이공(현재의 베트남 호치민시)에 창설된 것은 1899년이었다. 프랑스에서는 18세기 이후, 동양학(오리엔탈리즘)의 전통이 형성되어왔고, 우수한 동양학자(오리엔탈리스트)도 다수 배출했는데, 연구의 기본은 문헌학이나 경학經學을 축으로 하는 중국학과 불교학이었으며, 다루는 지리적 범위도 아시아의 대국인 중국과 인도에 한정되어 있었다. 전문가가 아시아의 고고학적 조사에 종사하던 시대는 아니었다.[7] 책상물림이었던 동양학자를 대신해 아시아 땅에 발을 들여놓고, 고고학적인 연구의 기초를 닦은 것은 식민지에 파견된 들라포르트와 같은 군인들이 중심을 이루었다. 그와 같은 상황하에서, 들라포르트의 생애는 이른바 아마추어 연구자의 성공담으로서 큰 의미를 지녔던 것이다. 엘리트학자가 아니더라도 식민지에서 실천적인 조사활동에 몸을 바침으로써 사회적 지위와 지식인으로서의 명예를 얻을 수 있다는 것을 청소년들에게 가르쳐주고 있었던 것이다.

---

* 중국 신장 위구르 자치구, 타클라마칸 사막의 동쪽에 위치하던 누란 왕국을 발견한 고고학자이자 탐험가.

이와 같이 들라포르트의 생애는 19세기 후반의 프랑스의 군인 겸 고고학 탐험가로서의 한 전형과 이상을 보여주고 있다. 그의 사상과 활동을 추적함으로써, 서구인이 막 재발견한 앙코르 유적을 어떻게 조사하고, 그것이 어떻게 서구로 전해져갔는지, 그 실태를 밝혀보고자 한다. 그리고 20세기가 계승한 것과 떨쳐버린 것을 정확하게 확인해보고자 한다.

모험담으로서의 유물반송

1862년에 안남*(현재의 베트남 북부)과의 사이에 성립된 조약에 따라, 프랑스는 코치시나(베트남 남부)에 동아시아 진출의 발판을 얻게 되었고, 이듬해인 1863년 8월에는 캄보디아와 보호조약을 맺었다. 그리고 1884년에는 프랑스─캄보디아협약을 체결해 캄보디아를 보호국으로 만드는 데 성공했다. 형식적으로는 국왕을 대표자로 하는 국가로서 캄보디아왕국을 인정하면서도, 정무권이나 재무권 등의 실권을 프랑스 당국이 쥐고 있는 실질적인 식민지 지배가 성립했던 것이다.

1863년의 보호조약 체결을 성공시킨 것이 전술한 드 라그레 해군 대위였고, 이 조약하에서 그는 캄보디아 국왕 노로돔Norodom(1834~1904)**의 양해를

---

* 안남(安南)은 프랑스 통치시대의 베트남 북부와 중부를 가리키는 역사적인 지역명칭이며, 당나라 시대의 안남도호부에서 유래했다.

** 속명은 앙 보디(Ang Voddy). 태국과 베트남 사이라는 지정학적 위치에 대한 공포로 인해 1863년 태국인 고문의 부재중에 프랑스와 보호조약을 체결했다. 그 후 프랑스와 태국 사이에 끼여 고심하던 끝에, 동년 12월에 태국과도 내밀하게 보호조약을 맺었다. 1877년 프랑스는 이 왕에게 행정개혁을 포고하게 했

얻어, 1866년의 메콩 강 유역조사를 수행했다. 강을 따라 북상해 중국과의 통상경로의 가능성을 찾겠다는 명목의 이 조사는 말할 필요도 없이 순수한 학술적 조사가 아니었다. 그러나 이 조사에 참가한 들라포르트라는 한 사람의 젊은이로 인해, 앙코르 유적의 고고학은 크나큰 일보를 내딛게 되었다.[8]

1842년생의 루이 들라포르트는 이때 23세. 1860년부터 이미 해군사관생도로서 멕시코나 남태평양의 마르티니크Martinique 제도를 방문하는 등, 해외의 프랑스 식민지를 전전하는 해군병사로서의 경력을 시작했다.[9] 1863년에는 해군 소위로 진급하여 시암(현재의 타이)에 배속된 그는, 1866년에 드 라그레의 조사단에 발탁되어 조사하는 과정에서 앙코르 유적에 매료되었던 것이다. 그 체험이 그의 그 후의 인생을 결정짓게 되는데, 원래 그는 예술애호심이 강하고, 소년기 때부터 데생을 즐기고(여행 도중에도 다수의 데생을 했다), 바이올린도 연주했다(그는 프랑스의 음악을 처음으로 기록한 서구인이라 여겨진다). 마르티니크 제도에서 임무를 수행했을 때에는, 화가 폴 고갱처럼 그 풍경과 풍속에 강한 이국주의를 느끼고 있었다. 이러한 예술적 감성으로 인해 그는 앙코르 유적에 필연적으로 이끌려갔다고 해도 좋을 것 같다.

그러나 들라포르트가 앙코르 유적과 최초로 해후하게 된 드 라그레의 조사는, 이 대장의 불의의 죽음(1868년 3월)으로 인해 중단되었고, 일행은 곧 바로 프랑스로 돌아가게 되었다. 가르니에의 조사보고에 따르면, "(인도차이나 북부의) 전승을 다수 수집하고, 주요한 유적의 위치들을 조합해 구 캄보디아의

는데, 왕이 소극적으로 나오자 1884년에 왕의 통치권을 제한하는 신협약에 강제적으로 서명하게 했다. 이러한 강제성에 반발하여 반프랑스 봉기가 일어나기도 했는데, 그 후 프랑스는 프랑스령 인도차이나 연방에 캄보디아를 편입시키는 등, 왕을 허수아비로 만들었다.

영토를 확인하는" 것에 성공했고 동시에 캄보디아의 비각碑刻 탁본을 몇 개 프랑스로 가져갔다고 하는데, 유적의 미의 포로가 된 들라포르트는 이 정도로는 도저히 만족할 수 없었다. 그리고 그는 앙코르 유적의 유물이나 미술품을 어떻게 해서든 프랑스로 가져가고 싶다는 생각을 굳혀가고 있었다.

프랑스에 귀국한 들라포르트는 1869년 5월에 중위로 진급하고, 이듬해에 보불전쟁'에 종군한다. 전쟁 후 1872년(30세)에는 레종 도뇌르L'ordre national de la légion d'Honneu 훈장** 중 세 번째 등급인 장교officier급 훈장을 받았다. 그리고 1873년, 이번에는 자신이 스스로 대장이 되어 다시 인도차이나로 향한다. 그의 주요한 임무는 중국 운남성에서 발원하여 베트남 북동부로 흘러 들어가는 송코이 강(홍하)을 거슬러 올라가 중국과의 통상로를 찾는 조사였다. 그러나 들라포르트에게 있어서 이 목적은 표면적인 것에 지나지 않았다. 이전의 조사에서 매료된 앙코르 유적의 답사야말로 진정한 목적이었다. 그리하여 들라포르트는 당치 않게도 주요 임무인 송코이 강 조사에 착수하기 전에 앙코르 답사를 선행시켰다. 구성원으로는 수로측량기사인 부이에, 문민기술자인 랏토, 그리고 미술관 대표자인 줄리앙, 여기에 사이공 도착 후에 현지에서 활동을 하고 있던 해군의사 아르망과 '예술과 메티에' 박물관의 기사 파로가 가담했다. 이 고고학 답사는 실질적으로는 1873년 7월부터 10월에 걸친 불과 3개월 정도의 기간이었지만, 그 한정된 시간에 들라포르트는 약 70점, 120상자

---

* 1870년 7월 19일~1871년 5월 10일. 오스트리아와의 전쟁에서 승리한 오토 폰 비스마르크가 독일 통일의 마지막 걸림돌인 프랑스를 제거하여 독일 통일을 마무리하고자 일으킨 전쟁으로서, 유럽 대륙에서 프랑스의 주도권에 종지부를 찍고 프로이센 주도의 독일제국을 성립시킨 전쟁이다.

** 나폴레옹에 의해 1802년에 창설되어, 프랑스에 대한 탁월한 공적을 세운 '군인이나 시민'들을 포상하던 것으로서, 현재도 프랑스의 최고훈장으로 존재하고 있다.

에 이르는 유물자료를 유적으로부터 가져 나오는 데 성공했다. 처음부터 유물을 가져 나오는 것만이 그의 목적이었다는 것을 알 수가 있을 것이다. 그가 어떻게 조사를 수행하고, 유물을 반출했던가에 대해 상세히 살펴보자.

이 조사의 내용은 1880년에 간행된 들라포르트의 저작 『캄보디아 여행』에 상세하게 보고되어 있다. 캄보디아의 풍물이나 문물, 유적의 소개와 고찰이 이 책의 주요 부분을 이루고 있는데, 그러한 기술과 더불어 유물반출의 전말도 상당히 상세하게 기록되어 있다. 보물찾기 모험담의 한 종류로 이 책을 읽는 것도 가능할 정도이다.

들라포르트 일행이 식민지 시찰을 수행하는 소형 대포함 라자벨린에 동승해 사이공에서 캄보디아로 향한 것은 1873년 7월 23일이었다. 캄보디아에 도착하자마자 그는 재빨리 캄보디아 국왕 노로돔과의 회견을 성사시켜, 아래와 같은 말로 유물수집의 협력을 요청했다(이하 이 절의 들라포르트의 인용문은 주로 『캄보디아 여행』의 기술에 의거했다).

우리 (프랑스) 정부는 풍부한 (크메르의) 예술적 소산을 입수할 수 있는 허가를 청하러 왔습니다. 우리들은 그 미적 가치를 인정하고 있습니다. 교환품으로 프랑스의 미술품을 증정하옵니다.[10]

후술하겠지만, 당시 "우리들" 프랑스인이 모두 크메르의 미술품을 높게 평가했을지는 매우 의심스럽다. 아직 평가되지 않은 크메르미술품을 남보다 먼저 유럽으로 가져가, 일반 대중들에게 그 미적 가치를 알리고, 잘만 되면 소개자로서 제1인자의 지위를 얻고 싶다고 생각했다는 것이 정확할 것이다. 그 목적을 위해, 들라포르트는 프랑스에서 유럽의 미술품을 가지고 와서 캄

그림6 〈프레아 칸에서의 조각 싣기 작업〉, 들라포르트 저 『캄보디아 여행』(1880)의 삽화

보디아 국왕에게 헌상했다. 그 교환품으로 크메르의 유물을 가져가겠다는 교섭을 했던 것이다.

프랑스 고문서관의 자료에 따르면, 프랑스로부터의 증정품 목록에는 '렘 브란트, 루벤스, 반 에이크의 복제판화' 10 수 점, 프랑수아 제라르François Gerard(1770~1837)의 〈푸쉬케와 아모르Psyche et l'Amour〉와 니콜라 푸생Nicolas Poussin(1594~1665)의 〈바쿠스제〉의 복제판화가 포함되어 있다.[11] 앙코르 유적의 유물이나 미술품과의 교환품으로서 복제판화와 복제유채화밖에 준비하지 않았다는 것은 너무나도 부당한 거래처럼 생각되는데, 이것은 들라포르트를 비롯한 프랑스 측의 횡포라기보다는 그만큼 당시에는 프랑스인들이 크메르미술의 미적 가치를 아직 제대로 인정하지 않았었다는 증거일 것이다. 이 미술품 교환 교섭은 들라포르트의 개인적인 판단으로 이루어진 것은 아니다. 조사에 착수하기 전에 들라포르트는 유적조사를 위한 보조금의 일부를, 당시 샤를 블랑Charles Blanc(1813~1882)이 총감을 지내고 있던 미술성으로부터 얻어냈고, 따라서 교환품도 행정 수준에서 결정되었다.[12] 앙코르의 유물을 프랑스에 가져간다는 것은 국가공인의 임무이기도 했던 것이다. 크메르미술품에 대한 들라포르트의 평가를 미술성의 고관들이나 임원들이 함께 공유하고 있었던 것은 아니다. 본 적도 없는 아시아의 유물과의 교환조건으로서는 서구의 복제판화로도 충분하다는 의식이었을 것이다.

그런데 1880년의 저작에서 들라포르트는 미술성으로부터 얻은 보조금을 "유적monument을 찾아내어 발굴하고, 무거운 짐을 이동시키기" 위해 사용했다고 기록하고 있다.[13] 상당히 에둘러 말하는 설명인데, "무거운 짐을 이동시킨다"라는 것은 이 문구의 바로 옆에 있는 〈프레아 칸에서의 조각 싣기 작업〉이라는 제목의 삽화(그림6)를 보면 무엇을 의미하는지 일목요연해진다. 발굴한 조각상 등을 이동시키는 것이었다. 미란다와 같은 서명이 들어가 있는 이 삽화에는 프레아 칸 유적으로부터 반출하려고 하던 세 개의 조각상과 기둥조각이 그려져 있다. 화면 왼쪽의 나무그늘에 그려진 나가 위의 부처는 프랑스로 가져간 진품 조각상으로서 같은 저서에 소개된 바로 그것이다(그림7).

말할 나위도 없이, 이러한 대규모의 유물반출은 오늘날에는 도저히 용서받을 수 없는 폭거이지만, 대영박물관이나 루브르미술관이 소유한 고대 이

Statue provenant des galeries ruinées de Pontéay-Préa-Khan.
(Musée Khmer.)

그림7 〈프레아 칸의 무너진 회랑에서 출토된 조각상〉, 들라포르트 저 『캄보디아 여행』의 삽화

집트나 고대 그리스의 거대한 유물을 생각해보면 바로 알 수 있듯이, 유럽 열강들은 18세기부터 19세기에 걸쳐 외국의 고고학적 유물을 대량으로 자국에 가져갔고, 그것들이 현재의 미술관 소장품의 기반을 형성했다. 이러한 행위는 19세기 후반부터 20세기 전반의 제국주의시대에도 계속 이루어졌고, 1920년대까지 구미 열강들은 경쟁하듯이 이집트로부터 중국에 이르는 광대한 '오리엔트'에서 대규모로 유물을 이동시켰다. 오해를 살 수도 있겠지만, 들라포르트의 대담하고 겁 없는 행위도 이러한 서구의 전통 안에서 이루어진 것이고, 그래서 그에게는 그 행위가 아시아의 문화유산의 상실로 이어진다는 죄의식은 티끌만치도 없었다. 그렇기는커녕 수많은 장해에 직면하면서도 유물을 이송시킨 자신의 고생을 영웅의 모험담처럼 당당하게 선전해 보인다. 사람들의 눈도 개의치 않고 회자되는 문화재유출의 영웅담으로부터 19세기 후반기 고고학의 현실의 일단을 상상해볼 필요가 있을 것이다. 유물이동의 전말을 보다 상세하게 추적해보자.

국왕과의 교섭을 끝낸 들라포르트는 프놈펜의 서쪽에 위치한 앙코르 유적으로 걸음을 재촉하여, 우선 앙코르의 동쪽 120킬로미터 정도의 위치에 있는 거대유적 콤퐁 스베이Kompong Svay의 프레아 칸(大 프레아 칸), 코케르Koh Ker*, 방 미알리아Beng Melea** 등의 사원을 답사했다. 특히 최초로 방문한 콤퐁 스베이의 프레아 칸에서 다수의 진품 조각상을 입수하는 데 성공했다(현재 기메미술

---

* 이 지역은 928년부터 944년까지 앙코르 지방으로부터 왕도가 옮겨져왔었지만, 왕의 사후에 다시 앙코르로 왕도를 옮겨 그 이후 계속 방치되어왔다.
** 연꽃, 연못이라는 뜻의 방 미알리아는 대 프레아 칸이 있는 콤퐁 스베이 가는 길에 위치하며, 앙코르와트에서는 60킬로미터 동쪽에 있다. 앙코르와트와 비슷한 시기인 12세기 중반에 만들어졌으며, 앙코르와트 스타일의 전통 건축양식으로 세워진 건물이다.

그림8 〈프레아 칸 늪지로부터의 고대조각의 이동〉, 들라포르트 저 『캄보디아 여행』의 삽화

관 소장의 작품 MG18107~18109, 18140, 18197). 이 유적들은 오늘날까지도 충분히 조사가 이루어진 상태가 아닐 뿐더러, 들라포르트의 시대에는 사원이나 사당이 훨씬 더 심하게 무너져 있는 상태였던 것 같다. 들라포르트는 와력瓦礫 무더기 속에 매몰된 유물을 쉽게 발견할 수 있었다고 적고 있다.

와력을 헤쳐 길을 만들어가면서 나아가다 보니, 연이어 불상의 파편들이 발견되었다. 손상은 심하지만 아름다웠고 (…) 이탈리아·르네상스의 작품과 혼동될 지경이었다. 그리고 드디어 아주 심하게는 상하지 않은 두 개의 건축물과 만났다. 거기에는 바라문Brāhmana교*와 불교의 작은 삼존상이, 아주 잘 만든 조각상이나 혹은 진정한 가치가 있는 다수의 작은 상들에 뒤섞여 쌓여 있었다.[14]

그리하여 들라포르트는 비교적 파손이 적은 조각상을 선별해 유적에서 끄집어낼 수 있었던 것이다. 유물의 이동은 유적 주변의 "약 1,000명의 크메르인과 야생인"을 고용해 시행했다고 한다.[15] 〈프레아 칸 늪지로부터의 고대조각의 이동〉이라는 제목의 삽화(그림8)에서는 50명의 쿨리coolie**가 거대한 조각상을 옮기고 있다. 이러한 대대적인 유물반송을 담당한 것은 동행한 부이에와 아르망이었다. 들라포르트는 반출 가능한 유물을 손에 넣자마자 동부의 유적조사는 하는 둥 마는 둥 하고, 새로운 사냥감을 노리는 사냥꾼처럼 오직 한 길 앙코르로 향했다.

앙코르에 도착한 들라포르트는 앙코르톰Angkor Thom의 바이욘사원, 앙코르와트, 그리고 앙코르의 프레아 칸을 중심으로 답사를 시작했다. 당시에도 여전히 불교사원으로서 사용되고 있었던 앙코르와트를 제외한 다른 유적은 대부분 밀림에 파묻혀 있었다. 바이욘사원의 전체상을 파악하기 위해서는 "60명의 원주민이 12일간" 무성한 수목을 벌채해야 했다고 한다.[16] 『캄보디아 여

---

* 바라문교는 '베다 성전(聖典)'을 받들고 사제자(司祭者) 바라문이 지도하는 종교이다. '베다 성전'에는 네 가지 종류가 있는데 그중에서 가장 고대의 것은 '리그베다'이다.

** 인도와 중국의 하급노동자, 막일꾼을 가리킨다.

그림9 들라포르트 저 『캄보디아 여행』의 무제의 삽화

행』101쪽의 무제의 삽화(그림9)는 그때의 모습을 이미지화한 것이라 생각한다. 바이욘사원에 대해서는, 보물찾기를 위한 것이었던 만큼 장해물 제거작업에 시간을 소비하지는 않았다. 들라포르트의 목적은 건축물의 전체상을 파악하고, 평면도와 복원도를 작성하는 데에 있었다(복원도에 관해서는 뒤에서 자세하게 검토하겠다). 또한 앙코르와트에서는 제1회랑의 "전장 32미터에 이르는 54매의 벽면 릴리프relief*"('라마야나Ramayana**'의 전투장면)의 주형鑄型을 뜨는 작업을 6주간이나 지휘했다.[17] 파리에 돌아가서는 복제품을 제작했는데, 일반 대중들에게 보여주기 위한 것이었다. 그리고 마찬가지로 폐허처럼 되어버린 앙코르의 프레아 칸에서, 예의 거대 참뱃길 조각상의 일부를 반출했을 것이다. 기묘하면서도 안타깝게도 들라포르트는 이 참뱃길 조각상에 대한 장문의 기술과 데생을 남기고 있음에도 불구하고, 그 발굴 작업이나 주형을 뜨는 작업에 대해서는 언급하고 있지 않다.[18] 그래서 후술하는 것처럼 이 거대 조각상을 둘러싸고는 오늘날에도 몇 가지 의문점이 남아 있다.

그런데 7월에 개시된 유적답사라는 이름의 보물찾기도 10월에는 부득이하게 중단되었다. 코치시나총독부의 요청에 의해, 본래의 임무인 송코이 강 답사를 수행해야 했기 때문이다. 연이어 반송 가능한 유물이나 주형을 가능한 한 많이 수집한 들라포르트를 기다리고 있던 것은, 이송의 곤란이라는 문제였다. 3개월간 입수한 대량의 유물과 주형을 한정된 배로, 앙코르 유적이 있는 씨엠립에서 프놈펜을 거쳐 사이공, 그리고 프랑스로 이송해야 한다는 난

---

* 부조물을 가리킨다.
** 산스크리트어로 라마의 여정이라는 뜻이다. 신들을 위협하던 악마 라바나를 물리치기 위하여 비슈누 신이 여섯 번째 화신으로 환생한 인간 라마가 악마를 무찌르고 사랑을 쟁취하는 과정을 적은 대서사시.

제였다. 이것이 얼마나 곤란한 작업의 연속이었을까? 하지만 들라포르트는 주눅 들지 않고 다음과 같이 자랑스럽게 이야기하고 있다.

(본래의 임무지로 떠나기 위해) 나는 서둘러 대포함 라자벨린 호로 돌아가야 했었는데, 그 대포함에는 우리 조사대가 수집한 고미술품의 극히 일부만을 적치할 수 있었다. 나머지는 몇 척의 작은 배에 실어 끌고 가야만 했다. 불행하게도 호수를 가로지르는 강풍을 만나 작은 배 한 척이 전복되고, 그 안의 짐도 모두 잃어버렸다. 또한 그 외에도 작은 배에조차 싣지 못하고 그냥 두고 온 조각상도 있었다.[19]

옮기던 조각상이 호수에 빠져버린 스캔들을 태연하게 이야기하는 들라포르트에게는 어떠한 죄의식도 없다. 침몰한 조각상은 후일 "(장) 무라Jean Moura(1827~1885) 씨가 온 힘을 다해, 침몰한 늪지에서 회수해" 프랑스로 보냈다고 한다. 강기슭이나 호숫가에 두고 온 조각상들은 그 이후에 다시 계획된 1882년의 답사에서 회수되었을 것이다.
또한 대 프레아 칸의 유물반출에 관해서는 다음과 같이 보고하고 있다.

초기조사에서 수집한 프레아 칸의 고고학 유물 일부에 관해서는 체류기간이 짧아서 그대로 두고 올 수밖에 없었는데, 후일에 기사인 페노 씨의 지휘하에 곤란하고 위험한 급류를 내려가는 데 성공했다. 이 유물들을 포장하고 운반하는 일은 현지의 야생인들이 했는데, 뗏목과 관련된 미신을 믿는 그들이 한때는 그 일을 포기하기도 했지만, 크메르인의 중개 덕분에 무사히 스탕그촌에 도착했다. 거기에서 호수로 향하는 배에 옮겨, 그 후 에티엔 에모니에Etienne Aymonier(1844~1929) 씨가 증기선으로 프놈펜까지 이송했다.[20]

그림10 〈프랑스로 가져온 조각상들을 프레아 칸에서 급류로 이송〉, 들라포르트 저 『캄보디아 여행』의 삽화

프레아 칸의 유물반출에 대해서는 〈프랑스로 가져온 조각상들을 프레아 칸에서 급류로 이송〉(그림10)이라는 삽화가 있다.[21] 그림 오른쪽 하단의 거대한 용과 같은 악어는 모험담의 영웅성을 고양시키기 위한 연출이겠지만, 조각상을 적재한 뗏목으로 급류를 내려가는 것은 위험천만한 일이어서, 문화재보호의 관점에서 보면 도저히 용인될 수 없는 행위이다. 한 점이라도 많은 조각상을 프랑스로 가져가기를 원했던 들라포르트는 "미술품의 질보다도 이송 가능한지의 여부를 우선"시하여, 유물을 위험한 여행의 동반자로 삼았던 것이다.

그런데 이러한 인용문에서도 알 수 있듯이, 유물이송에는 들라포르트뿐 아니라, 현지의 식민지관리官吏로서 들라포르트와는 별도로 크메르 비문조사를 했던 에티엔 에모니에나 장 무라가 관여하고 있었던 것으로 보아, 프랑스 당국에 의한 조직적인 작업이었음을 알 수 있다. 더불어 인용문에는 쿨리로 일하던 '현지의 야생인'이 몇 번씩이나 언급되고 있다. 삽화에 검은 피부로 그려져 있는 인물들로서, 베트남, 라오스, 캄보디아 각지에서 생활하는 소수 부족의 원주민들인데, 그들과 '크메르인'이 구별되고 있다는 점도 여기에서 주목할 가치가 있을 것이다.

그리하여 유물은 우선 프놈펜으로 옮겨져 사이공으로 건너갔고, 그리고 최종적으로 프랑스의 파리로 들어갔다. 후일, 파리로 돌아온 들라포르트는 도착한 유물 짐을 푸는데, 그때의 모습을 이렇게 기술하고 있다.

> (이송한) 주형을 복원하는 작업은 곤란하기 그지없었고, 또한 악천후나 이송 시의 충격으로 인해 완전한 형태로 반입하는 것이 곤란했으며, 진품의 섬세함을 완전히 전하는 것은 아니었다.[22]

이 구절에서 언급하고 있는 것은 현지에서 채취한 주형에 대해서이지만, 이송의 "충격으로 인해 완전한 형태로 반입하는 것이 곤란"했다고 보고한 사실을 무시할 수 없다. 캄보디아에서의 급류이송이나 악천후뿐만 아니라, 사이공에서 프랑스로 수송할 때의 '충격'에 의해 유물이 무수한 상처를 입게 될 위험성이 있었다. 마치 목숨을 건 모험담으로 술회하고 있는 들라포르트의 이야기에서, 최대의 위험에 노출된 것은 이송된 고고학적 유물이나 고미술품이며, 인적 피해로 인해 잃어버린 유물도 있었을 것이라는 사실을 우리는 잊어서는 안 될 것이다.

들라포르트의 유물이송은 단순히 캄보디아의 문화재유출에 관한 문제를 내포하고 있을 뿐 아니라, 문화재보호의 관점에서도 크게 의심을 해야 할 행위였다. 하지만 그에게도 문화재보호의 사상이 적잖이 있었다는 것만큼은 여기서 지적해두자. 그는 유적으로부터의 유물반출을 변명하듯이 유적수복과 보존의 필요성을 주장했다.

붕괴되고 있다고는 하지만 인도차이나의 사원들에 관한 연구는 아직 가능하다. 다만 시급히 연구를 개시해야 한다. 건축물의 붕괴(파괴)는 아마도 시암의 침입을 받았던 최초의 시대에 시작되었다고 생각되지만, 그 시대 이후에도 험난한 기후나 번식하는 식물들의 위협을 받아 꾸준히 붕괴가 진행되고 있다. (…) 그래도 몇 개의 건축물의 전체이건 부분이건 우선 그다지 붕괴되지 않은 건축물, 특히 중요하다고 여겨지는 것들을 우선시하고, 나아가 주민들의 주거지로부터 그리 멀지 않은 것을 선택하여 보전하는 것은 가능하다고 생각한다. 우리들이 비호하는 노로돔 국왕은 기꺼이 그리고 틀림없이 이와 같은 작업에 협력할 것이다.[23]

그러나 들라포르트가 계속해서 진술하는 것처럼, 당시 "가장 중요하고 또한 현재까지 비교적 보존이 잘되어 있는 폐허들은 시암의 영토에" 있었다. 그런 까닭에 그는, 시암의 '방콕정부'에 대해서도 캄보디아 국왕에게 한 것처럼 유물조사의 협력을 구하는 교섭을 실시하여, 조급히 보전작업에 착수해야 한다고 제언하고 있는 것이다. 이 교섭이 열매를 맺는 것은, 들라포르트가 그것을 주장한 지 약 30년 후인 1907년이었고, 앙코르 유적군의 본격적인 보전작업이 개시되는 것은 그해를 기다려야 했다.

물론 들라포르트의 유적보존의 필요성에 대한 주장이 순수하게 학술적인 수준에서 이루어진 것은 아니었다. 그의 생각이, 식민지 지배를 정당화하던 당시의 식민주의자들의 의식과도 깊이 결부되어 있다는 것을 지적해두어야 할 것이다. 후에 '프랑스극동학원'이 창설될 때가 되어서야 명확해지는 식민지에서의 고고학의 정치성에 대해서는 다음 장에서 상세하게 검토하겠지만, 들라포르트 또한 폐허가 된 앙코르 유적과 식민지의 황폐를 결부시켜 식민지 고고학의 정당성을 주장하고 있다는 것을 여기에서 확인해두고 싶은 것이다. 유적보존의 필요성을 호소한 후 그는 다음과 같이 말을 이어가고 있다.

(앙코르 지방의 주민은) 불행하게도 대부분의 위대한 폐허를 그대로 방치할 수밖에 없고, 폐허는 근접하는 것조차 어려운 상태가 되어 있으며, 무너져 내린 잔해는 무서운 뱀이나 무수한 맹수들이 살기에 아주 적합한 집이 되어버렸다. 이미 문자 그대로 와력의 산에 지나지 않게 된 이 건축물들을 앞에 두고 해야 할 최량의 구제책은, 거기에서 우연히 발견할 수 있었던 손상당하지 않은 소수의 조각들을 가능한 한 많이 수집하는 것이다. 그리하여 우리들은 주어진 사명mission을 수행하던 가운데, 와력으로부터 다수의 진품을 회수하여, 오늘(1880년), (프랑스의) 크메

르미술관에 전시한 것이다.[24]

　　당시 이 지역을 통치했던 시암의 국왕이 유적을 보존하지 않는 이상, 새로운 보호자(식민지 통치자)가 된 프랑스가 유적을 보호할 수밖에 없다. 들라포르트는 이렇게 호소하면서 유적으로부터 유물을 반출해 프랑스로 이송하는 것도, 유적보전의 일환이라고 정당화했던 것이다.

들라포르트의 크메르미술관(美術觀)

　　앙코르의 유물을 파리로 이송시킨 들라포르트에게는 그 미술적 가치에 대한 확신이 있었다. 오늘날에는 세계문화유산으로 이름 높은 앙코르 유적군의 미적 가치에 이의를 제기할 사람은 없겠지만, 당시에는 달랐다. 예를 들면, 1901년에 앙코르 유적을 방문한 피에르 로티 Pierre Loti(1850~1923)는 바이욘사원의 탑을 "땅딸막하고 거대한 솔방울"에 비유했고, 유명한 사면탑의 존안(尊顔)에 넘쳐나는 웃음을 "중국 괴물의 대담한 웃음보다도 불안을 준다"라고 평했다.[25] 유럽문화와는 완전히 이질적인, 더욱이 폐허가 되어 전체 모습은 파악조차도 되지 않는 유적과 그 유물에 대해, 주저 없이 높은 미적 가치를 부여한 들라포르트의 평가는 지극히 예외적인 것이었다.

　　들라포르트는 처음 이 유적을 방문했을 때, 그 아름다움을 직감적으로 느낀 것 같다. 최초의 답사에서부터 16년 후의 저작에 기술했던 내용을 그대로 받아들일 수는 없겠지만, 그는 다음과 같이 이야기했다.

이 기묘한 유적들을 목격하고, 나도 또한 진심으로 충격을 받았다. 하지만 나는 이 건축물들의 대담한 장엄함보다는 전체의 완전한 하모니에 감명을 받지 않을 수 없었다. 인도와 중국의 혼합으로 생겨난 크메르미술은 극동의 아테네인이라 부를 만한 예술가들에 의해 세련되게 다듬어지고 승화되어, (…) 광대한 아시아에서 가장 아름다운 인간적인 표현이 되었다. (…) 한마디로 하면, 이것은 (그리스와는 다른) 또 하나의 미의 형태이다.[26]

그보다 앞서 앙코르 유적을 실제로 본 앙리 무오가 그 건축가를 "오리엔트의 미켈란젤로"라고 비유한 것에 대해, 들라포르트는 고전예술을 창조한 고대 그리스의 "아테네인"이라고 불렀다. 더 나아가, 그는 고대 이집트나 아시리아의 미술도 예로 들고 있다.

이토록 오랜 기간에 걸쳐 무시되어온 위대한 예술적 건축물 앞에서, 나는 이것을 유럽에 알리고 싶다는 욕망을 억누를 수 없었다. 고대 크메르의 컬렉션에 의해 우리나라의 미술관을 풍요롭게 하고 싶다는 느낌을 지울 수 없었던 것이다. 그것이 차지해야 할 위치는 이집트나 아시리아의 고대미술에 필적한다.

크메르미술 안에서, 그는 서구미술의 기원이 된 고대미술에 필적하는 미적 가치를 인정했던 것이다(정확한 건축연대를 파악하지 않았던 들라포르트는, 역사적 가치에 대해서는 언급하지 않았다). 19세기 후반기에는 이미 고대 이집트와 고대 그리스의 미술이 고고학과 미술사연구의 핵이 되어 있었고, 크메르미술이 연구할 가치가 있는 미적 가치를 지니고 있다는 것을 설명하기 위해, 이 미술들이 비교의 대상이 되었다고 해도 이상할 것은 없다. 들라포르트의 관점에서는 고대 그리스미술과 같이 앙코르의 유물도 또한 서구 지식인들의 연구대상이 되기에 충분한 미술이며, "우리나라의 미술관", 즉 루브르미술관에 고대미술과 함께 전시해야 할 미술품이었던 것이다.

들라포르트는 크메르미술의 '미'를 이야기하는 데에 서구의 고대미술을 비교대상으로 했지만, 일반적으로 자주 비교대상이 되어왔던 이웃 인도나 인도네시아의 미술을 몰랐던 것은 아니다. 크메르 조각의 '미술사적' 분석을 시도한 『캄보디아 여행』의 제10장에서 들라포르트는 다음과 같이 기술하고 있다.

> 우리들은 이 장에서 고대 캄보디아의 건축물이 인도의 모든 시대의 사원이나 자바의 사원과 공유하고 있는 수많은 유사점에 대해 설명할 생각은 없다. (…) 아무리 유사하다 하더라도 크메르의 건축물은 이미 보신 것처럼, 극동의 어떤 나라의 미술과도 비교할 수 없을 정도로 뛰어나기 때문이다.[27]

크메르미술이 인도나 자바의 미술보다도 뛰어나다고 하는 주장에는 미적 평가와는 별도의 의미가 들여다보인다. 다른 곳에서 들라포르트는 이렇게도 쓰고 있다.

> 과거의 빛나는 기억을 풍부하게 소유하고 있는 인도네시아의 통치자인 우리들 (프랑스인)은, 이 나라(캄보디아)에서, 자바의 네덜란드인, 그리고 인도의 영국인들과 같은 학술적 역할을 수행하기 위해 소환되었던 것이다.[28]

당시 인도의 유적은 대영제국에 의해, 인도네시아는 네덜란드에 의해 발굴·조사되고 있었다. 크메르미술이야말로 극동에서 가장 우수하고 이것에 필적하는 것은 서구의 고대미술 외에는 없다고 호소함으로써, 캄보디아의 보호국으로서 앙코르의 독점적인 조사를 수행할 수 있도록 프랑스의 특권성을 강조했던 것이다. 들라포르트에게는 영국이나 네덜란드의 고고학에 대한 대항의식이 분명히 있었다. 특권의식과 대항심은 20세기의 프랑스인 고고학자들에게도 인계되었을 것이다.

이렇게 들라포르트는 앙코르 유적으로부터 나온 크메르미술을 매우 높게 평가했다. 대담하게도 "크메르미술은 인도미술을 능가함과 동시에 캄보디아를 지리적 중심으로 하는 이들 지역의 예술을 요약하고 있다"라고조차 진술하고 있다.[29] 그리고 그는 "드디어 프랑스에 크메르의 컬렉션을 축으로 하여 극동의 모든 고고학적 기념물"이 모이게 될 것이라고 예언했다. 그 후의 역사를 생각하는 데 있어서 흥미 있게 기억해두어야 할 함축성 있는 말이다. 이 책의 제3장에서 상술하겠지만, 이 예언은 적중했고 프랑스에서는 크메르미술을 극동의 축으로 하는 독특한 동아시아미술사 구상이 완성되어간다. 그 연장선상에, 서장에서 소개한, 정면 현관에 크메르미술을 설치한 오늘날의 기메미술관이 있다.

크메르미술의 우수성을 설파한 들라포르트의 미학적, 미술사적 근거에 대해 좀 더 구체적으로 검토해보자.

크메르미술을 칭찬하는 그의 핵심어는 '전체적인 조화(앙상블, 하모니)'이다. 예를 들면, 앙코르의 건축물은 무엇보다도 '조화'라는 면에서 매우 출중하다. 대조적으로 인도의 건축물은 '공상적fantastic'이고 '통일성'이 결여되어 있다고 그는 진단한다.[30] 이 평가에 통일성이나 조화나 합리성을 비평의 규준으로 삼고 있는 고전주의적이고 아카데믹한 미술관美術觀이 보인다고 해도 좋을 것이다. 들라포르트는 이국적인 진기한 미적 유물로서가 아니라, 미의 왕도

DISPOSITION GÉNÉRALE DU TEMPLE DE BAION.
(Dimension totale du plan de l'est à l'ouest : 230 mètres.)

그림11 〈바이욘사원의 평면도〉, 들라포르트 저 『캄보디아 여행』의 삽화

를 가는 고전적 미술로서 크메르미술을 평가했다. 그래서 고대 그리스미술에 필적한다고 주장했던 것이다. 피에르 로티가 바이욘사원에서 불안함을 느꼈듯이, 폐허화된 당시의 앙코르의 건축물은, 카오스로 가득한 그것이야말로 보는 이들에게 공상적이고 신비적인 감각을 주었던 것이며, 들라포르트는 감히 그 대극에 있는 '조화'라는 개념을 도출했던 것이라 상상할 수 있다. 그리고 그것이 이례적인 주장이었던 까닭에 그는 폐허가 된 섬뜩한 외견과는 대조

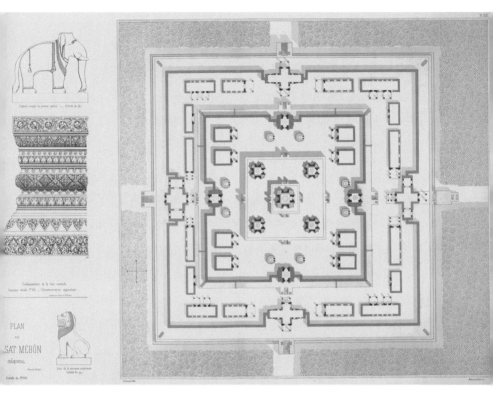

그림12 〈메본의 평면도〉, 들라포르트 저 『캄보디아의 건축물 제1권』(1914)의 삽화

적인 기학학적 통제가 이루어진 평면도나 복원도를 작성해, 자신의 저작물에 다수 수록했다. 예를 들면 〈바이욘사원의 평면도〉(그림11)를 보자.

광물의 결정체를 연상케 하는 아름다운 평면도로서, 들라포르트가 주장하는 건축물의 '조화'를 표현하기에 충분한 것이다. 밀림과 토사에 매몰된 당시의 바이욘에서 들라포르트가 고고학적으로 정확한 측량을 했는지의 여부는 의심스럽다. 여기에는 복원도와 마찬가지로 그의 상상이 개입했을 것이다.

보다 정확성을 기한 그의 만년의 저작에서도 〈메본Mebon의 평면도〉(그림12)에 전형적으로 나타나듯이, 섬세한 선과 채색으로 한층 더 아름다운 평면도가 제작되었다. 한 개의 예술작품이라고 불러도 좋을 만한 완성도이다.

그런데 들라포르트는 이와 같이 평면도를 제작해 '신들의 받침대'가 되는 건축물의 구조에서 '조화'를 발견한 셈인데, 이 직사각형矩形의 구조에 관해 재미있는 것을 이야기하고 있다. 자신이 제시한 평면도에서 이집트의 피라미드와 유사한 구조를 찾아낸 것이다. 그리고 '크메르 건축의 기원'에 대해 거듭 고찰하여, 다양한 조각적 요소를 하나의 구조체로 제시한 '피라미드' 구조의 건축물이 이집트를 기원으로 하여 칼데아Chaldea(고대 바빌로니아 지방), 실론, 자바 그리고 인도차이나로 전파되었을 가능성이 있다고 주장했다.[31] 또한 중남미의 마야나 페루에도 같은 구조의 건축물이 있다고 주석을 달았다.[32]

거의 같은 무렵, 일본의 건축사가나 미술사가들도 호류지法隆寺의 엔타시스entasis*의 기원을 그리스의 신전에서 찾고자 했는데, 동일한 과대망상의 보편적 미술사관을 들라포르트도 공유하고 있었던 것이다.

이집트로부터의 영향을 시사하면서도, 들라포르트는 기묘하게도 인근한 대국인 인도로부터의 영향은 중시하지 않았다. 역사적인 문제보다도 미적 가치를 우선한 그는 인도미술과의 영향관계에 대해 다음과 같이 기술하고 있다.

인도의 예술은 (크메르인들에게 있어서) 출발점일 뿐이었다. 밑그림을 입수하여 교묘하게 자기 것으로 만든 그들은, 그들 고유의 취미와 독창성으로 예술작품을

---

* 기둥 중간의 배가 약간 나오도록 한 건축 양식.

만들어갔던 것이다.[33]

이러한 어조는 거의 같은 시기에 일본미술을 평가한 프랑스의 일본미술애호가들의 논법과 매우 유사하다. 중국의 영향을 받으면서도 일본의 미술은 독특한 발전을 이루어, 고유의 우아함과 아름다움에 도달했다고 평가되었다.

잘 알려져 있듯이, 들라포르트가 『캄보디아 여행』을 출간했을 무렵, 즉 1880년대의 파리는 자포니즘Japonisme*의 와중에 있었고, 일본미술이야말로 극동아시아에 있어서 가장 우아하고 아름다우며 조화로운 미술이라고 하는 담론도 나타나기 시작했다. 1890년에는 고대 그리스 전문가인 에드몽 포티에르Edmond Pottier(1855~1934)가 「그리스와 일본」이라는 제목의 논문을 발표하여, 일본미술과 고대 그리스미술을 비교검토하기도 했다.[34] 프랑스에서 이 관점이 수정되어, 일본미술에 영향을 끼친 중국 고미술의 지위가 복권되는 것은 20세기 초기이다. 안타깝게도, 크메르미술이야말로 극동 최고의 예술이라고 주장한 들라포르트는 파리에서 주목을 모으고 있던 일본미술에 대해서는 일체 언급하지 않아서 그의 일본미술관美術觀에 대해서는 알 수가 없다.

파리에서 열린 최초의 크메르미술 전시

일본미술을 애호하던 당시의 자포니즘에는 전혀 관여하지 않았던 들라

---

* 일본주의로 번역되기도 한다. 구미의 미술에 끼친 일본의 영향이나 그 풍조를 가리킨다.

포르트이지만, 1870년대에 동아시아의 고고학적 답사를 마치고 캄보디아의 고미술품을 프랑스로 가져온 그에게, 거의 같은 시기에 중국이나 일본을 방문해 미술품을 수집한 에밀 기메(1876년)나 앙리 체르누스키Henri Cernuschi(1821~1896)와 테오도르 뒤레Théodore Duret(1838~1927)(1870년)에 대한 대항의식이 없었다고는 할 수 없을 것이다.

단순한 우연일까 아니면 필연일까? 들라포르트와 기메는 파리에서 개최된 1878년의 만국박람회에서 함께 극동에서 입수한 고미술품을 일반에게 공개하게 되었다. 장소는 박람회를 위해 건립된 트로카데로 궁내의 '고대미술과 비서구의 민족지적民族誌的' 미술' 갤러리였다. 처음으로 파리의 일반 대중들 앞에 나타난 크메르 조각(그림26 참조)은, 에밀 기메가 수집한 '인도·중국·일본의 컬렉션'과 나란히 전시되었다. 그러한 의미에서 들라포르트에 의한 크메르의 유물이송은 18세기 이래의 오리엔트탐험사의 한 페이지로서, 그리고 19세기의 동방취미의 연장선상에서 생겨난 자포니즘과도 연동된 역사적 사건으로 기억되어야만 할 것이었다.

자포니즘 연구에 의해 이전부터 알려져온 바와 같이, 일본을 방문한 기메는 주로 불상이나 불화 등 종교적 유물을 수집했다. 1878년의 만국박람회장의 사진(《르몽드 일류스트레Le monde illustre》 지, 1878년 11월 10일)(그림13)은 그의 컬렉션의 내용을 잘 보여주고 있다.[35] 이국적인 식물과 함께 늘어서 있는 것은 작은 불상이나 불구佛具들이다. 벽에는 여행에 동행한 화가 펠릭스 레가메Felix Régamey가 일본풍속을 그린 유화가 걸려 있다.

---

* 민족지는 여러 민족의 생활양식 전반에 관한 내용을, 해당 자료를 수집하여 체계적으로 기술한 것을 말한다.

그림13 1878년의 파리 만국박람회에서의 일본미술 전시풍경, 《르몽드 일류스트레》, 1878년 11월 10일

　서장에서 소개한 것과 같이, 기메가 수집한 일본미술품의 대부분은 오늘날 전시되지 않고 수장고에 잠들어 있는 것과는 대조적으로, 들라포르트의 크메르미술 컬렉션은 미술관의 얼굴이라고도 할 수 있을 만큼 1층 정면입구를 장식하고 있다. 그러나 1878년의 만국박람회에서는 사태가 크게 달랐었다. 이 박람회에는 기메의 수집품과 더불어 공식참가한 일본정부로부터의 출품도 있었다. 회장의 '제 국민諸國民 거리'에는 일본전시관이, 트로카데로에는 일

본의 민가民家도 세워졌고, 도자기나 칠기를 중심으로 하는 공예품도 다수 소개되었다. 파리의 일본 붐이 현재화하기 시작한 시기였다. 일반 대중들의 주목도라는 점에서는 들라포르트의 크메르미술보다도 기메의 일본미술이 이기고 있었다.[36]

기메는 때마침 불어온 자포니즘이라는 순풍을 타고 이듬해인 1879년에 고향인 리옹에 기메미술관을 개관했다. 한편 들라포르트는 1872년의 답사를 끝내고 파리에 앙코르의 유물을 가져오기는 했지만, 염원이었던 루브르미술관 전시는 이루지 못하고, 크메르미술의 미적 가치를 유럽인들로부터 인정받고자 했던 그의 계획에도 암운이 드리워지고 있었다.

여기에서 크메르미술이 파리에서 처음으로 전시되기에 이르는 경위를 상세하게 추적해보자.

오랜 뱃길 여행을 마치고 들라포르트의 '전리품'이 파리로 옮겨진 것은 1873년이었는데, 앙코르의 유물은 파리에서 반드시 환영을 받은 것만은 아니었다. 귀중한 유물이 들어 있는 짐은 제대로 풀지도 않고 우선 루브르미술관으로 옮겨졌다. 그러나 들라포르트의 증언에 따르면, "당시, 루브르궁에는 이 중요한 컬렉션을 전시하기 위한 충분한 공간이 없었다."[37] 그는 이렇게 표현하고 있지만 실제로는 어땠을까. 루브르미술관은 머나먼 극동에서 옮겨져 온, 막 재발견된 고고학적 유물을 받아들일 마음의 자세가 되어 있었던 것일까.[38] 결국 전시는 이루어지지 않았고, "다양한 유물을 포장한 기묘한 형태의 짐짝 120여 개가 이집트의 고미술품 전시실에 인접한 통로에 1개월 이상이나" 쌓인 상태 그대로 있었다. 들라포르트는 루브르미술관에서의 전시라는 꿈을 단념할 수밖에 없었다. 더구나 그는 일시적인 보관장소를 찾아서 "산업궁에도 샹젤리제궁에도 요청했지만, 그 어느 곳에도 전시할 장소가 없었다."

SALLE DES ANTIQUITÉS KHMER AU PALAIS DE COMPIÈGNE
Côté droit, avant leur transport au Trocadéro.

LES ANTIQUITÉS KHMERS
Telles qu'elles étaient installées dans la grande salle du palais de Compiègne (côté gauche).

그림14 콩피에뉴성 크메르미술관의 전시풍경, 에밀 솔디 저 『알려지지 않은 예술, 트로카데로의 신미술관』(1881) 삽화

들라포르트의 낙심이 얼마나 컸을까. 어쩔 수 없이, 그는 목표 지점이었던 파
리로부터 다시 유물을 교외로 이동시킬 수밖에 없었다. 우선 파리 북쪽으로
50킬로미터 정도에 위치한 콩피에뉴성Compiègne Chateau에 전시하는 것이 가능하
게 되었기 때문이었다.

　18세기에 루이 15세의 별장으로서 건설된 콩피에뉴성은, 1870년까지의 제
2제정하에서 나폴레옹 3세의 거성居城이 되었는데, 주인을 잃고 나서부터는

이용되지 않고 있었다. 거기에는 거대한 조각상을 전시하기에 안성맞춤인 넓은 공간이 있었다. 그것이 들라포르트에게 할당되었던 것이다(오늘날에도 미술관으로 사용되고 있다). 그리하여 70점의 진품 조각과 앙코르와트에서 수집한 40점의 주형, 그 외에 수채화 데생과 사진자료가 한 지붕 아래에 전시되었다. 앙코르 유적의 유물은 일단 파리 교외에 거처를 마련하여, '크메르미술관'이라는 이름으로 1874년에 일반에게 공개되었던 것이다[39](그림14).

그러나 이 시대에는 아직 실체를 알 수 없는 아시아의 신상神像을 보기 위해서 일부러 파리의 교외까지 찾아오는 공기는 흐르지 않았다. 들라포르트의 생각이 일반 대중들에게까지는 다다르지 않았다. 크메르미술이 파리의 미술 애호가들의 관심을 끌고, 그것이 붐을 일으키는 것은 1920년대를 기다려야 했다(이 현상 자체가 앙코르 고고학의 발전과 궤를 같이하고 있다). 일반 대중의 무관심에 대해 들라포르트는 다음과 같은 보고를 남기고 있다. 유물이 콩피에뉴에 도착하여 처음으로 짐을 풀었을 때의 일이다.

우리들은 겨우 짐을 풀고, 먼지투성이의 파편들을 꺼냈다. 파편은 언뜻 보아서는 어떻게 조합되어 있는지 알 수 없었고, 적확하게 조립하여 이해 가능한 조각상으로 만들 필요가 있었다. 이 섬세한 수복작업을 지휘하는 나의 작업실을 최초로 찾아준 소수의 방문자들은 모두 조각상의 기묘하고 완전히 썩어버린 얼굴에 우선 놀랐다. 여태까지 전혀 지식이 없었던, 먼 곳에서 날아온 이 예술이 위대한 예술인가 아닌가 자문하면서 방문자들은 모두 고개를 갸웃거렸던 것이다.[40]

그래도 들라포르트는 체념하지 않고, "연구와 미술 컬렉션 전시의 중심지인 파리에서 공개되는 날이 진정한 의미에서의 공개라고 해야 할" 것이라고 마음에 새기고, 루브르에 크메르미술이 전시되는 날을 손꼽아 기다렸다. 그리고 그날은 비교적 빨리 찾아오게 되었다. 그것이 1878년의 만국박람회이다. 나중에 자세하게 검토하겠지만, 19세기의 아시아 미술품 전시에 관해 만국박람회가 해낸 역할은 지극히 크다.

해군 대위로서의 임무를 수행하는 중이었지만, 1876년에 1년간의 휴가를 얻은 들라포르트는 만국박람회의 전시를 위해 콩피에뉴의 미술품 정리와 주형을 이용한 복제 제작에 정력을 쏟았다. 그리고 박람회를 맞아 트로카데로궁의 '고대미술과 비서구의 민족지적 미술' 갤러리에 크메르의 조각상과 복제품의 전시를 실현했다.

박람회를 통해 파리에서의 최초 공개라는 꿈을 실현한 들라포르트는 이것을 호기로 삼아 전시회장이 된 트로카데로궁 안에 박람회 후에도 상설전시를 계속할 수 있는 '캄보디아고미술전시실'을 확보하려고 획책했고, 드디어 그 건물 지하에서 장소를 확보하는 데 성공한다. 박람회 종료 후인 1879년, 트로카데로궁은 '트로카데로미술관'이라는 총칭하에 고대 이집트미술부터 서구의 중세, 그리고 르네상스의 미술작품(주로 복제품)을 전시하는 미술관으로 개관하는데, 그 왼쪽날개였던 '고대역사미술관'의 한편에 크메르미술을 설치하는 공간을 확보했던 것이다.[41] 루브르미술관 입성이라는 꿈은 이루지 못했지만, 파리 시내에서의 전시라는 목표는 달성했던 것이다.

그렇지만 미술품의 태반은 아직 콩피에뉴성에 전시되어 있던 채 그대로였다. 모든 미술품을 전시하기 위해서는 전시실의 확정을 도모해야 했다. 이 장에서 종종 인용하고 있는 1880년의 그의 저서 『캄보디아 여행』은 이러한 시기에 집필된 저작이다. 이 저작의 출판에는, 박람회를 보러 온 파리 시민들을 대상으로 크메르미술의 미적 가치를 설명하고, 전시실의 확장과 더 많은 컬렉션의 충실화를 도모하고자 하는 프로모션적인 목적도 있었다는 것이다.

들라포르트의 저작은 여태까지 살펴본 것과 같이, 유물의 발견 및 이송과 관련된 모험담으로서뿐만 아니라, 파리에서의 전시를 이루어낸 그의 새로운 야망을 보여주는 글로서 새롭게 읽어볼 수도 있다. 평면도나 복원도 외에 그는 조각상의 데생도 다수 삽화로 게재하고 있는데, 그것들은 당시에는 트로카데로궁의 캄보디아전시실과 콩피에뉴성의 크메르미술관에 전시되었던 작품들이었다. 이른바, 이 책은 파리로 가져온 크메르미술품의 도록이기도 했던 셈인데, 그 컬렉션을 보여주면서 들라포르트는 이렇게 이야기하고 있다. 그는 "크메르 고미술 컬렉션은 실마리가 잡힌" 것에 지나지 않으며, "모든 종류의 표본을 망라"해야 하며, 더욱이 "새로운 탐험가들이 새로운 보물을 계속 수집"해야 한다고 했다. 박람회 기회에 편승해서 겨우 전시실을 확보했다는 상황에 처해 있었음에도 불구하고, 그는 더욱더 컬렉션을 충실화하기 위한 방침을 호언장담했던 것이다.

그리고 "프랑스와 인도차이나의 관계가 양호해지면서, 우리 크메르미술관은 소장품의 양과 질을 향상시켜가게 될 것이다"라고 희망적인 관측을 첨언했다.[42] 하지만 이 예측이 틀리지는 않았다.

크메르미술관에서 인도차이나미술관으로

전시실의 확보와 출판의 실현이 들라포르트의 최종목표는 아니었다. 여기서부터 그의 제2의 인생이 시작된다. 저서를 출간한 1880년, 그는 결의를 새롭게 하여 20년간 근무하던 해군을 사직하고, 반입해온 미술품의 연구와 미술관의 충실화에 전력을 투구해간다. 불혹의 나이에 가까운 38세에 군인에서 문인오리엔탈리스트로 변신을 도모했던 것이다.

우선 그는 컬렉션의 충실화를 위해 새로운 답사여행을 계획한다. 그에게는 세 번째가 되는 인도차이나 답사가 실행으로 옮겨진 것은 1881년 10월 3일부터 1882년 2월 15일까지에 걸쳐서이다. 이 조사에 대해 여기서 상술할 필요는 없을 것이다. 당시의 아시아 답사로서는 매우 단기간의 조사로 계획되었다. 그만큼 목적을 분명히 하고 있었다는 것이다. 즉, 이전의 답사에서 이송시키지 못하고 방치해둔 조각류나 주형을 회수하여, 미술관의 충실화를 위해 파리로 가져가는 것만이 그 목적이었다. 현재 국립고문서관에 남아 있는 자료에 의하면, 이 조사의 목적은 "크메르의 고대 건축물의 예술적 그리고 고고학적 연구를 현지에서 완수함과 동시에, 크메르미술관을 보완할 수 있는 조각과 기념물을 현지에서 수집하기 위한" 것이었다.[43]

그리하여 1880년대에도 컬렉션을 늘려갔던 들라포르트는 1889년에 트로카데로 궁내의 캄보디아고미술전시실의 확장에 성공하여, 콩피에뉴로부터 모든 크메르미술품을 이동시켰다. 그리고 새롭게 '인도차이나미술관'이라는 명칭을 내걸고 모든 컬렉션을 파리에서 공개했다.[44] 신기하게도 같은 해인 1889년, 리옹에서 미술관을 소유하고 있던 에밀 기메도 파리 진출을 도모하여 이에나 광장에 현재의 기메미술관을 개관했다. 기메가 파리의 본거지로 정한 장소는 들라포르트가 인도차이나미술관을 확보한 트로카데로궁으로부터 도보로 3분도 채 걸리지 않는 곳이었다.

이때부터 같은 극동의 미술품들을 전시하는 인도차이나미술관과 기메미술관의 복잡한 관계가 시작된다. 그리고 들라포르트와 기메라는 두 창설자가 사망한 후인 1920년대에는 인도차이나미술관이 기메미술관에 흡수·병합되게 된다. 이에 대해서는 제4장에서 검토하기로 하고, 여기에서는 새로운 인도차이나미술관에서 들라포르트가 어떤 일을 했는지에 대해서 자세히 살펴보도록 하겠다.

1889년에 새롭게 전시실을 증설하여 개관한 트로카데로 궁내의 인도차이나미술관은 그 이후 100점 이상의 크메르의 진품 조각물 외에 현지에서 채취한 다수의 주형과 사진자료를 전시·수장收藏하는 시설이 되었고, 크메르미술의 연구의 장으로서 본격적으로 기능하기 시작했다. 1910년에 간행된 목록에는 162점의 진품 크메르 조각물이 등록되어 있다.[45]

들라포르트는 컬렉션의 충실과 전시의 정비에 적극적으로 관여했다. 1880년에 해군을 사직한 그는 자원봉사로 미술관의 정비와 확장에 종사했던 것이다. 1889년에는 '트로카데로미술관 크메르 컬렉션 학예원'에 임명되지만, 이것은 무급의 직책이었다.[46]

1881~1882년의 세 번째 인도차이나 답사로 인해 건강을 해친 들라포르트는, 그 후 앙코르 유적을 찾아가는 일은 없었다. 그러나 계속적으로 인도차이나에 파견되는 조사단에게 조각상이나 주형의 제공을 요구하여, 미술품의 소장품을 계속 증가시켜간다. 특필할 만한 것은 1887~1888년의 루시엥 푸르누로Lucien Fournereau(1846~1906)에 의한 조사이다. 코치시나에서 건축기사를 하고 있던 푸르누로를 앙코르 유적으로 가게 한 들라포르트는 13점의 진품 조각과 520점에 이르는 대량의 주형과 데생류를 미술관을 위해 입수했다. 게다가 20세기에 들어 인도차이나에 설립된 프랑스극동학원에 의뢰하여, 주로 주형이나 사진자료를 지속적으로 입수했다. 후술하겠지만, 인도차이나미술관의 이름에 어울리는 컬렉션을 갖추기 위해 앙코르의 유물뿐 아니라 베트남 중부의 참파Chăm Pa 유적의 유물이나 주형도 수집했던 것이다.[47] 또한 프랑

스에서는 1906년과 1922년에 내국식민지박람회가 개최되는데, 이 박람회를 위해 이송된 조각류의 일부를 박람회 후에 입수하는 등, 모든 기회를 이용하여 컬렉션을 충실하게 하려고 노력했다.

　그런데 들라포르트가 설립하여 분주하게 움직이던 미술관은 당시부터 '크메르미술관', '캄보디아미술관', '인도차이나미술관' 등으로 명칭이 혼란스럽게 불려왔다. 그래서 오늘날의 연구서에서도 명칭의 혼란을 볼 수 있다. 하나의 독립된 건물이 아니라 트로카데로궁의 일각을 차지했을 뿐인 시설이었기 때문에, 고정된 명칭이 침투하지 않았던 것으로 상상이 된다. 이 책에서는 들라포르트가 사용한 호칭을 존중하여 콩피에뉴성에 1873년에 개설된 시설을 '크메르미술관', 만국박람회 이듬해인 1879년부터 트로카데로 궁내에서 일반 공개되었던 시설을 '트로카데로미술관 캄보디아고미술전시실', 전시실을 새롭게 증설한 1889년 이후를 '인도차이나미술관'이라 부르기로 한다. 1888년까지는 주로 들라포르트가 캄보디아에서 입수한 조각품이나 주형이 소장품의 중심이었기 때문에, '크메르미술관' 혹은 '캄보디아미술관'이라 불러도 좋겠지만, 1889년의 증설 이후에는 크메르미술뿐 아니라 "인도차이나 전역의 예술작품" 및 "네덜란드정부로부터 증정받은 자바의 사원 건축물이나 조각상"도 전시되었고, 그러한 의미에서 '인도차이나미술관'이라 부르는 것이 마땅할 것이다.[48]

인도차이나미술관의 복제품 전시

　그런데 들라포르트의 인도차이나미술관에는 오늘날의 일반적인 미술관과

그림15 인도차이나미술관의 바이욘사원 사면탑 복제품, 과거 사진.

는 크게 다른 특징이 하나 있었다. 이 미술관에는 오리지널 미술품뿐 아니라 현지에서 채취한 주형을 바탕으로 하여 제작한 복제품도 전시되고 있다는 점이다.[49] 게다가 들라포르트는 미술관 안에서 가장 눈에 띄는 중요한 장소에 거대한 복제품을 전시하고 있다. 바이욘사원의 사면탑 복제품(10분의 1 크기) (그림15)이 그 일례이다. 이것은 도대체 어떻게 된 일일까.

오늘날 (고대 로마시대에 만들어진 고대 그리스의 조각상 복제품이나 유명화

그림16 트로카데로 비교조각미술관 입구, 『르 마가잔 피토레스크Le magasin pittoresque』(1883년 7월)의 삽화

가에 의한 모사를 제외하고) 복제품이 미술관에 전시되는 일은 거의 없다. 진품(오리지널)주의라고도 부를 수 있는 사상이 현재의 미술관을 지배하고 있다. 그러나 19세기 후반기에는 그렇지 않았다. 이 시기에 세계 각지에 미술관이 잇달아 탄생하는데, 대체적으로 미술관은 고대 이집트나 고대 그리스·로마의 유물을 중심으로 복제품을 당당히 전시하고 있었다. 프랑스에만 한정해서 이야기한다면, 20세기 중반까지 고대 조각품뿐 아니라 프랑스의 중세

교회에 있던 유물을 원래 크기로 복제한 것도 다수 제작되고 있었고, 중요한 미술자료로 전시되었다.

　인도차이나미술관이 설치된 트로카데로미술관의 주요부는 앞에서도 언급했듯이, 고대 이집트에서 서구의 중세, 르네상스에 이르는 미술작품의 복제품을 전시하는 장이 되어 있었고, 통칭 '비교조각미술관'이라고도 불리었다. 중세 조각실의 입구를 그린 당시의 판화를 보면, 비교조각미술관의 모습을 상상할 수 있을 것이다(그림16). 여기를 방문하면, 예를 들어 프랑스에서 가장 유명한 로마네스크 건축의 하나인 베즐레Vézelay의 생마들렌 성당Basilique Sainte-Madeleine의 팀파눔tympanum*에 있는 부조물 〈영광의 그리스도Majestas Domini〉나 샤르트르대성당Cathédrale Notre-Dame de Chartres의 파사드Façade**와 조각군, 프랑스인이라면 누구나 알고 있는 랭스대성당Cathédrale Notre-Dame de Reims의 천사 가브리엘의 미소를 만날 수 있다. 진품만 전시하는 현재의 미술관에서는 이 정도의 대규모로 프랑스의 중세 유물을 보여주는 것은 당연히 어려울 것이다. 19세기의 일반 대중들은 비교조각미술관을 방문하여 장대한 스펙터클에 도취되었을 것이다. 또한 학생이나 연구자들에게는 현지를 방문하지 않고도 복제품을 통해 언제라도 작품을 접할 수 있는 최량의 연구의 장이 되었다. 그 교육적 효과는 절대적인 것이었다. 적어도 교육적 관점에서는 이러한 복제품 미술관의 의의를 새삼 발견하여 재고할 필요도 있을 것이다.

　(후기. 내가 이 문장을 집필하고 있던 것은 2007년 상반기였는데, 바로 그 시기

---

*　그리스 식 건축의 지붕에 의해서 구획된, 박공지붕 윗부분의 벽을 말한다.
**　파사드란 건물의 출입구로 사용되는 정면의 외벽 부분을 가리킨다. 건축의 관점에서는 그 건물에서 가장 중요한 디자인적 요소라 간주된다.

·　앙코르와트
— 제국주의 오리엔탈리스트와 앙코르 유적의 역사 활극

에 파리의 '비교조각미술관'의 일부가 부활했다. 샤요궁의 팟시Passy 구역을 차지하고 있던 인류박물관이 케브랑리미술관Musée du quai Branly 설립계획(개관은 2006년 6월)으로 인해 2004년에 폐쇄되었는데, 그 장소가 3년의 수리개조를 거쳐 '건축·유산박물관'으로 개관한 것이다. 2층은 20세기의 프랑스 건축에 관한 전시를 위해 할당되어 있지만, 1층은 로마네스크에서 르네상스시대에 이르는 건축 장식의 복제품군(19세기 후반기부터 20세기 전반기에 걸쳐 제작된 복제품의 재이용), 3층은 로마네스크와 고딕시대의 벽화의 복제품(주로 1930~1940년대에 제작)이 전시되어, 들라포르트가 살았던 19세기 말의 장대한 스펙터클 공간이 완벽하게 재생되었다. 하루라도 빨리 그 스펙터클을 체험하고자 파리로 달려간 나는 상상 이상의 규모에 취해버렸다. 아쉽게도 재이용된 것은 프랑스의 역사적 건축물 복제품뿐이었지만, 언젠가 들라포르트가 제작한 크메르 유물의 복제품도 다시금 햇빛을 보게 되는 날이 오기를 고대한다.[50]

어쨌든 복제품 전시가 일반화되었던 19세기적인 미술관 상황을 이해하기 위해서는 들라포르트의 인도차이나미술관의 전시상황을 고찰해야만 한다. 인도차이나미술관은 이 비교조각미술관에 인접해 있고, 관람자는 고대 그리스나 서구 중세의 원래 크기의 복제품 조각과 말 그대로 '비교'하면서, 크메르의 조각상을 바라보고 있었다. 들라포르트는 중세 프랑스의 거대한 복제품과 비교되는 것을 전제로 하여, 자신의 인도차이나미술관의 전시계획을 세우지 않으면 안 되었을 것이다. 그렇기 때문에 미술관의 전시실 중앙에, 오리지널 조각상이 아니라 보기 좋은 바이욘사원의 사면탑 복제품(그림15)을 설치했을 것이다. 또한 나중에 자세하게 검토하겠지만, 앞에서 본 현재의 기메미술관 정면입구를 장식하고 있는 거대한 프레아 칸의 〈거인의 참뱃길〉도 또한 들라포르트 시대에는 어떤 의미에서는 복제품이라 해도 좋을 것이다.

인도차이나미술관은 1930년대에는 기메미술관과 통합하게 되었고, 그 후 들라포르트가 제작한 복제품은 한때 행방불명이 되는데, 1973년에 라솜la Somme의 생리키에Saint-Riquier 수도원의 창고에 보관되어 있다는 것이 확인되었다.[51] 유감이지만 나는 아직 보지 못했는데, 19세기 말기의 인도차이나미술관의 전시를 전해주는 여러 장의 사진을 통해 복제품이 어떤 물건이었는가를 알 수 있다. 이 사진들(특히 그림15)과 들라포르트의 증언에 기초하여, 들라포르트의 복제품에 대해서 고찰해보도록 하겠다.

우선 그 사진에 들어 있는 사면탑의 복제품은 구체적으로 바이욘사원의 어느 부분의 복제였을까. 『캄보디아 여행』에 다음과 같은 기술이 있다.

1878년의 만국박람회에서 앙코르 남문의 10분의 1 크기의 복제품을 보여줄 수 있었다. (…) 이 모형은 크메르미술의 다양한 표본을 끌어모은 것으로, 조사대의 자료와 내가 작성한 복원도에 기초하여 로마상 수상자인 조각가 (에밀) 솔디 씨가 제작한 것이다. 157쪽을 참조해주기 바란다.[52]

이 기술에 따르면 들라포르트는 파리에서 크메르미술을 처음 보여줄 수 있었던 만국박람회에서 바이욘 남문의 복제품을 제작한 듯하다. 이것이 사진에 나오는 복제품일까. 들라포르트가 참조하기를 바라는 157쪽의 삽화 〈앙코르톰의 문〉(그림17)을 관찰해보자. 얼핏 보더라도 인상이 상당히 다르다는 것을 알 수 있을 것이다. 사면탑은 거의 같다고 할 수 있을지 모르겠으나, 문의 박공博栱이나 벽면의 장식이 전혀 다르다. 이 인용부에서 들라포르트가 말하는 것처럼 크메르미술을 대표하는 "다양한 표본을 끌어모은" 결과, 데생과는 다른 이종혼성異種混成적인 기념물이 되었던 것일까.

PORTE D'ANGKOR-THÔM.
(Vue restituée.)

그림17 〈앙코르톰의 문(복원도)〉, 들라포르트 저 『캄보디아 여행』의 삽화

이 저작에는 또 한 군데, 복제품에 대해 언급한 기술이 있다. 긴 인용이 되겠지만, 복제품 제작의 필요성에 대해 언급한 중요한 부분이므로 여기에서 검토해두고자 한다.

(크메르 건축의) 프리즈frieze*나 처마, 엔타블러처entablature**에는 마치 정해진 양 매력적인 장식으로 둘러싸인 섬세한 인물상이 끼여 있어서 눈부신 세계가 전개되고 있다. 프레아 칸이나 프놈복Phnom Bok 유적에서 우리들은 소수의 조각상과 두부頭部를 가져 나왔는데, (…) 하지만 이러한 아름다운 단편과 더불어 건축구조를 완벽하게 제시하는 기념물을 우리들은 전시하고 싶어 했다. 조사시간과 방법에 한계가 있어서 완벽을 기할 수는 없었지만, 그래도 우리들은 본서의 표지에 실은 사원의 문을 구성하는 단편들을 가져왔다. 또한 173쪽과 327쪽의 바이욘사원의 탑의 데생이나 209쪽의 앙코르와트의 데생에 그려진 소건축물의 줄기둥들이 늘어선 현관입구에서 볼 수 있는 건축요소를 부분적으로 가져왔다. 그래서 크메르 건축의 본질을 이루는 특징적인 구조 전체를 재구성하는 것은 그다지 곤란하지도 않았고, 비용을 요하지도 않았다.[53]

앙코르 유적에 있는 건축물의 미적 가치를 이해하기 위해서는 파리로 옮겨진 개별 조각상이나 단편적 장식을 보는 것만으로는 불충분하고, 건축구조 전체와 조각상이나 장식과의 관계를 알아야 한다는 주장은 지극히 정당

---

* 건축용어로서, 엔타블러처의 중앙에 있는 폭넓은 부분을 가리킨다.
** 고대 건축의 중요한 요소로서, 건축물의 기둥머리 부분의 상부에 수평으로 구축된 부분이다. 몰딩이나 띠 모양의 장식으로 되어 있다. 이 구조는 크게 도리아 식, 이오니아 식, 코린토 식으로 나뉜다.

한 것이다. 조각상이나 장식을 포함한 크메르 건축물 전체의 우수성을 설명하고, 그 '전체의 조화'를 높게 평가한 들라포르트의 입장에서는 전형적인 건축구조를 보여주는 복제품의 제작은 불가결한 것이었다. 하지만 이 기술을 믿는다면, 앙코르톰 남문의 복제품을 만들기 위해 들라포르트는 바이욘사원 사당의 탑뿐만 아니라 프레아 칸에서 채취한 건축자재의 단편과 앙코르와트의 데생도 이용한 것이 된다. 바로 "다양한 표본을 끌어모았"던 셈인데, 이것으로는 현실의 유적에 있는 남문과 비슷하기는 하지만 다른 것이 되는 것도 필연일 터이다. 이것은 이제 현물에 충실한 복제품이라기보다는 들라포르트의 공상적 산물이라고 하는 것이 좋을 것이다.

그러나 여기에서 들고 있는 두 개의 인용부만으로는 사진의 복제품을 만국박람회 때에 들라포르트가 작성한 남문 복제품과 같은 것으로 인정할 수는 없다. 왜냐하면 만년의 들라포르트는 복제품에 관해 약간은 다른 증언을 남기고 있기 때문이다. 1923년 출판된 『캄보디아의 건축물』 제4권에서 그는 인도차이나미술관의 역사를 회상하면서 이렇게 쓰고 있다.

미술관을 대표하는 전시품으로, 신의 얼굴을 모방한 50여 기의 사면탑을 보유하고 있는 바이욘사원의 건축물이 필요하다고 생각했다. 그를 위해서는 거대한 사면탑 하나를 건축구조물 통째로 함께 가져와야 했다. 우리가 선택한 것은 정상을 바라보는 중앙 테라스에 있는 끼워 넣기 식으로 만든 작은 탑이다. 이리하여 중앙의 신역神域의 하나가 재현되었고, 그것을 미술관 중앙에 설치했다.[54]

여기에서 우선은 "미술관을 대표하는 전시품"으로서 복제품을 전시한다는 그의 말을 강조하고, 복제품이 미술관의 보조적 전시물이 아니라 중심이었다는 것을 확인해두고 싶은데, 이 절에서 우리가 놓칠 수 없는 것은 그가 바이욘의 "중앙 테라스에 있는 끼워 넣기 식으로 만든 작은 탑"을 복제품으로 선택했다고 쓰고 있다는 점이다. 이어서 그는 그 복제품에 "문, 처마를 지탱하는 줄기둥, 보조기둥", "맹창盲窓*과 성인들" 등 모든 요소를 설치해 "바이욘의 건축적 배치의 정확한 이미지"를 전하고자 했다고 쓰고 있다.

만년의 들라포르트의 기억오류인지 의도적인 조작인지 모르겠으나, 1880년의 저작에서는 '남문'이라고 한 것이, 만년의 저작에서는 사당 내의 '작은 탑'으로 바뀌어 있다. 분명히 사진에 담겨 있는 복제품을 보면 '줄기둥, 보조기둥'과 '맹창과 성인들'이 설치되어 있는 것을 확인할 수 있으므로 만년의 저작에서 언급되고 있는 것을 사진에 남아 있는 복제품으로 보아도 틀림이 없을 것이다.

아쉽게도 그 외에 중요한 자료를 찾아낼 수 없었기 때문에 결국 추측이 되겠지만, 아마도 들라포르트가 기억을 조작한 것은 아닐 것이다. 단순한 가설이지만, 들라포르트는 우선 1878년의 박람회를 위해 남문을 모티브로 한 복제품을 제작했을 것이다. 그 후 1889년의 새로운 인도차이나미술관의 개관에 맞추어 그 복제품을 개변하여, 사당 내의 작은 탑으로 만들었던 것이 아닐까.

이제 복제품 제작을 둘러싼 다음 문제점으로 화제를 옮겨보자. 실은 사진에 담겨 있는 복제품이 남문을 복사한 것인지, 작은 탑을 복사한 것인지는 그다지 중요한 문제가 아니다. 어쨌든 제작된 사면탑의 복제품은 오늘날 우리들의 눈으로 보면, 즉 현재의 학술적 수준에서 평가한다면 현실의 앙코르 유

---

* 형태만 있고, 빛이 통하지 않는 장식용의 창窓.

적의 건축물과는 동떨어진 공상적인 기념물이 되어 있다고 하지 않을 수 없기 때문이다.

사진의 복제품에는 현실의 바이욘사원에는 있을 수 없는 양식의 세부장식들이 다수 조합되어 있다. 들라포르트가 "다양한 표본을 끌어모았"다고 하는 그대로이다. 결과적으로 시대착오적인 조잡하고 하이브리드ʰʸᵇʳⁱᵈ한 혼성물이 되었다. 구체적으로 이야기하면, 바이욘사원은 12세기 말부터 13세기 초에 조영造營된, 앙코르 왕조 말기의 양식을 지닌 건축물인데, 웅장하면서도 우아한 사원으로 만들기 위한 것이었을까, 들라포르트는 양식이 다른 앙코르와트에서 볼 수 있는 전성기의 장식양식을 주저 없이 혼합하고 있다. 앞의 인용문에도 알 수 있듯이, 복제품을 제작할 때 들라포르트는 바이욘 유적에서뿐 아니라 앙코르와트에서 수집한 건축부재나 주형도 사용했고, 현실의 유적에 충실한 복원을 하자고는 생각하지 않았던 것이 명백하다.

아주 심술궂은 관점에서 본다면, 이 복제품은 19세기 후반의 만국박람회의 아시아전시에서 익숙해진, 서구인이 만들어낸 실상과는 동떨어진 앙코르풍의 공상적인 건축물이다. 학술적인 복원이라고 하기보다는 박람회를 위한 구경거리이고, 그러한 의미에서 들라포르트의 복원에 대한 자세는 스펙터클로서 공상의 오리엔트 물건들을 제시하여 보여준 19세기의 만국박람회의 정신을 반영하고 있다. 먼 이국의 미술품은 학문적인 실증성을 결여한 채 불확실한 정보와 동양에 대한 환상에 의해 복원되어, 많은 경우 이국정서가 넘치는 이국적인 진귀품으로서 호기심 어린 시선에 노출되었던 것이다. 실제로 들라포르트의 복제품은 그 후의 복제품 제작의 견본이 되어, 1906년에 마르세유Marseille에서 개최된 내국식민지박람회에 등장한 질 낮은 캄보디아전시관으로 이어져간다.

복제품에 나타난 19세기 말 유적의 상황

하지만 들라포르트는 엉터리 공상에 맡겨 양식도 시대도 다른 단편을 조합한 것은 아니었다. 그가 복제품 제작에 착수한 1880년경에는 앙코르 유적군에 세워진 사원의 정확한 건축연대는 거의 모르는 상태였다. 물론 해명의 열쇠가 되는 비문은 모아두고 있었다. 들라포르트도 참가한 1866년의 드 라그레 조사에서도 앙코르와트나 바이욘사원에서 탁본을 채취하고, 보고서 『인도차이나 답사』에 5점의 사료를 게재하고 있다. 또한 들라포르트가 지휘한 1873년의 답사에서도 동행한 아르망을 중심으로 비문을 수집하여 9점의 사료를 학술지 《극동연보Annale d'Extrême-Orient》에 발표했다. 이것을 읽은 자바 출신의 네덜란드인 불교학자 헨드릭 케른Hendrik Kern이 해독하여 "수리야바르만Suryavarman이나 자야바르만Jayavarman이라는 이름의 왕"이 존재했다는 것을 밝힌 것은 잘 알려진 사실이다. 프랑스인이 아닌 네덜란드인이 처음으로 비문을 해독함으로써, 프랑스의 동양학자들이 자국의 연구가 뒤떨어졌다는 것을 통감하고, 그 후에도 계속 이야기했기 때문이다(뒤떨어진 연구에 대해서는 제2장을 참조할 것).

이것이 계기가 되어, 1870년대 말부터 1880년대에 걸쳐 식민지관리로서 인도차이나 조사를 수행했던 에티엥 에모니에가 비문 수집을 본격적으로 개시하고, 비문 해독을 위해 본국 프랑스의 산스크리트 학자들과 금석학 연구의 연계를 확립하고자 했다. 그렇지만 19세기 말기에 해명할 수 있었던 것은 몇 명의 왕이 신상을 봉납한 연대 정도에 그치고, 유적인 사원의 건립연대를 특정하는 결정적인 연구는 이루어지지 않았다. 9세기부터 11세기에 걸쳐 앙코르사원이 건립되었을 것이라는 추측이 성립된 것에 지나지 않았다.

그림18 〈바이욘 입구 문의 폐허〉, 들라포르트 저 『캄보디아 여행』의 삽화

특히 들라포르트가 미술관의 중심 유물로 복제품 제작에 착수한 바이욘은, 건립연대를 특정하기에 가장 많은 시간을 요하는 사원의 하나였다. 현재 인정되고 있는 바와 같이 12세기 말기에 자야바르만 7세가 건립한 불교사원, 즉 12세기 초두에 앙코르와트가 건립된 후 건축되었다는 역사적 사실이 분명해지는 것은 1930년경이 되어서였다(제4장 참조). 비문 수집과 해독에 열중했던 에모니에마저도 1903년의 저작 『캄보디아지』 제3권에 다음과 같이 썼다.

크메르미술은 이후의 앙코르와트의 거대 가람伽藍*에서 최후의 광채를 내뿜고, 아마도 최고의 우아함과 아름다움으로 종합되는 것이지만, 그러나 이 앙코르톰(바이욘사원)에서도 초기 단계부터 강력함과 독창성이라는 면에서 이미 절정에 달했다고 하지 않을 수 없다.[55]

바이욘사원은 당시의 금석학적 지식과 유적이 심하게 붕괴되었던 것을 보고 앙코르와트 건립 이전의 초기 크메르 건축물이라고 믿어져왔던 것이다.
여기에서 들라포르트가 방문했을 당시의 바이욘사원의 상황을 다시금 확인해두고자 한다. 이 사원은 앙코르 유적군 굴지의 장대한 건축물로서 관광객을 모으고 있는 오늘날의 복원된 모습과는 달리, 무성한 나무들에게 파묻힌, 말 그대로 삼림 속에 가라앉은 폐허와 같은 상태였다. 들라포르트의 저작에도 당시의 모습을 전하는 〈바이욘 입구 문의 폐허〉(그림18)라는 제목의 삽

---

* 승가람마(僧伽藍摩). 승려가 살면서 불도를 닦는 곳을 말한다.

Fıɢ. ᴣ3. — Galeries et tour d'angle au Bayon. (Cliché Négadelle).

그림19 〈바이욘의 회랑과 탑〉, 에티엥 에모니에 저 『캄보디아지』 제3권(1900) 삽화

화가 있다.[56] 이 그림을 믿는다면 사면탑은 대량의 토사에 묻히고, 작은 문이 나 벽면 장식을 관찰할 수는 없었다.

조금 아부를 한다고 해도, 잘 만들어졌다고는 할 수 없는 이 데생은 진실미 를 결여하고 있으므로 당시 촬영된 사진을 봐두도록 하자. 1903년 에모니에 의 『캄보디아지』 제3권에도 〈바이욘의 회랑과 탑〉이라는 제목의 사진(그림 19)과 데생이 소개되어 있다.[57] 역시 대량의 토사에 건축물이 매몰되었고, 독

립된 사원이라기보다는 암벽의 석굴과 같다. 1901년에 바이욘 유적을 조사한 샤를 카르포Charles Carpeaux(1870~1904)(제3장 참조)가 촬영한 사진도 또한 당시의 폐허로서의 바이욘의 모습을 전하는 귀중한 자료이다(그림20).

앞에서 피에르 로티가 사면탑에서 스산함밖에 느낄 수 없었다고 약간 비판적으로 소개했는데, 로티가 바이욘을 방문했던 것은 1901년 11월이고, 이 사진을 촬영한 카르포에게 초대를 받고서였다. 그가 보았던 바이욘은 황폐화된 폐허였던 것이다. 1912년에 발표된 소설 『앙코르 참배』에 들어 있는 사면탑의 묘사를 인용해보자.

(유적을) 떠나기 전에 나는 이 탑들을 올려다보았다. 머리 위에 무겁게 내려앉은 탑은 녹음 안에 매몰되어 있었다. 그리고 나는 갑자기 나를 내려다보고 있는 얼어붙은 위대한 미소를 느끼고, 그때까지 경험한 적 없는 공포에 몸을 떨었다. (…) 몇 세기를 반복해온 녹음의 번성도 파괴적인 폭우도, 이 얼굴의 미소만큼은 지울 수가 없었다. 비아냥거리는 웃음은 중국의 괴물들이 보여주는 대담한 웃음보다도 불안을 주는 것이다.[58]

바이욘의 사면탑은 소설가의 눈을 통해 괴물 이상의 으스스한 존재로 변모한다. 로티의 이 소설은, 불과 3일간의 방문으로 쓰였고, 더욱이 앙코르 유적에서 미적 가치를 찾아내지 못했던 나쁜 사례로서, 주로 비난의 대상으로 거론되는 경우가 많다. 그러나 그가 목격한 것은 오늘날 복원된 사원이 아니라, 쓰레기더미로 변해버린 폐허였다는 것을 잊어서는 안 될 것이다. 카르포의 사진을 보면, 로티의 환상적인 기술에도 어느 정도는 공감할 수 있지 않을까? 게다가 로티는 파리의 인도차이나미술관의 복제품에 감명을 받아, 카르포의 초대에 이끌려 유적을 방문했던 것이다. 복원되고 정비된 파리의 미술관의 복제품과는 조금도 닮은 곳이 없는 현지의 모습에 당황하게 되는 것도 당연하지는 않았을 것이라 상상된다(다만, 로티가 『앙코르 참배』를 발표한 것은 앙코르를 방문한 지 10년 후인 1912년이었다. 이 무렵에는 바이욘의 유적보전작업은 충분히 이루어져 있었다. 즉, 소설이 발표된 당시에는 로티의 묘사는 이미 시대착오적인 것이었으므로, 로티에 대한 비판이 요점을 크게 벗어난 것도 아니다).

결국 들라포르트가 보았던 바이욘사원은 토사와 수목에 매몰된 황폐한 폐허였다. 그래서 비교적 보존 상태가 좋았고, 당시에도 불교도들이 사원으로서 활용하고 있던 앙코르와트야말로 앙코르 유적군 중 최고이며 최후의 건축물이라 믿어 의심치 않았던 것이다. 이러한 시대적 배경을 생각하면, 그가 바이욘의 복제품에 앙코르와트의 장식주물을 사용했던 이유도 이해할 수 있을 것이다. 그는 토사에 묻혀버린 바이욘의 받침대 부분이 어떠한 장식양식이 되어 있었던가를 볼 수는 없었다. 복원은 상상력으로 보충할 수밖에 없다. 그래서 당시에는 시대적으로 후대의 건립이라고 믿고 있었던 앙코르와트의 양식을 이용했던 것이다. 즉, 앙코르와트보다도 이전에 건축되었던 바이욘 사원에서도 이미 절정기의 앙코르와트의 양식이 확립되어 있었는지도 모른다고, 아니, 확립되어 있었음에 틀림없다고 믿고, 이상적인 복원을 시도했던 것이다. 전술한 것처럼 후년의 에모니에도 또한 바이욘의 미술양식은 "이미 절정에 달했다"라고 썼다.

19세기 복원의 이상

이상과 같이 들라포르트가 현실에서 본 폐허의 바이욘의 모습을 확인한다면, 오늘날의 학술적 수준에서 보아 그가 제작한 복제품의 공상성과 비학술성을 지적하고 조소하는 것만으로는 의미가 없다. 과거에 있었던 볼 수 없는 건축물의 '조화'를 상상하고 이상적인 복제품을 창조하려고 한 들라포르트의 일련의 행위 안에서 19세기 특유의 시대정신을 적극적으로 읽어내야 할 것이다.

19세기 후반의 프랑스에서는 교회나 수도원을 중심으로 중세 건축물의 수복과 복원이 빈번히 이루어지고 있었다. 되풀이되는 혁명(국내분쟁)과 전쟁이 초래한 파괴와 약탈의 반달리즘Vandalism* 이후, 국가 주도의 문화재보호의 식이 고양되고, 황폐한 '역사적 건축물'의 연구와 수복, 그리고 복원이 국가 적 사업으로 인식되기 시작했던 것이다.[59] 앞에서 언급한 트로카데로궁의 비 교조각미술관도 대국적大局的으로 보면 이러한 흐름 안에서 등장한 것이라 해 도 좋을 것이다.[60]

하지만 이 시대의 복원에 대한 사상에는 오늘날과는 전혀 다른 놀랄 만한 것이 있다. 19세기의 복원관을 대표하는 것으로 자주 인용되는 것이 프랑스 의 중세 건축물의 수복과 복원을 적극적으로 추진한 건축가 비올레르뒤크 Eugène Emmanuel Viollet-le-Duc(1814~1879)의 정의이다. 1866년에 간행된 백과사전 에서 '복원(수복)restauration' 항목을 담당한 그는 다음과 같이 정의했다.

> 어떤 건축물을 복원한다는 것은, 유지하는 것도 아니요, 수리하는 것도 아니며,
> 개조하는 것도 아니다. 어떠한 시대에도 존재하지 않았을 완벽함을 갖춘 상태로
> 새롭게 만드는 것이다.[61]

복원이란 과거의 오리지널한 상태로 되돌리는 것을 의미하는 것이 아니라, 만들어진 당시에는 달성하지 못했던 이상의 상태를 새롭게 창조하는 것이라 고 비올레르뒤크는 주장했다. 이 사상에 기초하여, 그는 프랑스 중세 교회의 '복원'에 실제로 참가했다. 이상적이고 '완벽'한 양식으로 바이욘의 복제품을

---

* 훼손행위, 즉 문화·예술 및 공공시설을 파괴하는 행위 또는 그러한 경향을 말한다. 5세기 초 유럽에서 일어난 민족대이동 때에, 아프리카에 왕족을 세운 반달족이 지중해 연안에서 약탈과 파괴를 거듭한 민 족이라고 잘못 알려진 데에서 유래한 말이다.

제작한 들라포르트도 또한 이 시대의 사상을 공유하고 있었다고 봐도 틀림 없을 것이다.

　가능한 한 완벽한 건축물로 '다시 만들어낸다'라는 19세기의 복원정신은, 들라포르트의 고고학적 업적을 이해하는 데 있어서 지극히 중요하다. 왜냐 하면 이 절에서 검토하고 있는 그의 1880년대의 저작『캄보디아 여행』과 만년 이었던 1914~1924년의 저작『캄보디아의 건축물』전 4권에서, 다수의 '복원 도'가 작성되고, 삽화로서 발표되었기 때문이다. 복제품과 '복원도'의 제작이 야말로 들라포르트 고고학의 최대의 목적이고 업적이라고 해도 과언이 아닐 것이다.

　솔직히 고백한다면, 연구를 막 시작했던 무렵의 나는, 얼마 동안『캄보디아 여행』의 삽화에 다수의 '복원도'가 포함되어 있다는 것을 모르고 있었다. 현 재는 많은 유적이 '복원'되고 정비되어 있기 때문에 깊이 생각하지도 않고, 들 라포르트도 지금 우리가 보고 있는 유적의 모습을 앞에 두고 데생한 것이라 고 내 마음대로 생각해버렸던 것이다. 그렇기는 하지만 양식적으로 진묘한 데생이 많다. 19세기의 고고학은 얼마나 엉성한 것인가 등등, 그야말로 섣부 른 감상을 품고 있었다. 이러한 오해를 통해, 나는 고고학사, 나아가서는 역 사를 알기 위해서는 현재의 상황에 미혹됨이 없이(즉, 현상 그 자체를 비판적 으로 관찰하고), 당시의 상황을 아는(상상하는) 것이 얼마나 중요한 것인가를 통감했던 것이다.

　그런데 들라포르트의『캄보디아 여행』에는 이미 소개한 것처럼, 다큐멘터 리풍으로 유적답사나 유물반출의 상황을 전하는 삽화(그림6, 8, 9, 10)나 조각 작품의 데생(그림5, 7), 평면도(그림11), 당시의 유적의 상황을 전해주는 실경 도(그림18) 등이 포함되어 있는데, 이들 그림과 함께 사원의 이전의 전체상을

그림21 〈대 프레아 칸의 동문(복원도)〉, 들라포르트 저 『캄보디아 여행』의 삽화

그린 다수의 복원도가 포함되어 있다.[62] 총계 175점의 삽화 중 복원도는 14점이고, 삽화 밑에 괄호를 붙여 '복원도'라고 기재했다. 수적으로는 적지만, 펼친 양면 페이지에 유적의 전체상을 전해주는, 가장 눈에 띄는 삽화는 모두 복원도이다. 예를 들면, 대 프레아 칸 유적을 동쪽에서 바라본 원경 〈대 프레아 칸의 동문〉(그림21)에서는 석양을 등지고 세 개의 탑이 솟아 있는 누문의 웅장한 모습이 그려져 있다.[63] 마치 들라포르트가 이러한 광경을 만난 것처럼

그림22 〈프레아 칸의 폐허의 조망〉, 들라포르트 저 『캄보디아 여행』의 삽화

VUE PRISE DANS LES RUINES DE PRÉA-KHAN.

• 앙코르와트
— 제국주의 오리엔탈리스트와 앙코르 유적의 역사 활극

박진감 넘치는 묘사이지만, 왕도로 귀환하는 국왕 일행의 풍속이 과거사의 한 페이지라는 것을 알려주고 있다. 이 복원도는 19세기의 프랑스에서 유행한 역사화나 역사적 풍경화를 연상하게 해준다. 들라포르트가 학술적인 작화미학을 품고 역사화를 그리듯이 복원도를 제작했다고 생각해도 좋겠지만, 또한 역으로 과거의 역사를 바로 '복원'하여 이미지화하는 아카데미의 역사화 그 자체가 '고고학적' 산물이었다고 평가해도 좋을지도 모르겠다.

한편, 그 책에는 프레아 칸의 당시의 '실경'을 전하는 삽화 〈프레아 칸의 폐허의 조망〉(그림22)도 게재되어 있다.[64] 이것은 마치 조반니 바티스타 피라네시(Giovanni Battista Piranesi(1720~1778)가 그린 고대 로마의 폐허도라고 할까. 이와 같이 현실적으로는 붕괴한 건축물을 앞에 두고, 상상에 의해 석재를 조립하여 지면에 매몰되어 볼 수 없는 부분을 유추하여, 거기에 인간이나 코끼리 등의 동물을 그려서 현장감 넘치는 이상적인 정경으로 만든 것이 들라포르트의 '복원도'인 것이다.

여기에서 나는 상상력에 의해 들라포르트가 복원도를 만들어냈다고 설명하고 있는데, 그 자신은 그것을 상상의 산물이라고는 생각하지 않고, "진실을 전하는" 당당한 학술적 자료로 간주하고 있었다. 전술한 바와 같이 크메르 건축의 전체의 '조화'를 주장하는 들라포르트였지만, 원래 그 자신은 전체를 볼 수 없었다. 그는 다음과 같이 이야기했다.

삼림에 묻힌 크메르의 폐허는 그리스나 이집트의 폐허처럼 전체를 파악할 수는 없다. 거기에서 볼 수 있는 것은 세부일 뿐이며, 멀리서 바라보더라도 이들 위대한 건축물은 정확하게 파악해내기에는 불충분하다.[65]

그림23 〈바이욘사원(복원도)〉, 들라포르트 저 『캄보디아 여행』의 삽화

　잃어버린 전체상을 알기 위해서는 무너져 내린 건축석재의 잔해를 주워 모아, 머릿속에서 조립할 수밖에 없다. 그의 입장에서는 수집한 잔해에 대한 "건축학적 연구"에 의해, "상상력을 부가하지" 않고, 전체상을 조립했던 것이 복원도였다. 앞의 인용부에 이어서 그는 다음과 같이 주장했다.

　그러나 아무리 파괴상황이 극심하더라도 잔존하고 있는 부분도 충분히 있으며,

그림24 〈앙코르와트(복원도)〉, 들라포르트 저 『캄보디아 여행』의 삽화

거의 완벽한 건축학적 연구도 가능할 것이다. 그러므로 내가 독자에게 제시한 복
원도는 진실을 전하는 것이라 생각해주기 바란다. 현장에서 채집한 자료에 그 어
떤 상상력을 부가할 필요도 없었던 것이므로.

여기에서 들라포르트가 이야기하는 "상상력"이란, 공상이나 환상과 같은
것으로 이해할 수 있을 것이다. 발굴에 의해 채취된 단편을 머리로 짜 맞추는

그림25 〈바이욘(복원도)〉, 들라포르트 저 『캄보디아의 건축물 제1권』의 삽화

작업은 들라포르트의 생각으로는 '상상'의 범주에 속하는 것이 아니다. 오늘날의 진전된 학술적 상황에서 들라포르트의 복원도가 지닌 오류를 지적하기는 쉬울 뿐더러, 그것이 거의 '공상'에 가까운 복원이라고 비판할 수도 있으나, 들라포르트는 이것을 상상력을 일체 섞지 않은 학술적인 그림이라고 주장했다. 우리들은 그의 주장을 문자 그대로 받아들일 필요가 있다. 복원도가 나타내는 것은 그의 자유로운 예술적 공상이 아니라, 당시 앙코르 고고학의

그림26 그림25의 세부

학술적 한계라고 생각해야 할 것이다. 그렇게 생각하지 않으면 그의 복원도
의 의의를 잘못 이해하게 될 것이다.

인도차이나미술관의 복제품 제작에 참여할 의사를 표명한 들라포르트의
말(앞 절 참조)을 보면, 그는 현지에서 스케치한 데생을 이용하여 복제품을 제
작할 수 있었다고 했다. 그가 자료로 사용할 수 있었던 데생으로서 구체적으
로 들고 있는 것은 "173쪽과 327쪽의 바이욘사원의 탑의 데생이나 209쪽의

앙코르와트의 데생"(〈바이욘사원〉(그림23), 〈앙코르와트〉(그림24))인데, 놀랍게도 이 데생 자체가 바로 '복원도'였다. 상상으로 조립한 복원도를 자료로 하여 복제품을 만들었다고 했으므로, 만들어진 복제품도 상상적인 것이 되는 것은 필연적인 것이다.

그러나 되풀이하지만 들라포르트 자신은 복원도를 학술적 성과로 자부하고 있었다. 만년이었던 1910~1920년대, 들라포르트는 학술성을 강하게 의식한 저작 『캄보디아의 건축물』의 집필에 몰두하는데, 그 제1권에서 다시금 〈바이욘〉의 복원도를 작성하고 있다[66](그림25). 정밀한 선으로 세부장식이 선명하게 그려져 있지만 기본적인 건축구조와 장식배치는 과거의 저작의 복원도와 거의 다를 바 없었다. 양쪽에 배치된 작은 탑을 유심히 들여다보자(그림26). 붕괴된 현지의 사원에서는 거의 유실된 벽면의 여신의 릴리프(부조)나 '장식창'이나 박공장식이 자세하게 '복원'되어 있다. 그리고 무엇보다도 주목해야 할 것은 이 그림이 인도차이나미술관을 위해 제작된 10분의 1 크기의 복제품과 빼닮았다는 사실이다. 이 사실로부터도 그의 복원도와 복제품이 그때그때의 변덕스러운 공상에 의해 '날조'된 것이 아니라는 것을 알 수 있다. 비록 오늘날의 우리들 눈에는 공상적인 산물로 보인다 하더라도, 그것은 들라포르트의 생애에서 흔들림 없는 확신이 뒷받침되는 학술적 산물이고, 또한 그의 시대의 고고학의 가능성과 한계를 제시하고 있는 것이다.

참뱃길 조각을 둘러싼 수수께끼

앞 절에서 검토한 바이욘 사면탑의 복제품은 10분의 1 크기의 순전한 복사

그림27 〈프레아 칸의 입구(복원도)〉, 들라포르트 저 『캄보디아 여행』의 삽화

이지만, 들라포르트가 제작한 복제품 중에는 복원에 관해 한층 더 복잡한 문제를 드러내고 있는 것도 있다. 파리에 도착한 유물짐을 푸는 장면에 대해 들라포르트가 기록한 말을 지금 다시 생각해보자. 짐꾸러미에서 "산산이 흩어진 조각을 끄집어낸" 그는 "얼핏 봐서는 어떻게 조합해야 할지 알 수 없고, 적확하게 조립하여 이해 가능한 조각상으로 만들 필요가 있었다"라고 했다. 유적에서 가져온 기념물의 태반은 여러 석재를 조립하여 만들었고, 실제로 전시하기 위해서는 다시금 몇 개의 조각을 이어 재구축해야 했다. 그때 원 석재

에서 결락된 부분을 복제품으로 보완하고, 하나의 조각 작품으로 보여주는 경우도 있었다. 그리고 그때에도 '복원도'에 기초하여, 상이한 유적에서 채취한 단편이나 금형을 이용한 듯하다.

그런데 여기에서 검토하고 싶은 것은 기메미술관 입구를 장식한 프레아 칸의 〈거인의 참뱃길〉(그림2)이다.

프레아 칸(앙코르)의 참뱃길에는 앙코르톰의 남대문과 마찬가지로 힌두 전설에 있는 유해교반의 장면이 표현되어 있고, 뱀(나가)을 줄로 삼아, 데바(신)와 아수라阿修羅*가 행한 줄다리기가 시각화되어 있다. 들라포르트에 의한 복원도 〈프레아 칸의 입구〉(그림27)를 보도록 하자. 전체상은 이 그림에서 충분히 상상할 수 있을 것이다. 이야기에서는 한 몸의 나가를 당기는데, 참뱃길의 조각에서는 두 개로 분할되어, 바라보는 왼쪽에 데바, 오른쪽에 아수라가 배치되어 있다.

흥미롭게도 이 참뱃길의 군상에 관해서는 들라포르트가 파리로 가져온 당시의 모습을 전해주는 데생이 2점 남아 있다. 그중 한 장은 〈1878년의 만국박람회에 있어서 캄보디아의 고미술〉(그림28)이라는 제목의 그림인데, 이 군상이 박람회에서 전시된 상황을 보도한 보도판화이다.[67] 이 그림을 유심히 살펴보자. 비늘이 있는 나가의 동체胴體를 껴안고 있는 세 개의 신상이 보인다. 하지만 그 얼굴은 세 개가 모두 각각 다른 유형의 얼굴이다. 앞에서 설명한 것처럼 유해교반의 이야기는 적대하는 데바와 아수라의 줄다리기이고, 서로 적대하는 양자가 어깨를 나란히 해서는 말이 안 된다. 보도판화의 제작자가

---

* 인도 신화에 등장하는 인간과 신의 혼혈인 반신이다. 인드라와 같은 신에 대적하는 악한 신으로 나타난다.

LES ANTIQUITÉS CAMBODGIENNES A L'EXPOSITION UNIVERSELLE EN 1878.

그림28 〈1878년의 만국박람회에 있어서 캄보디아의 고미술〉, 들라포르트 저 『캄보디아 여행』의 삽화

틀렸을 가능성이 없지는 않지만, 아마도 들라포르트가 크메르신상의 다양성을 하나의 작품으로 나타내려 한 것으로 생각된다. 바이욘의 사면탑과 같이, 앙코르 유적을 대표하는 세 종류의 얼굴형의 조각상을 병치하여 '복원'함으로써, 크메르미술의 전체상을 전하고자 한 것이 아닐까?

들라포르트는 유해교반의 전설을 전혀 몰랐던 것은 아니다. 저작의 본문에는 "한쪽 줄이 신들이고, 다른 한 줄이 악마들일 것이다"라고 기록하고 있기 때문이다.[68] 실제로 그가 그린 복원도(그림27)를 관찰해보면, 거의 같은 타입의 얼굴 조각상을 같은 줄에 나란히 세워 그리고 있다. 그러므로 파리에서 들라포르트가 저질렀던 복원의 '오류'는 의도적이다. 하지만 복원도도 어딘가 이상하다. 좌우 양측 모두 거의 같은 형의 얼굴이고, 데바와 아수라의 구별이 이루어지고 있는 것처럼은 보이지 않는다. 복원도 또한 현실의 유적과는 상당히 다른 것이다. 왜 이러한 복원도로 되어버렸는가는 실제로 유적을 방문해보면 선 자리에서 이해할 수 있다. 현지에서는 (15세기 앙코르 포기 시에 이루어진 것일까) 신들의 머리 부분의 태반이 흔적도 없이 파괴되어, 머리 부분을 잃어버린 동체만 남아 있기 때문이다. 그래서 들라포르트는 이 복원도에서도 발굴한 조각상을 실마리로 하여 잃어버린 머리 부분을 상상으로 보완할 수밖에 없었던 것이다.

여기에서 독자는 여우에게 홀린 듯한 느낌을 받지는 않을까? 들라포르트의 복원도와 파리로 가져온 조각상들을 앞에 두고, 우리들은 무엇을 믿으면 좋을 것인가?

우선 복원도이겠지만, 여기에는 들라포르트가 파리로 가져온 것임에 틀림없는 선두의 조각상들이 그려져 있다. 물론 어디까지나 '복원'이므로, 스스로가 가져간 조각상도 포함하여 전체 그림을 보여준 것이라는 것을 알게 되면

그림29 〈거인의 참뱃길〉, 12~13세기 초, 프레아 칸(앙코르) 유적 출토

납득할 수 있다. 그러나 가지고 돌아온 조각상들이 여러 가지 다른 타입의 얼굴을 조합했다는 것은 무엇을 의미하는가? 이 조각상들은 진품이 아니라는 것일까? 기메미술관은 현재 복제품을 전시하고 있다는 것일까? 그러나 서장의 모두에서 소개한 것처럼 이 조각의 캡션에는 복제품이라고는 기록되어 있지 않다.

더욱 기묘한 것은 오늘날 프레야 칸 유적을 방문한다면, 참뱃길의 선두에는 거대한 나가가 유실되지 않고 존재하고 있다. 이는 역시 기메미술관에 전시되어 있는 것은 복제품이고, 들라포르트는 실은 오리지널 진품을 가지고 온 것일까? 반대로 미술관에 있는 것이 진품이라고 한다면, 현지의 조각상이야말로 복제품인 것인가? 들라포르트의 복원은 진품과 복제품이 교차하는 복잡기괴한 수수께끼를 던지고 있는 것이다.

이 수수께끼를 풀기 위해서는 우선 기메미술관의 전시작품과 1878년의 만국박람회의 전시 광경을 전하는 판화를 비교검토해보아야 할 것이다. 박람회에 전시된 조각상들에는 세 개의 신상의 얼굴이 보이는데, 기메미술관이 현재 전시하고 있는 것은 두 개뿐이다(그림29). 박람회 전시와 현재의 전시 방법은 다른 것이다. 실은, 이 군상은 1997~2000년에 크레디아그리콜 Crédit Agricole* 로부터의 보조금으로 이루어진 최근의 수복(복원)에 의해 오늘날과 같은 상태가 된 것이다. 이 군상은 총 중량 11톤, 31개의 석재로 이루어졌는데, 들라포르트가 복원한 후에 다시 해체되었고, 1997년까지 전시되지 않고 석재 그대로 따로따로 기메미술관의 창고에 보관되어 있었다. 그것을 복원할

---

* 프랑스의 대형 금융기관. 1894년 설립되었는데 명칭에서 볼 수 있듯이 원래는 농업계 금융기관이었다.

ACKSAS PORTANT LE CORPS D'UN NAGA HEPTACÉPHALE

그림30 〈7개의 두부의 나가를 지닌 신상, 프레아 칸 다리 난간의 군상의 두부의 잔해〉,
에밀 솔디 저 『알려지지 않은 예술, 트로카데로의 신미술관』의 삽화

때 들라포르트의 전시방법을 변경하여 유해교반의 이야기에 충실하게 학술
적인 수복(복원)을 했던 것이었다.

들라포르트 시대에 그려진 군상 데생이 한 장 더 있다. 〈7개의 두부의 나가

를 지닌 신상, 프레아 칸 다리 난간의 군상의 두부의 잔해〉(그림30)라는 이름
을 지닌 것으로, 1880년에 트로카데로미술관에 '캄보디아고미술전시실'이
상설되었을 때의 안내책자에 게재된 것이다.[69] 이 삽화의 캡션은 이것이 복원
이 아니라는 것을 전해주고 있다. 즉, 이것이 들라포르트가 가지고 온 진품이
고, '잔해'인 것이다. 위압적인 나가도 복제품이었다. 더욱이 여기에다 한 개
더 신상과 아수라의 머리 부분의 복제품을 조합하여, 들라포르트는 진품이
라고도 복제품이라고도 평하기 어려운 '이상적인' 복제품을 만국박람회에서
는 만들어냈던 것이었다. 루브르미술관에서 가장 유명한 조각 〈사모트라케
의 니케Victoire de Samothrace〉*(118조각의 단편과 오른쪽 날개의 복제품을 합성하여
제작)를 상기할 필요도 없이, 진품에다 학술적인 복제품을 부가하여 전시하
는 복원적인 전시방법은 오늘날의 미술관에서도 인정받는 방법인데, 아무리
상상이라 하더라도 표현하는 이야기 내용을 무시하는 듯한 복원은 인정받지
못한다. 복원 이념의 변화와 학술적인 진전으로 인해 새로운 전시방법이 기
메미술관에서는 채용되었던 것이다.

　하지만 들라포르트가 어디에서 이 '잔해'를 가져왔는지를 밝히는 것은 어려
운 일이다. 오늘날 전해지는 복원에 관한 자료를 모두 재현할 수 있었던 것은
아니기 때문에 확실한 것은 말할 수 없지만, 이 수수께끼를 푸는 것은 곤란할
것이라 생각한다. 파리로 가져온 들라포르트가 복원을 위해 손질했을 뿐만
아니라, 들라포르트 이후 20세기에 들어서 이번에는 현지에서 유적의 '복원'
이 이루어졌기 때문이다. 잃어버린 부분을 유적 주변에서 발굴된 단편 등으

---

* 그리스의 사모트라케 섬에서 발굴되어 현재는 루브르미술관에 소장되어 있는, 승리의 여신 니케의 조
각상이다.

로 보완하면서, 오늘날의 모습으로 새롭게 태어났기 때문이었다(특히 1930년 대의 앙코르 유적의 복원작업에 대해서는 이 책의 제5장을 참조할 것). 들라포르 트가 파리로 가져온 군상들뿐 아니라, 현실의 유적 그 자체가 이미 진품이라 고는 하기 어려운 것이다. 적어도 들라포르트의 시대의 유적의 상황과는 전 혀 다른 모습으로 변모해버렸다. 어느 조각상이 본래의 참뱃길에 있었던 것 인가, 현 시점에서 정확한 답을 도출해내는 것은 이미 불가능하다고 해도 좋 을 것이다. 들라포르트로부터 발단된 앙코르 유적의 복원문제는 그 후에 이 루어진 복원, 나아가 오늘날에도 이루어지고 있는 유적의 복구작업에까지 이어지는 매우 미묘하고도 곤란한 문제로 계속 남아 있다.

고고학적 스펙터클과 만국박람회

이상과 같이, 들라포르트는 복원도와 복제품의 제작을 고집했다. 그 이전 의 앙리 무오나 프란시스 가르니에의 저작에는, 복원도는 전혀 포함되어 있 지 않았고, 그 이후에도 들라포르트만큼 복원도를 고집한 사람은 없었다. 19 세기 말이 되면 앙코르 유적의 사원은 빈번하게 사진에 수록되고, 사진자료 가 주요한 연구자료로 자리매김되어가는데, 그와 같은 시대가 되어도 들라 포르트는 데생에 의한 작화와 복원도를 계속 고집했다.

그가 이처럼 복원도와 복제품 제작을 고집한 것은, 앞에서 검토한 바와 같 이, 크메르 건축물의 미적 가치를 주장하기 위해서였을 것이다. 그에게 복원 도야말로 자신의 고고학적 조사와 미술사연구의 성과를 보여주는 목표 지점 이었다. 실증적 정신과 이상주의가 혼재된 19세기의 복원 사상을 배경으로 하여, 앙코르 건축물의 위용을 기념물로 제시하는 것이 그의 학술적 목표였던 것이다. 또한 이것이 그의 고고학의 한계이기도 했다. 이러한 점에서 들라포르트 고고학은 두드러진 19세기적인 영위였다고 할 수 있지 않을까?

앙코르를 답사하고 현지에서의 유적보존작업의 필요성을 호소하면서도 그 자신이 행하는 활동을 보면, 현실에 존재하지 않는 이상의 복원도를 만드는 것, 현지가 아닌 파리에 미술관을 만드는 것, 그리고 그 미술관에 스스로 만든 복제품을 전시하는 것이었다. 그에게 현지에서 항구적인 학술적 활동을 계속한다는 선택지는 없었다. 그보다도 파리의 일반 대중들에게 복원도나 복제품을 '보여주는(제시하는)' 것을 우선시했던 것이다. 완전한 이상적 모습으로 보여주는 것, 이것은 비올레르뒤크의 복원사상을 관철하는 원리이지만 동시에 이 원리는 들라포르트가 살았던 19세기의 파리에서 특별한 의미를 지니고 있었다. 세계 각지의 문물을 '보여주는' 기회로 만국박람회가 정기적으로 열렸던 시대이고, 일반 대중의 눈에 호소하는 스펙터클의 연출이 그 무엇보다도 중시되었던 시대였기 때문이다.

이 절에서는 이러한 관점에서 만국박람회와 들라포르트의 고고학적 관심에 대해 고찰해보고자 한다. 양자의 관계는 단순한 비유적 관계에 머물지 않는다. 앞에서 언급한 것처럼 들라포르트의 유물이송과 전시는 구체적으로 파리의 만국박람회와 밀접한 관계를 가지고 있었다. 1873년의 답사에서 가져온 크메르미술을 처음으로 파리의 일반 대중에게 보여줄 수 있었던 것은 1878년의 만국박람회에서였다. 만국박람회라는 기회가 없었다면, 과연 파리에서 공개할 수 있었을지 의문이다. 또한 최초의 만국박람회 전시라는 계기가 없었다면, 그 정도로 대규모적인 복제품을 제작하려고 하지 않았을지도 모르겠다. 더욱이, 원래 들라포르트의 유물수집과 컬렉션의 목적 자체가

그림31 1889년 파리 만국박람회의 캄보디아전시관

당초부터 만국박람회에서의 전시를 염두에 두었을 가능성도 있을 것이다. 희소가치가 있는 극동미술을 가지고 돌아가면, 적어도 만국박람회에서 전시할 수 있을 것이라는 판단을 했을 것이다. 아무튼 1878년, 1889년, 1900년까지 11년마다 파리에서 개최된 만국박람회는 그때마다 파리의 크메르미술 컬렉션을 충실하게 해주었고, 그것을 일반 대중에게 알리는 중요한 기회가 되었다. 들라포르트는 만국박람회를 이용하여 미술품을 수집하고 그 숫자를 증가시켜 반항구적(半恒久的)인 전시장소를 손에 넣었고, 나아가 그 장소를 확장시켜갔던 것이다.

전술한 대로 들라포르트는 1887~1888년에 푸르누로를 앙코르로 가게 하

그림32 루시엥 푸르누로 〈앙코르와트〉(1889), 수채 데생

여 조각상류와 대량의 주형과 데생을 입수했고, 이듬해에 확장 공개된 인도차이나미술관의 전시자료로 삼았다. 이 해가 파리에서 네 번째의 만국박람회가 열린 해였다는 것은 아마도 우연이 아닐 것이다.

우선 주목해야 할 것으로, 에펠탑이 세워진 1889년의 파리 만국박람회에서 앙코르와트를 모방한 전시관이 건축되었다는 것이 있다(그림31). 중앙탑 1기만을 복원한 기괴한 전시관이었는데, 그 이후 20세기의 박람회에서 몇 번씩이나 만들어진, 앙코르와트 복제품의 기념비적인 제1호이다. 확실히 당시의 사진을 보는 한, 1기의 탑만이 외롭게 솟아 있는 이 전시관은 현실의 앙코르와트의 웅장한 모습을 상기시키는 것이 아니다. 하지만 세부를 자세히 검토해보면, 이 복제품이 복원으로서는 비교적 잘 만들어졌다는 것을 알 수 있다. 그리고 그 모습은 푸르누로가 작성한 앙코르와트의 수채 데생(그림32)과 매우 유사하다. 전시관을 건설할 때 푸르누로의 데생도 활용되었을 것이다.

이 전시관은 전체의 조화를 시각적으로 제시하려고 한 들라포르트의 복원도나 복제품과는 다른 발상에서 만들어졌다. 현실에서는 잃어버린 사원의 과거 모습을 복원하려고 한 의도는 없었다. 원래부터 앙코르와트는 유적 안에서는 보존상태가 좋은 사원이고, 세부가 결락되기는 했지만 탑은 무너지지 않고 남아 있다. 그 의미에서 이 전시관은 '복원'이 아니라 '복제'라고 해야 하며, 들라포르트의 복원사상과는 근본적으로 다른 발상으로 건축된 것이라 하지 않을 수 없다. 하지만 1기만이 솟아 있는 기이한 광경은, 들라포르트가 제작한 사면탑의 복제품과 어느 종류의 공통성을 느끼게 하지는 않는가?

이미 분석한 것처럼, 들라포르트 자신은 학술적 성과로서 복원도나 복제품을 제시했지만, 결과적으로는 양식적으로 각각 이질적인 단편들을 그러모아 만든 복제품을 만들어내고 말았다. 이러한 점에서 1889년의 앙코르전시관에 근접해 있다. 즉, 양자 모두 전체적으로 보면 현실적으로는 존재하지 않는 공상적인 기념물인데, 세부의 정확성이라는 점에서는 주형이나 데생을 이용한 정교한 것들이다. 모두 '세부의 고고학적 정확성'과 '전체의 비현실성'이라는 두 가지 모순되는 요소가 발견되는 것이다.

이 특징에 대해 문화연구적인 분석을 시도해보고자 한다. 주형이나 현지에서의 데생을 이용하여 달성된 세부의 정확성은 19세기 후반의 실증적인 학문적 정신을 반영하고 있다고 평가할 수 있을 것이다. 이에 대해 전체가 빚어내는 비현실성은 당시에 유행했던 동방환상으로서의 오리엔탈리즘이나 이국주의와 통하는 특징이 있다. 즉, 여기에는 19세기의 새로운 과학적 실증정

그림33 〈프레아 칸 폐허 회랑에서의 조우〉, 들라포르트 저 『캄보디아 여행』의 삽화

신과 18세기 이래 서구의 전통적인 이국주의가 혼재되어 나타난 것이다.

우리들은 동종의 모순된 정신이 혼재하는 양상을, 들라포르트의 1880년 저작 『캄보디아 여행』에서도 찾아볼 수 있다. 이미 우리들은 이 책의 삽화를 다수 보았는데, 새삼 여러 삽화를 나란히 놓고 바라보고 싶다. 실증적인 유적의 평면도나 발굴한 조각상 단편들의 치밀한 데생(그림5, 7, 11을 참조)이 그려지고 있는 한편으로, 이국주의를 불러일으키는 신비적인 캄보디아 이미지도 다수 소개되어 있다(그림10 참조). 근대적인 학문정신과 전근대적인 환상적 이미지가 기묘하게 혼재되어 있는 것이다. 이국적인 이미지의 예를 몇 가지 더 소개해두자. 〈동굴에서의 종교의식〉이라는 제목의 삽화에서는 신비적인 동굴에서의 종교의식이 공포소설의 한 구절과 같은 감각으로 그려져 있다.[70] 또한 〈프레아 칸 폐허 회랑에서의 조우〉(그림33)에서는 암흑 속에 가라앉은 신상의 목에 감겨 있는 큰 뱀과의 '조우'가 음울한 정경 아래 그려져 있다.[71] 18~19세기에 유행한 고딕소설에나 어울릴 이 삽화는, 비록 들라포르트가 이것과 유사한 광경을 보았다고 하더라도, 서구인이 그려온 비서구의 표상, 이른바 미개 혹은 야만의 세계를 그린 스테레오타입stereotype의 허구적 이미지의 계보에 속한다고 하지 않을 수 없다.

이와 같이 분석한다면, 우리들은 들라포르트의 복제품이나 삽화에 대해 식민주의적인 관점에서의 해석을 부가할 수 있을 것이다. 즉, 거기에 식민자가 표명한 '문명교화의 사명'의 이중논리를 찾아낼 수 있다. 이국적인 이미지는 식민지의 미개성이나 야만성을 표현하고, 그 땅을 정복하는 것을 정당화한다. 한편, 정밀한 데생을 통해 학술성을 제시하는 이미지는 황폐한 식민지의 유물을 소생시킨다는 근대적인 영위營爲를 시각화하고 있다고 분석할 수 있다. 아시아의 미개성과 유럽의 근대성을 대비시킴으로써 전통적인 문명교화의 사명을 유럽인들에게 부여하고, 프랑스에 의한 캄보디아 지배를 정당화하는 것이다. 무의식이지만, 들라포르트는 이러한 이미지를 스테레오타입으로 반복하고 있다. 앞에서 본 바이욘에서의 장해물 제거작업의 모습을 전하는 무제의 삽화(그림9)는 문명교화의 프로그램을 전형적으로 보여주고 있다. 거기에서는 발굴을 지도하는 통솔자로서의 프랑스인과 그 지시를 따르는 원주민이, 판화라는 단색화monochrome 미디어의 특성을 살리면서 흑백의 대비를 통해 명확히 구별되고 있다. 식민지의 미개성과 서구의 근대성이 대치되는 것이다.

식민지의 미개성과 서구의 근대성의 대비는 1889년 파리 만국박람회의 전시에도 현저하게 드러났다. 이 만국박람회에서 에펠탑과 앙코르와트라는 두 개의 탑이 출현했던 셈인데, 앙코르와트의 탑이나 식민지의 전시관은 에펠탑과 박람회의 중심이었던 메인 회장으로부터 조금 떨어진 앵발리드Invalides에 격리된 것처럼 배치되었다. 그리고 거기에서는 밤낮으로, 그곳이 파리라고는 생각되지 않는 이국적인 행사가 열렸고, 서양인의 호기심을 충족시켜주었다. 원래 여기에 아담한 1기의 앙코르와트의 탑이 복원된 것은 메인 회장에 있던 철제의 거대하고 근대적인 에펠탑과 대비시키기 위한 것은 아니었을까라고도 상상해본다.[72]

만년의 들라포르트

파리에서 앙코르 유물을 볼 수 없었던 시대, 들라포르트는 크메르미술 전문의 미술관 창설에 진력했고, 고고학적 성과로서 다수의 복원도와 복제품을 제작했다. 그러나 오늘날 그를 앙코르 고고학의 제1인자로 상기하고, 고고학자로서 높게 평가하는 사람은 없을 것이다. 위험한 유물 수송, 정확하지 않은 양식의 복원도와 상상적인 복제품…. 그가 이루어온 고고학적 업적은 현재에 이르는 20세기의 고고학에 의해 수정되고, 때로 부정되어 망각될 운명에 처했다. 1898년에는 본격적인 학술적 조사연구기관인 프랑스극동학원의 전신에 해당하는 '인도―차이나 고고학조사대'가 결성되고, 앙코르 유적의 고고학도 실증을 중시하는 근대적 학문으로서의 성격을 급속도로 정비하기 시작했다. 매혹적인 스펙터클을 제공한 들라포르트의 인도차이나미술관도 그가 사망한 직후에 복제품과 진품이 명확히 구별되고, 진품 조각상은 기메미술관으로 옮겨진다. 복제품만의 전시장이었던 인도차이나미술관은 복제품과 함께 1930년대 중반에는 파리로부터 모습을 감추게 된다. 이 급속한 학문적 환경의 변화가 어떻게 일어나게 된 것인가, 이것이 다음 장 이후에 설명할 이 책의 주제인데, 그 전에 제1장을 닫으면서 들라포르트의 만년에 시선을 옮겨보고자 한다.

들라포르트가 세상을 떠난 것은 1925년이다. 만년의 그는 크메르미술을 둘러싼 학술적 환경의 극적인 변화의 와중에 당혹해하면서 살아갔음에 틀림없다. 만년의 약 10년간, 들라포르트는 스스로의 답사와 미술관의 정비활동을 총괄하고자, 전 4권의 대형 서적『캄보디아의 건축물』(1914~1924)의 집필과 간행에 몰두했다. 이미 몇 번인가 언급한 저작인데, 부제에 "1873년과 1882~1883년에 그(들라포르트)가 지휘한 조사 및 1874~1875년에 파로Gaspard Faraut(1846~1911)의 보충조사에 의해 수집된 자료에 기초한다"라고 되어 있다. 최초의 답사로부터는 40년 이상의 세월이 지났으며, 조사보고로서는 너무나 늦어버린 출판물이다. 시대지연의 느낌을 부정할 수 없다. 1912년 70세를 맞은 그는 어떤 생각을 가지고 자신의 답사와 조사연구를 뒤돌아보고 집필에 임했던 것일까?

큰 판의 정밀한 평면도와 복원도를 새롭게 작성하고 유적의 상황과 크메르 미술에 대해 상술한 이 책은, 모험담으로서 읽을 수 있었던 1880년의 『캄보디아 여행』과는 전혀 다르게, 학술적인 조사보고에 어울리는 체재體裁를 갖추고 있다. 이야기적인 요소는 배제되고, 공상적이고 이국적인 삽화도 일소되었다. 들라포르트에 의하면, 이 책은 두 번의 조사를 '요약'한 보고서이고, "인도차이나고고학위원회의 결정에 따라, 공교육성公教育省과 인도차이나총독의 협력하에, 조사 후 40년이 지나 겨우 출판할 수가 있었다"라고 한다.[73]

40년이나 출판할 수 없었던 이유에 대해서는 보고서에서 언급하고 있지 않지만, 몇 가지 자료에 의하면 출판계획은 1910년경에 세워졌던 것 같다. 예를 들면, 1911년 3월에 프랑스극동학원으로부터 들라포르트에게, 그가 작성한 도면 등을 학원이 발행하는 《프랑스극동학원기요Bulletin de l'École Française d'Extrème-Orient》에 게재하고 싶다는 의뢰가 왔을 때 그는 이 요청을 거절한다. "이미 인도차이나고고학위원회가 (…) 자료집의 출판을 결정"했고, 그 보고서에서 스스로가 수집한 자료를 공개하고 싶다고 하면서, "만일 출판이 실현되지 않으면, 자료를 빌려드리겠다"라고 정중하게 거절하는 말로 편지를 끝맺고 있다.[74] 이 말 그대로, 1914년에 제1권이 간행되었는데, 운 나쁘게 이 해에 제1차 세계대전이 발발한다. 제2권 이후는 전쟁 후까지 간행할 수 없는 정세가 되었던 듯하다.

---

* 기요(紀要)는 대학이나 연구소 따위에서 연구 논문을 실어 펴내는 정기 간행물을 말한다.

출판시기의 연기와 함께 들라포르트도 늙어간다. 남은 인생이 길지 않다는 것을 의식하면서, 그는 자신의 학술적 공헌을 연구보고서라는 형태로 남기고 싶다고 소망했을 것이다. 하지만 1920년이라는 해는 프랑스극동학원의 조직적이고 계속적인 조사활동이 20년을 경과하던 시점이었다. 들라포르트의 보고서는 점점 더 시대에 뒤떨어진 것이라 인식될 가능성이 있었다. 1910년경에는 자신이 수집한 자료의 학술적 가치에 자부심을 가지고, 막 활동을 시작한 극동학원(앙코르 유적의 조사가 본격적으로 개시된 것은 1907년이었다)에는 아직 질 수 없다는 듯이 학원의 자료이용 요청을 거절한 들라포르트였지만, 만년인 1920년대의 그는 스스로를 '이류의 동양학자'라고 비하했다고 한다. 보고서 제2권 이후에는 시대에 뒤떨어졌다고 탄식하는 것을 여기저기에서 볼 수 있다. 예를 들면, 1923년에 간행된 제4권에서 들라포르트는 이 저작을 "불완전하다고밖에 할 수 없는 답사의 기록을 담은 것"이라고 부르고, "흥미 있는 건축물의 복원도 시도했지만, 이미 거기에는 오류를 찾아낼 수 있을 것이다", 그리고 "몇 가지 세부사항의 수정도 이미 극동학원의 작업에 의해 이루어지고 있다"라고 쓰지 않을 수 없었다.[75]

프랑스극동학원이 현재 보유하고 있는 고문서에는 1920년대에 들라포르트가 그 학원에 보낸 편지가 몇 통 보관되어 있는데, 그것을 읽어보면 과거의 고고학적 지식의 오류를 조금이나마 수정하려고 한 그의 모습을 상상할 수 있다. 예를 들면, 1920년 6월 22일의 편지에서 그는 극동학원의 고고학 부장으로서 그 시기에는 학원장 대리를 맡고 있던 앙리 파르망티에Henri Parmentier(1871~1949)에게 앙코르톰의 '승리의 문'의 세부 사진과 스케치를 의뢰했다.[76] 하지만 자료를 받아든 들라포르트는 송부된 사진을 그대로 조사기록에 게재하지는 않았다. 사진자료와 스케치를 바탕으로 그는 과거와 같이,

그림34 〈앙코르톰 성벽문의 하나(복원도)〉, 들라포르트 저 『캄보디아의 건축물 제3권』(1924)의 삽화

그러나 보다 정밀도가 높은 복원도를 작성하려고 노력했던 것이다. 송부된 자료를 보고 자신이 모은 자료에서는 확인할 수 없었던 "바이욘 북문의 박공에 필적하는 (…) 섬세한 극상의 세부"가 승리의 문에도 새겨져 있다고 확신한 그는, 새로운 복원도를 완성시켰다[77](그림34, 〈앙코르톰 성벽문의 하나(복원도)〉).

들라포르트가 1920년대에 이르러서도 사진 제판製版이 아닌 데생에 의한 건축물 소개를 고집했다는 사실은 특필할 가치가 있을 것이다. 그는 전 생애에 걸쳐 사진으로 유적의 상태를 전하기보다는 이상적인 세부를 갖춘 복원도를 데생으로 제공하는 것을 고집해왔던 것이다. 당시의 출판인쇄기술로는 사진보다 데생이 세부를 전달하기에 더 적당하다는 사정도 있었겠지만, 복원도야말로 자신의 고고학적 달성이라고 자각했던 까닭에 더욱 그러했을 것이다. 제1차 세계대전 후의 혹심한 재정난으로 인해, 상질의 종이에 정밀한 데생을 인쇄하는 것은 곤란했었음에도 불구하고 그는 큰 판의 복원도의 발표를 계속 고집했던 것이었다.

파르망티에와 주고받은 편지에 나타나 있는 것처럼, 만년의 저작물을 출판하기 위해서는 극동학원 멤버의 협력이 불가결한 것이었다. 현지에 주재하는 조사원이 제공하는 신자료新資料가 없었다면 새로운 복원도를 작성할 수 없었다. 또한 보고서 제2권 이후의 출판 그 자체에 관해서도 들라포르트는 실제로 극동학원에 협력을 요청해야 했다. 세계대전 후 파리의 불황 속에서 이러한 대형의 학술적 연구서를 간행할 수 있었던 것은, 극동학원의 초대원장으로서 1920년에는 파리에 돌아와 있었던 루이 피노Louis Finot(1864~1935)가 들라포르트를 위해 공교육성이나 인도차이나총독부에 자료원조를 요청하러 분주히 돌아다녔기 때문이었다.[78] 자신보다도 30세 이상이나 젊은 학원의 멤버들에게 협력을 구했던 고로의 연구자의 기분이란 어떤 것이었을까. 그러나 들라포르트는 그들에게 그 이상 없는 정중한 표현으로 감사의 뜻을 전하고 있다. 그러한 겸양스러운 말투는 80세를 맞이하려 하는 앙코르 연구의 제1인자의 것으로는 감동적이기조차 했다. 그러한 말들을 읽어보면, 만년의 들라포르트가 결코 제1인자로서 사치를 부리지 않고, 자칭 '이류의 동양학자'라는 것은 과도하게 비하한 것이지만, 새로운 앙코르 유적연구에 임하고 있는 젊은 세대의 연구자들에게 스스로가 이룰 수 없었던 작업의 미래를 맡기는 것과 같은 기분으로 만년의 작업의 완성을 위해 애쓴 것이라고 상상된다.

그래도 그는 자신의 복원도의 독창성과 학술적 의의에 관해서는 늘 자부심을 가지고 있었다. 다음과 같은 말도 보고서에서 찾아볼 수 있다.

여기에 소개하는 자료는 적어도 이와 같은 형태로는 미발표된 것들뿐이다. 장기간 끈기 있게 연구하고 폐허를 발굴하여 밝힐 수밖에 없는 이러한 종류의 예술 지식은 지금도 또한 거의 진전되지 않고 있다. 우리들의 연구와 에모니에 씨의 훌륭한 저작이 있을 뿐이다.[79]

다음 장에서 상세하게 검토하겠지만, 극동학원이 창설되었다고는 하나, 앙코르 유적의 수수께끼는 아직 해명되지 않았다. 실증을 제일로 여기는 현지 고고학의 조사원이 들라포르트와 같이 한걸음에 '완전한' 이상적인 모습을 제시하는 복원도를 작성하는 일도 없었다. 비록 학술적으로 문제가 있다고 하더라도 그가 남긴 복원도를 대신할 수 있는 새로운 자료도 지금까지 등장하지 않고 있고, 그러한 의미에서 독창성을 상실하지는 않았다. 적어도 그는 그렇게 믿고, 자신의 일과 동세대의 에모니에의 작업만이 지금의 단계에서는 최량의 것이라고 겸손하게(몸을 낮추어) 주장했던 것이다. 동양학자로서의 경력은 없더라도, 비록 시대에 뒤떨어진 정보가 있었다 하더라도, 들라포르트는 앙코르 유적답사의 제1인자로서의 자부심을 마지막까지 버리지 않았던 것이다.

이 장 마지막으로 들라포르트의 저작과 일본과의 관계를 보여주는 작은 에피소드를 하나 소개하고자 한다. 1880년의 그의 저작 『캄보디아 여행』은

1944년 7월에 당시의 프놈펜의 일본영사관원이었던 미야케 이치로三宅一郎에 의해 일본어로 번역되었다.

　1944년은 제2차 세계대전의 와중이었고, 1년 뒤에는 패전을 맞이하게 되는 시기이다. 그러한 때에 앙코르 유적에 관한 번역서를 용케도 출판했다고 생각할지도 모르겠다. 하지만 그러한 상상과는 전혀 반대로, 이 시기에는 앙코르 유적 관련의 저작물이 일본에서 잇달아 간행되었다. 자세한 사정은 제8장에서 검토하겠지만, 여기에서는 간단히 그 개략을 보여주고자 한다. 두 번째의 세계대전이 발발하자, 프랑스는 일찍이 1940년 6월에 나치 독일과 휴전협정을 맺는다. 이 기회를 타고 일본은 그해 9월부터 이른바 북부 프랑스령 인도차이나佛印 진주를 개시, 이듬해 7월에는 남부 진주도 완료된다. 그리고 군인이나 재계 인사들과 함께 연구자도 또한 잇달아 인도차이나로 건너가 앙코르 유적을 전하는 서적들이 다수 출판되게 된다. 전쟁 말기에는 인도차이나 지역을 무력으로 제압하게 되는 일본에게, 새롭게 대동아공영권의 일부가 되려고 했던 당지當地의 역사와 사회를 전하는 서적은 매우 시의적절했던 것이다.

　얼마나 많은 앙코르 관련 연구서가 출판되었는지는 당시 도쿄공업대학 조교수였던 후지오카 미치오藤岡通夫의 다음 말에 암시되어 있다.

　최근에 대동아전쟁의 진전에 수반하여, 이른바 남방물南方物의 출판이 증가하고, 번역서 혹은 그에 준하는 책도 잇달아 나타나기에 이르렀다. 실로 기뻐해야 할 일이지만, 일면에 있어서는 이들 중에 내용이 변변치 못한 것도 적지 않다. 그것은 번역자가 내용에 대해 완전한 이해도 없고, 단순히 어학력에만 의존하여 번역하는 데서 기인하는 일이 많은 듯하며, 때로는 번역자가 과연 제대로 해석하고 있는

지 의심스럽다고 여겨지는 것조차 있다. 또한 원저의 선택에 오류가 있는 것도 있어서, 저자가 아무리 권위자라 하더라도 이미 출판일이 오래되어 오늘날에는 가치가 없는 책도 있다. 특히 앙코르 유적의 연구와 같이, 근래에 급속한 진보를 이루어 1927년 이전의 저서는 그 내용에 현저한 오류가 포함되어 있으며, 새삼 번역할 가치도 없는 것임에도 불구하고 번역되어 마치 새로운 것인 양 서점에 진열이 된다는 것은 세상을 그르칠 염려가 적지 않은 것이다. 종래의 저명한 것에 비해서는 인식이 결여되어 있던 앙코르 유적이 이들 신저新著에 의해 그 오류가 더욱 보급되는 것을 나는 두려워하고 있다.[80]

정보량이 많아서 긴 인용이 되어버렸다. 들라포르트의 『캄보디아 여행』은 후지오카가 이야기하는 "1927년 이전"의 저작이고, 학술적으로는 "출판일이 오래되어 오늘날에는 가치가 없는" 시대에 뒤떨어진 서적임에 틀림없다. 후지오카는 전문가로서 이러한 종류의 서적이 일본어로 번역출판되는 것에 경종을 울린 것이다. 붐을 타고 춤추는 것이 아니라, 실증적인 학술서를 일본어로 번역하라고. 지금 다시 빈번하게 듣게 되는 말일 것이다. 동시에 후지오카가 특기한 1927년은, 이 책의 제4장에서 상술하는 필립 스테른Philippe Stern(1875~1979)의 저작이 간행된 해로서, 스테른의 문제제기에 의해 앙코르 유적의 바이욘사원의 건축 연대가 크게 수정되게 되었던, 고고학사에서는 획기적인 해이다.

그러나 후지오카의 말에 대항하듯이, 미야케는 들라포르트의 책의 출판을 고집했다. 후지오카가 미야케를 "어학력에만 의존하여 번역하는" 번역자라고 생각했는지는 알 수가 없다. 후지오카의 저작물의 참고문헌에는 미야케에 의한 번역서가 한 권도 거론되지 않았으므로 그 가능성은 있다. 적어도 일반 독자는, 대학교원이 아닌 미야케가, 후지오카가 이야기하는 '전문가가 아닌' 번역자라고 생각했을지도 모르겠다. 미야케 또한 스스로 대학인이 아니라는 것을 강하게 의식했던 것은 아닐까? '전문가가 아닌' 미야케는, '이류의 동양학자'라고 자칭할 수밖에 없었던 들라포르트의 만년의 불우함을 자신에게도 어느 정도 투영하고 있었던 것은 아닐까 하고 나는 생각하고 있다. 그렇게 생각하는 것은 미야케가 들라포르트의 번역서의 '역자 서문'에서 다음과 같이 쓰고 있기 때문이다. 만약 들라포르트가 읽을 수 있었다면, 자기의 뜻을 잘 읽어냈다고 크게 기뻐했을 것이다.

최근 우리나라(일본)에서도 남방의 민족들에 대한 진지한 관심이 점차로 높아져 왔고, 특히 앙코르에 관한 책이 많이 출간되었거나 출간되고 있는 것은, 국운의 진전과 함께 진정으로 기뻐해 마지않을 일이다. 그러나 동양의 지도자인 일본인은 어디까지나 성실하고 냉정하게 각각의 길로 정진해야 한다. 특히 학문의 길, 예술의 길에 있어서는 더욱 그러하다. 지금 앙코르에 관한 책이 많은데도 기어코 이 책을 번역하여 세상에 내놓는 것은 실로 누누이 기록해온바, 바로 이 점에 있는 것이고, 조금 요점을 비켜가 극단적으로 벗어나버릴지도 모르겠지만, 들라포르트를 읽지 않고 앙코르를 논하는 것은 만엽집万葉集을 모르면서 단가短歌를 운운하고, 산스크리트의 개념 없이 인도와 유럽印歐 언어학에 대해 지껄이는 것과 같다고 해도 과언이 아닐 것이다. 새삼스럽게 신기함으로 좇는 것은 위험하다. 물론 오래된 망설에 사로잡히는 것도 어리석지만 대개 예술이나 종교의 세계, 아니 무엇이든 간에 '역사'를 무시하는 것은 용서되지 않는다. 선대의 업적 위에 후대의 성과가 축적되어 가는 것이다.[81]

제2장

프랑스극동학원의 창설과
그 정치학

초대원장 선출을 둘러싼 수수께끼

　루이 들라포르트는 죽기 직전이었던 1923년에 자신의 고고학을 집대성한 저작을 출판했는데, 거기에서 앙코르 연구의 제1인자로서 자신과 에티엥 에모니에의 이름을 거론했다.

　에모니에는 1869년에 해군육상전대 소위로서 인도차이나에 주재했고, 들라포르트와 같이 1870년대부터 근세 크메르 비문의 해독에 참가했다.[1] 들라포르트가 건축물의 미적 가치에 매료되어 미술사연구를 시작했다고 한다면, 에모니에는 망각된 역사를 해명하고자 비문 해독에 정력을 쏟았다고 할 수 있다. 현지에서 크메르어와 참 언어를 습득했고, 사이공의 관리양성학교에서 어학교사로도 근무한 그는, 최초의 『크메르-프랑스어사전』을 편찬한 것으로도 유명하다.[2] 1882년부터는 공식적으로 프랑스 아카데미의 요청을 받아 비문 수집을 위한 답사를 계속했고, 그 과정에서, 타케우Ta Keo*에서 등신

---

*　캄보디아 서부 씨엠립의 북쪽에 있는 앙코르 유적군의 하나로서, 앙코르와트에서 약 3킬로미터 정도 떨어진 곳에 있는, 힌두교의 피라미드식 사원이다.

대의 하리하라Harihara*상을 입수하기도 했다(이 상은 1890년에 기메미술관의 소장품이 되었다. MG14910).

그의 연구의 하나의 도달점은, 앞의 장에서도 다루었던 전 3권 2,500쪽에 이르는 대저大著『캄보디아지』로서 1900년부터 1903년에 걸쳐 간행되었다. 들라포르트의 저작이 20세기에 들어서자마자 금방 시대에 뒤떨어진 것이라고 간주되는 운명에 처했던 것에 비해, 에모니에의 저작은 오늘날에도 연구자들이 반드시 참고로 해야 할 고전적 문헌이라 여겨지고 있다. 적어도 1920년경까지는 캄보디아에 관한 최량의 연구서의 하나였던 것은 틀림이 없다. 앙코르 유적을 중심으로 출토된 고고학적 유물을 주제로 한 제3권은, 풍부한 사진 자료를 게재하여 유적의 연대설정도 시도하고 있고, 고고학사상에서도 중요한 저작이다.

그런데 『캄보디아지』를 간행하기 시작한 것은 1900년, 에모니에는 56세였고, 30년 동안의 연구성과를 공표하는 등 그야말로 학자로서의 원숙기에 있었다. 1900년 사이공에 있었던 총독부 아래에서, 본격적인 인도차이나연구를 위한 항구적인 조사연구기관 '프랑스극동학원'이 탄생했다. 그러나 에모니에는 이 학원의 원장은 고사하고 연구멤버도 아니었다. 학원 원장에 발탁된 것은, 파리국립도서관에 근무한 실적이 거의 없는 34세의 루이 피노였다.

프랑스극동학원은 식민주의시대에 창립되어 오늘날에도 활동을 계속하고 있는 몇 안 되는 조사연구기관의 하나이고, 그 활동은 앙코르 고고학사와 깊이 관련되어 있다. 이 장 이후, 우리들의 고고학사는 이 학원의 활동과 함께

---

* 인도신화의 시바와 비슈누의 합체신. 오른쪽 반신이 시바이고, 왼쪽 반신이 비슈누이다.

이야기하게 될 것이다. 우선은 이 제2장에서 프랑스극동학원 탄생에 이르는 시대배경과 초창기의 학원의 활동을 돌아보고, 특히 창립이념의 배경에 존재하는 정치성에 대해 분석해보고자 한다.

　앞의 장에서 살펴보았듯이, 1870년대부터 루이 들라포르트는 앙코르 유적과 크메르미술을 파리에 소개하는 일에 몸을 바쳐 1889년에는 염원하던 인도차이나미술관을 설립했다. 같은 무렵, 아카데미의 명을 받은 에모니에가 비문을 수집했고, 파리의 동양학자들과의 연계를 구축하기 시작했다. 이러한 상황에서 개인 단위로 수행하는 조사를 묶어, 아카데미가 통괄하는 조직적인 조사기관을 현지에 설치하고자 하는 기운도 점차로 높아져갔다. 때마침 1887년, 프랑스는 통킹, 안남, 코치시나, 캄보디아를 보호령으로 하는 '프랑스령 인도차이나 연방'의 결성을 선언했다(1893년에는 라오스도 병합했고, 이후 인도차이나의 5개국이 연방을 형성하게 된다). 이에 따라 인도차이나총독부 아래 정부가 공인하는 연구기관을 설치하려는 계획도 현실감을 띠게 되었다. 그리고 우선, 1898년에 '인도-차이나[3] 고고학조사대'가 결성되었던 것이다. 조사대라는 이름을 지니고 있어서 상상하기 힘들겠지만, 이것은 인도차이나를 본거지로 하여 항구적으로 식민지를 조사하는 교육연구기관으로 구상되었다. 그 목적을 명확히 하기 위한 것일까, 조사대는 1900년에 '프랑스극동학원'이라고 개명되었다(1900년 1월 20일의 정령政令에 의한 명칭변경[4]). 프랑스에 의한 동방(오리엔트)의 고고학조사기관으로서는 이집트의 카이로와 그리스 아테네의 학원에 이어 설립된 세 번째 연구시설이었다.
　대망의 항구적 조사기관이 식민지에 탄생하게 된 셈인데, 이 원장에 발탁된 것은 실적이 있던 들라포르트나 에모니에가 아니라, 젊은 연구자 루이 피노였다. 왜 프랑스는 아직 실적도 없던 연구자에게 원장이라는 중요한 직책을 부여했던 것일까? 이 물음에 답하기 위해 우선은 루이 피노에 대한 이야기부터 시작해야겠다. 그가 어떤 경력을 가진 인물이었던가를 앎으로써, 창립 당초의 학원의 목적, 그리고 새롭게 식민지에서의 학문을 개시하려고 했던 프랑스 아카데미의 목적을 읽어낼 수 있을 것이기 때문이다.

루이 피노는, 들라포르트가 인도차이나 땅에 제일보를 새기고 앙코르 유적을 찾아가려고 했던 1864년에 태어났다. 들라포르트보다 18세 어리고, 에모니에보다 20세 적었다. 1888년, 24세에 국립고문서학원을 졸업하고 고문서학자의 자격을 얻었다. 그 후 국립도서관에 배속되어 부副도서관원(1892년)으로서 근무하는 한편, 실용고등학원에서 인도학자인 실뱅 레비Sylvain Lévi(1863~1935) 밑에서 산스크리트를 습득했다. 1894년에 학위를 취득한 그는 그 학원의 산스크리트 강좌 부副지도교관도 지냈다. 요컨대 피노는 도서관에서는 고문서 정리를 담당하고, 고등학원에서 산스크리트를 지도하는 문헌학자였다. 그러한 그가 1898년의 인도-차이나 고고학조사대의 대장으로 발탁되었던 것이다. 실적이 없는 34세의 문헌학자가 대장으로서 과연 적절했던 것일까? 조사대는 무엇을 하려고 했던 것일까?

우선 연령에 관해서 이야기한다면, 세기의 전환점에 새로운 전개를 맞이하고 있던 프랑스의 동양학계에서는, 당시 30대의 연구자가 각 방면에서 중요한 임무를 부여받고 큰 성과를 거두기 시작했었다. 프랑스의 동양학자로서 처음으로 중국대륙을 답사하여, 서양인에 의한 중국 고고학의 선구자가 되었던 에두아르 샤반느Edouard Chavannes(1865~1918)는 1865년생으로서 피노와 거의 같은 세대이다. 샤반느는 1893년에 중국 북부를 답사하여 보고서를 간

126 •

앙코르와트
— 제국주의 오리엔탈리스트와 앙코르 유적의 역사 활극

행하자마자, 2년 후인 1895년에 30세의 나이로 콜레주드프랑스Collège de France
의 교수로 발탁되었다. 또한 1900년대 초에 간다라 불교미술연구로 구미와
일본의 학계에서 일약 주목을 받게 된 알프레드 푸셰Alfred Foucher(1865~1952)
도 1865년생, 돈황학으로 유명한 폴 펠리오Paul Pelliot(1878~1945)는 더 젊은
1878년생이다. 20세기형의 실증적인 아시아 고고학의 제1인자가 된 동양학
자들은 모두 피노와 동세대이고, 1880년대에 파리에서 동양학의 기초를 닦
은 엘리트들이었던 것이다. 이것은 단순한 우연이 아닐 것이다.

　되풀이하지만, 1880년대는 앙코르 고고학사상에서는 들라포르트가 답사
의 성과로 크메르미술품을 파리에 전시하고, 처녀작으로 복원도를 발표했던
시기이다. 또한 자포니즘의 풍조하에 에밀 기메 등이 일본을 방문하여, 일본
의 공예품이나 불상을 프랑스로 가져갔던 시기이기도 하다. 프랑스에는 18
세기 이래 동양학의 전통이 있었고, 유능한 동양학자도 배출되고 있었다. 그
러나 19세기 말까지는 동양학이라고 하면 중국과 인도의 문헌학이 중심이었
고, 현실의 아시아를 체험하고자 하는 답사 등은 전혀 이루어지지 않았다. 들
라포르트가 파리에 가져온 인도차이나의 고고학적 유물이나 비문도 당초에
는 중시되는 일도 없었고, 비문의 해독이 네덜란드나 독일의 학자들에게 선
수를 빼앗기는 사태도 일어났었다.

　이러한 상황 가운데, 1880년대에 교육을 받은 신세대의 동양학자들은 스스
로의 손으로 시급히 아시아의 실지조사를 할 필요성을 느끼고 있었다. 그들
은 다가오게 될 20세기에 적합한 새로운 프랑스의 동양학을 개척하고자 했
던 것이다. 그러한 의미에서 피노를 극동학원 원장으로 발탁한 것은 새로운
동양학의 개막을 상징적으로 보여주는 하나의 사건이었다. 1904년에 초대원
장 6년의 임기를 마치고 파리로 돌아온 피노는, 2년 후에는 콜레주드프랑스

의 초대 인도차이나학 교수가 되었고, 이 분야의 권위자의 한 사람이 되었다. '인도차이나 서지학·역사학 강좌'를 개설함으로써 새로운 시대의 학문의 방향성을 국내외에 선포하게 된다.

초창기 극동학원 조사의 실상

하지만 '그렇더라도'이다. 1898년 시점에서는 피노에게 실적이 없었다. 확실히 국립고문서학원을 졸업하고, 고등학원에서 학위를 취득한 그는 장래가 기대되는 엘리트 동양학자의 한 사람이었다. 그러나 고고학조사대의 책임자로서 그는 적임자였을까? 고고학의 전문적 교육을 받은 것도 아닌 문헌학자에게 무엇을 요구했던 것일까?[5]

이러한 의심에 대한 답을, 우리들은 조사대의 목적을 정한 정령 안에서 찾아낼 수 있을 것이다. 조사대의 목적, 나아가 그 후의 극동학원의 목적은 고고학적 조사에만 있었던 것이 아니었다. 오늘날의 고고학이라는 학문을 연상시키는 유적의 측량이나 수복·복원이라는 작업은, 긴급을 요하는 중요사항으로 자리매김되지 않았던 것이다. 1898년 12월 15일에 인도차이나총독 폴 두메르Paul Doumer(1857~1932)가 공포한 '인도-차이나 고고학조사대의 규칙에 관한 정령'을 검토해보자.[6] 제2조에 조사대의 목적이 "고고학적 그리고 문헌학적 조사"의 수행에 있다고 분명하게 규정되어 있다.

당 조사대의 목적은 이하와 같다. (1) 인도차이나반도의 고고학적 그리고 문헌학적 조사를 수행하는 것. 모든 수단을 강구하여 역사, 건축물, 고유 언어의 지식을

높일 것. (2) 인도, 중국, 말레이시아 등의 근린 지역 및 문명의 학식에 공헌할 것

그러나 그 다음의 제3조에는, '대장의 임무'가 다음과 같이 규정되어 있다.

(1) 교육활동을 통솔하고 협력할 것. 산스크리트와 파리의 강의 및 실용적인 고고
학 강의를 실시하여, 서구인이나 원주민 청강생의 조사능력을 육성할 것. 그리고
수행해야 할 고고학적 업무에 협력할 수 있는 상태로 만들 것. (2) 제4조에 정한
특별연구원의 연구와 조사를 지도 관리할 것 (…)

조사대의 목적에는 고고학 조사의 수행을 들 수 있는데, 그것을 통솔하는
대장의 역할은 조사를 위한 대원교육이 첫 번째 목적이라고 되어 있다. 구체
적으로 산스크리트와 파리의 교육 의무가 부과되어 있었던 것으로 보아, 이
정령 작성의 시점에 이미 피노를 대장으로 임명할 것이 상정되어 있었던 것
으로도 상상된다.

또한 "서구인이나 원주민 청강생"을 "고고학적 업무에 협력할 수 있는 상태
로" 교육하는 것을 의무화한 이 조문을 보면서 우리는, 동남아시아에서의 학
술조사를 개시하는 데 즈음하여 얼마나 인재가 부족했던가를 알아두어야 한
다. 이 정령을 받아 1900년 1월까지 1년 동안 조사원으로 임명된 것은 루이
피노와 다음의 네 명뿐이다.

앙투안 카바통Antoine Cabaton(1863~1942), 서기관·사서(조사수행을 위한 임시)
(1899년 3월 6일의 정령)

통킹 제3보병연대 대장 뤼네 드 라종키에르Lunet de Lajonquière 조사보좌(1899년
3월 31일 정령)

동양어학교 졸업자격 취득학생 폴 펠리오, 특별연구원(1899년 8월 15일 정령)

코치시나우편전신국 제1사무관 알프레드 라발레Alfred Lavallé, 임시파견자(1900년 1월 15일 정령)

피노 외에는 전원, 기한부의 임시조사원이다. 게다가 그중 두 명은 군인과 사무관이다. 다음 장에서 소개하겠지만, 카바통은 산스크리트에 소양이 있었고, 피노 자신이 직접 충원한 인재였다. 후에 돈황학의 권위자가 되어 세계적으로 저명한 학자가 되는 중국학자 펠리오도, 이때에는 동양어학교를 갓 졸업한 22세의 연구자에 지나지 않았다. 오늘날의 유학과 같은 형태로 현지에 파견되었던 것인데, 그의 전문은 인도차이나가 아니라 중국이었고, 학원에 주재할 틈도 없이 1900년 2월에는 북경으로 가게 되었다.[7]

이와 같이 창립 시의 멤버는 극소수였고, 게다가 고고학적 지식도 없는 '생무지'도 포함되어 있었으며, 들라포르트의 조사대의 구성원과 그다지 다를 바가 없었다. 피노는 본격적인 실질조사를 하기 위한 새로운 인재를 발굴해 육성해야만 했다. 그는 그러한 교육에 적합한 인물로서 대장(원장)에 선정되었던 것이다.

조사대를 통솔한 아카데미도, 처음부터 큰 성과를 기대하지는 않았을 것이다. 실질적인 조사보다는 우선은 현지에서의 교육활동을 실천적 목적으로 내걸고 있었다. 20세기에 큰 진전을 보인 앙코르 유적의 고고학만 하더라도 1898년의 시점에는 앙코르 지구의 유적 대부분은 인근 국가 시암의 통치하에 있었고, 조사를 본격적으로 실시할 수 없었던 상황이다. 본격적인 조사는 앙코르 지구가 시암으로부터 캄보디아로 이양된 1907년을 기다려야 했다. 그때까지는 안남이나 코치시나의 조사활동이 주를 이루었고, 산스크리트 전문의 피노가 활약할 수 있는 장은 그다지 없었다고 할 수 있을 것이다.[8]

피노를 대장으로 발탁한 아카데미의 의도에 주목해보면, 1898년의 정령에는 그를 선출한 또 하나의 이유가 감춰져 있는 것처럼 생각된다. 우선 제1조를 읽어보자.

인도차이나에 항구적인 고고학조사대를 창설한다. 이것은 총독의 인가를 받아, 프랑스 아카데미의 비명ᄒᆞ文學문학 아카데미의 학술적 지도를 받아 설치한다.

조사대는 인도차이나총독부의 무관 부문에 설치되었는데, 실질적인 지도는 프랑스 본국의 "아카데미의 비명문학 아카데미"의 관리하에 이루어졌다. 대장의 임명권도 아카데미에 있었다. 제5조에는 이하와 같은 조문도 보인다.

대장은 조사대의 조사활동, 집필 중 혹은 집필 예정의 저작물, 특별연구원의 활동, 요컨대 조사대의 학술적 성과와 진전과 관련된 모든 사항에 대해, 매년 인도차이나총독에게 보고해야 한다. 그 보고는 총독으로부터 공교육성으로 전해져 아카데미로 전달된다.

대장은 본국의 아카데미의 철저한 관리하에 놓여 있었던 것이다. 후에 (1930년) 앙드레 말로는 소설 『왕도』La Voie royale에서 극동학원 원장에 대해, 아카데미의 권위를 내세워 출세만 염두에 두고 있는 관료적 인물로 희화적으로 묘사하고 있는데(이 책 제5장을 참조할 것), 이 조문만을 읽으면 학원은 정말로 아카데미의 앞잡이였던 것으로 보이지 않는 바도 아니다.

그런데 루이 피노는 이 조문에 규정된 의무를 다하고, 아카데미의 회의에서 상세하게 보고했다. 그리고 그 내용은 1901년부터 간행된《프랑스극동학원기요》(이후 《학원기요BEFEO》로 약칭)에 연이어 상세하게 게재되었다. 아카데미에 대한 상세한 활동보고 의무, 그리고 보고의 일반 공개라는 관리체제 하에서 극동학원이 작동하기 시작했던 것이다.

《학원기요》는 단순한 학술논문집에 속하는 잡지가 아니라, 학원의 조사계획과 조사의 진척상황을 극명하게 전해주는 보고서이기도 했고, 앙코르 고고학사를 알 수 있는 1급자료가 되었다. 또한 인도차이나뿐 아니라 극동 전체의 시사적인 뉴스도 충실히 담고 있어서 현대사 연구에서도 귀중한 것이다. 이 잡지는 1920년까지 연 4회 발행, 그 후에는 연 2회 발행되어, 시시각각 변화하는 식민지의 상황을 생생하게 전해주었다. 흥미로운 것은 후에 부제로 '문헌학과 고고학의 학술잡지'라고 기록된 이 기요도 1900년의 창간 시에는 단순히 '문헌학의 학술잡지'라고 기록되어 있었다. 초창기 학원의 활동이 반드시 고고학을 중시하지는 않았다는 방증이 된다.

여기에서 루이 피노에 의한 기념할 만한 1899년의 창립 원년의 활동보고를 읽고, 1년째의 조사내용에 대해 검토해보자. '인도−차이나 고고학조사대 대장'이었다가 후에 '프랑스극동학원 원장'이 된 피노는 1900년 2월 1일, 총독에게 이 보고서를 제출했다. 그러나 내용은 한마디로 말하면, 1년의 성과로 얻은 것은 아무것도 없었다고 보고하는 것과 마찬가지의 비참한 것이라고 하지 않을 수 없다.

A4판의 기요에 작은 글자로 7쪽에 달하는 장문의 보고였지만, 잘 읽어보면 실질적인 학술조사로서 피노가 들고 있는 것은, 라종키에르에 의한 통킹과 중국과의 경계 부근의 조사뿐이었다.[9] 더욱이 피노가 소개하는 라종키에르의 말에 따르면, "우리 조사대의 목적은 고고학적 관점 및 민족지적, 언어적

관점에서 몽카이Móng Cái*나 라오카이Lào Cái** 등 (중국과의) 국경 부근을 조사하는 것이었는데" 거기에서는 "고대 건축물의 흔적이 전혀 발견되지 않았다"라고 한다. 이러한 상황으로 인해 피노는 다음과 같이 이 보고서를 시작해야 했다.

우리들의 관심을 끄는 인도차이나의 다양한 지역에서, 우리들이 작업을 개시할 장소로 선택할 수 있었던 것은 캄보디아라고 확신하고 있다. 다수의 건축물이 우리들에게 그렇게 호소하고 있다.

당시는 시암의 통치하에 있었고, 학원이 적극적으로 답사할 수 없었던 앙코르 지구야말로 조사할 가치가 있다는 공허한 말로 보고를 시작해야 했다. 그리고 당시의 상황으로는 인도차이나 지역에 활동을 한정시켜서는 마치 아무것도 성과를 얻지 못할 것처럼, "고고학조사대는 인도차이나뿐 아니라, 극동 전체에서 조사활동을 수행해야 한다"라고 강조하고 있다. 실제로 피노가 자신의 활동의 성과로 들고 있는 것은 네덜란드가 행했던 인도차이나 고고학의 시찰이었다. 이미 고고학적 성과를 올리고 있었던 '바타비아Batavia*** 학술예술협회'를 그는 표경방문表敬訪問 하고, 식민지에서의 실천적인 조사방법에 대해 배웠던 것이다. "인도차이나뿐 아니라, 극동 전체"의 연구를 해야 한다는 말 자체는 극동학원의 야심을 나타내는 이념 혹은 이상처럼 해석되기도

---

* 중국과 접해 있는 북베트남의 도시.
** 베트남 북서부와 중국 국경 부근의 도시. 하노이 북서쪽 약 260킬로미터에 위치하고 있다. 교통과 군사상의 요지이다.
*** 인도네시아의 수도인 자카르타의 옛 이름이다.

하지만, 현실적으로는 이상적인 고고학적 조사를 아직 실시할 수 없다는 역경에서 나온 부정적인negative 말이라고 할 수도 있을 것이다.

일본학자 클로드 메트르

인도차이나뿐 아니라 극동 전체에 눈을 돌린다는 피노의 자세는, 본격적인 앙코르 조사가 가능해지는 1907년까지는 지극히 현실적인 선택이었다. 펠리오가 학원 최초의 특별연구원으로서 중국에 파견된 것은 이미 기술했는데, 일본인의 흥미를 끄는 것은 일본학자 클로드 메트르Claude Maître(1876~1925)의 사례이다. 메트르는 1901년 12월에 특별연구원으로서 학원에 파견되었다. 앙코르 고고학사와 직결되는 것은 아니지만, 알려지지 않은 일본학자에 대해 조금 이야기해두고자 한다.

1898년에 파리의 실용고등학원을 수석으로 졸업한 메트르는, 은행가인 알베르 칸Albert Kahn(1860~1940)으로부터 18개월간의 '세계여행' 유학장학금을 받아 처음으로 극동을 방문했다.[10] 1900년 여름에 프랑스로 돌아온 그는 고등교원으로 근무하면서 재빨리 오리엔탈리스트로서의 최초의 논문「야마토 大和의 미술L'Art du Yamato」을 《고대·근대미술잡지》(1901)에 발표한다.[11] 아스카飛鳥 시대의 미술과 역사에 대해 논한 이 논문은 프랑스인이 처음으로 본격적인 일본의 고미술을 다룬 연구로서, 자포니즘 연구자들에게는 비교적 잘 알려져 있다. 이 논문이 평가를 받아 그는 극동학원의 멤버가 되었고, 1902년 1월에 인도차이나에 입성할 수 있게 되었다. 이듬해 3월에는 일본을 방문하여, 학원을 위해 일본연구에 보탬이 되는 서적이나 미술품을 구입했다.

그 후 2년간의 특별연구원의 자격연장을 인정받은 메트르는, 1904년 9월부터 1905년 4월까지 원장 대리를 역임하면서 동시에 학원의 '일본어 교수'가 되어 일본어 교육에도 몰두했다. 그사이에 두 번 일본을 방문했고, 《학원기요》에 「건국부터 아시카가足利시대의 일본의 문학사」(1903~1904), 「시평, 러일전쟁의 원인」(1904)이라는 제목의 논고를 정력적으로 발표했다.[12]

메트르가 원장 대리를 맡았던 1900년대 후반부터 1910년대 전반기까지는 앙코르 유적의 본격적인 조사가 개시된 중요한 시기였지만, 그의 개인적인 관심은 오로지 인도차이나의 교육제도와 정치에 쏠려 있었다.[13] 실제로 그가 원장 대리로서 편집주간을 맡았던 시기의 《학원기요》는 인도차이나 각국과 일본의 사회현상이나 정치적 동향을 전해주는 '시평chronic'이 충실했으며, 실로 재미있게 읽는 맛이 있었다. 특히 1907년의 시평에 대해 언급해두고자 한다. 그 정치성으로 인해 스캔들이 되었고, 잡지의 성격뿐 아니라 학원의 업무 내용까지 변경을 강요당하는 결과를 초래했기 때문이다.

메트르가 시평으로 다루었던 것은 베트남의 민족주의운동가로 알려진 판 차우트린Phan Châu Trinh(1872~1926)*의 편지이다. 당시 베트남(안남)에서는 궁정을 비판하는 주민들의 반란이 각지에서 일어나고 있었다. 판 차우트린은 프랑스에 협력하는 안남궁정阮朝의 부패를 규탄하고, 민중에 의한 근대적인 정치·법률·경제기관의 발족의 필요성을 호소하면서, 동시에 궁정 관료의 일소를 인도차이나총독에게 요구했다. 급진적인 민족주의적 주장을 포함한 판

---

* 20세기 초 베트남의 민족운동가. 프랑스에 의한 베트남의 식민지 지배를 종언시키기 위하여 진력했는데, 폭력혁명과 타국에 대한 지원요구에 반대했고, 국민교육 및 프랑스의 민주주의 원리에 호소하여 베트남을 해방시키자고 주장했다.

차우트린이 총독에게 보낸 편지를, 메트르는 "전문을 프랑스어로 번역하여 게재할 가치가 있는" 진정서라 평가하여 8쪽에 걸쳐 게재했던 것이다.[14]

그 "고도의 정치적인"(총독의 말) 내용은 인도차이나총독 폴 보Paul Beau를 불쾌하게 만들었다. 총독은 메트르에게 보낸 사신私信에서《학원기요》는 고고학과 문헌학에 공헌하는 학술지인 까닭에, 정치적인 내용은 담지 않도록 충고하고, 그렇지 않으면 총독 스스로 검열을 행하겠다고 했던 것이다. 그리고 그 이후《학원기요》는 정치적 언동으로 배려한 '자기검열'을 여지없이 당하게 된다.[15] 이 한 건의 사례는 메트르 개인의 높은 정치적 관심을 전해줄 뿐만 아니라, 초기의 학원이 현지의 정치에도 적극적으로 관여하려고 했다는 사실을 전해주는 사건으로서 기억해두어야 할 사항이 되었다.

메트르는 1913년에는 임기 6년의 정식 학원 원장으로 임명되는데, 이 임무를 다하지 못하고 프랑스로 귀국한다. 제1차 세계대전에 소집되었기 때문이다. 이 전쟁 중에 그에게 어떠한 정신적 변화가 있었는지는 알 수 없지만, 전쟁이 끝난 후에도 그는 인도차이나로 돌아오지 않았다. 인도차이나의 정치나 앙코르 고고학에 관여하기보다는 파리의 일본학자로서 다시 일본학 분야의 경력을 쌓아갈 길을 선택했다고 할 수 있을 것인가? 1923년에 기메미술관의 부학예원 자리를 손에 넣은 그는 같은 해에, 후에 '미국의 일본학의 아버지'라 불리게 되는 세르게이 엘리세프Sergei Grigorievich Eliseev(1889~1975, 일본 유학 후 당시에는 파리에서 활동) 등과 함께 월간지《일본과 극동》을 창간하여, 새로운 일본학의 가능성을 모색하기 시작했다.[16] 이미 자포니즘 사조도 과거의 일이 되어버렸고, 프랑스인의 극동에 대한 관심은 오로지 중국, 그리고 인도차이나로 경도되고 있었다. 창간호에서 메트르는 당시 일본연구가 정체된 것을 탄식하고, 제2의 일본 붐을 일으키겠다고 목청 높여 선언하고 있었다.

그러나 이 잡지도 1925년 그가 갑자기 사망한 지 불과 1년 후에 종간하게 된
다. 메트르가 급사하지 않고 1920년대의 일본학을 계속해서 선도했다면, 파
리의 극동연구 또한 변화했을 것이다. 죽던 해에 그는 동양어학교의 일본어
과 교수로 임명될 예정이었다.

고고학적 조사를 위한 법적 정비

　앙코르 고고학에 직접적인 관여를 하지 않았던 일본학자 클로드 메트르가
원장 대리를 맡았던 사실에서도 유추할 수 있듯이, 초기의 프랑스극동학원
의 활동에서는 고고학이 활동의 중심을 차지했던 것은 아니다. 그래도 고고
학사상에 이 시기, 즉 20세기의 최초 10년간을 굳이 자리매김한다면, 다가오
게 될 고고학적 조사에 대비하는 준비기간으로서 이해할 수 있을 것이다. 실
질적인 성과는 없었지만, 장래를 위한 조사체제의 구상이 기획되었고, 특히
인도차이나 문화재의 취급에 대한 법적인 틀이 정비되어갔기 때문이다. 이
절에서는 실천적인 고고학 조사에 앞서서 정비되었던 법적 측면에 대해 검
토해두고자 한다.
　앞에서 본 것처럼, 고고학조사대 결성 원년인 1899년에는 어느 것 하나 구
체적인 성과를 올릴 수 없었던 루이 피노였지만, 이듬해인 1900년부터는 뤼
네 드 라종키에르와 함께 유적목록의 작성에 착수했다. 보존할 가치가 있는
'역사적 건축물'을 찾아다니면서 하나하나 기술하는 기초적인 작업이었다.
그 성과는 일찍부터 같은 해에 간행된『인도차이나 고고학집성』에 나타나 있
고, 주된 고고학적 조사의 장이 된 캄보디아의 유적 카탈로그『캄보디아 건축

물 기술목록』이 간행되기 시작한 것은 2년 후의 일이며, 그리고 앙코르 유적 등록이 완료되는 것은 그 지구가 캄보디아에 반환되는 1907~1908년을 기다려야 했다.[17] 약 8년에 걸친 포괄적인 유적의 목록화를 피노와 라종키에르가 계속 수행해온 것인데, 이 작업은 1900년 3월 9일에 공포된 유적보존에 관한 법령에 따른 활동이었다. 우선은 극동학원의 설립과 거의 동시에 제정되었던 이 법령을 상세하게 검토해보도록 하겠다.

이 법령은 '인도-차이나의 역사적·미술적 가치를 보유하고 있는 건축물과 유물의 보존에 관한 법령'이라는 제목을 단 것으로, 다음과 같은 조문으로 시작된다.[18]

제1조. 역사적 혹은 미술적인 관점에서, 전체이건 부분이건 그 보존이 공공의 이익이 되는 자연 혹은 인위적 부동산은, 프랑스극동학원의 원장과의 협의하에 인도차이나 상급평의원 상임위원회의 심의를 거쳐 인도차이나총독의 정령포고에 의해 지정된다. 지정해제도 동일한 수속에 의해 이루어진다.

극동학원의 조사에 기초하여 인도차이나총독의 이름으로 당지의 역사적 건축물을 지정한다는 것이 이 법령의 주된 목적이다.

본격적인 조사활동에 앞서서 역사적 건축물을 지정하는 법적 수속은 이미 당시의 일본에서는 실행되고 있었지만('고사사보존법古社寺保存法'의 성립은 1897년), 일본 이외의 아시아 제 지역에서는 문화재의 조직적 조사가 아직 거의 이루어지지 않았던 만큼, 인도차이나에 적용된 이 법령은 상당히 이른 시기에 제정된 획기적인 법령이었다.[19] 그 배경에는 아마도 프랑스 본국의 문화재 정책이 반영되었을 것이라 보아도 좋을 것이다.

프랑스에서는 18세기 말부터 19세기 중반에 걸친 일련의 혁명과 분쟁으로 인해, 왕통파王統派의 건축물이나 교회에 대한 파괴행위가 심각해지고 있었고, 파괴나 도굴을 방지할 목적으로 '역사적 건축물' 지정에 의해 국가의 이익이 되는 유물을 법적으로 보존하는 방법이 유효하다는 인식이 침투해 있었다. 또한 20세기 초두에는 국교분리(1905년)의 시대로 진입하면서, 국가재산이 아니게 된 중세 교회의 건축물을 어떻게 보호해갈 것인가 하는 문제가 고고학·미술사 관계자들의 긴급한 과제가 되기도 했다.[20] 1913년에는 중세의 종교적 유물의 유출을 방지하기 위해 역사적 건축물의 법령의 일부가 개정되었고, 국유재산뿐 아니라 '공공의 이익'이 될 건축물이나 유물도 또한 보호 지정의 대상이 되도록 개정했다. 이케가메 아야池亀彩가 지적한 것처럼 인도차이나에서는 당초부터 법령에서 보호의 대상이 되는 유물의 '국익'이 아니라 '공공의 이익(공익)'이 문제시되었고, 프랑스 본국의 1913년법을 선취하는 형태가 되었다.[21] 나라의 사정을 반영한 문화재보호법이 본국보다 먼저 식민지 인도차이나에서 선구적으로 적용되었다고 할 수 있을 것이다.

하지만 말할 나위도 없이 인도차이나의 법령에는 프랑스 본국의 문화재법과는 크게 다른 점이 있었다. 모든 조항에서, 주권을 가진 인민이나 국왕이 아니라 인도차이나총독이 결정권을 가진다고 규정되어 있다는 점이다. 전 20개 조항으로 구성된 법령은 크게 4부로 나뉘고, 각각 "(1) 인도차이나에 있는 역사적 부동산, 건축물에 대해", "(2) 동산에 대해", "(3) 발굴과 발견에 대해", "(4) 일반조항"이라는 제목이 붙어 있다. 유물의 반출과 관련된 '동산'에 대해서는 제10조와 제11조에 규정되어 있는데, 거기에서는 "역사적 또는 미술적 관점 및 공공의 이익의 관점에서 보존이 필요한 인도차이나 전역의 공공의 장에 있는 동산의 지정은, 극동학원 원장의 관리하에 이루어지고", "총독과 상임위원회의 승인을 받아" 결정된다고 되어 있다. 부동산이든 동산이든, 역사적 건축물 지정의 후보를 극동학원의 원장이 목록화하고, 그것을 총독이 인가하는 형식이 되어 있다. 이 규정에 따라 지정을 받은 건축물과 유물은 총독의 허가 없이는 양도하거나, 매매하거나, 그리고 수복하는 것도 불가능해진다(역으로 이야기하면, 총독의 허가만 있으면 양도도 매매도 가능하다는 것으로서, 인도차이나 영내 유물의 국외유출이 이 법령으로 인해 불가능해진 것은 아닌 셈이다).

요컨대, 이 법령의 제1의 목적은 인도차이나 국가들의 국왕이나 주민들에 대해 유물을 사물화하지 않도록 알리는 것에 있었다고 이해해도 좋은데, 덧붙여 극동학원의 멤버를 포함한 총독부의 간부들에 대해서도 엄격한 제한을 부과하고 있었다. 예를 들면, 제7조에는 "공공성의 이유로 인해, 지정된 부동산의 접수행위는 총독부의 사전 허가 없이는 행할 수 없다"라고 되어 있다. 주목해야 할 것은 (3)의 발굴과 발견에 관한 조항이다. 제16조에서 "발굴이나 토목작업"을 담당하는 공무원이 역사적 유물을 발견한 경우의 조치가 정해져 있는데, 여기에서도 "이 장소를 관리하는 책임자는 발견한 유물의 일시적 보존을 행함과 동시에, 취할 수 있는 조치를 바로 각 지방의 책임자에게 통지해야 한다. 통지를 받은 책임자는 바로 총독에게 이것을 전하고, 총독의 결정을 기다려야 한다"라고 규정되어 있다.

또한 18조에서는 "공적인 일에 있어서 지정 대상이 될 법한 물건을 발견 혹은 입수한 모든 공무원은 바로 총독에게 이를 통지해야 한다. 전술한 규정에 따라 총독이 그 대상의 처리를 결정한다"라고 강조했고, 19조에서는 보다 구체적으로 "어떠한 역사적 건축물도, 총독의 인가 없이는 전체이건 부분이건 이동할 수 없다", 20조에는 "어떠한 역사적 건축물도 총독의 인가 없이 인도

140 ·

차이나 영내에서 빼내갈 수 없다"라고 정해져 있다. 공무원이든 군인이든 인도차이나 영내의 유물을 독자적인 판단으로 사물화는 것은 금지되었던 것이다. 총독의 인가 없이는 아무것도 하지 말라는 뜻이다.

이 법령이 제정되기 이전에는, 들라포르트와 같이 캄보디아 노로돔왕의 인가를 받아 고고학적 유물이나 미술품을 프랑스로 이동시킬 수 있었다. 그러나 새로운 법령하에서는 총독이야말로 최종적인 판단을 내릴 수 있는 유일한 권위자가 되었다. 인도차이나에서의 역사적 건축물의 관리책임이 모두 인도차이나총독이라는 한 사람의 권력에 집중되었다는 점이 1900년 법령의 최대 특징이다. 유적관리의 책임을 지는 것은 캄보디아 국왕도 아니요, 완조_{阮朝}* 황제도 아닌, 인도차이나총독이라는 것을 명언했던 것이다.

이 1900년의 법령은 기본적으로 인도차이나 지배가 계속되던 20세기 중반까지 지속적으로 기능했고, 1908년부터 본격적으로 개시된 앙코르 지구의 고고학적 조사에서도 원칙으로 지켜지게 되는데, 단속적으로 보완과 강화가 부가되었다. 예를 들면, 앙코르 지구가 반환된 후인 1911년, 캄보디아 국왕에 의해 '앙코르국립공원 지정의 법령'이 발포된다.[22] 이 국왕법령에는 "앙코르 유적군에 특정의 지정지역"이 설정되고(제1조), "지정된 지역은 프랑스극동학원이 관리한다"(제2조)라고 명기되어 있다. 내용적으로는 1900년 총독령의 '인도차이나'라고 기록된 부분을 '앙코르 유적'으로 대체했을 뿐이며, 특필할 만한 변경사항은 없다. 중요한 것은 이 법령이 총독이 아니라 캄보디아

---

* 베트남 최후의 왕조. 1802년, 완복영(阮福映)이 국내를 통일하여 창시했다. 국호를 월남(베트남)으로 했고, 유에에 도읍을 정했다. 19세기 중반부터 프랑스의 침략을 받아, 1883년에는 보호국이 되었다. 1945년 바오 다이(Bao Dai)의 퇴위와 함께 소멸되었다.

국왕에 의해 발포되었다는 사실일 것이다.

그러나 총독을 대신해 국왕이 유적관리의 책임을 지게 된 것은 아니었다. 이 법령의 목적은 종래의 규정을 국왕에게 추인하게 하여, 국왕을 통해 캄보디아 국민에게 법령의 준수를 철저하게 시행하기 위한 것에 있었다. 국립공원으로 지정된 장소를 주민들이 사유화할 수 없다는 것, 그리고 "지정 지역 외에서도 주민이 건축물의 돌이나 미술품을 사물화하는 것을 금지한다"(제5조)라는 것을 강조했던 것이다. 1907년의 앙코르 반환 당시, 앙코르와트는 시암의 불교도들에 의해 사원으로 사용되고 있었다. 즉, '사물화'되어 있었다. 문화재법의 정비와 강화는, 이러한 상황을 고쳐 원주민이 사용하고 있던 현존의 건축물도 역사적 건축물로 인지하게 하여, 총독부 산하에 있는 극동학원의 관리하에 있다는 것을 주지시켰던 것이다. 앙코르와트에 관해서는 인도차이나총독과 승려들 사이에 이루어진 교섭(퇴거료 지불)에 의해 1910년 3월에 승려들의 퇴거가 겨우 완료되던 시점이었다.[23]

마찬가지로 1923년 10월 18일에도 캄보디아 국왕에 의한 '캄보디아의 역사적 건축물 지정에 관한 국왕법령'이 발포되었다.[24] 내용적으로는 "역사적 또는 미술적인 가치를 지닌 건축물이나 유물은, 1900년 3월 9일부의 인도차이나총독법령에 따라 지정된 것"을 재확인하는 것뿐이었지만, 총독의 법령을 캄보디아 국민이 준수해야 한다는 것을 한층 더 강조하고 있다. 총독이 "특별히 보호해야 한다고 평가한 건축물과 유물을 지정"하기 때문에, "우리들은, 보호를 철저히 할 권리를 총독에게 일임한다"라고 명기했던 것이다. 그리하여 국왕의 합의를 확보하면서, 총독에 의한 일원 관리와 극동학원에 의한 독점적 조사체제가 인도차이나 전역에 철저히 확립되어갔던 것이다.

법제하에서의 유물의 관리와 이동

이상과 같이, 역사적 건축물과 유물의 지정 및 관리에 관해서는 총독이 전권을 장악하고 있었다. 그러나 현실문제로서, 개개 유물의 지정이나 이동에 대해 총독이 모두 관여하는 것은 불가능하다. 앙코르 지구 할양 후 이윽고 완성된 라종키에르의 유물목록에는 910건의 유적이 등록되어 있었다. 이것을 샅샅이 체크하는 것은 도저히 무리였다.

법령에도 규정된 것과 같이 실질적인 지정작업은 총독부 내에 설치되었던 '통킹 고미술품위원회'(1901년 9월 30일 설치), '캄보디아 고미술품위원회'(1905년 10월 3일 설치) 등의 각종 전문위원회가 담당했다. 이러한 위원회에는 반드시 극동학원의 원장이 배속되었다. 1905년부터는 극동학원에 신설된 고고학조사부장도 위원회의 일원이 되었다. 유적조사의 계획이나 유물이동의 판단은 현실적으로는 극동학원의 원장과 고고학부장에 의해 이루어졌다고 생각해도 좋다. 이것을 상징하는 조항이 1900년의 법령에 있다. 전술한 바와 같이, 제19조에서 "어떠한 역사적 건축물도, 총독의 인가 없이는 전체이건 부분이건 이동할 수 없다"라고 정해져 있는데, 이 조항은 나아가 이렇게 이어진다. "그러나 극동학원의 원장은 보존을 위해 이동이 필요하다고 생각되는 모든 지정물을 인도차이나미술관으로 이송할 수 있다."

이 문장은 뛰어난 현실적 방책으로 부가된 것이라 생각된다. 조사 과정에서 반출 가능한 유물을 발견한 경우, 그것을 총독에게 보고하고 지시를 기다리게 되면 조사의 수행에 큰 장해가 될 것이다. 지시를 기다리는 동안에 도난당할 위험성도 있다. 그러므로 학원 원장의 판단으로 유물의 이동을 가능하게 하여, 총독부 내의 미술관에 옮기도록 했던 것이다. 미술관은 1900년에는

그림35 1920년경의 극동학원

이미 계획되었고, 1901년에 총독부 내의 한 구역을 확보하여 '극동학원 인도차이나미술관'이라는 이름으로 개관했다(그림35, 36. 개관 시의 사진은 없고, 이 책에 실은 것은 1920년경의 하노이의 극동학원미술관이다[25]).

미술관 개설의 규정이 1900년의 법령에 이미 있었다는 사실을 놓쳐서는 안 될 것이다. 본격적인 조사를 개시하기 이전부터, 유적으로부터 유물의 이동과 미술관에 보관할 의도가 있었다는 것을 암시하고 있기 때문이다. 원칙적으로는 유물의 이동을 금지하면서도 예외적으로 "보존을 위해 이동이 필요"한 유물은 극동학원 원장의 판단에 따라 이동할 수 있었다. 아마도 인도차이나총독과 극동학원에 있어서는, 이 예외야말로 유물 관리체제의 핵심이었다. 이로 인해 극동학원에만 유물이동이 허가되었고, 학원에 의한 독점적인 조사체제를 확립할 수 있었기 때문이다.

그렇다면 미술관으로의 이동이 허가된 "보존을 위해 이동이 필요하다고 생각되는 모든 지정물"이란 어떤 것이었을까? 흥미로운 사실은, 루이 피노가

그림36 1920년경의 극동학원미술관(하노이)

앞에서 인용한 1899년의 활동보고에서 미술관이 수장해야 할 유물에 대해
다음과 같이 명확한 정의를 내리고 있다는 것이다.[26]

　우리들은, 공유재산이든 사적 재산이든 ○○의 조각상이나 부조물을 유적으로부
터 끌어내어 수집하고, 실내를 장식하는 이코노클래스트iconoclast(우상파괴자)의 행
위를 흉내 내려고 하는 것은 아니다. 미술관이 수장하는 것은,
　⑴ 완전히 폐허가 된 건축물에서 나온 조각상
　⑵ 건축물을 구성하는 일부가 아닌 조각상과, 누군가 가져가서 잃어버릴 가능성
　　이 있는 조각상
　⑶ 이미 벗겨져버린 석비이다. 그 외에 연구할 가치가 있는 조각상이 있으면, 주
　　형을 떠서 복원하기로 한다 (⋯)

조사를 개시하던 해에 원장 스스로가 유물이동에 관한 발언을 한 것이고,

이 사실로 보더라도 유물의 이동과 미술관의 설치가 학원의 가장 중요한 과제의 하나였다는 것은 틀림이 없다.

그러나 원래 "완전히 폐허가 된 건축물"이라고 누가 판단할 것인가. 폐허라고 판단하기만 하면, 물리적으로 반출 가능한 유물은 모두 이동할 수 있는 것은 아닌가 하는 피노의 말을 비난할 수도 있을 것이다. 그러나 여기에서는 우선 그의 말 뒤에 프랑스의 미술관 컬렉션을 위해 유물이동을 계획하고 있었다고 너무 깊이 읽어내는 것은 피하고, 당시의 원장의 양식적인 판단으로 이해해두고자 한다.

앞 장에서 소개한 고사진(그림19, 20을 참조할 것)이 보여주듯이, 1900년경의 유적의 태반은 다량의 토사에 매몰되고, 수목이 울창하게 우거져 있었다. 조사에서는 우선 토사를 걷어내고 무너진 자갈더미에서 조각상을 일시적으로 꺼내어, 복원을 위한 데이터를 수집하는 것이 필수 불가결했다. 샤를 카르포가 촬영한 1900년경의 바이욘 유적의 사진(그림19)과 더불어 여기에서는 루시엥 푸르누로의 1887~1888년의 조사 시에 자크 포르셰Jacques Porcher가 촬영한 프레아 칸 사원의 모습을 게재해두겠다[27](그림37). 백문이 불여일견이라, 이 사진들을 일별해보면, 초창기의 학원이 법령의 작성과 유적의 목록화를 서두르고, 유물이동을 합법화한 이유를 금방 이해할 수 있을 것이다. 폐허를 삼키고 있는 밀림에는 무수한 유물이 흩어져 있다. 그리고 예를 들면, 들라포르트의 저작(1880년) 등에 의해, 유적에는 고고학적 그리고 미술사적으로 귀중한 유물이 비바람을 맞고 있다는 것이 보고되어, 그것들을 촬영한 사진도 세상에 나오게 되었다. 원주민에게 건축자재로 재이용될 위험뿐 아니라, 구미에서 온 침입자들에 의한 도굴의 위험도 충분히 있었다. 조급히 유물 관리 체제를 구축해야 했던 것이다.

그림37 〈프레아 칸, 동쪽 참뱃길, 나가를 쥔 거인〉, 자크 포르셰 저 『앙코르의 폐허』의 삽화

그리하여 극동학원은 본격적인 고고학 조사에 대비하여, 유물이동을 위해 미술관을 설치했다. 유적의 답사와 미술관으로의 유물이동은 당시의 학원의 조사체제에서는 일체를 이루는 활동이었다고 해도 좋을 것이다. 그 증거로, 유적의 조사활동의 진전과 함께 학원의 미술관의 숫자도 증가해간다. 예를 들면, 1901년에 총독부 내의 학원미술관이 설치되었고, 이어서 1905년 8월에는 프놈펜에 '인도차이나미술관 크메르 고미술 컬렉션'이 신설되었다. 앙코르 유적군의 유물을 옮겨놓기 위한 것이었다.[28] 제4장에서 상술하겠지만, 이 미술관은 1919년에 캄보디아 국왕의 출자를 얻어 캄보디아미술관, 다른 이름으로서 당시의 인도차이나총독의 이름을 붙인 알베르 사로Albert Sarraut(1872~1962) 미술관으로 확장·정비되었고, 오늘날 프놈펜의 캄보디아 국립미술관의 모체가 되었다. 나아가 투란에는 학원미술관 참파 부문이, 사이공에는 블랑샤르 드 라 브로스 미술관Musée Blanchard de la Brosse이 설치되는 등, 유적조사의 진전 상황에 따라 유물이동이 용이한 장소로 미술관이 설치되어 갔던 것이다.

그래도 여전히 초기의 학원의 조사체제에서 미술관의 역할은 "보존을 위해 이동이 필요"한 유물을 수장하고 관리하기 위해서였다는 원장의 자의 그대로 해석해두고자 한다. 원래부터 총독과 극동학원이 유적의 유물을 사물화하려고 생각하면 간단히 할 수 있었다. 유물을 역사적 건축물로 지정하지 않으면 되는 것이다. 또는 지정을 해제하면 된다. 이윽고 유물의 지정해제가 행해지게 되고, 그 사물화가 현실이 되는데, 그것은 1920년대 이후의 일이다(제4장 참조).

극동학원 창설의 정치학

초기의 극동학원이 수행한 앙코르 유적조사의 구체적인 내용에 대해서는, 학원 멤버 개개인을 주역으로 하는 다음 장으로 넘기기로 하고, 여기에서는 다시 한 번 프랑스극동학원 창설 때로 돌아가자. 분명히 밝혀두고 싶은 것은 인도차이나의 고고학, 즉 식민지의 고고학을 출범시킨 프랑스인 연구자의 목적과 이념(이상), 그리고 그 정치성이다. 식민지에 학술기관을 설치한다는 계획은 어떻게 해서 생겨난 것일까? 어떠한 목적하에 식민지에서의 고고학이 구상되었던 것일까? 그 의의는 무엇이었을까? 식민지 고고학의 이론적 측면에 대해 검토하고, 분석을 덧붙이고자 한다.

우선 19세기 후반, 프랑스의 인도차이나학이 어떠한 상태에 있었던가를 생각해보자.

프랑스는 인도차이나 각국을 보호령으로 하면서도 현지의 문물이나 미술품을 대상으로 하는 학문에는 적극적으로 임하지 않았다. 프랑스가 자랑하는 동양학의 전통은 있었지만, 오리엔탈리스트의 관심은 대국 중국과 인도에만 향하고 있었다. 기본적으로 문헌학적 연구를 전문으로 하던 그들에게 있어서, 식민지로서 인도차이나를 손에 넣고 그 땅에 자유롭게 갈 수 있게 되었다고 해서 특히 인도차이나가 관심의 대상이 되는 일은 없었던 것이다. 그 결과, 이 땅을 포함한 극동지역의 연구는 타국에 뒤처지는 "탄식할 만한 상황"(피노의 말)에 처해 있었다. 한 걸음 빨리 인도차이나를 정치적으로 장악하면서도 크메르 비문연구는 네덜란드의 불교학자 헨드릭 케른에 의해, 시암어의 문법연구는 독일의 언어학자에 선취당하는 굴욕을 맛보았다.[29]

이 정체상황을 극복하기 위해, 1980년대에 들어서자, 에밀 세나르Emile Senart

(1847~1928), 오귀스트 바르트August Barthe, 미셀 브레알Michel Bréal(1832~1915) 등의 프랑스 아카데미의 동양학자들은 동아시아에 항구적인 연구소를 설립하여, 연구자를 상주시켜 아시아 연구를 추진할 필요가 있다고 생각하기에 이르렀다. 그리하여 창설된 것이 인도−차이나 고고학조사대이고, 그 명칭을 바꾼 프랑스극동학원이었다.

그런데 프랑스의 극동연구가 타국보다 늦었다는 인식하에 창설된 극동학원은 당초부터 프랑스 독자의 학구 이념을 명확히 내세울 필요가 있었다. 다른 유럽 국가의 동양학과는 다른 시점을 내세움으로써 새로운 기관을 설립한 의의를 국내외에 호소해야 했기 때문이다. 프랑스형의 새로운 동양학의 이념을 선명하게 함에 있어서, 그들이 특히 비판의 대상으로 삼은 것은 인근 국가인 독일의 동양학이었다. 1900년, 루이 피노는 파리에서 개최된 아카데미회의에서 다음과 같이 발언했다.

아마 여러분도 독일동양학의 결점을 적절하게 꿰뚫는 혜안을 지녔던 학자(제임스 다르메스테테르James Darmesteter, 1849~1894)의 논문을 기억하고 계실 것입니다. 그 분석에 따르면, (독일의 동양학은) 허망한 문제제기와 해답, 역사 감각의 절대적 결여, 그리고 몇 번이고 동일한 재료를 다루고, 관습적인 방법을 되풀이하는 협소한 동심원의 폐해에 빠져 있습니다. 이 모든 문제는 이론적 연구와 실천적인 지知가 괴리되어버린 사실에서 기인하고 있습니다. (…) 이 제임스 다르메스테테르의 사상이야말로 프랑스극동학원의 장래를 규정짓는 것입니다.[30]

일부의 프랑스 지식인들이 공유하고 있던 애증이 상반하는 반反독일 감정을 드러내면서, 피노는 독일류의 문헌학적 동양학을 공격대상으로 삼았다.

그리고 극동의 현실을 제대로 알지도 못하고 문헌해독에만 빠져버렸던 동양학으로부터의 탈피를 도모하고자, 프랑스극동학원이 설립된 것이라 호소했던 것이다. 요컨대 아시아에 식민지를 얻은 프랑스는 시대에 호응한 실천적인 학문, 즉 '식민지학'으로서 동양학을 자리매김할 방향성을 선명하게 했던 것이다.

이 방침은 1901~1902년에 피노를 대신해 학원의 원장 대리를 지냈던 알프레드 푸셰에 의해 더욱 첨예화된 형태로 표명되었다. 1902년 9월 독일의 함부르크에서 개최된 국제동양학자회의에 극동학원의 대표로 참석한 푸셰는 이 회의에서 새롭게 개설된 '식민지 섹션'에서 발언했고, 구래의 전통적인 동양학의 방식을 강하게 비판했다. 그는 다음과 같이 말했다.

> 회의 전체를 관통하는 구래의 규칙, 즉 성가신 문제에 대해서는 입을 다무는 한에 있어서 아무것이나 이야기해도 좋다는 규칙 (…) 종래에는 이 규칙이 모든 논의에 권위를 부여해왔습니다. 진실로 과학적이고 이익에 관여하지 않는 것이 학문이라고 생각되어왔던 것입니다. (…) 그러나 이렇게 해서는 함부르크 회의는 전혀 의미가 없는 것이 되어버릴 것입니다. 각각의 식민지가 문호를 넓게 개방하려고 하고 있는 지금, 동양학자가 식민지 문제에 관심을 가지는 것이 다시 요구되고 있다는 것을 깨달아야 할 것입니다.[31]

푸셰는 종래의 이상이었던 '정치나 이익에 관여하지 않는' 학문을 식민주의 시대에는 무의한 것이라고 주장했다. 그는 식민지를 답사하여 현지의 실상을 파악하고, 때로는 정치적으로 적극적인 개입을 하는 실천적인 식민지학으로서 새로운 동양학을 발전시켜야 한다고 생각하고 있었던 것이다. 푸셰는 이 말대로, 영국의 내정간섭에 저항하여 전쟁을 반복해온 아프가니스탄에 고고학자 겸 외교관으로서 1923년에 들어가, 프랑스가 이후 30년간 당지의 고고학적 조사를 독점하는 것을 조건으로 한 문화협정 체결에 성공했다. 그리고 '아프가니스탄 고고학 대표단DAFA'을 결성하고, 고고학 조사를 개시했던 것이다. 오늘날 갑자기 주목받고 있는 아프가니스탄의 고고학적 조사는 이리하여 인도차이나와 마찬가지로 프랑스의 독점적 조사에 의해 개시되었던 것이다. 아시아의 역사와 문화에 정통한 동양학자들은 새로운 제국주의시대에 일류의 정치가였다고 해도 좋을 것이다.

이와 같이 새로운 시대의 프랑스의 오리엔탈리스트는, '뒤떨어짐'을 되돌리려고 했다기보다는 매우 정치적인 학문으로서 새로운 동양학을 확립하여 기사회생을 도모하려고 했다고 해야 할 것이다. 극동학원의 창설은 그를 위한 비장의 수단이었다. 프랑스령 인도차이나 연방을 수립하여 세계 제2의 식민지대국이 된 프랑스는 그 정치력뿐 아니라 학문적 중요성을 세계를 향해 과시하려고 했던 것이다.

크로노폴리틱스와 지오폴리틱스

이상과 같이 프랑스의 오리엔탈리스트, 즉 동양학자들은 식민지의 학문을 수립하는 데 있어서 스스로의 정치성을 강하게 의식하고 있었다. 다음으로 그 정치성에 대해 좀 더 깊이 들어가 검토해보도록 하자.

동양학자가 정치성을 의식한다고 하더라도 자신이 실제로 정치가나 군인이 되어 식민지정책에 직접 관여하는 것은 아니다. 그들은 학문을 통해 식민지 지배나 아시아 국가들에 대한 개입을 상징 수준에서 뒷받침해주었던 것이다. 이 점을 알기 쉽게 이해하기 위해, 이 절에서는 프랑스극동학원의 창설 이념을 현지의 '역사'에 개입하는 크로노폴리틱스chrono-politics의 관점 및 '땅의 이치'를 만들어내는 지오폴리틱스geo-politics의 관점, 이 두 가지 점에서 간결하게 정리하고 동양학에서의 정치성이란 어떤 것인가를 밝혀보고자 한다.

우선 크로노폴리틱스, 즉 식민지의 역사 편찬을 둘러싼 정치성에 대해서이다. 극동학원을 식민지에 설치함에 있어서 프랑스의 동양학자들은 '인도차이나의 위대한 과거'를 역사적으로 '재구축' 혹은 '소생'시킨다는 목적을 크게 내걸고 있다. 역사학이나 민족지, 고고학에 의해 망각된 과거의 역사를 되살려, 식민지의 근대화를 도모하고자 호소하는 것이다. 아시아의 역사를 아는 동양학자는 한 모양으로 중국이나 인도를 포함한 아시아의 19세기를 '타락'의 세기로 자리매김하고 있다. 그리고 그 타락으로부터 탈피하기 위해서는 아시아인에게 '과거의 영광'과 '전통'의 지식을 전수해주어야 한다고 생각하는 것이다. 예를 들면, 피노는 앞에서 다루었던 파리에서의 아카데미회의에서 학원 창설의 경위에 대해 다음과 같이 진술하고 있다.

인도차이나의 과거에 관심을 가진 아카데미의 멤버는 인도차이나의 식민지에서 역사연구의 전통이 완전히 상실되었다는 사실을 탄식하고, 현지에 문헌학자를 상주시키야겠다고 생각하게 되었다. (…) 원주민에게 산스크리트와 파리, 그리고 인도에 기원을 둔 문명의 연구에 불가결한 고고학과 종교사를 전수하려고 생각했던 것이다.[32]

문명국 프랑스의 지知에 의해, 타락한 식민지 원주민에게 과거를 생각하게 하는 것, 피노는 우선 원장으로서의 자신의 사명을 이렇게 위치 지웠던 것이다. 전술한 것처럼 1898년에 고고학조사대 결성의 법령에는 인도차이나에서의 교육활동의 실천이 구가謳歌되어 있고, 법적으로도 이 사명의 정당성이 보증되었다. 나아가 동양학자들은 원주민에 대한 교육이 프랑스의 식민지정책에 도움이 될 것이라는 것을 충분히 자각하고 있었다. 아카데미회원으로서 동양학의 권위자였던 에밀 세나르는 학원 원장에 취임한 루이 피노에게 다음과 같은 격려편지를 보냈다.

어느 한 나라를 통치하기 위해서는, (…) 그 나라에, 그 자신들의 위대한 과거에 대한 경의를 불러일으키는 것이 가장 효과적인 방법일 것이다.[33]

세나르의 이 말에 대답하듯이, 피노는 1908년에 콜레주드프랑스에서 행한 강연에서 "정치는 힘이고, 오리엔트에서는 특히 과거야말로 최대의 힘이 된다"라 하고, 과거를 배우는 학문과 현재에 활기를 불어넣는 정치가 직결되어 있다는 인식을 보여주었다.[34] 이와 같은 이념을 확인한다면, 바로 과거의 소생 혹은 복원을 목적으로 하는 고고학이나 역사학이 얼마나 식민지학에 있어서 중요하고 축이 될 수 있는 학문인지를 이해할 수 있을 것이다. 동양학자는 고고학이나 역사학의 이론discipline을 아시아에 정착시킴으로써 안정적인 식민지 지배도 가능하다고 생각했던 듯하다.

아시아의 현재를 '타락'으로 간주하고, 정치적 그리고 문화적 개입을 정당화하는 논법은 폴 펠리오의 말에서도 볼 수가 있다. 1900년에 극동학원의 특별연구원이 되어, 조사를 위해 북경으로 향한 그는 의화단 사건을 만나자 무장하여 프랑스대사관을 방어했다고 하는 무용담이 전해진다. 그 경험으로부터일 테지만, 그 자신은 중국과의 정치적 교섭에는 무력제압이 아니라 역사교육이 유효하다는 지론을 피력하고 있다. 그는 교육활동에 의해 서구인의 사고방식을 중국에 이해시키는 것이 중국학자의 긴급과제이고, 그것이야말로 '최량의 정치적 정책'이라고 주장했다. 게다가 "중국에 대해, 우리들 서구인이 시급하게 해야 할 일은 중국인을 이해한 연후에, 중국인들에게 중국인이란 무엇인가를 이해시키는 것일 터"라고 했으며, 중국인에게 서구를 이해시킴과 동시에, 중국의 과거의 위대함을 생각하게 해야 한다고 주장했다.[35] 크로노폴리틱스의 논리를 후의 돈황학의 권위자도 공유했던 것이다.

　　인도차이나 국가들의 과거를 소생시키고, 고고학이나 역사 편찬에 의해 나름의 정치적 공헌을 하려고 한 프랑스인 동양학자들의 크로노폴리틱스는 원주민의 교육과 인도차이나의 근대화라는 식민지에서의 내향적 정책이었다. 한편, 다음으로 검토할 그들의 지오폴리틱스는 극동아시아에 식민지를 획득한 프랑스가 외부에 대해 그 지리적 이점을 호소하는 지세전략이었다. 프랑스의 오리엔탈리스트들은 인도차이나에 학원을 설치할 때에 중국과 인도 사이에 위치한 인도차이나를 조사·연구하는 학술적 의의를 세계를 향해 강조했던 것이다.

　　프랑스가 아시아에 식민지를 보유하는 목적으로서, 당초는 중국과의 교역로의 확보나 코치시나나 안남에서 얻는 천연자원으로부터 오는 경제적 효과도 기대되었는데, 잘 알려진 바와 같이 모두 눈부신 성과는 볼 수 없었다. 그와 같은 프랑스에게 인도차이나 식민지를 보유하는 최대의 의의는, 아시아의 광대한 토지와 다수의 인구를 지배함으로써 프랑스가 식민지대국으로서 위신과 중량감을 증대시키고, 외교정책을 유리하게 할 수 있을 것이라는 정치적 이유에 있었다. 프랑스령 인도차이나 연방이 수립된 후 바로 창설된 극동학원도, 국제적으로 주목받는 활동을 통해 상징 수준에서 프랑스의 정치적 위신 고양에 기여할 것을 요구받고 있었던 것이다.

국제적 명성 획득을 위한 동양학자들의 의욕을 가장 잘 나타내고 있는 것이 당시에 빈번히 표명되었던 프랑스 독자獨自의 극동 개념이다. 그들은 인도차이나에 창설된 극동학원이 인도차이나 국가들뿐 아니라 극동 전역, 나아가 아시아 전체의 연구를 위한 필수의 연구기관이라고 역설했다. 앞에서 소개한 바와 같이 1898년 12월의 인도-차이나 고고학조사대 발족의 정령 제1조에서 인도차이나 반도뿐 아니라, "인도나 중국, 말레이시아 등, 인도차이나 근린의 지역 연구에 공헌할 것"이 명문화되어 있는데, 이 조문을 염두에 두고 루이 피노는 1900년에 다음과 같이 선언했다.

극동학원의 연구영역은 지극히 광대하다. 인도차이나 반도뿐 아니라, 인도를 포함한 극동 전역을 연구영역으로 포함하는 것이다.[36]

인도와 중국을 포함한 아시아 전역을 연구대상으로 하는 장대한 이념은 분명히 인도차이나 외부를 향한 것이었다. 아시아로의 진출을 획책하고 있었던 구미 열강이나 일본을 향해, 아시아에서의 프랑스의 존재의 중요성을 호소할 목적으로 이루어졌다.

아시아에 연구소를 개설하는 계획이 부상했을 때, 당초 프랑스의 동양학자들은 중국이나 인도를 거점으로 삼을 것을 원했다. 그러나 현실적으로는 식민지로 삼은 인도차이나에 연구기관을 설치하는 것 외에는 선택지가 없었다. 그러한 가운데, 그들은 이 부정적인 요인을 역전시킬 논리를 다듬어 완성시켜간다. 즉, 인도차이나(인도-차이나)는 이름 그대로 인도와 중국의 중간에 있고, 두 나라를 연구하기 위해서는 최적의 장소라고. 더욱이 인도차이나 연구를 위해서는 인도와 중국을 연구해야 하고, 그래서 동아시아 전역을 종합적으로 연구하는 장으로서 인도차이나만큼 적절한 장은 없다고까지 주장하게 된다. 예를 들면, 피노는 다음과 같은 교묘한 수사학으로 인도차이나 연구의 의의에 대해 정의내리고 있다.

> 인도차이나는 그 자신에 의해서는 결코 설명되지 않는다. 이 땅은 민족과 문명의 합류점이며, 각각의 원천을 거슬러 가지 않고는 결코 이해할 수 없을 것이다. 시암과 버마(미얀마) 없이 라오스를 연구할 수 없고, 인도 없이 캄보디아는 이해할 수 없다. 또한 중국 없이는 안남을, 말레이시아 없이 참Cham*을 연구할 수 없다. 극동은 하나이고 따라서 극동 전체가 학원의 연구범위가 되어야 한다.[37]

인도차이나가 중국과 인도라는 2대 문명의 틈새, 즉 문명의 변경에 위치했기 때문에, 양 문명을 종합적으로 연구하는 이상적인 장이 될 수 있다고 피노는 강조했던 것이다.

이 1900년의 피노 발언에 있는 "극동은 하나"라는 말은 일본인에게 있어서는 오카쿠라 가쿠조(덴신)岡倉覚三(天心)의 "아시아는 하나"라는 『동양의 이상』(1903)의 모두어를 상기시키는 것으로서 흥미롭지 않은가?[38] 오카쿠라가 구

---

* 베트남 남부에서 캄보디아 톤레삽 호(湖)에 걸쳐 거주하는 종족. 7세기에서 15세기까지 존속했던 참파 왕국의 후예이다.

미와 (문화적 및 학술적으로) 대결하고자 구상한 근대 아시아의 통일적인 역사적 틀을, 거의 같은 시기에 역설적이게도 구미 열강의 대표격인 극동학원의 원장이 인도차이나를 축으로 하여 완성시켜갔던 것이다.

1900년의 시점에서 피노가 오카쿠라의 말을 알고 있었을 가능성은 없다. 그러나 1900년에 출판된 프랑스어판『고본稿本 일본제국미술약사』의 서문에도 같은 이념이 표명되어 있고, 그 영향을 받았을 가능성은 충분히 있을 것이다. 이 책은 1901년의《학원기요》에서도 다루어졌다.[39] 물론 오카쿠라의 말은 당시의 인도에서 일어난 민족주의운동을 아시아인으로서 지원해야 한다는 생각에서 나왔다는 시사성을 빼고서 생각할 수는 없지만, 그가 죽은 후 아시아대륙에 대한 침공을 정당화하는 선전이념으로 바뀌치기 되어버렸다. 오카쿠라의 입장에서는 틀림없이 '동양(인)의 이상'으로 내걸었던 현실적인 의미를 지닌 말이었던 것이, 대동아공영을 몽상했던 섬나라의 '이상의 동양'으로 변질되어갔다. 피노의 "극동은 하나"라는 말도 또한 그에게는 자신의 인도학의 지식을 활용하기 위한 방편이었을 뿐일지도 모르는데, 식민지대국 프랑스의 정치적 위신을 보강하는 이념으로 발전한다. 광대한 아시아 전체를 포괄하는 지오폴리틱스로서 기능하게 되는 것이다.

또한 "극동은 하나"라고 진술한 피노의 발언 전체를 다시 음미해보면, 인용문 서두에 나오는 "인도차이나는 그 자신에 의해서는 결코 설명되지 않는다"라는 말에도 이중의 해석을 부여할 수 있지는 않을까? 표면적으로는 인도와 중국의 문명을 이해하지 않으면 인도차이나를 이해할 수 없다고 읽어야 할 문장이지만, 깊게 읽어보면, 에드워드 사이드Edward Said가『오리엔탈리즘』의 모두에 제시했던 칼 마르크스의 말(그들은 스스로 자신을 대표할 수 없고, 누군가가 대표를 해주어야 한다)과의 관련성을 지적할 수 있을 것이다.[40] 사이드가

이 말을 모두에 내건 이유는 분명하다. 이나가 시게미福賀繁美가 해석하는 것처럼 "오리엔트는 자신을 표상할 수 없고, 타자의 손으로 표상되어야 한다"라고 읽게 하기 위해서였다.[41] "극동은 하나"라는 이념도 또한 루이 피노라는 오리엔트의 타자에 의한 극동의 표상에 다름 아닌 것이다. 서구인이 명명한 인도차이나(인도-차이나)라는 명칭도 또한 타자에 의한 표상이라는 것은 더 말할 나위도 없다.

여기에서 우리는 1900년에 인도-차이나 고고학조사대라는 명칭이 프랑스극동학원이라고 변경된 사실에 한 번 더 주목할 필요가 있다. 즉, 개명에 있어서 프랑스 당국과 아카데미가 주저 없이 '극동'을 붙인 명칭을 채택한 것에 유의해야 한다. 오늘날의 일본인에게 극동이라는 개념은 중국에서 한반도를 거쳐 일본에 이르는 지역만을 포함하는 것이 일반적이고, 또한 그것을 동아시아라고 바꾸어 부르는 경우도 많다. 인도차이나 지역에는 동남아시아의 명칭이 부여되고, 동아시아와는 문명권의 상이하다는 점이 강조된다. 그래서 일본인이 극동이나 동아시아라는 범주 안에 베트남이나 캄보디아를 포함시키는 일은 우선 없다고 해도 좋을 것이다. 그러나 20세기 초의 프랑스의 오리엔탈리스트는 극동이라는 개념을 인도차이나에 적용하여, 아시아문명의 종합적 연구의 축이 될 수 있는 장으로 삼았던 것이다. 명칭 그 자체가 인도차이나를 발판으로 극동아시아 일대에서의 프랑스의 위신을 국제적으로 현시하려고 하는 과대한 지오폴리틱스를 반영하고 있는 것이다.

아무튼 이 일본과 프랑스에 있어서 극동 개념의 차이는 숙고할 가치가 있다.

일반적으로 일본에서 구상되는 '동양미술사'에서는 앙코르 유적이나 참파 유적의 미술은 일본이 속해 있는 '동아시아문화권'의 외부에 자리매김된다. 그러나 과연 구 프랑스령 인도차이나 지역은 '동아시아'의 외부(타자)인 것일까? 그렇다면 왜 외부가 된 것일까?

분명히 일본미술과 크메르미술의 영향관계는 상호 희박하고, 일본미술사의 연장선상에 동양미술사를 조합하는 한, 인도차이나미술은 타자가 될 것이다. 쇼가쿠칸小学館출판사의 『세계미술대전집 동양편』(전 17권)에서도 '동남아시아'의 미술이라는 총칭하에 크메르나 자바의 미술이 함께 한 권을 부여받은 데에 그치고 있다.[42] 하지만 일본미술사에서 중국이나 한반도의 미술에 비해 크메르미술의 연구가 중시되지 않는다는 사실은, 단순히 크메르미술이 동남아시아의 미술이고, 일본과 크메르의 역사적 관계가 희박하기 때문이라는 이유만으로는 설명이 부족하다.

현재 크메르미술을 전문으로 하는 '미술사가'는 일본의 미술사학계에는 거의 전무라 해도 좋을 것이다. 한편 프랑스에서는 숫자는 적지만 식민주의시대 이후에도 계속적으로 크메르미술연구자가 배출되고 있다. 왜 일본에서는 크메르미술사가가 여태까지 성장하지 못했을까? 말할 나위도 없이 반세기 이상에 걸쳐 캄보디아를 지배한 프랑스의 연구자가 독점적으로 연구해왔기 때문이다. 캄보디아미술을 연구하기 위해서는 프랑스어의 습득이 불가결하여, 동양미술의 전문가에게는 난제가 된다. 또한 식민지시대 이후의 정치적 혼란과 비극의 역사도 미술사연구를 방해했다. 요컨대, 일본의 연구자는 미술사가든, 고고학자든, 동양학자든, 자국의 학문적 전통의 외부에 있었던 크메르미술의 연구를 '역사적으로' 경원시해왔던 것이다.

이와 같이 생각해본다면, 현재의 일본인이 공유하고 있는 '동남아시아'와 '동아시아'의 문화적 차이의 인식 그 자체가 근대아시아를 과거에 분할 통치했던 서구 열강과 '대일본제국'의 식민지정책의 구분에 의해 역사적으로 강화되어왔다고 하지 않을 수 없다. 앙코르 유적에서 이루어진 식민지 고고학의 양태를 '(일본이 관여한) 동아시아'의 외부에서의 사건, 즉 타자의 사건으로 인식하는 것 자체가, 우리들의 학문체계의 내부에 식민지학적 전통이 잔존하고 있는 증좌라는 것을 새삼 의식화할 필요가 있을 것이다.

　1990년대부터, 중국이나 한국의 연구자들이 한데 섞여 새로운 동양미술사의 틀을 구축하고자 하는 시도의 필요성을 호소하기 시작했다. 그러나 아시아 고고학과 미술사학의 종합을 도모하려고 할 때, 그 전제가 되는 '동아시아'와 '동남아시아'의 문화적 차이의 인식은 연구에 커다란 왜곡을 초래하게 된다. 이 절에서 지적한 바와 같이 20세기 초의 프랑스의 동양학자는 인도차이나와 일본에 같은 '극동'이라는 개념을 부여했다. 그리고 초기의 극동학원에서는 일본연구자인 클로드 메트르가 원장을 역임했고, 또한 1926년의 도쿄 일불회관東京日佛會館*의 창설 때에는 당시의 원장 대리였던 알프레드 푸셰가 하노이의 극동학원과의 연계강화를 도모했으며, 인도차이나총독부로부터도 자금이 투입되었다(제8장 참조). 극동학원과 도쿄의 일불회관을 극동의 공동연구기관으로 간주하는 프랑스 연구자도 있었다.[43] 일본과 프랑스 사이에는 극동 이해에 큰 간극이 있었던 것이다. 오늘날 '동아시아미술사' 혹은 '동양미술사'의 재편을 목표로 하는 연구자는 이와 같이 역사적으로 형성된 개념상의 왜곡을 어느 정도나 의식하고 있는 것일까?

　확실한 이론discipline이 있는 것은 아니지만, '동양미술사'라는 말은 비교적 일반화되어 있다고 할 수 있을 것이다. 이 명칭하에, 하나의 이야기로 이야기할

---

*　일본과 프랑스의 문화교류를 목적으로 한 문화시설이다. 프랑스명은 Maison Franco-Japonaise이다. 1924년에 재단법인으로 설립되었고, 건물은 재단법인일불회관과 프랑스외무성 소관 재외연구소가 공동으로 소유해왔다. 2010년에 공익재단법인일불회관이 되었다.

수 있는 역사가 있는 것처럼 착각을 불러일으킨다. 하지만 실제로 근대에 아시아 각지의 고고학 조사와 미술사 편찬은 각각의 지역을 통치하는 서구 열강과 일본에 의해 독자적으로 추진되었을 뿐이고, 각국의 역사 편찬작업은 종합적으로 하나로 정리되는 것은 없었다. 식민지 분할의 판도를 충실히 따르듯이, 일본은 한반도와 중국 북부를, 프랑스는 인도차이나를, 네덜란드는 인도네시아를, 영국은 인도를 독점적 조사연구영역으로 삼았고, 그 땅의 미술사 편찬에 종사했다. 극동학원이 일본의 고고학 조사에 참가하는 일은 없었고, 그 역도 마찬가지이다. 한반도는 일본인 고고학자의 독무대이고, 앙코르는 프랑스 고고학의 독점지역이었다. 그리고 각국의 전문가들은 본국의 형편에 적합한 동양 개념을 창출하여 미술사 편찬을 추진했다. 결과적으로 식민지 종주국인 구미 열강과 일본이 각각의 형편에 맞는 조사결과를 이용하여 습곡褶曲과 단층을 지닌 균정하지 않은 '동양미술사'가 형성되게 되었던 것이다. 그리고 아마 오늘날에도 또한 개념적 왜곡을 내재시킨 모호한 '동양미술사'가 계속해서 유통되고 있는 것은 아닐까?

오늘날 일본의 고고학자나 미술사가들은 메이지明治에서 쇼와昭和 전기에 걸쳐 구축되어온 자국의 고고학이나 미술사학의 학사적 문제점을 강하게 의식하게 되었다. 그러나 그 한편으로 일본의 외부, 나아가서는 동아시아의 외부에서의 역사 편찬작업에 대해서는 오로지 일본인 연구자의 관심의 내부에 들어오지 않는다. 식민주의시대의 재검토 작업의 관례로서, 비록 포스트콜로니얼post—colonial을 표방하더라도 그 검토 범위는 과거의 식민지를 벗어나는 것이 거의 없다. 학계에서는 식민주의시대의 정치 판도를 반복하는 상호 불간섭의 식민지화가 발생한다. 그러나 진정한 의미에서의 포스트콜로니얼 연구는 식민지시대에 구조화된 학문영역을 탈식민지화해야만 가능할 것이다.

이 책에서 나는 '캄보디아'에 있어서 '프랑스'인의 고고학·미술사의 학사를 이야기하고 있는데, 그 목적은 캄보디아인에게 보호국시대의 고고학의 양상을 전하기 위한 것도 아니고, 프랑스인에게 식민주의시대의 고고학자의 행상行狀을 전하기 위한 것도 아니다. 원래부터 나는 일본어를 읽을 수 있는 독자, 즉 일본인을 대상으로 이 책을 쓰고 있다. 앙코르 유적에서 이루어진 고고학·미술사의 역사가 일본의 외부, 동아시아의 외부에서 이루어진, 그래서 일본과는 관계가 없는 역사가 아니라고 생각하기 때문이다. 앙코르 유적의 고고학사에 한정하지 않고, 근대의 제국주의시대를 빠져 나온 동양미술사 편찬의 과정을 정확하게 추적하기 위해서는 일본인이라고 해서 일본인 고고학자나 미술사가의 공죄功罪에만 주목할 것이 아니라, 아시아 전체를 널리 내다보는 보다 넓은 시야로 역사를 관찰해야 한다. 그리고 각국의 고고학적 조사결과와 그것을 통합하는 이념이 어떻게 접목되고, 왜곡된 외형을 지니게 되는가를 밝혀내야 한다는 것이다.

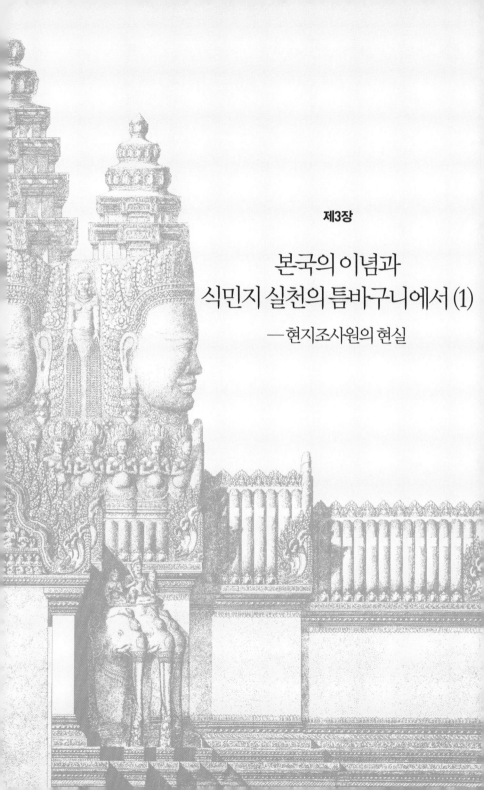

제3장

본국의 이념과
식민지 실천의 틈바구니에서 (1)
─현지조사원의 현실

두 장의 사진
─야누스의 얼굴을 가진 동양학자

"극동은 하나이며, 따라서 극동 전체가 학원의 연구범위가 되어야 한다."
1900년 파리의 아카데미회의에서 프랑스극동학원 원장 루이 피노는 자신이
이끄는 학원의 연구범위를 이렇게 규정했다. 식민지화한 인도차이나를 거점
으로 극동 전체를, 나아가 아시아 전역을 연구대상으로 하겠다고 선언한 것
으로서, 극동학원의 학술적 및 정치적 존재의 무게를 파리의 동양학자들을
향해 조금은 과장되게 표현했다고 해도 좋을 것이다.

다만 피노는 거의 같은 말을 다른 맥락에서도 사용하고 있다. 즉, 앞의 장
에서 확인했듯이, 본격적인 고고학 조사를 수행할 수 없는 1900년대 초에는
인도차이나에 조사를 한정해서는 두드러진 성과도 얻을 수 없었다. 따라서
부정적인 발상으로 인도차이나 외부에도 눈을 돌리자고 제안하기 위해 이
말을 사용했던 것이다.

하나의 말이 맥락에 따라 다양한 의미를 가진다는 것을 보여주는 가장 좋
은 예이다. 한편으로 종주국의 아카데미를 향해서는 당당한 이상을 축하하
는 과대망상적인 아시아 연구구상을 표명하는 말이 되고, 다른 한편으로는

그림38 기메미술관 앞뜰에서 촬영한 단체초상사진, 1920년 초

식민지의 조사원들을 향해 실로 현실적이고 문제회피적인 변명으로 기능한
다. 특히 오리엔탈리즘을 둘러싼 담론을 분석하는 경우, 이러한 의미론적 다
의성에는 세심한 주의가 필요할 것이다. 우리들은 어느 의미를 동양학자 루
이 피노의 진의로 믿으면 좋을 것인가?

　우선, 여기에서는 어느 쪽이 진실인가를 결정할 필요는 없다. 무언가 정치
성을 함의하는 말에 으레 앞뒤가 안 맞는 말이 따르기 마련이다. 하나의 말이
지니는 이중의 의미의 낙차 자체가 한 사람의 프랑스인 오리엔탈리스트의
복잡한 입장을 암시하고 있는 것이라 생각해야 할 것이다.

　20세기의 식민주의시대를 살아간 프랑스인 동양학자에게는 적어도 두 가

그림39 앙코르보존국 앞에서 촬영한 단체초상사진, 1950년대 전반

지의 얼굴이 있었다. 본국용의 얼굴과 식민지용의 얼굴 두 가지를 가진 쌍두의 야누스이다. 본국으로 향한 얼굴은 아카데미 입성이라는 야망을 지닌 엘리트 연구자의 얼굴이고, 식민지용의 얼굴은 가혹한 현지조사를 수행하는 탐험가 혹은 실무노동자로서의 얼굴이다. 프랑스로부터 멀리 떨어져 활동하던 그들은 본국과 식민지라는, 역사도 환경도 크게 다른 두 가지 장소를 살아가야 했던 것이다.

　여기 두 장의 단체초상사진이 있다(그림38, 39). 하나는 양복에 넥타이를 매고, 돌로 만든 튼튼한 건축물 앞에 정렬해 있다. 가슴에 포켓손수건을 단, 클래식하면서 세련된 옷차림을 한 사람도 있다. 안경을 걸치고 정장으로 몸을 둘러싼 남자들은 정치가가 아니면 대학교수일 것이다. 경비원처럼 모자를 쓴 남자들도 몇 명이 보인다. 이 단체사진은 1920년대 초에 파리의 기메미술관 앞뜰에서 촬영한 것이다. 다른 한 장은 대조적으로 흰 작업복 차림의 남자들이 많이 찍혀 있는 사진이다. 한 명을 제외하고는 넥타이를 맨 사람이 없다. 앞줄 중앙의 초로의 남성은 맨발에 스크화이다. 그 오른쪽의 남자는 반바지. 이것은 제2차 세계대전 후에 프놈펜의 앙코르보존국 앞에서 촬영한 사진이다.

　기메미술관 앞의 사진에는 당시의 관장으로 이 사진을 촬영한 후 바로 콜레주드프랑스의 교수가 된 이집트 학자 알렉산드르 모레Alexandre Moret(1868~1938)를 중심으로 학예원으로 활약하고 있던 불교미술연구자 조제프 아캉Joseph Hackin(1886~1941), 젊은 크메르미술연구자 필립 스테른, 일본 체재 경험도 있는 러시아인 일본학자 세르게이 엘리세프 등의 얼굴이 보인다. 한편 앙코르보존국 앞에서 찍은 사진의 중심에 있는 것은 양 대전의 중간 기간에 유적보전의 입역자로서 제2차 세계대전 후에 다시 앙코르보존국장으로서 활약했던 앙리 마셜Henri Marchal(1876~1970)이다. "마셜 있어 앙코르가 있다"라는 말을 들을 정도의 인물이다. 그를 둘러싸고 있는 것은 유적보전에 종사했던 작업원이나 보존국의 직원들이다. 마셜 이외에는 프랑스인 같은 모습은 보이지 않는다.

　두 장의 사진은 촬영시기가 다르기 때문에, 양자의 비교가 반드시 적절한 것만은 아니라는 것을 인정해야 할 것이다. 그러나 그렇다 하더라도 파리와 프놈펜의 연구 환경의 차이, 지리적 및 심리적 거리의 크기를 충분히 전해주는 사진이지 않을까? 적어도 내게는 오리엔탈리스트가 지닌 야누스의 얼굴을 이만큼 가시적으로 보여주는 예는 없을 것으로 생각된다. 두 가지 장소는

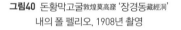

그림40 돈황막고굴敦煌莫高窟 '장경동藏經洞'
내의 폴 펠리오, 1908년 촬영

그림41 폴 펠리오, 촬영연대 미상

얼마만큼 이질적이고 멀리 떨어져 있었던 것일까.

　또 한 쌍의 사진을 마찬가지로 비교해 보이고자 한다. 1907년에 이른바 돈황문서를 조사하여 파리에 대량의 문서를 가져갔던 폴 펠리오의 두 장의 초상이다(그림40, 41). 둘 다 유명한 사진으로, 하나는 돈황에서 대량의 문서를 '발견'한 펠리오가 (분명히 연극을 하고 있지만) 일심불란하게 조사를 하고 있는 모습을 촬영한 전설적 사진이다. 동굴에 쌓여 있는 무수한 경전을 배경으로 하여 아주 희미한 불빛 아래에서 경전의 문자를 추적하는 다박수염 모습의 펠리오가 찍혀 있다. 다른 한 장은 1909년에 콜레주드프랑스의 교수가 된 펠리오의 초상사진이다. 두발도 수염도 모두 깔끔하게 정리되어 있다. 고풍스러운 학자의 모습으로 왼쪽 가슴에는 훈장이 빛나고 있다. 파리에서 최고의 영예를 얻은 학자의 모습이 이것이다. 돈황에서 찍은 사진에서처럼 마치 연구벌레인 것 같은 모습과, 정치가연하는 성장 모습의 남자가 동일 인물이라고 갑자기 믿기는 힘들고, 양자의 간극에는 깜짝 놀라게 하는 것이 있다.

프랑스 동양미술연구의 이중적 기준

그런데 이 장과 다음 장에서는 이들 사진과의 대비를 베개 삼아, 프랑스의 동양학자가 나누어 사용한 두 가지 얼굴의 문화사적 배경을 깊이 파내려가고자 한다. 그들에게 야누스의 얼굴을 강요한 식민지와 본국 사이에는 어떤 간극이 존재했던 것일까? 식민지에서의 그들의 일과 메트로폴(파리)에서의 일 사이에는 어떠한 차이나 차질이 있었던 것일까. 그리고 양자의 차질과 단절은 앙코르 고고학의 역사에 어떠한 그림자를 드리우고 있는 것일까?

앞 장에서 검토했듯이, 극동학원의 창설에 있어서 프랑스 본국의 아카데미가 내걸었던 당당한 식민지학의 이념(이상)과, 현실적으로 식민지에서 개시된 곤란한 조사(현실)는 크게 괴리되어 있었다. 아시아 전역을 종합한다는 큰 보자기와 같은 이상을 선언하는 한편, 현실적으로는 미답사 지역의 개척을 비롯하여 유적을 발견해서 기록하고, 정신이 아찔해질 정도의 장애물 제거 작업에 몰두해야 했다.

그래서 이 장과 다음 장에서 검토하겠지만, 본국에서 동양학을 수학한 엘리트가 험한 식민지의 현실과 대면하는 것은 지극히 드물고, 많은 경우에 메트로폴에 날라져온 비문이나 고미술품에 기초하여 연구를 발표하려 했다.

피노와 같이 예외적으로 젊어서 원장으로 발탁되어 현지로 부임하는 사례도 있지만, 대체로는 프랑스에 머물면서 동양학의 연구와 교육에 종사하는 일에 진력하고 있었던 것이다. 결과적으로 현지에서는 식민지관리나 군인 출신의 '아마추어'가 조사대의 중심을 이루고 있었다. 그들은 (들라포르트처럼) 이른바 현장에서 성장한 비전문가 동양학자로서 고고학적 조사를 수행하고, 언젠가 메트로폴의 오리엔탈리스트로서 성공하는 날을 몽상하고 있었다.

파리를 떠나려고 하지 않는 동양학의 젊은 엘리트 연구자에 대해, 루브르 미술관의 동양학부 학예원으로 1905년부터 루브르학원 교수를 겸임하고 있던 가스통 미종Gastong Migeon(1861~1930)은 주목할 만한 발언을 했다. 1907년에 어니스트 페놀로사Ernest Francisco Fenollosa(1853~1908)의 소개장을 가지고 일본을 방문한 미종은 반년간 각지의 고미술을 보고 다녔다. 이듬해에 이 일본여행의 보고서를 겸한 저작 『일본에서―미술의 성역으로의 여행』을 출판하는데, 그 서문에 그는 다음과 같이 쓰고 있다.

> (일본에서는) 고고학적 연구는 전혀 조직되어 있지 않다. 미술에 대한 관심은 분명히 있지만, 전혀 학술적이지 않다. 미국이나 독일, 프랑스, 영국의 대학에서 배운 젊은 학생이 우수한 방법을 사용하여 연구한다면, 주목을 끌 수 있는 중요하고도 학술적인 연구를 할 수 있을 것이다.[1]

일본의 고미술연구가 "전혀 학술적이지 않다"라는 것은 무슨 말일까? 잘 알려진 바와 같이 일본의 고미술 전문가들은 1900년에는 『고본 일본제국미술약사』를 완성하여, 당당한 고미술의 정사를 구축하고 있었다. 천황의 치세에 의한 시대구분을 채택한 이 책은, 공화국 프랑스의 미술사가에게는 이상하게 보였을 것이 분명하지만, 선별한 작품이나 연대 설정에 관해서는 당시의 학술적 성과가 충분히 반영되어 있고, "전혀 학술적이지 않다"라는 것은 사실 너무나 심한 오인이다.[2] 그럼에도 불구하고 미종이 동양에는 방법론이 없고 서양이 이것을 제공한다고 주장하려는 듯한 태도를 취한 것은 이유가 있었다. 단순히 서양의 우수성을 과시하고 싶었던 것이 아니라 젊은 엘리트 연구자들을 동양, 특히 극동아시아 연구로 끌어가기 위함이었다. 미종은 다음과 같이 말을 이어간다.

> 극동미술연구에 관해 우리들은 여전히 (윌리엄) 앤더슨William Anderson(1842~1900)의 컬렉션 카탈로그(1886년)를 이용할 수밖에 없다. 이 연구가 현재 얼마나 시대에 뒤떨어졌는가? 한탄스러울 뿐이다. 페놀로사는 (…) 사실상, 아무것도 쓰지 않았고, 장래에도 쓰지 않을 것이다. 이와 같은 상황에서 우리들 프랑스인들에 의한 하노이의 극동고고학원의 창설은 대사건이 되었다.[3]

"하노이의 극동고고학원"이란 프랑스극동학원을 가리킨다. 일본에서는 학술적 연구는 이루어지지 않고, 구미에서도 작업이 아직 충분하게는 없다. 극동학원이 창설되었으므로 젊은이는 현지에서 생각하는 만큼 연구를 해야 한다고, 이 국립미술관 학예원 겸 루브르학원의 교수는 고무하고 있는 것이다. 이미 폴 펠리오는 극동학원의 특별연구원으로서 중국 조사를, 클로드 메트르는 일본 조사를 수행했다. 그들을 이어가라는 뜻이다. 그리고 마지막으로 이렇게 첨언하고 있다.

우수한 방법론을 배운 에콜 노르말École normale*의 학생들도 빨리 알아차리기 바란다. 아테네의 학원에만 주목하고 있지만, 거기에는 진부한 비문연구만이 남겨져 있다. 한편, 이슬람 세계나 극동세계에는 아직 해독되지 않은 무수한 수수께끼들이 묻혀 있다. (…) 해야 할 일이 산더미 같다. 학생들은 거기에서 미를 손에 넣음과 동시에 영광을 손에 넣게 될 것이다.

당시의 프랑스는 이집트의 카이로와 그리스의 아테네에 두 개의 연구소를 보유하고 있었다. 파리에서 문헌학이나 금석학을 배워 고고학을 지망하는 엘리트의 태반은 이 두 개 중 하나의 연구소로 유학가기를 원했다. 그러나 미종은, 거기에 유학해도 성과는 얻지 못한다, 즉 출세할 수 없다고 했다. 거꾸로, 신설된 극동학원에는 "아직 해독되지 않은 무수한 수수께끼"가 산적해 있었다. 그 수수께끼를 풀어서 입신출세하라고 하는 것이다. 이러한 격려가 필요할 정도로, 극동연구는 지극히 소수자적 존재였다.

1905년에 극동학원의 고고학조사부장에 취임한 앙리 파르망티에도 파리의 엘리트들이 극동으로 눈을 돌리지 않는 것에 조바심을 느끼고 있었다.

프랑스의 엘리트들은 우리들의 언어·문학·종교를 키워준 문명의 고도 로마와 아테네에 관해서는 아주 잘 알고 있다. 대조적으로 인도차이나는 혼돈으로부터 이제 막 그 모습을 드러낸 땅이고, 그 모어母語인 산스크리트와 중국어는 유럽에서는 매우 한정된 학자들만이 연구하고 있었다. 인도차이나의 미술에 대해서는 근

---

* 프랑스 국립고등사범학교(École normale supérieure)의 약어. 대학 이상에 상당하는 고등교육기관의 하나이다.

년에 앙코르가 발견되었음에도 불구하고, 전혀 알려지지 않았다고 해도 좋을 것이다.[4]

파리의 국립미술학교 출신의 건축기사였던 파르망티에는 식민지에서의 실천적 경험을 거듭함으로써 오리엔탈리스트로서 확고한 지위를 손에 넣은 인물이었다. 그렇기 때문에 더더욱 동양학의 엘리트교육을 받은 젊은이들이 극동으로 눈을 돌리지 않는 것에 조바심을 감출 수 없었던 것이다.

하지만 미종이 말한 것처럼 엘리트들은 인도차이나에서 "영광을 손에 넣게 될" 것이 과연 가능할 것인가? 비록 동양학의 소양을 가진 파리의 학생이 현지에 들어간다 하더라도 초창기의 극동학원에서는 원장 피노와 같이 현실에서는 스스로 닦은 학식을 살릴 수 없었다. 극동학원 멤버의 경력을 사회학적으로 분석한 피에르 상가라벨루Pierre Singaravélou는 『극동학원, 혹은 외연의 학원』(1998)에서 매우 비아냥스러운 말투로, 하지만 적확하게 다음과 같이 쓰고 있다.

극동학원으로의 파견을 지원한 본국의 연구자는 현지에 몸을 두자마자 자신의 연구를 포기해야 했다. 극동학원에서의 체재는 자신의 연구의 계속이라기보다는 오히려 현지에서의 동양연구경력의 새로운 시작에 지나지 않았다.[5]

이와 같은 20세기 초의 상황을 확인했다면, 신설된 극동학원은 단순히 종래의 동양학에 실천적 조사연구라는 새로운 분야를 개척했다는 것에 머물지 않고, 더 큰 의미를 지닌다고 생각해야 한다. 즉, 극동에서의 실천적 동양학이라는 새로운 기준을 마련함으로써 전통적인 동양학과의 사이에 있는 어떤 종류의 균열을 낳았고, 메트로폴(파리)과 식민지라는, 방법론적으로도 이념적으로도 다른 두 개의 연구의 장을 설정한 것이 된다. 되풀이하지만, 이 장과 다음 장에서 내가 밝히고자 하는 것은 이 두 개의 장의 괴리적 상황과 그것이 고고학사에 미친 영향이다.

서론이 길어졌지만, 여기에서 식민지와 본국과의 이중의 연구체제에 주목하는 의의에 대해 한마디만 더 부언해두고 싶다.

앙코르 유적의 고고학사를 이야기하려 할 때, 현지에서 행해진 유적조사활동을 편년체로 기록하면 가장 알기 쉬운 역사가 될 것이다. 그러나 현실적으로는 고고학적 연구나 미술사연구는 현지 이외에서도 진전되고 있었다. 파리에는 인도차이나미술관이나 기메미술관이 있고, 거기에서도 당지의 연구자가 독자적으로 연구를 거듭하고 있었던 것이다. 그리고 식민지와 파리, 두개의 조사연구의 장이 복잡하게 얽히면서 프랑스인에 의한 앙코르 고고학 및 크메르미술사의 편찬작업이 진행되고 있었던 것이다. 이 역사적 현실을 생생하게 묘사하지 않으면 학사 편찬으로서는 큰 결함을 가지게 될 것이다. 그리고 두 개의 장의 경합과 대립이라는 해석축을 설정하지 않는 한, 20세기 전반기에 생겨난 앙코르 고고학사상의 여러 문제를 정확하게 이해하는 것은 어려워진다.

일반적으로 식민지에서의 학문의 역사에 대해 생각하는 경우, 식민자인 프랑스의 서구화(근대화)주의와 피식민자인 캄보디아의 국민주의를 대립항으로 설정한다는(포스트식민주의 연구에서 익숙한) 방법론도 확실히 유효할 것이다. 예를 들면, 영국인 연구자와 인도인 연구자에 의한 인도미술사 구상의 대립, 또는 일본의 경우에는 서구의 제반 제도의 도입에 의해 개시된 미술사 구상과 국수주의적인 일본사관과의 대립 등을, 같은 계열의 문제로 상기할 수 있다. 그러나 앙코르 유적의 고고학에 관한 한, 이 이항대립도식으로는 고고학사나 미술사 편찬 과정에서 부상한 문제를 이해할 수 없다. 정치 수준에서는, 특히 1920년대 이후 식민자와 원주민의 항쟁이 현재화했는데, 고고학이나 미술사 등의 학술문화의 수준에서는 명확한 대립이 떠올라오지 않았기 때문이다. 한편 프랑스인 연구자 간의 대립, 특히 본국과 현지의 연구자들의 대립적 관계가 앙코르 고고학사의 절목마다 간헐적으로 현재화한다. 양자의 방법론이나 이론의 상이함, 동양미술사 구상에 관한 역사관의 차이가 논쟁이나 대립을 낳고, 유적보존의 근간과 관련된 문제에까지 심각한 그림자를 드리우고 있다. 본국과 현지가 대립하면서, 앙코르 연구의 장으로서 어느 쪽이 '안'이고 어느 쪽이 '바깥'일까를 결정하지 못한 채로, 그리고 원주민을 무시하는 형태로 앙코르 고고학사를 만들어내고 있는 것이다.

이와 같은 시점에 서서, 우리들은 유적 현장에서의 조사 실태와 프랑스에서의 연구의 진전을 대비하면서 양자를 부상시켜가고 싶다. 조금 착종錯綜된 이야기 구성이 되겠지만, 우선 제3장에서 현지조사를 수행한 개개의 조사원의 활동에 대해 이야기하고, 그 후 제4장에서 현지의 실정으로부터 동떨어진 메트로폴의 활동에 대해 서술한다. 1907년에 앙코르 유적지구의 조사가 이루어지게 된 이후, 양자의 어긋남은 여러 가지 수준에서 드러난다. 앙코르 연구의 주도권 쟁탈 중에 유적보전에 있어서 심각하고 위기적인 문제도 배태胚胎될 것이다.

문헌학자 카바통과 유적목록 작성자 라종키에르

일본의 제국주의시대에도, 한반도에서 중국 북부에 걸쳐 대규모의 고고학

조사가 이루어져 일본 고고학을 대표하는 쟁쟁한 얼굴들이 파견되었다는 것은 잘 알려져 있다.[6] 대조적으로 인도차이나 고고학을 위해 파견된 프랑스인의 태반은 고고학자도 아니고 미술사가도 아닐뿐더러 학자조차 아니었다. 고고학과도 동양학과도 아무런 연이 없었던 군인이나 문인관리나 건축가가 식민지의 고고학에 매료되어 경력을 쌓아가는 양태는 마치 소설과 같이 드라마틱했다. 각 인물을 깊이 파내려가 전기를 쓰면 얼마나 재미있는 것이 될 것인가. 이 책에서는 그럴 수는 없고, 내게 그러한 능력이 있지도 않지만, 초기의 조사원들의 경력을 여기에서 몇 가지 소개하고자 한다. 그들의 경력을 더듬어감으로써 당시 식민지 고고학의 실태를 보다 선명하게 이해할 수가 있기 때문이다.

극동학원에 파견된 멤버의 경력에 대해서는 앞에서 인용한 상가라벨루의 저작 『극동학원, 혹은 외연의 학원』에서도 다루고 있다. 부제로 '식민지학의 사회사·정치사적 연구의 시도'라고 이름 붙인 이 저작은 학원의 역사에 관해 유일하게 비판적인 연구서로서, 이 장의 기술도 이 글에 힘입은 바 크다. 아쉽게도 프랑스에서도 이 저작은 주목을 받지 못했고, 극동학원의 초기 멤버들은 아직까지도 인명사전에 게재된 적이 없는 무명의 인물이 태반이다. 그래도 이 책의 간행 이후 극동학원 관계자에 의한 학원의 역사 편찬이 적극적으로 이루어져, 2001년에는 『아시아를 향한 1세기』라는 제목의 학원의 '정사', 그리고 이듬해에는 『아시아연구자』라고 제목을 붙인 극동학원 멤버의 인명목록이 간행되었다.[7] 또한 웹 사이트에는 앙코르 유적의 고고학에 종사했던 프랑스인에 관한 것도 충실해지고 있으며, 10년 전에 비하면 정보의 입수가 훨씬 더 용이하게 되었다.[8] 이러한 정보에 내가 독자적으로 조사한 결과를 추가하여 인물약력을 묘사하기로 한다.

극동학원의 전신 인도-차이나 조사대의 활동은 우선 1899~1900년에 루이 피노와 앙투안 카바통의 문헌수집 작업에 의해 개시되었다고 앞 장에서 설명했다. 피노에 대해서는 앞 장에서 상세히 서술했으므로 여기에서는 앙투안 카바통부터 현지조사원의 약력 서술을 시작해보자.[9]

카바통의 재임기간은 2년으로 짧았다. 그는 파리에서 동양학을 배운 몇 안 되는 조사원의 한 사람으로서 학원의 임무를 마친 후에는 파리에서도 일정한 성공을 거두었다. 그러한 의미에서는 이 장의 취지에는 맞지 않는 예외이다. 그러나 현지경험을 마치고, 파리에서 성공한 예외적 사례를 파악해둠으로써, 거꾸로 그렇게 되지 않았던 대부분의 현지 멤버의 우울을 한층 더 이해할 수도 있을 것이다. 또한 그를 통해 현재의 우리들에게는 이해하기 어려운 '식민지학자'의 성공이란 어떤 것이었을까를 알 수가 있을 것이다.

카바통은 우선 파리에서 약학과 의학을 배우고, 성 앙투안 병원의 조수를 하고 있었다. 거의 같은 세대에 해군의사로서 남양南洋*을 방문하고, 이어서 중국 고고학으로 옮겨간 빅토르 세갈렝Victor Segalen(1878~1919)과 같이, 카바통도 오리엔트에 대한 동경을 가지고, 병원근무와 병행하여 국립동양어학교에서 프랑스어를, 그리고 실용고등학원에서 산스크리트어를 터득했다. 1890년경에는 의학이 아니라 문헌학을 지향하게 되고, 국립도서관의 특별연구원으로서 극동 관련 서적의 목록을 작성하는 일에 종사했다. 여기에서 당시에 국립도서관에 근무하고 있던 피노와 만난다. 1863년생인 카바통은 피노보다 한 살 많았던 동세대였다. 고고학조사대 대장으로서 인도차이나에 건너오게

---

* 태평양의 적도를 경계로 하여 그 남북에 걸쳐 있는 지역을 통틀어 이르는 말. 마리아나, 마셜, 캐롤라인 따위의 군도와 필리핀 제도, 보르네오 섬, 수마트라 섬 따위를 포함한다.

된 피노가 가장 먼저 동년배인 동료 카바통을 충원한 것도 자연스러운 흐름이었다.

카바통의 전공은 특히 아랍어로 이슬람문화에 관심을 가지고 있었다. 인도차이나로 건너온 그의 일은 필연적으로 동아시아의 이슬람권인 네덜란드령 동인도(인도네시아)로 향했다. 피노가 바타비아 학술예술협회를 시찰했을 때에는 그도 동행했다(1899년). 그러나 본격적인 조사를 시작한 지 얼마 되지 않아, 익숙하지 않은 땅에서 병을 얻은 카바통은 파리로 돌아와 다시 도서관원이 되었다. 현지조사의 성과발표는 파리로 돌아온 뒤에 이루어졌다.

우선 그는 인도네시아에서의 문헌수집의 성과로서 참족의 연구 보고서 『참족에 관한 새로운 연구』를 《학원기요》(1901)에 발표했고, 이어서 1906년에는 에모니에와 공저 『참어-프랑스어사전』을 간행했다.[10] 참족에는 11~12세기 이후 이슬람문화가 침투했고, 참족의 언어는 베트남어나 크메르어와는 다른 계통으로, 말레이어나 인도네시아어에 가깝다. 인도차이나 연구이기는 하지만, 그 자신이 가지고 있었던 아랍어나 말레이어에 대한 관심을 반영한 것이었다. 이러한 업적이 평가를 받아, 그는 프랑스에서는 보기 드문 말레이어 전문가로서 1906년에 국립동양어학교에 말레이어 교사직을 획득했다(1920년에 교수). 그사이에 『네덜란드령 인도(인도네시아)』(1910)를 간행하는 등, 동아시아 이슬람문화의 전문가로서 지위를 쌓아갔다. 이 책은 이듬해에 『자바, 수마트라와 네덜란드령 동인도의 섬들』이라는 제목으로 영역 간행되어 성공을 거두었다.[11]

파리에서 교직을 수행하는 동안 알제리, 튀니지, 스페인, 포르투갈을 방문한 카바통은, 동아시아에 대한 이슬람문화의 영향에 대한 연구를 심화시켜 갔다. 중동이나 서구의 이슬람세계와 동아시아와의 언어적 그리고 문명적인 친근성을 증명한다는 독창적인 연구를 전개했던 것이다. 그 성과는 예를 들면, 「16~17세기의 인도차이나에 있어서 스페인과 포르투갈의 자료」(1908), 「인도차이나의 말레이인」(1912), 「17세기 캄보디아와 라오스의 네덜란드인」(1914), 「인도차이나의 이슬람」(1927)에서 볼 수 있다. 아시아와 중동, 그리고 서구를 잇는 이슬람문화권을 알고 있는 희소한 전문가인 그는, 나질 압둘 카림Nasir Abdoul-Carime의 말을 빌리면, 새로운 프랑스 동양학의 특징인 '변경zone 연구'의 대표자였다.[12]

현지에서 참어와 말레이어를 더욱 깊이 연구한 카바통은, 본국에서 어학교사직을 얻어 '변경'의 언어를 구사할 수 있는 식민지학자로서 활약했다(지금이나 옛날이나 어학이 도움이 된 것일까). 그의 전공이 전통적인 동양학이었다면, 또는 고고학이나 미술사였다면 이와 같은 성공은 어려웠을 것이다.

카바통과 같은 창설 멤버로서, 후의 고고학 발전에 큰 사적을 남긴 것이 다음의 에티엔 뤼네 드 라종키에르이다.[13] 앞 장에서 소개한 유적목록『인도차이나 고고학집성』과『캄보디아 건축물 기술목록』전 3권을 작성한 인물이다.

뤼네 드 라종키에르는 1879년에 식민지 보병단의 일원이 되어, 1883년부터 소위로서 인도차이나에 배속되었다. 프랑스어로 '부르사르(열대인)'로서, 인도차이나의 지리뿐 아니라 각지의 치안을 꿰뚫고 있던 군인이었다. 미지의 토지를 답사하여 폐허가 된 유적을 탐색하기 위해서는 그와 같은 인물이 필수불가결한 것이었고, 그러한 의미에서 초기의 학원에 전형적인 '아마추어' 학자였다고 할 수 있다.

그가 극동학원의 일원이 된 것은, 피노와의 '우연한 만남'에 의해서였다. 역사의 장난이라 해도 좋을 것이다. 인도-차이나 고고학조사대가 결성된 1898년, 라종키에르는 1년의 공식휴가를 얻어 프랑스로 귀국하여, 그해 12월 다시 임무를 수행하기 위해 인도차이나로 돌아가려 했다. 그리고 그 사이공행 배 안에서 피노와 우연히 만났던 것이다. 앙드레 말로의 소설『왕도』에서 처음으로 캄보디아를 방문하려고 한 주인공 클로드가 선상에서 식민지를 숙지한 수수께끼 같은 인물 페르켕을 만나 매료되었듯이, 피노도 또한 식민지를 알고 있던 라종키에르의 이야기에 귀를 기울여, 식민지에 대해 깊은 이야기를 나누었던 것은 아닐까?[14] 1861년생인 라종키에르는 피노보다 세 살 위였고, 의지할 수 있는 인도차이나 답사 경험자로서 학원의 멤버가 되기에는 최적이었다. 그 자리에서 피노는 조사멤버로 들어올 것을 타진했고, 라종키에르는 승낙했다.

그는 당시에 위험하다고 여겨졌던 미답사 지대, 이른바 미귀순 지대도 조사하면서, 삼림에 묻힌 폐허를 탐색하여 그 위치와 유적의 상황을 기록했다. 당시 프랑스가 인도차이나 전역을 식민지로 장악했다고는 하지만, 특히 현재의 베트남과 라오스 국경 부근에는 다양한 민족이 각각의 마을을 형성하고 있었고, 정치적 교섭을 하지 않으면 답사조차 할 수 없는 위험한 장소도 많이 있었다. 후술하겠지만, 그러한 장소에서 생명을 잃은 멤버도 있다. 라종키에르는 이러한 위험을 극복해가면서 조사를 수행했던 것이다. 그가 작성한 것은 유적분포의 기록뿐이 아니다. 언어나 풍속에 관련된 몇 가지 민족지학적 지도도 작성했다. 오늘날에는 오히려 민족지학ethnography에서 유례없는 지도작성자cartograph로 알려져 있는 듯하다.

『캄보디아 건축물 기술목록』을 완성하기 위해서는 앙코르 지구가 캄보디아에 반환되는 1907년을 기다려야 하는데, 그 후의 라종키에르의 행동은 재빨랐고, 그해 11월 6일에는 조사를 개시했다.[15] 그리고 이듬해에는 전체 910개의 유적을 등록한 제3권을 간행했다. 거기에는 후에 말로 사건의 무대가 되는 반테아이 스레이^{Banteay Srei} 사원의 유적 등이 빠져 있고, 1924년에 발본적인 재검토가 이루어지는데, 그때까지 20여 년에 걸쳐 유적을 파악하기 위한 유일한 기초적 자료였다(거꾸로 이야기하면 그의 일을 인계할 사람이 없었고, 그것이 말로 사건을 유발하게 되는 결과를 초래했다고도 할 수 있다. 이 책의 제5장을 참조할 것).

1907~1908년의 캄보디아 답사를 마지막으로, 라종키에르는 1909년에 식민지보병단을 퇴역하고 학원에서도 사퇴했다. 파리로 돌아온 그는 1913년에 그 귀중한 목록으로 아카데미의 보르당상^{Prix Bordin}*을 수상했다. 퇴역 후에도 1932년 사망할 때까지 극동학원 특파원으로서, 학원을 멀리서 계속 지원했다.

두 조사원의 죽음, 카르포와 오당달

학원 멤버들에 의한 유적의 목록작성 작업과 병행하여 프랑스의 아카데미는 캄보디아의 특정의 중요한 유적의 측량이나 평면도 작성을 위해 새로운 특별조사원을 극동학원에 파견했다. 샤를 카르포와 앙리 뒤푸르^{Henri Dufour}(1870~?)이다.

카르포는 앞 장에서 보았던 바이욘 유적의 사진(그림20)을 1901년에 촬영한 인물이다. 사진기사로서 그는 앙리 뒤푸르와 앙리 파르망티에가 지휘한

---

* 아카데미 프랑세즈가 1년마다 수여하는 상으로서, 1835년에 창설되었다.

바이욘 유적과 베트남의 동 즈엉Dong Duong, 미손My-Son*의 초기조사에 동행했다. 당시의 유적상황을 전해주는 귀중한 사진은 현재 기메미술관에 약 360점이 소장되어 있다. 극동학원과 관련된 것은 1901~1904년의 3년 반뿐이었지만, 그는 앙코르 고고학사를 이야기할 때에 빼놓을 수 없는, 어떤 의미에서 전설적인 인물이 되어 있다. 이유는 그의 비극적인 인생에 있다. 초기의 극동학원의 조사와 관련된 인물이 어떤 경력을 거쳐 인도차이나로 건너오고, 기구한 운명의 인생을 거치게 되는가를 상징하는 인물 중 한 명이다.

　샤를 카르포는 19세기 프랑스를 대표하는 조각가 장 바티스트 카르포Jean-Baptiste Carpeaux(1827~1875)의 아들로서, 장 바티스트 카르포와 그의 아내 아메리 사이에서 1870년에 태어났다. 위대한 조각가였던 아버지는 샤를이 5세 때에 타계했다. 아버지를 여읜 그는 형, 누나와 함께 어머니가 길렀다. 형 루이는 식민지보병사관, 누나 루이즈는 조각가가 되었다. 샤를도 아버지와 누나의 영향을 받아 조각가를 지망했다고 생각된다. 하지만 아무리 유명한 조각가를 아버지로 두었다고 하더라도 프랑스의 예술제도는 세습제가 아니어서, 부친의 위광으로 예술가가 될 수는 없었다. 특히 국가적인 예술보호가 크게 제한되었던 제3공화정하에서는 예술가의 사후에 남겨진 유족은 재정적으로 궁핍한 상황에 빠지게 되는 일이 종종 있었다.[16] 어떻게 하면 고인의 작품을 국가나 화랑이 구입하도록 할 것인가가 유족에게는 사활의 문제였다. 카르포가의 경우에는 모친이 유복한 가계의 출신이었던 관계로 궁핍한 상황에 빠지지는 않았는데, 조각가를 지망하여 주형채취기술과 사진기술을 익힌 샤

---

* 호이안에서 약 30킬로미터 떨어진 곳에 있는 유적. 시바 신을 모시고 있고, 앙코르와트보다 5세기 먼저 지어진 역사 깊은 곳이다.

를도 1894년에 『카르포 갤러리』라는 제목으로 부친의 작품집을 간행했고, 조각가의 작품보급에 노력하고 있었다.[17]

그런데 이 『카르포 갤러리』를 출판한 시기에 샤를은 주형과 사진의 기술을 인정받아 파리의 인도차이나미술관에 조수로 근무하게 되었다. 복제품 제작이나 사진촬영을 하면서, 결국에는 조각가가 되겠다는 꿈을 가지고 있었다고 상상되는 샤를이지만, 1894년에 전기轉機가 찾아온다. 어떤 저널리스트가 신문기사에서 모친인 아메리를 중상모략 했던 것이다. 위대한 조각가의 미망인임에도 불구하고 상업주의에 빠져 예술가를 배신했다고. 더욱이 그 기사는 조각가의 만년에 관한 용렬한 소문에 대해서까지 언급했다. 샤를은 이 기자에게 분개하여 결투(1894년 7월 3일)를 선언해 스캔들이 되었다. 결투는 이루어지지 않았지만, 당시 24세의 샤를에게 이 사건은 장래에 큰 화근을 남기게 된다. 위대한 아버지를 지녔던 까닭에 그는 항상 그 명성으로부터 벗어날 수 없다는 것을 깨닫게 되었다. 그리고 불안으로부터 도망치듯이 그는 파리를 떠날 결심을 하고, 알베르 사로(후에 인도차이나총독, 프랑스 수상이 된다)의 추천장을 받아 1901년 10월에 프랑스극동학원의 멤버가 되었던 것이다.

그는 우선 1903년 4월까지는 특별연구원으로서, 그 이후에는 실무작업의 팀장으로서 학원의 조사에 관계한다. 주형채취와 사진기술을 습득한 '즉시 전력'으로서 활약했다. 인도차이나 각지의 고고학적 조사에 그는 반드시 동행했고, 폐허화된 유적의 모습이나 남겨진 조각을 사진에 담았다. 특히 바이욘 유적의 상황을 전하는 최초의 본격적 간행물인 『앙코르톰의 바이욘 유적, 앙리 뒤푸르와 샤를 카르포의 조사에 의해 수집된 자료에 기초한 부조물군』 전 2권(1910~1913)은 주목할 만한 것이다.[18]

그러나 카르포의 활동은 1904년 3월에 돌연 종국을 맞이한다. 거듭되는 몸

상태의 악화에도 불구하고 바이욘 유적의 부조물군을 사진에 담았던 그였지만, 그 작업 중에 말라리아와 이질이 동시에 발병하여 쓰러졌던 것이다. 치료를 위해 프랑스로 가는 귀국편을 기다리던 그는 6월 28일 사이공에서 허망하게도 숨을 거두었다. 34세라는 젊은 나이였다.

초기 극동학원의 비극을 대표하는 그의 죽음에 대해, 앙리 파르망티에가 《학원기요》에, 알프레드 푸셰가 《아시아잡지》에 추도 기사를 썼다.[19] 이듬해 카르포의 유해와 유품이 파리로 돌아오자, 프티 팔레Petit Palais 미술관에서 그의 업적을 기리는 전람회(6월)도 개최되었다. 나아가 1908년에는 모친이 『앙코르, 동 즈엉, 미손의 폐허』라는 저작도 간행했다. 인도차이나로부터 모친에게 보낸 편지와 일기를 수록한 이 서적은 식민지 고고학의 실상을 전하는 1급사료가 되었다.[20] 본국 프랑스에 앙코르 유적의 존재를 알린 것은 저작물로 발표된 많은 사원의 사진이나 조사결과만이 아니다. 그러한 조사원의 비극도 또한 앙코르의 이름을 프랑스인들의 마음에 아로새기게 했다. 샤를의 최후의 작업장이 된 바이욘 유적 근처에는 1934년 5월에 건립된 기념비가 있다. 비문에는 "샤를 카르포, 과학과 예술을 위해 죽다"라고 새겨져 있다. 앙코르는 캄보디아 역사의 증언자임과 동시에, 프랑스인의 기억의 정형topos이기도 하다.

1904년 6월의 카르포의 죽음은 극동학원이 경험한 최초의 비극은 아니었다. 불과 2개월 전인 4월 8일, 또 한 사람의 멤버가 인도차이나에서 절명했다. 프로스페르 오당달Prosper Odendhal(1867~1904)이다. 오당달의 죽음은 학원의 역사뿐 아니라, 프랑스 식민지사의 비극으로 기억되고, 수많은 식민지 소설이나 역사서에서 회자되는 이야기이다.

오당달이 학원의 조사에 관여한 것은 채 1년도 되지 않는다. 1903년 3월에 학원특파원으로 임명되어, 실제로 조사를 개시한 것은 1904년 2월이었다. 2개월 후 그는 목적을 이루지 못하고 타계한다. 살해되었던 것이다.

오당달은 통킹 제4저격대의 중위로서 1890년 8월에 인도차이나에 입성한 군인이었다. 베트남 중부의 산악지대에서 라오스에 걸친 지역의 조사에 종사한 그는, 1897년에 라오스의 경시관으로 임명되어 주로 남부의 사반나케트Savannakhet*현과 아타푸Attapu**현의 관리를 담당했다. 다양한 민족으로 구성된 원주민과의 교섭을 통해, 그는 참족의 풍습과 문화에 관심을 가지게 되었다고 한다.

극동학원은 참파 유적과 참의 고미술을 조사하기 위해 오당달을 지목했다. 학원은 이미 미답사 지역의 조사를 위해 라종키에르를 멤버로 맞아들였었는데, 당시 가장 위험하다고 여겨졌던 라오스 지방의 조사에는 새롭게 오당달을 필요로 했던 것이다. 오당달 또한 멤버가 되어달라는 요청을 환영했다. 1903년은 그의 1년간의 휴가에 해당하는 해였고, 파리에 일시 귀국한 그는 즉시 앞으로의 조사에 대비하여 실용고등학원에서 팔리Pali***와 산스크리트 강의를 들었다. 그도 또한 '열대인'에서 동양학자로 전신轉身을 꿈꾸고, 적극적으로 행동을 개시했던 것이다. 그때 그의 나이 36세였다.

휴가를 마치고 인도차이나로 돌아온 그는 1904년 2월부터 라오스를 목표

---

* 7~10세기의 참파 왕국부터 13세기까지의 크메르제국의 영향 아래에 있던 지역(라오스). 그 후 14세기의 란상(Lanexang) 왕국이 이 지역을 평정했다. 19세기에는 프랑스령 남 라오스 시대의 행정 및 상업 중심지로 성장했다.

** 캄보디아와 베트남 남부와 이웃한 지역. 1963년부터는 베트남 전쟁 중에 베트남의 공산주의자들에게 물자를 공급하는 호치민로가 이곳을 지나게 되면서 수송로의 중간지대로서 중요한 역할을 했다.

*** 다량의 문헌을 가진 남전불교경전에서 주로 사용되는 언어. 인도에서 아리아계 언어와 프라크리트 (Prakrit)를 대표하는 언어이다.

로 하는 조사를 개시한다. 당시의 원장 대리에게 보내온 2월 4일의 편지에서 "안남(베트남)의 산악지대인 닥락Dak Lak*에서 아타푸(라오스)로 북상하여, 거기에서 사라완Sara Wan으로 향하는" 계획을 전하고 있다. 3월 23일의 편지(원장 대리에게 보낸 마지막 편지)에서는 닥락에 인접한 체오레오Cheo Leo에 도착했다고 알리고 있는데, 그사이에 부온마투옷Buon Ma Thuot 북부 65킬로미터 지점에 참족의 사원 유적을 발견하여 5일간의 발굴조사를 했다고 보고했다. 그러나 동시에 오당달은 다음 조사의 곤란에 대해서도 언급하고 있다. "이곳에서 콘툼Kontum**으로 가는 도상에서는 민족지학적 조사의 성과를 얻지 못하는 것은 아닐까 하고 두려워하고 있습니다." 이 지역은 모이Moi족***이나 자라이Jarai족**** 등 여러 부족이 살고 있고 민족지학적 조사를 하기에는 매력적이었지만, 아직 귀순하지 않은 주민들과의 교섭은 곤란의 극치에 달했다. 그의 불안은 적중하여 최악의 결과를 맞이하게 된 것이다.

살해에 이르게 되는 경위에 대해서는, 조사에 동행한 베트남 수행원들에 의해 상세하게 보고되었고, 그것을 루이 피노가 장문의 추도 기사 안에서 밝히고 있다.[21] 오당달은 조사수행을 교섭하기 위해, 이 지역의 소수 부족을 통솔하는 '사데이트'(주술집단이라고 프랑스의 오리엔탈리스트들은 기술하고 있다)와 회견한다. 당초 '사데이트'는 프랑스인과의 정치교섭에 긍정적이었던

---

*   베트남 중부의 고원지대에 있는 행정구역으로서, 킨족 등의 소수민족들이 많이 살고 있다.

** 베트남 중부의 산악지대로서, 사람들의 반 이상이 소수민족으로 구성되어 있다. '호수의 도시'라 불릴 정도로 호수가 많은 지역이다.

*** 인도차이나 반도 남동부의 산악지대에 거주하고, 남아시아 어족에 속하는 여러 종족을 통틀어 일컫는 말이다.

**** 베트남 중부 고원지방에 거주하는 소수민족으로, 인구는 약 24만 명이다.

듯하다. 오당달은 물소 한 마리를 공물로 바친다는 조건으로 "프랑스인과의 평화를 보장한다"라는 정치적 교섭에 일단은 성공했다. 하지만 물소를 준비한 4월 7일 당일, 주술사 집단의 마을에 들어가는 문전에서 부족들에게 둘러싸여 창에 찔리고 불에 태워졌다고 한다.

오리엔탈리스트로의 변신을 꿈꾸었던 36세의 오당달의 무참한 죽음은, 피노를 비롯해 당시의 원장 대리였던 알프레드 푸셰를 크게 슬프게 만들었다. 1904년 5월 13일에 파리의 아시아협회에서 추도사를 한 푸셰는 "1900년에 북경에서 당시의 특별연구원 펠리오가 경험한 고뇌"를 한 후, 다시금 아시아의 연구자에게 최대의 불행이 습격해온 것이라고 이야기하고 있다.[22]

오리엔탈리스트의 정치성에 대해서는 앞의 장에서도 다루었는데, 푸셰가 말하는 "1900년의 북경"이란 의화단 사건을 가리킨다. 북경에 파견되었던 펠리오도 프랑스영사관 내에서 무장집단에 포위되었다. 푸셰는 아시아에서 조사를 감행하는 동양학자가 직면하게 되는 정치적 곤란에 대해 언급하고 있었던 것이다. 더욱이 그가 1902년의 국제동양학자회의에서 한 말을 다시 상기해보자. "동양학자가 식민지 문제에 관심을 가지는 것이 이 시점에서 다시 요구되고 있다"라고 하면서, 20세기의 동양학자는 우선 반드시 정치적이어야 한다고 주장하고 있다. 그러한 의미에서 푸셰에게 오당달의 죽음은 바로 정치적 사명을 띤 오리엔탈리스트의 순사라고 이해되었음에 틀림없다.

다른 현지조사원들의 경력소개를 계속해야 하겠지만, 여기에서 동양학자와 정치문제에 대한 이 책의 입장에 대해 한마디 해두는 것이 좋을 것 같다. 이 장을 읽어온 독자는 내가 인도차이나에서 조사를 한 프랑스인들을 동정하고, 그들의 정치적 행위를 긍정하려는 것은 아닌가, 그리고 식민지에 개입한 종주국의 식민주의적 행위를 정당화하려고 생각하고 있는 것은 아닌가

하고 수상쩍게 생각하고 있을지 모르겠기 때문이다(이 책의 마지막 장에서 기술하겠지만, 한국에서 이 책의 내용의 일부를 강연했을 때 나는 그와 같은 비판을 받았다).

나는 이 책에 등장하는 오리엔탈리스트의 정치적 행위에 대해, 선악의 판단을 할 생각은 없다(원래 근대정치에 선악이 존재했던 것일까). 푸세의 말에 명시되어 있듯이, 식민주의시대의 오리엔탈리스트는 학문이 정치라고 강하게 자각하고 있었다. 정치성 없이 학문은 성립할 수 없고, 정치적이기 때문에 충분히 학문적이라는 인식마저 있었다. 그러한 자각적 오리엔탈리스트의 행상이나 사적事績에 대해 현재의 우리들이, 예를 들면 에드워드 사이드의『오리엔탈리즘』을 방패 삼아, 학문의 이름을 빌린 정치 바로 그것이었다고 한다면 쳇바퀴 같은 동어반복으로서 의미가 없다.

사이드가 제목으로 정한 '오리엔탈리즘'이란, 종래에는 단순히 '동양학'을 의미하는 말이었지만, 그의 저작이 주목을 받게 되면서 그의 말은 무엇보다도 서양인이 동방에 대해 지녔던 지배적이고 경멸적인 태도를 가리키는 것으로 탈바꿈해버렸다(적어도 일본에서는). 나는 사이드의 분석의 골자에 이의를 제기하고 싶은 마음은 없다. 그러나 사이드에 의거하여, 오리엔탈리즘을 단락적으로 이해하여 그것을 정치적 악이라고 비난하고 그것으로 족하다고 하는 담론이 횡행하게 된 현상에는 이의를 제기하고 싶다. 원래 사이드의 이 책이 유행하게 된 것은 당시의 우리들이 오리엔탈리즘(동양학)이란 무엇인가를 전혀 알지 못했기 때문일 것이다. 가령 푸세가 이 책을 읽었다면, 무언가 당연한 것을 쓰고 있다고 생각할 뿐이었을 것이다.

나의 목적은 동양학이 얼마나 정치적이었던가를 밝히는 것이 아니다. 이것은 목적이 아니라 전제이다. 이 전제하에 나는 어떤 의미에서 정치사로서의 앙코르 고고학사를 쓰고, 정치적 성과로서 오늘날의 고고학·미술사학의 모습을 부각시켜야겠다고 생각한다. 20세기의 아시아 고고학이 정치 없이는 성립도 성공도 없었다는 것을 확인하고 싶은 것이다. 그 정치가 악이었다면 학문도 또한 악이다. 정치적 악 아래에서 풍부한 학문적 성과가 초래되었다는 현실도 존재한다. 오늘날 오리엔탈리스트의 담론이나 행동의 정치성이 비난받는다고 한다면, (앞 장에서 소개한 1902년의 동양학자회의의 방침에 현저히 나타난 것처럼) 학문과 정치를 분리시켜 학문에 내재해 있던 정치적인 부분을 망각했기 때문인 것이다. 더 이야기한다면 현재에 이르는 학문의 전통을 옹호하기 위해, 우리들은 그 안에 내재해 있을 정치성을 분리시켜, 그것만을 집중적으로 비난하는 태도로 대해왔던 것이다.

이러한 상황에서는, 식민주의시대를 살았던 오리엔탈리스트의 사적에 대해, 그들의 학문적 업적은 훌륭하지만 정치적으로는 문제가 있다는 식으로 겨우 요점을 벗어난 평가밖에 할 수 없을 것이다. 우리들이 계승한 학문을 옹호하기 위해 그 희생으로서 과거의 학자들의 정치성이 비난받는다, 그 오리엔탈리스트는 이러한 굴절되고 불행한 운명에 놓여 있었던 것이다. 이것이 이 책의 제목을 '오리엔탈리스트의 우울'이라고 하게 된 까닭이다.* 이처럼 편의적으로 학문예찬과 정치비판의 현상에 놓여 있는 학문사를 극복하고, 두드러지게 정치적이었던 오리엔탈리즘의 한 역사를 그려내는 것이 이 책의 목적인 것이다.

---

* 이 책의 원제는 『오리엔탈리스트의 우울(オリエンタリストの憂鬱)』이다.

건축가의 작업, 뒤푸르와 파르망티에

현지조사원들의 경력에 관한 이야기로 돌아가자. 여태까지 네 명의 경력을 검토했다. 식민지학자로서 활약한 카바통을 제외하고는, 대부분 동양학의 교육을 받지 않은 아마추어 연구자였다. 그들은 식민지에서의 실천적 조사를 거듭함으로써 고고학자 혹은 동양학자로서의 지위를 손에 넣고 싶어 했다. 다음에 소개하는 앙리 뒤푸르와 앙리 파르망티에도 동양학자도 아니고 고고학자도 아니었다. 그들은 파리의 국립미술학교를 졸업한 건축가였다.

뒤푸르는 카르포와 함께 1901년에 바이욘 유적과 앙코르와트의 초기조사에 종사한 임시조사원이다. 활동기간은 불과 3개월이었고 그 활동에 대해서도 이미 카르포를 소개할 때 다루었다. 여기에서 감히 다시 다루는 것은 그의 경력, 즉 건축가였다는 것에 주목하고 싶었기 때문이다. 뒤푸르는 민간건축시찰관으로서 캄보디아에 파견되었다. 당시 프랑스는 세계 각지의 식민지에 다수의 건축가를 파견하고 있었다. 공공건축물이나 주재원들을 위한 주택, 그리고 도로 등의 인프라를 정비하기 위해서였다. 식민지는 합리적인 건축도시의 이상을 실현하는 절호의 실험적 장으로서, 정치가와 건축가에게는 매력적인 장소였다. 그리하여 식민지에 입성한 건축가들은 그 공학적 지식 덕분에 고고학 조사에 동원되는 일이 많았다.

제1장에서 검토한 바와 같이, 19세기의 유적복원의 이상은 "완벽함을 갖춘 상태로 새롭게 다시 만든다"라는 것에 있었고, 그를 위해서는 당연하게도 건축학이나 공학의 지식이 불가결했다. 20세기에 들어와 유적보호를 위한 법령도 제정되고 복원의 이상도 크게 변화하지만, 그래도 특히 앙코르 유적군과 같이 붕괴의 정도가 극심한 유적에 대해서는 1930년대에 들어서도 기대基

底부터 새롭게 쌓아올려 간다는 아나스틸로시스Anastylosis 공법*이 유효한 수법으로 채용되는 등 건축공학의 지식이 필수적인 기술로 지속되었다(이 책 제5장을 참조). 건축가는 극동학원의 고고학 조사에서 항상 요구되는 인재였던 것이다.

2003년 여름에 인도네시아에서 열린 국제회의장에서 마리-폴 알강Marie-Paule Halgand은 극동학원의 건축가를 주제로 한 발표를 하여, 20세기 전반기에는 15명 이상의 건축가가 학원의 고고학 조사에 참가했다고 보고하고 있다.[23] 이 사이에 학원 멤버가 된 숫자는 총 71명이므로, 약 20퍼센트가 건축가였던 셈이 된다. 건축학적 지식이 고고학에 어떻게 활용된 것일까, 건축가로서의 경력이 식민지 고고학에 어떠한 영향을 미치게 된 것일까, 알강은 이러한 문제제기를 하여 건축학과 고고학의 상호 영향관계를 분석하는 것이 얼마나 중요한지를 적절하게 지적하고 있다.

건축가 출신의 학원 멤버 중에서 고고학자로서 가장 크게 활약한 사람 중한 명이 다음에 소개하는 앙리 파르망티에이다. 초기의 앙코르 고고학의 입역자의 한 사람인 그의 활동을 더듬어보면 저절로 건축가가 행한 역할을 이해할 수 있을 것이다.

파르망티에는 30세가 된 1901년에 학원의 특별연구원이 되었고, 1905년에는 고고학조사부장으로서 정식멤버가 된다. 이후 1932년 퇴관할 때까지 인도차이나 고고학의 제일선에서 활약했다. 또한 퇴관 후에도 프랑스로 돌아가지 않고, 극동을 마지막 거처로 삼아 78세가 되는 1949년까지, 명예고고학

---

* 원래의 자재를 이용하여 복구하는 공법. 반테아이 스레이가 앙코르에서 처음으로 이 공법을 선택하여 완벽하게 보수해놓은 사원이다. 부재(部材) 재배치라고도 한다.

부장으로서 발굴과 집필활동을 정력적으로 수행했다. 반세기에 걸친 활동을 통해 방대한 양의 조사보고, 유적목록, 크메르나 참파의 미술연구서들을 남기고 있다. 학원의 초창기부터 20세기 중반까지 쉬지 않고 고고학 조사에 종사해온 사람은 그가 유일하며, 그의 경력이 그대로 학원의 고고학사가 되어 있다고 해도 과언이 아니다.

국립미술학교의 건축과를 졸업한 파르망티에는 인도차이나에 입성하기 전에 이미 북아프리카에서 빛나는 성과를 올렸다. 1895년, 졸업 이듬해부터 그는 5개월간 북아프리카의 프랑스 식민지 튀니지의 공공토목과에 근무했다. 거기에서 고대 로마시대의 두가Dougga* 유적의 조사에 종사했는데, 그때 작성한 새턴Saturn(바르) 신전**의 조사기록과 복원도가 1897년의 프랑스 예술가협회의 살롱(파리)에서 최고상을 획득했다.

학원의 고고학조사부장이 된 1905년에도 참파 유적의 조사보고서가 평가를 받아 프랑스 건축가중앙협회로부터 포상을 받았다. 다른 조사원의 증언에 따르면, 파르망티에의 기록은 전체적인 플랜부터 세부장식의 묘사까지 정밀하고 정확하게 기록되어 있었는데, 건축물의 기록은 그의 작업만으로도 완벽했다고 한다.[24]

식민지 경험을 지닌 우수한 건축가로서 학원의 멤버가 된 파르망티에는 고고학 조사의 '즉시 전력'이 되어 초기의 앙코르 고고학을 통솔했다. 그의 작업의 대부분은 조사보고였고, 그 성격상 계속해서 수정당하는 운명에 놓였

---

* 고대의 명칭은 투가(Thugga). 튀니지 북부 산중에 있는 고대도시의 유적. 기원전 46년에는 로마영토, 261년에 식민지가 되었다.

** 서기 195년에 건설된 신전이다. 동쪽 끝에는 코린트 양식의 네 개 기둥을 가진 현관이 있고, 서쪽 끝에는 세 개의 신상 안치소가 있다.

었지만, 이하의 3편의 저작물은 불후의 사적으로서 칭송받고 있다. 초기의 작업을 대표하는 『참 건축물의 기술목록』(1909), 라종키에르의 목록을 보완한 「캄보디아 건축물 목록보유」(1913), 그리고 학원이 총력을 기울여 1920년대에 작성한 『극동학원 고고학보고 I, 반테아이 스레이』(1926)이다.[25] 최후의 저작물과 반테아이 스레이를 처음으로 세상에 소개한 1919년의 그의 논문에 대해서는 제5장의 말로 사건을 다룰 때에 보다 상세하게 검토하기로 한다.

두 번째로 든 저작물로 대표되는 바와 같이, 파르망티에는 고고학 조사기록의 보완적 작업에 정력을 쏟아부었다. 그 어떤 다른 학문보다도 고고학은 계속적인 조사를 축적함으로써 진전해가는 학문이고, 과거의 조사기록의 정리와 갱신은 빼놓을 수 없다. 그러한 의미에서 반세기에 걸친 장기간의 계속적인 그의 작업은 학원에 의한 독점 조사체제와 함께, 고고학이라는 학문에 있어서는 이상적인 상황을 만들어냈다고도 할 수 있을 것이다. 한편 그는 참파나 크메르의 고미술연구도 추진하여 미술사가로서도 큰 족적을 남기고 있다. 1920년대에 크메르미술의 편년화를 시도했는데, 최초로 '크메르 초기미술 primitive', '크메르 고전미술 classic'이라는 개념을 사용하여 양식 분류를 시도했다.[26] 그 시대구분은 동시대의 파리의 엘리트 연구자들을 크게 자극했다.

파르망티에는 학원 멤버의 교육이라는 면에서도 큰 공적을 남겼다. 파리에서 파견되어오는 새로운 멤버들에게 고고학 조사의 방법을 지도한 것은 그였다. 6세 연하로 1906년에 학원 멤버가 된 건축과 출신의 앙리 마셜은 고고학의 초보를 파르망티에로부터 배웠다고 했고, 그 지도의 적확성을 칭송하고 있다.[27] 또한 젊은 건축가들에게 피르망티에는 고고학적 지식과 기술의 교사였을 뿐 아니라, 식민지의 고고학자로서 제2의 인생을 개척하려고 했던 그들의 장래 비전을 구체적으로 보여준 귀중한 존재이기도 했다.

마리-폴 알강이 지적했듯이 건축과 출신의 조사원이 대단한 고고학적 공적을 남겼다는 것은 분명하지만, 한편으로 그들과 같은 기술계 출신의 건축가의 활약은, 역으로 실천경험이 부족한 프랑스 본국의 동양학 엘리트와의 사이에 방법론을 둘러싼 큰 간극을 낳게 되기도 했다. 현지(식민지)와 파리(메트로폴)와의 대비를 주제로 하는 이 장과 다음 장에서는 바로 이 점이 매우 중요하다.

메트로폴의 동양학자나 미술연구자들은 학원의 조사원을 충원할 때, 후보자가 된 건축가들이 동양학적 지식을 결여하고 있다고 항상 탄식했다. 예를 들면, 1909년에 파리로 돌아간 루이 피노는 학원으로의 파견 후보자를 면접한 후, 당시의 원장 대리인 클로드 메트르에게 다음과 같이 불만 가득한 편지를 보냈다.

> 나는 그 후보자에게 인도차이나라는 국가가 존재한다는 것, 그리고 고고학이라는 학문이 있다는 것을 가르쳐야 했습니다. 그는 그 어떤 것에 대해서도 몰랐던 것입니다. (…) 국립미술학교가 후보자로서 추천한 것은, 항상 이처럼 어쩔 도리가 없는 엘리트들뿐입니다. 당분간은 이러한 상황을 참을 수밖에 없을 것입니다. 그러나 현상적으로는 원주민을 모집하는 편이 틀림없이 유익할 것이라고 저는 생각합니다.[28]

피노의 탄식도 이해 못할 바는 아니지만, 그러나 당시의 프랑스에서는 동양학의 소양이 있는 건축가를 우선 기대할 수가 없었다. 그와 같은 교육을 베푸는 시설은 존재하지 않는다. 동양의 고고학 교육조차 1920년대까지는 행해지는 경우가 없었다.

문헌학자인 피노와는 달리, 건축가 출신의 파르망티에는 파리의 건축가들에게 식민지에서 일할 것을 적극적으로 호소했다. 1918년 고고학부장과 원장 대리를 겸임하고 있었던 그는 잡지《건축》에서 건축가 지망의 학생들에게 고고학을 배울 것을 권장했다. 그렇게 하면, "프랑스에서 건축가로서의 꿈을 이루지 못하고 있는 불우한 건축가"라도 인도차이나에서 명예로운 일을 할 수 있을 것이라고 설명했던 것이다.[29]

앞에서 인용한 것처럼, 그는 동양학을 배운 엘리트가 이집트와 그리스에만 눈을 돌리고, 극동에 관심을 보이지 않는 것에 대해 분개했다. 동양학자가 앙코르에 오지 않는다면 우리들 건축가들이 할 수밖에 없다고 단정 짓는 문장이고, 실천적 조사원으로서 수많은 실적을 쌓았던 파르망티에의 면모가 생생하게 드러나고 있다.

프랑스 본국에서는 획득하기 어려운 건축가로서의 지위를 식민지에서 손에 넣어 종국에는 금의환향하고자 하는 장래설계는 식민지의 정치가나 행정관들이 공유하고 있었던 입신출세의 꿈과도 겹치는 것이었다. 그러나 식민지에서 얻은 영광이 반드시 메트로폴에서의 성공과 직결되지는 않았다. 학원에서 활약한 건축가들의 대부분은 그 후에도 식민지의 건축가로서 현지에 머물고, 프랑스 본국에서 일자리를 얻게 되는 경우가 없었다. 고고학부장뿐 아니라, 원장 대리까지 지냈던 파르망티에도 퇴직하기까지 30여 년간을 극동학원의 일을 계속했고, 그 후에도 파리에서 직장을 잡은 적이 없었다. 1926년에 휴가 기간 중 1년간을 파리에서 보낸 후, 1949년 사망 때까지 프랑스로 돌아가지 않았던 것이다.

앙코르보존국장, 코마이유와 마셜

초기의 학원 멤버의 경력을 앞으로 세 명만 더 추적하고자 한다. 1907년에 본격적으로 시작된 앙코르 유적의 고고학에 깊이 관련된 세 명이다.

1907년 3월 23일에 조인된 프랑스–시암 조약에 의해 시암(타이)의 통치하에 있었던 씨엠립, 시소폰Sisophon*, 바탐방Battambang**이 캄보디아를 보호국으로 만든 프랑스에 할양(바탐방과 앙코르는 1794년에 시암에 병합)되어, 이후 캄보디아 국왕의 비호하에 프랑스극동학원이 독점적으로 당지의 조사활동을 수행하게 된다.

조약체결 후, 학원은 우선 앙코르 유적조사를 전문으로 하는 앙코르보존국을 프놈펜에 창설했다(1908년 3월 5일). 초대국장으로 취임한 것이 여기서 소개하고자 하는 장 코마이유Jean Commaille(1868~1916)이다.[30]

그는 1896년에 캄보디아경비대의 일원으로서 인도차이나로 건너왔다. 그 경력을 인정받아 1901년에는 극동학원의 비서 겸 회계담당으로 임명된다. 회계담당으로서 그는 주로 학원의 미술관의 정리에 종사했고, 1902년에 개최된 하노이의 식민지박람회를 위한 학원의 전시 등도 담당했다. 코마이유는 이 2년간 딱 한 번 유적조사를 했는데, 파르망티에의 말에 의하면 "그에게는 처음의 고고학적 업무였지만 훌륭히 수행해냈다"라고 한다.[31]

그러나 코마이유는 무관으로서의 출세에는 흥미가 없었고, 경비대의 일원

---

* 캄보디아 반테아이 메안체이 주의 주도로서 인구는 약 9만 8,000명이다. 시암이 프랑스의 압력으로 캄보디아를 내줄 때까지 시암의 영토로 남아 있었다.

** 캄보디아 서부 바탐방 주의 주도로서, 수도 프놈펜에 이어 제2의 도시이다. 프놈펜에서 북서쪽으로 약 300킬로미터 떨어진 곳에 위치하고 있고, 인구는 약 100만 명이다.

으로서 학원의 일을 계속할 의지도 없었다. 결과적으로 한때 공무에서 벗어나 있던 그였지만, 1907년의 앙코르보존국의 신설에 따라 운 좋게도 학원의 정규멤버의 지위를 얻게 되었던 것이다. 다시 파르망티에의 말을 인용하면, 보존국장에 임명된 것과 관련하여 그는 처음에, "진정한 자신의 일을 찾을 수 있었다"라고 늘 이야기했다고 한다. 그의 말을 뒷받침하듯이 그 후 8년간 그는 공식 휴가를 신청하는 일도 없었고, 또한 그의 아내가 병을 얻어 프랑스로 귀국해야만 했던 후에도 앙코르에 머물며 유적정비의 임무에 계속 종사했다.

코마이유가 최초로 몰두한 일은 앙코르의 정비이다. 1908년 2월 9일에는 고고학조사부장으로서 파르망티에가 앙코르로 들어와 구체적인 조사계획을 세워, 유적의 복구에 중점을 두는 방침을 내세웠다.[32] 이 방침에 근거하여 코마이유는 앙코르와트와 앙코르톰의 제1차 보존활동을 개시했고, 대량의 토사와 수목을 제거하는 작업을 한다. 앞 장에서 보았던 것처럼 폐허가 된 유적의 복구를 위해서는 우선 토사 등의 장해물을 제거하는 토목작업을 선행해야 했다. 앙코르보존국장에게 '장해물'은 또 있었다. 당시 불교사원으로 사용되고 있던 앙코르와트에는 승려들, 그리고 그들이 사용하는 목조시설이 있었다. 전술한 것처럼, 앙코르 지구의 반환 후 인도차이나총독은 직접 승려들과 교섭을 개시하여, 1910년에 승려들의 철수가 완료되었다. 이 철수작업을 직접적 임무로 담당한 것도 코마이유였다.

앙코르와트의 정비는 1911년에 일단 완료했고, 캄보디아 국왕에 의한 '앙코르국립공원 지정의 법령'에 이르게 된다. 캄보디아 국민들에게 지정구역 내의 유물의 사물화를 금지할 것을 재확인하는 법령으로서, 학원에 의한 독점적인 조사를 철저하게 한다는 의미가 있었다는 것은 앞에서 확인한 바 있다. 더불어 인도차이나총독부에는 앙코르 유적 주변의 교통망을 정비하고, 외국으로부터의 관광객을 유치하려는 목적도 있었다. 조약 체결 후인 1907년 가을에는 이미 3개월 동안에 200명 이상의 관광객이 앙코르와트를 방문했다고 한다. 유적의 정비는 물론 고고학 조사의 기초로서 빠뜨릴 수 없는 작업이지만, 한편으로 그것은 유적을 빨리 보고 싶다는 관광객, 보여주고 싶은 인도차이나 당국을 위한 것이기도 했다.

실제로 코마이유의 임무는 앙코르 지구 내 교통로의 정비에까지 미치고 있었다. 더욱이 그는 국립공원이 된 이듬해인 1912년에는 『앙코르 유적 가이드』를 간행했고, 관광객의 수용도 어느 정도 태세가 정비되었다는 것을 공적으로 발표했다.[33] 초대 앙코르보존국장은 결국 요즘 식으로 이야기하면 관광과의 직원이기도 했던 것이다. 관재과管財課 출신으로 사무적 능력도 뛰어났던 코마이유가 바로 적임자였다.

고고학적 공헌으로서 코마이유가 그 다음에 착수한 것은 바이욘사원의 정비였다. 몇 번이고 반복하게 되지만, 이 유적은 밀림에 매몰되어 있었다(그림 19, 20). 카르포가 찍은 사진을 보면, 코마이유가 얼마나 가혹한 작업을 해야 했는가 상상할 수 있을 것이다. 그래도 그는 토사나 수목의 제거작업에 시종일관한 것은 아니고, 고고학적 측량을 하고, 실측기록과 평면도를 조금씩 작성해갔다(현재, 12점의 대형판 평면도가 남아 있다는 것이 확인되고 있다). 또한 작업 짬짬이 건축물의 수채 데생도 했다[34](그림42). 언제 끝날지 모르는 토목작업에 종사하면서, 코마이유는 언젠가 바이욘사원에 대한 한 권의 고고학적 모노그래프monograph를 세상에 내놓고자 하는 희망을 가지고 있었던 것이다. 그러나 그에게도 또한 예기치 못한 죽음이 돌연 찾아와 그 희망은 이루어지지 않았다.

그림42 장 코마이유 〈바이욘, 1913년 5월〉, 수채 데생

코마이유의 죽음도 극동학원의 비극으로 기억되고 있다. 1916년 4월 26일, 그는 유적정비에 종사하고 있는 작업원들의 급여를 운송하던 중에 도적들에게 습격을 당해 3일 후에 절명한다. 바이욘사원의 전모를 보는 것을 꿈꾸면서 복구작업에 종사하던 그가, 되살아난 바이욘의 모습을 보는 일은 결국 일어나지 않았다.

현재, 바이욘사원의 곁에 코마이유를 현창顯彰하는 비석이 있다. 10주기를 기념하여 1926년 4월에 세워진 것이다. 또한 1913년에 코마이유가 바이욘사원에서 발굴한 나가상 부처에는 '코마이유불'이라는 이름이 부여되었다. 그리하여 그 또한 앙코르 고고학사상에 새겨진 전설적 인물이 되었다.

1916년의 코마이유의 죽음은 극동학원에 있어서 큰 상처가 되었다. 학원의 중핵이 될 수 있었던 앙코르의 정비작업이 중단되었던 것이다. 보존국의 후임 인선을 시급히 서둘러야 했다. 그러나 본국에서는 독일과의 격심한 전쟁(제1차 세계대전, 1914~1918년)이 장기화의 양상을 보이고 있었고, 학원의 인재부족은 심각했다. 더욱이 살해라는 최악의 불행으로 인해 공석이 된 자리였던 까닭에, 새로 부임하는 인물에게는 상당한 각오와 용기가 필요했을 것이다.

그러한 가운데, 앙코르보존국장이 된 것이 앙리 마셜이었다(1919년 취임).[35] 우리들은 이미 이 장의 서두에서 제시한 단체사진에서 그의 모습을 본 적이 있다(그림39). 그의 날카로운 안광에서, 목숨을 걸고서라도 앙코르 유적의 고고학에 종사하려고 하는 강한 의지를 읽어낼 수 있을 것이다. 그는 우선 1933년까지의 24년간을 보존국장으로 활약하고, 이듬해부터는 고고학조사부장으로서 퇴직하는 1938년까지 학원의 고고학을 지휘했다. 그 후 한때 프랑스에 돌아오기도 했지만, 제2차 세계대전의 동란 중이었던 인도차이나로 되돌아와 1970년에 94세로 타계할 때까지 앙코르 유적의 보전에 계속 종사했다. 그의 장례식 이틀 후에는 크메르루주Khmer Rouge*가 앙코르 지구를 제압했다고 한다. 말 그대로 목숨을 걸고 생애를 앙코르 고고학에 바친 인물이었

---

* 캄보디아의 급진적인 좌익 무장단체이다.

다. "마셜 있어 앙코르가 있다"라고 일컬어지는 이유이다.

앙리 마셜은 1901년에 파리의 국립미술학교를 졸업한 건축가였다. 전기轉機가 찾아온 것은 1905년이었다. 앞서 언급한 파르망티에의 말에 따르듯, 그는 우선 식민지의 건축기사로서의 길을 선택하고, 캄보디아의 공공건축시찰관, 이어서 코치시나의 공공건축시찰관(1912년)이 된다. 이 사이에 각지의 공사관 건설 등에 종사하면서, 캄보디아의 전통적 건축이나 미술품에 대한 이해를 심화시켜갔다(제6장 참조). 그가 극동학원의 멤버가 되는 것은, 코마이유의 후임으로서 앙코르보존국장이 된 1919년이고, 이때부터 (파르망티에의 지도하에) 식민지의 고고학자로서의 인생이 시작된 것이다.

코마이유와 마찬가지로 취임 당초에는 유적보전을 위해 장애물을 제거하거나 도로를 정비하는 일에 종사했는데, 건축가로서 독자적인 능력도 발휘했다. 예를 들면, 붕괴의 위험에 처한 유적에 대해서는 국부적인 보강을 시행했다. 바이욘, 프놈바켕Phnom Bakheng*, 바푸온Baphuon**에서는 모르타르나 시멘트로 균열을 메우는 근대적 공법을 사용하여, 어떤 의미에서는 대담한 수복작업을 실시했다. 진정한 의미에서의 앙코르 유적의 수복·복원을 개시한 것은 마셜이었다고 해도 좋을 것이다.

건축가 출신의 고고학자로서 마셜의 최대 공적은 1931년부터 시작된 아나스틸로시스 공법에 의한 유적의 복원이다. 이에 대해서는 1930년대의 고고학을 주제로 하는 제5장에서 크게 다루고 있으므로, 여기에서는 더 이상 상

---

* 앙코르와트보다 2세기 전에 건축된, 탐산 형식의 힌두교 사원. 캄보디아 앙코르와트에 있다.

** 앙코르톰 경내에 위치하며, 앙코르 지역에서 세 번째인 1060년에 완공된 유서 깊은 사원이다. 불교가 융합된 힌두교 건축으로서, 앙코르톰 내의 다른 건축물들과는 건축양식이 현저하게 다르다.

술하지는 않겠다. 실패도 우려되었던 이 공법에 의해 마셜은 반테아이 스레이 사원과 바이욘의 중앙사당의 대규모 복원공사(1931~1933년)를 감행하여 성공시켰다. 이것이 이후의 앙코르 유적의 고고학에 결정적인 영향을 미치게 된다.

반테아이 스레이의 복원을 마친 1933년, 마셜은 보존국장을 후임에게 물려주고, 전년도에 퇴직했던 파르망티에의 뒤를 이어 고고학조사부장에 취임한다. 그리고 63세로 퇴직하게 된 1938년까지 근무했다. 그로부터 얼마 지나지 않아 두 번째의 세계대전을 맞으려 하고 있던 프랑스로 돌아가는데, 도중에 자바와 인도에 들르고, 그리고 이집트, 그리스의 고고학조사지를 시찰하여 그 성과를 저서 『인도와 극동의 비교건축학』(1944)으로 공표했다.[36] 건축가 출신의 고고학자로서의 집대성을 이 책을 통해 보여주었고, 그 후에는 메트로폴에서 집필활동에 전념하는 선택지도 있었겠지만, 실천파로서의 그의 경력은 여기에서 끝나지 않았다. 대전 중 일본이 불인(佛印)(프랑스령 인도차이나)*에 진주했을 때 다시 앙코르 유적으로 돌아와, 혼란 중에 이상한 약탈이나 유적이 황폐하게 침해당하지 않도록 진력했던 것이다(이 책 제8장을 참조).

그 후에도 혼란이 계속되던 아시아에 계속 머물고 있었던 마셜은, 1946년에는 극동학원의 임시멤버로 재임되어, 인도 퐁디셰리(Pondicherry)**의 고고학조사대장, 그리고 두 번째의 앙코르보존국장으로서 1953년 5월까지 활약했다.

---

* 불인은 佛印, 즉 프랑스령 인도차이나를 가리키는데, 이 책에서는 필요에 따라 불인으로 표기하기도 한다.
** 인도 동부 타밀나두 주의 인접 지역에 위치한 푸두체리 주의 주도. 과거 프랑스의 식민지로, 17세기에서 18세기에 걸쳐 프랑스령 인도의 수도였고, 이후에도 비군사적 식민지로 영국령 인도 속에서 프랑스령으로 존속했다.

1954년부터 1957년까지는 새롭게 라오스 공공토목성의 건축국장으로서 일을 한다. 1957년 81세로 사직한 그는, 그 후 공직에 취임하지는 않았지만 파르망티에와 마찬가지로 프랑스로는 돌아가지 않고, 1970년 사망할 때까지 캄보디아의 씨엠립에 살면서 보존활동을 계속했다. 현재, 마르세유의 해외고문서관에는 「원元 앙코르보존국장의 추억」이라고 이름 붙인 마셜의 수기가 보관되어 있어서, 40년간에 걸쳐 앙코르의 유적보존과 복원작업에 종사했던 그의 활동을 돌아볼 수가 있다.[37]

캄보디아 출생의 예술국장, 그롤리에

1910년대부터 앙코르 고고학에 깊이 관련된 이색적인 경력을 지닌 인물에 대해 마지막으로 이야기하겠다. 조르쥬 그롤리에George Groslier(1887~1945)이다.[38] 그가 중대한 영향력을 지녔던 1920년대 이후의 활동에 대해서는 제5장과 제6장에서 꼼꼼하게 검토하겠지만, 초기의 학원 멤버 중에서 특히 주목할 가치가 있는 경력의 소유자이기 때문에, 여기서 특별히 다루어보고자 한다.

조르쥬 그롤리에는 식민지관리의 아들로 1887년에 프놈펜에서 태어났다. 보호국 캄보디아에서 태어난 프랑스인 제1세대이다. 이 출신을 배경으로 그는 캄보디아의 미술행정에 깊이 관여해간다. 그의 문화적, 정치적 활동은 다른 학원 멤버나 파리의 엘리트와는 다른 독특한 위치에 있었다.

캄보디아에서 태어난 그롤리에는 본국에서 교육을 받기 위해, 2세 때에 모친과 함께 프랑스로 건너갔다. 마르세유에서 고등학교까지 보내고, 그 후 파

리의 국립미술학교에 입학했다. 화가를 목표했던 그는 로마상$^{Prix\ de\ Rome}$* 제2
등을 획득하는 성적을 거두어, 1908~1910년의 프랑스 예술가협회의 살롱에
작품을 출품했다. 그러나 그는 이탈리아(로마) 유학보다는 탄생지인 인도차
이나로의 '귀향'을 원해, 우선 1910~1912년에 인도차이나로 건너가 화가로
서의 경력을 모색한다. 그 성과는 1913년의 오리엔탈리스트화가협회전람회
(파리)에서 널리 알려졌다. 또한 이 무렵, 미술성으로부터 앙코르 유적을 모
티브로 한 포스터와 우표디자인 일을 의뢰받는다. 식민지화가로서 착실하게
지위를 쌓아가고 있었다.[39]

하나의 전환기가 찾아온 것은 1913년이었다. 파리로 돌아온 그는 앙코르협
회의 사무국장이 되는데, 이 해에 협회와 프랑스 공교육성의 명령을 받고 앙
코르를 방문하여 전통적 문화의 조사를 수행하게 되었다. 그 성과는 1916년
의 저서 『앙코르의 그림자, 고대 캄보디아의 알려지지 않은 사원에 대한 각서
와 인상』[40]에서 보이는데, 거기에서 그는 프랑스의 인도차이나 지배의 영향
으로 인해 크메르의 문화가 쇠퇴의 위기에 처해 있다는 인식을 보여준다. 이
위기의식이 이후의 그의 일을 결정짓게 된다.

제1차 세계대전의 개전으로 인해 그롤리에는 프랑스에 일시 귀국하지만,
전쟁 중이었던 1917년, 두 번째의 인도차이나총독을 지냈던 알베르 사로는
캄보디아에서의 새로운 문화정책을 실시하기 위해 그롤리에를 캄보디아로
다시 불렀다. 1917년에 '크메르 전통문화의 부흥'을 목적으로 하는 캄보디
아미술학교가 창설되었고, 그 학교의 교장으로 발탁되었던 것이다. 더욱이

---

* 프랑스의 젊은 예술가들이 로마에서 공부할 수 있도록 프랑스 정부가 주는 장학금.

1920년에는 당지의 예술정책을 통괄하는 캄보디아미술국의 국장으로 취임했다. 예술국은 "쇠퇴한 현지의 예술적 전통을 회복시키는" 것을 목적으로 "현지의 장인들을 위한 시설"이나 "국립크메르고고학·미술관" 등의 설치와 연계를 감독했다.[41] 그는 그 목적을 실현했고, 1920년에는 캄보디아미술관(통칭 알베르 사로 미술관)을 개관시켰다.

미술행정에 직접 관여한 그롤리에야말로 정치에 개입한 오리엔탈리스트라고 할 수 있지만, 캄보디아 출생으로 예술가 기질을 지닌 그의 '전통문화'에 대한 생각은, 다른 학원 멤버와는 다른 것이었다. 그는 극동학원의 활동에 상당히 비판적이었다. 예를 들면, 1921년에 '크메르미술과 고고학의 선전이 되는 잡지'로서 《크메르의 미술과 고고학》을 창간하는데, 그에 따르면 이 잡지는 극동학원이 발행하는 '전문가들밖에 읽을 수 없는'《학원기요》와는 달리, 캄보디아 국민, 프랑스의 예술가, 일반인에게 열린 미술잡지였다.[42] 또한 학원의 '학자'는 앙코르 유적을 정점으로 하는 크메르의 '전통적' 미술이 이미 완전하게 상실된 것처럼 간주하고 있지만, 그것은 잘못된 것으로서 현재도 또한 소수이기는 하지만 우수한 장인들이 공예품을 계속 만들고 있으므로, 이것을 보호하고 한층 더 육성할 것을 도모해야 한다고 주장했다. 그리하여 그는 사로 총독이 내걸었던 식민지융화정책의 대변인으로서, 캄보디아의 학생이나 장인들에게 전통공예를 지도하고, 프랑스에서 열린 식민지박람회(1922, 1931년)나 장식예술박람회(1925년)가 열릴 때에는 그 작품을 전시하고 세상에 발표하여 평가를 구했던 것이다.

그롤리에는 과거의 유적이나 고미술의 조사연구뿐 아니라, 현재의 크메르 문화를 발전시킬 필요성을 설파했다. 그에게 미술관은 고미술이나 고고학적 유물의 '수장고'가 아니라, "미술학교에서 공부하는 실습생이, 캄보디아문명의 최고 예술모델을 찾아낼" 수 있는 살아 있는 장소였다.[43] 그는 예술가의 시점에서, 고미술의 역사적 가치를 재검토하고, 그것을 현대적으로 조율함으로써 새로운 캄보디아의 전통문화 창출을 지향했다. 현지의 장인이나 학생들의 교육뿐 아니라, 그 자신 스스로 사로 미술관이나 1931년의 파리 국제식민지박람회의 캄보디아전시관(그림59)의 설계에 종사하여, 캄보디아의 '전통'과 프랑스의 근대성의 '융합'을 모색했다. 또한 캄보디아를 무대로 한 소설도 썼던 그는 1929년에 『흙으로 돌아가다』로 인해 식민지 소설 대상도 수상했다.[44]

예술국장으로서의 그롤리에의 활동은 1942년 퇴직하던 해까지 계속된다. 놀랍게도, 식민지시대의 캄보디아의 문화정책은 그 사람 혼자에게 거의 독점적으로 위임되어 있었다. 그 공죄는 다시 깊이 검토해야 한다.[45]

제2차 세계대전 중에 퇴직을 맞은 그롤리에였지만, 아내와 두 명의 아이들만을 프랑스로 귀국시키고 자신은 프놈펜에 머물렀다. 이미 일본이 남부 불인진주를 완료하여, 그 영향이 앙코르에까지 미치고 있었다. 그와 같은 환경 가운데에서 그는 '일불인日佛印 문화협력'에 관여하지 않아, 반일운동에 가담했다는 말을 많이 들었다. 캄보디아를 제2의 조국으로 삼은 프랑스인이고 양국의 문화적 융합에 인생을 바친 그에게, 일본에 의한 캄보디아 지배는 자신의 존재이유를 부정하는 참기 어려운 것이었다. 전쟁 중의 그의 활동에 대해서는 자세히 알려지지 않았지만, 일본이 패전하기 직전 그는 헌병대에 붙들려 1945년 6월 18일에 옥중에서 비명횡사했다.[46] 그도 또한 비극으로서의 앙코르 고고학사의 등장인물 중 한 사람이었다.

1920년대 이후에 활약하는 빅토르 골루베프Victor Goloubew(1878~1945)나 루이 피노의 뒤를 이어 원장이 된 조르쥬 세데스George Coedès(1886~1969)에 대해서는, 1920~1930년대의 고고학사를 검토하는 제5장에서 상술하기로 한다. 초기의 극동학원에 의한 앙코르 유적의 고고학과 그 특징을 이해하기 위해서는, 이 장에서 소개한 10여 명의 경력만 알고 있으면 충분할 것이다. 요점만을 반복해서 정리해두자. 그들의 태반은 동양학도 고고학도 배우지 않은 군인이나 정부 공무원, 건축가 등의 아마추어 학자들이었고, 현지에서 실천적으로 경력을 쌓아갔다. 가혹한 현실에 직면하여 목숨을 잃어버린 사람도 적지 않다. 또한 학원의 재적 기간이 종료되어도 인도차이나에 계속 체재하는 사람도 있었다. 제2의 고향으로서 인도차이나에서의 생활을 선택한 사람이 있는가 하면, 학원의 활동에 간접적으로 계속 관여하는 길을 선택한 사람도 있다. 하지만 그 어떤 경우에도 프랑스로 돌아가는 적극적인 이유, 즉 프랑스에서 직업을 찾는 것이 불가능하다는 것이 인도차이나에 머물게 하는 선택에 크든 작든 작용한 것은 틀림없을 것이다.

그렇다면 그들 실천파 식민지 고고학자가 현지에서 활동을 하던 무렵, 본국 프랑스의 연구 상황은 어떤 것이었을까? 파리(메트로폴)에서 앙코르 고고학이나 크메르미술연구에 종사한 엘리트학자란 어떠한 경력의 소유자이고, 어떠한 방법론으로 연구에 종사하고 있었던 것일까? 이 연구의 이념이란 어떠한 것이었을까? 이러한 질문에 대해 다음 장에서 답변하게 될 것이다.

제4장

본국의 이념과
식민지 실천의 틈바구니에서 ②
—메트로폴의 발전

20세기 초 파리의 동양학 사정

극동학원의 멤버가 인도차이나에서 활동을 개시한 20세기 초, 파리의 동양학자나 아시아미술연구자들은 어떠한 활동을 하고 있었을까? 19세기 말에 이미 기메미술관이나 체르누스키미술관Musée Cernuschi과 같이 아시아의 고미술품을 소장하고 있는 미술관도 다수 존재하고 있었고, 학예원도 있었다.

이 장에서는 메트로폴의 동양학이나 동양미술사의 교육연구체제와 연구이념에 대해 고찰하고자 한다. 주역은, 1910년경에 파리의 연구기관에서 지위를 얻어 (인도차이나나 여타 아시아 국가에 부임하지 않고) 1920년대에 메트로폴에서 활약한 연구자들이다. 그들은 제1차 세계대전 후의 파리에 새로운 세대를 위한 동양미술관이나 동양미술연구기관을 만들어갔다. 그 활동과 배경이 된 이념을 밝힘으로써, 식민지 고고학과의 사상적 그리고 방법론적 어긋남을 부각시켜보고자 한다. 그리고 식민지와 메트로폴과의 어긋남 혹은 균열이 두 개의 장에서 동시 진행되었던 앙코르 유적의 고고학사에 어떻게 영향을 미쳤는가, 이것이 이 장에서 밝히고자 하는 최종목표이다.

우선 이 장의 주역이 되는 네 명의 인물들의 이름을 들어보자. 출생 순으로 든다면, 르네 그루세René Grousset(1885~1952), 조르쥬 세데스(1886년생), 조제프 아캉(1886년생), 필립 스테른(1895년생)이다. 이 중에서 아캉과 스테른은 앞 장에서 소개한 기메미술관 앞뜰의 단체초상사진에서 그 모습을 볼 수 있다.

그들을 세대적으로 보면, 초기의 학원 멤버들보다도 10세 정도 젊다. 조르 주 그롤리에와 같은 세대의 엘리트들이다. 세대문제는 루이 피노에 대해 논 한 제2장에서도 언급했는데, 여기에서도 중요하다. 1880년대에 태어난 그 들은 (제3공화정의 새로운 교육체제하에서 청년기를 보내고) 1900년경에 고등 교육기관에 진학, 1910년경에 학위논문을 제출한다. 때마침 극동학원이 창 설되어 조사보고나 연구자료가 파리로 발신되던 시기에, 그들은 학생으로 서 연구를 축적시키고 있었던 것이다. 현지조사의 성과를 활용할 수 있었던 최초의 세대이다.

또한 그들은 전세기 말에 실증주의적인 동양학을 창시한 선구자들, 즉 샤 반느나 푸셰, 루이 피노의 성공을 눈앞에서 보면서 동양미술연구자로서의 경력을 시작했고, 직접적으로 선구자들의 훈도薰陶를 받은 세대였다. 창시 자의 뒤를 이은 프랑스의 새로운 동양학의 '제2세대'라고 불러도 좋을 것이 다. 앞 장에서 분석한 루브르 학예원 가스통 미종의 말을 생각해보자. 미종 은 1908년의 저작에서, 파리의 엘리트 학생들에게 극동학원에 유학하여 영 광을 붙잡아보라고 고무했다. 제2세대의 엘리트들은 바로 이 시기에 동양학 을 배웠고, 1920년대에 영광을 성취해갔다. 그러나 예외가 있기는 있지만, 그들이 영광을 손에 넣은 것은 식민지에서가 아니라 메트로폴에서였다.

그러나 여기에서 주의가 필요하다. 1920년 이전의 파리에는 아시아의 고 고학이나 미술사를 전문으로 배울 수 있는 교육기관이 존재하지 않았다. 극 동학원이 현지에 설치되고 나서도 대학이 위대했던 시대, 더욱이 엘리트사 회였던 프랑스에서는, 현지의 고고학이 시작되었다고 하더라도 금방 새로운 연구기관이 설립되었던 것은 아니다. 그렇다면 제2세대의 동양학 엘리트는 어떠한 도정을 거쳐 동양미술의 전문가가 되었던 것일까?

20세기 초두의 프랑스에서 동양학자를 배출했던 고등교육기관은 국립동양어학교와 실용고등학원이다. 여기에 콜레주드프랑스의 강의, 아시아협회 등의 조사보고회, 혹은 기메미술관의 공개강좌를 더한다 하더라도, 동양미술이나 고고학에 대해서 배울 기회는 한정되어 있었다.

고고학과 미술사에 관해서 본다면, 국립고문서학원과 루브르학원에 전문강좌가 설치되었지만, 중심은 이집트학과 고대학(고대 그리스·로마)이고, 더불어 프랑스 중세와 이탈리아·르네상스의 연구가 생겨난 정도이다.[1] 아시아 미술에 관한 교육 등은 있을 수 없었다. 1890년대에는 일반 대학에서도 미술사 강좌가 생겨나지만 상황은 마찬가지였다. 인도차이나에 극동학원이 설치되고, 아시아의 고고학이나 미술사가 하나의 학문분야로서 인지될 가능성은 있었지만, 아직 본국의 교육제도에는 반영되지 않았다. 특히 프랑스에서는 전통적으로 고고학이나 미술사학이라는 학과목에 따른 구분보다도 지역에 따른 학문구분이 우선되는 경향이 있었다. 지역별 학문배치는 프랑스의 각종 학회의 구분에 결정적인 기준이 되었다. 예를 들어 동양에 관한 것들을 보면, 1822년에 창립된 아시아협회를 비롯해, 1833년의 인도차이나협회, 그리고 1917년의 오세아니아학회에 이르기까지, 지역별로 구분된 학회가 분과별 학문분야보다도 우선시되었다. 영국에서 1887년에 설립된 봄베이인류학회나 인도·버마고고학조사협회와 같은 학문분야별 조직은 오랫동안 결성되지 않았다.[2]

이러한 상황에서, 일반적으로 프랑스의 동양연구자는 국립동양어학교에서 어학을 공부하고, 그 후 실용고등학원에서 이론discipline을 배우는 도정을 걷게 된다. 그 과정을 두 가지 관점에서 정리하고 개괄해보겠다.

우선 국립동양어학교에서의 어학공부에 대해 살펴보겠다.[3] 인도차이나 진출과 더불어 동양어학교에서는 1874년부터 베트남어를 가르쳤다. 식민주의의 물결을 타고 자격취득자는 적지 않았지만, 대부분은 행정직이나 경제 관련의 직종을 지망하는 학생들이었다. 동양학자를 지향하는 학생은 거의 전원이 중국어를 선택했다. 그리고 그들은 중국어를 공부한 후에 각종 아시아의 언어를 배웠다. 연구자를 목표로 하는 학생의 다수는 복수의 언어를 배우고, 중국과의 비교를 통해 동아시아를 이해했던 것이다. 예를 들면, 폴 펠리오는 중국어, 몽골어, 터키어를 배운 후 중앙아시아 연구로 향했다. 도교道敎 연구로 유명한 앙리 마스페로Henri Maspero(1882~1945)는 중국어와 베트남어의 자격을 취득했다. 그리하여 동양어학교에서 중국학 혹은 한학적 소양의 기반을 닦고, 그를 바탕으로 하여 중국 주변의 아시아 연구로 나아간다는 방향성이 정착했다. 여기에서 동양학이란 중국을 축으로 하는 아시아문명의 비교학이었다고 해도 좋을 것이다.[4]

한편, 실용고등학원에서는 이것과는 이질적인 동양학의 방법을 배울 수 있었다.[5] '제5섹션 종교학 강좌'에 실뱅 레비나 알프레드 푸셰 등 인도학자가 교편을 잡고, 학생들을 지도하고 있었기 때문이다. 동양어학교가 중국학의 거점이었다고 한다면, 여기는 인도학을 배우는 곳이었고, 불교의 이해를 축으로 하여 아시아문명을 파악하는 관점과 방법론을 교수하고 있었던 것이다. 프랑스에서의 아시아종교학의 전통의 하나로서, 에밀 기메의 미술관 구상을 상기해도 좋을 것이다. 기메가 지향한 것은 종교학을 축으로 하는 동양연구의 발전이었다. 그는 1907년에 이르러서도 자신의 미술관의 장래에 대해 다음과 같이 이야기하고 있다.

• 앙코르와트
— 제국주의 오리엔탈리스트와 앙코르 유적의 역사 활극

아시다시피, 내가 실현한 미술관은 복합적인 연구기관이고, 철학연구의 공장과 같은 것이다. 그래서 여기에서 내 컬렉션은 공장의 재료에 지나지 않는다. (…) 장래에는 종교사료에 보다 넓은 공간을 부여해야 하고, 예술작품을 선별적으로 삭감하려고 생각하고 있다.[6]

오늘날 아시아미술의 전당이라 여겨지는 기메미술관도, 창시자는 전 세계의 종교 유물을 전시하는 '종교박물관'을 구상하고 있었다. 따라서 1910년대까지는 고대 이집트나 그리스의 신상, 또는 중남미의 미라 등도 전시되었다. 인도의 컬렉션은 많지는 않았지만, 미셸 브레알이나 에밀 세나르 등 아카데미의 인도학자가 미술관의 고문이 되었다. 기메미술관은 창립자 에밀이 사망한 1918년까지는 미술사나 고고학을 연구하는 곳이 아니라, 종교학 연구의 장이었던 것이다(이 장 후반에서 기메의 '종교박물관'이 1920~1930년대에 '아시아미술관'으로 변모하는 과정을 상술하겠다). 그러한 의미에서 기메미술관은 크메르미술에서 미적 가치를 찾아낸 들라포르트의 인도차이나미술관과는 대조적이었다. 이와 같이 프랑스에는 종교학을 기반으로 하여 아시아를 이해하는 방법론이 또 하나의 동양학의 축으로 존재했던 것이며, 그것을 뒷받침한 것은 실용고등학원이었다.

다만, 특필해야 할 것은 중국학이든 인도학이든 모두 아시아의 2대 문명을 중심으로 아시아를 하나의 총체로 파악한다는 이념이 프랑스 동양학에는 현저했다는 점이다. "극동은 하나"라고 선언한 극동학원 원장 루이 피노의 말을 다시 한 번 상기해도 좋을 것이다. 인도차이나라는 틈바구니에서 인도와 중국의 학문을 종합하려고 한 지오폴리틱스는 파리의 동양학의 전통에서 보더라도 필연적으로 나타날 이념이었다.

파리의 동양미술사료

이상과 같이, 파리에는 아직 동양의 고고학이나 미술사를 전문으로 배울수 있는 교육제도가 정비되지 않았다. 제2세대 동양미술연구자들은 중국학이나 인도학, 또는 서양의 미술사를 배우고 메트로폴로 들어온 자료를 이용하면서, 독자적으로 자신의 아시아미술연구를 발전시켜가야 했다. 그렇다면구체적으로 크메르의 고미술에 관해 그들이 어떤 자료를 이용할 수 있었던가를 확인해두자.

우선 1900년대에는 말할 필요도 없이 극동학원이 간행하는 저작물을 이용할 수 있었다. 에모니에의 『캄보디아지』 전 3권(1900~1903)이나 라종키에르의 캄보디아 유적목록도 이용할 수 있었다. 특히 《학원기요》가 전하는 상세한 조사기록을 통해 현지 고고학의 최신정보를 일일이 상세하게 파악할 수있었던 것은 중요하다. 당시에는 아직 유물의 연대나 양식에 대한 결정적인연구는 등장하지 않았지만, 기초적인 조사자료가 잇달아 들어오고 있었다.어떤 의미에서 이 상황은 메트로폴의 젊은 연구자들에게는 독창적인 연구를전개할 수 있는 이상적인 환경이었다고 할 수 있을지 모르겠다. 많지 않은 기초적 자료를 바탕으로 고등교육기관에서 배운 방법을 사용하여 이론적인 연구를 할 수 있었기 때문이다.

다음으로 크메르의 고미술사료나 비문사료에 관해서인데, 이것 또한 말할나위도 없이 1880년대부터 계속적으로 수집에 애써왔던 인도차이나미술관이나 기메미술관이 귀중한 사료를 제공하고 있었다. 제1장에서 검토한 바와같이, 1910년경의 인도차이나미술관에는 162점의 진품 크메르 고미술품과무수한 주형과 사진자료가 있었다. 후에 극동학원 원장이 된 젊은 조르쥬 세데스(제6장에서 상술한다)는 이 무렵 실용고등학원의 푸셰 밑에서 종교학을 배우면서, 그와 병행하여 인도차이나미술관의 컬렉션 목록을 작성하는 일에도 종사하고 있었다.[7] 그가 1911년에 제출한 학위논문 「앙코르와트의 부조물」은 이 미술관의 수집품을 연구한 덕분이라고 해도 좋다.

고고학이나 미술사를 배우는 학생들에게 시각적인 자료는 빼놓을 수 없다. 파리로 가져온 유물이나 고미술품, 또는 주형과 더불어 그들에게 귀중했던 것은 현지에서 촬영한 사진자료이다. 문자자료나 단편적인 조각만으로 유적의 전체상을 파악하기에는 아무래도 무리였다(그러므로 들라포르트는 전체 복원도 제작을 지속적으로 고집했다). 21세기의 학생에게는 상상하기 어렵겠지만, 사진자료야말로 이국의 땅에 대한 고고학과 미술사를 배우는 젊은이들에게 가장 귀중한 것이었다고 해도 과언이 아니다.

당시의 상황을 전하는 일례로서, 자크 두세Jacque Doucet(1853~1929)가 수집한 사진을 여기에서 소개하겠다. 유명한 복식디자이너였던 자크 두세는 고미술 수집가로서도 많이 알려졌었는데, 20세기 초부터 수집한 미술품을 매각하여 세계 각지의 미술서와 사진자료를 모으기 시작했다. 그리고 그는 그것들을 고고학이나 미술사연구자나 학생들이 활용할 수 있도록 1909년에 미술사도서관을 설립했다. 현재도 역시 파리대학 미술·고고학 도서관으로서 활용되고 있는 '두세도서관'의 시작이다. 아직 시각자료가 매우 부족했던 시대, 고고학이나 미술사를 배우는 학생들은 '두세도서관'에서 여태까지 보지 못했던 이국의 미술과 처음으로 대면했던 것이다. 그러한 학생들 가운데 이 장의 주역 중 한 명, 필립 스테른도 있었다. 제르맹 바쟁Germain Bazin(1901~1990)은 『미술사의 역사』에 다음과 같은 회상을 남기고 있다.

소르본Sorbonne에 아직 몇 명의 학생밖에 없었던 에밀 말Émile Mâle(1862~1954)의 세미나(1906년부터 파리대학 문학부에서 개강된 중세기독교미술사의 강의)를 수강하던 때의 일이다. 필립 스테른(…)과 나는 경이로운 장소를 발견하게 된다. 그곳은 마치 알리바바의 아지트로, 모든 시대의 미술서와 사진자료가 서가에 꽂혀 있었다. (…) 서적에 사진이 삽입되지 않았던 시대, 두세가 전 세계에서 수집한 사진자료는 연구자들에게는 구세주가 되었다. 대체로 24×30센티미터나 30×40센티미터의 대형사진이었다.[8]

이 도서관에는 앙코르 유적의 사진도 있었다. 두세가 직접 극동학원에 의뢰하여 수입한 것이고, 현지의 최신 조사상황을 전하는 사진이었다. 두세는 학원에, 자신의 미술사도서관을 위한 자료이므로 "비문碑文의 사진이 아니라, 미술과 건축물의 사진을" 촬영하여 송부해주도록 의뢰했다.[9]

이와 같이, 메트로폴의 미술관이나 도서관은 극동학원에 대한 자료제공을 호소하면서, 시각자료를 충실하게 쌓아갔다. 이와 같은 의뢰의 경우에는 극동학원이 어딘가로부터 자금 원조를 얻어 그 대가로 사진자료 등을 제공했던 것인데,[10] 거꾸로 학원이 어쩔 수 없이 자료를 파리에 송부해야만 하는 경우도 있었다. 인도차이나의 미술품은 아니지만, 1900년에 폴 펠리오가 중국의 북경에서 입수한 152점의 서화와 서적(중국, 티베트, 몽골에서 수집한 경전)이 그것이다. 이들 자료는 1903년까지 극동학원이 보관하고 있었는데, 그해 6월에 들이닥친 태풍으로 인해 피해를 입었기 때문에 1904년에 본국으로 송부하게 되었다. 12~15세기의 서화는 루브르미술관으로[11](현재는 기메미술관 소장), 태평경, 사기, 묘법연화경 등을 포함한 문자사료는 국립도서관과 국립동양어학교에 위탁되었다.[12]

파리의 각종 연구교육기관은 이렇게 하여 현지로부터 입수한 자료들로 컬렉션을 충실화하고, 동양미술연구를 둘러싼 환경을 개선해갔다. 그와 같은 상황 가운데 교육을 받은(몸소 자료수집의 중요성을 알고 있었던) 젊은 엘리트들은 1920년대에 각각 지위를 얻게 되면서 더욱더 활발히 사료수집과 정리 작업을 추진해가게 된다.

파리의 오리엔탈리스트 (1)
— 조제프 아캉

여기에서 이제 이 장의 주역을 등장시켜야겠다. 우선 1920년대의 파리에서 대활약한 조제프 아캉, 르네 그루세, 필립 스테른 등 세 명의 경력을 검토해보자. 1910년대에 미술관 학예원이 되어 1920년대 이후에 파리의 아시아미술연구를 선도한 그들 젊은 '학예원=동양학자'들은, 한마디로 하면 동양미술관과 연구교육기관을 쇄신하고, 메트로폴의 동양미술연구를 자립시켰다. 그 과정에서 하노이의 극동학원과의 사이에 결정적인 간극을 만들게 된다.

우선 세 명 중 가장 연장자인 조제프 아캉의 생애를 소개하겠다. 그는 알프레드 푸셰로 대표되는 '정치적인' 오리엔탈리스트 제2세대였다.

아캉은 1886년에 룩셈부르크에서 태어났다.[13] 태생은 프랑스인이 아니었다. 흥미로운 것은 프랑스에서 활약한 동양미술연구자들은 외국 태생이 적지 않았다는 것이다.[14] 그는 고등교육을 받기 위해 파리로 나와, 우선 1907년에 정치학원을 졸업, 이어서 1911년에 푸셰의 지도하에 실용고등학원을 졸업한다. 1916년에 제출한 박사논문은 「티베트회화에서 보는 불타의 전기적 표현,이었다.[15] 그러나 '그리스-인도 불교미술'의 권위자로서 1920년대에 아프가니스탄 조사에 착수한 푸셰의 제자였다는 것이, 이후의 경력을 크게 좌우하게 된다. 고등학원을 졸업한 아캉은 취직을 위해 재빨리 프랑스 국적을 취득하여, 1912년에 기메미술관의 부학예원이 된다. 그리고 1920년대에 시작된 미술관의 재편작업과 아프가니스탄의 고고학 조사를 지도했다.

그런데 1910년대 초반에 파리의 학예원 지위를 손에 넣은 이 세대의 활동을 이야기하고자 한다면, 1910년대의 작업을 언급하지 않고 주로 1920년대에 대해 이야기해야 한다. 세계대전으로 인해 연구활동이 크게 제한되었기 때문이다. 그러므로 본래는 이 장에서는 1900~1920년의 학사에 대해 이야기해야 하는데, 파리의 상황에 대해서는 1920년대를 중심으로 이야기할 수밖에 없다. 프랑스로 귀화한 아캉도 또한 1914년 8월의 개전과 동시에 전선으로 향한다. 가장 극심한 전장으로 알려진 베르당 전투*에도 참가한 그는 1917년에 부상을 입지만, 이듬해에는 다시 전장으로 돌아갔다. 세 번의 부상을 입으면서 종전까지 최전선에서 싸웠던 것이다. 종전 시에는 중위가 되어, 레종 도뇌르의 수훈자가 되었다.

전후 파리로 돌아온 아캉은 다시 기메미술관의 직무에 복귀하여 1923년에 학예원으로 승격한다. 후술하겠지만, 미술관은 창립자인 에밀 기메를 1918년에 잃고 큰 변혁의 시기를 맞이하고 있었다. 그때까지의 '종교박물관'에서 '동양미술관'으로 변모하고 있었던 것이다. 이 변혁의 지도적 입장에 서 있던

---

* 제1차 세계대전에서 주요한 전투 중의 하나. 1916년 2월 21일에 독일 참모총장의 발안으로 목표를 파리로 이어지는 가도에 있는 베르당으로 정하고, 여기에 대량의 손해를 입힘으로써 프랑스가 전쟁을 계속할 수 없도록 기도하여 시작된 전투이다. 양군 합쳐서 70만 명의 사상자를 냈다.

것이 아캉이었다.

그러나 그는 미술관의 변혁에 직접 관여하는 일은 적었다. 1924년에는 푸셰의 아프가니스탄 조사에 동행했고, 또한 1931년에는 시트로엥의 중앙아시아 조사대를 인솔했다. 이때 그는 일본까지 발길을 뻗쳐 1930~1933년의 3년간 도쿄의 일불회관 관장도 역임했다(제8장 참조).

후술하는 그루세나 스테른이 파리를 떠난 적이 없었던 것과는 대조적으로, 전쟁과 중앙아시아 답사에 투신한 아캉은 파리의 엘리트답지 않은 용감한 실천적 식민지학자의 얼굴도 동시에 가지고 있었던 인물이었다. 그는 일기에 "위험에 처했을 때야말로 인격이 시험받는 것이다"라고 썼다고 한다. 또한 1920년대에 했던 아시아미술사 강의에서 그는 "이해하기 위해서는 느끼고, 사랑해야 한다. 그리고 살기 위해서는 위험에 몸을 던져야 한다"라고 젊은 학생들에게 강조했다고 한다.[16] 그는 스승인 푸셰로부터 학식뿐 아니라, 오리엔탈리스트로서의 정치적 태도도 계승하고 있었던 것이다.

1920~1930년대의 프랑스는 인도차이나뿐 아니라 아프가니스탄도 정치 교섭을 통해 독점적으로 고고학 조사를 할 수 있는 권리를 확보했다. 푸셰의 후계자 중 한 사람으로서 아캉은 아프가니스탄 고고학 대표단을 인솔하여 1939년까지 도합 5회의 고고학 조사를 했고, 대규모의 발굴을 수행하면서 대량의 유물을 프랑스로 가져와 기메미술관에 수장했다.[17]

1939년 프랑스가 두 번째의 세계대전에 참전했을 때, 아캉은 (전투적이라고까지는 못하더라도) 두드러진 정치적 오리엔탈리스트로서 다시 전장으로 부임했다. 아프가니스탄에서의 활동을 평가받은 그는 카불Kabul(아프가니스탄의 수도)의 프랑스외국인부대에 배속되어 부대장이 되었다. 이윽고 프랑스가 독일에 항복하고 대독협력정책을 표방하던 비시정권Régime de Vichy*이 탄생하자, 그는 카불의 프랑스외교대표가 되어줄 것을 요청받지만 그것을 거절한다. 그리고 곧 런던에서 자유프랑스의 레지스탕스활동을 전개하고 있던 샤를 드골Charles de Gaulle(1890~1970) 아래로 합류했다. 거기에서도 오리엔탈리스트로서의 경력을 인정받아 인도와의 협력관계를 성립시키는 정치적 활동에 종사한다. 그러나 이것이 그의 마지막 일이 되었다. 1941년 2월 10일, 런던을 거쳐 프랑스로 향하던 기선에 승선한 아캉은 브르타뉴Bretagne**의 피니스테르Finistère 곶 앞바다에서 어뢰의 공격을 받아 바닷속으로 사라져버렸던 것이다.

무용담으로 넘쳐나는 생애를 들여다보면 너무나 엄격하고 용맹스러운 인격이 부각되는 아캉이지만, 평소에는 인품이 매우 온후하고 모든 이가 호감을 갖던 인물이었던 것 같다. 1931년의 일본 체재기간에 그가 열었던 공부모임에 자주 참가했던 동양학자 이시다 미키노스케石田幹之助가 다음과 같이 농담을 섞은 증언을 남기고 있어서 소개한다.

아캉 씨, 그 이름의 일본어 발음과는 달리, 매우 착하고 호감 가는 사나이라 평판받았고, 당당한 대장부로 제1차 세계대전의 전장에서 수훈을 세웠다고 하면서, "이것이 그때 입은 상처야" 하고 가리키던 적이 있었다.[18]

---

* 제2차 세계대전 중의 프랑스 정권(1940~1944). 프랑스 중부의 도시 비시에 수도를 설치했던 것에서 그 이름이 유래했다. 필립 페탱 원수가 수상이었다.
** 프랑스 북서부의 지명.

파리의 오리엔탈리스트 (2)
─ 메트로폴의 총아, 그루세와 스테른

해외조사로 인해 기메미술관을 비우는 경우가 많던 아캉을 대신해, 1920
년대의 파리의 동양미술관과 교육체제의 정비에 크게 공헌한 것이 르네 그
루세와 필립 스테른이다.

이 두 사람은 메트로폴로 가져온 앙코르의 유물이나 그 외의 시각자료를
가장 유효하게 활용하여 본국에서 영예를 손에 넣은 동양미술연구자의 대표
이다. 제2차 세계대전 후에 그루세는 아카데미회원으로서 국립미술관 총장,
스테른은 기메미술관의 관장이 되었다. 두 사람 모두 동양미술연구자로서
최고의 지위를 차지했던 것이다.

두 사람은 모두 일반대학의 문학부 출신이었다. 1885년생으로 몽펠리에대
학l'Université de Montpellier의 역사 강좌를 졸업한 르네 그루세는 우선 파리 미술성
의 문서관이 되어(1912년), 국립도서관의 자료정리를 담당했다.[19] 그의 회상
에 따르면, 이때에 동양사연구를 본격적으로 시작했다고 한다.

제1차 세계대전에 종군한 후, 그루세는 운 좋게도 파리의 국립동양어학교
의 역사와 지리를 강의하는 교수직을 얻었다. 이를 계기로 그는 동양사의 전
문가로서 연구논문뿐 아니라, 학생이나 일반인들을 대상으로 하는 개설서
도 포함하여 왕성한 집필활동을 전개한다. 그리고 일찍이 1922년에 전 4권
으로 구성된 대작『아시아사』를 간행하여 일약 주목받는 파리의 동양사가가
되었다.[20]

그루세의 동양사의 특징은 광대한 지리적 범위와 장대한 역사적 관점하
에 아시아 각국을 관련지었다는 점이다. 각 지역의 역사나 문물을 특화하여

실증적으로 연구한 것이 아니라, 보편사적인 관점에서 아시아를 하나의 총체로 파악했던 것이다(이 이념 및 방법론의 의의에 대해서는 다음 절에서 상세하게 분석한다). 그 결과, 간행된 저작은 모두 대작이 되었다. 『아시아사』에 이어 1926년부터 간행되기 시작한 전 4권 『오리엔트의 문명』(~1930년), 1934~1936년의 전 3권 『십자군의 역사』, 1942년의 『중국의 역사』 등이 그 대표작이다.[21]

그루세의 동양사가 지닌 또 하나의 큰 특징은, 20세기 초에 잇달아 아시아 각지에서 발견되었던 고고학적 유물이나 고미술을 역사서술의 자료로 활용했다는 점이다. 종합적인 아시아사 안내서로서 적극적으로 시각적 자료를 이용했고, 저작에도 다수의 도판을 삽입했다. 그의 저작은 아직 동양미술의 통사가 편찬되지 않았던 1920년대, 귀중한 동양미술사개설로서도 충분히 활용할 수 있는 것이었다.

그루세의 관심은 1920년대 중반에는 일반적인 역사연구에서 미술연구로 전환했다고 할 수 있을 것 같다. 동양어학교의 역사학 교수였음에도 불구하고, 그는 1925년에 기메미술관의 부학예원이 되는 길을 선택했다. 전년도부터 학예원이었던 아캉은 해외조사로 인해 파리를 비워두는 일이 많았고, 때마침 이루어진 미술관의 재편이나 아시아미술사 교육기관의 창설사업(이것들에 대해서는 나중에 상술한다)을 위해 그루세가 특별히 선발되었던 것이다. 그리하여 그는 미술관 학예원이 됨과 동시에 1928년에 개설된 루브르학원의 인도 고고학·미술 강좌의 교수를 겸임한다. 그리고 기메미술관이 재편의 고비를 넘긴 1933년에는 파리시의 아시아미술관인 체르누스키미술관의 관장이 되었고, 1952년의 퇴직 시까지 작품 전시나 특별전 운영 등 일체를 도맡아 관리했던 것이다.

제2차 세계대전 중의 비시정권하, 그루세는 미술관직에서 일시 해임되는데, 그사이에는 국립동양어학교에서 아시아사를 강의하는 한편, 거의 매년 아시아사에 관한 저작물을 간행했다. 전쟁 중과 전쟁 후, 그의 저작은 두 번의 대전을 일으킨 유럽문명(아시아라는 타자 측에서 볼 때)을 재고하기 위한 최량의 책으로서, 연구자뿐 아니라 일반 독자에게도 환영을 받았으며, 오늘날에도 현행판의 저작이 다수 있다. 그리고 그는 단순한 아시아사가, 미술사가의 틀을 넘어 프랑스의 지知를 대표하는 지식인이 되었다. 1946년, 그는 아카데미회원이 되었고 또한 국립미술관 총장으로 취임했다.

1949년 10월에는 프랑스를 대표하는 지식인으로서, 제2차 세계대전 후의 일불교류의 재개 임무를 담당하면서 일본을 방문했다. 나라奈良와 교토京都의 절과 신사를 둘러보고, 일불회관이나 동방학회, 동양문고 주최로 강연회도 수차례 행했다.[22] 아시아미술의 보고寶庫로서 쇼소인正倉院*을 칭찬한 그의 말은 오늘날에도 일본인들 사이에 회자되고 있다. 당대 최고의 오리엔탈리스트의 한 사람으로서 일본에서 큰 환영을 받는데, 이때가 그에게는 최초이자 마지막 아시아 여행이었다. 여행 후 바로 1952년, 그루세는 67년의 생애를 마감했다.

그루세와 함께 1920년대의 기메미술관의 재편과 파리의 동양미술 교육제도의 정비를 실질적으로 처리한 것은 다음 인물 필립 스테른이었다. 앞에서 인용한 제르맹 바쟁의 회상에서 보았듯이, 그도 일반 대학 출신이지만 당시로는 얼마 되지 않는 미술사를 배운 연구자의 한 사람이다.

---

* 일본 나라현 도다이사(東大寺)에 있는 왕실의 유물 창고.

서양미술사를 배우면서 그는 1910년대부터 특히 크메르미술의 연구를 지향하여, 들라포르트의 인도차이나미술관을 연구의 장으로 삼고 있었다. 이 미술관에는 조르쥬 세데스가 자료정리를 하고 있었는데, 그가 태국으로 건너간 1917년 이후 스테른이 자료정리 일을 인계받아, 들라포르트와 함께 그 미술관의 학예원으로서 두각을 나타내기 시작했다. 특히 1920년대에는 파리의 동양미술관의 재편이 이루어져, 들라포르트가 사망한 1925년에는 인도차이나미술관과 기메미술관의 통합이 계획되었고 이어서 실행으로 옮겨졌다. 1895년생인 스테른은 아직 30세였는데, 들라포르트가 죽은 후 이 큰 변혁기의 지도적 입장에 서서 통합을 성취해냈다. 파리의 미술관 재편이 새로운 세대의 일이라는 것을 상징하는 사실이라고 할 수 있을 것이다(통합 후에는 기메미술관 학예원이 되었고, 1979년에 사망할 때까지 이 미술관과 깊이 관련을 맺고 있다).

젊은 파리의 크메르미술연구자 필립 스테른의 이름은, 대담한 미술관 개혁의 실행수완뿐 아니라, 1920년대에는 학술 면에서도 일약 유명해지게 된다. 1927년에 간행된 저서『앙코르 유적 바이욘과 크메르미술의 발전』때문이었다.[23] 대학의 미술사 강좌 출신의 스테른은 아시아의 미술연구에 서양미술사의 방법론을 응용하는 것을 주저하지 않았다. 특히 당시의 파리에서 유행하던 양식분석을 이용하여, 파리로 들어온 크메르 조각을 검토하고, 작품의 제작연대를 유추했던 것이다. 때로 비문자료를 무시(또는 부정)하고 양식분석만을 이용하여 이론적으로 제작연대를 산출해내고, 나아가 바이욘사원의 건축연대의 통설을 크게 뒤엎는 대담한 가설까지 제시했다. 한 번도 앙코르를 방문한 적이 없는 30대의 메트로폴의 학예원이 통설을 뒤엎는 이론서를 간행한 것이다. 통설을 뒤엎는다는 것은 요컨대 극동학원 멤버의 조사결과에

228 •

• 앙코르와트
— 제국주의 오리엔탈리스트와 앙코르 유적의 역사 활극

대해 정면으로 대립한다는 것을 의미한다. 화제가 되지 않을 리가 없었다.

스테른이 이용한 양식분석이라는 방법론과 그것을 실천한 저작을 둘러싼 일련의 사건들은, 앙코르 고고학사에 있어서 일대 획기[101]였고, 또한 앞 장과 이 장에서 논하고 있는 식민지와 파리의 두 개의 연구의 장의 균열을 증언하는 중요한 사례이다. 상세한 내용에 대한 소개와 분석은 이 장 마지막에서 새롭게 하게 될 것이다.

그루세의 동양미술사 이념

현지조사를 실제로 하지 않고 파리에서 업적을 쌓아올린 그루세와 스테른의 방법론은, 당시의 파리에서 지[知]의 조류가 된 이론적 수법을 도입한 것으로, 식민지에서 활동하는 조사원들의 견실하고 실증적인 고고학적 조사연구와는 일선을 긋고 있었다. 우선, 여기에서는 그루세의 방법론에 대해 깊이 검토해보자.

전술한 바와 같이, 그루세는 동양사가로서 매우 광범위한 지리적 판도를 시야에 넣은 동양사를 구상하고 있었다. 『아시아사』나 『동양의 문명』과 같은 대작에서 그는 그리스로부터 인도, 중국, 그리고 극동(인도차이나 및 일본)까지의 역사를 다루고, 거기에 하나의 연속체로서의 아시아상을 부각시켰다. 예를 들면, 1924년에 간행된 『동양의 문명』 제1권에서 다음과 같이 이야기하고 있다.

내가 이 4권짜리 책에서 전하고자 하는 것은, 고고학적 사실의 세부에 걸친 정보는 아니다. 내가 바라는 것은 각각의 양식이나 시대를 통합하는 한 줄기의 흐름을 제공하는 것, 그리고 미술의 역사를 일반 역사 안에 다시 배치하는 것이다.[24]

또한 1930년에 간행된 같은 책 제4권에도 거의 동일한 말이 보인다.

여기에서 내가 전체의 조감도를 작성하고, 각각의 미학의 연속성을 제시했다. (⋯) 보편적인 인문주의에 따라 가치관의 대조표를 작성할 수 있도록 노력한 것이다.[25]

이 문장들에서, 이 책의 제2장에서 검토한 "극동은 하나이다"(루이 피노), 또는 "아시아는 하나"(오카쿠라 가쿠조)라는 1900년경에 시작된 통일적인 아시아 이해를 촉진하는 말과의 관련성을 찾아볼 수 있을 것이다. 그러나 1920년대의 그루세의 말에는 이것들과는 다른 요소가 부가되어 있다. "고고학적 사실의 세부에 걸친 정보"를 전할 마음은 없다고 명언하는 태도이다. 여기에 1920년대까지 축적해온 아시아 고고학의 실증적 조사결과에 대한 새로운 문제제기를 읽어내야 할 것이다.

극동학원에 의한 앙코르 유적의 조사나 1924년부터 본격화하는 아프가니스탄의 조사, 그 외에도 샤반느나 펠리오, 빅토르 세갈렝에 의한 중국 조사 등 20세기에 들어 각지에서 일거에 아시아 고고학 조사가 개시되어, 구미에 다종다양한 고고학적 유물이 반입되었다. 결과적으로 1900년경에 표명되었던 '아시아는 하나'라는 '이상의 동양'의 비전이 붕괴되고, '다양한 아시아'라는 새로운 이미지도 구체적으로 제기되고 있었다. 실제로 아시아의 종합사의 대표적 저작이었던 오카쿠라의 『동양의 이상』도 이 시기에는 시대에 뒤떨어진 책이라고 평가받게 되었다.[26] 그럼에도 불구하고, 그루세는 다양한 아시아상을 앞에 두고 무효화되고 있던 통일적 아시아의 이념을 무리하게 다시 다루고 있는 것이다.

일반적으로 아시아의 고고학사에서는, 1920년대는 위대한 실증주의의 시대이고, 구미 열강국과 일본이 서로 경쟁적으로 아시아 답사를 행하던 시대였다. 하지만 기묘하게도 이 시기에는 그루세와 같은 종합적인 아시아미술사의 시도도 부활하고 있었다. 이 모순을 이해하기 위해서는 이 장의 키워드인 메트로폴과 아시아 현지 연구체제의 이중화라는 시점이 유효할 것이다. 아시아대륙에서는 실증주의적인 고고학 조사가 축적되면서 잇달아 새로운 사실이 발견되었다. 한편으로는, 어떤 의미에서 무질서하게 밀려들어오는 다수의 세세한 고고학적 정보를 종합적으로 이해하는 역사관의 필요성도, 특히 메트로폴에서 의식화되고 있었던 것이다. 이 점에 대해서, 초대 극동학원 원장인 루이 피노는 매우 흥미로운 증언을 남기고 있다. 그루세의『아시아사』(1922)를 논한 서평에 나오는 글이다.

> 현재의 우리들에게 결여되어 있는 것은, 아시아 제 국민의 역사를 하나로 뭉뚱그려진 이야기로 관계를 짓는 책이다. (…) 확실히 오카쿠라와 그 제자들이 반복해 온 "아시아는 하나"라는 주장은 부당할지도 모르겠지만, (…) 그러나 그렇다 하더라도 아시아는 역사적으로 하나의 실로 연결되어 있고, 모든 요소가 상호작용에 의해 생겨났다는 것을 인정해야 한다.[27]

극동학원 원장으로서 현지의 실증적인 조사에 종사하면서도, 콜레주드프랑스의 교수로서 파리 아카데미의 권위자가 되고 있었던 피노다운 모호한 말이다. 나날이 축적되어가던 고고학 조사를 평가하면서도, 메트로폴의 이론적인 역사관도 인정해야 한다. 특히 제1차 세계대전 후의 프랑스에서는 인문주의적이고 평화주의적인 보편사가 요구되는 학술적(동시에 정치적) 환경도 존재했다. 이러한 시대라면 더욱더 아시아 국가들을 종합하고, 나아가서는 아시아와 서구와의 역사적 관계를 하나의 실로 결부시키는 그루세의 장대한 보편사가 환영받았던 것이다.[28]

그루세의 포괄적인 아시아미술사는, 식민지에서 일하는 조사원에게는 특별히 흥미를 끄는 것은 아니었을 것이다. 그들에게는 하루하루의 조사가 눈앞에 있었던 것이고, 꿈속 이야기처럼 큰 이야기는 필요하지 않았을 것이다.

이론의 메트로폴과 실증의 현지라는 대립도식은, 후술하는 필립 스테른의 저작을 둘러싸고 현재화하는데, 앙드레 말로의 『왕도』(1930)에도 적대적 관계를 암시하는 재미있는 장면이 그려져 있으므로 반드시 소개해두고 싶다. 어디까지나 픽션이기 때문에 이것을 논거로 식민지와 메트로폴의 대립이 명확하게 존재하고 있었다고 주장할 수는 없지만, 그러나 그것이 상투적 어구 cliché로 통용될 정도로 일반적으로도 인지되고 있던 대립이었다는 것도 허용될 것이다.

이 소설의 주인공은 파리에서 크메르미술을 연구하고, 독자적인 이론으로 논문을 발표한 젊은 연구자 클로드 바네크Claude Vannec이다. 그는 임시조사원의 자격을 얻어 인도차이나로 여행을 떠나, 사이공에 도착한 후 재빨리 극동학원 원장과 면회한다. 그 장면에서 나눈 대화가 매우 흥미롭다. 클로드의 이론적인 논문을 화제로 삼아, 가공의 학원 원장 알베르 라메쥬Albert Ramèges는 다음과 같은 감상을 술회하고 있다.[29]

당신이 작년 발표한 아시아미술에 대한 흥미로운 보고를 매우 관심을 가지고 읽어보았습니다. 또한 솔직히 말씀드리면 당신이 오신다기에 처음 읽었는데, 당신의 학설도 보았습니다. 당신이 피로하신 고찰에는 납득했다기보다 매력을 느꼈습니다. 정말로 저는 이끌렸습니다. 당신 세대의 정신에는 흥미가 있습니다.[30]

원장은 파리 젊은이의 이론적 학설을 이해하려고 하지 않았다. 실증성을 결여한 미학적인 사색으로서, 자신들의 고고학과는 다른 차원의 것이라고 간주했다. 한편 주인공 클로드는 스스로의 이론이 원장에게 받아들여지지 않을 것이라고 충분히 예기하고 있었다. 대화 중 클로드의 내면에 대해 말로는 다음과 같이 묘사하고 있다.

클로드는 문헌학을 배운 고고학자가 그렇지 않은 연구자에 대해 품고 있는 해학적이기까지 한 적의를 알고 있었다. 라메쥬는 아카데미회원이 되는 것을 꿈꾸고 있었던 것이다.[31]

말로의『왕도』는 다음 장의 중심 주제이므로, 인용은 여기까지만 하겠다. 여기에서는 말로가 학원 멤버를 이론적 연구를 혐오하는 존재로 묘사하고 있다는 점만을 확인하는 데 그치고자 한다.

동양미술관의 재편성 (1)
─기메미술관의 변혁

그런데 메트로폴 연구자의 이론의 중요성은 단순한 탁상공론이 아니었다는 점에 있다. 그루세나 스테른은 자신의 이론을 응용하여 파리의 연구교육 체제를 정비해간 것이다. 그 과정을 추적해보자.

우선 주목해야 할 것은, 이미 몇 번이고 언급한 파리의 동양미술관의 대규모적인 재편(1920~1930년대)이다. 1910년대부터 1920년대 초에 걸쳐 인도차이나미술관에는 세데스와 스테른이 고고사료를 정리하고 있었다. 한편 기메미술관에는 아캉과 그루세가 있었다. 그 젊은 엘리트들은 연계를 도모하면서, 미술관을 신세대의 동양미술사관東洋美術史觀을 반영한 연구시설로 변모시켜간다. 한마디로 하면, 창설자 에밀 기메가 구상한 19세기적인 '종교박물관'으로부터 20세기형의 고고학과 미술사를 반영한 '아시아박물관'으로 크게 방향 전환한 것이다.

1920년까지의 기메미술관의 전시는 창시자 에밀의 구상에 따라 다음과 같이 이루어졌다.

1층 (1) 중국과 일본의 도자기(그림43), 중국과 일본의 회화

　　(2) 안티노에(이집트)의 미라

2층 (1) 인도·티베트, 중국의 종교

　　(2) 인도차이나, 시베리아의 종교

　　(3) 일본의 종교와 역사[32](그림44)

3층 (1) 일본의 세속미술

　　(2) 고대 그리스, 이탈리아, 웨일스의 고대종교

　　(3) 고대 이집트의 고대종교

　　(4) 중앙아시아, 이슬람 미술

그림43 기메미술관 1층 중국실(도자기), 1931년 이전에 촬영

특징은 두 가지 점으로 정리할 수 있을 것이다. 우선 에밀의 종교박물관 구상을 반영하여 이집트와 그리스, 로마를 출발하여 중동을 거쳐 아시아에 이르는 광범위한 종교적 유물을 전시하고 있다는 점, 그리고 또 하나는 19세기 후반의 자포니즘의 영향을 받아 종교미술의 틀을 벗어나, 일본과 중국의 도자기나 우키요에, 공예품이 중요한 위치를 차지하고 있다는 점이다. 오늘날의 기메미술관의 중심을 차지하는 크메르미술의 대부분은 아직 인도차이나미술관에 있었다.

에밀이 특히 정열을 가지고 실현시킨 것은 2층의 일본의 종교미술 전시로

그림44 기메미술관 '만다라'(도지東寺 대강당 불상군 복제품) 고사진, 촬영연대 미상

서, 거기에는 일본의 불사(佛師)*에게 복제시킨 도지東寺 대강당의 불상군 '만다라'가 중앙을 장식하고 있었다(그림44). 복제가 미술관의 중요한 장소를 차지하고 있는 상황은 들라포르트의 미술관과 동일하다. 이것도 전세기의 스펙터클로서의 미술관 모습을 전하는 일례라고 해도 좋을 것이다.

　이러한 초기의 전시가 1920년에 시작되는 변혁계획에 의해 전혀 다른 모습으로 변한다. 특히 큰 개편이 이루어진 1932년 이후에는 이하와 같은 전시형태가 되어 있다.

---

* 불상을 만드는 장인.

그림45 기메미술관 1층 이에나 léna로 측 '바이욘실', 1932년 촬영

1층 크메르미술, 인도차이나의 미술(들라포르트실 외, 그림45)

2층 (1) 인도와 자바의 미술

    (2) 아프가니스탄의 미술(세나르실)

    (3) 중앙아시아의 미술(펠리오실)

    (4) 티베트의 미술(바코실)

3층 (1) 중국의 회화와 도자기(페트루치실)

    (2) 일본의 미술(우키요에, 칠기, '만다라')

이 시점에서 이미 오늘날의 기메미술관의 상황과 매우 가까운 형태가 되었
다. 1층 미술관의 얼굴로서 크메르미술이 전시되고, 이어서 2층에 아프가니

스탄이나 중앙아시아로부터 프랑스의 조사대가 가져온 고고학적 유물이 배치되었다. 그리고 과거 미술관의 중심을 차지하고 있던 일본의 공예품이나 불교미술이 최상층으로 밀려나버린 것이다. 고대 이집트나 그리스, 이탈리아, 프랑스의 종교미술전시는 모습을 감추었다. 극적인 변화라고 해도 좋을 것이다. 이 격변에 이르는 과정을 몇 가지 점으로 압축하여 편년적으로 거슬러 가보자.

우선 밝혀두고자 하는 것은 미술관 변혁의 계기이다. 가장 중요한 사건은 1918년 10월 12일, 창립자 에밀의 죽음이었다. 그리고 그 후계자인 장 기메도 1920년에 교통사고로 불의의 죽음을 맞이했다. 이로 인해 기메가의 손을 떠난 미술관은 국유화의 방향으로 진행되어갔다. 창립자와 그 가족을 잃은 기메미술관은 종교박물관으로서의 역할을 끝내고, 학예원들이 주도하는 아시아미술의 전당으로서 근대화를 도모하게 되었던 것이다.

장 기메 사후인 1920년 12월 23일 기메미술관 고문위원회가 열려, 관장이 된 이집트학자 알렉산드르 모레를 중심으로 미술관의 변혁계획이 검토되었다.[33] 이 시점에서의 재편의 요점은 이하의 세 가지 점으로 정리된다. 하나는 수집의 지리적 범위를 "중동, 극동, 이집트에 한정할 것", 즉 그리스나 프랑스 등의 서구 부문을 미술관 전시로부터 제외할 것(고대 그리스, 로마의 유물은 리옹의 기메미술관으로 보내졌다). 둘째 "순수하게 예술적인 가치를 지닌 사료와 종교적인 가치를 지닌 사료를 준별할 것", 그리고 셋째는 "고고학사료실"을 설치하는 것이다. 1920년의 계획 시점에서 이집트미술은 미술관에서 '추방'되지 않았다. 이집트도 '오리엔트'의 일부이기 때문이라는 이유라기보다도, 당시는 아직 이집트학자인 모레가 관장을 맡고 있었던 것에 대한 배려라고 생각하는 것이 좋을 것이다.

그 모레도 1923년에는 콜레드주프랑스의 교수가 되어 미술관을 떠난다. 그에 호응하는 것처럼 1925년에 이집트미술을 루브르미술관으로 이동시키기로 결정되었고, 오늘날과 같이 아시아미술만을 전시하는 미술관이 되었다. 두 번째의 "예술적인" 사료와 "종교적" 사료와의 "준별"이라는 말의 해석은 어렵다. 변혁 후의 전시구성을 보는 한에서는, 이 결정의 요점은 자포니즘의 유산이라고 할 수 있는 일본과 중국의 세속적 예술(도자기, 우키요에 등)을, 미술관으로부터 추방까지는 아니더라도 눈에 띄지 않는 곳으로 이동하는 것에 있었다고 짐작할 수 있을 것이다.[34] 세 번째 고고학 중시의 방향성과 맞물려, (근대의) 미술공예품을 미술관의 주력 전시물에서 배제하는 것이 목적이었다고 보아도 좋을 것이다.

이 개혁계획에서 가장 주목할 것은 말할 나위도 없이 세 번째의 "고고학사료실"의 설치이다. 새로운 세대의 학예원들의 관심은 오로지 여기에 있었다. 그들은 새로운 미술관의 중심으로, 20세기 초부터 프랑스 답사를 통해 가져온 아시아 각지의 고고학적 유물이나 고미술품을 선택한 것이다. 각 전시실에는 답사를 다녀온 오리엔탈리스트들의 이름이 붙어 있다. 1921년 4월에는 중국 북부의 고고학적 유물이 '샤반느실'에, 중앙아시아의 유물이 '펠리오실'에 각각 전시된다. 그리고 (다음 장에서 소개하는 빅토르 골루베프의 제안에 의해) '사진자료실'도 설치되고, 중국 남부를 답사한 빅토르 세갈렝의 조사대의 기록이나 티베트를 답사한 바코Jacques Bacot(1877~1965)의 조사기록 등이 전시되었다.[35] 나아가 1923년부터는 알프레드 푸셰에 의한 아프가니스탄의 유적 조사가 시작되었고, 바로 현지에서 구입한 35점의 아프가니스탄의 고고학적 유물이 '아프가니스탄실'에 전시된다.[36] 에밀 기메의 생전에는 아무런 흔적조차 없던 아시아 각지의 고고학적 유물이 정면 무대에 등장한 것이다.

고고학사료실 개설과 연동하여, 기메미술관은 1921년에 새롭게 《기메미술관 고고학기요》를 간행하고, 제1분책에 중국을 답사한 샤반느와 세갈렝, 제2분책에 펠리오의 중앙아시아 답사와 자크 바코에 의한 티베트 조사의 개요를 담았다.[37] 발간사에서 "근년에 가장 주목받고 있는 고고학 조사"의 결과를 신속하게 전하고자 이 잡지를 간행한다고 표명하고 있다. 잡지를 편집한 학예원 아캉은 전시실 오픈에 맞추어 수집 자료의 학술적 가치를 대중들에게 전하는 것을 서둘렀던 것이다. 그리하여 아캉을 중심으로 하는 젊은 아시아 미술연구자들은 자신들의 직접적인 스승이기도 한 아시아 고고학의 선구자들의 공적을 칭송하는 전시실을 개설하고, 그것을 미술관의 얼굴로 삼음으로써 변혁 후 미술관의 새로움을 호소했던 것이다.

동양미술관의 재편성 (2)
─ 국립미술관 통합과 인도차이나미술관의 종언

1920년의 계획에서 아시아의 고고학적 유물을 미술관의 중심에 두는 것이 결정되었지만, 그러나 이 단계에서는 특히 크메르미술의 전시가 그 핵으로 상정되었던 것은 아니다. 즉, 이 시점에서는 아직 크메르 중심의 오늘날의 미술관 모습과는 거리가 멀었다. 19세기 말에 에티엥 에모니에가 수집한 유물이 소수 수장되어 있었지만, 대다수의 크메르 유물은 바로 가까이에 있던 인도차이나미술관에 수장되어 있었다. 이 수장품들을 기메미술관에 이동시킨 것이 두 번째의 큰 개혁이 된다.

이 변혁이 획책되기 시작한 것은 1925년경의 일이다. 그리고 그것은 기메미술관의 국유화 움직임과 연동하고 있었다. 미술관 관계자와 미술행정가들은 이 무렵부터 기메미술관을 국립화하고, 루브르미술관의 아시아미술 부문으로 자리매김할 계획을 추진하고 있었다. 구체적으로 이 계획이 결정된 것은 1927년이고, 실시된 것은 1929년이다.

기메미술관의 국유화에 수반하여, 같은 국립미술관이었던 인도차이나미술관과의 통합이 획책되었던 것은 이른바 필연이었다. 역으로 통합을 위해 국립화를 서둘렀다고 볼 수도 있다. 여하튼 1925년 12월, 조제프 아캉은 양자의 통합을 기메미술관의 상임위원회의 의제로 상정했다. 그리고 그 통합이 "크메르와 참파, 시암의 컬렉션을 학술적으로 재배치하고, 보다 좋은 교육적 전시를 실현하기 위해" 불가결하다고 설명했다.[38]

트로카데로궁의 일익을 차지하고 있던 인도차이나미술관의 컬렉션은 원래 나라의 임무로 들라포르트가 수집한 국유물이고, 기메미술관이 국유가 된 이상, 거리가 가까운 두 개의 미술관을 통합하는 편이 합리적이다. 특히 1920년대의 미술관은 제1차 세계대전 후의 경제 불황의 영향을 그대로 받아, 긴급을 요하지 않는 문화시설의 예산은 어디나 빈궁의 극에 달했다. 국립아시아미술관의 통합은, 관리의 일원화에 의해 재정적 부담을 경감시키기 위해서도 필요했던 것이다.

그러나 통합의 목적으로 아캉이 학술성과 교육성에 대한 배려를 언급한 점을 특히 강조해두고 싶다. 이 통합에 의해 메트로폴에 크메르미술연구의 장이 일원화되고, 고고학사료와 고미술사료가 충실한 근대적 학술연구시설을 실현할 수가 있었다. 당시, 인도차이나미술관의 학예원이었던 필립 스테른도 아캉의 제안을 이의 없이 받아들이고 있다. 파리의 아시아미술 연구환경의 충실을 바랐던 스테른에게 있어서도 이 통합계획은 이상적인 것이었다.

양자의 통합이 결정된 1927년에는, 후술하는 바와 같이, 국립미술관 학예원을 교수로 모신 루브르학원에서 크메르미술을 강의하는 '인도 고고학·미술 강좌'도 개설된다. 미술관을 일원화함으로써 루브르미술관의 아시아 부문인 기메미술관에서 고고학·미술사자료를 관찰하고, 루브르학원에서 그것들의 역사나 양식을 배우는 교육체제도 명확해진다. 이 연구교육체제에서 무엇보다도 중요한 것은 아캉이나 스테른, 그루세 등의 학예원들에게 부여된 역할의 중대함이다. 그들은 자신의 연구이론을 기반으로 하여 미술관을 질서 지웠고, 그 미술관 사료를 이용하여 스스로가 교수가 되어 학생들을 지도했던 것이다. 메트로폴의 크메르미술의 연구교육은 소수의 그들 엘리트 연구자에 의해 장악되는 체제가 되었던 것이다.

인도차이나미술관과 기메미술관의 통합에 관해, 또 하나 미술관의 근대화에 있어서 지극히 중대한 결단이 이루어졌다. 즉, 기메미술관에 이설된 것은 진품의 조각상이나 고미술품뿐이었다. 들라포르트가 일생을 걸고 작성한 복제품이나 그 원형이 된 주형은 기메미술관의 전시에서 제외되었고, 인도차이나미술관에 남겨진 것이다.

진품 고미술품의 이동은 우선 1927년에 52점이 이루어졌고, 이어서 1931년과 1935년에 잠시 이루어졌으며, 1937년에 모든 진품들이 기메미술관에 수장되었다. 한편 인도차이나미술관은 복제품과 주형만을 보관하는 장소가 되었는데, 그 역할도 금방 끝난다. 기메미술관으로 배치전환을 종료한 1937년은 '근대생활에 있어서의 예술과 기술의 국제박람회'의 해였고, 트로카데로가 다시 개최장소가 되었다. 이때 인도차이나미술관을 포함한 트로카데로궁은 새롭게 건축된 샤요궁을 위해 해체되었다. 인도차이나미술관도 모습을 감추게 되는 운명에 처했다. 남겨진 복제품과 주형은 전시장소를 잃어버리고 전술한 바와 같이 1970년에 라솜현의 생리키에 수도원의 수장고에서 발견될 때까지 문자 그대로 창고에 들어가 있게 되었던 것이다.

동양미술관의 재편을 실질적으로 실행한 스테른과 그루세는, 복제품을 새로운 미술관에서 추방했다. 이 결단이 학술적 관점에서 이루어졌다는 것은 더 말할 필요도 없을 것이다. 완벽한 복원이라는 19세기의 이상으로 제작된 대담한 들라포르트의 복제품은, 20세기의 고고학과 미술사연구의 발전과정에서 시대에 뒤떨어진 비학술적 산물이라고 간주되는 운명을 맞이했다. 고고학전시실이라는 명목을 걸고, 그 학술성을 전면에 내세운 새로운 기메미술관에 들어갈 수 있는 여지는 더 이상 없었던 것이다.

그런데 복제품의 추방극을 지금 확인한 우리들에게는 미술관 통합이 왜 1925년에 계획되었는가, 또 다른 이유를 알 수 있을 것이다. 인도차이나미술관의 설립에 진력하고, 복제품과 복원도의 제작에 몰두했던 들라포르트의 죽음이다. 그는 1925년 5월 3일에 타계했다. 기메미술관의 아캉은 그의 죽음을 기다렸다는 듯이, 그해 12월에 인도차이나미술관과의 통합을 제안했던 것이다. 인정상으로는 정말 박정하다고 개탄하고 싶어지는 사실이지만, 이것도 학문적 진보가 초래한 필연이었다. 제1장의 마지막에서 보았듯이, 만년의 들라포르트는 자신의 조사보고와 미술관 컬렉션의 집대성이라 할 수 있는 『캄보디아의 건축물』전 4권을 1924년에 완성했다. 이 책은 들라포르트의 일생의 기억이 됨과 동시에, 이윽고 모습이 사라지게 될 인도차이나미술관에 대한 최후의 기억도 되었던 것이다. 들라포르트에게는 생각지도 못했던 일이었을 것이다. 아니, 자신의 일을 서적 형태로 영원히 남기고자 한 그는, 자신의 죽음과 함께 미술관의 종언도 예기했을지도 모르겠다.

1920년에 시작된 기메미술관의 대변혁은 신세대의 고고학·미술사의 탄생을 가시적으로 보여주는 사건이었는데, 그것은 19세기의 이상적 미술관의 죽음을 선고하는 것이기도 했다. 메트로폴의 동양미술관은 오이디푸스처럼 '아버지'를 죽이고, 그 기억을 말소함으로써 근대적인 학술적 연구교육시설로의 대체를 이루어냈던 것이다.[39]

1920년대까지 기메미술관에 있었던 복제품에 대해서도 한마디 더 덧붙여 두겠다. 에밀 기메의 생전에는 이 미술관에도 복제품이 다수 전시되어 있었다. 도지의 불상군 '만다라'가 그 대표이다. 이 복제품은 실은 교육적 관점에서 1932년까지 3층에서 전시되어 있었던 것 같다. 언제 수장고에 잠들게 되었는지는 잘 모르겠지만, 1937년의 미술관 통합이 완료된 시점에는 더 이상 전시되지 않게 되었다. 이로써 기메미술관에서 복제품은 모두 모습을 감추었다.

잘 알다시피, 이 복제품은 1991년에 다시 전시되기에 이른다. 저명한 불교학자인 베르나르 프랑Bernard Frank(1927~1996)의 진력에 의해 기메미술관의 별관으로서 일본과 중국의 불상을 전시하는 '판테온 부디크Panthéon Bouddhique(불전佛殿)'가 개관되어, 거기에서 새로운 장소를 얻었기 때문이다.[40] 오늘날 기메미술관은, 본관은 1920~1930년대에 형성된 고고학·미술사 미술관으로서, 별관은 설립자인 에밀 기메가 구상한 종교박물관의 기억을 전하는 시설로서 공존하고 있다.

이상, 메트로폴의 동양미술관 개혁의 과정을 살펴보았다. 기메미술관과 인도차이나미술관의 통합을 중심으로 살펴보았는데, 그사이에도 기메미술관은 잇달아 새로운 크메르의 진품 조각상을 인도차이나로부터 입수하고 있었다. 예를 들면, 1931년에 개최된 파리 국제식민지박람회를 위해 극동학원이 출품한 조각상류를 양도받거나, 또는 1936년에 필립 스테른이 미술관 컬렉션의 결락을 보충하기 위해 새로운 자료를 입수하기도 했다[41](이 건에 대해서는 이 장에서 후술한다). 이 변혁기에는 미술관의 수집방침도 저절로 변화했다. 과거와 같이 단순히 보기만 좋은 것이나 수량을 늘리는 것이 아니라, 양식적 또는 편년적인 결락을 보완하여 학술적인 일관성이 있는 전시를 가능하게 하는 컬렉션 형성을 지향하게 되었던 것이다. 르네 그루세는 이미 1927년의 시점에 아시아미술관으로 전문화한 기메미술관의 장래에 대해 다음과 같이 쓰고 있다.

> 각각의 미술관은, 지역이나 시대를 한정하여 미술작품을 수집하고, 가능한 한 일관성이 있는 최량의 전시를 하는 방향으로 나아가고 있다. 이 경향이 완수된다면, 기메미술관은 인도와 인도차이나, 중앙아시아, 티베트, 아프가니스탄을 전문으로 하는 미술관으로 변모할 것이다.[42]

"일관성 있는 전시"란 아시아를 지역별로 나누어 각각을 편년적으로 전시하는, 오늘날에는 일반적인 전시방법이지만, 역으로 이야기하면 1920년대까지의 파리의 미술관은 그와 같은 전시가 아니었다. 그루세와 스테른이 만든 학술적 미술관은 단순히 복제품을 추방했다는 것에 그치지 않는다. 그때까지의 미술관의 방식을 근저로부터 변화시킨 것이고, 그 충격은 오늘날의 우리들의 상상을 크게 초월하는 것이었다고 생각하는 편이 좋을 것이다.

1910년대까지, 기본적으로 기증이나 유증遺贈에 의해 컬렉션을 형성한 프랑스의 미술관에서는 기증자의 컬렉션에 하나의 전시실을 부여하는 전시가 주류였고, 지역별·시대별 전시는 그 다음이었다. 예를 들면 프랑스 중세미술연구의 태두 앙리 포시용-Henri Focillon(1881~1943)은 1917년에 발표한 논문에서 이렇게 쓰고 있다. 그가 말하기를, 프랑스의 미술관은 신구의 미술도 동서의 미술도, 대大예술도 장식예술도, 진품도 복제품도 어수선하고 무질서하게 늘어서 있고, 고대로부터 동시대의 미술까지 편년적으로 정리된 독일의 미술관과는 대조적이라는 것이다.[43] 놀랍게도 이 지적은 비판하기 위해 쓰인 것이 아니었다. 이어서 포시용은 학술적이지 않은 프랑스의 전시방법이 '시적'이고 호감이 간다고, 미술사가에는 있을 수 없는 발언을 한 것이다. 이러한 무질서한 미술관이 1920~1930년대에 격변하여 학술적으로 질서 있는 미술관으로 변모했던 것이다.

1932년에 개혁이 추진된 기메미술관을 방문한 모리스 바레-Maurice Barrès (1862~1923)는 "이제 이질적인 유물이나 가치 불균형적인 잡다한 단편적 작품, 현기증을 일으키는 이름 없는 물건들은 모습을 감추었다"라고 보고하고, 그의 경우는 이 변화를 환영했다.[44] '시적'이고 무질서한 '상상의 미술관'을 사랑하는 것인가, 아니면 학술적으로 질서 있는 미술관을 좋아하는 것인가, 우리는 지금 한 번 더 숙고해도 좋을 것 같다. 하지만 1920년대의 메트로폴의 학예원은 후자를 선택했다. 그 선택의 과정을 우리들은 앙코르 고고학사의 관점에서 추적해온 것인데, 어떤 의미에서 이 격변은 우리들의 테마를 훨씬 더 뛰어넘는 미술관의 존재이유 그 자체와 관련된 대문제이다. 아무튼 대규모의 재편으로 인해 포시용이 '시적'이라고 평한 "현기증을 일으키는 이름 없는 물건들"이, 학술성이라는 명목으로 미술관에서 사라져갔던 것이다.

이 절의 마지막에 한 번 더, 1932년의 개편 후의 크메르전시실의 사진을 보자(그림45). 이 해에 새롭게 설치된 '바이욘실'의 모습이다. 이름 그대로, 바이욘에서 출토된 유물만 모아두고 있다. 큰 조각상은 없다. 화려한 스펙터클을 연출한 복제품은 모습을 감추었다. 앙코르 유적의 전체상을 보여주려고 한 들라포르트의 의지는 이어지지 않았다. 그 대신에 전시에서 우선시된 것은 양식적 분류와 편년적 전시이다. 여기에 양식적 연구에 의해 바이욘 유적의 제작연대를 수정한 스테른의 연구성과가 반영되어 있는 것은 분명하다. 자신의 연구성과를 보여주기 위한 전시실이라고 해도 과언이 아니다.

1930년대의 기메미술관의 개혁을 연구한 앙느 자네와 뮈리엘 모리악은, 새롭게 태어난 기메미술관은 국교분리(1905년)의 나라 프랑스의 '비종교성laïcité'을 반영한 결과라는 견식을 보여주고 있는데, 이 설명만으로는 너무나 불충분할 것이다.[45] 확실히 재편을 거쳐, 과거의 종교박물관으로서의 개성은 사라졌지만, 전시물의 태반은 불교나 힌두교의 종교적 유물이라는 것에는 변함이 없다. 강조해야 할 것은, 개편 후의 미술관이 아시아의 종교적 유물로부터 신성한 종교적 가치를 빼앗아, 미술적 가치, 역사적 가치를 지닌 고미술품으로서 일반에게 인정받게 한다는 것이다. 수집가의 종교적 취미를 반영한 컬렉션으로서가 아니라, 학술적으로 연구·분류된 고고학사적 사료, 미술사적 작품으로서 미술관에 전시되게 되었던 것이다. 수집가의 보물을 보여주는 장에서 연구자로서의 학예원의 성과를 보여주는 장으로 극적인 변화를 했던 것이다.

동양미술 교육체제의 확립
—루브르학원의 아시아미술교육

실제로 기메미술관의 전문화 또는 근대화는, 학예원들의 전문 분화와 궤를 같이하여 진행되었다. 아캉은 티베트나 아프가니스탄의 불교미술, 스테른은 크메르미술, 그루세는 중앙아시아를 중심으로 한 아시아사라는 식으로 학예원의 전문성이 명확해지고, 그들을 잇는 사람들도 각각의 특정 전문분야를 가지고 전문화된 미술관의 직위에 배속되어가게 되었다.

1920년경까지는 아시아미술을 소장하는 미술관의 학예원은 특정 전문영역을 가지고 있지는 않았다. 19세기 말의 기메미술관에서는 레옹 드 밀루에 Léon de Milloué(1842~1914?)나 에밀 데자이Émile Deshayes가 학예원이 되었는데, 그들은 이집트에서 일본까지 광범위한 지역의 미술을 다루는 만능선수였다. 앞에서 소개한 루브르미술관 동양부의 가스통 미종도 마찬가지였고, 그는 중동의 이슬람 공예품에서 일본의 우키요에에 이르기까지 폭넓게 연구하는 '응용예술'의 전문가였다. 또한 체르누스키미술관의 학예원이었던 앙리 다르덴느 드 티작은 소설가로서 학예원의 업무를 통해 중국 고미술 전문가가 된 인물이다. 극동학원에 파견된 조사원과 마찬가지로, 메트로폴의 학예원도 동양학이나 동양미술의 '아마추어'가 대부분을 차지하고 있었던 것이다.

그러던 것이 1920년대가 되면, 고등교육기관에서 동양학이나 미술사, 아시아사를 배운 엘리트가 학예원 직위를 차지하게 된다. 아캉이나 스테른 외에도, 예를 들면 기메미술관에는 아주 짧은 기간이기는 했지만 1923~1925년에는 부학예원으로서 일본학자인 클로드 메트르가 있었고, 정규직을 얻지 못한 외국인 학예조수로서 극동학원의 전문가 라파엘 페트루치Raphaël Petrucci(1872~1917)나 일본학자인 세르게이 엘리세프가 있었다. 그들은 각각 연구자로서의 전문분야를 가지고 있었고, 그 전문성이 학술적인 미술관으로 변혁하는 데 큰 원동력이 되었던 것이다.

미술관과 학예원의 전문성이 뚜렷해졌다는 것은, 아시아의 고고학과 미술사가 프랑스에서 학문으로서 일정한 시민권을 획득했다는 것을 의미하는 것이다. 그것을 상징하는 것이 1920년대 중반에 루브르학원에 개강된 아시아미술 강좌이다. 수강생이 적었다고는 하지만, 파리의 고등교육기관에서 처음으로 아시아미술이 학문분야로 자립한 획기적인 사건이었다. 루브르학원은 이름 그대로 루브르미술관을 중심으로 하는 국립미술관의 학예원을 양성하기 위한 전문학교였고, 강사는 국립미술관 학예원들이 담당했다. 기메미술관의 국유화와 전문화에 연동하여 아시아미술 강좌가 설치되었던 것이다.

강좌의 내용을 검토해보자. 우선 1926년에 개강된 것이 '아시아미술 강좌'이고, 루브르미술관 동양부의 학예원 조르쥬 살르George Salle가 교수에 임명되었다. 이어서 1928년에 '인도 고고학·미술 강좌'가 개설된다. 그리고 여기에서 크메르미술에 대한 강연이 이루어졌다. 교수와 교수 대리로 임명된 것은 동양미술관 개혁의 입안자였던 세 명, 아캉, 그루세, 스테른이었다. 제도상 세 명이 학예원으로서 자동적으로 교수가 된 셈인데, 인도차이나에서 고고학적 조사에 종사했던 조사원에게는 마음이 편치 않은 구석이 있었던 것은 아닐까? 현지에서의 조사경험을 가지고 있지 않은 파리의 학예원이 교수라는 직함을 부여받고, 젊은이들에게 아시아의 고고학과 미술사를 강의했던 것이다. 프랑스를 대표하는 아시아미술의 전문가라는 인정을 국가로부터 얻어낸 것이다.

각 강좌의 연도별 수업내용은 다음과 같다.

'아시아미술 강좌'

1926~1927년 중국의 미술

1927~1928년 중국 회화와 기타 극동의 회화와의 교류사

1928~1929년 동기와 철기 ― 중국미술과 이슬람미술

1929~1930년 이슬람미술, 그 기원과 극동미술과의 교류

'인도 고고학·미술 강좌'

1928~1929년(아캉 담당) 고대인도미술

1929~1930년(스테른 담당) 6~14세기의 크메르미술, 프리앙코르와 앙코르

1930~1931년(그루세 담당) 티베트와 중앙아시아의 미술

1931~1932년(스테른과 그루세 담당) 고대 인도미술, 회화[46]

이 수업구성은 너무나 프랑스답다. 강좌의 큰 틀은 전자가 중국 중심, 후자
가 인도 중심이라는 종래 동양학의 전통을 느끼게 해주는데, 그 내용면에서
전자는 중국과 일본의 미술교류 또는 이슬람미술과의 교류라는 횡단적인 시
점이 중시되었고, 중국의 주변 지역에 대한 주의가 두루 미치고 있다. 후자
에서도 마찬가지이다. 인도의 불교미술을 축으로 하여 주변의 캄보디아, 티
베트, 중앙아시아의 미술이 각각 주제가 되어 있다. 아시아의 대국의 미술만
을 강의한 것이 아니라, 비교문화적 방법에 의해 주변국을 포괄적으로 이해
하는 커리큘럼이 되어 있다. 여기에 대국의 틈새에 끼어 있었던 까닭에 중국
도 인도도 연구할 수 있다고 이야기한 루이 피노의 인도차이나학의 이상, 또
는 그루세류의 종합사로서의 아시아미술사 사상의 반영을 쉽게 읽을 수 있
을 것이다.

또한 이 장에서 중요한 것은, 강의내용이 1920~1930년대에 재편성된 기메
미술관의 전시에 그대로 대응하고 있다는 점이다. 그렇다기보다는 기메미술
관의 전시품에 대응하여 수업이 편성되었다고 하는 편이 더 정확할지도 모

르겠다. 변혁 후의 기메미술관은, 1층에 크메르미술관을 두고, 그것을 감상한 후에 2층에 있는 인도미술, 그리고 아프가니스탄과 티베트로 향하는 경로를 완성했다. 루브르학원의 수업도 또한 아시아에서 주변적인 미술의 지식을 널리 익히게 하고, 그 후에 대국의 미술에 대한 이해를 심화시키고자 한다는 내용이라고 해도 좋을 것이다.

미술관 전시와 교육이 직결되는 형태로 표시되는 이 경로는 좋든 나쁘든 프랑스의 독특한 아시아미술이념을 반영한 것이고, 그 후의 미술사 편찬에도 결정적인 영향력을 가지게 되었다. 영국이나 미국에 비해 상대적으로 대국 인도와 중국의 고미술 컬렉션이 빈약했던 프랑스에게, 캄보디아나 아프가니스탄이라는 주변으로부터 아시아 전체를 조망하는 보편사적인 미술사 이념은 1920년대의 메트로폴의 학예원들의 지주가 되어, 미술전시에 구체적으로 반영되었고, 나아가 교육시스템으로 체계화되었던 것이다.

보편주의, 형식주의, 그리고 식민주의

메트로폴의 아시아미술연구자가 공유한 동양미술사 이념의 이해를 심화시키기 위해, 조금 시대를 앞서 가지만, 1930년대에 파리에서 왕성하게 출간된 보편사적인 미술사개설에 대해 언급해두고 싶다.

1930년대의 프랑스에서는, 시대적으로는 원초의 시대에서 현대까지, 지리적으로는 세계 전체를 망라하려고 하는 미술사개설 총서가 『보편적 미술사』라는 이름으로 다수 공간(公刊)되었다. 대표적인 네 종류의 미술사 총서는 아래와 같다.

『신 보편적 미술사』전 2권(마르셀 오베르 편), 1931년

『기원부터 오늘날까지의 미술』전 2권(레옹 데자일 편), 1932년

『시원에서 현대까지의 보편적 미술사』전 4권(루이 레오 편), 1934~1939년

『미술사』전 3권(S. 유이스만 편), 1938년[47]

이들 총서들은 지역별로 각 장이 나뉘어져 있고, 각각 편년체로 미술 통사가 서술되어 있는데, 모든 시리즈에 아시아의 미술이 크게 다루어지고 있다. 크메르미술도 일본미술도, 프랑스나 이탈리아의 미술과 동일한 서적 안에서 서술되는 환경이 여기에서 탄생한 것이다. 물론 개설이기 때문에 학술적으로 상세하게 새로운 지견이 검토된 것은 아니지만, 루브르학원에서의 아시아 강좌 개설이라는 사건과 마찬가지로, 구미의 미술사학의 틀 안에서 아시아미술의 한 부문으로 편입되었다는 것을 고하는 현상으로서 (긍정적이든 부정적이든) 학사적 검토를 할 가치가 있을 것이다.

보편적 미술사 총서의 발간 배경으로는 아시아미술 이해의 심화와 함께, 당시의 프랑스의 미술사학 자체의 변화를 읽어낼 필요가 있다. 전술한 바와 같이, 1920~1930년대에 파리의 국립미술관은 통합되어 각 미술관이 전문화했다. 학예원도 지역별로 전문화했다. 각국의 미술을 구분한 후, 그것들을 관련시켜가면서 서술한다는 이 총서의 정신은, 미술관 재편의 정신 그 자체였다. 말하자면, 이들 총서는 파리의 미술관 배치의 조감도가 되어 있었던 것이다. 실제로 총서에서 구체적으로 다루어지고 있는 작품의 다수는 프랑스의 미술관이 소장하고 있던 작품이었다.

이 개설이 일반 독자의 마음을 사로잡을 수 있었는지의 여부는 알 수 없으나, 적어도 미술사를 배우는 학생에게는 기본적인 지식을 얻기 위한 교과서

로서 소중히 여겨졌던 것임에는 틀림없다(현재 프랑스의 대부분의 대학도서관에서는 이들 총서를 갖추고 있다). 미술을 배우는 학생은 고대 그리스나 이탈리아 르네상스나 프랑스의 중세미술뿐만 아니라, 아시아의 미술을 배울 필요가 있다고 이들 총서는 가르치고 있으며, 세계 각지의 미술이 지역연구의 한 부문이 아니라, 미술사학이라는 학문분야의 일부라는 것을 명시했던 것이다. 때마침 1931년에는 파리대학(소르본)에 미술·고고학연구소가 신설되어 명목상으로는 세계 각지의 미술을 연구할 수 있게 되었다. 학생들의 거리인 카르티에 라탱(Quartier latin*)의 남쪽에 건설된 샤를 비고의 설계에 의한 이 연구소의 외장 부조(복제품)에는 고대 이집트, 그리스, 중세 프랑스의 미술관과 나란히 앙코르와트의 부조물들이 장식으로 채택되었다(그림46, 47).

보편적 미술사가 유행한 배경에서, 세계대전 간의 파리의 국제주의적이고 평화주의적인 정치적 풍조를 읽어내는 것은 용이할 것이다. 예를 들면, 1932년의 『신 보편적 미술사』(오베르 편)에 서문을 쓴 에밀 말은 다음과 같이 쓰고 있다.

지금 우리는 '조형예술의 보편적 역사'의 필요성을 충분히 이해하고 있다. 20세기는, 19세기에는 상상조차 할 수 없었던 '비교국제연구'의 세기가 될 것이다. 젊은 연구자는 일국의 예술연구에 몰두하기 전에, 모든 나라의 예술을 알아야 한다. 여태까지 무지했던 아시아미술도 알아야 하는 것이다.[48]

---

* 파리 센 강 좌안의 5구와 6구에 걸친 구역으로서, 카르티에는 '지구', 라탱은 '라틴어'를 의미한다. '라틴어를 읽을 수 있는, 즉 교양 있는 학생들이 모이는 지구'라는 것이 이 구역명의 원래 의미이다. 파리대학을 비롯하여 고등교육기관이 집중되어 있어서 옛날부터 학생들의 거리로 유명하다.

그림46 파리대학 미술·고고학연구소(1931년)의 외장 부조물

또한 같은 해에 간행된 『기원부터 오늘날까지의 미술』(데자일 편)의 서문을 담당한 폴 레옹Paul Léon도 마찬가지의 보편주의를 선언했다.

이 책은 서구, 지중해, 아시아대륙, 태평양을 망라한 지도이다. 과거에 개별적으로 연구되어온 각각의 문명이 지금은 같은 하나의 제국에 속하는 지방으로서, 또는 같은 하나의 세계에 속하는 작은 지역으로서 이해되게 된 것이다. (…) 예를 들면 일본미술이 좋은 예인데, 이 미술은 이슬람세계, 불교세계, 나아가 서구세계와의 관계를 여실히 보여주고 있다.[49]

• 앙코르와트
— 제국주의 오리엔탈리스트와 앙코르 유적의 역사 활극

그림47 파리대학 미술·고고학연구소(1931년)의 외장 부조물

　레옹의 문장에서 일본미술이 보편 미술사 구상을 정당화하는 재료로 이용된 것이 매우 흥미롭다. 아시아 국가들뿐 아니라, 서구와의 영향관계하에서 미술을 발전시킨 일본미술사는 프랑스미술사가가 그리고 있는 보편사를 정당화하는 적절한 증거로서 이용되었던 것이다. 과거에 루이 피노나 오카쿠라 가쿠조가 제창한 '아시아는 하나'라는 이념이 더욱 확대해석 되어, '유라시

아는 하나'라고도 평할 수 있는 과대망상적인 보편사로 변모했던 것이다.

이러한 상황을 감안하면, 앞에서 본 르네 그루세의 저작이 왜 1930년대에 유행했던가를 이해할 수 있을 것이다. 실제로 그루세 등은 이 총서들에서도 아시아미술의 집필을 담당했고, 바로 이것이라는 듯이 보편적 미술사의 이념에 공명하고 있다. 예를 들면 루이 레오 편 『시원에서 현대까지의 보편적 미술사』 제4권(1939)에서 「아시아예술의 역사적 틀과 발전」이라는 제목의 아시아미술 총론을 담당한 그는 일본미술의 역할을 다음과 같이 소개하고 있다.

일본은 천년을 넘는 전통에 대한 충실함이 예술적 개성을 손상하지 않고 유지되고 있다. (…) 이 독창성으로 인해 일본은 인도와 중국, 그리고 서구로부터의 문화적 영향을 받으면서도 스스로의 전통을 더럽히지 않고, 아시아와 유럽을 흡수하여 지속적으로 자기 자신을 유지했던 것이다.[50]

그루세는 동일한 일본관을 1930년에도 이미 피력한 바 있다.

일본은 해외의 영향에 항상 지배당해왔다. (…) 그러나 그리스가 이집트나 아시리아로부터 새로운 예술을 창조한 것처럼, 일본도 그리스나 인도, 중앙아시아나 중국의 전통을 혼합하여 새로운 양식을 만들어냈던 것이다. '아시아의 주변'에 있었던 까닭에 일본은 아시아 전체의 역사를 요약할 수 있었던 것이다. 일본은 모든 문명의 종합이 되었던 것이다.[51]

주변으로부터 아시아 전체를 투시하는 동양미술연구자의 역사이념을 대표하는 문장이다.

　보편적 미술사 총서의 아시아미술의 집필을 담당한 것은, 그루세 등 파리의 학예원이었다. 그루세는 1932년『신 보편적 미술사』제2권에서도「인도미술과 중앙아시아의 미술」(크메르와 자바의 미술을 포함)을 담당했다. 그리고 1939년 간행한『시원에서 현대까지의 보편적 미술사』제4권(아시아미술편)에서「인도의 미술」과「인도미술의 동방전파(크메르, 자바 등의 미술)」을 집필한 것은 필립 스테른이었다. 같은 책의「인도미술의 북방전파(중앙아시아, 티베트 등의 미술)」도 또한 스테른과 조제프 아캉의 공동 집필이었다.[52] (기묘하게도) 앙코르에서 고고학적 조사에 종사한 극동학원 멤버가 이러한 개설서의 집필에 관여하는 일은 없었다.

　미술사 총서는 교과서적 개설이고, 전문적인 연구서는 아니다. 그러므로 학사나 연구사에서 중시되는 경우는 적었지만, 이러한 개설서야말로 당시의 파리의 학계상황을 잘 드러내주고 있다. 오늘날에도 그렇지만 일반인 대상의 개설은 집필자의 사회적 지위를 중시한다. 그 방면의 전문가와 사회가 인정한 인물이 각 항목의 집필에 임하는 경우가 많다.

　예를 들면 1932년의『신 보편적 미술사』에서 고딕미술의 집필은 중세미술사가인 마르셀 오베르Marcel Aubert가, 현대미술의 집필은 프랑스미술사학계의 대표자로 여겨졌던 앙리 포시용이 담당했다. 이러한 인물과 어깨를 나란히 하며, 기메미술관 학예원이면서 루브르학원 교수였던 아캉, 그루세, 스테른이 크메르미술에 대해 집필했던 것이다. 이러한 책을 통해 그들의 이름도 또한 일반인 수준에서는 프랑스를 대표하는 동양미술사가, 고고학자로서 이해되었음이 틀림없다.

방법론적 어긋남의 표면화
—스테른 저『앙코르 유적 바이욘』의 충격

그런데 이들 통사 중 하나인 『시원에서 현대까지의 보편적 미술사』 제4권
(1939)에서 크메르미술의 집필을 담당한 필립 스테른은 연구사를 검토하면
서 충격적인 말을 기록하고 있다.

> 근년에, (크메르미술의) 연대고증에 수정이 가해졌다. 특히 1927년 이전에 간행된
> 서적은 신중한 태도로 접할 필요가 있을 것이다.[53]

개설서를 읽는 일반인이나 학생들에게 1927년 이전의 책은 학술적으로 문
제가 있다고 지도했던 것이다. 여기에서 구체적으로 들고 있는 1927년이란
스테른 자신의 저작 『앙코르 유적 바이욘과 크메르미술의 발전—크메르미술
의 연대에 관한 연구와 논쟁』이 간행된 해이다.[54] 즉, 대담하게도 그는 자신의
저서를 앙코르 연구의 일대 획기로 규정하고, 그 이전의 연구는 경계하라고
쓰고 있는 것이다. 이것은 무슨 의미인가? 여기에서는 계속 뒤로 미뤄오기만
했던 스테른의 저작에 대한 검토를 하고, 메트로폴과 식민지의 방법론적 차
이, 이론적 대립이라는 이 장의 주제를 매듭짓고 싶다.

파리의 연구교육체제가 정비되기 시작한 1920년대 중반까지, 앙코르 유
적이나 크메르미술에 관해 중요한 연구를 발표한 것은 현지에서 활동하던
극동학원 멤버들이었다. 이 분야는 그들의 독무대였다고 해도 좋을 것이다.
《학원기요》의 보고나 논문과 더불어, 앙코르보존국장이었던 앙리 마셜에 의
한 『크메르 조각』(1922)과 『캄보디아 건축에서의 동물』(1922), 캄보디아예술국

장 그롤리에에 의한 『캄보디아연구』(1921), 『앙코르 유적』(1924), 『고대 크메르 조각』(1925), 또는 학원 고고학부장이었던 파르망티에의 『프리미티브primitive 크메르미술』(1927) 등, 매년 크메르 조각에 관한 저작이 학원 멤버들에 의해 발표되었다.[55] 거기에 돌연히 스테른의 저작이 등장했던 것이다. 게다가 이 저자는 종래의 연구에 이의를 제기했다. 당연하게도 현지의 조사원들은 반발했다.

스테른의 저작은 크메르미술의 편년에 중대한 수정을 촉구하는 것으로서, 앙코르 유적의 고고학사에서는 잘 알려져 있는데, 그 내용을 우선 개괄해보자. 오늘날, 앙코르톰의 바이욘사원은 12세기 말에 자야바르만 7세Jayavarman VII*가 건립한 불교사원으로 알려져 있다. 그러나 스테른의 저작이 발표되기 전에는 9세기 말~10세기 초의 건축물, 즉 야소바르만 1세Yasovarman I**가 크메르 왕으로서 처음으로 앙코르(야소다라프라Yasodharapura, 야소바르만 왕의 도시)에 건축한 사원이라고 여겨지고 있었다. 12세기의 앙코르와트 이전에 건축된, 유적군 중에서도 가장 오래된 사원의 하나로 가정되고 있었던 것이다. 그러나 스테른은 바이욘사원에서 출토된 조각을 연구하여 이 가설에 이의를 제기하고, 2세기나 더 내려간 11세기의 건축물, 즉 앙코르와트 건축 직전의 것이라고 결론을 내려, 현지에서 활동하고 있던 연구자들 사이에 논쟁을 불러일으켰다.

1929년에는, 그해에 방콕의 문학·고고학·미술아카데미의 비서에서 극동

---

* 크메르 왕조의 국왕(재위 1181~1218). 크메르 왕조 최초의 불교도 국왕으로서 불법으로 나라를 통치하는 전륜성왕(轉輪聖王)이 될 것을 지향했고, 전란으로 황폐화된 나라의 부흥을 목표로 했다. 특히 그가 행한 자선사업은 높게 평가되고 있으며, 동시에 군사원정을 실시하는 호전적인 성격도 가지고 있었다.
** 889~910년에 재위했던 캄보디아 앙코르 왕조의 제4대 왕. 힌두교 신자로서 프놈바켕 등 국내 각지에 힌두교 사원을 건립한 것으로 잘 알려져 있다. 910년에 한센 병으로 사망했다.

학원 원장이 된 조르쥬 세데스가 비문을 재검토하여 바이욘사원이 13세기의 건축물이라고 새로운 가설을 주창했다.[56] 그 후에 몇 가지 증거의 검증을 통해 이 설이 보강되어, 13세기 건축설이 정설이 되었다. 스테른의 설보다도 시대가 더욱 후퇴했다고는 하나, 큰 흐름에서는 바이욘사원의 건축연대를 후퇴시킨 스테른의 문제제기가 인정받는 결과가 되었다.

스테른의 저작은, 단순히 크메르미술의 편년에 결정적인 변경을 강요했다고 하여 연구사에 기억되는 책이 된 것은 아니다. 앙코르 지구는 물론이고 동아시아에 한 번도 발을 들여놓은 적이 없는 메트로폴의 연구자가 현지 학원 멤버의 연구를 비웃듯이 대담한 문제제기를 하고, 큰 틀에서는 그 주장의 정당성이 인정받았다는 사실에 중대한 의미가 있었다. 또한 이 장에서 논하고 있듯이, 스테른의 문제제기는 바로 파리의 연구교육체제가 정비되고 있던 시기에 이루어진 것이고, 파리의 크메르미술연구의 수준을 국내외에 강하게 보여주었다. 크메르미술연구의 장이 극동학원뿐 아니라, 파리에도 있다는 것을 알렸던 것이다.

스테른이 사용한 방법론은, 종래의 현지조사원들의 연구와는 사뭇 달랐다. 이 책의 충격은 편년에 관한 결론만이 아니라 그 방법론에도 있었다는 것을 강조해두고 싶다. 이 책에서 스테른은 고고학에서의 형식학과 미술사의 양식연구를 기반으로 하여, '이론적'으로 크메르의 미술사를 구축하려고 했다. 양식의 발전사로서 크메르 조각의 편년적 역사를 기술한 것이다. 그것은 제목에서 보여주고 있는 '발전'이라는 말에 명확히 의식화되어 있다. 모두에서 그는 대담하게도 다음과 같이 쓰고 있다.

고고학연구에서 우리들은 항상 미술의 비교연구에 관심을 기울여왔다. 여러 가지 미술에 오랫동안 친숙해진 결과, 우리들이 확신하고 있는 것은 이집트나 비잔틴의 미술을 포함하여, (…) 모든 미술은 발전한다는 것이고, 크메르미술도 예외는 아니다. 그러므로 우리들은 우선 이 일을 시작하는 데 있어서, (…) 이 (양식적인) 전개를 좇아가기 위해 노력하는 것이다. (…) 이 책의 방법은 작품 그 자체의 검토에 의해 미술의 전개를 밝히는 것에 있다. 따라서 최소한의 의심도 없는 비문자료만을 이용하기로 한다.[57]

여기에는 1920~1930년대의 (서양의) 미술사학이 방법론적인 전거로 삼고 있었던 '양식분석'과 '미술의 비교학'의 이론적 영향이 명료하게 나타나고 있다.[58] 앞에서 본 바와 같이 도상학의 권위자인 에밀 말과 같은 중세프랑스미술의 중진조차도 '조형예술의 비교학'을 제창했다. 메트로폴에서 유행하는 이론을 스테른은 크메르미술에 응용하여, 금석학과 문헌학을 중심으로 한 종래의 편년연구를 뒤흔들어보고자 했던 것이다.

의심되는 비문사료는 이용하지 않고, 조형상의 양식을 최우선적으로 분석하자는 스테른의 주장은 학원 멤버들을 당혹스럽게 만들었다. 그들의 자부심에 상처를 주고, 초조하게 만들었다. 당시 앙코르보존국장이었던 앙리 마셜은 바로 스테른의 저작에 반응하여 1928년의 《학원기요》에서 다음과 같이 비판하고 있다.

(현지의) 건축물이나 미술품을 실제로 보지도 않고, 규격이 반드시 정확하지도 않은 데생이나 사진만을 검토한 스테른 씨는 자신의 이론만을 근거로 하여 작품을 관찰한 것으로 여겨진다.[59]

코마이유의 후계자로서 앙코르보존국장을 이미 10년 가까이 지내고 있던 마셜이 한마디 하지 않고는 견딜 수 없는 기분은 잘 알겠다. 현지조사를 하지도 않고 메트로폴에서 유행하는 이론에 의거하여 실증적인 자신들의 일을 부정한 스테른을 도발하지 않을 수 없었던 것이다. 여기에 현지조사원으로서의 자부심을 읽을 수 있으며, 동시에 말로가 『왕도』에서 희화적으로 보여준 현지조사원의 이론 혐오적인 태도를 볼 수 있을지도 모르겠다. 아무튼 마셜은 이론을 전제로 밀어붙이는 스테른에 대해, 실증 수준의 사실오인事實誤認을 들어 보이면서 비판했던 것이다.

하지만 마셜에게는 불행한 일이지만, 스테른의 연구는 결과적으로 종래의 크메르미술의 편년을 크게 뒤엎어버렸다. 이 점을 평가하지 않을 수는 없다. 이론 편중의 방법을 비난하면서도 마셜은 스테른의 책이 "전혀 새로운 발견"을 했다는 점을 대서특필하고, "크메르 건축물과 양식의 발전의 편년에 대한 우리들의 지식을 완전히 수정"한 것을 인정했다. 그리고 다음과 같이 이어간다. 야유 섞인 문장에서 이 뉘앙스를 감지해야 할 필요가 있으므로 장문의 인용을 양해해주기 바란다.

이 결론은, 저자가 캄보디아에 한 번도 온 적이 없고, (파리에서) 입수할 수 있었던 사진자료나 도상자료만으로 연구를 했다는 사실을 안다면, 한층 더 놀랄 가치가 있을 것이다. 이 방법 때문에 몇 가지 곤란한 문제도 발생하고 있다. 사진자료 등의 시각자료는 항상 불충분한 것이기 때문이다. 하지만 장점도 있다. (소수의 표본밖에 사용하지 않기 때문에) 양식이나 시대설정의 문제를 본질적 특징으로 환원해서 생각하는 것이 가능하고, 너무나 무수하게 많아서 혼란이 넘치는 크메르 건축물의 세부사항에 휘둘리지 않고 연구할 수 있기 때문이다. 현지에서의 크메르미술연구는 다중다양한 영향을 받아 혼돈스러워진다. (현지의 유적은) 몇 겹이고 겹쳐지고, 얽히고설킨 다수의 모티브의 반복과 혼란을 제시하고, 반복과 혼란에 의해 복합적인 전체가 형성되어 있다. (…) 이 현지의 혼돈으로서 혼란을 초래할 수밖에 없는 유적에 스테른 씨는 명석함과 질서를 부여했던 것이다. 이 점에 우리들은 큰 감사를 드리지 않을 수 없을 것이다.

이것으로 이미 스테른 씨의 저서의 장점에 대해서는 서술한 것이 된다. 즉, 크메르미술의 전개에 하나의 간결한 도식을 부여한 것이다. 너무나 간결한 나머지, 현실을 반영하고 있지 않은 도식이지는 않을까?

상당히 불쾌한 칭찬인데, 이와 같은 표현이야말로 스테른의 새로운 지견에 대한 현지조사원의 답답한 생각을 남김없이 전하고 있다. 하지만 마셜은 연구자로서 스테른의 책의 성과를 최대한으로 평가해 보이면서 본문을 맺고 있다.

아무튼 우리는 스테른 씨에게 감사를 드린다. 크메르 고고학에 관심이 있는 사람들은 모두 그에게 감사드려야 할 것이다. 새로운 길을 개척한 것이다. 그리고 여태까지 우리들이 잘못된 길을 걸어왔다는 것에 주의를 촉구하고 있다. 그는 우리들에게 바른 길을 가르쳐주었고, 언젠가는 밝혀질 진실을 향해, 최초의 이정표를 고정시켜준 것이다. 그러한 의미에서 그의 저작은 크메르미술연구의 일대 획기가 될 것이다.

야유가 뒤섞인 마셜의 문장에는 하나의 진리가 포함되어 있다. 마셜은 스테른이 행한 양식연구가 메트로폴에서만 할 수 있는 연구라고 적확하게 표현하고 있다. 현지조사원에게 이론적 연구를 하는 두뇌가 없다는 것은 아니다. 그것이 아니라, 현지에는 개개 조각의 양식을 분별하는 것이 불가능할 정도로 다양하고 무수한 유물이 넘쳐나고 있다. 역으로 메트로폴은 양식적으로 다른 유물만을 소수 엄선하여 수집하고 있다. 각 양식의 특징적인 조각상이 조금씩 요약적으로 수집되어 있는 메트로폴에서 이론적인 양식연구가 유행하는 것은 필연이라고 마셜은 지적하고 있는 것이다.

반농담조의 야유였지만, 마셜의 이 지적은 파리와 현지의 앙코르 고고학의 격차를 검토하고자 하는 우리들에게는 중요하다. 그가 이야기하듯이, 메트로폴은 치밀한 실증적 연구는 할 수 없지만, 양식을 비교분석하기에는 매우 적합한 환경이었다. 원래 양식이 다른 미술품만이 미술관의 '일관된' 전시에 어울리는 것들이다. 그리고 또한 미술사의 교육도 그러할 것이다. 양식이 다른 소수의 견본을 편년적으로 배열함으로써 명료하고 용이하게 미술의 역사를 이해할 수 있다. 좀 더 대담하게 이야기한다면, 이 단순한 명석함이야말로 1930년대경부터 프랑스에서 왕성하게 강의되어온 양식사로서의 미술사의 특징이고, 전술한 학생 대상의 보편사적 미술 통사의 '자랑'이었다. 이것은 『시원에서 현대까지의 보편적 미술사』에 실은 스테른의 논문을 보면 매우 일목요연하다. 그는 처마의 미석楣石* 4점을 열거한 삽화나 사자獅子와 나가를 3점씩 배열한 삽화(그림48, 49)를 내세워, 한눈에 크메르미술의 양식적 변천을 이해할 수 있도록 배려하고 있다.[60] 누가 봐도 알 수 있는 상이한 특징적인 양식을 열거하여 크메르미술의 역사를 평이하게 설명하고 있는 것이다.

---

* 이맛돌. 돌방무덤의 문 위쪽 문설주 사이에 가로로 걸쳐진 돌이다.

au-dessus de l'arc et sur l'arc même dont les extrémités se changent en feuillage enroulé vers l'intérieur d'abord, vers l'extérieur ensuite. Les makaras disparaissent assez vite, remplacés par des fleurons ; les guirlandes et les pendeloques cessent ensuite d'être représentées. L'arc lui-même, enfin, se transforme en branche d'où pendent, non plus des guirlandes, des pendeloques ou des feuilles de face, mais des crosses de feuillage vues de profil. Vers la fin du viiie siècle environ, le linteau est devenu bas, pauvre, formé d'une branche s'enroulant à ses extrémités vers l'extérieur, branche d'où pendent des crosses de feuillage et qui n'est souvent ornée que d'un fleuron central (fig. 169, au milieu vers le haut).

Le linteau du ixe siècle (style du Koulen et de Prah Kô, fig. 169, en bas) est, au contraire, haut et richement décoré : c'est le plus beau des linteaux khmèrs. Que s'est-il passé ? Une réaction s'est produite avec innovations, copie de motifs étrangers et reprise de certains thèmes du passé. Le linteau du ixe siècle a emprunté aux linteaux précédents la branche de feuillage s'enroulant vers

Fig. 169. — Linteaux khmèrs.

milieu) ; la queue de l'animal a disparu et de tous côtés les têtes auréolées terminent le long corps ; ce corps lui-même, formant balustrade, est isolé du sol par des dés de pierre sur lesquels il repose. Le dos de l'animal permet de préciser

Fig. 172. — Lions khmèrs. A gauche : viiie siècle (Sombor-Prei Kouk). Au milieu : début du xe siècle (Phnom Bakhèng). — A droite : fin du xiie siècle (Bàyon).

Fig. 173. — Nâgas (serpents) décoratifs khmèrs. A gauche : style de Koh Ker, 1re moitié du xe siècle. — Au milieu : style d'Angkor Vat, 1re moitié du xiie siècle. — A droite : style du Bayon, 2e moitié du xiie siècle.

그림48 필립 스테른 「인도미술의 동방전파」
(『시원에서 현대까지의 보편적 미술사』 제4권) 삽화, 1939년

그림49 스테른 「인도미술의 동방전파」 삽화, 1939년

또 한 사람, 조르쥬 그롤리에의 반응도 봐두도록 하자.

1920년에 캄보디아예술국장으로 취임한 그롤리에도 현지조사원으로서의 자부심을 가지고, 잡지《크메르의 미술과 고고학》을 창간하여 자신의 논리를 전개하고 있었다. 예술가풍의 그롤리에가 금석학 중심의 앙코르 연구보다는 크메르미술의 미학적 연구를 선호했다는 것은 전술한 바 있다.

어떤 의미에서 그의 시점은 이론적인 메트로폴의 연구에 가까웠다고 해도 좋다. 그롤리에의 연구나 주장에서 말로의 미학이론과의 유사점을 지적하는 연구자도 있을 정도이다.[61] 그러나 그롤리에의 연구는 근본적으로 스테른의

양식연구와는 달랐다. 캄보디아 출생의 그롤리에는 독특한 감정이입을 통해 크메르인의 예술적 천성이나 정체성identity의 계속성을 미술품에서 찾아내려고 했다. '차가운' 양식분석이 아니라, 크메르의 민족적 의지(미술사가 알로이스 리글Alois Riegl(1858~1905)의 '예술의지'와 유사한 근원적인 힘)를 크메르미술에서 읽어내고 있었던 것이다.

따라서 스테른에 대한 그의 비판은, 마셜과는 달리, 실증을 멸시하는 것과 같은 이론을 향해 있지 않았다. 그가 의심스러워한 것은 양식분석의 결과로 제시된 새로운 편년체계, 즉 바이욘을 11세기의 건축물로 간주한 스테른의 (냉철한) 판단이었다. 그롤리에에 의한 스테른 비판이 전개된 것은 1931년에 재판된 개정판 『앙코르 유적』(1924년 초판)에서이다.[62]

스테른의 문제제기로 인해 그롤리에는 1924년에 출판한 자신의 저서를 재판할 때에, 바이욘사원의 기술을 고쳐 써야 할 지경에 이르렀다. 하지만 바이욘사원이 11세기의 건축물이라는 것은 너무 이상하다고 그롤리에는 끈질기게 맞선다. 원래 그는 비문연구를 옹호한 것도 아니고, 실증적 사료에 기초한 편년이 이상하다는 것도 아니었다. 그롤리에가 주장한 것은 "바이욘예술에 인정되는 기술적 결함, 태만, 기괴함, 방만한 충동성"이고, 예술적 의욕이 저하된 바이욘의 예술이 크메르미술의 절정을 이루는 앙코르와트 직전에 제작되었다는 설은 도저히 납득할 수 없다는 것이다. 그의 입장에서는 논리적이라 여겨지는 스테른의 이론적 방법이 초래한 결론은 종래의 9세기 건축설보다도 '비논리적'인 것이었다.

그리하여 그롤리에는 1929년에 세데스가 제안한 13세기 건축설을, 그다지 좋아하지 않는 비문연구이기는 하지만 지지했다. 절정기를 지난 퇴폐기의 예술로서 바이욘양식의 '기술적인 결함'이나 '태만'을 설명할 수 있기 때문이었다. 양식전개에 의해 크메르미술의 미적 변천을 밝히는 것에 인색한 것은 아니지만, 그러나 스테른의 양식분석에는 크메르미술 전체를 조망하는 미학이 결여되어 있다고 직감적으로 간파했던 것이다.

　바이욘사원이 절대로 11세기의 건축물일 수 없다고 하는 그롤리에의 미적 판단은 현지조사원으로서의 직감이었다고 해도 좋을 것이다. 매일매일 앙코르의 유적을 만나는 사람들에게 이 거대한 유적군은 마셜이 이야기한 것처럼 '혼란'이 넘치는 '복합적인' 살아 있는 현실이며, 그 안에서 살아온 사람들에게만 그 직감이 자라나는 것이다. 차가운 메트로폴의 양식분석은 현실을 단순화하고 있을 뿐이며, 그것으로는 앙코르 유적을 해명할 수 없다고 그롤리에는 주장한다. 1931년의 개정판의 전언前言으로서 그롤리에가 부가한 문장은, 19세기 탐험가의 앙코르 기행문을 방불케 하며, 쉽게 해명할 수 없는 앙코르 유적의 수수께끼와 신비를 강조하고 있다. 스테른에 대해 직접 언급하지는 않지만, 현실을 단순화할 뿐인 이론적 연구에 대한 나름의 비판이 포함되어 있는 것은 아닐까? 미야케 이치로에 의한 명번역에서 그 일절을 인용해본다.

　앙코르에 들어가는 것은 이 훌륭한 현요혼미眩耀惛迷*를 훔쳐보는 것이다. 앙코르와 같이 면면히 스스로를 보여주는 고도古都는 많지 않으며, 더욱이 그 어떤 것도 과거의 사물을 충분히 이야기하지 못하고, 그 신비, 희비극, 영화를 충분히 그리워하게 하지 않는다. 앙코르의 모든 문들은 신비유암神秘幽暗을 향해 열려 있다. 이

＊　현요는 눈부시고 찬란하다는 뜻이다.

문들의 조각들, 회랑에서 들려오는 무언가의 속삭임, 부근에서 발굴된 유적에서도 그 불명료한 혼미훤효混迷喧囂*의 신비를 해명하지 못한다. 안타깝다. 사원이 완전히 보전되어 있으면 있을수록 해명해야 할 문제가 많아진다. 다만, 이 환상의 도시에는 벽에 늘어서 있는 신들이나 여신들의 얼굴이, 어딘지 모르게 열락과 풍자와 영묘한 미소를 머금고 있을 뿐이다.[63]

스테른의 앙코르 참배

이상과 같이, 1927년 출간된 스테른의 책은 앙코르 고고학에 큰 동요를 가져왔다. 결과적으로는 그의 11세기 건축설도 뒤집어졌지만, 그래도 메트로폴의 연구수준의 높이를 보여주었고, 파리에서도 크메르미술연구를 하는 연구교육체제가 정비되었다는 것을 분명하게 알려주었던 것이다. 학사적 의의 이상으로 중요한 것은, 마셜이나 그롤리에의 말에서도 나타나듯이, 현지조사원들이 메트로폴의 (단순화 방식으로) 정비된 연구체제와 현지의 혼돈된 유적조사의 실태와의 사이에 큰 격차가 있다는 것을 의식하지 않을 수 없게 되었다는 점일 것이다.

이론적 연구도 중요하지만, 현지에는 그것과는 별도로 해야 할 것들이 산처럼 쌓여 있다. 그들은, 메트로폴은 메트로폴, 현지는 현지라는 식으로 양자의 단절과 괴리를 완전히 사실로서 받아들일 수밖에 없었다. 이미 단절을

---

* 훤효는 시끄럽다는 뜻이다.

해소하려고 하는 것이 아니라 단절을 전제로 하려는 의식이 생겨나, 이윽고 양자의 상호 몰이해로 이어져갈 것이다. 그리고 다음 장 이후에서 검토하겠지만, 1920~1930년대의 앙코르 고고학사상에 번거로운 그림자를 드리워가게 된다.

문제의 책으로 인해 거센 반론을 받은 스테른의 의식에는 무언가 변화가 있었을까?

그는 학원 멤버로부터의 비판에는 아무런 재반론도 하지 않았다. 그리고 자신의 양식론을 수정하지도 않았다. 1939년의 개설서에 1927년 이전의 저작은 경계하라고 쓰고, 양식론적 기술을 전개한 것은 전술한 바 그대로이다. 또한 1933년에는 《아시아잡지》에 논문 「크메르 건축의 발전과 앙코르의 도시 변화」, 1942년에는 저서 『참파의 미술과 그 발전』을 발표하는 등, 양식의 '발전사'로서의 아시아미술사를 철저하게 추구했다.[64] 그야말로 엘리트답게 어떤 일에도 동요하지 않고, 메트로폴에서 유효한 양식론적 접근으로 일관했던 것이다. 그러나 그렇다 하더라도 1936년까지, 즉 41세가 될 때까지 한 번도 앙코르 유적을 방문한 적이 없는, 자신의 연구자로서의 경력에 부담을 느끼지 않았을 것인가.

1936년 1월 스테른은 프랑스국립미술관의 조사사절단장으로서 처음으로 인도차이나를 방문하여, 2월 말부터 6월 초순까지 앙코르 지구를 답사했다. 현지에서 그를 맞이한 것은 고고학조사부장이었던, 인연 깊은 앙리 마셜이다. 이 언저리의 일들을 소설, 아니 영화라도 만든다면 매우 재미있는 것이 만들어질 수 있겠지만 아쉽게도 상세한 내용을 전하는 자료가, 적어도 공적 문서로서는 남아 있지 않다.[65]

답사하는 유적은 마셜과의 협의에 따라 현지에서 협조적으로 결정되었던 듯하다. 우선 스테른은 동행한 아시아협회의 코랄 레뮤자Girberte de Coral-Rémusat(1903~1943)와 함께 코케르, 삼보르 프레이 쿡Sambor Prei Kuk*, 콤퐁 스베이의 프레아 칸(대 프레아 칸), 프레아 비헤아르Preah Vihear**를 조사했다. 코랄 레뮤자는 4월에 귀국하지만, 스테른은 6월 초순까지 인도차이나에 체재하면서 반테아이 추마르Banteay Chhmar***도 조사했다.

스테른과 레뮤자의 목적은, 당시 그들이 연구를 진행하고 있던 7세기의 '초기(프리미티브) 크메르미술'의 시대와 9세기 말의 롤루오스Roluos 유적**** 시대의 사이를 잇는 미술양식을 확인하는 것에 있었다. 특히 자야바르만 2세(802~854)의 치세 시대의 미술양식을 해명하는 것을 목표로 했다. 9세기의 미술연구가 공백상태였던 이유는 오랫동안 바이욘이 9세기를 대표하는 미술로 간주되어왔기 때문이다. 바이욘이 9세기 건축물이 아니라는 것을 갈파한 것은 다름 아닌 스테른이었다. 즉, 그는 자신의 문제제기에 의해 양식사로서의 크메르미술사의 공백 부분이 된 9세기의 미술양식을 확인하기 위해 앙코르를 찾아왔던 것이다.

---

* 씨엠립과 프놈펜의 중간에 있는 프리앙코르시대의 유적. '삼보르'는 많다는 뜻이고, '프레이 쿡'은 밀림이라는 뜻이다. 7세기부터 9세기 초에 걸쳐 라오스 남부에서 캄보디아까지 통치했던 진랍의 수도였던 곳이다.

** 캄보디아 북쪽 프레아 비헤아르 지역과 태국 동쪽 시사케트 지역 사이의 국경 일대에 위치한 크메르 제국의 사원이다. 힌두교의 시바 신을 위하여 축조되었다.

*** 씨엠립에서 북서쪽 직선거리로 약 110킬로미터, 당렉 산맥 가까운 곳에 있다. 천수관음상으로 유명한 유적이다. 이곳은 앙코르 왕조의 황금기를 구축한 자야바르만 7세가 13세기 초에 아들 보살을 추도하기 위하여 건립한 불교사원이다.

**** 씨엠립 근처에 있는 크메르 왕국의 고대도시이자 70년간 앙코르와트 이전의 수도였던 곳이다. 자야바르만 2세가 이곳으로 수도를 옮긴 이유는 호수가 가까워서 물고기를 잡기 쉽고, 외적 방어에 유리하기 때문이었다고 한다.

이 조사에 의해 그는 바콩Bakong* 주변에서 특징적인 미석楣石과 석비를 발굴한다. 이어서 마셜과 함께 프놈쿨렌Phnom Kulen**(다음 장의 골루베프의 조사를 참조할 것)을 답사하고, 황폐한 17개의 사원과 7개소의 사원터를 발견하는 데 성공한다. 행운이었던 것은 그 건축물의 장식은 바로 스테른이 찾던 7세기와 9세기를 잇는 양식을 지니고 있었다. 이때 발굴된 유물은 기메미술관, 하노이의 극동학원미술관(루이 피노 미술관), 그리고 프놈펜의 알베르 사로 미술관에 수장되었다. 이 공동조사의 성과로 인해 스테른은 가슴을 펴고 파리로 돌아갈 수 있었던 것이다.

흥미로운 것은, 귀국 후에 쓴 조사보고서에서 스테른은 조사의 성공이나 양식분석보다도 현지조사의 육체적이고 정신적인 어려움을 강조하고 있다. 그에 의하면, 조사 당초에는 라종키에르의『유적목록』에 기재된 장소를 방문해도 불과 한 줌의 파편들만 있을 뿐, 비문도 조각상도 발견할 수가 없어서, "완벽하게 낙담"하고, 더욱이 그 낙담은 현지의 험준한 자연환경과 악천후로 인해 더욱 증대되었다. 현지의 쿨리들과의 생생한 대화나 가혹한 조사 실태를 소개하는 그의 조사보고서는, 그가 얼마나 현지를 모르고 있었던가를 전해주고 있으며, 과거 조사원들의 여행기와 흡사한 시대착오적인 기록으로서 흥미롭다.

---

* 앙고르 유적지에서 최초의 피라미드 형식으로 지어진 사원으로 유명하다. 5탑 형식의 중앙탑 등 앙고르사원의 기초를 다진 사원으로서, 인드라바르만 1세가 조상을 위해 880년에 프레아 코를 건립한 후, 자신을 위해 881년에 건립했다. 왕이 자기 자신을 위해 지은 중앙사원의 시초였다.
** 씨엠립에서 약 40킬로미터 정도 떨어져 있는 크메르의 성지이다. 자야바르만 2세가 이곳에서 신격화 의식을 행한 후 크메르제국을 창시했다고 한다. 프놈쿨렌에서 시작되는 씨엠립 강은 1,000개의 링가(linga)(인도에서 숭배되는 남근상)를 지나면서 성수가 되고, 그 성수가 크메르에 풍요를 가져다준다고 믿었다.

하지만 스테른의 최초의 앙코르 조사에는 또 하나의 목적이 있었다고 하지 않을 수 없다. 조금 전에 이야기한 것처럼 그는 자신의 양식사의 공백 부분을 밝히기 위해 조사를 행했다. 그러나 순수한 연구목적이라고는 할 수 없다. 이 장에서 반복해서 강조했듯이, 그의 연구는 그대로 기메미술관의 전시와 직결되어 있었다. 그의 연구의 공백은 기메미술관의 컬렉션의 누락이기도 했던 것이다.

1936년은 인도차이나미술관에서 기메미술관으로 진품의 작품들의 이설이 완료된 해이다. 메트로폴에 있는 주요한 크메르 고미술품이 한곳으로 모여진 셈인데, 그렇게 함으로써 크메르미술 컬렉션의 누락도 분명해졌다. 즉, 9세기의 쿨렌 양식의 미술품이 거기에는 없었다. 양식적 변화를 일망 할 수 있도록 편년적 전시를 하고 있던 스테른이다. 그에게 있어서 9세기 미술품의 '누락'은 기메미술관의 변혁이 아직 완료되지 않았음을 의미했다. 그리하여 "캄보디아 국내의 수집품에서 미술관(기메미술관)의 컬렉션을 보완하기 위해 유용하다고 생각되는 것으로, 동종의 작품이 여럿 있는 것을 당국(프랑스극동학원)과 함께 선택하여 프랑스로 송부하는 것"이 학예원으로서, 그리고 프랑스국립미술관의 조사사절단장으로서의 스테른의 가장 중요한 임무였던 것이다.[66]

현재 기메미술관에는 〈비슈누 신*〉(쿨렌 양식, 9세기 초, MG18860)(그림65) 등 작품의 캡션에 "1936년에 프랑스극동학원으로부터 송부"라고 기재된 유물이 여럿 전시·보관되어 있는데, 이것들은 스테른이 앙코르에 가서 선정한

---

* 비슈누 신은 커다란 금시조를 타고 다니며 악을 제거하고 정의의 회복을 유지하는 신으로서 힌두교의 3대 신의 하나이며, 평화의 신이다.

작품들임이 틀림없다. 수집된 고미술품의 태반은 9세기 전반부터 10세기 중반의 이른바 프리앙코르 시기의 우수한 작품들이고, 이로 인해 기메미술관의 컬렉션의 공백이 보완되었던 것이다. 제6장에서 상술하듯이 1927년의 스테른의 문제제기에 의해 1930년대의 현지에서는 9세기의 프리앙코르 시기 유적의 발굴이 크게 진전되었고, 그 자신도 현지조사에 의해 귀중한 유물을 발굴했다. 스테른은 그것을 마치 자신의 학술적 공헌의 전리품인 양 잽싸게 메트로폴로 가져갔던 것이다.

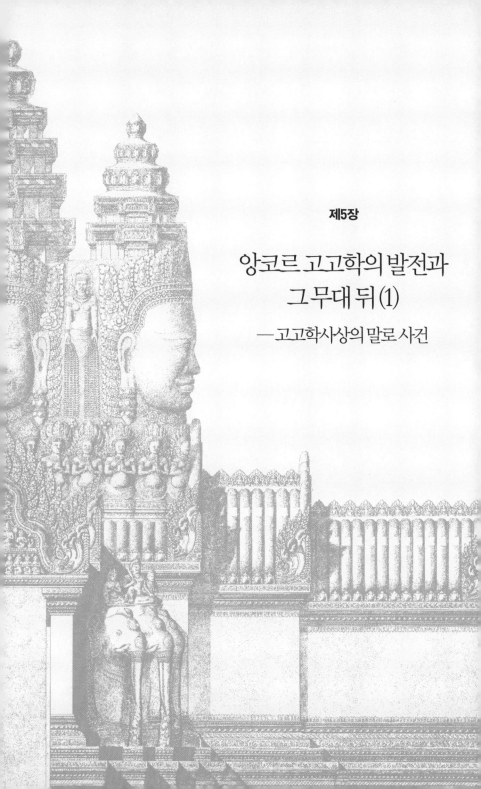

제5장

앙코르 고고학의 발전과
그 무대 뒤 ⑴
―고고학사상의 말로 사건

말로 사건과 고고학사

　1923년 12월, 23세의 프랑스인이 아내와 친구들과 함께 사이공에 상륙했다. 식민지성으로부터 무급의 고고학조사원의 자격을 취득했던 그는, 극동학원 멤버의 지도 아래 앙코르 유적의 조사를 한다는 명목으로 인도차이나에 들어왔다. 그러나 그는 독단으로 폐허인 반테아이 스레이 사원을 찾아가, 훌륭한 장식을 가진 부조물을 잘라내어 아무도 몰래 유적지에서 가져가려고 했다. 결국 이 도굴은 미수에 그친다. 도굴미수범이 된 그 남자는 체포되어 유죄판결을 받았다. 이 젊은이가 무명시대의 앙드레 말로라는 것은 비교적 잘 알려진 사실이다.

　1920년대를 살아간 프랑스 청년에게 앙코르 유적에서의 도굴은 이미 꿈속 이야기가 아니었다. 그만큼 이 유적의 이름은 일반에게 인지되어 있었고, 그 고고학 조사의 결과를 독학으로 공부하여 현지에서의 도굴을 계획할 수도 있었던 것이다. 앞 장에서 검토한 바와 같이, 이 무렵에 파리의 동양미술연구 교육체제가 급속하게 정비되어갔다. 1922년에는 마르세유에서 내국식민지 박람회가 개최되었고, 회장에 건립된 앙코르와트의 거대한 복제물도 인기를 끌었다. 미술품수집가는 크메르 고미술품에 흥미를 보이기 시작했다. 앙코르 유적을 방문한 관광객은 말로와 같이 도굴에는 미치지 못하지만, 무언가 기념이 될 만한 물건들을 손에 넣기를 비는, 그러한 시대가 되었다.

1907년 이래 극동학원 멤버는 유적조사를 계속적으로 수행하지만, 1920년대에 이르면 여러 가지 상황으로 미루어볼 때, 독자적인 페이스로 조사활동에 전념하는 것이 매우 곤란해져갔다고 상상할 수 있다. 본국의 박람회를 위해 전시품을 선정해서 송부한다든지, 인도차이나를 방문하는 공무원이나 관광객을 상대한다든지, 관광을 위한 도로를 정비한다든지, 게다가 유적의 보급활동이나 관광객유치의 영업활동도 병행해야 했다. 말로와 같은 인물도 상대해야 했다.

현지의 고고학도 새로운 국면을 맞이하고 있었다. 파리에서의 앙코르 유적의 인지도 상승은 메트로폴의 학예원뿐 아니라 현지조사원의 지속적 활동의 성과이기도 했지만, 그러나 그 성공으로 인해 조사수행의 방해가 되는 활동에도 가담해야 했던 것이다. 1920년대는 앙코르 고고학이 비약적으로 진전하는 시기이지만, 그 발전의 현장이 실은 혼란이 넘쳐나고, 조사와는 별반 관계도 없는 문제성 있는 활동도 하게 되었다.

이 장과 다음 장에서는, 이러한 1920년대 이후 현지의 고고학의 상황을 상세하게 추적해보고자 한다. 종주국의 수도가 연구교육체제를 제도화해가던 시기에 식민지에서의 조사는 어떻게 수행되었던가? 메트로폴의 정비는 식민지에 어떠한 영향을 미쳤을 것인가?

이 물음에 답하기 위해 이 장에서는 앙드레 말로에 의한 도굴 사건을 제재로 삼고자 한다. 말로는 반테아이 스레이 유적을 찾아가, 사당의 데바타 Devata, 속칭 '동양의 모나리자'라 불리는 여신이 새겨진 부조물을 가져가려고 했다. 놀랄 만한 일이지만, 그는 이 사건을 감추기는커녕 사건을 제재로 한 소설 『왕도』(1930)를 발표하고, 스스로 세상에 퍼뜨리고 다녔다.[1] 문학연구자에게 말로의 도굴 사건은 주지의 사실이었고, 이미 주요한 연구서만 해도 앙드레 방드강André Vandegans의 『앙드레 말로의 청춘의 문학』(1946), W. G. 랑글로와Walter Langlois의 『앙드레 말로, 인도차이나의 모험』(1966), 장 라쿠튀르Jean Lacouture의 『말로, 세기의 인생』(1973) 등이 이 사건을 상세히 다루고 있다.[2] 또한 1997년에는 저널리스트인 막심 프로드로미데스Maxime Prodromidès가 선행연구에서는 사용하지 않았던 1차자료를 이용하여 말로 사건의 진상을 파헤치고 있다(『앙코르, 르네상스연대기』).[3] 이것들을 읽어보면, 젊은 말로가 왜 도굴을 계획했는가, 왜 인도차이나로 달려가게 되었는가, 인도차이나에서의 경험이 후의 문예활동이나 정치적 사회참여에 어떠한 영향력을 지니고 있는가를 알 수 있다.

이러한 선행연구를 활용하면서, 이 장에서는 말로라는 인물의 전기적 부분에는 들어가지 않고, 오로지 1920년대의 현지의 고고학사적 상황과 대조하면서 말로 사건이 앙코르 유적의 고고학에 초래한 영향과 의미에 대해 생각해보고자 한다. 말로는 극동학원의 조사에 협력하는 고고학조사원으로서 앙코르 유적에 들어갔다. 파르망티에나 그롤리에 등 이 책의 주인공들과도 직접 만난 사이이다. 말로 사건은 극동학원과 그 고고학적 활동에 깊이 관련되어 있고, 이 사건을 추적함으로써 1920년대의 학원(학사만을 보게 되면 풀 수 없는)의 조사활동 과정을 설명하는 것도 가능해진다. 이와 같은 관점에 서서, 고고학사 측에서 말로 사건과 말로가 남긴 소설을 해독함으로써 당시 현지의 고고학적 상황을 부각시켜보고 싶은 것이다.

사건의 개요

앙드레 말로는 아내 클라라 골드슈미트Clara Goldschmidt(1897~1982)와 친구 루이 슈바송Louis Chevasson과 함께 1923년 12월에 인도차이나를 찾아갔다. 식민지성으로부터 조사원의 자격을 획득해두고 있었다. 1923년 10월 1일에 식민지성으로부터 말로에게 보내온 조사허가의 서류에는 이하와 같이 말로의 의무가 정해져 있었다.

프랑스극동학원에 협력하고, 당신이 제시한 10만에서 20만 프랑의 고액의 자금을 유적발굴을 위해 이 학술적 시설에 제공할 것, 그리고 조사활동의 지휘 일체는 극동학원에 위임할 것, 유적발굴에 의해 획득한 유물의 사유권을 요구하지 말 것[4]

말로는 무급조사원, 즉 자기부담으로 조사를 한다는 조건으로 현지조사의 허가를 얻어냈다. 발굴에 필요한 자금을 스스로 제공한다는 조건으로, 학원 멤버와 함께 조사를 수행하는 것이다. 말로가 제시한 10만 프랑에서 20만 프랑의 금액이란, 당시 앙코르보존국장을 맡고 있던 앙리 마셜의 급여가 1만 4,000프랑이었으므로 그것의 약 10배 가까운 고액의 자금 제공이다.

말로는 출신을 속여, 파리의 유복한 유한계급의 젊은이이고, 취미로 아시아 고고학을 연구한다고 나발을 불어댔다. 현지조사원과의 대화에서는 "옥스포드대학에서 산스크리트를 수학했다"라는 거짓말도 했던 것 같다. 현실은, 1921년에 고액의 유산을 상속한 클라라 골드슈미트와 결혼했다고는 하지만, 1923년에 주식투자에 실패하여 거의 파산 지경에 이르렀다. 따라서 그에게는 10만 프랑의 자금제공은 절대로 불가능한 일이었다. 도굴이 성공하면 도굴품을 매각하여 자금을 지불할 수 있다고 계산했던 것이다. 『왕도』에서 그는, 반테아이 스레이 유적의 사당의 여신 데바타의 부조를 발견한 주인공에게 "50만 프랑 이상이다"라고 말하게 하는 것으로 보아[5] 도굴을 통해 충분히 본전을 찾을 수 있을 것이라 생각했다고 여겨진다.

그런데 극동학원의 조사협력자로서 인도차이나를 찾아온 말로 일행에 대해, 극동학원은 캄보디아인 안내자 한 명, 조사도구를 나르기 위한 짐차 몇 대와 인부, 그리고 말 세 마리를 준비했다. 조각상을 반출하려고 생각하고 있던 말로는 독자적으로 안내자 한 명과 10명 정도의 베트남인을 고용했다. 총 인원 20여 명의 조사대가 되었다.[6] 이 조사대에는 고고학조사부장이었던 앙리 파르망티에도 앙코르보존국까지 동행했다. 말로 조사대에 학원 멤버나 조사협력자가 동행한 것은 단순히 조사를 위한다는 이유만은 아니었다.

말로가 도착하기 1개월 전인 11월 7일에, 프랑스로부터 총독부에 말로에 관한 새 정보를 전하는 전보가 도착했다. 이 전보는 일행의 고고학 조사의 "진정한 목적에 관한 정보"를 입수했으므로, 그 "활동을 엄밀히 고고학 조사에만 제한하도록, 그(말로)를 감시할" 필요가 있다고 전하는 것이었다.[7] 즉, 식민지성이 내밀하게 말로의 파리 은행구좌를 조사한 결과, 제공하는 자금은커녕 금전적으로 거의 여유가 없다는 것이 밝혀졌고, 말로의 목적이 다른 것에 있지는 않을까 의심을 품게 되었던 것이다. 그리고 바로 이 정보가 현지에 전해졌던 것이다.

당시 학원의 원장 대리를 맡고 있던 레오나르 오루소 Léonard Aurousseau(1888~1929)는 이 정보를 받고, 말로에게 조사활동을 학원이 이미 조사를 끝낸 지역으로 한정하고, 미답사 구역에는 가지 말도록 서면으로 엄중히 주의를 주었다(11월 24일). 그러나 말로는 이 충고를 무시하고, 학원의 조사가 불충분했던 반테아이 스레이로 향했고, 조사에 나선 지 불과 1주일 사이에 그곳에서 여신 데바타의 부조물을 포함한 600킬로그램의 유물을 반출했다. 동행한 조사원에게 '감시'를 받고 있던 말로가 도굴을 성공시킬 수는 없었다. 1923년 12월 23일 심야, 조각상을 프놈펜에서 사이공으로 이송시키려고 하다가 말로 일행은 현장에서 체포되었다. 죄목은 '역사적 건축물 파괴 및 부조물 파편 횡령'이었다. 조각상류는 바로 프놈펜의 알베르 사로 미술관으로 들어가 조르쥬 그롤리에가 "반테아이 스레이의 부조물"이라는 것을 확인했다.

해가 바뀌어 1924년 7월 16일부터 도굴 사건의 재판이 개시되었다. 말로는 이 체포의 부당성을 주장하면서 재판을 싸 워나갔다. 조사원의 자격으로 유적을 답사하고, 조사상 필요한 유물을 이동시킨 것일 뿐, 그것이 법에 저촉될 리가 없다고 그는 생각했다. 극동학원의 지시에 반하는 행위이기는 했지만, 법에는 저촉되지 않는다는 그의 주장은 결코 부당한 것은 아니었다. 역사적 건축물의 지정을 받은 장소로부터 유물을 반출하는 것은 원칙적으로 금지되어 있었지만, 그 이외의 장소에서 반출하는 것에 관해서는 제한이 극히 모호했기 때문이다. 이 점에 대해서는 후술하도록 하겠다. 그러나 7월 21일의 제1심판결에서는 "징역 3년 및 5년의 인도차이나 입국금지"라는 판결이 내려진다. 제2심은 10월 8일부터 개시되었다. 형은 경감되어 1924년 10월 28일에 징역 1년에 집행유예의 판결이 내려졌고, 이것으로 형이 확정되었다.

말로 사건에서 보는 1920년경 고고학의 상황

고고학의 경험이 없는 메트로폴의 젊은이가 처음으로 앙코르 유적을 찾아가, 간단히 부조물을 발견하여 반출할 수 있었던 것 자체가 놀랄 만한 일이다. 1920년경에는 유명한 앙코르와트나 앙코르톰은 역사적 건축물 지정이나 캄보디아국립공원으로 지정되어 있어서 법적으로 유물의 반출은 금지되어 있었다. 유물반출이 가능하다고 한다면 역사적 건축물의 지정을 받지 않은 장소, 즉 극동학원의 조사가 미치지 않는 미답사 지역으로 발을 들여놓아야 한다. 말로는 아주 쉽게 이것을 성취했던 것이다. 왜 이렇게도 용이하게 미답사 지역에 도달하여 유물을 반출할 수 있었던 것일까?

말로는 독학으로 앙코르 유적에 대해 조사했다. 변혁이 추진되던 기메미술관이나 인도차이나미술관에서 크메르 고미술을 실현하는 한편, 국립도서관이나 동양어학교에서 《학원기요》의 조사보고서를 꼼꼼하게 읽었던 것이다. 당시에는 본격적인 조사의 대상이 되지 않았던 반테아이 스레이 유적을 그가 알고 있었던 것은, 1919년의 《학원기요》에 게재되었던 파르망티에의 논문 「인드라바르만Indravarman의 예술」을 읽었기 때문임에 틀림없다.[8] 파르망티에는 1914년에 우연히 발견된 반테아이 스레이의 폐허를 조사하고, 양식적 발전의 도상에 있는 중요한 예로 자리매김했는데, 역사적 건축물 지정의 대상으로는 삼지 않았다. 말로는 현지의 전문가가 중요성을 인정하면서도 역사적 건축물로 지정하지 않은 이 사원에 눈독을 들였던 것이다.

말로 자신은 체포 후의 소송에서도 반테아이 스레이에 주목한 이유에 대해서는 이야기하고 있지 않으나, 『왕도』에서는 도굴을 생각하기에 이르는 흥미로운 과정에 대해 기술하고 있다. 그 과정을 더듬어가면서 어떻게 하여 앙코르 유적으로부터 조각상을 반출했는가를 탐색해보고자 한다. 그렇게 함으로써 당시의 앙코르 고고학 조사의 실상의 일단이 밝혀지게 될 것이다.

주인공 클로드 바네크는 26세의 국립동양어학교 출신의 젊은이로서, 《학원기요》와 1908년의 라종키에르의 『캄보디아 건축물 기술목록』을 읽고, 직감적으로 도굴이 가능하지 않을까 하고 추측했다.[9] 소설의 무대도 시대설정은 1920년경이었고, 클로드도 또한 식민지성으로부터 무급의 파견조사원의 자격을 취득했다. 말로 자신이 모델이라는 것은 한 번만 읽어보면 금방 알 수 있다.

소설은 인도차이나로 향하는 배 안에서 시작된다. 클로드는 거기에서 식민지의 사정에 정통한 페르켕이라는 인물을 알게 되어 도굴계획을 털어놓는다. 이때 도굴 성공의 가능성을 둘러싸고 흥미로운 거래가 이루어진다. 클로드의 도굴계획에 대해, 우선 페르켕이 무모한 계획이라고 지적한다. 식민지 관리나 극동학원이 유적조사를 끝냈기 때문에, 간단히 도굴할 수 있는 조각상을 발견할 수 없다고 식민지를 잘 아는 사람의 입장에서 충고한 것이다. 이에 대해 클로드는 조사보고서를 숙독하면 학원의 조사가 불충분하고, 도굴도 가능하다고 주장한다. 클로드가 참조한 것은 1908년의 라종키에르의 「고고학조사단 보고」이다. 이 보고에 따르면 조사대상이 되지 않은 유적도 다수 있고, 목록이 불완전하다는 것을 읽어낼 수가 있다는 것이다. 그리고 클로드는 이어서 다음과 같이 말한다.

1908년과 전쟁(제1차 세계대전) 사이에는 중요한 조사가 이루어지지 않았습니다. 또한 그 후에도 작은 규모의 답사뿐입니다.[10]

분명, 1920년경에는 극동학원에 의한 본격적인 앙코르 유적조사도 이미 10여 년의 역사를 지니고 있었다. 하지만 이 책 제2장에서 검토했듯이, 앙코르보존국장이 행한 주요 작업은 앙코르와트나 앙코르톰 등의 유명한 유적의 장해물 제거와 간단한 수복이었으며, 소설의 클로드가 말하듯이 밀림에 숨겨져 있는 반테아이 스레이와 같은 무명의 작은 사원에 대한 조사는 전혀 진척되지 않았다.

반테아이 스레이는 라종키에르의 『캄보디아 건축물 기술목록』에 기재되어 있지 않은 유적으로, 식민지 지리조사에 파견된 마렉 대령이 1914년에 처음으로 확인한 폐허였다.[11] 학원은 바로 유적 확인을 위해 임시조사원 조르쥬 드마쥬르Georges Demasure(1887~1915)를 파견했는데, 얼마 안 되어 제1차 세계대전이 발발하여 조사는 중단되었다. 2년 후에 조사를 이어받은 파르망티에가 현지를 방문하여, 전술한 1919년의 논문으로 처음 이 유적의 상황을 공개했다. 그러나 유적과 유물의 존재를 확인하는 것이었을 뿐, 구체적인 발굴계획은 아직 세워지지 않았다. 이러한 상황을 《학원기요》에서 읽은 클로드는(그리고 아마도 말로 자신도) 존재를 확인했으면서도 본격적인 조사를 하지 않고 방치해둔 유적으로부터 조각상이나 장식이 있는 건축자재를 반출하는 것이 충분히 가능하다고 생각했던 것이다.

독점적 조사의 권리를 장악하고 있으면서도 극동학원은 미답사의 유적을 충분히 파악하고 있지 않다는 클로드(그리고 말로)의 말은 주목할 가치가 있다. 학원에 의한 앙코르 유적의 고고학사를 추적하는 우리들은, 1907년의 본격적 조사의 개시부터 착실히 조사가 축적되어 오늘날에 이르게 된 것이라고 발전사적으로 고고학사를 이해하기 쉽다. 매년 발행되는 《학원기요》의 조사보고서를 읽으면, 학원 멤버들이 일을 착착 잘 쌓아가고 있다고 생각해버린다. 그러나 도굴자의 눈으로 보고서를 검토한다면, 학원의 조사가 지지부진하고 정체되어 있다고 이해할 수도 있는 것이다.

클로드의 증언은 어디까지나 픽션이 분명하기 때문에, 소설만을 근거로

1920년경의 고고학적 조사가 불충분했다고 결론지을 수는 없다. 그러나 같은 증언을 다른 인물의 저작에서도 찾아볼 수 있다. 캄보디아예술국장으로서 극동학원과는 일정한 거리를 두고 있던 조르쥬 그롤리에의 증언이다.

제3장에서 서술했듯이, 그롤리에는 학원의 독점적 조사체제에 대해 비판적인 입장을 취하고 있었다. 그리고 그가 주간을 맡고 있던 잡지 《크메르의 미술과 고고학》(1921)에서, 학원의 고고학 조사의 문제점을 열거하여 보여주고 있다.[12] 요점을 정리하면 아래와 같다.

앙코르 지구의 본격적인 조사가 개시된 이래, 우선은 코마이유가 유적의 보전활동에 임했는데, 1916년 사망할 때까지 8년간 한 권의 가이드북밖에 쓰지 않았다. 그사이에 장 드 멕크넴Jean de Mecquenem(1883~1939)이나 드마쥬르가 임시조사원으로서 앙코르에 들어가는 것도, 멕크넴은 1년, 드마쥬르는 조사를 시작하자 전쟁이 발발하여 징병되어 전사했다. 카르포, 코마이유, 드마쥬르 등 앙코르의 고고학에 종사한 조사원은 불행한 죽음을 맞이한 사람이 많고, 여태껏 앙코르 유적을 전문으로 하는 고고학자는 양성되지 않았다.

이와 같은 와중에, 계속적으로 조사에 종사한 것은 고고학조사부장인 파르망티에뿐이었다. 그러나 그는 참파의 유적에 대해서는 목록 등의 중요한 업적을 남기고 있지만, 앙코르에 관해서는 '몇 편의 논문'을 쓰는 데 그치고 있다. 일시적으로 조사에 참가한 임시조사원의 논문을 찾아보아도 크메르의 미술이나 건축물만을 전문으로 다룬 논문은 거의 찾아볼 수가 없다. 《학원기요》의 논문에도 민족지학이나 건축에 관한 것이 태반이고, 크메르미술에 관한 논고는 거의 전무하다고 해도 좋다.

그롤리에가 특히 "비참한 상태"에 있다고 우려하면서 보여준 것은, 충분한 사진자료를 수록한 유적의 모노그래프의 작성이 결정적으로 뒤떨어져 있다는 사태이다. 그에 따르면, 200곳이 넘는 중요한 앙코르의 유적에서 충분한 조사보고가 이루어진 유적은 6곳밖에 없다. "파르망티에가 조사를 한 와트 푸Wat Phou*, 와트 노코르Wat Nokor**, 바콩사원, 롤루오스 유적군의 롤레이Lolei사 원***, 멕크넴이 조사한 방 미알리아의 두 개의 건축물, 뒤푸르에 의한 바이욘의 평면도, 마셜의 앙코르톰의 부차적 건축물의 모노그래프"뿐이고, 10년간의 조사로서는 너무나 빈약하지 않은가 하고 극동학원의 고고학 조사체제를 책망하는 것이었다. 거기에다 그롤리에는 고고학 조사를 학원에만 맡길 수는 없으므로 캄보디아학예국장으로서 자신도 솔선하여 조사를 하겠다고 선언했다.

다시 말로의『왕도』로 돌아가자. 앞 장에서 가공의 원장 라메쥬와 클로드의 대화의 일부를 소개했는데, 그 속편으로 미답사 지역을 조사하고 싶다고 호소하는 클로드에 대해, 라메쥬가 비록 미답사 지역에서 유물을 발견하더라도, 그 유물을 반출해갈 수는 없다고 충고하는 장면이 있다. 말로의 도굴 사건의 핵심을 건드리는 부분인데, 여기에서 클로드는 학원의 조사 불비不備에 대해서 언급하고 있다.

---

* 라오스 참파에 있는 크메르 유적의 하나이다. 11세기 무렵, 크메르인에 의해 궁전 또는 성으로 건립되었다. 란상 왕국시대에 리오족의 세력이 이곳을 점거하기에 이르러, 이 싱이 신싱시되자 새롭게 와트(寺)로서 자리매김되었다. 또한 푸는 산(山)이라는 의미이다.

** 프놈펜으로 향하는 국도 7호선변에 있는, 12세기에 사암으로 건립된 크메르 사원. 옛날 사원과 현대 사원이 융합되어 있다.

*** 893년에 야소바르만 1세에 의해 그의 아버지와 조상을 위해 힌두교 사원으로 건립되었다. 앙코르에서 인공 저수지를 만든 뒤, 그 위에 신전을 만든 최초의 수상 사원이다. 이후 후대의 왕들은 저수지를 만들면서 저수지 중앙에 사원을 세웠는데, 롤레이 사원이 그 원형적 역할을 했다.

라메쥬 "(현장에서 발굴한 유물은 현지에 남겨 두고) 보고를 해야 합니다. 이 보고를 검토한 후에 필요한 경우에는 우리 고고학부장이 현지에 파견되도록 되어 있습니다."

클로드 "하지만 당신이 지금까지 말씀하신 것(미답사 지역은 위험하다는 이야기)을 생각해보면, 당신들의 고고학부장이 내가 가고자 하는 지역에 위험을 무릅쓰고 가리라고는 생각되지 않습니다. (…) 20년이나 당신들 조사대는 그 지역을 답사하지 않았습니다. 더 많은 무엇인가를 할 수 있었을 것입니다."[13]

비난의 논조는 그롤리에와 거의 같다. 말로는 소설을 쓰기 시작하면서 그롤리에의 잡지를 읽고 참고하지는 않았을까?[14] 말로가 그롤리에의 저작에 영향을 받았을 가능성이 있는 부분이 하나 더 있다. 본론에서 탈선하는 것이지만, 대단히 흥미롭기 때문에 첨언해두고 싶다.

원장 라메쥬가 클로드에게 유물반출 금지를 충고한 직후의 장면이다. 유물을 유적으로부터 반출하는 것을 금지한 라메쥬에 대해 클로드는 조바심을 감추지 않는다. 클로드의 내심이 지문, 즉 작자인 말로의 이야기로 기술되어 있는 부분인데, 다음과 같이 심리묘사 되어 있다.

클로드는 끓어오르는 분노를 억누르고 있었다. 어떠한 자격으로 이 관리(원장 라메쥬)는 클로드 자신이 발견할 가능성이 있는 유물에 대한 권리를 빼앗으려 하고 있는 것일까?

이어서 말로는 클로드에게 "당신(라메쥬)은 자신이 지도하는 학원의 미술사에 대한 공헌 이외에는 어떠한 공헌도 인정하지 않겠다고 생각하고 계시

네요"라고 이야기하게 했다.[15]

미답사 유적을 새로이 발견하더라도 본격적인 조사는 학원에 위임해야 한다. 즉, 연구의 우선권priority은 발견자가 아니라 학원에 있다. 이러한 개인의 자유로운 연구를 저해하는 학원의 독점적 체제를 클로드(말로)는 격렬하게 비난했던 것이다.[16]

조르쥬 그롤리에도 또한 학원의 독점적 조사체제가 초래한 연구의 우선권을 문제 삼은 적이 있다. 말로 사건이 일어나기 1년 전인 1922년의 일이다. 그는 《학원기요》에 발표된 논문을 둘러싸고, 자신의 연구의 우선권을 요구하는 서면을 원장에게 보냈던 것이다.[17] 그 내용은 다음과 같다. 1921년의 《학원기요》(제1분책)에 '프리미티브 크메르미술'에 관한 파르망티에의 논문이 게재되어 있는데, 거기에서 파르망티에는 앙코르시대 이전의 '프리미티브' 미술이 그때까지 전혀 주목받지 않고, 자신의 조사에 의해 밝혀졌다고 보고했다. 이에 대해 그롤리에는 파르망티에의 연구 이전에 자신이 이 예술에 대해 이미 보고했다고 호소했던 것이다.

이 편지를 수령한 것은 원장 대리를 맡고 있던 오루소이다. 말로가 『왕도』에서 야유한 라메쥬의 모델이다. 그롤리에의 편지는 1922년의 《학원기요》에 소개되어 있고, 말로는 인도차이나에 들어가기 직전에 이것을 읽었을 터이다. 『왕도』를 집필할 때 이 에피소드를 참고했을 가능성이 높다.

여하튼 말로에 의한 학원의 조사체제 불비의 지적은 그 한 사람의 개인적인 견해가 아니라 그롤리에도 공유하고 있었다. 도굴 사건과 같은 사건을 유발할 가능성도 충분히 있었던 것이다.

그런데 소설도 쓰던 그롤리에는, 인도차이나에 온 말로와 의기투합한 것은 아닐까 하고 상상하고 싶은 대목이지만, 사실은 그 반대이다. 후술하겠지만,

두 사람은 앙코르 유적답사 직전에 프놈펜에서 만났다. 파르망티에나 골루베프 등 학원 멤버가 말로에게 호감을 가졌던 것에 비해, 그롤리에만은 말로를 극도로 경계하고 있었다. 그롤리에는, 오로지 연구에만 몰두하는 학원조사원들과는 다른, 자신과 같은 (위험한) 냄새를 말로에게서 맡고 말로가 저지르려고 했던 일을 민감하게 알아차렸던 것은 아닐까?

법적 근거의 모호함과 문화재보호법의 개정

말로는 학원의 조사 불비를 꿰뚫어보고 반테아이 스레이로부터 유물을 반출했다. 그리고 '역사적 건축물 파괴 및 부조물 파편 횡령'이라는 죄목으로 체포되었다. 이 체포는 법적으로 정당한 행위였을까? 말로는 사전에 원장으로부터 유물의 반출을 금지한다는 취지의 편지를 분명히 받았다(소설에서는 구두로 라메쥬가 전달한다). 학원에 대한 협력을 전제로 하는 임시조사원으로 파견된 자로서는, 이 통지를 지킬 윤리적 의무가 있었다. 그러나 이 의무를 지키지 않은 것과 법률상의 '파괴'나 '횡령'의 죄는 별도의 문제이다. 이 절에서 이 점을 검토하고, 역사적 건축물을 보호하는 법령상에도 불비한 점이 있었다는 것을 확인해두고 싶다. 말로 사건은 법의 재검토를 재촉하는 큰 사건이었다.

전술한 대로 1914년에 발견되었지만, 반테아이 스레이 유적은 역사적 건축물로 지정을 받지 않았다. 그래서 말로는 비록 원장의 통지를 무시하고 유물을 반출하더라도, 유물보호를 위해 또는 연구를 위한다는 구실로 핑계를 댈 수 있을 것이며, 법적으로 문제가 없을 것이라 가볍게 생각했던 듯하다.

앞에서 본 1900년의 '인도-차이나의 역사적·미술적 가치를 보유하고 있는 건축물과 유물의 보존에 관한 법령'에서 "총독의 인가 없이" 유물을 반출하는 것은 금지되어 있었지만, 지정을 받지 않은 유적에 대해서는 규정이 없었다. 1911년 캄보디아 국왕에 의한 '앙코르국립공원 지정의 법령'에도 제5조에 "지정 외 지역에 있어서도 주민은, 건축물의 돌이나 미술품을 사유물화하는 것은 금지된다"라는 취지가 명기되었는데, 식민지성으로부터 공적으로 파견된 말로의 유물반출 행위를 '사유물화'라고 단죄하기는 어렵다. 그럼에도 불구하고 그는 즉각 체포되어 금고 1년의 집행유예 판결을 받았다. 이 체포 판결에는 크게 문제가 있었다고 하지 않을 수 없다.

체포를 요청한 것은 말로를 감시하고 있던 극동학원 원장과 캄보디아예술국장이다. 하지만 그들이 어떠한 법령을 근거로 했던가는 석연치 않다. 오늘날의 연구자들은 『왕도』에도 암시되어 있는 1923년의 법령이 근거가 되었다고 생각하고 있다. 소설에서는 원장 라메쥬가 클로드에게 구두로, 유적으로부터의 전면적인 유물반출을 금지하는 법령이 클로드 도착 직전에 정해졌다고 기술하고 있다. 실제로 1900년 법령의 개정안이 1923년 8월 21일에 제출되었다.[18] 이 법령이 《학원기요》에 게재된 것은 이듬해이므로, 말로는 이 법령을 알지 못했다.

그러나 개정된 조문이 실은 매우 모호하다. 즉, '유물반출의 전면금지'를 전하는 기술은 거기에는 존재하지 않았다. 예를 들면 제1조에는 "총독의 인가 하에, 안남, 통킹, 캄보디아의 보호국에서 역사적 건축물의 보호와 보존을 확증하기 위해 (…) 규정의 계획을 정한다"라고밖에 쓰여 있지 않다. "규정의 계획"이란 무엇인가? 제3조에도 마찬가지로 "총독의 인가하에, 지정·비지정을 불문하고 역사적, 고고학적 가치가 있는 물품의 이동에 관한 새로운 규정의 계획을 정한다"라고 되어 있을 뿐이다. 기묘하고도 모호한 표현이지만, 이 조항에 있는 "새로운 규정의 계획"에 따라, 유물의 반출금지가 내규로 결정되었다는 것이다. 그러나 법령에 명문화되지 않은 이상, 내규를 법적 근거로 하여 체포와 결부시키는 것은 상식적으로는 무리가 아닌가? 요컨대, 학원은 강압적으로 말로를 체포하게 했던 것이다.

말로는 재판을 통해, 학원 조사체제의 문제와 법적 불비를 둘러싸고 투쟁하여, 승리를 거둘 수 있다고 생각했다. 재판은 1924년의 제2심에서 종료하는데, 1930년에 이르러서도 말로 자신은 재판을 계속할 의사를 가지고 있었다. 앙드레 루소와의 인터뷰에서 말로는, 최종적으로는 조각상을 기메미술관에 기증할 예정이었다고 이야기하고, 지금도 자신이 발굴한 유물을 돌려받아 기메미술관에 전시하고 싶다는 생각을 넉살좋게 공표하고 있다.[19] 결국 재판에서 말로의 주장은 받아들여지지 않았고, 그의 유물반출은 '횡령'이라는 심판을 받았다. 하지만 검찰은 재판에서 말로가 정식 조사원이었다는 증거를 은폐하는 등, 분명히 부정한 행동을 하여 그를 도굴범으로 만들어버린 결과였을 뿐이다. 그만큼 법적으로 유죄로 몰아가기에는 어려움이 많다고 생각되었던 것이다.

앙코르 유적보존의 법적 불비에 관해, 매우 흥미로운 자료가 있다. 1923년 12월 23일부로 식민지성 장관 에두아르 달라디에Edouard Daladier(1884~1970)가 프랑스 대통령에게 제출한 서류이다. 12월 23일은 바로 말로가 체포된 날이다. 이 문서에서 장관은, 인도차이나에서의 문화재보호의 법령에 불비사항이 있다고 대통령에게 보고하고 있다. 말로에게 직접 언급하지는 않았지만, 법적인 불비를 상층부는 인식하고 있었던 것이다.

보고에 따르면, 인도차이나에는 "분명히 역사적 또는 미술적 가치가 있는 건축물이나 미술품의 보존에 관한 1900년의 인도차이나총독에 의한 법령이 있지만, (…) 오랜 세월이 흐르는 가운데 이 조문이 충분히 기능하지 않고, 명백한 불법행위에 의해 짓밟히게 되기도 했다."[20] 따라서 1913년의 프랑스의 '역사적 건축물 보호법'(개정법)—국유재산으로 지정된 건축물뿐 아니라, 사후에라도 역사적 가치를 지녔다고 판단된 건축물이나 유물은 국외 이동시킬 수 없도록 정했다—을 "알제리와 다른 프랑스 식민지"에도 적용해야 한다고 제안하고 있다. 그리고 바로 그날 대통령은 그 제안에 따른 정령을 반포했고, 프랑스 본국에서 개정된 문화재법이 식민지에 적용되게 되었다.

달라디에가 "명백한 불법행위"라고 불렀듯이, 이 법안에 말로 사건이 관계되어 있다는 것은 분명하다. 주목해야 할 것은, 체포 당일에 바로 제안이 이루어지고, 바로 그날 인정받았다는 사실일 것이다. 이것은 우연일 수가 없다. 법 개정의 절차를 추진하면서, 동시에 체포에 이르렀다는 것을 암시하고 있다. 인도차이나 도착 후의 말로는 당국의 감시하에 있었다. 그를 체포하기 위해 급거 이 제안이 제출되었다고 보아도 틀림없을 것이다.

이와 같이, 말로 사건은 식민지에서의 유적조사체제와 보존체제에 큰 영향을 미치지 않을 수 없었다. 프랑스에 의한 앙코르 고고학의 역사에서는, 말할 나위도 없이 프랑스인이 저지른 부정적인 사건이지만, 결과적으로는 학원의 조사체제와 법적 정비를 비약적으로 전진시키게 된다. 새로운 법 개정이 이루어짐과 동시에, 극동학원은 역사적 건축물의 지정을 전면적으로 재검토하고, 1925~1926년에 신新 지정을 포함한 모든 건축물을《학원기요》에 공표했다.[21] 스캔들이 되었던 말로 사건에 대한 학원의 명확한 대응이 요구되었을 것이고, 또한 새로운 도굴자의 내방을 저지할 필요도 있었다. 작은 활자로 빽빽이 쓰인 문화재법 관련 자료는 전 143쪽의 방대한 양이고, 단기간의 일로서는 놀랄 만한 성과를 올렸다. 지정된 캄보디아의 역사적 건축물은 전 670 건이고, 반테아이 스레이 사원도 새롭게 기재되었다(467~468번).

법 개정의 무대 뒤

여기까지 앙코르 고고학사에 있어서 말로 사건이 지닌 의미를 탐구해보았는데, 이 사건에는 그 외에도 풀리지 않는 점이 많다. 원래 말로의 목적은 무엇이었을까? 이 물음에 명쾌한 답을 주는 선행연구는 없다. 이 절에서는 고고학사의 관점에서 독자적인 해석을 하나 제시해보고자 한다.

『왕도』에서, 유물이동의 금지라는 말을 들은 클로드는, 그래도 "극동학원만이 앙코르 조사의 유일한 조사기관이 아니"라고 자기정당화를 하고 미답사 지역으로부터 유물을 반출했다. 말로가 단순한 도둑이라면(그 가능성도 있다) 조각상을 도굴하고 싶었을 뿐이라고 결론지으면 충분하겠지만, 굳이 조사원의 자격을 취득한 사실을 생각하면 다른 해석도 가능할 것이라 생각된다. 즉, 파리에서 파견된 조사원으로서, 확신범確信犯처럼 학원의 독점체제에 이의신청을 하려고 의도한 것은 아닐까 하는 해석이다.

극동학원은 유물이동을 금지하는 통지를 말로에게 보내면서, 스스로는 다수의 유물을 유적으로부터 반출하고 있었다. 여기에서 19세기 들라포르트의 유물이송에까지 거슬러 올라갈 필요는 없다. 제2장에서 확인한 것처럼, 학원은 유적 내에서 발굴한 유물을 하노이나 프놈펜의 미술관으로 이동시켰고, 프랑스에서의 박람회 때에는 메트로폴에 송부하는 일도 있었다. 더욱이 놀랄 만한 것은, 다음 장에서 검토하게 되겠지만, 말로가 인도차이나를 방문하기 직전인 1923년 여름에는 프놈펜의 미술관이나 앙코르보존국에서 관광객 상대로 유물을 매각할 수 있는 법령이 정해졌다. 프놈펜을 방문한 말로는 판매 현장을 목격했을지도 모르겠다. 메트로폴에서 파견된 조사원에게는 유물 반출을 허락하지 않는 한편으로, 현지조사원은 (소정의 수속을 밟은 후에) 공공연히 유물을 이동시키고 매각까지 할 수 있었던 것이다. 말로에게 있어서, 이것은 학원과 캄보디아예술국에 의한 유물의 '사유물화'에 다름 아닌 것이었다.

여기에서 1923년 8월 23일의 법 개정이 모호하게 유물이동의 전면금지를 명문화하지 않았던 이유를 찾아낼 수 있을 것이다. 반출금지임이 분명한 유물이 공공연히 판매되고 있었던 것이다. 아무리 법령을 따른다 해도 이래서는 체제가 너무나 엉망이었다. 말로는 이와 같이 그다지 건드리고 싶지 않은 현지조사기관의 뒷일을 알고 있었기 때문에 도굴을 감행했을 가능성도 있지는 않을까? 적어도 유물을 반출했다 하더라도 학원이 관대하게 봐주지 않을까 하는 타산은 있었을 것이다.

이와 같이 가정한다면, 말로 사건에도 또한 1920년대의 파리와 현지의 연구체제의 양극화 문제를 반영한 사건이었다고 할 수 있다. 극동학원이 법령의 개정이나 고미술품의 판매 등을 통해 독점적인 관리체제를 강화한 것은, 다름 아닌 메트로폴에서 연구교육체제의 정비가 진행되던 시기의 일이다. 즉, 파리의 엘리트 연구자들이 식민지의 조사원을 배제하는 방식으로 독자적인 제도의 정비를 도모하는 한편으로, 현지에서도 메트로폴의 조사원을 배타하는 것과 같은 체제가 만들어지고 있었다. 말로 사건에서 드러난 것처럼, 파리에서 파견되어온 조사원이 조사를 통해 무언가 발견했다고 하더라도, 그 후의 조사는 학원에 양보했어야 했다. 어떠한 고고학적 사료도 유적으로부터 반출할 수 없는 이상, 현지를 떠나 새로운 연구에 착수하는 것은 실질적으로 불가능하고, 연구자 개인의 학술적 공헌의 가능성은 완전히 닫혀버렸다. 말로는 소설에서 이러한 상황을 통렬하게 비판한 것인데, 그 비난은 도굴자가 제시한 제멋대로의 의견이 아니라, 메트로폴의 연구자가 안고 있던 불만으로서 읽을 가치도 있을 것이다.

흥미로운 것은, 현지에서 말로를 맞은 학원 멤버 중 다수는 도굴할 염려가 있는 의심스러운 인물로서가 아니라, 파리로부터 파견되어온 엘리트 동양학자로서 말로를 이해하고 있었다. 유행하는 이론에 따라 크메르미술을 논하는 전형적인 메트로폴의 연구자로 간주하고 있었던 것이다. 후에 『상상 속의 미술관』(1947)에서 발휘된 것처럼, 말로는 비교예술학적인 시점을 도입하여 이론적인 관점에서 크메르의 예술을 논하는 본국의 방법론을 숙지하고 있었다.[22] 『왕도』의 주인공 클로드도 실증적인 고고학만을 신봉하는 학원 멤버의 보수성을 조소하고 자신의 미학적 크메르예술론을 피력했는데, 이러한 태도는 다름 아닌 현지의 조사원이 꺼림칙하게 생각하는 본국류의 연구방법이었다.

학원의 빅토르 골루베프(다음 장에서 상술)는 말로의 사람됨에 대해서 특필할 만한 편지를 남기고 있다. 12월 3일에 프놈펜으로 향하던 배에 말로와 동승한 골루베프는 "그의 지식의 범위와 판단의 정확함"에 경탄했다고 원장 대리에게 전하고 있다(말로의 행동은 학원 멤버들에게 감시당하고, 바로바로 보고되고 있었다). 그리고 골루베프는 다음과 같이 이어간다.

그는 매우 명석하고 자신감 있게 자신의 생각에 대해 이야기했다. 그는 막힘없이 이야기를 잘한다. 그를 스테른과 같은 인물이라고 생각해도 틀림이 없을 것이다.[23]

골루베프는 메트로폴의 연구자의 대표인 필립 스테른을 예로 들고 있다. 아쉽게도 어떻게 다른지는 상세하게 이야기하고 있지 않지만, 이 증언은 다른 학원 멤버가 말로를 스테른과 중첩시켜 보고 있었다는 것을 역으로 보여주고 있는 것이다. 자신의 계획을 알아채지 못하도록, 말로는 가능한 한 유복하게 자란 부자의 취미생활인 양 가장하고, 극동미술에 대해 능란한 언어로 이야기했던 것 같다. 골루베프뿐 아니라, 파르망티에도 말로에게 좋은 인상을 가지고 있었고, 특히 "다른 목적을 가지고 있는 것처럼은 보이지 않는다"라고 보고했다. 대단한 말로라고 하지 않을 수 없다.

이와 같이, 사건으로부터 이미 100여 년이 경과하고 있는 현재, 말로 사건은 단순한 유명인의 스캔들로 다루기보다도, 고고학사상의 문제로 고찰하는 것이 유익하다. 사족이지만, 사이공에서 말로를 맞이한 원장 대리인 레오나르 오루소는 1927년에 말라리아에 걸려 본국으로 돌아가는데, 1929년에 질병의 고통을 못 이기고 자살했다고 한다.[24] 그 죽음에 말로가 문단에서 행한 학원 비판이 영향을 끼쳤는지의 여부를 이제는 확인할 길이 없다.

사건 후의 반테아이 스레이 재조사

그런데 말로 사건은 극동학원의 조사체제에 변혁을 가져왔을 뿐 아니라, 구체적인 고고학 조사에도 큰 영향을 미쳤다. 조금 과장하면, 이 사건을 하나의 계기로 하여 고고학 조사가 비약적인 진전을 보였던 것이다. 그 과정을 추적해보자.

말로 사건의 재판이 이루어지던 1924년 7월 16일, 증언대에 파르망티에가 섰다. 반테아이 스레이가 어떠한 유적인가, 도굴된 후의 상황이 이전과 어떻게 달라졌는가(얼마나 엉망이 되었는지), 그리고 왜 이 유적이 역사적 건축물의 지정을 받지 않았던가 등, 유적을 아는 조사원으로서 증언해야 했던 것이다.

파르망티에는 1919년의 자신의 조사기록을 담담하게 읽어 내려가면서, 반테아이 스레이가 정글에 묻혀 있던 폐허라는 것을 강조했다. 도굴로 인해 황폐해진 것에 대해서는, 말로 일행이 유물반출을 위해 "탑의 일부를 파괴했음이 틀림없다"라고 증언하고 있다. 수일에 걸쳐 "곡괭이와 절단기계를 사용하여" 석재를 잘라냈을 것이라고 추측하고 있다. 하지만 매우 흥미로운 것은, 파르망티에는 마지막으로 반테아이 스레이 유적을 노린 말로의 혜안을 칭찬하여 "매우 재능 있는 아마추어 고고학자"라고 이야기했다.[25]

말로 사건 후 1925년, 극동학원이 역사적 건축물의 발본적 재검토를 도모하여, 인도차이나의 역사적 건축물의 리스트를 《학원기요》에 공표했다는 것은 이미 살펴보았다. 여기에 부가적으로, 앞서 서술한 파르망티에의 증언에서도 알 수 있듯이, 학원은 '범행현장'이 되었던 반테아이 스레이 유적을 조사했고, '유적의 손괴' 상황을 보고해야 했다. 그리하여 체포된 지 1개월 정도 지난 1924년 1월 17일, 파르망티에와 빅토르 골루베프가 유적을 향해 떠났다. 곧이어 원장 루이 피노도 파리에서 인도차이나로 복귀하여, 조사에 가담했다.

2월 14일까지 약 1개월간 행한 조사에 의해, 세 사람은 우선 유적의 상황을 전하는 사진, 말로가 엉망으로 만들어버렸다고 상정할 수 있는 부분을 촬영하여, 일시적인 수복작업도 했다. 작업과정에서 새롭게 중요한 비문과 "크메르미술의 인식을 새롭게 하는 지극히 중요한 조각상"도 발견하는 덤까지 언

그림50 〈북쪽 경전고北經藏와 동루문 Ⅰ 을 바라본 유적 풍경, 발굴 이전〉,
『극동학원 고고학보고 Ⅰ, 반테아이 스레이』(1926) 삽화

었다.[26] 말로 사건의 처리로 인해 학원은 생각지도 못한 발견을 했던 것이다.

이 조사를 정리한 보고서는 재판이 종료된 이듬해 1926년에 『극동학원 고
고학보고 Ⅰ, 반테아이 스레이』(이후에는 『고고학보고 Ⅰ』만 표시하겠다)라는
제목으로 간행되었다.[27] 현장의 대형사진을 다수 삽입한 이 책은, 황폐해진
유적의 실상을 전해주는 귀중한 것이 되었다(그림50, 53). 또한 파르망티에
가 건축사적 관점에서 유적의 전체상에 대해 연구하고, 골루베프가 미술사
적 관점에서 유물의 양식에 대한 연구를, 그리고 루이 피노가 비문을 검토하
는 등, 이 유적의 전모가 다각적으로 검증되었다. 각 분야의 전문가가 실증적
연구를 한 이 보고서는, 제1차 세계대전 후에 처음으로 간행된 본격적인 고
고학적 모노그래프라고 해도 좋을 것이다. 전술한 대로, 말로나 그롤리에는

1920년경의 학원의 고고학 조사의 불비를 비판했다. 거기에 대응한 책이 겨우 간행되었던 것이다. 얄궂게도, 말로 사건에 의해 학원의 고고학 조사는 본격적으로 시동되었던 것이다.

이 보고서의 서문에는 말로 사건에 대한 언급이 있다. 해당부분을 인용해보겠다.

(1916년에 파르망티에가 조사한 이래) 반테아이 스레이는 특별한 연구대상으로 주목을 받아왔다. 그러나 긴급을 요하는 학원의 사업프로그램이 있어서, 금방 유적보전 작업에 착수하지 못한 상태로 있었다. 하지만 유감스러운 사건이 일어나, 조급히 작업에 임할 수밖에 없게 되었다.

1923년 12월, 고미술품 도굴단이 이 사원을 찾아와, 끌을 사용하여 남쪽 사당의 벽을 장식하고 있던 데바타 몇 점을 뜯어냈던 것이다. 범죄자는 체포되었고 도굴품은 압수했지만, 이것을 계기로 하여, 재판을 위해 폐허의 상세한 조사가 필요하게 되었다. 이 감정조사는 파르망티에에게 위임되었다. 사진촬영을 담당했던 골루베프의 협력하에 수행된 이 일은, 예상외로 이 건축물의 건축연대를 밝혀주는 새로운 조각상과 다수의 비문을 발견하게 해주었다. 그 성과는 지극히 중요한 것이라 생각되기 때문에 여기서 바로 공표하고,『고고학보고』컬렉션 제1권으로 작성하게 되었다.[28]

그리고 현재 극동학원도서관이 개가開架하고 있는 그 책의 이쪽 여백에는 "고미술품 도굴단"이라 쓰인 활자체 옆에 "앙드레 말로"라고 연필로 낙서처럼 쓰여 있다. 학생들의 장난일 것이다.

파르망티에의 논문과 '동양의 모나리자'

 정체되어 있던 학원의 고고학 조사가, 메트로폴에서 온 침입자에 의해 활기가 생겨나고, 문화재보호의 법적 정비도 추진되었다. 그 과정을 살펴본 지금, 말로 사건을 축으로 앙코르 고고학사에 대해 서술해온 이 장의 목적은 거의 달성한 것이 된다. 하지만 사건의 추이를 편년체로 추적해왔기 때문에, 검토를 뒤로 돌린 것이 몇 가지 있다. 말로가 참조했을 것이라 상정되는 1919년의 파르망티에의 논문의 내용과 말로가 반출한 유물이 무엇인가 하는 문제이다. 이 두 가지 점에 대해 마지막으로 고찰해보고자 한다.
 우선은 말로가 참고로 한 1919년의 파르망티에의 논문을 검토해보자.
 말로는 불과 일주일 만에 반테아이 스레이에 도착하여, 장식물 부조를 잘라냈다. 그 실행력을 가리켜 파르망티에는 말로를 "매우 재능 있는 아마추어 고고학자"라고 평했지만, 그러나 말로는 결코 미답사의 유적을 혼자 힘으로 발견한 것은 아니다. 이것은 『왕도』에는 쓰여 있지 않은 사실이지만 주목할 가치가 있다. 소설의 주인공은 반테아이 스레이를 우연히 발견하고, 더불어 귀중한 부조물을 찾아낸 것으로 되어 있는데, 이 부분은 완전히 픽션이다. 말로는 반테아이 스레이 발견의 실마리가 된 정보를 감추려 하고 있는 것이고, 여기에서 그의 자존심을 읽어내도 좋을 것이다.
 아무튼 현실에서는 파르망티에의 논문을 보고 반테아이 스레이의 위치를 알게 되었고, 또한 거기에 "훌륭한 장식을 지닌 부조물"이 있다는 것도 알 수 있었다. 1919년의 파르망티에의 논문은 「인드라바르만의 예술」이라는 제목이었고, 주로 앙코르 시기 이전의 롤루오스 유적군의 예술양식을 검토한 논고이다.[29] 전부 91쪽으로 된 장문의 논문으로서, 도판도 27장이나 포함되어

그림51 〈중앙사당 앞쪽 전당(반테아이 스레이)〉, 파르망티에 「인드라바르만의 예술」(《학원기요》, 1919년) 삽화

있다. 그중 14쪽을 반테아이 스레이의 기술에 할애하고 있다. 사진 도판도 10쪽에 이르며, 중앙사당 앞쪽 전당과 경전고經藏나 부조물이 소개되어 있다.

재판에서 파르망티에는 반테아이 스레이가 폐허와 마찬가지였다고 증언했다. 1919년의 논문에서도 분명히 중앙사당의 중앙탑과 남쪽 탑 사이에 탑 하나가 크게 무너져내렸고, 과거의 모습을 상상하기 어렵다고 보고하고 있다.[30] 도판IX로 표시된 중앙사당 앞쪽 전당의 사진은 이 말을 입증하고 있다 (그림51). 벽면에도 두드러진 부조물은 없는 것처럼 보인다. 하지만 도판XI에는 북쪽 경전고의 박공(그림52)이 소개되었고, 이 유적에 섬세한 장식을 가진 부분도 있다는 것이 밝혀지게 되었다. 그리고 1914년에 발견되었을 때, 유적에서 반출되어 알베르 사로 미술관에 수장되었다. 〈앉아 있는 시바상〉의 도판도 소개되었고, 이 종류의 조각상이 유적에 잔존해 있을 가능성이 있다는 것을 암시하고 있다. 그리고 재판의 증언과는 대조적으로 이 논문에서 파르

그림52 〈북쪽 경전고의 박공(반테아이 스레이)〉, 파르망티에 「인드라바르만의 예술」 삽화

망티에는 이 유적을 다음과 같이 평가했다.

상당히 중요한 이 사원은 사암 건축물로서, 작은 규모가 특징인데, 완벽한 표현
양식과 범상치 않은 섬세함으로 인해 보완하고도 남음이 있다.[31]

논문의 다른 부분에서도 각 건축물의 장식의 특징을 상세히 기술했는데,
예를 들면 박공에는 불완전하지만 '작은 사자'나 '나가', '코끼리', '시바 신'의
부조물이 있다는 것, 중앙사당의 탑에는 "프라사트prasat*의 아름다운 지붕의
선단장식", "매우 우아하고 아름다운 화장목지化粧目地(치장줄눈) 기와"가 있다

---

* 크메르어로 5층탑을 가리키는 말이다. 캄보디아의 건축물로서 탑당(塔堂)이라고도 한다.

고 기록하고 있다.[32] 그리고 말로가 유적에서 반출했다고 여겨지는 데바타의 부조물에 대해서도 언급하고 있다. 말하기를, 사당의 하부에는 "우아한 보조 기둥"과 "데바타를 새긴 특필할 만한 니치niche*의 거짓 문false door**"이 있다는 것이다.[33]

기묘하게도 파르망티에는 흔히 '동양의 모나리자'라고 칭해지는 데바타의 부조물에는 한마디 언급했을 뿐이고, 그 특징에 대한 기술도 없고 사진도 첨부되어 있지 않다. 사진을 게재하면 도굴의 위험이 있기 때문이었을까?

결국 이 정도의 정보가 있다면, 도굴의 목표로 삼기에는 충분할 것이다. 유적에 다다르기만 한다면 조각상이나 장식 부조물 중 몇 가지는 발견할 수 있을 것이라 충분히 기대할 수 있는 기술이다.

이 정도의 유적이면서, 학원은 본격적 조사의 대상으로 하지 않고 방치해 두었다. 태만했다고 비난받아도 반론할 수 없다. 유적의 중요성을 보고하면서 적절한 조치를 강구하지 않았던 것에 파르망티에는 열등감을 느끼고 있었을 것이다. 재판에서 말로를 재능 있는 아마추어 고고학자라 부른 것은 그 때문이었다고 생각된다.

마지막으로, 말로가 반출하려고 했던 부조물들을 밝혀보자.

오늘날에는 일반적인 관광안내책자에도 말로가 반테아이 스레이 유적으로부터 '동양의 모나리자'라고 불리는 데바타의 부조물을 훔쳐갔다고 쓰여

---

* 건축에서 벽면을 반원 또는 사각형으로 판 부분. 조각 등을 장식하거나 분수를 설치하기도 한다.
** 거짓 문은 고대 이집트의 묘에서 볼 수 있는 일반적인 건축요소이다. 생자와 사자 세계 사이에 있는 통로로서, 여기서부터 신이나 사자의 혼이 두 세계를 왕래하게 된다고 믿었다. 문을 실제로 개폐하지 않기 때문에 위조 문이라고도 한다.

동아시아 출판사에서 엄선한
격조 높은 일본 인문학

동아시아

주소 서울시 중구 퇴계로 20길 31 [남산동 2가 18-9번지]

홈페이지 www.EastAsiaBooks.com | 블로그 blog.naver.com/dongasia1998

페이스북 www.facebook.com/dongasiabooks | 트위터 www.twitter.com/dongasiabooks

전자우편 dongasiabook@naver.com | 전화 02) 757-9724, 5 | 팩스 02) 757-9726

과학의 탄생
1천 년 인류 지성사의 공백을 메우는 세계적 업적

자력과 중력이라는 근대 자연과학 성립의 주요개념으로 논의를 수렴시키면서, 2천 년 인류의 지성사의 장대한 역사를 추적한다. 기존의 과학사를 통렬하게 전복시키며, 이슬람 과학이 유럽에 미친 영향, 대항해시대의 개막과 더불어 등장하는 자연과학의 새로운 주인공들, 과학혁명의 여명을 밝힌 16세기 지식 세계의 거대한 지각변동, 그리고 르네상스시대의 마술사상을 집중 조명한다. 일본 차세대 노벨상 수상자로 불리는 야마모토 요시타카의 역작.

야마모토 요시타카 지음 | 이영기 옮김 | 1004쪽 | 값 38,000원

- 마이니치신문 출판문화대상 수상
- 제1회 일본 과학기술진흥재단 저술상 수상
- 2005 과학기술인증 우수과학도서
- 2005 한국출판문화산업진흥원 이달의 읽을 만한 책

16세기 문화혁명
민중이 지식과 학문을 이끌었던 위대한 세기,
과학혁명을 가져온 새로운 지식의 탄생!

천재들이 주도했던 15세기 르네상스와 17세기 과학혁명, 그 사이에 계곡처럼 존재하는 16세기. 그 시대에는 과연 어떤 일들이 있었을까? 세계 문화사의 공백으로 여겨지는 16세기를 과학사적 의미에서 재평가한 역작.

야마모토 요시타카 지음 | 남윤호 옮김 | 940쪽 | 값 36,000원

- 2010 문화체육관광부 추천도서
- 2010 과학창의재단 우수과학도서

세계관의 전환 (전 3권)
근대 과학 탄생사 3부작의 완결편

『과학의 탄생』,『16세기 문화혁명』에 이어, 왜, 그리고 어떻게 서구 근대에서 과학이 태어났는가를 찾는, 야마모토 요시타카의 근대 과학 탄생사 3부작의 완결편. 프톨레마이오스, 코페르니쿠스를 거쳐 케플러의 천체역학에 이르는 15~16세기의 천문학사, 그리고 근대 과학 탄생의 수수께끼를 푼다.

야마모토 요시타카 지음

1권 천문학의 부흥과 천지학의 제창
2권 지동설의 제창과 우주론의 상극
3권 세계의 일원화와 천문학의 개혁

카이에 소바주 시리즈 (전 5권)
일본 인문학의 거두 나카자와 신이치의 역작

일본의 현대 지성을 대표하는 철학자이자 종교학자, 학문께 전문적 주제의 무게와 깊이를 대중에게 알기 쉽게 전달 인문학 저술가 나카자와 신이치의 대표작. 신세대에게 교저변을 넓히기 위해, 1980년대 뉴아카데미즘의 기수로 등와 신이치 교수가 일본 주오(中央)대학 비교종교학과에서를 기록한다!

'카이에 소바주'는 '야생적 사고의 산책'이라는 뜻으로, 이 시우리가 살아가는 이 현대라는 시대가 갖고 있는 과도기적혀보고자 노력한다. 구석기 인류의 사고에서부터 일신교 '초월적인 것'에 대해 인류의 사고와 관련이 있는 거의 모든 답파를 목표로 하여, 신화에서 시작해 글로벌리즘의 신학적르기까지 자유분방한 사고를 전개한다.

나카자와 신이치 지음 | 김옥희 옮김

- 2002·2003·2004·2005 조선일보, 동아일보, 중앙일보, 경향신문, 연합뉴스 등 모든 언론의 극찬을 받은 화제의 책
- 2004 문화체육관광부 우수학술도서
- 강금실 전 법무부장관의 "내 인생의 책"
- 전국 인문대학·자연대학 추천도서

신화를 배우는 것은 인간을 배우는 일이다

1권 신화, 인류 최고의 철학

240쪽 | 값

국가, 그리고 야만의 탄생—인류가 초래한 이기심의 산물

2권 곰에서 왕으로

280쪽 | 값

물신숭배의 허구와 대안—사랑과 경제를 하나로 융합하다

3권 사랑과 경제의 로고스

223쪽 | 값 1

인류의 지知와 종교의 기원—인간의 지적 오만이 낳은 유일신

4권 신의 발명

232쪽 | 값 10

무의식에서 발견하는 대안적 지성
—비대칭적 세계를 타파할 마음의 원천을 찾다

5권 대칭성 인류학

336쪽 | 값 11

바꾸려면

절로 좋아지지 않는다. 행동하라!

일본에서 가장 영향력 있는 인문학자, 오구마 에이지 게이오대 역사사회학 교수. 고대 그리스의 민주주의부터 21세기의 자유민주주의까지, 정치·경제·철학·사상 전반을 고찰하여 민주주의의 근본 정의를 되묻고 현대 대의민주주의의 한계를 넘어설 길을 모색한다. '후쿠시마 사태' 이후 일본, 더나아가 전 세계 탈공업화 사회의 문제점을 깊은 통찰력과 날카로운 직관력으로 풀어낸 수준 높은 인문교양서, 정교한 설득력

을 바탕으로 세계 정치사·민주주의사를 한눈에 살펴보며 '민주주의를 쉽게 이해할 수 있는, 지금 대한민국에서 꼭 읽어야 할 책.

지음, 선형배 옮김 | 440쪽, 값 19,000원

- 일본 신서대상 제1위
- TV, 책을 보다) 방영의 화제작
- 시 모든 언론의 극찬을 받은 정치·사회의 진보적 교과서

"왜 데모를 해야 하는가를 탐구한 텍스트"
— 아사히신문

뢰즈의 철학원리

최대의 철학자 들뢰즈 사상의 핵심을
고 실천적으로 파헤친다!

오늘에 이르기까지 지대한 영향을 미치며 논란을 야기하고 있는 프랑스의 철학자 질 들뢰즈. 흄과 베르그송 등을 대상으로 하는 철학사 연구에서 출발한 들뢰즈는 서구의 2대 지적 전통인 경험론·관념론의 기초형태를 비판적으로 해명했다. 펠릭스 가타리와 함께 기존 정신분석에 반기를 들고, 만년에는 영화론과 예술론에 임한 그의 다채로운 양상을 관통하는 것은 무엇인가. 기예의 연구자 고쿠분 고이치로가 정밀하게 분석하여

핵심과 실천적 의의에 다다른, 철학자 들뢰즈에 대해 가장 충실하
알기 쉽게 풀어쓴 책.

고이치로 지음 | 박철은 옮김

카나미출판사 100주년 기념 현대전서 제1권

앙코르와트

: 제국주의 오리엔탈리스트와 앙코르 유적의 역사 확국

지적 호기심·인문학의 품격·학술적 가치가 교양으로 탄생한 걸작!

세계 7대 불가사의로 지칭되는 웅장하고 화려하면서도 신비스러운 앙코르 유적. 하지만 앙코르 왕조를 포함하여 캄보디아의 원류가 된 크메르제국의 고미술품과 유적들은 왜 프랑스가 가지고 있는 것일까? 식민주의시대, 프랑스로 강제 이송된 대량의 미술품과 고고학적 유물들, 그리고 프랑스인 고고학자들에게 거의 독점적으

로 조사된 앙코르 유적들. 그들은 아시아에서 무엇을, 그리고 왜 가져갔는가? 19세기 중반부터 20세기 중반까지 약 100년 동안, 앙코르 유적에 남은 수수께끼와 슬픈 진실을 클로즈업하며 낱낱이 살펴본다.

후지하라 사다오 지음 | 임경택 옮김 | 712쪽 | 값 38,000원

- 제31회 산토리 학예상 수상
- 제26회 시부사와·클로델상 수상

지금 애덤 스미스를 다시 읽는다

'경제학의 아버지' 애덤 스미스가 위기의 시대에 던지는 메시지

21세기 자본주의 경제의 존재방식은 어떠해야 하는가? 수많은 사상가와 경제학자들에게 영감을 제공한 사회과학 최고의 고전, 『도덕감정론』과 『국부론』의 세계를 직접 만나다. 경제사상사와 고전경제학사에서 최고 권위자이자 세계적 업적을 낸 도메 다쿠오 교수가 애덤 스미스의 『도덕감정론』과 『국부론』을 깊이 있는 해설과 알기 쉬운 설명으로 원 저작의 의미를 훌륭히 전달하면서도 누구나가

읽고 이해할 수 있는 한 권의 교양서로 담아낸 세계적 석학의 역작.

도메 다쿠오 지음 | 우경봉 옮김 | 268쪽 | 값 13,000원

- 산토리학예상 정치·경제 부문 수상
- 2008 일본경제신문 선정 올해의 책 1위
- '시골 의사' 박경철이 격찬한 책!

조용한 대공황

앞으로 20년, 저성장 시대에서 살아남기

신자유주의와 세계화, 무분별한 FTA 체결, 효율성 위주의 경제 정책이 우선시된 한국 사회에 경종을 울린다. 글로벌 경제 위기를 타개하기 위해서는 경제학, 정치학, 역사학, 사상사를 망라한 총체적 접근이 필요하다. 전 세계 금융위기를 경제사상사와 국제경제학적 관점에서 훌륭히 통찰한 책.

시바야마 게이타 지음 | 전형배 옮김 | 200쪽 | 12,000원

- 2013 동아일보, 중앙일보, 매일경제, 한경비즈니스 등 주요 언론의 찬사
- NHK가 주목한 시바야마 게이타 교수의 일본 경제계를 뒤흔든 화제작

동남아시아 근현대사

동남아시아 근현대사를 책 한 권으로 배운다!

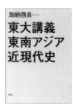

도쿄대학생이 꼭 듣고 싶어 하는 명강의. 타이, 라오스, 베트남, 캄보디아, 미얀마, 필리핀, 브루나이, 말레이시아, 싱가포르, 인도네시아, 동티모르, 복잡·다양한 정치·경제·문화의 동남아시아 11개국, 19세기 중반부터 현재에 이르기까지 동남아시아 전역의 역사를 개관한다. 구성, 민족, 언어, 종교, 풍속 등 다양한 요소를 가진 다채로운 지역의 역사가 펼쳐진다.

가노 히로요시 지음 | 전형배 옮김

- 동남아시아를 인문학적으로 이해하는 도쿄대 교양학부 명강의!

마테오 리치 : 동서문명교류의 인문학 ...

동서 문명을 융합시킨 세계화 1세대 '마테오 리치...

한 손에는 종교, 한 손에는 무... 계 정복에 나선 '대항해시대', ... 대륙에 들어온 이탈리아인 예... 마테오 리치는 험난한 대항해... 리, 과학 등 새로운 학문을 ... 양에 동양을 알리는 역할을 ... 화 1세대이다. 뛰어난 업적과 ... 관심의 대상에서 소외되었던 ... 라는 인물의 전기를 통해 16~... 양의 문화 교류를 비교문화사...

낸 대작. 평생을 비교문화사 연구에 바친 비교문화학의 권위자 ... 스케히로로 도쿄대 교수가 400년 역사를 넘나들며 동서양의 역사... 관한 해박한 지식을 풀어놓는다.

히라카와 스케히로 지음 | 노영희 옮김 | 925쪽 | 값 36,000원

- 제43회 한국백상출판문화상 교양·예술 부문 수상
- 2003 대한민국학술원 우수학술도서
- 독자들의 열화와 같은 요청으로 2015 재발행 결정!

나카자와 신이치의 예술인류학

삶은 예술이며, 21세기 문화론의 새로운 대안은 예술인류학이다

예술인류학은 무엇이며, 왜 예술인류학이 현 인문학의 대안적 지성이 될 수 있는지를 생동감 있게 들려준다.

나카자와 신이치 지음 | 김옥희 옮김 | 287쪽 | 값 12,000원

불교가 좋다

종교와 신화, 과학과 철학을 넘나드는 유쾌한 대화

일본 인문학계의 두 거장이 만나, 인문학의 경계...게 넘나들며 불교의 본질에 대해 접근한다.

가와이 하야오, 나카자와 신이치 지음 | 김옥희 옮김 | 264쪽 | ...

후쿠시마, 일본 핵발전의 진실

후쿠시마 원전 사고 후, 일본인이 가장 많이 읽은 원자력 비판서

일본의 양심적 지성 야마모토 요시타카, 지성의 높이와 교양의 깊이로 원자력발전을 읽다. 원자력 폐지론의 가장 설득력 있는 책.

야마모토 요시타카 지음 | 임경택 옮김 | 132쪽 | 값 8,000원

공자 노자 석가

일본에서 발간 이후 30새 넘게 중판을 거듭한 최고의 인...

공자, 노자, 석가의 가상 토론을 통해 유·불·도 ... 차이와 특징을 명쾌하고 쉽게 풀어내며 동양철학... 이야기한다.

모로하시 데쓰지 지음 | 심우성 옮김, 272쪽, 값 12,000원

조선인 BC급 전범, 해방되지 못한 영혼

왜 조선인에게 일본의 전쟁 책임이 전가되었는가

역사에 버림받은 조선인 B·C급 전범들의 삶의 투쟁에 대한 기록이자 일본의 전쟁 책임에 대한 고발서.

우쓰미 아이코 지음 | 이호경 옮김 | 335쪽 | 값 15,000원

동아시아 역사와 일본

일본의 양심적 지식인들이 역사를 말하다

동아시아가 형성되는 고대부터 오늘날에 이르기까... 전반을 한중일 3국의 관계망 속에서 균형 잡힌 시각... 술한 교양서.

일본역사교육자협의회 편 | 송완범 외 옮김 | 422쪽 | 값 16,000원

- 2005 문화체육관광부 우수교양도서

남자와 여자는 왜 끌리는가

세계적인 행동유전학의 권위자, 페로몬의 비밀을 풀다

유전학적으로 남녀의 성, 사랑, 동성애와 성정체성 문제, 궁합에 이르는 주제까지, 페로몬과 관련된 내용을 설명한 책.

야마모토 다이스케 지음 | 박지현 옮김 | 260쪽 | 값 12,000원

- 2007 한국출판문화산업진흥원 청소년권장도서
- 한국간행물윤리위원회 청소년 추천도서

수학으로 생각한다

수학, 계산하지 말고 상상하라

상대성 이론, 빅뱅론, 엔트로피, 경제·사회 현상까지 수학에 대한 고정관념을 깨는 전혀 다른 차원의 고... 학 교양서.

고지마 히로유키 지음 | 박지현 옮김 | 박경미 감수 | 266쪽 | 값 12,...

- 『수학콘서트 플러스』의 저자 박경미 교수 감수·추천

있을 정도로, 이 사건은 유포되어 있다. 그러나 사당에는 여러 데바타가 있고, 어느 여신상이 잘려나갔는지는 잘 알려져 있지 않다.

연구자들 중에는 데바타의 부조물이 아니라 안테픽스 antefixes*나 린텔lintel**을 반출한 것이 아닌가 하고 가정하는 사람도 있지만, 전술한『고고학보고 I 』에서도 "남쪽 사당의 벽을 장식하고 있던 데바타 몇 점을 벗겨내었다"라고 기록되어 있으므로, 이 기술이 틀림없을 것이다. 또한 당시의 신문기사가 전하는 바에 따르면, 말로가 반출한 것은 일곱 개의 석재로서, 그중 "하나는 신상이고, 여섯 개는 압사라Aspara, 天女***의 부조물"이었다고 한다.[34] '압사라'란 아마도 오기誤記로서 데바타를 가리키는 것이라고 생각한다면, 사당의 데바타의 부조물은 한 개당 세 개의 석재에 새겨져 있었으므로 여섯 개의 석재로 두 개의 데바타를 반출했다고 추정할 수 있다.

이 가정은『왕도』의 기술과도 일치한다. "한쪽 면만 모두 무너져내린" 주요 탑에 다다른 주인공 클로드는 "모퉁이돌의 양측에 조각"이 있는 사당을 발견한다. "그것은 두 사람의 무용수를 표현하고" 있고, "세 개의 돌에 걸쳐 조각되었다." 이것을 본 클로드는 "여하튼 50만 프랑 이상"의 가치가 있는 부조물이라 눈대중으로 가늠하고, 톱과 정을 사용하여 잘라냈던 것이다.[35]

---

* 지붕을 덮는 타일의 종단에 수직으로 세우는 블록. 신전의 코니스(Cornice) 끝에 일정 간격으로 늘어서 있다.

** 창문이나 문 위에 작은 보와 같은 부자재를 올려놓아 위에서부터 내려오는 힘을 양 옆으로 분산시켜주는 역할을 하는 부재.

*** 힌두교 신화와 불교 신화에 나오는 구름과 물의 요정이다. 님프 등으로 번역되기도 하다. 원뜻은 '물속에서 움직이는 것, 구름 속에 살아있는 것'이다. 보기에 아주 젊은 여성의 모습을 하고 있고, 그 요염한 미모를 사용하여 수행 중의 인간을 유혹하여 타락시킨다고 한다. 후세에는 전사자의 영혼을 인드라가 기다리는 천상으로 옮기는 역할도 했다. 자유롭게 변신할 수 있다.

그림53 〈남동쪽에서 본 남쪽 사당〉, 『학원 고고학보고 I 』, 반테아이 스레이」 삽화

1919년의 파르망티에의 논문에서는, 남쪽 사당의 탑이 중앙사당의 배후에 크게 무너져 있다고 보고되었으므로, 『왕도』에 기록되어 있는 "모두 무너져 내린" 건축물은 남쪽 사당이라고 보아도 무방할 것이다. 그 탑이 무너져내린 남쪽 사당이 1926년의 『고고학보고 I 』에 사진이 게재되어 있다(그림53). 그리고 주목해야 할 것으로서, 이 사진에는 거짓 문의 양측에 데바타가 있어야 할 장소가 비어 있고, 응급처치의 통나무로 지탱되어 있다. 말로 일행은 이 장소에 있었던 데바타를 정으로 잘라내어 반출했던 것이다.

현재 수복되어 남쪽 사당으로 다시 돌아온 데바타의 한쪽은, 무릎 아래가 크게 파손되어 있다(그림54). 말로의 소행인 것일까? 말로만이 알 뿐이다.

그림54 반테아이 스레이 사원의 남쪽 사당의 남쪽면. 현재 사진

소생하는 반테아이 스레이

말로 사건을 계기로 하여 반테아이 스레이 유적의 조사는 가속화되어 큰 진전을 보았다. 다른 유적에서도 본격적인 조사가 착수되어, 1920년대 후반부터 1930년대에 앙코르 고고학이 눈부신 발전을 이루었다. 1930년대의 비약적인 진전에 대해서는 다음 장으로 넘기지만, 반테아이 스레이를 둘러싼 고고학의 진전에 대해서는 여기에서 살펴보고자 한다.

전술한 대로, 이 유적에 관해서는 사건 후인 1924년에 대규모의 조사가 행해졌고, 2년 후에 조사보고서가 공간公刊되었다. 말로를 통해 이 유적은 일약 주목을 받게 되었던 것인데, 한층 더 특필할 만한 활동이 이 유적을 무대로 전개된다. 극동학원에 의한 최초의 대규모 '복원'사업의 대상이 되었던 것이다.

유적의 수복은 앙코르보존국장이었던 앙리 마셜의 지휘하에, 1931년부터 1933년까지 3년간 이루어졌다. 반테아이 스레이가 최초로 대수복의 대상이 된 것은 비교적 작은 규모의 유적(동서 95미터, 남북 110미터의 둘레벽)이고, 선구적인 복원을 시도하기 위해서는 가장 적합했기 때문이다. 장소적으로도 앙코르와트가 위치하는 중심부로부터 약 40킬로미터 정도로 그리 멀지 않고, 장기간의 작업 현장으로서도 문제가 없었다. 아울러 1930년에는 말로가 『왕도』를 발표했고, 무엇보다도 화제성이 있었다. 말로의 소설을 읽은 프랑스의 독자라면, 이 유적을 방문해보고 싶다고 반드시 생각했을 것이다. 밀려올 관광객에 대비하여 유적을 수복하고, 앙코르 유적의 중심부부터 도로를 정비해둘 필요도 있었다. 또한 사건으로 인해 '유적이 망가졌다'라는 전제가, 실험적인 수복대상으로서는 절호의 구실이 되었음이 틀림없다.

반테아이 스레이 유적을 복원하기 위해 채택된 것은 아나스틸로시스라 불리는 공법이었다. 붕괴가 진행된 건축물을 대상으로 하여 건축물 전부를 우선 해체하고, 결락된 부분을 다른 석재나 시멘트로 보완하면서 기초부터 재건하는 방법이다.[36] 파르망티에는 이 방법을 '전면적 수복법'이라고 부르고 있다.[37] 요컨대, 이것은 19세기와는 학술적인 수준이야 다르지만, 개념으로서는 '이상적인 복원'이라고 불러도 좋은 방법일 것이다. 수복 중에서도 가장 대담한 공법이고, 오늘날에도 채택을 둘러싸고 시비 논의가 끊이지 않는데, 당시에는 마침 1931년 10월에 그리스의 아테네에서 개최된 미술적·역사적 건축물의 보존과 보호를 위한 국제회의에서, 아나스틸로시스에 의한 수복의 정당성이 학술적으로 인정받게 되었다.

이 방법은 이미 1903년부터, 인도네시아에서 네덜란드의 고고학조사대가 시도하고 있던 것으로, 1907~1911년에는 유명한 보로부두르Borobudur 유적*이 복원되었다. 그러나 앙코르 유적의 사원은 부서지기 쉬운 사암이나 라테라이트(홍토)로 건축되었기 때문에 이 방법은 어울리지 않았다. 수복을 위해 1929년에 네덜란드 조사원의 한 사람이었던 반 스타인 칼렌펠스van Stein-Callenfels(1883~1938)가 앙코르에 초대되었지만, 이곳에서 아나스틸로시스를 채택하는 것은 위험하다는 견해를 남겼다. 그럼에도 불구하고, 학원 멤버는 이 방법을 감행했던 것이다. 말로 사건이라는 전제가 없었다면, 과연 위험성 높은 이 복원사업에 도전했을까?

앙리 마셜은 아나스틸로시스에 착수하기 위해, 1930년에 인도네시아로 건너가 3개월간 프람바난Prambanan(로로 존그란Lolo Jonggrang 사원)**의 수복현장에서 공법을 시찰했다. 그리고 이듬해 1월부터, 반테아이 스레이의 공사가 개시되었다. 최초로 착수한 곳은 남쪽 사당이었다. 말로가 데바타의 부조물을 잘라낸 건축물이다. 1926년의 보고서의 사진(그림53)을 보면 알 수 있듯이, 상부의 탑이 완전히 무너져내렸고 하부만이 남아 있었다.

공사를 개시할 즈음에, 우선은 발굴조사를 했고, 무너져내린 석재를 수집해야 했다. 이 작업과 병행하여 치밀한 도면작성과 다수의 사진촬영이 이루어졌다. 이 기초적인 조사 후에 드디어 잔존하고 있던 건축물의 해체작업으

---

* 인도네시아의 자바 섬 중부의 케두 분지에 소재하는 대규모의 불교 유적이며 세계적인 석조 유적. 세계 최대급의 불교사원이며, 인도에서 동남아시아에 전파된 불교는 일반적으로는 부파(部派)불교였지만, 보로부두르는 대승불교의 유적이다.

** 프람바난 힌두 사원은 주로 8~9세기에 번창했으며, 인도네시아 자바 섬 중부의 자와퉁아에 있다. 시바 신앙이 자바의 국교였던 시기의 유적이며, 그중에서 10세기경에 건립된 것으로 추정되는 로로 존그란 사원이 대표적이다. 힌두교 사원 중 최대 규모의 사원이다.

그림55 〈반테아이 스레이, 남쪽 사당 상계부〉, 1930년대 초두에 촬영

로 이행했고, 기초를 굳히고, 수집한 석재를 다시 쌓아올려 가는 것이다(그림 55, 56). 수복의 모습을 전하는 당시의 사진은, 무수한 석재가 지면에 놓여 있는 공사현장을 찍었고, 수복이라기보다는 이제부터 새로운 건축물을 새롭게 세우려고 하는 광경으로밖에 보이지 않을 것이다.

쌓아올린 석재에는 보강을 위해 안쪽에 철제 갈고리못이 박혀 있는 곳도 있었다. 또한 파손된 석재는 "시멘트로 (파손부를) 막았다." 이 시멘트에는 유적 주변의 붉은 색이 들어 있는 자갈을 부숴 섞어서 원 석재와 부조화를 가져 오지 않도록 궁리한 것이었다. 반테아이 스레이의 독특한 적색토가 전체적으로 유지되었던 것이다.

이와 같이 아나스틸로시스에 의한 수복은 근대적 공법을 도입하면서 추진

그림56 반테아이 스레이 사원의 수복현장, 1934년 촬영

되었다. 원초의 상태로 되돌리기보다는 오래된 석재에 새로운 석재를 첨가하여 사원을 재건했다고 하는 편이 더 정확할 것이다. 그러나 더 말할 나위도 없지만, 학술적 측면에서는 충분한 배려가 이루어졌다. 예를 들면, 완전히 석재가 결손이 되어 있는 부분에는 새롭게 잘라낸 석재를 끼워 넣어야 하는데, 마셜은 새롭게 추가하는 석재에는 조각을 하지 않고, 거칠게 깎아낸 채로 쌓아올리기로 했다. 수복한 곳을 한눈에 알 수 있는 외관으로 만드는 길을 선택한 것이다. 여기에 앙코르 유적에서 채택된 아나스틸로시스의 큰 특징이 있다. 보로부두르에서는 신규로 추가한 석재에도 진품을 닮은 조각을 하고, 볼품은 있지만 흘낏 보면 진품의 석재와 대용 석재의 구별이 어려운 수복이 되었다. 마셜은 다른 선택을 했고, 결코 완벽한 외관을 지닌 복제품으로는 되

지 않도록, 수복의 흔적을 남겼던 것이다.

공사는 순조롭게 진행되어, 반년이 채 되기 전에 남쪽 사당의 수복을 끝내고, 이어서 1932년 7월까지 북쪽 사당을 쌓아올렸고, 1933년에 중앙사당부의 복원을 종료했다. 수복의 성공이 전망되던 이 해, 파르망티에는 《학원기요》에 다음과 같이 쓰고 있다.

> 이 작은 반테아이 스레이는 이제 곧 그 화려한 모습, 그리고 아름다운 마무리와 섬세한 조각을 지닌 이보다 더할 수 없는 매력을 우리들에게 보여주게 될 것이다. (유적으로 통하는) 길이 자동차용 도로로 포장되면, 앙코르에서도 가까운 이 유적은 언제라도 쉽게 찾아갈 수 있는 장소가 될 것이다.[38]

네덜란드인 연구자의 우려를 불식시킨 기쁨과 동시에, 프랑스 고고학의 실력을 자랑스럽게 전해주는 문장이다. 그리고 그 성과를 메트로폴의 연구자와 관광객에게도 널리 알리고자 하는 의욕을 보여주었던 것이다.

그리하여 반테아이 스레이의 복원은 종료되고, 말로가 잘라낸 데바타의 부조물도 원래의 장소로 돌아왔다. 마셜은 복원 후 사원의 웅장한 모습을 세 장의 사진에 담아, 원장과 예술국장에게 보냈다. 그 사진의 뒤에는 다음과 같은 말이 첨부되어 있었다. "『왕도』의 저자가 행한 반달리즘(파괴행위)이 수복에 의해 없어져버렸다."[39] 마셜에게 이 복원은 혼란을 가져온 메트로폴의 문학자를 망각하기 위한 의식이었을지도 모르겠다. 또는 스테른의 연구로 인해 상처받은 현지조사원의 자신감을 되찾기 위한 행위이기도 했을 것이다. 그는 이 복원작업을 끝낸 후, 보존국장으로서의 직무에서 벗어나, 후임인 조르쥬 트루베Georges Trouvé(1902~1935)에게 다른 유적의 복원을 맡기게 되었다.

아나스틸로시스와 복원의 사상

반테아이 스레이 복원의 성공으로 인해, 앙코르 유적의 보전활동은 크게 전진했다. 다른 중요한 사원에도 아나스틸로시스에 의한 복원을 적용하는 것을 인정받았던 것이다. 마셜과 트루베는 반테아이 스레이의 공사와 병행하여 1932년에도 바이욘사원의 중앙사당과 바깥 회랑의 복원작업에 착수했다. 나아가 트루베의 뒤를 이은 모리스 글레즈Maurice Glaize(1886~1964)에 의해 1936년부터는 바콩에서, 1938~1939년에는 프놈크롬과 프놈복, 1939년부터는 앙코르톰의 대규모 복원공사가 전개되었다. 그리하여 19세기 중반에 서구인이 발견한 앙코르의 폐허가 진정한 의미에서 소생했던 것이다.

여기에서 나는 아나스틸로시스 공법에 의한 '수복'에 대해, 굳이 '복원'이라는 말을 사용했다. 이것은 작업에 종사한 많은 고고학자에게는 인정하기 힘든 (모독적인) 말일 것이다. 예를 들면, 제2차 세계대전 후의 인도차이나 전쟁 중에도 유적보전 작업에 종사한 베르나르 필립 그롤리에Bernard-Phillipe Groslier(1926~1986, 조르쥬 그롤리에의 아들)는 아나스틸로시스가 유적의 '복원'이 아니라는 것을 강하게 주장했다. 그는 이 공법은 붕괴의 위험에 처한 "건축물을 구제하기" 위한 "유일하게 유효한 방법"이었지, 장려한 외관으로 만드는 것을 목적으로 적극적으로 채택한 것은 결코 아니었다.[40] 그가 말하는 것처럼, 붕괴가 심한 석조 건축물의 복구에는 이 방법이 최선책이다. 그러나 아나스틸로시스에는 당시부터 적지 않은 비판이 있었고, 그렇기 때문에 더

더욱 '복원'이 아니라고 강조해야 했다. 마지막으로 이 공법의 문제점을 몇 가지 고찰한 후, 앙코르 고고학 역사상 아나스틸로시스의 역사적 의미에 대해 생각해보고 싶다.

어떤 수복이든 간에, 붕괴하여 진품의 모습을 상실한 유물을 손질하려 할 때에는 수복자의 해석이 개입되지 않을 수 없다. 붕괴가 심한 앙코르 유적과 같은 경우에는 그만큼 수복자, 즉 현지조사원의 해석이 차지하는 비율도 커진다. 아나스틸로시스는 파르망티에가 "전면적 수복"이라고 불렀던 것처럼 유물의 모든 부분을 손질하는 것이고, 그만큼 수복자의 해석이 개입하는 정도가 더 높아진다. 주도면밀한 연구에 기초한 해석이라고는 하지만, 어디까지나 그 시대의 연구수준을 반영한 해석에 의해 건축물은 재건되는 것이다. 그 해석이 잘못되었을 경우에는 진품과는 전혀 다른 모습이 되어버릴 가능성도 있다. 실제로 반테아이 스레이에서도, 재건 과정 중에 몇 번인가 해석을 변경해가면서 진행되었다.[41] 최종적인 '완성'도 또한 하나의 해석에 지나지 않는다. 잘못된 해석, 더욱이 연구자가 자신에게 유리한 해석을 채택하면, 고고학적 '날조'가 될지도 모른다. 거꾸로 말하면, 연구자풍의 고고학자에게는 자신의 조사연구의 가치를 묻는 매력 있는 복구방법이라고 할 수 있을 것이다(더욱이, 전면해체를 함으로써 외견만으로는 알 수 없었던 새로운 견식을 많이 얻을 수 있다).

또한, 당연히 아나스틸로시스 공법에서는 많은 경우 진품의 석재도 가공해야 한다. 파손하지 않는다 하더라도 보강을 위해 외관으로는 보이지 않는 장소에 갈고리못을 친다든지, 시멘트 등의 근대적인 재료로 고정한다든지 해야 한다. '완성'된 건축물은 견고해지는 대신에 과거의 모습과는 거리가 먼 것이 되는 경우도 있다(1930년대에 수복한 부분에서는 보강재 자체의 열화라는 문제가 오늘날 발생하고 있다).

물론 아나스틸로시스의 전면복원에는 이점도 있다. 오늘날도 또한 앙코르 주변에는 폐허인 채로 남아 있는 유적도 존재한다. 그러한 장소에서는 자연현상으로 유물이 열화될 뿐 아니라, 도굴도 빈번하게 일어나고 있다. 건축물의 복원에 의해 유적을 정비하고, 공원화公園化함으로써 이러한 위험을 피할 수 있다. 결과적으로 건축물의 '구제'가 될 것이다.

결국 유물의 보전과 수복은 고고학이라는 학문의 근간을 이루는 일이고, 수복을 둘러싼 논의는 끊이지 않는다. 연구가 발전함에 따라, 그 시대의 최량의 연구수준과 공법의 과학적 수준에 따른 수복을 해나갈 수밖에 없는 것이다. 제1장의 들라포르트의 복원도의 분석에서 이야기한 것이지만, 현재의 우리들이 학술적 관점, 기술적 관점에서 식민주의시대에 프랑스인들이 실행한 아나스틸로시스에 의한 수복에 대해 그 오류를 지적하기는 쉬우나, 나는 이 책에서 그와 같은 오류를 지적하고 싶은 것이 아니다. 새로운 고고학적 견식에 의해 과거의 수복을 더욱 수복하면 좋을 뿐이다. 반복하지만, 그 시대에 최선이라고 생각되는 방책을 계속 채택해갈 수밖에 없는 것이다.

이 책에서 생각해야 할 것은, 아나스틸로시스의 시비가 아니라, 1930년이라는 시기에 현지의 조사원이 이 공법에 의한 수복을 최선의 방법이라고 판단했다는 사실 그 자체라고 생각한다. 반테아이 스레이를 수복하게 된 직접적인 계기는 말로 사건에 있었다. 그러나 조사를 하고, 잘라낸 부분만을 원래로 돌리고, 현상유지한 채 유적을 정비하는 선택지도 있었을 것이다. 반드시 '전면적 수복'을 해야 할 필요는 없다. 오늘날에는, 그리고 당시에도, 현상유지의 보강에 멈추는 방법도 주요한 선택의 하나이다. 그럼에도 불구하고, 조사원들은 아나스틸로시스를 실험적으로 실행했고, 잇달아 다른 유적에도 이

공법을 전개시켜갔다. 그들은 왜 그것이 최선이라고 생각했던 것일까?

아마도 그 대답의 하나가, 앞에서 보았던 파르망티에의 말에서 암시되고 있는 것 같다. 반테아이 스레이의 수복의 종료를 의기양양하게 전하는 말이다. 식민지에서 활동하는 학원의 조사원들에게는 메트로폴의 연구자나 구미의 대중들을 향해, 수복한 유적의 장려한 웅자를 '보여주는(전시하는)' 것이 자신의 활동의 성과를 가장 눈부시게 전하는 '최선의' 방법이었다고 말할 수 있을 것이다. 말로 사건이나 스테른의 학사적 공헌 등에 반응하여, 현지조사원들은 자신의 일의 중요성을 메트로폴을 향해 다시금 강하게 주장해야 하는 상황에 처해 있었다.

이와 같이 생각한다면, 1930년대의 아나스틸로시스에 의한 유적의 수복이라는 사건도 또한 19세기 말의 들라포르트의 복원도와 복제품에서 발단한, 일련의 '복원'의 역사 안에 포함되는 현상이라고 분석해도 좋은 것이라 여겨진다. 즉, 아나스틸로시스는 '보여주는(전시하는)' 고고학의 역사가 초래한 필연적인 귀결이다. 이렇게 생각하기 때문에 나는 '복원'이라는 말을 감히 사용했다.

물론 들라포르트의 복원과 1930년대의 아나스틸로시스에 의한 복원은, 학술적 수준은 상당히 다르다. 그러나 고고학적 조사의 결과를 가시적으로 '보여준다'라는 사상에 본질적인 차이는 없다. 상징적인 것으로, 반테아이 스레이의 공사가 개시된 1931년, 파리에서는 국제식민지박람회가 개최되었고, 뱅센느Vincenne의 숲에 바로 이 아나스틸로시스에 의해 복원된 것과 같은, 학술적으로 정확한 앙코르와트의 실물크기 복제품이 출현했다(제7장 참조). 단순한 구경거리이기는 하지만, 이것도 또한 학술적 성과였다는 것을 부정할 수 없다. 보여주기 위한 복원의 역사는 이 시기에 성숙기를 맞이하고 있었던 것이다.

　실제로 1930년대, 아나스틸로시스로 소생한 앙코르 유적에, 구미로부터 대량의 관광객이 몰려들었다. 그것이 목적이 아니었다고 하더라도, '복원'이 관광유치에 다대한 공헌을 했다는 것은 부정할 수 없는 사실이다(관광유치가 현지조사원들의 자금조달을 위한 중요한 과제였다는 것은 다음 장에서 다루기로 한다). 물론 통속 수준의 관광유치와 학술적인 복원을 단락적으로 결부시키는 것은 고고학에 대한 모독일지도 모르겠다. 그러나 관광객을 위해 도로를 정비하여 유료의 국립공원을 개원하고, 잇달아 폐허를 복원하여 되살리던 1930년대의 앙코르국립공원은, 거대한 복제품군을 줄 세워놓고 방문객을 기쁘게 해주던 19세기 말 이래의 파리 만국박람회의 놀이공원amusement park의 연장선상에서 생겨난 이상적인 공원이지 않았을까?

　'보여주는(전시하는)' 고고학의 역사는 결코 끝난 것이 아니다. 오히려 유네스코에 의한 세계문화유산과 얽혀, 오늘날 새롭게 한층 더 발전해가고 있는 역사라고 말할 수 있을 것 같다. 연간 100만 명을 넘는 관광객을 맞이하게 된 오늘날의 앙코르 유적에는 그 역사의 폐해가 일찍이도 드러나기 시작하고 있다.

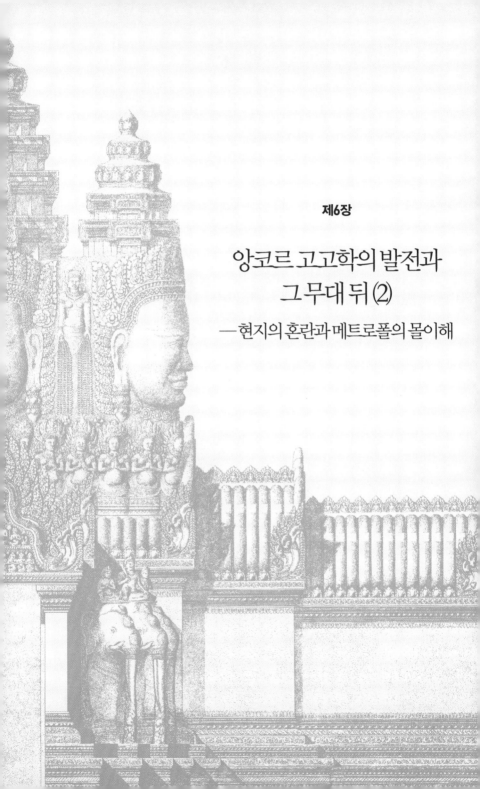

제6장

앙코르 고고학의 발전과
그 무대 뒤 ②

—현지의 혼란과 메트로폴의 몰이해

학원의 새로운 얼굴
─세데스와 골루베프

반테아이 스레이를 효시로 하는 대담한 유적의 수복에 나타나듯이, 1930년 대의 앙코르 고고학은 새로운 시도에 과감하게 도전해갔는데, 그것을 지휘한 것은 1929년에 극동학원의 신임 원장으로 막 취임한 조르쥬 세데스이다. 4기에 걸쳐 원장을 맡은 루이 피노의 뒤를 이은 그는 진정한 의미에서 2대 원장이었다.[1]

1920년대까지의 학원의 얼굴은 누가 뭐라 해도 루이 피노였고(제2장 참조), 제1차 세계대전 중이나 후 등 학원의 행방을 좌우하는 중요한 시기에는 그가 인도차이나에 체류하면서 방향타를 쥐고 있었다. 학원 초창기에는 본국 아카데미에 충실한 30대의 젊은 원장이었던 그도, 최후의 원장직에 취임한 1928년에는 이미 64세, 식민지의 학문과 정치를 속속들이 알고 있는 더할 나위 없이 소중한 존재가 되어 있었다. 그의 경험적 지식과 정치력 없이는 앞장에서 보았던 1920년대에 발생한 여러 가지 문제에 대처하는 것은 어려웠을 것이다.

오랜 세월에 걸친 이 공로자를 대신해 세데스가 원장이 되었다. 1886년생인 그는 그때 43세였다. 취임하자마자 바로 대담한 수복계획에 착수하는 등, 학원이 1930년대에 새롭게 착수한 과감한 시도와 성과로부터 그의 기개를 읽을 수가 있을 것이다. 이 장에서는 이 신임원장 아래에서 전개된 1930년대의 고고학의 동향을 추적해보자. 주인공은 세데스 외에 그와 함께 학원의 새로운 얼굴이 된 빅토르 골루베프, 그리고 1920년대부터 독자적인 활동을 전개해온 조르쥬 그롤리에이다. 그들은 양 대전 간의 프랑스령 인도차이나의 정치적 상황의 변화와 혼란에 직면하여, 고고학 조사체제나 문화정책의 변혁을 적극적으로 추진해간다. 고고학으로 대표되는 학술적 활동뿐 아니라, 그 이외의 정치나 경제에도 깊이 관여했다. 그 공죄를 종합적으로 검토하는 것이 이 장의 목적이다.

우선 세데스와 골루베프의 인물상을 간략하게 소개해보겠다.

조르쥬 세데스는 베를린대학에서 독일문학 학위를 취득한 특이한 부류인데, 재학 시절부터 캄보디아의 비문연구에 관심을 가지고, 1904년에는 18세의 나이로 《학원기요》에 「캄보디아 왕, 바바바르만 2세Bhavavarman II의 비문」이라는 제목의 논문을 발표했다.[2] 이어서 파리의 실용고등학원에서 알프레드 푸셰의 종교학 강좌에 재적했고, 1911년에는 앙코르와트의 부조물에 관한 학위논문을 작성했다(25세). 이 기간에 그는 들라포르트의 인도차이나미술관에서 수장품을 정리했다는 것은 이미 기술한 바와 같다. 그도 또한 메트로폴의 제2세대 엘리트를 대표하는 인물이고, 20세기 프랑스 동양학의 '영광'을 손에 넣은 얼마 안 되는 오리엔탈리스트의 한 사람이었다.

논문을 제출한 1911년에 그는 인도차이나로 건너가, 문헌학·금석학의 교수로서 학원의 활동에 참가했다. 1918년 10월에는 캄보디아인 여성과 결혼하여 여섯 명의 자녀를 낳았다. 그 후 1926년까지는 방콕의 시암국립도서관의 사서를, 1927~1929년에는 방콕 왕립아카데미의 서기관 등을 역임했다.

1929년에 학원 원장으로 취임한 그는, 타고난 문헌학적 지식으로 앙코르 고고학에 다대한 공헌을 한다. 제4장에서 검토한 바이욘 유적의 건축연대를 둘러싼 필립 스테른의 문제제기에, 비문 해독을 통해 결말지은 것은 그였다. 이것만으로도 학사에 남을 중요한 일이지만, 세데스에게는 원장 취임의 명함 대신 내놓는 정도이고, 그 외에도 밝혀낸 사실이 수없이 많다. 중국의 『신당서新唐書』에 나타나는 「실리불서室利佛逝」가 고古말레이어 비문인 스리비자야Srivijaya**에 해당한다는 것을 증명하고, 7세기경의 인도네시아 일대를 지배했던 스리비자야 왕국의 존재를 밝힌 것은 일찍부터 알려져 있다. 1947년 6월 퇴임할 때까지 원장을 역임한 후, 그는 파리로 돌아가 1960년까지 국립동양어학교의 교수로서 후진 양성에 힘을 쏟았다. 1969년 사망하던 해까지 남긴 저작은 300점을 넘는다고 한다. 일본에도 현행판의 일본어역『앙코르 유적』,『인도차이나문명사』,『동남아시아문화사』가 있고, 프랑스인 동남아시아사 연구자로서는 가장 잘 알려진 인물일 것이다.[3]

이처럼 빛나는 문헌학적 연구 업적의 그늘에 가려지기 쉬운데, 세데스는 극동학원 원장으로서 발군의 결단력과 행동력을 보여주었다. 아나스틸로시스에 의한 수복 개시의 결단은 그중 하나이며, 더욱이 암스테르담미술관이나 뉴욕의 메트로폴리탄미술관Metropolitan Museum of Art 등 구미의 미술관으로부

---

* '실리불서'는 스리비자야의 음역이다.
** 7세기에서 10세기까지 수마트라의 팔렘방을 중심으로 번영한 나라로, 대승불교를 믿었고 인도문화의 영향을 많이 받았다. 인도네시아와 말레이 반도, 필리핀에 큰 영향을 끼친 수마트라 섬의 말레이계 해상교역국가로서 7세기에는 말라카 해협을 지배하여 동서무역에서 중요한 위치를 차지하고 있었다.

터 고미술품의 구입 요청이 있을 때에는 스스로 작품 선택에서부터 교섭까지 하여 큰 거래를 성사시키고는 했다. 그리고 그것이 스캔들이 되지 않도록 하는 배려도 게을리하지 않았다. 또한 제2차 세계대전기의 일본군의 불인진주 시에는 일본과의 '문화협력' 정책을 추진하여, 교수 교환이나 고미술품 교환이라는 사업을 성공시켰다(이에 대해서는 제8장 참조). 그도 또한 상아탑에 머무는 동양학자가 아니라, 정치적인 오리엔탈리스트로서 식민주의시대를 살아갔던 것이다.

세데스와 함께, 1920년대 후반의 학원 변혁기로부터 1940년대의 제2차 세계대전 때까지 학원을 대표하는 얼굴로 활약한 또 한 사람이 빅토르 골루베프이다.

러시아 출신의 그의 파란만장한 생애는 유럽에는 비교적 잘 알려져 있다. 그의 아름다운 아내가 조각가 오귀스트 로댕François-Auguste-René Rodin이나 소설가인 아나톨 프랑스Anatole France(1844~1924)의 모델이 되었을 뿐 아니라, 시인 가브리엘레 단눈치오Gabriele d'Annunzio(1863~1938)에게 빼앗겨 스캔들이 되었기 때문이다. 고고학사와는 무연한 이 비련에 대해 이야기하는 것은 삼가겠지만,[4] 사랑하는 아내와의 이별이 인도차이나로 떠나게 한 요인의 하나가 되었던 것은 틀림없다.

골루베프는 상트페테르부르크St. Petersburg의 귀족의 가계에서 1878년에 태어나 그곳의 대학을 졸업하고, 하이델베르크대학에서 문헌학박사 학위를 취득했다(1904년). 그 후 그는 아내와 함께 파리를 중심으로 유럽 각지를 유학하는 나날을 보냈다. 파리에서는 상징주의예술의 후원자로 알려진 로베르 드 몽테스키외Robert de Montesquieu(1855~1921)나 로댕, 아나톨 프랑스와 깊은 친교를 맺었고, 또한 중국답사를 다녀온 세갈렝, 인도차이나총독을 지낸 폴 두메르나 알베르 사로, 그리고 필립 페탱Henri Philippe Pétain(1856~1951)과도 친교가 있었다고 한다. 그의 넓은 교우관계는 당시에도 '공인의 벗 넘버원'이라는 별명을 얻을 정도였다.

유복하고 학자로서 입신할 필요도 없었던 골루베프의 관심은, 대학에서 공부한 문헌학보다도 미술품수집과 그 연구를 향해 있었다. 우선 1900년대부터 이탈리아미술, 특히 베네치아의 자코포 벨리니Jacopo Bellini의 회화를 연구하여 저서도 출간했다. 그 연구 도중에 점차로 아시아미술에 대한 관심을 심화시켜간다. 1910년에 인도를 여행한 그는 불교미술을 수집하면서, 동시에 불교유적을 촬영하여 다수의 사진을 파리로 가져왔다. 1913년에는 파리의 체르누스키미술관에서 자신의 수집품으로 '불교미술전람회'를 조직했다.[5] 제4장에서 언급한 기메미술관의 고고학사진자료실의 설치(1921년)도 그의 사진컬렉션에 의해 실현된 것이었다.

1910년대 이후의 파리의 아시아미술연구는, 그의 컬렉션과 자금으로부터 크게 도움을 받았다고 할 수 있다. 그 최대의 공헌은 1914년부터 개시된 대형판사진이 들어간 호화 카탈로그 총서『아르스 아시아티카Ars Asiatica』의 편집간행이었다. 이 총서는 1935년까지 18권을 간행하여 중국, 인도, 일본, 인도차이나의 미술을 소개했고, 파리에서는 귀중한 동양미술자료가 되었다. 인도차이나의 미술로는 제4권『참파의 조각』(1922년, 파르망티에 저), 제5권『크메르의 동상』(1923년, 세데스 저), 제16권『프놈펜, 알베르 사로 미술관의 크메르미술』(1931년, 그롤리에 저)을 간행했고, 또한 태국이나 인도, 인도네시아의 미술도 소개하고 있다. 골루베프 자신에 의한 것으로는 1910년의 인도여행 시에 촬영한 사진을 중심으로 하여 구성한 제3권『인도의 시바신상』(1921년, 로댕, 하벨Havell과의 공저)과 제10권『아잔타 연구자료』(1927년)가 있다.[6]

적십자의 러시아 대표로 활약한 제1차 세계대전 후, 골루베프는 1920년에 극동학원 멤버가 되었다. 루이 피노의 권유에 의한 것이었다. 서구 각지에 친구를 둔 러시아 출신의 그는, 유럽과 인도차이나 연구자들의 연계를 도모하는 인물로서는 적임자였다(1925년에 그는 프랑스 국적을 취득한다). 1922년 마르세유 내국식민지박람회, 1929년에 열린 태평양과학회의 등, '해외'에서 개최된 이벤트에는 항상 골루베프가 학원의 대표자로서 파견되었다. 1931년의 파리 국제식민지박람회에서는 학원 대표로서 전람회 기획부터 의전에서의 접대까지 담당하여, 박람회를 찾아온 네덜란드 여왕 빌헬미나Wilhelmina와 황태자 부부의 안내도 그에게 맡겨졌다. 그런 활약상을 보고 세데스는 평소에 골루베프를 "극동학원의 지적 외교관"이라고 불렀다.

제2차 세계대전 중 일본의 불인진주 시에는 세데스와 둘이서 '문화협력'사업을 실현시켰고, 1941년 5월에 일본을 방문했다(제8장 참조). 그러나 이윽고 그는 병으로 쓰러졌고, 1945년 4월(67세)에 타계했다. 하지만 만년의 정치적 활동으로 인해 극동학원은 오랫동안 공식적인 추도문을 발표하지 않았다. 일본과의 '문화협력'에 종사했을 뿐 아니라, 비시정권의 수령인 페탱 원수와 오랫동안 우호관계에 있었던 골루베프는 '콜라보라퇴르Kollaborateur*'(전쟁협력자)'로서 규탄받는 입장에 있었던 것이다. 제2차 세계대전 후, 그는 학원의 기억으로부터 '추방'되는 운명에 처하고, 추도문이 《학원기요》에 게재된 것은 사후 20년이 지난 1966년이었다.

---

* 적국이나 점령군에 협력한 자 또는 협력자로 구성된 조직을 가리키며, 특히 제2차 세계대전 중의 비시정권하의 프랑스에서 나치 독일에 협력한 인물, 이른바 대독협력자 및 대독협력조직을 가리킨다.

골루베프의 새로운 고고학 방법

골루베프의 학원에 대한 공헌은 교육보급 활동이나 정치적 활동에 한정되는 것이 아니다. 앙코르 고고학사에서의 그의 공헌을 이 절에서 확인해두자.

그는 그만이 할 수 있었을 것이라 여겨지는 두 가지의 업적을 남기고 있다. 하나는 불교의 도상에 정통한 미술사가로서의 공헌, 또 하나는 풍부한 재력을 배경으로 한 사진촬영이나 항공기를 이용한 유적 관찰에 의한 새로운 고고학적 조사연구의 도입이다. 개성적이고 새로운 그의 연구는 그대로 1920년대 중반부터 1930년대 고고학의 새로운 전개에 즉응하는 것이었다.

우선 미술사가로서의 골루베프의 공헌에 대해서인데, 그에게 르네상스 회화연구의 실적, 그리고 중국의 불화·불상 수집과 인도의 불교유적 조사의 경험이 있었다는 것이 여기에서는 중요하다. 미술사학의 방법을 습득했던 그는, 불교설화의 지식을 기반으로 한 도상학적 해석을 고고학 조사의 현장에 도입하여 수많은 업적을 남겼던 것이다.

한 예를 들어보자. 1920~1930년대에 간헐적으로 이루어지던 니악 쁘완 Neak Pean의 발굴조사에 대한 골루베프의 공헌이다. 니악 쁘완은 북 바라이 Barays(관개시설)* 중앙에 12세기 말에 세워진 수상水上의 신비하고 작은 불교사원으로서, 불교적 우주관을 나타내는 장소로 오늘날 알려지고 있다. 이 해석의 기원이 된 것이 골루베프의 발견이었다. 건기에는 말라버리는 북 바라이는, 당시에는 작은 사원이 매몰된 삼림으로 변해 있었다.[7] 1921년, 이 장소에

---

* 제방을 통해 물을 저장하는 저수지를 말한다. 위로 솟은 제방이 물을 저장하는 구조이다. 9세기에 시작된 대규모 바라이 건설과 같은 대형 사업은 앙코르시대 왕권의 상징이었다.

그림57 〈니악 쁘완, 바라하의 말, 최초의 복원 시도(1924년 5월)〉,
골루베프 「바라하*의 말」,《《학원기요》, 1927년) 삽화

서 일군의 불가사의한 유물이 발굴된다. 단편들을 조합해 복원해보자 말의
형태가 되었다(그림57). 말의 옆구리 부근에 여러 인간의 다리가 보인다. 이
신비한 말이 무엇인가, 석학이었던 루이 피노도 골머리를 앓았다.

이 발굴조사를 지휘한 것은 앙코르보존국장이었던 앙리 마셜이었는데, 골
루베프도 사진촬영 담당으로 동행했다. 발굴된 유물의 복원을 사진에 담은

---

* 바라하는 산스크리트로 '멧돼지'라는 뜻이다. 힌두 신 비슈누의 10가지 화신 중 세 번째 화신이다.

골루베프는 독자적으로 도상학적 연구를 진행하여, 그 신비한 말이 힌두교나 불교의 설화에 있는 거룩한 짐승 바라하가 아닐까 하는 가설을 세운다. 이 설화는 힌두교의 상인들이 교역의 도상에서 여성들만이 사는 섬에 다다라 결혼하는 것부터 시작된다. 여성들은 식인귀(불교의 나찰천羅剎天. 라크샤사)*였다. 상인들은 바라하로 화신한 관세음보살의 구제로 간신히 이 섬을 탈출한다. 바라하가 그들을 옆구리에 감추고 바다를 건넜던 것이다.

이 설화의 도상을 몇 개 기억하고 있었던 골루베프는 직감적으로 설화와 발굴된 말을 결부시켰던 것이다. 그 성과가 발표된 것은 1927년이었다.[8] 명쾌한 도상 분석의 재주는 유르기스 발트르샤이티스Jurgis Baltrušaitis(1903~1988)의 중세연구를 방불케 하는 것으로, 크메르미술연구에서 최초의 본격적인 도상학연구로 평가할 수 있을 것이다. 1927년은 양식분석에 의해 바이욘의 편년을 크게 흔들어버린 필립 스테른의 연구서가 발표되었던 해로, 학사적으로는 이 책의 그늘에 감춰져버렸는데, 양식론과 나란히 설 수 있는 미술사학의 또 하나의 기둥인 도상학적 연구도 같은 무렵에 열매를 맺고 있었다는 것을 기억해두고 싶다.

골루베프의 도상해석에 관해 특히 중요한 것은, 이 해석에 의해 니악 쁘완의 복원 방침에 큰 수정이 가해졌다는 사실이다. 마셜이 건축적 관점에서 일시적으로 행한 복원에서는 바라하는 사원의 반대쪽을 향해 사원으로부터 여행을 떠나려 하고 있었다. 그러나 골루베프의 가설이 맞는다면 상인을 구출

---

* 불교의 천부의 하나로서 십이천에 속하는 서남의 호법선신. 갑옷을 입고 흰 사자에 올라탄 모습으로 나타난다고 한다. 팔방천의 하나이기도 하다. 나찰은 귀신의 총칭인데, 힌두교에 등장하는 귀신 라크샤사가 불교에 도입된 것이다.

한 바라하는 역방향을 향해, 안식의 땅으로 향해야 했다. 그리하여 1939년에 당초의 복원이 수정되어 오늘날과 같은 유적배치가 되었다.

이와 같이 마셜의 발굴에 동행한 골루베프는 미술사학적 견지에서 발굴이나 복원을 지원하는 큰 역할을 담당했다. 마셜이 건축학적 견지에서 발굴한 유물을 복원하고, 골루베프가 미술사적 검토에 의해 그것을 수정한다. 그리고 그 수정을 받아 다음 발굴 장소를 제안한다. 골루베프의 활약에 의해, 이러한 고고학자─건축가와 미술사가의 연계협력관계가 발굴현장에서 쌓이게 되었던 것이다. 1921년의 발굴로부터 18년을 거쳐 복원이 수정된 니악 쁘완의 예는, 고고학과 미술사학의 공동작업이 가져온 풍부한 성과를 예증함과 동시에, 학원에 의한 앙코르 고고학의 성숙도를 보여주는 하나의 도달점이라고 해도 좋을 것이다.

골루베프의 또 하나의 학술적 공헌은, 이른바 항공고고학의 도입이다. 1932년 8월부터 1936년에 걸쳐, 골루베프와 세데스는 인도차이나에 주재하는 프랑스 해군의 협력을 얻어내, 앙코르 유적군의 상공에 두 대의 수상항공기를 띄웠다. 조종사 옆에는 제1차 대전 중에 상공으로부터 지상을 관찰하는 방법을 익히고 있었던 골루베프가 동승했다. 고고학자들에게는 일찍부터 잘 알려진 일화이다. 아나스틸로시스의 도입과 함께, 새 원장 세데스의 진취적 기상을 보여주는 것이기도 하다.

그렇다면 상공에서의 관찰과 항공사진에 의해 골루베프는 무엇을 밝히려고 했던 것일까?

이야기는 다시 예의 1927년으로 거슬러간다. 스테른의 연구가 발표된 해이다. 제4장에서 상술한 대로, 스테른은 조각의 양식비교에 의해 바이욘사원의 건립연대를 2세기 내려 11세기의 건축물이라고 주장하여 물의를 빚었다. 논의는 세데스의 새로운 연구에 의해 13세기 건축설로 종식되는데, 하나의 의문이 남았다. 바이욘사원을 9세기에 위치 지운 종래의 설은, 금석학에 의해 밝혀진 앙코르 초기의 역사해석의 기둥이 되어 있었다. 즉, 비문연구를 통해, 900년경에 야소바르만 1세가 크메르 왕으로서 처음으로 앙코르 지구에 중심사원을 조영했다는 것을 알게 되었고, 바이욘이 그것이라고 해석되고 있었던 것이다. 하지만 바이욘이 13세기의 사원이라면, 앙코르 최초의 도성은 어느 사원이었을까? 근본적인 물음이 남겨졌던 것이다.

스테른의 답은, 앙코르톰 내에 있는 피미아나카스Phimeanakas*가 아닐까 하는 것이었다. 현장에서 발굴에 임했던 마셜과 골루베프는 이 가설을 단호히 거부했다. 피미아나카스는 중심사원으로서는 너무나 규모가 작고, 탑도 없었기 때문이다. 제4장에서 인용한 대로, 마셜은 스테른을 "건축물이나 미술품을 실제로 보지도 않고, 규격이 반드시 정확하지도 않은 데생이나 사진만을 검토"했기 때문에 잘못된 분석을 하고 있다고 비난했는데, 이 점에 대해서는 말 그대로이며, 현지에서 유적을 매일 접하던 조사원이라면 이것이 야소다라프라**의 중심사원일 리가 없다는 것은 금방 알 수 있다. 그러나 스테른의 가설을 거절하는 대안을 누구도 제기하지 못한 채로 있었던 것이다.

이 어려운 문제에 대해, 1931년에 골루베프가 하나의 해석을 제안한다. 원

----

* 캄보디아의 앙코르 유적군에 있는 힌두교 사원으로, 라젠드라바르만 2세의 통치시대(944~968)에 건립되었고, 이어서 수리야바르만 2세의 통치시대에 3층 피라미드 구조의 힌두교 사원으로 재건되었다. 피라미드의 최상부에는 탑이 있었다.

** 앙코르 왕국 최초의 수도.

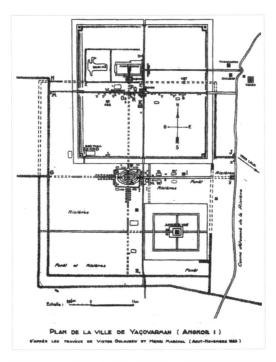

그림58 〈야소바르만의 도시 평면도(1932년 8~11월의 조사에 기초함)〉,
골루베프 「프놈바켕과 야소바르만의 도시」(《학원기요》, 1933년) 삽화

장에게 보낸 사신私信에서 앙코르 최초의 사원은 프놈바켕이 아닐까 하는 직
감을 피력했던 것이다. 앙코르톰과 앙코르와트의 중간에 위치한 작은 언덕
에 프놈바켕은 세워져 있다. 커다란 두 개의 유적의 그늘에 감춰진 것 같은
유적이었던 까닭에, 이 작은 유적은 거의 조사되지 않았던 것이다. 골루베프
의 가설은 금방 마셜을 움직여, 1932년에 프놈바켕의 발굴이 개시되었다. 여
기에서도 두 사람의 연계의 위력이 발휘되었던 것이다. 그 결과, 프놈바켕에
무수한 신역의 존재가 있다는 것이 확인되었다. 그리고 골루베프는 이와 같

이 가정하기에 이른다.

앙코르 유적군에서 프놈바켕만이 아크로폴리스의 종교적 시설에 걸맞게 자연의 언덕 위에 세워진 사원이다. 그리고 거기에는 야소바르만이 만들게 한 링가도 포함되어 있다. (…) 이 사원은 9세기 말에 건축된 가장 중요한 것임에 틀림없다. 이제 프놈바켕은 단순히 '언덕 위의 사원'이 아니라 진실로 성스러운 도시의 중심이라고 생각해야 할 것이다.[9]

이 사실을 증명하려고 실행된 것이, 1932년 8월의 항공기에 의한 조사였다. 상공에서 바라본 앙코르의 밀림은 그때까지의 앙코르의 도시상을 일변시키는 모습으로 부상했다. 종래의 지도에는 기재되어 있지 않은 몇 가지 옛 도로의 흔적이 확인되었던 것이다. 골루베프는 그것들을 1,200미터 상공에서 사진에 담아 옛 도로를 기록하는 지도를 작성했다(그림58). 그리하여 프놈바켕이 동서의 두 바라이를 잇는 옛 도로의 중심에 위치한다는 것이 확인되었고, 구 도읍의 중심이었을 가능성이 높아졌던 것이다.[10]

항공사진에 의해 앙코르는 (라종키에르가 작성한) 지상에 점재하는 건축물을 기재한 고고학적 지도로서 표상되었을 뿐 아니라, 바라이와 옛 도로의 그물망 안에 있는 복합적인 수리도시로서의 모습을 부상시켰다. 그 후 1941년에 골루베프는 앙코르의 구 도읍을 수리도시로서 이해하고자 하는 획기적인 연구를 발표했는데, 1945년의 죽음으로 이 연구는 완수되지 않고 종결된다.[11] 그 후 잘 알려진 바와 같이 베르나르 필립 그롤리에가 수리도시론을 전개하고, 오늘날에도 가장 중요한 앙코르 도시론으로 인정받고 있다.

그리하여 1930년대, 학원의 새로운 얼굴이 된 세데스와 골루베프를 중심으로, 고고학과 미술사학과 비문학의 연계체제를 확립하고, 앙코르 유적의 고고학이 비약적으로 진전되었다. 바이욘사원의 건축연대의 특정, 프놈바켕과 옛 도로의 재평가, 수리도시론 등, 오늘날에도 여전히 영향력을 지닌 정설이 잇달아 발표되었던 것이다. 아나스틸로시스에 의한 '복원'이 상징하는 것처럼, 앙코르는 1920년경에는 상상도 할 수 없었던 새로운 모습으로 출현하게 되었던 것이다.

여기에서 다시, 이러한 고고학 발전의 계기가 되었던 것이 메트로폴로부터의 퉁명스러운 문제제기(스테른)나 침입자(말로)였다는 것을 생각해내면 좋을지도 모르겠다. 그들은 정체된 현지조사를 혼란에 빠뜨리고, 활기를 불어넣고, 그리고 간접적으로 고고학적 진전에 한몫을 담당했다고 할 수 있을 것이다. 1930년대의 고고학의 발전은 현지와 메트로폴의 경합(우호적 협력이 아님)이 가져온, 생각지도 못한 풍부한 결실이었다. 학문은 언제나 우호적 협력에 의해 진전되는 것이 아니다. 다분히 정치적인 권력투쟁에 휩쓸리면서, 서로 일그러뜨리고, 서로 미워하고 싸우는 과정 중에 우발적으로 결실이 생겨나는 것이다. 그것은 바로 앙코르와트의 회랑 부조물이나 프레아 칸의 참뱃길의 군상에 표현된 유해교반과 같은 것이다. 데바와 악신 아수라의 줄다리기에 의해, 유해는 파란이 일어나 혼돈스러워진다. 그 혼돈으로부터 우발적으로 불사의 음료 암리타Amrita(감로)*가 양조되는 것이다. 메트로폴의 연구자와 현지조사원, 그중 누가 데바이고 누가 아수라인가. 그것은 독자의 상상에 맡기겠다.

---

* 인도신화에 등장하는 신비한 음료의 이름. 이것을 마시면 죽지 않는다고 한다. 유해교반에 의해 양조되었다.

그롤리에의 캄보디아예술국, 미술학교, 미술관

여기에서 화제를 크게 바꿔보자.

1920~1930년대의 앙코르 고고학사를 이야기하기 위해서는, 또 한 사람의 중요한 인물과 그 인물이 지도한 기관의 활동에 대해 검토해야 한다. 조르쥬 그롤리에와 캄보디아예술국이다.

그롤리에에 대해서는 제3장에서 인물소개를 했고, 제5장에서 그 사상의 일단을 검토했다. 그는 극동학원에 의한 조사체제의 문제를 지적하고, 예술국 (및 캄보디아미술학교와 캄보디아미술관)을 이끌면서 독자적인 전통문화정책을 전개했다. 원래 예술국은 무엇을 목적으로 하고, 어떠한 문화정책을 추진했는가. 극동학원과 어떠한 관계에 있었는가. 그리고 그것은 현지의 고고학에 어떠한 영향력을 미쳤을 것인가.

캄보디아예술국은 1920년에 설치되었지만, 그 역할을 고찰하기 위해서는 1917년에 설립된 캄보디아미술학교부터 설명할 필요가 있다. 캄보디아예술국 설치의 법령 제1조에 예술국의 관리는 "캄보디아미술학교의 프랑스인 교장에게 맡긴다"라고 되어 있기 때문이다.[12]

캄보디아미술학교는 국왕법령에 의해 그롤리에를 교장으로 탄생시킨 교육기관으로서, "크메르인의 예술적 전통을 연구하고, 보존하고, 보호하는 것을 목적"(제2조)으로 했다.[13] 이 시설은 1907년에 개교한 왕립장식미술학교를 전신으로 한다. 1907년은 앙코르 지구가 캄보디아에 반환된 해이다. 이 해부터 극동학원에 의한 본격적인 고고학 조사가 개시되었는데, 조사와 병행하여 프랑스는 크메르예술의 '부흥'의 길을 모색하는 시도를 개시했던 것이다. 풍부하고 고도의 예술성을 자랑하는 앙코르 유적이 시암의 것이 아니라, 캄보디아의 크메르인들의 것이라는 것을 고고학적 조사뿐 아니라, 동시대의 예술 활동에 의해서도 국내외에 주장하려고 생각했던 것이다. 식민지의 고고학과 예술교육정책은 '과거를 되살려 현재를 부흥시킨다'라는 이념 위에서 연동하고 있었다.

프랑스가 문화부흥정책을 실행한 배경에는 크메르문화가 완전히 쇠퇴했다는 식민자 측의 현상인식이 있었다. 예를 들면 반환된 앙코르 유적군을 1907년에 답사한 라종키에르는 유적목록 작성과 병행하여 지역 주민에게 남아 있는 크메르 전통문화의 조사도 행했다. 그러나 그는, 비단명주직물解絣織物(상포트홀)ˇ이나 융단 장인이 조금 있을 뿐으로, "앙코르의 도읍을 만든 사람들과는 너무나 먼" 주민밖에 없다고 보고했다. 그리고 "과거의 크메르인들이 이 나라에 가져왔던 예술적인 감성은 돌연히 소멸"되었다고 결론짓고 있다.[14] 말할 필요도 없이 "돌연히" 소멸한 것은 아닐 것이다. 식민자 프랑스가 캄보디아를 보호국으로 하고 근대적인 유럽풍의 문화를 이 땅에 가져왔을 때부터 반세기가 지나가려 하고 있다. 전통적인 문화가 "소멸"의 위기에 처했다고 한다면, 큰 원인의 하나는 틀림없이 프랑스의 침략에 있었다.

조르쥬 그롤리에는 이러한 상황에 민감하게 반응하여, 일찍부터 전통문화의 부흥을 호소했던 인물이다. 1914년에 앙코르협회와 프랑스 공교육자의 지원하에 앙코르를 조사한 그는 '잃어버린' 전통문화를 탄식하고, 프랑스 당국에 문화보호를 요구하는 보고서를 제출했던 것이다.

ˇ 병(絣)은 직물 기법의 하나인데, 미리 염색을 한 실을 사용하여 옷감을 짜서 문양을 나타내는 것을 말한다. 원래 일본과 오키나와의 직물을 가리키는 용어였지만, 이것과 유사한 직물 기술은 동남아시아를 비롯하여 세계 각지에서 볼 수 있다. 상포트홀이란 캄보디아의 여성이 몸(허리)에 두르는 예장용 의복이다.

그롤리에와는 약간 다른 시점에서 앙리 마셜 또한 동시대의 크메르문화의 문제점을 지적했다. 코치시나의 건축시찰관으로서 1913년부터 인도차이나 조사를 했던 그는 "캄보디아의 전통문화가 완전히 사라졌다"라는 인식이 오해이고, 솜씨가 좋은 장인은 적지만 지금도 또한 존재하고 있다고 보고하고 있다. 그리고 크메르인에게는 우수한 예술적 감성이 지금도 깃들어 있으므로, 교육에 의해 그 감성을 육성해야 한다고 결론짓고 있는 것이다. 교육은 고고학보다도 중요하다고 그는 말한다.

> 일반인에게 캄보디아의 예술은 (과거의) 앙코르 유적으로 대표되고 있고, 현재(의 문화 상황)는 완전히 단념되고 무시되고 있다. 그러나 나는 과거 궁정 내에서 원주민 조각가가 아주 훌륭히 문미*를 조각하는 것을 눈앞에서 본 적이 있다. (…) 과거로 눈을 돌려, 폐허를 복원하고 지금은 사라진 예술가를 상기하는 것도 좋을 것이다. 하지만 그 이상으로 현재의 (크메르) 민족 안에 아직도 잔존하는 재능을 찾아내어, 그 부흥(르네상스)의 지원에 정력을 쏟아야 하지 않을까?[15]

이러한 전통문화쇠퇴에 대한 인식과 부흥의 필요성을 설명한 보고를 받고, 프랑스는 1910년대 후반에 캄보디아 문화정책을 본격적으로 실시하게 된다. 선도한 것은 1918년에 두 번째로 인도차이나총독을 지낸 알베르 사로이다. 총독 스스로 "프랑스인이 지도하는 특별한 기관"으로서 캄보디아미술학교를 설치하고, 당지의 전통문화 '르네상스'를 추진할 의도를 밝혔던 것이다.

---

* 문, 창문, 출입구 등의 위에 가로 댄 나무.

그리고 그 지도자로서 조르쥬 그롤리에가 발탁되었다.

마셜의 보고에 있는 것처럼, 캄보디아에서 전통문화는 완전히 "소멸"된 것은 아니다. 보호국이 되었으면서도 캄보디아는 국왕을 옹위하는 국가이고, 왕궁에는 전통적인 문화를 계승하는 장인(건축가, 장식가 등)이나 예술가(음악가, 무용집단 등)가 출사出仕하고 있었다.[16] 그러므로 그롤리에가 주장하는 것처럼 프랑스가 지도하여 캄보디아의 전통문화를 부흥해야 한다는 것은 식민자 측의 편의만 생각한 허구이다. 정확하게 이야기한다면, 프랑스에 의한 문화부흥정책이란 캄보디아 국왕이 보호하고 있던 전통문화를 국왕의 손에서 탈취하여, 프랑스의 지도 아래 새로운 전통을 창출하는 것을 목적으로 하고 있었다고 해야 할 것이다(이 점은 후에 좀 더 깊이 고찰해보자). 그리하여 캄보디아 출생의 프랑스인 그롤리에가 지도자로서 선정되었던 것이다.

총독의 명령을 받은 그롤리에는 바로 '잔존하는' 전통공예조사를 개시하여, 130여 명의 캄보디아인 장인을 모집했다. 그리고 거기에서 지도자로 적합한 인물을 선발하여, 미술학교를 출범시켰다. 학교의 교육과정에 관해, 1940년경 프놈펜의 일본영사관에 근무하고 있던 미야케 이치로의 소설『캄보디아기담』에 흥미로운 기술이 있어 소개해본다.

국립의 리세교육의 공예기술학교는 캄보디아의 전통공예 장인을 육성하는 것이 목적으로서, 여자 생도의 다수는 견사의 제사製絲나 베 짜기, 거기에 문양의 디자인 등을 학습하고, 남자 생도는 회화나 조각이나 조금彫金, 특히 불상 제작이나 앙코르 유적 부조의 모조품 제작을 실습했다. 그 외에 허리띠의 버클이나 주조기술, 등세공 등 여러 분야에 걸쳐 있었다.[17]

미야케가 "국립의 리세lycée(고등학교)*교육의 공예기술학교"라고 기록했듯이, 미술학교는 15세의 학생을 1학년으로 받아들였고, 교육기간은 3~4년간이었다. 교육과정은 크메르 고미술에서 볼 수 있는 식물의 장식모양이나 신화 속 신들의 도상의 데생교육에서 시작하여, 그 후 "회화, 건축, 조금, 조각, 주형, 가면, 무도장식품, 견직물, 칠기"의 전문과정으로 진급했다. 1921년의 최초의 졸업생은 21명(졸업예정자 33명)이었다.[18]

데생교육은 1920년에 새롭게 단장하여 개관한 캄보디아미술관, 통칭 알베르 사로 미술관에서 이루어졌다. 미술학교는 미술관에 병설되었고, 그롤리에 교장은 미술관의 관장도 겸임했다. 그는 미술관에 수장되어 있는 크메르 고미술을 모델로 삼아 데생교육을 실시했다. 그롤리에의 머릿속에는 센Seine 강을 끼고 루브르미술관에 인접한 파리의 국립미술학교의 모습이 이상형으로 있었을 것이다. 자신이 학생으로서 루브르의 고대조각을 데생했던 것처럼, 캄보디아의 학생에게도 크메르 고미술 데생을 부과했던 것이다.

미술학교에 병설된 캄보디아미술관에 대해서도 여기에서 설명해두겠다.

그롤리에는 미술관이 고고학이나 미술사의 전문가들을 위한 학술적 연구기관이 아니라, 캄보디아의 대중에게 열린 문화시설이라는 것을 강조했다. 특히 현지의 장인이 참고로 해야 할 예술이 전시된 실용적인 전람의 장이라는 것을 주장하고, 그때까지의 극동학원의 미술관 운영방식을 비판했다. 그에게 미술관은 캄보디아인들이 활용해야 할 살아 있는 시설이고, 크메르문화의 '부흥'을 위해 빼놓을 수 없었던 것이다. 그는 미술관의 정비에도 적극적

---

* 프랑스의 후기 중등교육기관. 한국과 일본의 고등학교에 해당한다. 3년제의 학업 코스와 2년제의 직업 훈련 코스가 있다.

으로 가담해간다.

캄보디아미술관은 1919년의 인도차이나총독령에 의해 설치되었고,[19] 당시 총독의 이름을 씌워 통칭 알베르 사로 미술관이라고 불리었는데, 그 전신은 1905년에 프놈펜에 설치되었던 극동학원의 '인도차이나미술관 크메르 고미술 컬렉션'이다. 그러나 그롤리에에 따르면, 그가 관장으로 취임할 때까지 그 시설은 "눈 뜨고 볼 수 없는 비참한 상태"에 있었고, "창설 이후 10여 년, 아무에게도 주목받지 못하고 황폐해져버렸다."[20] "불과 5×3미터의 좁은 방 두 개뿐인 초라한" 이 시설에는 캄보디아 주재의 프랑스인이 입수한 출처가 불확실한 유물이 잇달아 운반되어 오지만, 상주하는 학예원이 없기 때문에 유물은 선별되지 않고 미술관 주변에 쌓여가고 있을 뿐이었다. 여기에서도 그롤리에는 캄보디아 고고학에서는 중대한 사태였다고 학원의 관리체제를 비난해 보인다. 과장은 있을지 모르나, 1920년 이전의 미술관의 상황을 전해주는 의견으로서 귀중하다.

그롤리에는 자신이 관장이 된 이래, 미술관이 변신했다고 자랑한다. 그 자부심을 지렛대 삼아 그는 미술관에서의 학생의 데생교육이나 학생들에 의한 주형제작, 그리고 학생이나 장인들에 의한 공예품의 판매 등, 연속적으로 새로운 시도에 착수한다. 1931년에 『아시아의 예술』 제16권으로서 이 미술관의 크메르 컬렉션 목록을 작성한 그롤리에는, 자랑스럽게 자신의 활동을 소개하고 있다.

알베르 사로 미술관은 캄보디아의 국립미술관이다. (…) 미술관의 조직과 운영은, 프랑스극동학원의 관할 아래 캄보디아예술국장에게 일임되어 있다. (…) 예술국은 또한 현지 미술학교의 지도에도 임하여, 현지의 최량의 전통을 부흥시키고 있다. (…) 미술학교에서 배우는 실습생들은, 이 미술관에서 캄보디아문명 중 최고의 예술모델을 발견하게 될 것이다.[21]

그롤리에는 크메르예술의 부흥을 주창한 대변인으로서, 캄보디아의 문화 정책을 좌우하는 가장 중요한 인물이 되었다. 일본에 비추어 이야기한다면, 도쿄미술학교 교장(나아가서는 일본미술학원 원장)으로서 일본화의 부흥을 주창하고, 일본미술사 편찬과 일본의 전통문화정책에 큰 영향력을 지녔던 오카쿠라 가쿠조와 같은 역할을 했다고 생각하면 좋지 않을까?

캄보디아의 전통부흥은 누구를 위한 것인가

그롤리에는 순수하게 크메르의 전통문화를 '부흥'시키기 위해서만 미술교 육을 시행한 것은 아니다. 식민지에서의 예술정책에는 공예품 생산에 의해 경제를 활성화시킨다는, 보다 현실적이고 공리적인 목적이 첫 번째로 있었 다. 그것을 실현하기 위해서는 교육의 틀을 넘어 널리 공공성을 지닌 문화운 동으로 발전시킬 필요가 있다. 그 기치가 된 것이 1920년에 창설된 캄보디아 예술국이었다.

예술국 설치의 법령 제2조에는, 명확하게 경제발전을 위한 계획이 기록되 어 있다. 이르기를, 예술국장의 지도하에 "미술학교와 캄보디아의 장인과의 사이에 긴밀하고 항상적인 관계를 구축하고", "예술가와 현지의 장인을 이용 하여, 경제적 운동을 조직하고 확립"해야 한다고 했다.[22] 미술학교에서의 교 육에 의한 후진의 지도와 더불어 현역의 장인이나 예술가도 연계하여 전통공예의 부흥을 도모하고, 구체적으로 공예품의 판매를 촉진하려고 하는 목적이 명문화되어 있다.

흥미를 끄는 것은, 그롤리에는 총독에게 부름을 받기 이전에는 캄보디아 경제에 관여하는 앙코르협회를 활동거점으로 삼고 있었다. 파리에 본거지를 둔 이 단체는 캄보디아의 관광유치와 경제부흥을 추진하는 국제단체로서, 1920년경에는 관광객의 구매의욕을 일으키게 하는 (서구인의 눈에 맞는) 공예품의 생산이 긴급과제로 거론되었다.[23] 이 협회의 요청과 예술국의 목적은 합치하고 있었다. 그보다도 협회의 일원인 그롤리에가 실천적인 정책을 실행하는 장이 예술이었다고 해도 과언이 아니다. 그리하여 우선은 미술관에 '부티크boutique'가 설치되어 관광객들을 상대로, 장인들이 만든 공예품이나 학생이 제작한 복제품이 판매되었다.

또한 예술국 설치 법령 제2조에는 "가능한 경우에는 현지 전람회나 외국 전람회에 참가"한다고 쓰여 있다. 국내뿐 아니라 구미를 향해 크메르의 공예품을 발표하고, 수출산업의 한 기둥으로 만드는 것이 최종적인 목표였다고 할 수 있을 것이다. 사실 예술국은 1922년의 내국식민지박람회(마르세유)나 1925년의 파리 국제장식예술박람회, 1931년의 국제식민지박람회에 적극적으로 참가하여, 장인이나 학생이 제작한 공예품을 전시·즉매했다. 그리고 그롤리에는 저작물을 통해서도 크메르의 공예품 보급을 위해 노력했다. 편집주간을 지냈던 《캄보디아의 미술과 고고학》에서 그는 전통공예에 관한 논문을 적극적으로 게재하여, 높은 예술성을 칭송함으로써 프랑스인의 구매의욕을 자극했던 것이다. 그 결과 1920년대 후반에는, 파리에 '크메르의 보석장식품 전문점'도 등장한다. 1927년의 파리에서는 "크메르의 공예품이 동양의 미술품 중에서 가장 유행하고 있다"라는 보고마저 이루어지고 있다.[24] 1931

년의 파리식민지박람회에서도, 캄보디아예술국이 출품한 공예품은 "쇠퇴한 국가의 고전적 전통의 르네상스"라고 평가되었고, 그 외의 다른 식민지 공예품까지도 더욱 높은 평가를 얻기에 이르렀다.[25]

이른바 전통공예품의 생산과 수출에 의해 국익을 높이겠다고 한 문화·경제정책은 19세기 후반기에 유럽 열강이나 일본에서 실천되었던 것이다. 자포니즘 시기에 구미 지역으로 건너간 수출용 도자기나 칠기는 잘 알려져 있을 것이다. 프랑스는 공예품(장식예술)의 수출에 관해서는 후진국이었고, 거국적으로 장식예술 부흥정책을 추진했지만 우수한 성적을 거두지 못하고 있었다. 제1차 세계대전 후 곧바로 파리에서 국제장식예술박람회가 개최된 것에서 현저히 나타나는 바와 같이, 20세기에 들어서도 이러한 운동이 계속적으로 전개되었던 것이다. 그러한 의미에서 캄보디아예술국은 본국의 정책을 식민지에서 응용적으로 실현하는 기관이라고도 할 수 있을 것이다.

캄보디아예술국에 의한 전통문화정책은 다른 예술분야에도 미치고 있다. 사사가와 히데오笹川秀夫가 상세하게 논하고 있는 것처럼, 캄보디아의 무도의 '부흥'과 보급에도 그롤리에의 영향은 절대적이었다. 1927년에는 궁정의 무도단을 강제적으로 캄보디아예술국의 지도하에 두는 등 지극히 강압적이고 문제성 있는 정책을 실시하여, 구미를 향해 문자 그대로 '자랑거리'로 만들려고 했다. 사사가와가 이야기하는 것과 같이 프랑스에 의한 캄보디아 전통문화 '보호'란 "식민지 지배의 구실에 다름 아니다"라는 것을 보여주는 한 예이다.[26]

미술의 부흥정책에 대해서도 동일한 문제점을 지적할 수 있을 것이다. 그롤리에는 순수한 크메르의 전통(그러한 것이 있다고 전제하고)을 소생시키려고 한 것이 아니라, 프랑스인으로서 '새로운 전통'을 창조하려 했다고 생각하는 것이 정확하다. 여기에서 그롤리에가 전통이라 칭하고 캄보디아인에게 만들게 한 미술이 어떠한 것이었는가를 검토해두자.[27]

우선 그롤리에의 미술교육이 프랑스의 고전주의적 데생교육에 기반을 두고 있다는 것에 주목해보자. 학생은 공예품 제작에 임하기 전에 서양의 데생 기술을 터득해야 했다. 데생으로 시작되는 교육과정은 프랑스의 장식미술교육을 답습한 것이라 해도 좋을 것이다. 본국에서도 1870년대부터 장식예술(응용미술)교육이 미술학교에서 행해지게 되었는데, 공예품을 만드는 장인들의 기술보다도 디자인을 결정하는 예술가적 데생력이 중시되었다는 점이 프랑스의 특징이라 일컬어진다.[28]

전통적인 캄보디아의 공예장인은 공예품을 제작하기 전에 간단한 스케치를 하는 일은 있어도, 미리 정확한 데생을 준비하는 일은 없다. 데생교육은 그롤리에가 프랑스인다운 발상으로 채택한 것이다. 그는 프랑스에서 확립된 공예교육의 방법을 그대로 캄보디아에도 적용한 것이었다(하지만 캄보디아 미술학교가 창립된 1910년대 후반 서구에서는 큐비즘Cubisme*이나 포비즘Fauvisme** 이라는 전위적인 회화도 일정한 평가를 받고 있었고, 아카데믹한 데생교육이야말로 쇠퇴의 과정에 들어섰었다고 할 수 있다. 농담을 섞어 이야기한다면, 그롤리에는 크메르의 전통부흥뿐 아니라 본국의 고전적인 전통교육도 식민지에서

---

* 입체파. 20세기 초에 피카소나 브라크에 의해 창시되어 많은 추종자를 낳은 현대미술의 큰 동향이다. 이전의 구상회화가 하나의 시점에 기초하여 그려진 것에 비해, 여러 가지 각도에서 본 사물의 형태를 하나의 화면에 담아, 르네상스 이래의 일점투시도법을 부정했다.

** 야수파. 20세기 초의 회화운동의 하나이다. 1905년에 개최된 전람회 살롱 도톤에 출품된 일군의 작품이 원색을 많이 사용하여 강렬한 색채를 띠고 격한 터치를 하고 있었는데, 이를 본 비평가 루이 복셀(Louis Vauxcelles)이 "마치 야수의 우리 안에 있는 것 같다"라는 평을 한 것에서 그 명칭이 유래했다.

소생시켰던 것이다).

　그롤리에의 표현을 빌리면, 미술학교에서는 현지의 장인을 지도자로 '전통적인' 공예제작지도가 이루어진 것인데, 형상(포름forme)이나 장식디자인이라는 공예품의 근간을 이루는 부분에는 서구적인 데생을 기반으로 하는 교육이 베풀어졌던 것이다. 그의 목적은 서양의 데생기법을 이용하여 앙코르 건축물의 장식이나 도상을 배합한 공예품을 새롭게 만들어내는 것에 있었다고 해도 좋을 것이다. 서구의 방법으로 크메르의 전통적 도상을 새롭게 표상하려고 했던 것이다.

　그렇다면 왜 서구적 방법에 의해 새로운 전통공예를 만들려고 했던 것일까? 여기에서 우리들은 이중의 목적을 읽어내야 한다. 하나는 식민지정책의 이념과 관련되어 있다. 근대적(서구적)인 고고학적 조사에 의해 과거의 유적을 복원하는 것과 마찬가지로, 서구의 방법으로 과거의 예술을 근대적인 것으로(즉, 서구인이 이해할 수 있는 것으로) 새롭게 만들어, "현대에 어울리는 새로운 전통공예를 만들어 낸다"(그롤리에의 말)라는 것이다. 그롤리에는 고미술품의 데생이 "단순한 모방을 위한 기술이 아니다"라고 교육현장에서 강조했다. 그가 말하는 전통부흥이란 과거를 새롭게 '창조'하는 것이고, 그러한 의미에서 들라포르트(와 비올레르뒤크)의 복원이념과도 통하는 사상을 가지고 있었다고 할 수 있을 것이다.

　또 하나의 목적은 경제적 관점에서 이해할 수 있을 것이다. 예술국은 공예품을 구미에 수출·판매할 목적을 내걸고 있었는데, 그를 위해서는 서구의 규준에 따른 공예품을 개발하는 것이 상책이다. 관광객의 선물을 위해, 파리의 부티크를 위해서는 서구인의 눈높이에 맞춘 (오해를 두려워하지 않고 이야기한다면) 세련된 크메르 공예품을 창조할 필요가 있었다. 서구식의 데생에 기

그림59 파리 국제식민지박람회의 캄보디아전시관, 그롤리에 설계

초한 크메르 공예품이라는 '현대에 걸맞은 새로운 전통공예'란, 구미 기준의
공예였다고 말하는 편이 나을 것이다.

결국 크메르의 전통공예라는 이름 아래 예술국이 창출하려고 했던 것은,
유럽인의 눈과 감성에 맞춘 근대적이고 절충적인 혼종의 공예품이었다. 실
증을 지향하는 고고학자가 아니라, 예술가 출신의 그롤리에가 예술국장으로
발탁된 이유가 여기에 있었다고 생각해도 좋을 것이다. 전술한 것처럼, 그롤
리에는 스스로 예술가로서 알베르 사로 미술관이나 국제식민지박람회의 캄
보디아전시관(그림59)의 건축설계를 했는데, 거기에는 그의 전통에 대한 생
각이 여실히 나타나고 있다.

이 건축물들은 언뜻 보기에는 전통적인 건축물풍이지만, 건축구조나 내부

설비는 말할 필요도 없이 근대화되어 있다. 외견적으로도 주목해야 할 것은, 미술관이나 전시관의 입구에 배치되어 있는 박공장식이다. 여기에는 미술학교의 학생들에 의한 목조 부조물이 끼워 넣어져 있다. 이것은 언뜻 전통적이지만 앙코르 유적의 사원으로부터 '인용'한 것이다. 석조로 세밀하게 장식된 박공을 목조건축에 응용하여, 자못 전통적인 것처럼 보여주고 있는 것이다. 또한 이 건축물에서는 황색이나 녹색, 청색의 타일, 황금 용마루 장식 등이 지붕 장식부에 사용되고 있는데, 이것은 중국이나 인도의 건축물로부터 자유롭게 '인용'한 것이었다.[29]

이 목조의 박공에 관해, 빅토르 골루베프가 흥미로운 증언을 남기고 있다.[30] 1922년 마르세유 내국식민지박람회를 시찰한 보고서이다. 골루베프는 캄보디아미술학교가 전시한 주형이나 보석장식품, 금은세공을 "(그롤리에의) 진지한 노력과 학생의 응용력"의 결과로서 높게 평가하고, 그것들이 이미 애호가들로부터 주문을 받았고 앞으로도 발전할 것이라고 했다. 그리고 특히 "현지의 목조사원이나 주택의 장식에 사용된 목조세공"이 훌륭하다고 칭송하고 있다. 서양건축의 이입에 의해 현지에서도 숫자가 줄어든 목조장식이지만, 그에 따르면 근대적인 콘크리트 건축물에도 이 종류의 목조는 효과적인 장식이 되었다고 한다. 말하기를 "놀랄 만한 응용력이 있고, 효과적인 수정도 할 수 있는"목조의 박공장식은 "용이하게 근대화할 수 있는" 것이므로 적극적으로 건축물에 사용해도 좋지 않을까. 요컨대 구미의 일반 대중을 대상으로 서양건축에도 충분히 응용 가능하다고 장려하고 있는 것이다. 골루베프는 마지막으로 "그롤리에 씨는 이미 발전단계를 종료했다고 생각한 (크메르의) 미술을 재생시킨" 것이라는 찬사로 보고서를 끝맺고 있다.

앙코르의 건축물을 현실로 알고 있는 골루베프조차 전통이라는 이름뿐인 혼성적인 공예출품작을 높게 평가하고 있다. 프랑스인은 전통부흥을 내세우면서도 순수하게 크메르적인 공예를 추구한 것은 아니라는 것이다. 서양인에게는 서구적인 근대적 구조물에 다소 고풍스러운 크메르풍의 장식이 달려 있으면 그것으로 충분했다. 부흥된 전통이란 서양인에게는 기분 좋은 장식=부속물(액세서리)에 지나지 않았던 것이다.

흥미롭게도, 골루베프는 전술한 마르세유 내국식민지박람회의 보고서에서 캄보디아 공예품에 높은 평가를 부여한 한편, 대조적으로 이웃 나라인 안남의 전시품에는 부정적으로 "안남의 현대예술은 위기에 처해 있다"라고 했다. 실은 여기에도 캄보디아의 공예품이 높게 평가된 이유가 암시되어 있다. 미술학교는 캄보디아뿐 아니라, 안남, 통킹, 코치시나에도 설치되었었다. 캄보디아미술학교보다도 창설이 빨랐던 안남(하노이)의 미술학교에서는 유채화 등의 서양미술도 가르쳤다. 캄보디아처럼 전통공예만을 가르쳤던 것이 아니다. 즉, 골루베프는 완전히 서양화한 안남의 회화나 공예품에 대해 차가운 태도를 지니고 있었던 것이다. 이유는 지극히 단순하여 "안남의 현대예술은 과거와의 관계성, 과거의 양식 (…) 과거의 기술과의 관계를 결여하고 있기" 때문이었다. 더욱이 절충적인 공예품을 앞에 놓고도 골루베프는 안남의 출품작에 대해서는 냉랭했다. 말하기를 "일본인이나 중국인과 같이 유럽의 구매자의 취미를 만족시키기 위해 안달이 난 안남인들은 위험한 길을 걸어가고 있다." 요약한다면, '전통'공예제작이 좋기는 하지만, (일본과 같이) 너무 과도하게 서양화해서는 안 된다는 것이다. "유럽 구매자들의 취미를 만족시키"도록 교육을 베푼 것이 다름 아닌 유럽인들이었다고 하는데, 얼마나 제멋대로인 논평인가?

사족이지만, 여기에서 골루베프가 일본을 언급한 이유에 대해 한마디 해두

자. 1922년에는 파리에서 일본미술특별전이 개최되었고, 마르세유박람회를 시찰 갔던 길에 파리에 들러 이 전람회를 견학했다. 이 전람회는 국민예술가 협회의 살롱에 맞춰 기획된 17~20세기의 일본미술작품을 소개하는 전람회로서, 골루베프는 "오카다 사부로스케岡田三郎助(1869~1939)*나 후지타 쓰구하루藤田嗣治(1886~1968)**의 현대적 작품"도 전시되었다고 소개하고 있다.[31] 그리고 그는 일본의 현대화가들이 "신인상주의나 세잔의 영향을 받아", 전통적인 일본미술을 잊어버리고 있다고 냉정하게 이야기하고 있다. 안남의 예술가에 대한 비난이 그대로 일본인에게도 향하고 있다.

아시아인들이 주체적으로 서구화한 미술작품은 (단순한 모방이라고 하여) 인정하지 않고, 아시아인들이 (서양인의 지도를 통해) 수동적으로 전통으로 서 받아들인 것은 인정하는 불공평한 견해인데, 이것이 당시의 표준적인 서구인의 미적 가치판단이었다. 전통적인(이라고는 하지만 실은 서구화한) '일본화'는 높게 평가되고, '양화'는 서양미술의 아류로 비난의 대상이 되었다. 이 1922년의 일본미술특별전에서도, 후지타 등 파리의 일본인 화가에 의해 기획·발안되었으면서도, 서양인의 눈에 맞게 출품작의 태반은 일본화가 차지하는 결과가 되었다.[32] 이때 다케우치 세이호竹内栖鳳의 작품을 프랑스 정부가 입수하여, 외국미술 전문의 미술관으로 개관한 쥬드폼에 수장하고 있다. 이 듬해에는 살롱 도톤Salon d'automne에서 두 과가 조직한 일본미술특별전이 개최

---

* 일본의 서양화가. 여성상을 그리는 것이 특기였으며, 일본적인 감각의 서양화를 그려 많은 수작을 남 겼다. 도쿄미술학교(현 도쿄예술대학) 교수.
** 도쿄 출신의 화가이자 조각가. 오늘날에도 프랑스에서 가장 유명한 일본인 화가이며 만년에 프랑스로 귀화했다. 주로 고양이와 여성을 주제로 그렸고, 일본화의 기법을 유채화에 도입했다. 독자적인 '우윳 빛 피부'라 불리는 나부상 등은 서양 화단으로부터 절찬을 받았다. 에콜 드 파리의 대표적인 화가이다.

된 것도, 파리의 일본인 화가 23명의 작품은 '일본미술'의 범주에 들지 않고 일반 컬렉션에 전시되는 혼란상을 보여주었다.

아시아 각국의 '전통적' 미술과 서구화한 미술과의 차별화가 일거에 진행된 것이 1920년대라는 시대였다. 하지만 이 문제는 지금도 미결상태이다. 1922년에 프랑스가 입수한 다케우치의 작품이 현재, 국립아시아미술관(기메미술관)에 전시되어 있는 한편, 후지타의 작품은 현대미술의 전당 퐁피두미술관에 전시되어, 차별화의 역사가 현재에 이르고 있다.[33]

캄보디아예술국에서 보는 식민지정책의 변화

이상과 같이, 캄보디아예술국의 목적은, 서구적이고 근대적인 새로운 크메르예술을 창조하여 구미시장에 유통시키는 데 있었다. 정말로 식민주의시대에 어울리는 정책이었던 셈이지만, 식민주의의 미묘한 변화도 읽어낼 필요가 있을 것이다.

예를 들면, 1918년에 개교한 캄보디아미술학교는 전통문화의 교육에 한정된 교육기관이었다. 식민지에서의 교육이라는 점에서 이야기하면, 프랑스어를 비롯한 서구의 언어나 과학이나 문화를 강의하는 것이 보통일 것이다. 순수하게 서양예술만을 교육하는 선택지도 있었을 것이다. 실제로 1900년대에는 프랑스인 예술가가 지도하는 교육시설이 인도차이나 각지에 설치되어, 유채화로 대표되는 서양미술교육이 이루어졌다. 1920년경에는 파리 데뷔를 이루는 '베트남인 화가'도 배출되었다.[34] 이것과는 대조적으로 후발의 캄보디아의 미술학교에서는 적어도 표면적으로는 전통문화만이 교육대상이 되었던 것이다.

 분명 그 이유로는 여태까지 논의해온 바와 같이, 구미를 향한 아시아풍의 공예품을 생산함으로써 경제효과를 올리려고 하는 목적이 있었다. 또한 극동학원의 활동으로 인해 앙코르 유적의 고고학이 구미에도 인지되기 시작했고, 과거의 크메르의 '전통'을 잇는 문화의 창출이 대외적으로도 요구되었다고 할 수 있다. 그러나 크메르의 전통문화부흥이라는 슬로건은 프랑스에 의한 식민주의에 있어서는 위험한 사상을 내포하고 있었음이 틀림없다. 오늘날에는 전통문화의 보호나 부흥이라는 제목이 국민주의적 이데올로기와 쉽게 결부된다는 것은 이미 증명이 끝났다. 물론 오늘날과 1920년의 캄보디아는 문화적 배경도 정치적 정세도 다르다. 그래도 전통문화를 칭송하여 보호와 부흥을 추진하는 정책은 국민주의라고까지는 하지 않더라도, 캄보디아 국민의 애국적 감정에 호소하는 것은 아니었을까? 여하튼 아무리 경제적인 목적이 있었다고 할지라도 이데올로기적으로 곤란이 예상되는 전통부흥정책을 프랑스 측이 채택했다는 사실에 대해, 약간의 고찰을 해둘 필요는 있을 것이다.

 전술한 대로, 일련의 전통부흥정책은 당시의 총독 알베르 사로 아래에서 시도되었다. 1911~1914년과 1917~1919년에 인도차이나총독을 지낸 알베르 사로의 식민지정책은 『식민지의 위대함과 예종隸從』(1931)이라는 제목의 저작을 통해 잘 알려져 있다[35](근년에 이 텍스트는 놀랍게도 대학입학시험인 바칼로레아Baccalauréat에 등장했다). 이 책에서 사로는, 종래에 강권적으로 종주국의 정치문화를 밀어붙이는 동화정책을 부정하고, 원주민의 교육보급이나 공무원채용 등을 통해 융화적으로 식민지를 지배하는 협조정책이 유효하다고 주장하고 있다. 이러한 생각은 인도차이나총독의 임무를 마치고, 프랑스의 식민지성 장관이 된 1920년대 초두에 이미 형성되어 있던 것이었다. 『프랑스의 식민지운영』(1923)에서 사로는 다음과 같이 쓰고 있다.

과거의 동화정책의 과오가 가르쳐주는 것처럼, 군대의 보호 아래 식민지를 프랑스문화로 강압적으로 순응시킬 것이 아니라, 우리들의 비호로 그들의 문명이나 전통, 환경, 사회생활, 제도를 유지하면서 진화시켜가는 길을 찾아야 할 것이다.[36]

사로는 특히 인도나 중국의 영향을 받아 옛날부터 '문명화'되어 온 인도차이나에서는 융화적인 협조정책이 유효할 것이라고 부언하고 있다.

사로의 식민지 지배 이념은 제1차 세계대전 후의 프랑스에서 지지를 얻었다. 프랑스와 독일이 철저하게 교전하는 유럽의 '정신의 위기'를 맞아, 서구 중심주의 일변도의 정책에 의심이 노정露呈되었던 시대이다. 예술문화에 관해서도 사로는, 비서구의 문화를 존중하고 적극적으로 참고해야 한다는 견해를 피로한다. 말하기를, "식민지예술이 지닌 형식, 색채, 기술, 그리고 소재는 새로운 다양한 세계로 우리들을 인도해준다." 서양예술의 "메마른 동맥"에 식민지의 "젊고 활기 넘치는 피"를 주입해야 한다고 말했던 것이다.[37]

사로의 총독 재임기간에 잇달아 구축된 일련의 캄보디아 문화정책에는 그의 융화주의의 사상이 반영되어 있다고 보아도 틀림이 없을 것이다.[38] 캄보디아미술관의 통칭으로서 알베르 사로 미술관이라는 이름이 채택된 것은 상징적이다. 하노이의 극동학원미술관에는 루이 피노, 투란의 미술관에는 파르망티에, 각각 학술적인 공헌을 했던 학원 멤버의 이름이 붙여진 것에 비해, 프놈펜의 미술관에는 처음으로 정치가의 이름이 새겨졌다. 문화인뿐 아니라 정치가도 또한 현지의 전통문화에 일정한 이해를 가졌다는 것을 구체적으로 보여주고 있는 것이다. 1920년경에는 안남의 지식인을 중심으로 프랑스의 강권적 식민지정책에 대한 비난이 높아졌고, 공산주의자가 주도하는 무장봉기도 각지에서 일어나고 있었다. 인도차이나에서도 식민지정책의 전환이 요구되고 있었다. 그러한 가운데 당시는 아직 프랑스에 우호적이었던 캄보디아에서 특히 예술이라는, 정치와는 표면적으로는 동떨어진 분야에서 새로운 융화정책을 실험적으로 시도하는 선택이 이루어진 것이었다.

총독이 문화정책의 지도자로서 그롤리에를 등용한 것도 이 흐름에서 이해할 수 있다. 캄보디아 출생으로 프랑스에서 예술교육을 받은 그롤리에는, 사로에게는 이상적인 인물이었다. 앞에서 보았던 그의 설계로 세워진 혼성적인 캄보디아풍의 근대적 건축물은 바로, 캄보디아문화를 존중하면서 이 나라의 근대화를 도모한다는 융화정책의 표상이라고 평할 수 있을 것이다.

융화정책의 관점에서 보는 경우, 그롤리에가 조직한 캄보디아미술학교의 운영방법은 특필할 가치가 있다. 그롤리에는 모든 교사진을 캄보디아인 예술가와 장인들로부터 채용했다. 또한 입학할 수 있는 학생에게도 크메르문화의 보호라는 관점을 강하게 나타내는 제한을 붙여두고 있다. 즉, 이 미술학교에 입학할 수 있는 것은, 크메르어를 할 줄 아는 현지의 소년소녀뿐이었다. 그리고 강의는 크메르어로 이루어졌다.[39] 그롤리에가 제창하는 크메르문화의 부흥은, 창출된 공예품이나 예술작품뿐 아니라 창작과정 그 자체에도 미치고 있다. 크메르색을 전면에 내세운, 아마도 연기에 가까운 정치적 실천으로서 미술학교는 구상되고 운영되었던 것이다.

또한 미술학교와 예술국설치법령이 캄보디아 국왕의 이름으로 반포되었다는 사실을 놓쳐서는 안 된다. 표면적으로는 국왕이 캄보디아 국민(크메르인)을 위해 설치한 왕립예술기관으로 규정되었다. 캄보디아예술성이 그 산하에서 관할하는 것이었다. 현실적으로는 법령 조항에 분명히 "인도차이나 총독의 허가 아래", 혹은 "극동학원의 지도 아래"라는 문구가 있어서 종주국의 지도 아래에 있는 것은 명백한 일이지만, 형식적으로는 총독의 강제가 아니라 국왕을 중심으로 하는 캄보디아의 주체적인 운동으로서 문화부흥은 제도화되어 있었던 것이다.

그롤리에의 암약과 앙코르 고고학에 미친 영향

그롤리에와 전통문화정책에 대해서는 여기까지 정리하고, 1920~1930년대의 앙코르 고고학사로 다시 돌아가고자 한다.

"황폐해져버린" 프놈펜의 극동학원미술관 크메르 부문이 "캄보디아 문명의 최고예술 모델을 찾아낼" 수 있는 정비된 미술관으로 변혁되었다는 것에서 대표되는 것처럼, 그롤리에의 활동은 1920년대 이후의 고미술의 문화보호에 있어서도 크고, 그리고 결정적인 영향을 미쳤다. 그 영향은 그롤리에의 지도력과 행동력에 힘입은 바 크지만, 그것만으로 설명할 수 있는 것은 아니다. 총독의 정책을 실행하는 임무를 띤 그롤리에는, 미술학교와 미술관을 통솔하는 예술국장으로서 캄보디아의 예술문화를 좌우하는 큰 권력이 부여되었다.

앞에서 소개한 예술국설치령 제2조는 이어서 모든 "캄보디아예술의 공예품, 예술작품, 가치 있는 건축물"을 파악하여, 그 "전통과 발전을 모색하고, 기록하고, 확고한 것으로 만드는" 권한을 예술국장에게 부여하고 있다. 동시대의 예술진흥뿐 아니라, 과거의 "가치 있는 건축물", 즉 앙코르 유적의 사원도 포함한 캄보디아예술 전부에 관여할 수 있는 권한을 예술국에 부여했던 것이다. 필연적으로, 그때까지는 극동학원의 원장에게 맡겨져 있던 고미술품이나 고고학적 유물의 관리까지 예술국장의 영향력이 미치게 되었다. 이 책에서는 여태까지 앙코르 고고학에서의 식민지와 메트로폴의 이원체제의 문제를 검토해왔는데, 여기에서 나아가 현지에서도 학원과 예술국과의 기묘한 이중체제가 구축되었었다는 것을 지적하지 않으면 안 된다.

예를 들면, 예술국이 개설되기 4개월 전인 1919년 8월에 제출된 '역사적·고고학적 고미술품위원회' 창설을 위한 총독령이 있다.[40] 캄보디아 고미술을 관리하는 위원회를 발족시킨 법령인데, 그 제4조에는 "고미술품위원회는, 1900년 3월 9일의 법령 제22조에 의해 극동학원 원장에게 위임했던 권력을 대표자가 담당하도록 한다"라고 쓰여 있다. 즉, 종래에는 실질적으로 학원장이 장악하고 있던 고미술품 관리의 권한을 새로운 위원회가 장악했다고 쓰여 있다. 이 위원회는 캄보디아 이사장관理事長官을 위원장, 극동학원 원장을 부위원장으로 하고, 학원의 고고학조사부장과 앙코르보존국장 그리고 캄보디아미술학교 교장 등으로 구성되었다. 여전히 학원이 중요한 위치를 차지하고 있는 것은 사실이지만, 거기에 캄보디아미술학교 교장이 추가되었다. 캄보디아색이 부가되었던 것이다.

여기에서 융화정책의 일단을 읽을 수도 있을 것이다. 실제로 위원회가 시동하게 되자 프놈펜에 주재하던 멤버가 큰 발언권을 가지고, 후에는 그롤리에가 위원회의 의장을 맡기에 이른다. 극동학원 원장은 "답사계획에 관해 고미술품위원회에 반드시 의견을 청하여"(제5조), "모든 조사보고, 연구, (…) 요컨대 캄보디아의 역사적 또는 고고학적 분야에 직접적이든 간접적이든 관련 있는 문서를 모두, 고미술품위원회에 보여주어야 하게"(제7조) 되었다. 그리하여 그롤리에의 영향력은 기존의 극동학원의 관리영역에도 깊이 침투했던 것이다.

또한 그롤리에는 미술관의 관장으로서, 고미술품의 관리에 강한 영향력을 미칠 수 있었다. 고미술품위원회의 법령과 마찬가지로, 미술관의 관리도 형식적으로는 "프랑스극동학원이 학술적 관리를 행하게"(미술관설치법령 제1조) 되었지만, 미술관에 상주하고 있는 관장 그롤리에가 실질적으로 고미술의 관리업무도 맡게 되는 경우가 많았다. 그는 1920년에 학원의 멤버도 되었고, "극동학원이 학술적 관리를 행한다"라는 조항을 일탈한 것도 아니다. 하지만 그롤리에 자신은 학원 멤버로서가 아니라 캄보디아예술국장으로서 미술관의 운영관리를 담당하고 있었다고 해도 좋을 것이다.

그것은 앞에서 살펴본 미술관을 소개하는 『아시아의 예술』의 서문을 보면 분명해진다. 그는 분명히 "미술관의 조직과 운영은 프랑스극동학원의 관할하에, 캄보디아예술국장에게 일임되어 있다"라고 했다. 사실, 미술관설치법령 제2조에는 "예술적 그리고 사료적 가치가 있는 고미술품을 중앙집권화할" 목적으로 미술관을 설립했다고 기록되어 있는데, 이것은 전술한 예술국의 임무규정("캄보디아예술의 공예품, 예술작품, 가치 있는 건축물을 (…) 기록하고, 확고한 것으로 만드는")과 일치하는 것이고, 예술국장이면서 미술관장이었던 그롤리에에게 고미술품 관리 일체를 맡긴다고 규정하고 있는 것과 다름없다.

다만 앙코르 유적의 고고학 조사에 대해서는, 극동학원의 독점체제가 유지되고, 고고학조사부장과 앙코르보존국장의 지휘하에 지속적으로 이루어져, 그롤리에가 조사에 참가하는 일은 거의 없었다. 그러나 조사·발굴 후에 유적으로부터 미술관으로 옮겨진 고미술품의 관리와 기록, 역사적 건축물의 지정(및 지정해제)에는 그롤리에가 깊이 관련되어 있었던 것이다. 이와 같은 체제의 변화는 1920년대의 유물관리 방침에 큰 변경이 있었다는 것을 시사하고 있다. 하노이에 상주하는 학원 원장이 아니라, 프놈펜에 있는 예술국장이나 앙코르보존국장에 의해 유물의 지정이나 지정해제를 신속하게 해야 할 이유(후술하는 고미술 판매 등)가 이 무렵에 발생했던 것이다. 그러한 가운데, 그롤리에는 자연스레 중요한 권한을 가지게 되었던 것이다.

그런데 그롤리에가 캄보디아의 문화정책 안에서 큰 권력을 가지기에 이르는 과정을 추적해가면, 1920년대부터 1930년대에 걸쳐 앙코르 유적군의 또 하나의 얼굴이 명료하게 드러난다. 이 장의 전반부에서 이 시기의 비약적인 고고학적 발전에 대해서 기술했는데, 앙코르 유적은 학술적 진전의 무대가 됨과 동시에, 인도차이나를 대표하는 일대 관광지로서의 모습을 크게 발전시켜간다. 앙코르 유적 주변에는 1920년대 후반부터 거대한 호텔도 세워지게 된다(이러한 사업에까지 그롤리에가 관여한다). 또한 앞 장에서 서술한 바와 같이, 1930년대에는 아나스틸로시스에 의한 복원도 잇달아 이루어져 유적의 볼 만한 곳도 증대하여 관광객을 기쁘게 해주었다. 이러한 상황에서야말로, 그롤리에가 이끄는 예술국의 진정한 역할을 우리는 이해할 수 있을 것이다.

요컨대 예술국은 한마디로 (심술궂게) 이야기하면, 현존의 예술가나 장인의 공예품뿐 아니라, 과거에 만들어진 크메르의 고미술, 그리고 역사적, 미술적 가치가 있는 건축물로서의 유적도 현실적인 '매물'로서 활용하는 기관이었다. 앞에서 언급한 것처럼, 그롤리에는 파리의 앙코르협회의 캄보디아 지부국장으로서도 적극적으로 활동했고, 관광유치를 위한 홍보활동을 전개했다. 앙코르협회의 1920년 2월의 회의에서, 그롤리에는 협회 운영에 쓰일

"자금조달을 위해, 그림엽서나 미술공예품의 판매"에 힘을 쏟을 예정이라고, 마치 미술학교나 예술국이 이 협회의 하부조직인 양 여기는 발언까지 하고 있다.[41]

1920년대의 앙코르협회는 빈번하게 앙코르와트를 중심으로 하는 국립공원에, 어떻게 하면 프랑스인 관광객이나 미국인 관광객을 유치할 것인가에 대해 논의했다. 예를 들면 1920년 3월 회의에서는, 캄보디아에 주재하는 프랑스인 고관이 앙코르 유적 주변에 호텔을 건설하고 철도를 끌어오는 것도 염두에 두어야 한다고 역설하고 있다. 그에 따르면, "인도차이나에는 여전히 쾌적한 호텔이 없는" 상태이고, 방갈로에서의 부자유스러운 관광을 강요해서는 언제까지고 관광객은 찾아오지 않는다. 일본이 "관광객유치를 위해, 정부가 철도유치에 막대한 예산을 투입했고, (…) 같은 조치를 조선과 만주에서도 했던" 것처럼, 인도차이나에서도 공적인 자금을 얻어 관광 사업을 촉진해야 한다고 주장했던 것이다. 이 발언에 이어서, 롱데 상이라는 인물은, "극동을 찾아온 관광객은 연간 2만 명"이지만 인도차이나를 방문하는 사람은 없는데, 이들 관광객을 유치해야 한다고 이야기하고 있다. 제1차 세계대전의 프랑스 전적지를 방문하는 미국인 관광객이 연간 70만 명이나 되었으므로, 관광객의 확보는 충분히 기대할 수 있었던 것이다. 관광유치와 그를 위한 자금조달에 안달이 나 있던 당시의 모습을 엿볼 수 있다.

이와 같이 예술국의 업무는 앙코르 유적의 관광유치활동과도 밀접하게 얽혀있고, 그 맥락 안에서 전통적 예술의 육성도 의미가 있었다. 그것은 현재의 문화유산과 관련된 행정에서도 마찬가지일 것이다. 아니, 오늘날이라면 보다 용이하게 상상할 수 있지 않을까? 유네스코의 세계문화유산의 인정은 겉으로는 문화유산의 보전을 추진하는 것이지만, 실질적으로는 또는 결과적으로는 관광객유치라고 하는 경제적 활동과 깊이 결부되어 있다. 이제는 '세계 유산'이나 '전통'문화와 관련된 학술적 활동은, 인문학계의 학문 중에서는 소수의 '돈이 되는' 학문이다. 문화재를 보전하고, 복원하고, 주변의 전통문화를 부흥하고, 그 땅의 경제가 윤택해진다. 이렇게 생각한다면 캄보디아예술국은 오늘날의 상황을 일찍부터 예견하여 설치된 기관이었다고 할 수 있을지 모르겠다. 조사와 복원을 마친 유적을 어떻게 활용하여, 전통문화부흥운동으로 이어갈 것인가, 그와 같은 것까지 그롤리에는 생각했던 것이다. 20세기에 '문화국가'로서 세계 제일의 관광 입국立國을 성취한 프랑스다운 예술전략이고, 1920년부터 이와 같은 발상을 가졌기 때문에, 오늘날의 관광 입국으로서의 프랑스가 존재하는 것이다.

하지만 이와 같은 문화진흥활동 중에, 그롤리에는 매우 문제가 있는, 놀랄만한 발언을 했다. 1920년 2월의 앙코르협회의 회의에서이다.

우리들은 프랑스극동학원과의 합의를 얻어, 협회의 이익을 위해 발굴품을 팔 수도 있을 것이다. 도기류나 도움이 되지 않는 무수한 발굴품, 파기나 부정 거래의 대상이 되었던 발굴품을 판매할 수 있을 것이다. 이 매각으로 협회의 자금은 증대할 것이 틀림없다.[42]

1920년 시점에서 "발굴품", 즉 고고학적 유물이나 고미술품의 판매가 이루어졌는지의 여부를 보여주는 정식문서는 남아 있지 않다. 이와 같은 일이 실제로 이루어졌던 것일까?

숫자는 적지만, 당시 파리로 건너간 출처 불명의 크메르 조각상류가 있었다는 것은 확실하다. 말로의 『왕도』에는 "작은 부조물이라도 1점에 3만 프랑이나 된다. (…) 아름다운 부조물, 예를 들면 무용수를 조각한 것이라면 적어도 20만 프랑은 된다"라는 기술이 있는데,[43] 말로는 실제로 파리에서 이러한 크메르의 고미술품이 판매되고 있는 것을 목격했다. 1920년에 "파리의 샹젤리제 거리의 빙의 가게에서 계통을 알 수 없는 크메르 조각상의 머리부"가 3만 프랑에 팔리고 있다는 것을 알고 있었던 것이다. 1919년에 앙코르를 방문한 파리의 유명한 고미술상 마르셀 빙이 어디에서인지 "지극히 상태가 좋은" 머리부를 입수했던 것이다. 이 크메르의 머리부는 1923년에 미국의 클리블랜드미술관Cleveland Museum of Art에 매각되었다.[44]

이와 같이, 이 시기에 비밀리에 파리로 건너가 북미의 미술관으로 흘러간 크메르의 고미술품은 적잖이 있었다. 1923년까지 보스턴미술관은 이력이 분명치 않은 18점의 크메르 고미술품을 소유하고 있었다.[45] 주로 덴먼 로스Denman W. Ross(1853~1935)가 유럽의 고미술상으로부터 구입한 것이라고 한다. 마찬가지로 메트로폴리탄미술관에 8점, 그리고 케임브리지의 포그미술관Fogg Museum에는 3점의 고미술품이 수장되어 있다.[46] 이 고미술품은 어떠한 경로로 파리에서 건너간 것일까? 단순한 도굴도 있었을 것이다. 총독의 명에 의해 인도차이나를 방문한 프랑스인 고관들에게 고미술품이 '증정'되는 경우도 있었다.[47] 또한 앙코르보존국장인 마셜이 사적인 편지에서 탄식한 것처럼, 캄보디아에 주재하는 프랑스인 고관의 집 안에, 어디에서 반출한 것인지 알 수 없는 고미술품이 장식되어 있는 경우도 있었다.[48] 이 물건들이 프랑스로 건너가 고미술상의 손에 맡겨졌다고 해도 이상할 것이 없다.

아무튼 1920년경에도 크메르의 고미술품은 몰래 파리로 흘러갔던 것이다. 그와 같은 상황에서 그롤리에는 발굴품을 매각할 것을 제안했던 것이며, 그 제안은 지극히 현실감이 있는 것이었다고 해도 좋을 것이다. 실제로 그와 같은 행위에 손을 대고 있었던 것은 아닐까 하고 그릇된 의심이 들기도 한다.

하지만 이 의심도 필요가 없어졌다. 이윽고 1923년에는 그롤리에가 앙코르협회에서 제안한 캄보디아 고미술품의 판매가 극동학원의 합의를 얻어 현실이 되기 때문이다. 1920년대에 학원과 예술국의 기묘한 이중관리체제로 완만하게 이전한 것은 아마도 이 고미술품 판매 사업에 대응한 것이었을 터이다.

학원에 의한 고미술품 판매

1923년 2월 14일, 인도차이나총독은 '캄보디아에서의 고미술품 판매'를 합법화하는 법령을 공포했다. 앙코르 유적에서 나온 유물을 관광객들에게 공공연하게 판매하여, 학원의 자금을 만들고자 했던 것이다. 오늘날이라면 반드시 스캔들이 될 법한 법령이지만 당시에는 그다지 화제가 되지 않았고, 또한 별반 논의를 거치지 않고 극동학원의 관할에 의한 크메르 고미술품 판매가 개시되었다. 앙드레 말로가 도굴을 목적으로 인도차이나에 들어오기 10개월 전의 일이다.

이 사업은 극동학원에 의한 앙코르 고고학의 오점의 하나라고 할 수 있을 것이다. 학원의 학술적 공헌도, 연구기관으로서의 권위마저도 실추시킬지 모르는 추문이었다. 따라서 고미술품 판매에 관한 고문서는 최근까지 학원의 역대 원장들만이 열람할 수 있는 극비자료로 보관되어왔다. 그러나 1997년, 창립 100주년을 목전에 둔 학원은 이 자료의 공개를 단행했다. 이 책의 서장에서 기술했던 것처럼, 그 당시에 내가 매일같이 트로카데로를 방문하여 극동학원의 도서관에 다녔던 것은 이 자료를 열람하기 위해서였다. 내가 장기적으로 조사를 했던 2000년 봄까지, 일련의 자료는 학원의 고문서 자료상자 '카르통 28번의 2'에 수장되어 있었다.[49] 이 자료에 기초하여 1923년부터 1940년까지 계속된 고미술품 판매활동의 실태에 대해 검토해보고자 한다.

1923년의 법령에 따르면, 고미술품 판매의 대상이 된 것은 "학술적으로, 그리고 미술적[50]으로 가치가 없고, 미술관이나 식민지의 창고에 보관할 필요가 없는 물품"(제3조)이다. 왜 학원은 이와 같은 판매 사업에 손을 대어야 했던 것일까? 학원 멤버는 기회가 있을 때마다 "도굴의 방지"나 "크메르미술에 대한 국제적 평가의 획득"에 공헌하는 점 등을 들고 있다. 하지만 그 최대의 목적은, 극동학원의 조사자금 조달에 있었다. 앙코르를 찾아오는 관광객이나 구미 각지의 미술관을 상대로 하는 정기적인 판매활동에 의한 수익은 1920~1930년대의 학원의 '고백할 수 없는 재원'이 되었다.

1920년대, 판매에 관한 직접적인 임무를 수행한 것은 캄보디아예술국장 조르쥬 그롤리에와 앙코르보존국장 앙리 마셜이다. 두 사람은 우선, 1900년의 역사적 건축물 지정 법령에 의거하여 지정을 받은 유물로부터 "매년, 합의하에, 학술적 또는 미술적으로 가치가 없고, 이미 식민지의 미술관이나 창고에 동종의 것이 보관되어 있고, 지정 목록에서 제외시켜도 좋다고 판단한 물품의 목록을 작성"(법령 제3조)했다. 그 후 예술국장이 의장이 되는, 전술한 캄보디아 역사적·고고학적 고미술위원회에서 목록을 검토하고, 정식으로 판매허가를 내주었다. 이것을 받아 판매가 허가된 유물은, "알베르 사로 미술관에 모아"(제3조), "캄보디아예술국장의 입회하에 알베르 사로 미술관에서"(제4조) 판매되었던 것이다. 전술한 대로, 이 미술관의 '부티크'에는 미술학교의 학생이나 장인들이 만든 공예품과 복제품이 팔리고 있었는데, 거기에 진품의 고미술품들이 추가되었던 것이다(오늘날에도 아시아의, 특히 지방의 미술관에 가면 고미술품이 판매되고 있는 경우가 있는데, 학원에 의한 캄보디아미술관에서의 고미술품 판매는 그 기원이라고 할 수 있을지도 모르겠다).

이 고미술 판매의 법령의 입안 등에 그롤리에는 어느 정도 관여했을까? 남겨진 자료를 보아서는 알 수 없다. 그러나 1920년의 시점에 그롤리에가 고미술품 판매에 대해 언급하고 있다는 점에서, 무언가 관여했으리라 생각하는 것이 자연스럽지 않을까? 실제로 법령을 읽어보면 알 수 있듯이, 판매품의 선택부터 보관, 그리고 판매 사업에 이르기까지 거의 모든 단계에 그롤리에는 관여하고 있다. 문화부흥이라는 이름하에 경제활동을 추진한 예술국장의 존재 없이는 고미술품 판매라는 사업도 실현될 수 없었던 것은 아닐까 하고 나는 추측하고 있다. 실제로 앞에서 소개한 1919년의 캄보디아미술관 설립의 정령 제3조에는, 이 고미술품 판매를 염두에 둔 듯한 주목할 만한 기술이 보인다.

미술관에 특별한 고고학 부문을 설치한다. 계속적인 발굴이나 캄보디아 영토 내의 무언가의 공사에 의해 발견된 예술적, 역사적 또는 민족지적 가치가 있는 작품을 받아들이기 위해서이다. 또한 재질이나 규격의 문제 등의 이유로, 현장에서 바람직한 상태로의 보존을 확증할 수 없는 조각상도 받아들이겠다.

미술관으로서는 미술관에 전시할 가치가 있는 고미술품이나 연구할 가치가 있는 고고학적 유물뿐 아니라, 별의별 유물을 모두 받아들이겠다고 일부러 쓰고 있는 것이다. 이 시점에서 이미, 중요하지 않은 유물을 선별하여 판매할 의도도 있었던 것은 아닐까? 또한 예술국장은 캄보디아의 예술작품과 고미술품을 모두 목록화하여 장악하게 되었는데, 이것도 작성한 목록 중에서 판매품을 선택하기 위한 것은 아니었을까? 바로 그 무렵에 그롤리에는 고미술 판매의 가능성을 시사했던 것이고, 이들 일련의 법령이 고미술 판매를 합법화하기 위한 예비적 조치였다고 해석할 수 있을 것으로 생각되는데, 그것이 정곡을 찌르는 관점일 것인가?

고미술품 판매의 과정으로 돌아가보자.

최초의 판매품을 결정하는 고미술품위원회가 개최된 것은, 1923년 8월 20일이다. 거기에서 그롤리에와 마셜이 작성한 판매품 204점의 목록이 제시되고, 모두 매각의 대상으로 승인받았다.[51] 동시에 각 물품의 가격이 결정되었다. 최초의 판매품으로 선정된 것은 〈두부 없는 불타상〉(판매품 목록번호 3번), 〈인물가면〉(79번), 〈불타의 부조 두부〉(121번), 〈건물장식단편〉(127번), 〈중국자기(참파유적 출토)〉(135~154번) 등 다종다양한 유물들이다. 대체로는 중량 500~1,500그램의 소형 석상이나 장식 부조물의 조각들이고, 법령의 "학술적 또는 미술적으로 가치가 없고, (…) 지정 목록에서 제외시켜도 좋은" 유물이라는 규정에 따르고 있다고 판단해도 좋을 것이다. 가격도 1점당 5~10피아스톨*(50~100프랑)의 것이 대부분이고, 파리의 빙 화랑이 "크메르 조각상의 머리부"를 3만 프랑에 판매했다는 것을 고려하면, 매우 합리적인 가격이었으며, (1920년의 앙코르협회에서의 그롤리에의 발언 그대로) "별 도움이 되지 않는 무수한 발굴품"류가 판매대상이 되었다고 생각해도 좋다. 이 시점에서는 미술관에 전시할 가치가 있는 걸작이나, 또는 파리의 화랑들이 갖

---

* 프랑스령 인도차이나에 편입된 후에는 프랑스어로 달러를 의미하는 피아스톨이 통화단위가 되었다.

고 싶어 하는 명품이 판매된 것은 아니었다. 거꾸로 말하면, 그만큼 진지하게 일반 관광객 상대로 소품들을 팔려고 했다는 것이다.

그리하여 판매품과 가격이 결정되고, 1개월 후인 1924년 9월 24일에 처음으로 조각상 판매가 알베르 사로 미술관에서 개시되었다. 판매수속에 대해서도 법령이 상세하게 정하고 있었다. 우선 판매에 내놓은 고미술품에는, "물품의 상태를 기록한 진품증명서가 첨부되어"(제4조), 그것이 위조품이나 도난품이 아니라는 것이 보증되었다. 그리고 매매가 성립된 미술품에 대해서는 "구입자의 성명과 주소가 기록"(제4조)되게 되어 있었다. 현재, 학원이 보유하고 있는 고문서에는, 판매품 목록과 구매자 목록이 빠짐없이 수록되어 있고, 이것을 보면 그롤리에와 마셜이 규정을 충실히 지켜 상세하게(그리고 아마도 정확하게) 판매품 목록을 작성했다는 것을 알 수 있다.[52] 이 자료에 따르면, 구매자의 다수는 현지나 본국의 프랑스인이었는데, 브뤼셀이나 뉴욕, 그리고 일본의 미술수집가도 이때에 미술품을 구입했다는 것을 알 수 있다. 여기에 최초의 고미술품 판매 시의 구입자 목록을 번역하여 보여주고자 한다(그림60).

최초의 판매활동으로 매매가 성립된 고미술품의 총수는 53점, 총매상고는 419피아스톨이었다. 매상금은 "프랑스극동학원 원장이 발행하는 서식에 따라, 캄보디아예술국장이 캄보디아수입국 관할의 프랑스극동학원의 예산구좌에 입금하게" 되어 있었고, 원칙적으로 "앙코르 지구의 보존활동에 할당"되었다(제6조).

판매에 내놓은 204점 중 약 4분의 1이 팔리는 데 그쳤지만, 판매의 책임자였던 그롤리에는 학원 원장에게 최초의 판매활동은 "대성공"이었다고 보고하고 있다.

그림60 1923년 12월~1924년 9월에 매각된 53점의 고미술품 목록

	물품명칭과 출처	가격	구입자의 성명과 주소	양도 연월일	※
2	환조(丸彫)두부, 사암, 993g, 고전기	5	Leslie Léon, 180 Broadway à New York, U.S.A.	1924.3.26.	74
3	두부 없는 불타, 청동, 1,247kg, 앙코르, 근대	8	Hébrard, 33 avenue Preginier, Hanoi	1924.3.10.	68
4	3과 동일, 415kg, 앙코르, 근대	10	B. Hara, Dr. du Musée commercial de Nagoya	1924.5.8.	79
7	얕은 부조 두부, 사암, 554g, 앙코르, 고전기	6	B. Hara. (4)	1924.5.8.	77
26	왕족의 가면, 사암, 349g, 앙코르, 고전기	5	François d'Usel à Bruxelle	1924.9.18.	85
29	얕은 부조 두부, 사암, 241g, 앙코르, 고전기	5	L. Smith, Consul d'Amérique à Saigon	1924.1.24.	62
30	튀어나온 조각과 불타 두부, 사암, 577g, 앙코르, 고전기	20	Theodore Bitterman, Army medical Museum à Whasington D.C.	1924.9.20.	87
34	얕은 부조 두부, 사암, 813g, 앙코르, 고전기	10	Gallier à Montoire sur Loire	1923.12.31	47
36	얕은 부조 두부, 사암, 482g, 앙코르, 고전기	12	Charrey–Archibeck, Inspecteur de l'Indochine	1924.2.9.	65
40	나가의 불타 두부, 사암, 1.07kg, 앙코르, 근대	10	Hara (4)	1924.5.8.	78
48	네 팔 달린 조각상의 동체, 사암, 2.14kg, 앙코르, 고전기	45	Pilatrie, 167 rue de Vaugirard, Paris	1924.12.4.	2
49	여성 두부, 사암, 226g, 앙코르, 고전기	8	Bernard, 14 quai des Brotteaux, Lyon	1924.1.10.	57
63	부조 두부와 동체, 사암, 1.29kg, 앙코르, 고전기	15	Pilatrie (48)	1924.12.4.	1
64	귀 없는 가면, 사암, 1.17kg, 앙코르, 고전기	5	Silice, Ecole des Arts, Phnom Penh	1923.12.4.	4
74	나가 앞의 불타 두부, 사암, 1.03kg, 앙코르, ?	5	Bernard (49)	1924.1.10.	58
75	기도하는 인물의 동체, 부조, 사암, 1.2kg, 앙코르, 고전기	5	Silice (64)	1923.12.4.	5
79	인물가면, 사암, 243g, 앙코르, 고전기	8	Bernard (49)	1924.1.10.	59
83	부조 두부, 사암, 945g, 앙코르, 고전기	20	Roland Dorgelès, 22 rue de Pétrograd, Paris	1924.1.15.	60
87	인물가면, 사암, 145g, 앙코르, ?	4	Aucouturier, à Giadinh, Cochinchine	1924.1.4.	48
89	기도하는 인물 기와, 테라코타, 391g, 앙코르, 고전기	3	Hébrard (3)	1924.3.10.	69
97	승려의 부조 두부, 사암, 1.2kg, 앙코르, 고전기	20	Aucouturier (87)	1924.1.4.	49
116	가루다의 삼각대 조각, 청동, 182g, 앙코르톰(A·T) 제38번, 고전기	5	W. G. Mac Callum à Baltimore U.S.A.	1924.7.9.	84
121	불타의 부조 두부, 사암, 1.16kg, 발굴번호 105, 고전기	30	E. T. Pearson et Co., 35 Gordon Sq à Londres	1924.4.7.	20
122	환조두부, 사암, 770g, A·T 제5사원, 10세기	25	H. Stephenx, Detroit, Michigan, U.S.A.	1924.3.10.	76
127	건물장식 파편, 사암, 1.595kg, 프라사트, 10세기	10	Hébrard (3)	1924.3.26.	70
130	나가 위의 불타, 사암, 948g, A·T 제436사원 근처, 고전기	10	Leslie Léon (2)	1923.12.4.	75

131	부조 불타 조각, 사암, 4,08kg, A·T 제10사원, 고전기	30	Pilatrie (48)	1923.12.4.	3
135	중국자기, 구경 14.5cm, 칸다르, 근대	2	Cap. Esteva, 11 av de la Sueppe, Marne	1923.12.4.	15
137	중국자기, 화분, 구경 12.4cm, 칸다르, 18세기	3	Jevons, Bank Liverpool et Martin Ld.	1923.12.7.	54
138	중국자기, 화분, 구경 11.4cm, 칸다르, 18세기	3	Jevons (137)	1923.12.7.	55
139	중국자기, 138과 동일	3	Jevons (137)	1923.12.7.	56
140	중국자기, 청색그림 첨부, 구경 11cm, 참, 근대	3	Adam, 99 rue de Reines, Paris	1924.7.6.	82
142	중국자기, 접시, 구경 10cm, 참	2	P. N. Davey, 146 rude de Longchamps, Paris	1923.12.4.	12
143	중국자기, 접시, 구경 10.4cm, 참	3	Davey (142)	1923.12.4.	13
144	중국자기, 접시, 구경 10cm, 참	3	Adam (140)	1923.12.4.	14
146	중국자기, 작은 단지, 높이 4.7cm, 참	2	Jevons (137)	1924.3.10.	67
147	중국자기, 접시, 구경 8.4cm, 참	3	François d'Ursel (26)	1924.3.10.	71
148	중국자기, 접시, 구경 8.2cm, 참	3	Hébrard (3)	1924.3.10.	72
149	중국자기, 접시, 구경 8.1cm, 참	3	Hébrard (3)	1924.3.10.	73
151	중국자기, 작은 단지, 구경 7.0cm, 참	3	Hara (4)	1924.5.8.	80
152	151과 동일, 구경 6.7cm	3	Hara (4)	1924.5.8.	81
154	151과 동일, 구경 5.5cm	3	David Schields, Woodland Road à Pittsburgh	1924.1.24.	64
157	배(梨) 모양 병, 구경 6.7cm, 참	3	Davey (142)	1923.12.4.	10
158	구근형 목 단지, 테라코타, 구경 5.0cm, 참	3	Adam (140)	1924.7.6.	83
175	다리 달린 작은 그릇, 자기, 구경 11cm, 참	3	Jevons (137)	1923.1.7.	53
177	175와 동일, 구경 10.8cm	3	François d'Ursel (26)	1924.9.18.	86
178	175와 동일, 구경 10cm	3	H. Bertrand, Cie des Soies à Lyon	1924.1.5.	50
184	중국자기, 작은 접시, 구경 14.8cm, 참	2	Cap. Esteva (135)	1923.12.4.	16
188	불타 두부, 청동, 110g, 타케우	3	Elisabeth Y. Me Yvor à New York	1924.1.24.	63
194	불타 두부, 사암에 옻 착색, 318g, 타케우	3	L'Helgoualc'h à Phnom Penh	1924.1.20.	61
196	불타 좌상, 청동, 847g, 타케우	10	Delpech, Etablissements V. Lamorte, Saigon	1924.3.3.	66
199	불타 좌상, 청동에 옻 착색, 타케우	3	H. Bertrand (178)	1924.1.5.	51
202	작은 상자, 청동, 96g, 칸다르	3	H. Bertrand (178)	1924.1.5.	52

(가격의 단위는 피아스톨. ※는 '감정서번호', '물품명칭'은 현재의 명칭이 아니라 자료를 직역한 것이다)

고미술품의 판매는 할 때마다 대성공입니다. 판매품의 쇼윈도는 이미 비었고, 구입 희망자가 찾아와도 자갈밖에 남아 있지 않습니다. (…) 가능한 한 다수의 조각상 단편이나 두부, 동체, 장식이 붙은 기와를 보내주셔서, 우리들의 '부티크'를 재개하고 싶습니다.[53]

그롤리에는 미술학교의 학생들이 복제품을 파는 것과 같은 정도로만 고미술품 판매의 중대성을 인식하고 있었을 것이다. 고미술품 판매의 발상은 전통공예품을 판매한다는 계획안에 이미 배태되어 있었다고 생각된다. 장인의 제작에 의한 복제품이 성에 차지 않은 관광객이, 진짜를 찾아 고미술품을 사는 경우도 있었을 것이다. 고미술 판매의 "대성공"은 그롤리에에게는 자신의 전통부흥정책의 성공으로도 이해되었던 것은 아닐까?

또한 판매의 성공을 즐거워하던 그롤리에의 모습에, 금전적인 기쁨 이상의 것을 읽어내도 좋을 것 같다. 미술관을 관리하는 그에게, 미술관의 창고나 공터에 쌓아올린 "자갈"과 다를 바 없는 단편적 유물이 줄어드는 것은 환영할 일이었음에 틀림없다. 더욱이 (보다 중요한 관점이라 나는 생각하는데) 고미술품의 판매는 현지조사원의 자존심을 살려주는 활동이기도 하지는 않았을까. 판매되는 고미술품의 선정은 메트로폴의 연구자의 의견을 듣지 않고, 현지 멤버의 판단만으로 이루어졌다. 메트로폴의 연구자는 행사할 수 없는 특권이다. 또한 이 고미술품 판매로 인해 필연적으로 제1급의 미술품은 프놈펜의 미술관에 수장되었고, 2류급 이하의 미술품만 구미 각국의 애호가나 구미의 미술관에 판매되었다. 국외로 유출한 미술품이 구미 각국의 미술관에 수장됨으로써, 캄보디아미술관이 크메르미술의 1급품을 소장하는 시설로서의 영광을 손에 쥐게 되었을 것이다. 그롤리에에게 있어서 고미술 판매가 일석

이조의 명안이었다고 한다면, 이 편지에서 흥분하는 모습도 이해할 수 있을 것이다.

증가 일로의 고미술품 판매
─구미 미술관과의 거래

판매품 목록에 첨부된 짧은 기술만으로는, 구체적으로 어떠한 유물이 거래되었는지 이해하기 어려울지도 모르겠다. 여기에 두 장의 사진을 보여주겠다(그림61, 62). 단두대의 하수인처럼 두부가 나란히 서 있는 으스스한 사진인데, 전자는 1933년의 캄보디아 고미술품위원회에서 판매후보가 되었던 미술품의 사진(고문서자료번호 2927), 후자는 1937년의 동종의 사진(고문서자료번호 4238)이다.

판매에 내놓는 고미술품을 선정하는 데 있어서 그롤리에와 마셜은 이러한 사진을 매개로 하여 하노이에 있던 원장 세데스와 주고받기를 종종 했던 듯하며, 이러한 종류의 사진이 몇 가지 남아 있다. 원장은 사진만을 점검하여 판매의 가부를 판단하는 경우도 있었던 것 같다. 예를 들면, 후자의 사진에서 제안된 65점의 조각 단편 중에서 6점을 판매 대상에서 제외하도록 지시하고 있다.[54]

2점의 사진을 검토해보자. 이것을 보면 "학술적 또는 미술적으로 가치가 없고", "지정 목록에서 제외시켜도 좋다고 판단"된 고미술품이 어떠한 것이었는지를 잘 알 수 있을 것이다. 절단된 두부, 두부가 없는 동체, 손과 발의 파편이다. 전자(그림61, 1933년)의 사진에서 밑으로부터 세 번째 줄의 1281

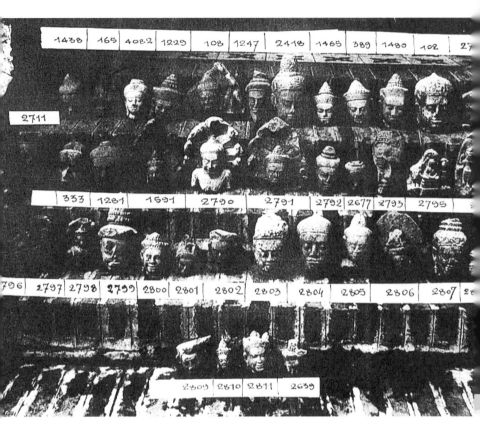

그림61 1933년에 판매후보가 된 미술품의 고사진

번(구 지정번호)의 불타의 두부에는, 위원회의 심의에서 60피아스톨의 가격
이 매겨졌다. 두 번째 줄의 2802번과 2803번의 두부는 40피아스톨이었다. 이
보다 고액으로 판매된 것은 세 번째 줄의 2790번으로, 등에 나가의 단편이 남
아 있는 흉상이다. 그 가격은 140피아스톨이었다. 같은 줄 오른쪽 끝에 있는
2794번은 작은 나가 위에 불타가 있는데, 이것은 120피아스톨이다. 대략 두

• 앙코르와트
— 제국주의 오리엔탈리스트와 앙코르 유적의 역사 활극

그림62 1937년에 판매후보가 된 미술품의 고사진

부의 단편이 40~60피아스톨, 흉상이나 작은 전체상은 120~150피아스톨이
므로, 1933년의 평균적인 가격이었다.[55]

앞에서 제시한 1923년의 판매 목록(그림60)을 보면 절단된 두부의 판매가
격은 5~20피아스톨이므로, 10년간 가격이 상당히 상승했다는 것을 알 수 있
다. 아쉽게도 1920년대의 판매품의 사진은 남아 있지 않아서 단순한 비교는

어렵지만, 매각의 "대성공"으로 인해 가격이 상승했을 가능성이 있을 것이다. 실제로 고미술품의 판매활동은 해가 갈수록 활황을 보여주었고, 서서히 증가해갔다. 그리고 1930년대에는 1923년에 정한 법령을 일탈하는 판촉활동도 이루어지게 된다.

앞의 법령에 관해 여기에서 문제 삼고자 하는 것은, 판매품을 선정할 때 "학술적 또는 미술적으로 가치가 없는" 물품이라는 제한이 모호하다는 점이다. 관광객을 위한 토산품으로 판매되는 경우에는, 그것이야말로 그롤리에가 이야기하는 "자갈"로 충분하겠지만, 구미의 미술수집가, 아시아미술통의 연구자, 그리고 미술관으로부터 구입 희망이 있는 경우에는 그렇게 할 수는 없었다. 필연적으로 질 높은 미술품을 제공할 필요가 발생하게 된다.

1930년대에는 구미의 각종 미술관이나 연구소로부터 고미술품 구입 의뢰가 쇄도하고, 학원 원장은 그에 대응해야 했다. 그 결과, 이 시기 1920년대에는 판매된 적이 없었던, 미술적으로도 경제적으로도 가치가 높은 고미술품이 거래되게 되었던 것이다. 판매활동의 상승도를 확인하기 위해서는 매상 총액을 보는 것만으로도 충분할 것이다. 1920년대에는 평균하여 연간 1,000 피아스톨에 못 미치던 매상액이, 1930년대에 들어서면 연간 3,000~6,000피아스톨에까지 달하고 있다.[56]

매상액 증가의 원인을 구체적으로 검토해보자.

1930년대에 판매활동을 한 것은, 마셜과 교체되어 1932~1935년에 앙코르 보존국장을 지냈던 조르쥬 트루베, 그리고 트루베의 후임국장이 된 모리스 글레즈, 나아가 1929년에 학원 원장이 된 세데스와 예술국장 그롤리에이다.

우선 이 시기에 매각된 미술품의 수적 증가에 대해 검토해보자. 앞에서 보여준 것처럼, 판매 초년도인 1923~1924년에는 53점이 매각되었고, 그 후에는 연간 50점 미만의 매각이 계속되는데, 1920년대 말부터 매각점 수가 증가하기 시작한다. 연도에 따라 차이는 있지만 1928~1939년까지 12년간의 평균치를 내보면 연간 68점의 미술품이 매각되는데, 예를 들어 1928년에는 104점, 1934년에는 107점, 1938년에는 103점 등, 100점을 넘는 매각을 기록한 해도 눈에 띈다. 이 숫자가 보여주듯이, 판매를 담당한 그롤리에나 보존국장들은 적극적으로 판촉활동을 했다. 예를 들면 107점을 팔았던 1934년에, 당시의 보존국장 트루베는 "여름 관광객의 도래에 대비하여" 시급히 유물의 지정해제를 실시하도록 원장을 재촉했다.[57]

더불어 이 무렵에는 판매활동을 활발하게 하기 위해 법령이 일부 변경되기도 했다. 1931년의 법령개정에 의해 "앙코르보존국장의 책임하에, 씨엠립과 앙코르의 호텔과 방갈로에서" 고미술품을 판매하는 것도 가능하게 되었던 것이다[58](제5조). 1923년의 법령에서는 캄보디아미술관에서의 한정판매였지만 이 규정을 변경했던 것이다. 1932년부터 1937년에 걸쳐서는, 씨엠립에 있었던 앙코르 그랜드호텔에도 판매를 위탁하게 되었다(즉, 보존국장이나 예술국장의 입회 없이 팔 수 있는 경우도 늘어났던 것이다). 경제적 관점에서 보면 관광객이 체재하는 호텔에서의 판매는 효율적이었다. 하지만 이러한 장사 중심의 판매활동은 매각된 미술품의 행방 파악이라는 점에서는 정확성을 결여하고, 나아가 극동학원 활동의 신용에 손상을 입히는 것으로 이어졌다.

다음으로, 매각된 유물의 질은 어땠을까? 1930년대에 들어 매각점 수가 2배, 3배로 비약적으로 증가한 것은 아니다. 그럼에도 불구하고 매상고는 3~6배가 되었다. 고가의 고미술품이 거래가 이루어지게 되었다는 것이다.

여기에 지극히 중요한 자료가 있다. 1930년 3월, 원장에 막 취임한 조르주 세데스가 당시 고미술품 판매의 임무에도 임하고 있던 마셜에게 보낸 편지이다. 세데스는 여기에서 크메르미술의 미적 가치를 국제적으로 인지시키기 위한 "독트린(원칙)"에 대해 쓰고 있는데, 마지막에 '개인적 견해'로서 고미술품 판매에 대해 다음과 같은 의견을 부가하고 있다. "이 문제(크메르미술의 보급활동)에 관한 나의 독트린"은, "인도차이나와 프랑스의 미술관에, 모든 타입의 작품을 보관·전시"한 후에, "유복한 관광객에게, 소수의 질 좋은 작품을 제공한다"라는 것이다. 그렇게 하면, "크메르미술의 인지도도 올라가고, 우리도 자금을 얻을 수 있을" 것이다.[59] "자갈"과도 같은 단편을 다수 판매하기보다도, "소수의 질 좋은 작품"을 "유복한 관광객"에게 판매하는 편이 좋다는 것이다.

세데스는 이 '개인적 견해'를 실행한다. 예를 들면 1932년, 168번의 지정번호가 붙어 있는 불상의 머리가 지정해제 되어 600피아스톨에 매각된다. 상대는 "유복한 관광객"은 아니지만, 당시의 총독이었다. 그리고 351번의 불상 머리는 1,000피아스톨로, 파리의 기메미술관에 기증을 원하는 프랑스인 자산가에게 매각되었던 것이다.[60] 총독이나 기메미술관에 대해서도 기증이 아니라 판매를 하는 세데스의 태도에서, 우리들은 법령에 충실한 연구자로서의 성실함을 읽어내야만 하는 것인가, 아니면 만만치 않은 비즈니스맨을 그려야 할 것인가?[61] 다만 여기에서 세데스가 감행한, 전술한 신기축新基軸의 고고학 조사를 상기해두어야 할 것이다. 아나스틸로시스에 의한 복원이나 항공기에 의한 조사이다. 말할 나위도 없이, 이러한 대대적인 조사에는 막대한 자금이 필요했다. 세데스가 원장에 취임한 이후 1930년대의 고고학의 비약적 발전과 고미술품 판매의 상승세가 궤도를 같이하고 있는 것이 우연은 아닐 것이다. 여하튼 그가 원장이 된 이후에는 500~1,000피아스톨급의 고액의 고미술품이 개인을 상대로 연이어 판매되었던 것이다.

아마도 이러한 고품질의 고미술품 거래가 계기가 되었을 것이다. 1930년대에 들어서면, 구미의 미술관이나 공적 기관으로부터의 구입 의뢰가 학원에 다수 들어오게 된다. 고미술품 매상 상승의 최대 요인은, 이러한 공적 기관과의 거래였다. 미술관과의 거래에서는 전시에 걸맞은 질 높은 고미술품이 요구된다. "역사적 또는 미술적으로 가치가 없는" 유물로 만족시킬 수는 없다.

구미의 미술관과의 거래는, 우선 1930~1932년에 네덜란드 암스테르담미술관과의 사이에서 성립되었다. 파리에서는 1931년에 국제식민지박람회가 개최되었고, 인도네시아를 식민지화한 네덜란드도 참가했다. 이 거래에는 이웃 동아시아 국가들을 식민지로 영유하고 있는 네덜란드와의 '우호적 관계'를 보여주는 의미도 있었다. 그래서 당초 인도네시아 당국과 극동학원은, 우호적인 '증정'이라는 형식으로 고미술품의 양도를 생각했지만, 결국, '우호적 가격'으로 매각하는 것으로 낙착되었다.[62] 거래된 것은 여성 조각상 두 개(각 400, 600피아스톨), 네 개의 안면을 가진 두부(800피아스톨), 보살의 두부(600피아스톨) 등 합계 네 개의 수입은 총 2,400피아스톨이었다.[63]

1920년대에도 미술관과의 거래가 없었던 것은 분명히 아니다. 고미술품 판매가 개시된 지 얼마 지나지 않은 1924년, 보스턴미술관에 9점, 오리건미술관에 17점, 사우스웨스트 로스앤젤레스 미술관Southwest Museum, Los Angeles에 2점의 고미술품이 매각되었다. 그러나 전 28점의 총액은 673피아스톨에 지나지 않았다.[64] 피노 원장 시대에는, 관광객을 상대로 하는 것과 같은, 결코 질이 좋지 않은 유물만이 거래의 대상이 되어 있었던 것이다. 그러나 암스테르담 미술관과의 거래는 달랐다. 고액의 질 높은 유물이 공공연하게 거래되었던 것이다. 문제가 되지 않도록, 세데스는 총독에게 다음과 같은 편지를 썼다.

(이 거래는) 결코 캄보디아의 고고학적 유산에 포함되는 제1급의 물품을 유출시키는 것이 아닙니다. 서구 굴지의 입지조건에 있는 (국제적 도시) 암스테르담에서, 크메르미술은 보다 널리 인지될 것입니다.[65]

이어서 1933년 2월에는 예일대학에 2점의 차양부조물이 매각되었고, 1934년 11월에는 호놀룰루미술아카데미의 미술관에 바이욘사원에서 출토된 불타의 두부 1점이 1,000피아스톨에 판매되었다. 후자에 대해서는 판매시스템상의 문제점을 지적해두어야 한다. 그롤리에의 입회하에 거래담당자가 작품을 선별한 후, 지정해제의 수속이 취해졌기 때문이다.[66] 이듬해인 1935년 1월에는 2점의 고미술품을 스톡홀름의 동아시아미술관과 총액 2,000피아스톨에 거래하고 있다. 교섭을 담당했던 것은 중국 고미술연구자로 기메미술관과도 친교가 두터운 저명한 오스왈드 시렌Oswald Siren(1879~1966)이었다.[67]

그리고 1935년 4월. 거의 매년 계속되어온 미술관과의 거래의 마지막을 장식하는 교섭이 시작된다. 이듬해에 교섭이 매듭지어져 뉴욕의 메트로폴리탄미술관에 작품을 매각하면서, 여태까지와는 비교도 안 될 큰 금액이 움직였다. 중대함을 인식한 원장 세데스는 자신이 작품선정을 하고 교섭에도 임했다.

메트로폴리탄미술관은 당초부터 미국을 대표하는 미술관에 어울리는 1급의 미술품을 입수할 목적을 가지고 있었다. 교섭인으로 파견된 마틴 범봄 Martin Birmbaum(1862~1970)은 앙코르보존국을 방문하여, 질 높은 조각상들을 우선 구입후보로 거론했던 것 같다. 그러나 그중에는 지정해제가 어렵고 인도차이나 외부로 내보낼 수 없는 것도 포함되어 있어서, 세데스는 곤란한 교섭을 할 수밖에 없었다. 교섭인이 귀국한 후에 쓴 1935년 4월 11일의 편지에서, 세데스는 다음과 같이 설명하고 있다.

메트로폴리탄미술관에 양도할 수 있는 앙코르미술품의 사진을 보내드립니다. 당신께서 전에 앙코르 고고학 창고에서 선택하신 조각상 중에는, 현장의 수복이 종료되는 대로, 원 장소에 돌려놓아야 할 것이 몇 가지 있습니다.[68]

그래도 그는 가능한 한 상대측의 희망을 감안한 13점의 거래후보 작품을 제시하고 있다. 그리고 다음과 같이 해설하고 있다.

제가 제시하는 13점의 고미술품은, 모두가 크메르 조각의 다양한 양식과 시대를 대표하는 일품逸品들입니다. 대부분이 1급품으로서, 상품가치도 절대적인 것입니다. 사진 뒷면에 (프랑 표시로) 표기한 가격에 대해 조금 높다고 생각하실지도 모르겠습니다만, '미국 가격'이 아님을 양해해주시기 바랍니다. 고미술품 거래가 불황임에도 불구하고, 크메르의 '일품'은 반드시 사고 싶어 하시는 분이 계시다는 것을 귀하도 아실 것이라 생각합니다.

교섭 상대에 대한 상투적인 어구라고는 하지만, 이 거래에서는 세데스 자신이 "1급품으로서, 상품가치도 절대적"이라고 하는 고미술품이 공공연히 북미로 매각된 것이다.

메트로폴리탄미술관은 제시된 13점 중 6점을 구입, 합계 1만 9,500피아스톨을 지불했다. 1점 평균 3,000피아스톨의 고미술품의 거래가 이루어지게 되었다. 1920년대 판매의 1점 평균은 12피아스톨, 암스테르담미술관에 매각된 미술품도 1점 평균가는 600피아스톨에 지나지 않아, 메트로폴리탄이 입수한 고미술품의 가격이 이상하다는 것을 알 수 있다. 그만큼 거래된 미술품의 질이 높았던 것이다. 그중에서도 최고가로 거래된 앙코르톰에서 출토된

〈헤바즈라Hevajra상〉*(학원의 당시 기록으로는 〈7개의 머리를 가진 흉상〉)(그림 63)은 6,000피아스톨이었는데, 20년간 계속된 고미술 판매에서 최고가를 기록했다. 또한 그다음 고액은 5,000피아스톨로 〈브라흐마Brahma상〉**(그림64)이 거래되었다. 이 2점의 작품은 오늘날에도 메트로폴리탄미술관이 소장하는 크메르 조각상의 최고봉이다. 그 외 4점의 매각품의 내역도 제시해두자. 〈장식첨부 석재〉(2,500피아스톨), 〈불타 두부〉(3,000피아스톨), 〈관세음보살 두부〉(1,000피아스톨), 〈바이욘의 기둥 단편〉(2,000피아스톨)이다. 다시 말로의 『왕도』(1930년)를 상기해보자. "소형의 얇은 부조물이라도 3만 프랑(약 3,000피아스톨)"에 애호가에게 매각할 수 있다고 주인공은 이야기하고 있는데, 메트로폴리탄미술관에 매각한 금액은 여기에 상당히 가깝다.[69]

메트로폴리탄미술관과의 거래 총액은 그것만으로도 1923년부터 1935년에 걸친 과거 12년간의 총매상액 2만 1,841피아스톨에 육박한다. 이례적인 거래였다. 스캔들이 되지 않도록 원장인 세데스는 세심한 배려를 아끼지 않았다. 1923년의 법을 어기는 것은 아니지만, 그러나 일탈적 행위라는 것은 자각하고 있었던 것이다. 암스테르담미술관과의 거래 때와 마찬가지로, 그는 우선 인도차이나총독에게 다음과 같이 보고하고 있다.

---

* 헤바즈라 탄트라는 인도 후기 밀교의 어머니 탄트라계의 대표적인 경전이다. 헤바즈라는 존격(尊格)의 명칭이고, 이 경전의 주역으로서 청중인 보살과 여존들에게 가르침을 주었다고 한다. 헤는 말을 걸 때의 명칭이고 바즈라는 '금강'의 의미이다.

** 인도신화에 등장하는 힌두교의 신. 불교명은 '범천(梵天)'이다. 데바 신과 비슈누 신과 함께 최고 삼신의 하나로서, 세계 창조와 파괴 후의 재창조를 담당하고 있다. 힌두교의 경전에 따라 공행한 사람에게는 브라흐마가 은혜를 베푼다고 한다.

그림63 〈헤바즈라상(7개의 머리를 가진 흉상)〉,
12세기 후반~13세기 초, 앙코르시대, 바이욘 양식

그림64 〈브라흐마상〉, 10세기 초,
앙코르시대, 바켕 양식

(이번에 미국에 매각한 작품은) 분명히 아름다운 것이기는 합니다만, 지극히 일반
적으로 그 외에도 다수가 있는 작품이고, 캄보디아의 고고학적 유산의 유일무이
한 작품은 결코 아닙니다. (…) 법령상으로는 캄보디아의 고미술품 판매에 관해
귀하의 허가를 받을 필요는 없지만, 이번에는 1만 9,500프랑이라는 고액의 거래
였기 때문에 허가를 받고 싶습니다.[70]

캄보디아 이사장관에게도 마찬가지의 해명을 하고 있다.

이번의 조각상 판매는 캄보디아의 예술유산에서 중요한 것을 유출한 것은 아닙니다. 그것을 가장 두려워하고 있는 것이 저입니다. 예를 들면, 이번에 현지의 조사원이 제안한 타케우의 아름다운 조각상류의 지정해제는 부적절하다고 판단하여 각하시켰습니다.[71]

또한, "극동학원의 지적 외교관"으로서 세계 각지에 파견되었던 빅토르 골루베프에 대해서도 세데스는 신중한 태도를 취하라고 충고했다.

이 건에 대해 너무 과장하여 공언해서는 안 됩니다. 법령에 따르고 있다고는 하지만, 매스컴에 포착되면 번거로워집니다. 비판의 소리가 나오는 경우 반론으로서, 메트로폴리탄미술관에 아름다운 크메르 조각상이 전시되면 인도차이나 관광이 번창해지고, 인도차이나의 영예도 높아질 것이라고 대답해주십시오.[72]

세데스는 북미에 매각한 조각상이 아무리 아름다워도, 동종의 작품들이 알베르 사로 미술관에 이미 소장되어 있다는 것, 따라서 이 거래가 인도차이나의 문화유산을 손상시키는 것이 아니라는 것을 강조했다. 그리고 이러한 질 높은 고미술품을 통해 크메르미술의 보편적인 가치를 구미에 전하는 것이 매우 중요하다고 호소했던 것이다.

세데스가 두려워했던 것은, 실은 매스컴의 반응만이 아니었다. 판매되는 고미술품의 '질'과 관련하여, 1933년 12월에 이미 메트로폴의 연구자로부터 클레임이 들어와 있었던 것이다. 다름 아닌 숙적 필립 스테른으로부터였다.

스테른의 클레임은 고액의 고미술적 가치가 있는 작품의 거래에 관한 것이 아니었으므로, 본 줄거리에서 벗어나는 것일지도 모르겠다. 하지만 메트로폴의 엘리트다운 이의신청이고, 당시의 파리와 식민지와의 연구상의 괴리상황을 아주 훌륭하게 보여주는 흥미로운 에피소드이므로, 이 절의 마지막 부분에서 소개해두겠다.

스테른은 앙코르보존국장을 퇴임하고, 파리에 일시 귀국하고 있던 앙리 마셜에 대해, 학원이 판매한 고미술품 중에 미술관에 보관하여 연구할 가치가 있는 "흥미로운 특질"을 가진 유물이 포함되어 있다고 비판했다.[73] 스테른이 매각에 문제가 있다고 호소한 것은 4점의 고미술품이다. 우리들에게는 다행히도, 1933년은 판매에 내놓은 유물의 사진이 남아 있는 해이고(그림61), 스테른이 지적한 유물을 눈으로 확인할 수 있다. 문제가 된 것은, 아래로부터 두 번째 줄의 2806번 〈관세음보살 두부〉, 같은 줄 오른쪽 끝의 2388번 〈신상 두부〉, 아래로부터 세 번째 줄의 333번 〈가면〉, 그리고 최하단의 2810번 가장 작은 〈아수라 두부〉이다. 비전문가의 눈에는 다른 단편과 어떻게 다른지 알 수 없다. 고미술품으로서 다른 것보다 질이 높은 것도 아니고, 고액의 가격이 책정된 것도 아니었다.

스테른이 이야기하는 "흥미로운 특질"이란, 학술적 관점에서 본 특징인 것이다. 마지막의 〈아수라 두부〉(2810번)에 대해서 해설해보겠다. 이 유물은 1925년 7월 프놈쿨렌의 발굴에서 마셜이 발견한 것으로서, "작지만 섬세한 조각을 하고", "반테아이 스레이의 양식과 매우 닮은" 지극히 귀중한 앙코르 전기의 작품이라고 스테른은 지적하고 있다. 제4장에서 검토한 것처럼, 스테른 자신이 당시에 가장 관심을 가지고 있었던 9세기의 양식을 지닌 진귀한 작품이었다. 이 지적을 받은 마셜은, 이것들을 판매한 것은 "자신의 과실"이라고 인정했다. 그의 변명에 따르면, "이 작은 두부에 지정번호를 붙이는 것을 깜빡 잊어버리고", 다른 "잡동사니"와 함께 선반에 진열해버렸다는 것이

다. 정말일까? 양식적 특징을 보지 못한 것은 아니었을까(적어도 이 사진을
보고 있었을 원장 세데스는 확실히 이 조각상의 고고학적 중요성을 간과하고 있
었다). 설령 그렇지 않다 하더라도, 조잡한 유물관리를 드러냈을 따름이다.
결국 판매된 유물들은 다른 판매품과 교환되어 학원으로 되돌아왔다.

　이 한 건만 보더라도, 1930년대에는 고고학적 견지에서 중요한 유물도 '잘
못하여' 판매에 내놓았을 가능성이 있었다는 것을 알 수 있다. 고미술품 판매
에 임한 것은 조사경험이 일천한 앙코르보존국장과 그롤리에, 그리고 비문
에는 강하지만 미술양식의 전문가가 아닌 세데스이고, 학술적 관점에서의
점검이 허술해졌던 것은 아닐까? 혹은 일상화한 판매촉진활동 가운데, 그들
은 연구자로서가 아니라 마치 고미술상과 같이 고미술적 가치만을 바라보게
되었던 것인지도 모르겠다.

　한편 쌀알만큼 작은 단편이 늘어서 있는 선명하지 못한 사진만을 보고, 양
식적으로 특수한 작품이라는 것을 알아차린 스테른에게는 감탄하지 않을 수
없다. 오랜 세월에 걸쳐 "크기가 반드시 정확하지 않은 데생이나 사진만을 검
토"(마셜의 말)해온 만큼 잘 알게 된 것이라고 한다면 빈정거림에 지나지 않
을까? 아무튼 고미술품 판매에 종사하고 있던 현지조사원들은 다시금 메트
로폴의 엘리트에게 한 방 먹은 꼴이 되었다.

근대 고고학·미술사학에 바친 '공물(貢物)과 공물(供物)'

　이상, '캄보디아의 전통부흥' 또는 '크메르미술의 국제적 인지 획득'이라는
명목으로 그롤리에나 세데스가 솔선해서 행한 고미술품 판매의 실태를 상술

했다. 우리들은 프랑스인의 형편에 맞는 법률하에서 수행된 이 행위를 어떻게 평가하면 좋을 것인가? 식민주의의 횡포로, 판매에 관여한 현지 프랑스인 오리엔탈리스트를 규탄하면 되는 것인가? 또는 판매하는 자도 나쁘지만, 그보다 더 나쁜 것은 구입하는 수집가들이라고 씩씩대기만 하면 좋을 것인가?

나는 판매에 관여한 극동학원 멤버를 비난하기 위해 이 문제 있는 활동을 언급한 것은 아니다. 이 점은 독자들에게도 그리고 특히 오늘날의 극동학원 관계자에게도 이해를 받고 싶다. 현재, 학원은 이 사실을 감추려고 하지는 않지만, 그러나 언론에 오르내리는 문제로 만들고 싶지는 않고, 고미술품 판매에 대한 연구발표나 기사는 경계하고 있다. 그래도 굳이 내가 이 책에서 다루고 있는 것은, 이 사건이 근대로부터 현대에 이르는 아시아 고고학과 미술사의 근간과 관련된 중요한 문제를 제기하고 있다고 생각하기 때문이다.

타국의 미술품이든 자국의 미술품이든, 미술품을 사유물화하는 자기 맘대로의 법령을 만들어 판매하는 행위가 예삿일이 아니라는 것은 더 말할 나위도 없다. 그렇다면 이 용서 못할 행위의 책임소재는 도대체 어디에 있는 것일까? 판매행위에 손을 담근 당사자만을 비난하면 해결될 문제는 아닐 것이다. 왜 그들은 문제가 있는 행위를 굳이 했던 것일까, 해야만 했던 것일까? 이 물음에 답하지 않고서는 고미술품 판매의 부당성을 규탄하더라도 의미가 없다.

캄보디아의 문화부흥정책이든 고미술품 판매든, 일련의 문제성 있는 사건은 이 책이 주제로 삼고 있는 근대의 아시아 고고학이라는 학문 그 자체의 구조적 문제에서 유래하고 있다. 즉, 일련의 사건의 배경에는, 식민지와 구미(메트로폴)와의 사이에 존재하는 불균형적인 학술적 및 정치적 권력격차의 문제가 감춰져 있다. 메트로폴과의 경합관계 안에서 현지의 조사원들은 자신들의 활동의 성과를, 식민지 외부의 구미 각국들로부터 인정을 받아야 했다. 구미에서의 평가 없이는 현지에서의 학술적 성공도 보증받지 못하고, 자금도 얻을 수 없다. 경제격차의 문제와도 유사한 구조적인 학술적 불균형의 세계에서, 식민지에서의 학술활동이 평가받기 위해서는 구미의 학술기관이 요구하는 1급의 고미술품을 내보일 필요가 있었다. 이 시기에 구미의 미술관에 매각된 캄보디아의 고미술품은, 구미가 지배하는 학문세계에서 식민지에서의 연구가 평가받기 위해 바쳐진 '공물貢物', 또는 구미의 미술관이라는 신전에 바쳐진 '공물供物'이었다고 할 수 있다. 따라서 문제시해야 할 것은, 판매에 관여한 당사자들의 윤리뿐 아니라 이러한 행위를 유발(강제)시킨 근대 고고학과 미술사학이라는 국제적 학문공동체의 정치적 구조이다.

1951년의 일이지만, 알프레드 푸셰는 "고고학이란 무엇인가"라고 자문하며, 다음과 같이 정의했다.

> 고고학이란 무엇인가. 건축물의 오랜 희생의 역사에 다름 아니다. 그리고 고고학의 임무는 화려한 장송의식을 행하는 것이다.[74]

고고학자는 평안히 땅속에 잠들어 있는 유물=사자死者를 파내어, 그 아픈 모습을 다시금 세상에 내놓는다. 그리고 역사 혹은 미술사라는 죽은 자들의 목록 안에 그것을 부가할 때에는, (구미 기준의) 미술관이라는 정중한 신전에 사자를 바치고, 시끌시끌하게 그 사적을 칭송해야 한다. 그렇게 하지 않으면, 일이 완료된 것이 아닌 것처럼 되어 있는 것이다.

시대는 바뀌어, 과거 구미나 일본에 지배당하던 식민지도 탈식민지화했지만, "화려한 장송의식"을 집행하는 고고학의 본질적 구조는 현재에도 전혀 변화하지 않은 것처럼 생각된다. 고고학이나 미술사학에 종사하는 사람이라면, 전통부흥정책이나 고미술품 판매 등의 촉진활동이 결코 남의 일처럼 안이하게 비난할 수만은 없는, 현재형의 문제라는 것은 주지의 사실일 것이다. 우리들은 "화려한 장송의식"에 입회하는 참여자로서, 학문의 존재이유를 물어가면서 이 문제에 대처해야 한다.

메트로폴의 몰이해

고미술품 판매에 관여한 현지조사원의 행위를 정당화하고 싶은 것은 아니지만, 이 문제가 식민지 내에만 그치는 것이 아니라 보다 광범위한 사정을 지닌 문제라는 것을 마지막으로 보여주고 싶다.

제4장에서 이미 검토한 것이지만, 1936년 앙코르 유적을 처음으로 방문한 필립 스테른은 기메미술관의 컬렉션을 보충하기 위해 진품 조각상을 프랑스로 이송시켰다. 판매에 내놓은 고미술품을 구입한 것은 아니다. 극동학원으로부터의 위탁품으로 가져갔던 것이다. 이 유물의 이동에 관해 르네 그루세는 《1936년 국립미술관연보》에서 다음과 같이 변명하고 정당화시켰다. 말하기를, "현지에서 미술유산이 완전무결한 상태로 존재할 수 있도록, 한 점밖에 없는 작품에 대해서는 인도차이나로부터 내와서는 안 된다는 방침" 아래, "기존의 기메미술관의 컬렉션을 보완하고, 크메르와 참파의 미술사적 앤솔러지anthology가 완성될 수 있도록, 특징 있는 것만 한정해서 기메미술관에 송부"했다고 한다.[75] 새롭게 기메미술관에 수장된 유물은, 프놈쿨렌에서 발견된 9세기 전반의 〈비슈누 신〉(쿨렌 양식)(그림65)이나 반테아이 스레이 제1주랑 동문 서현관의 박공부조(10세기 중반, 반테아이 스레이 양식)(그림66) 등이다.

같은 작품의 예는 프놈펜의 캄보디아미술관에 분명히 수장되어 있었다. 전자에는 예를 들면, 프놈쿨렌, 프라사트 담레이 크랩Prasat Damrei Krap* 남쪽 사당에서 출토된 〈비슈누 신〉(9세기 전반, 정리번호 Ka882), 후자에는 반테아이 스레이 제2주랑 서문의 박공(동 Ka1660) 등의 유례가 있다. 그러나 거꾸로 말하면, 캄보디아국립미술관에 전시할 가치가 있다고 판단한 고미술의 우량품과 동질의 것이 파리로 건너간 것이다. 게다가 기메미술관의 편년적 전시를 '보완'하기 위한 것이라는 목적이었던 만큼, 이 유물들은 바로 고고학이 최종 목적으로 삼고 있는 "화려한 장송의식"을 위해 메트로폴에 바쳐진 공물(供物)이었다고 할 수 있을 것이다. 이로 인해 기메미술관의 크메르미술의 편년이 완성되고, 미술사를 전망할 수 있게 된 것이다.

제4장에서 분석한 것처럼, 1936년이란 파리의 아시아미술관 통합이 완료된 해이고, 이 고미술품들의 이송에는 통합과정에서 밝혀진 결손을 보충한다는 의미가 있었다. 그리고 이 장에서 고미술품 판매의 역사를 알게 된 우리들은, 1936년이라는 해에는 또 하나의 큰 의미가 있다는 것을 알게 될 것이다. 이 해에 메트로폴리탄미술관과의 거래가 성립되었던 것이다. 나는 이것이 우연의 일치는 아니라고 생각한다. 크메르의 우량품이 북미에 유출되는 것이 결정되고, 파리의 국립미술관 학예원이 새로운 손을 쓴 것은 아닐까. 파리야말로 여전히 구미에서 최고의 크메르미술품을 보유한 장소라는 것을 보증하고자, 아마도 새로운 조각상을 구했던 것이다.

여하튼 1936년에 기메미술관에 '위탁'된 미술품도 또한 일련의 고미술 판매

---

* 프라사트 담레이 크랩은 벽돌로 지은 세 개의 사당이 남북으로 늘어서 있다.

그림65 〈비슈누 신〉, 9세기, 프놈쿨렌 부근 출토, 쿨렌 양식

그림66 〈박공부조〉, 967년경, 반테아이 스레이 제1주랑 동문 서현관 부근 출토, 반테아이 스레이 양식

의 역사 안에서 구미로 건너간 운명이 된 공물貢物이라고 할 수 있다. 스테른
은 학원이 학술적 가치가 있는 유물을 판매했다고 비판했지만, 캄보디아로
부터의 미술품 유출 자체를 비난한 것은 아니었다. 메트로폴의 연구자는 고
미술품 판매에 직접 손을 담그지는 않았지만, 파리의 크메르 컬렉션의 충실
함을 도모하는 가운데 스스로 미술품을 이동시켰을 뿐 아니라, 네덜란드나
북미, 스웨덴의 미술관을 자극하여 구미의 수집전쟁을 조장했다. 더욱이 앙
코르 고고학에서 프랑스의 패권을 유지하기 위해, 더 많은 공물을 학원에 요

구했던 것이다.

 기메미술관으로 새롭게 유물을 송부하는 것을 고미술품 판매의 일환으로 간주하는 우리의 관점은 또 하나의 사실로도 지지할 수 있을 것이다. 1936년의 '위탁품'에 대한 답례로 프랑스국립미술관 평의원회는 극동학원에 특별한 교부금을 지출했던 것이다. 명목은 "극동학원의 발굴과 수복공사로 인해 중요한 유물이 발견된 것을 평가하고, 그들의 노고에 보답하기 위해서"였다. 요컨대 학원은 조사복원비용을 얻기 위해 유물을 위탁한 것이라고도 할 수 있는 것이며, 그러한 의미에서 자금을 얻기 위한 매각과 전혀 다를 바가 없다.

 1925년 건축가인 르 코르뷔지에Le Corbusier(1887~1965)*는, 미술관은 미술작품을 "드러내는(전시하는) 것"과 동시에, 그 전시에 의해 무언가가 "은폐된다"라고 했다.[76] 르 코르뷔지에가 언급한 것은 동시대의 모던 아트에 대해서이지만, 이 말은 미술관 통합에 의해 새로운 모습을 보인 파리의 동양미술관에도 해당될 것이다.

 변혁된 새로운 미술관은, 편년적 전시라는 미술사적 전시에 의해 앙코르 고고학의 발전을 일반 대중들에게 시각적으로 '드러내' 보였다. 그리고 미술관 재편을 실현한 학예원은 루브르학원 교수로서 고고학이나 미술사도 강의했다. 그리하여 1920년대 중반부터 1930년대에 걸쳐, 보편주의 이념이나 양식론 아래에서, 서양미술을 중심으로 한 미술사 안에 동양미술도 포함되었고, 크메르 고고학사·미술사도 일정한 시민권을 얻게 되었다. 메트로폴의 미술관은 고미술품의 전시를 통해, 고고학·미술사학(나아가서는 프랑스 동양

---

* 스위스에서 태어나 주로 프랑스에서 활동한 건축가. 근대 건축의 3대 거장 중 한 명으로 간주되고 있다.

학)의 '성공'이라는 상징적 가치도 '드러내' 보였던 것이다.

가령 이 책의 목적이 프랑스에 의한 앙코르 고고학과 크메르미술사의 제도적인 발전과정을 그려내는 것에만 있다면, 캄보디아의 미술이 서양의 고고학·미술사에 받아들여진 시점에서 이 책을 닫으면 될 것이다. 그러나 앙코르 유적을 둘러싼 고고학과 미술사학의 역사는, 서양학문에 '등록'하는 것으로 끝나는 이야기가 아니다. 이 이야기의 배후에 무엇이 일어나고 있었는가, 미술관이라는 화려한 무대의 배후에 무엇이 은폐되어 있는가, 무대 뒤에 감춰진 또 하나의 이야기도 또한 오늘날의 우리들에게는 결정적으로 중요하다.

이미 메트로폴과 현지의 이중·삼중의 연구체제가 지닌 문제의 역사를 추적해온 우리는, 본국 엘리트가 표명한 보편적 미술사의 성공을 고고학·미술사의 발전이라는 사실 확인적인 사건으로 이해하는 것이 아니라, 사실을 연출(과장, 나아가서는 날조)하려고 하는 연극과 같은 몸짓으로 이해할 필요가 있을 것이다. 메트로폴의 활동은 학문적 성과를 가시적으로 '드러내'는 것으로, 현지의 고고학이 일으킨 일탈적 행위를 훌륭히 '은폐'해버린다. '드러냄=전시'되는 1급의 미술품이 현지의 일탈적 활동을 통해 획득되었다고 하는 사실을 포장하고 감춘 채로, 너무나 평화로운 보편적 미술사를 구가했던 것이다. 보편주의라는 미명하에 식민주의의 부채가 은폐된다, 이러한 학문적 구조 안에서 식민지의 조사원은 나중에 부여받게 될 '궂은 역할'을 떠맡으려고 했다. 말하자면, 본국의 보편주의를 배후로부터 지지하기 위해, 그들은 식민주의의 전형이라고 할 수 있는 고미술품 판매에 손을 대야만 했던 것이다.

"동양이 추천하고, 서양이 유용하게 하는"(에드가 키네*Édgar Quinet*, 1803~1875) 학문적 구조 안에 앙코르 고고학·미술사도 있었다. 우리는 메트로폴이 축복하고, 그리고 그 유산을 오늘날에도 또한 이어가고 있는 미술의 보편주의가, 현지의 식민주의와의 공범관계 안에서 내세워지고 있다는 것을 잊지 말아야 한다. 우리가 계승한 학문이 어떠한 희생 위에 성립했는가를 자각해야 한다.

본국의 몰이해를 상징적으로 보여주는 하나의 예를 마지막으로 보여주고 이 장을 끝맺으려 한다. 고미술품 판매가 증가하던 1930년대 초, 파리는 최초의 국제식민지박람회로 들끓고 있었다. 그리고 이 박람회에서 실물 크기의 앙코르와트의 복제품이 건축되어, 찾아오는 사람들을 놀라게 했다(그림 68, 그림69, 그림75 등). 이 복제품에 대해서는 다음 장에서 상세히 다루겠다. 여기에서는 메트로폴의 몰이해를 단적으로 보여주는 사실을 확인하는 데 그칠 것이다.

거대한 앙코르와트의 복제물을 건축함으로써, 본국의 박람회 주최자는 인도차이나를 지배하는 프랑스의 권력의 거대함을 상징적으로 과시하려고 했다. 박람회의 공식카탈로그에는 이렇게 전하고 있다. "솟아오른 다섯 개의 앙코르와트의 탑은, 인도차이나 5국과 프랑스의 협력관계를 보여주고 있다"라고.[77] 30년에 걸친 현지조사의 성과로서, 지극히 정교하게 복원된 복제물도 본국의 박람회에서는 식민지 대국 프랑스의 위신을 보여주는 하나의 요소로 환원되었다. 마치 현지 고고학의 목적이 구미 제국에 대한 공헌에만 있는 것처럼 이용되었던 것이다. 그것은 박람회의 앙코르와트 복원에 대한 프랑스 당국의 자세에서 여실히 보고 느낄 수 있을 것이다. 복원에 필요한 시간은 3년, 필요로 한 비용 총액은 1,240만 프랑이라는 막대한 것이었다.

전술한 대로, 1923년부터 1946년까지 20여 년의 고미술품 판매로 극동학원이 벌어들인 매상 총액은 76만 7,695프랑이다. 앙코르와트의 복원에 필요한 비용의 불과 6퍼센트에 지나지 않는다. 복원에 사용된 자금의 10퍼센트만이라도 현지조사에 충당할 수 있었더라면, 학원이 조각상 판매 등의 '폭거'에 나설 필요가 전혀 없었을 것이다. 그래도 또한 공식가이드의 기자는 이 복제물 제작에 필요했던 비용이 저렴했다고 으스댄다. 프랑스 본국에 있어서는 인도차이나 현지에서의 조사나 보존활동보다도, 구미를 대상으로 야단스러운 시위적 행동을 하는 것이 훨씬 더 중요했던 것이다.

1920년대 중반부터 1930년대의 프랑스는, 인도차이나에서 드러나버린 식민지정책의 실패를 은폐하는 것에 필사적이었다. 식민지박람회 개최 전년에는 옌바이Yên Bái, 安沛에서 베트남 국민당에 의한 대규모 무장봉기가 일어나 프랑스 병사들과 충돌했다. 이러한 반식민지 운동은, 뒤라스Marguerite Duras*의 소설이나 영화 〈인도차이나〉 등을 통해 잘 알려져 있을 것이다. 이러한 현지의 궁핍상을 감추고, 무시하고, 그리고 망각하려고 하는 것처럼, 본국 프랑스는 거대한 앙코르와트를 복원하여 대영제국에 필적하는 '대불제국'의 환상에 젖어들고 있었다. 대영제국은 이러한 프랑스의 낙천적인 방식을 모른 체하여 박람회에는 참가하지 않았다. 파리에 솟은 앙코르와트의 장대하고 꿈과 같은 이미지는, 식민지의 궁핍상, 그리고 식민지정책의 실패를 은폐하기 위한, 문자 그대로 환상illusion이었다. 1920년부터 1930년대에 걸친 앙코르 고고학의 발전시대는 현지 고고학의 혼란과 일탈의 위기적 시대이기도 했던 것이다.

---

* 1914년 프랑스령 인도차이나의 사이공에서 태어난 프랑스의 소설가이자 각본가.

제7장

파리 국제식민지박람회와
앙코르 유적의 고고학

식민지박람회와 고고학의 공헌

프랑스가 이렇게 크다는 것을 당신은 알고 계셨습니까?

이렇게 질문을 던진 것은, 1931년에 파리에서 개최된 국제식민지박람회의 포스터이다(그림67). 프랑스가 대영제국에 이어 세계 제2의 식민지대국이라는 것을 국제적으로 선전하는 이 박람회는 5월 21일에 개막하여, 6개월에 걸친 개최 기간 중에 연 3,400만 명의 입장객 수를 기록했다. 공식발표에 따르면, 3프랑의 입장권이 2,820만 538매, 병설 '열대동물원'의 티켓이 528만 8,462매 팔렸다고 한다.[1]

그런데 이 포스터의 배경에 보이는 것은 캄보디아의 앙코르와트가 아니다. 이 박람회를 위해 실물 크기로 복제된 복제품이다. 이국적인 건축물이 숲처럼 솟아 있는 회장에서도 유달리 눈을 끄는 이 복제품은, 중앙탑이 65미터, 120미터 사방(14,400㎡)의 제3회랑부와 중앙사당을 복원한 것이었다. 외장에는 현지에서 채취한 주형을 사용하고, (적어도 사진을 보는 한에서는) 진품과 크게 다를 바 없지만 구조는 근대적 공법에 의한 것이었다. 철근콘크리트의 2층 건물로, 내부에는 전부 23개의 전시실을 보유하고 있다. 총 공사비는

그림67 1931년 파리 국제식민지박람회의 광고, 《일류스트라시옹L'Illustration》(1931년 5월 9일)

1,240만 프랑, 3년의 세월에 걸쳐 건립되었다. 당시의 공식기록을 한 기자에 따르면, 건설에 필요한 시간과 비용은, 몽마르트르Montmartre*에 서 있는 사크레쾨르성당Basilique du Sacré-Cœur**의 건립에 필적한다고 한다.[2] 이 5기의 탑의 정면에 섰을 때, 방문객들은 여기가 파리라고 믿을 수 없었을 것이다.

---

* 프랑스의 파리에서 가장 높은 언덕. 오랫동안 파리로부터 독립되어 있는 마을이었으나, 1860년에 그 일부가 파리에 병합되었다. 파리 내 유수의 관광지이다.
** 프랑스 및 프랑스어권에 많이 존재하는 교회당. 성심(聖心)을 의미하고, 로마네스크·비잔틴 양식의 바실리카 대성당이다.

식민지박람회에 관해서는 프랑스나 북미에서 몇 가지 중요한 연구서도 출판되어 있다.[3] 또한 박람회가 열린 파리의 12구에서는 4분의 3세기 후에 해당하는 2006년에, '식민지박람회에 대한 75년 후의 시선'이라는 이벤트도 개최되었다.[4] 이민문제가 긴급한 정치적 과제가 된 프랑스에서는 식민주의시대에 개최된 이 박람회를 재고하는 기운도 높아지고 있다. 프랑스의 '기억의 정형' 중의 하나가 되고 있었다고 해도 좋다.

이와 같이 비교적 잘 알려진 박람회이기는 하지만, 이 장에서는 추적 중의 앙코르 고고학사의 관점에서, 다시 이 박람회에 대해 논의해보고자 한다. 복원된 앙코르와트의 복제품을 제1장에서 본 19세기의 만국박람회 전시관과 비교한다면, 여기에 약 30년에 걸친 앙코르 고고학의 성과가 반영되어 있다고 쉽게 추찰推察할 수 있을 것이다. 실제로 이 건축물의 내부에서는 극동학원에 의한 전람회도 개최되었다. 식민지박람회에는 고고학사적 관점에서의 접근은 전혀 이루어지지 않았다. 앙코르와트의 복제품에 대해 언급할 때에, 극동학원의 공헌에 대해 이야기를 하기는 했지만 그 공헌이 구체적으로 어떠한 것이었던가는 검토되지 않았다. 박람회 연구를 하는 연구자는 대체적으로 고고학사의 지식이 부족하고, 식민지에서의 학문의 진전이 많건 적건 박람회에 반영되어 있을 것이라고 무비판적으로 가정할 뿐이다. 고고학사적으로는 확실하지 않고 잘못된 견식도 여기저기 보인다.[5] 그래서 고고학사적 관점에서의 분석을 해둘 필요가 있다.

이 장 전반부에서는, 앙코르와트의 복제품과 그 내부에서 개최된 극동학원의 전람회를 검토하고, 학원 멤버나 파리의 학예원이 박람회에 어떠한 형태로 관여했는가를 밝힌다. 후반부에서는, 유일한 항구적 시설로 건축되어 오늘날까지 전해지고 있는 식민지궁Palaisdes Colonies의 장식에 대해 검토해보고자 한다. 거기에는 가로 100미터에 이르는 거대한 부조물이나 프레스코(fresco)*에 의해 장대한 식민지 두루마리그림이 전개되고, 흥미로운 것으로는 앙코르와 트가 표상됨과 동시에 고고학 조사나 캄보디아에서의 공예제작에 종사하는 주민들의 모습도 표현되어 있다. 이러한 도상의 분석에 의해서도 이 박람회 에서의 고고학과 미술사학의 역할을 밝힐 수 있을 것이다.

복원된 앙코르와트의 상징적 의미

우선은 실물 크기의 앙코르와트이다(그림68). 65미터의 중앙탑과 55미터나 되는 4기의 탑을 보유한 중앙사당과 제3회랑부가, 회장의 간선도로에 면하 여 세워졌다.

1931년에는 현지의 반테아이 스레이 유적에서 아나스틸로시스에 의한 '복 원'이 개시되었는데, 파리의 복제품은 물론 이 공법에 의한 것이 아니다. 철 근콘크리트의 근대적 구조를 지닌 골조에, 석고주형을 사용한 외장을 둘러 친 것이다. 라테라이트(laterite)**의 질감을 나타내기 위해 잘게 부순 석재를 혼입 한 외장으로서, 얼핏 보면 하리보테***로 만든 것으로는 보이지 않는다. 1889 년의 만국박람회에서 처음으로 앙코르와트의 탑이 복원된 이래 이 종류의

---

* 회화기법의 하나. 우선 벽에 옻칠을 하고 그 옻칠이 아직 신선한 상태에서, 즉 건조되는 동안에 물이 나 석탄수를 녹인 안료로 그린다. 수정이 불가능하기 때문에 고도의 계획과 기술력을 필요로 한다.
** 성대(成帶)토양이라 불리는 것 중에서 습윤토양으로 분류되는 토양의 하나이다. 사바나나 열대우림지 역에 분포한다. 지표의 풍화물로 생성된 것이다.
*** 종이를 겹붙여 만든 소품.

그림68 국제식민지박람회를 상공에서 촬영한 사진

복제 노하우가 축적되었고, 인도차이나미술관에서도 계속적으로 복제품이
제작되었다. 복제기술은 완벽한 경지에 이르고 있었다. 그 최고의 기술을 이
용하고 거액의 자금을 쏟아부어, 3년의 세월에 걸쳐 건축되었던 것이다. 이
자금을 현지조사에 충당했다면, 학원 멤버가 고미술품 판매에 손을 더럽힐

필요도 없었다. 그럼에도 불구하고, 프랑스 당국은 사치스럽기 그지없는 복제품을 (박람회 후에는 해체될 운명에 있었는데도) 건축하는 것을 고집했던 것이다.

프랑스가 왜 낭비를 강요하는 식민지박람회를 개최하여, 단순한 복제를 위해 거액의 자금을 투입했을까? 이 물음에 대해서는 앞 장의 말미에서 일정한 해석을 했는데, 여기에서 당시의 자료를 들어가면서 좀 더 깊이 생각해보기로 한다.

박람회의 개최가 결정된 1920년대에는, 제1차 세계대전 후의 재정난과 더불어 식민지 각지에서는 정책의 실패도 현재화하기 시작했다. 이러한 시기에 박람회를 개최하는 것에 대해서는, (불참을 표명한 영국뿐 아니라) 프랑스 국내에서도 비판의 소리가 적잖이 있었다. 예를 들면, 초현실주의자들은 반反식민지박람회의 선언문을 발표했다.[6] 그러나 프랑스 당국은 위기적인 정황이기 때문에 더더욱 개최를 고집하여, 식민지정책이 결코 '실패'하지 않았다는 것, 프랑스가 식민지 입국立國으로서 번영하고 있다는 것을 국내외에 과시하는 행동을 확산시키고자 했던 것이라 할 수 있다. 그러한 주장을 위한 최대의 중심이 바로 이 앙코르와트의 복원이었다. 그 장대함으로 박람회의 관중을 환혹시키고, 식민지정책의 성공이라는 픽션에 취하게 하는 것이다. 중요한 의식은 모두 이 복제를 배경으로 하여 성대하게 이루어졌다(그림69).

복원된 앙코르와트의 상징적 의미에 대해서 공식가이드북은 이렇게 설명하고 있다. 앙코르와트는 "우리들(프랑스인)의 극동의 영토가 지녔던 과거의 위대함과 영예를 상징함"과 동시에, "프랑스가 보호하고, 프랑스와 공동작업에 종사하는 민족과 함께, 같은 목적을 가지고 노동하는 프랑스의 정책을 칭송하는" 기념물인 것이라고. 이 설명은 다시 아래와 같이 이어진다.

그림69 국제식민지박람회 의식ceremony 정경

이 위엄과 우아함으로 인해, 앙코르와트의 탑의 복원은, 프랑스에 의한 극동의 평화라는 이상이 헛된 말이 아니라는 것을 증명하기 위해 전람회의 중앙에 높이 솟아 있다. 프랑스는 극동의 과거를 칭송하고, 극동의 풍속을 존중하면서, 전반적인 경제적 상황을 개선하고 있는 것이다.[7]

또한 다른 박람회 공식가이드북에는, 앙코르와트의 5기의 탑은 "우리들(프랑스인)에 의해 결합하여 단결된 인도차이나 연방의 다섯 나라를 상징한다"라고 쓰여 있다.[8] 즉, 과거에는 지리적, 정치적으로 나뉘어져 있던 코치시나, 라오스, 캄보디아, 안남, 통킹의 다섯 나라가, "프랑스의 보호에 의해" 평화적으로 통합된 것이라고. 여기에서 우리들은 들라포르트의 앙코르 평가를

그림70 〈파리 국제식민지박람회의 조감도〉 부분, 《일류스트라시옹》(1931년 5월 23일)

상기하면 좋을지 모르겠다. 그는 이 사원에서 '조화'를 읽어내고 있었다. 앙코르와트는 프랑스와 식민지, 그리고 식민지 내의 각국의 조화와 안정을 상징하는 데 어울리는 건축물이었다.

이 '조화'라는 픽션을 보다 구체적으로 시각화하여 보여주기 위해서, 박람회에서는 앙코르와트의 참뱃길을 따라, 인도차이나 5국의 전시관을 바싹 붙여 모아두었다(그림70). 복제된 탑에 올라보면, 눈 아래에 허구의 인도차이나 5국을 한눈에 바라볼 수가 있었다. 루이 피노의 "극동은 하나"라는 말도 또한, 여기에서 상기될 것이다.

이와 같이, 이 박람회에서 앙코르와트는 이제 캄보디아라는 일국의 예술문화를 대표하는 것이 아니었다. 프랑스가 통치하는 인도차이나 전역의 상징이고, 나아가 당지에 군림하는 식민주의국가 프랑스의 표상이었다. 그렇기 때문에 거액의 자금을 쏟아부을 가치도 있었던 것이다.

마르세유박람회의 앙코르와트

이 장의 목적은 단순히 정치적인 상징성을 읽어내기 위한 것뿐 아니라, 구체적으로 고고학적 관점에서 복제품을 검토하고, 거기에 암시되어 있는 고고학과 정치의 관계를 밝혀내는 것에 있다.

사진만으로도 한 번만 보면 알 수 있듯이, 1931년의 복제품의 정교함은 그이전의 만국박람회의 전시관과는 비교도 안될 만큼 향상되어 있다. 이 복제품에는 현지 고고학의 학술적 성과가 얼마만큼 반영되어 있을까? 앙코르 고고학의 발전이 그대로 복제품의 학술적 정밀도의 상승에서 나타나고 있다고 단순히 생각해도 좋을 것인가?

이러한 질문에 대답하기 위해, 19세기 말의 전시관 및 복제품과 1931년의 앙코르와트와의 사이를 잇는 또 하나의 복원 복제품에 대해 언급해두겠다. 1922년에 개최된 마르세유 내국박람회에도, 실은 앙코르와트 중앙사당부를 복원한 복제품이 만들어졌다(그림71). 정면에서 촬영한 사진을 보면, 1931년의 것에 비해 손색이 없을 정도로 정교하게 복원된 것처럼 보인다. 제2차 세계대전 후의 1951년에 극동학원 멤버가 되는 장 부아슬리에Jean Boisselier(1912~1996)는, 이것을 사진잡지《일류스트라시옹》에서 보고 동남아시아의 건축연구를 지망했다고 한다.

이 복제품도 정치적 의미에서는 1931년의 복원과 같이, "인도차이나 통합"

그림71 그림엽서 〈1922년 마르세유 식민지박람회, 인도차이나전시관〉

의 상징으로 제작되었다고 당시의 자료는 소개하고 있다.[9] 그러나 참뱃길 쪽에서 촬영한 사진으로는 알 수 없지만, 마르세유박람회의 앙코르와트는 구조적으로 실물과는 전혀 다른 건축물이었다. 정면에서 보이는 2기의 탑과 중앙탑은 회랑으로 이어져 있는데, 나머지 2기의 탑은 분단되어 있고, 후방에서 바라보면 5기의 탑이 뒤죽박죽으로 걸립(傑立)한 기묘한 모습을 보여주고 있는 것이다(그림72). 박람회를 시찰한 빅토르 골루베프의 말을 빌리면, 정면에서 보았을 때만 착시적으로 앙코르와트의 "균형과 측면"을 드러나게 한다, "최소한의 물자와 노력으로 최대의 효과"를 끌어낸 기념물이었다.[10]

자금면의 문제도 있었지만, 원래부터 마르세유의 전시관의 설계를 담당한 들라발Delaval과 앙리 존슨Henri Johnson에게는 충실하게 재현한다는 의식이 낮다. 그것은 내장(內裝) 처리에서 명백히 드러난다. 현지의 자료를 충분히 입수

그림72 그림엽서 〈마르세유, 1922년 식민지박람회, 앙코르와트(복제)와 호수〉

할 수 없었던 설계자는, "루아르Loire*의 고성을 모델"로 내장을 했다고 한다. 또한 외관에 대해서도 불완전한 복원밖에 하지 않았다. 외관을 담당한 주형 제작자인 에밀 오베를라Emile Auberlat는 파리의 인도차이나미술관이 소장하고 있는 주형이나 사진자료를 이용했지만, 그래도 모든 외벽을 주형으로 메울 수는 없었다. 그 결과, 자료로 실물의 장식을 확인할 수 없는 부분에는 조각가인 J. 빌뇌브Joseph Gilles Henri Villeneuve(1950~1982)에 의한 창작적인 부조물이 끼워졌던 것이다. 다시 골루베프의 비판을 인용해보자.

---

* 프랑스에 있는 강 이름이고, 또한 그 유역의 지명이기도 하다.

내가 (전문가로서) 이 인상적인 건축물의 비판을 해야 한다면, 몇 가지 양식적인 오류를 확인할 수 있는 점일 것이다. 특히 내부의 계단에 새겨진 압사라의 춤은, 크메르라기보다는 네팔풍이다. 마찬가지로, 프라사트의 모티브도 고고학자들의 비판을 받았다. 그러나 주형을 담당한 예술가들이 지극히 한정된 자료밖에 이용할 수 없었던 것을 고려해야만 할 것이다. 요컨대, 그들은 트로카데로(파리의 인도차이나미술관)의 석고주형밖에 보지 않았던 것이다.[11]

학술적으로는 문제가 많은 이 복제품은 골루베프와 같은 전문가를 만족시키는 것은 아니었다. "일반 대중의 상상력을 자극"하는 이 기념물은 "통속적인 대중을 기쁘게 해줄" 뿐이라고 그는 분명히 이야기하고 있다.

식민지박람회와 극동학원

골루베프의 보고가 암시하는 것처럼, 마르세유박람회에서의 앙코르와트 복원에 극동학원은 관여하지 않았다. 파리의 인도차이나미술관의 주형을 이용했을 뿐으로, 학술적으로 불완전한 복원이었다. 그러한 의미에서는 들라포르트가 19세기 말에 제작한 복제품(그림15)의 복원 수준에 가까운 것으로서(들라포르트는 아직 살아 있었다), 학원의 성과는 담겨지지 않았다.

하지만 1931년의 경우에는 달랐다. 극동학원은 전시관 건설의 계획 단계부터 적극적으로 관여했다. 앞서 언급한 복제품의 낮은 학술성을 우려해서였다.

파리의 박람회에서 앙코르와트의 복원을 한다는 계획이 세워진 것은 1926년의 일이다. 페니 에드워즈Penny Edwards의 연구에 따르면, 당초의 계획에서는 항구적 시설로서 앙코르전시관을 건축할 것도 검토되었다고 한다.[12] 그러나 흥미로운 것은, 4대 극동학원 원장을 지낸 루이 피노가 당시 이 계획에 강하게 반대했다는 사실이다. 문화사적 상황을 고려하지 않고, 파리에 건립되는 불완전한 복제품은 크메르문명을 진실로 이해하는 데 백해무익하다고 주장했다고 한다. 또한 철근콘크리트구조로, 게다가 전람회용의 시설로 사용되는 건축물은 종교시설로서의 본래의 앙코르와트를 "모독"하는 것이고, 이것을 항구적으로 남기는 것은 인정하기 어렵다고 피노는 말했다. 또한 마르세유박람회의 복제품과 같은 부정확한 건축물이 영구히 남는 것은 인정하기 힘든 것이었다.

그러나 피노는, 해체를 전제로 한 일시적인 전시관으로서 복제품을 건립하는 것에는 반대하지 않았다. 거국적으로 개최하는 국제박람회에 앙코르와트를 건립하면, 인도차이나의 예술문화에 대한 관심도 한층 더 고양될 것이라는, 언제나 상투적으로 들고 있는 이유에서이다.

복제품의 설계를 담당한 것은 파리의 건축가 샤를 블랑슈와 가브리엘 블랑슈 부자Charles et Gabriel Blanche이다. 앙코르와트를 중심으로 인도차이나 5개국의 전시관을 배치한다는 인도차이나 섹션의 평면계획을 작성한 것도 그들이었다. 두 사람은 1926년부터 조사를 개시하여, 적어도 8회 이상 현지의 앙코르와트를 방문했다.[13] 조각가도 동행하여 자료가 부족한 부분을 위해 주형을 채취했다. 학술적으로 정교한 외관을 가진 복제품을 실현하기 위해 학원은 최대한의 협력을 아끼지 않았다. 복제품 건설 중에도 적절하게, 필요한 자료가 인도차이나에서 파리로 송부되었다. 완성 직전인 1930년 6월에도, 파리에 12점의 주형을 포함한 다섯 개의 컨테이너가 도착했다.[14] 그리하여 블랑슈 부자는, 철저하게 세부에 충실한 복제품을 만들어내는 것을 목표로 했을 뿐,

그림73 〈앙코르와트(복제품) 상층에서의 조망〉, 《일류스트라시옹》(1931년 5월 23일)

그림74 〈앙코르와트(복제품)의 가운데 뜰〉, 《일류스트라시옹》(1931년 5월 23일)

상상적인 복원은 일체 배제했던 것이다(그림73, 74).

　같은 박람회에서 그들은 안남과 라오스전시관의 설계도 담당했다. 전술한 대로, 캄보디아의 전시관(그림59)은 조르쥬 그롤리에가 담당했고, 전통과 현대성을 혼성시킨 혼종적인 의장을 지닌 건축물이 창출되었는데, 대조적으로 블랑슈가 설계한 전시관은 지극히 간소하고, 각국의 전통적 건축물을 가능한 한 충실히 재현한 것이었다. 안남전시관은 후에Hue의 왕궁을 복사했고, 라오스전시관은 고도 루앙파방^{Luang Phabang}*의 와트 시엥 통^{Wat Xieng Thong} 사원**이 그대로 재현되었다. 상상을 섞지 않고, 가능한 한 충실히 복원하는 태도가 이 박람회에서의 블랑슈 부자의 설계에 일관되고 있다.

정확한 세부가 의미하는 것

설계를 담당한 블랑슈 부자, 그리고 그들에게 협력한 극동학원은 왜 이렇게까지 정확한 세부의 복원에 집착했던 것일까? 단순히 조사나 연구가 진척되었기 때문에 세부도 정확하게 되었다는 설명만으로는 불충분하다. 우리는 거기에서 1930년경 특유의 고고학사적 상황을 읽어낼 수가 있을 것이라 생각한다.

파리의 앙코르와트 건축이 진행 중이던 1930년, 극동학원은 대형판 사진이 첨부된 모노그래프『극동학원 고고학보고Ⅱ, 앙코르와트 사원』전 2권(이후『고고학보고 Ⅱ』로 약칭)을 간행했다.[15] 사원의 전체상을 전해주는 사진뿐아니라, 박공이나 회랑에서 볼 수 있는 부조물을 접사한 사진이 많이 첨부된 보고서이다. 주목해야 할 것은, 이 책에서는 앙코르와트 세부표현에, 종래의 연구에서는 강조되지 않았던 중요한 의미부여가 이루어지고 있다. 그때까지

---

* 라오스 북부, 메콩 강과 캉 강이 교차하는 지점에 있는 도시. 1975년 라오스에 혁명이 일어나 공산주의 정권이 성립할 때까지는 이곳에 왕궁이 있었다. 현재도 구 왕궁이나 사원 등 수많은 역사적 건축물이 남아 있다.
** 1560년에 설립된 사원으로서, 루앙파방 양식이라 불리는, 지면에 닿을 정도로 낮게 내려온 지붕이 특징이며, 라오스의 사원 중에서 가장 아름다운 사원의 하나이다.

없었던 세부에 대한 관심이 분명해졌던 것이다. 이것은 어떻게 된 일일까?

여기에서도 또한 필립 스테른이 1927년에 쓴 연구서가 큰 그늘을 드리우고 있다. 반복해왔듯이, 스테른의 문제제기에 의해 종래 앙코르와트 이전에 건축되었다고 여겨져온 바이욘사원이 앙코르와트 이후의 것이라 여겨지게 되었다. 이 정설의 수정으로 인해, 앙코르와트의 미술사적 위치를 재고하게 되었다. 분명히, 이전부터 앙코르와트는 유적군의 정점을 이루는 완벽한 건축물로 간주되어왔다. 그러나 그 양식이 특히 독창적이라고 여겨졌던 것은 아니다. 부조 등의 세부장식은 세련은 되었지만, 앞선 시대의 바이욘의 양식을 이어받은 것에 지나지 않는다는 것이 연구자들의 일반적인 견해였다. 그러나 바이욘이 후발 사원이 되자 이야기가 달라졌다. 『고고학보고 II』에 미술사적 관점에서의 논문을 게재한 골루베프는 다음과 같이 쓰고 있다.

(세부장식에는 독창성이 없다고 하는) 이와 같은 견해는 오늘날에는 이미 정당화될 수 없다. 앙코르와트는 완전히 새로운 모습을 우리들 앞에 보여주고 있는 것이다. 바이욘사원보다도 전에 건축된 것이 밝혀진 이상, 부조나 압사라의 프리즈, 섬세한 꽃모양의 태피스트리tapestry*로 장식된 회랑을, 단순한 차용이나 복사본으로 생각할 수는 없다. 그리하여 앙코르와트의 비판적 연구를 다시 시도해야 하게 되었다. (장식물의) 양식비교에 기초한 연구와 그 발전의 역사에 대한 연구가 아마도 가장 중요한 위치를 차지하게 될 것이다.

---

* 색실로 그림을 나타낸 장식용의 직물.

스테른의 양식연구의 임팩트가 얼마나 컸던가를 여기에서도 확인할 수 있다. 골루베프도 또한 이 보고서에서, 9세기부터 12세기에 걸친 양식의 변화를 '발전'이라고 파악하고, 각 시대의 양식 비교를 통해 앙코르와트 양식의 독창성을 증명하려고 했다.

이와 같이, 앙코르와트 장식의 세부표현은 1930년경, 미술사가의 새로운 관심을 모으는 대상이 되었다. 이러한 학술적 동향으로 인해 1931년의 복제품에, 이상하리만치 세부에 집착을 보이게 되었다고 생각해도 좋을 것이다. 스테른 등 파리의 연구자도 복제품에 주목했음에 틀림없다. 풍부한 도판이 들어간 앙코르와트의 모노그래프도 출판되었다. 이제 대충 적당한 세부의 복원은 할 수 없게 되었다.

그러나 여기에서 다시 '정확한 복원'이란 무엇인가를 숙고해야 한다. 1931년에는 반테아이 스레이에서 아나스틸로시스에 의한 '복원'도 개시되어, 복원과 관련된 문제는 시사적인 화제이기도 했다.

파리에 건립된 복제품의 세부사진을 천천히 관찰해보자. 프라사트의 장식, 중앙사당 입구의 차양 조각, 박공 조각, 그리고 여신 데바타, 십자회랑의 기둥, 거기에는 세부장식이 그 어느 것 하나 빠지지 않고 '복원'되어 있다. 하지만 이것은 현실의 앙코르와트의 '정확한 복원'일 것인가? 분명히 말할 수 있는 것은, 이것은 1930년경의 앙코르와트의 '정확한 복사'가 아니라는 것이다. 오랜 세월을 살아남은 현실의 앙코르와트에는 프라사트의 신상이나 박공의 결손이 눈에 띄기 때문이다. 계단도 기둥도 마모되고 있다. 블랑슈 부자는 이와 같이 무너지거나 파괴된 자취, 마모의 흔적을 복사하지는 않았다. 고색을 내기 위해 외벽의 채색에 궁리한 흔적이 보이지만, 기본적으로는 파괴

림75 국제식민지박람회에서 야간조명에 빛나는 앙코르와트(복제물). 《1931년 파리 국제식민지박람회대전》(1931년) 삽화

된 자국이나 붕괴의 흔적도 없는 '신축의' 앙코르와트인 것이다. 그러한 의미에서 아무리 고고학적으로 정교한 복제품이라고는 하지만, 이것도 또한 들라포르트 이래의 전통인, 이상적인 복원의 계보 인에 있다고 해야 할 것이다.

이 복제품을 이제 볼 수 없게 된 오늘날에는 상상할 수밖에 없지만, 양식적으로 정확무비하다고 할지라도 파리의 앙코르와트는 현지의 유적을 진정으로 알고 있는 전문가에게는 분명히 진짜와 비슷한 것 같으나 사실은 다른 기념물로 보였을 것이다. 신축한 복제물은 파괴와 붕괴를 가져온 캄보디아의 역사의 흔적을 아주 완전하리만치 결여하고 있다. 전시관의 항구적인 보존에 반대했던 피노가 "크메르의 역사 이해에 있어서 유해"하다고 한 이유가 바로 여기에 있었던 것인지도 모르겠다.

그러나 관점을 달리하면, 완전무결하고 이상적인 1931년의 파리의 앙코르와트는 새로운 식민지 국가 프랑스를 칭송하는 기념물로서는 더 이상 없이 걸맞은 것이었다. 복원된 앙코르와트는 캄보디아의 과거를 소생시키는 기념물이 아니라, 어디까지나 프랑스의 현재를 상징하는 기념비이다. 그 상징성을 추인하듯이, 파리의 앙코르와트는 밤이 되면 적·녹·황의 조명으로 채색되어 근대도시로서의 메트로폴을 비추었다(그림75).

인도차이나에 주재한 경험이 있고, 1905년에 소설 『문명화한 사람들』로 공쿠르상Prix Goncourt*을 수상한 클로드 파레르Claude Farrère(1876~1957)는 식민지박람회의 앙코르와트 앞에 섰을 때, 프랑스야말로 "옛날의 크메르문명의 정통한 계승자"라고 외치지 않을 수 없었다.[17] 캄보디아를 보호국으로 산하에 둔 '대프랑스제국'은 논리적으로는 크메르 역사의 계승자였던 것이다. 자신들을 위한 신축의 근대적 앙코르와트를 건축하고, 무슨 문제가 있었을까? 《일류스트라시옹》이 전하는 박람회 책임자 리요테Hubert Lyautey(1854~1934) 원수의 사진은, 앙코르와트를 자기 물건으로 만든 프랑스의 모습을 그대로 상징하고 있다(그림76). 복원된 앙코르와트를 배경으로 하여, 리요테는 득의만만하게 요크York 왕비를 맞이하고 있다. 이 박람회장 안에서는 리요테와 그 외 프

---

* 프랑스의 문학상으로서, 아카데미 공쿠르가 '그해 최고의 그리고 가장 상상력이 풍부한 산문작품'의 작가에게 수여한다.

그림76 〈인도네시아의 작은 무용수들이 요크 왕비를 환영하는 인사〉(1931년 7월 17일),
《일류스트라시옹》(1931년 7월 25일)

랑스의 요인要人이 앙코르와트의 주인이었던 것이다.

프랑스는 학술적으로 정확한 복원을 실현함으로써, 공상으로 넘쳤던 과거의 '상상 속의 오리엔트' 시대를 떨쳐버렸다고 할 수 있을지 모르겠으나, 새로운 식민지 제국도 또한 꿈처럼 사라 지는 밤 조명처럼 또는 박람회 후에 해체된 이 앙코르와트의 운명과 꼭 같이, 1931년 여름밤의 꿈이었다는 것은 더 말할 필요도 없다.[18] 패트리샤 모튼에 의하면 박람회 폐막 후, 이 복제물은 해체

되어 영화회사에 매각되었다고 한다. 그녀가 전거로 삼고 있는 것은 초현실
주의자인 이브 탕기Yves Tanguy(1900~1955)가 박람회를 비판하기 위해 쓴 문장
이다. 거기에는 복원된 앙코르와트가 "불태워지려고 영화회사에 매각되었
다"라고 쓰여 있다.[19]

극동학원전람회

그런데 이 앙코르와트의 내부에서는 인도차이나 식민지정책을 총괄하는
전람회가 열리고 있었다. 1층은 '경제에 관한 전시회'로서 현지에 진출한 기
업의 부스가 늘어서 있고, 생산되는 공업제품이나 농작물이 전시되었다. 우
리들에게 중요한 것은 공교육성과 사회보장성에 의한 2층의 전시실인데, 거
기에서는 '식민지의 사회적 활동과 지적 활동'을 테마로 전시가 이루어졌다.
그 중심을 차지한 것이, 극동학원에 의한 고고학 조사의 성과를 보여주는 전
시였다(그 외에 2층에는 각종 교육활동의 성과로서, 미술학교의 교사나 학생들
에 의한 미술작품의 전시도 했다.[20] 캄보디아미술학교의 전시는 그롤리에가 설
계한 캄보디아전시관에서 이루어졌다).

극동학원은 1906년과 1922년에 이미 마르세유에서 개최된 내국식민지박
람회에서도 자신들의 조사활동의 개요를 보여주는 전시회를 개최했었다.
특히 1922년에는 앙코르톰에서 출토된 11세기의 〈나가 위의 불타〉(현재 기
메미술관 소장, MG17483)를 포함한 8점의 크메르 고미술품과 200점 이상의
사진자료를 전시하는 등 대규모의 전시가 이루어졌다[21](진품 조각상은 박람
회 종료 후에 파리와 리옹의 기메미술관에 위탁·전시되었다). 하지만 이때에

는 에두아르 샤반느가 중국 북부에서 채취한 화상석 탁본이나 폴 펠리오가 중국에서 입수한 족자(당시에는 북송의 작품이라 간주되었다), 노엘 페리Noël Peri(1865~1922)가 일본에서 입수한 불구 등도 전시되었으며, 파리의 기메미술관이나 국립도서관에 소장되어 있던 자료까지 이용하여 극동미술의 포괄적인 전시가 되었다. 이 마르세유에서의 전시를 인도차이나의 고고학에 발전적으로 특화한 것이 1931년의 전시였다고 할 수 있을 것이다.

그 내용을 보다 상세하게 보도록 하자. 학원의 전람회를 조직하는 책임자였던 빅토르 골루베프는 "고고학과 고미술" 컬렉션을 "가장 중요한 전시"로 자리매김하고, "세심한 주의와 준비기간을 거쳐 준비"했다. 그 이유를 그는 다음과 같이 설명하고 있다.

> 내게는 이번(1931년의 식민지박람회)이, 대규모의 전람회를 계획하기에 절호의 기회라고 생각되었다. 학원의 활동범위, 특히 고고학적 조사와 연구에 있어서 최근 눈부신 발전을 이루었기 때문이다.[22]

1920년대 중반부터 1930년대 초에 걸쳐, 학원의 고고학 조사는 비약적으로 진전되었다. 그롤리에가 지도한 크메르 전통공예품도 파리에서 주목을 끌게 되었다. 또한 1930년에는 말로가『왕도』를 발표했고, 학원의 활동 그 자체가 주목받았을 것이다. 1929년에 막 원장에 취임한 세데스에게도 메트로폴에서의 최초 전람회였고, 새로운 학원의 모습을 공표하기 위한 "절호의 기회"였다. 세데스와 골루베프는 가능한 한 최량의 전시회를 조직해야 했고, 사전에 파리의 각종 연구기관이나 인도차이나의 미술학교와 교섭을 성사시켜, 전면적인 협력관계하에 고고학전시실을 충실화하기 위해 노력했던 것

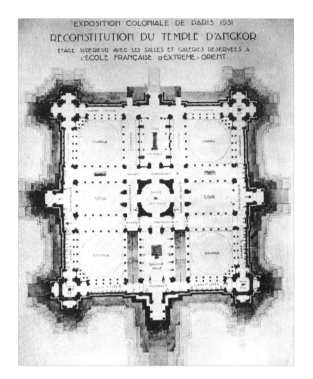

그림77 〈앙코르사원의 복원, 상층의 극동학원 전시실(배치도)〉, 《학원기요》(1932) 삽화

이다.

극동학원의 전람회는 A에서 G까지의 7개실로 나눠져 있었고, D와 E의 2개실이 '고고학과 고미술'에 할당되었다(그림77).

(A) 극동학원의 역사

(B) 출판물의 전시

(C) 인도차이나의 역사

그림78 〈앙코르전시관의 극동학원 전시실〉, 《일류스트라시옹》(1931년 7월 25일) 표지

그림79 〈식민지박람회의 극동학원 전시실〉,《학원기요》(1932) 삽화

(D~E) 고고학과 고미술

(F) 선사

(G) 민족지

　F실에는 '선사' 유물이 전시되었기 때문에 전 3실, 고고학 관계의 전시가 약 반 정도의 공간을 차지했다. 골루베프가 지적한 것처럼, 고고학 조사로 중점을 옮긴 이 시기의 학원의 조사상황을 반영하고 있다. 또한 학원의 전시공간의 정면입구가 '고고학과 고미술'실이었다는 사실에서도 고고학을 중시하겠다는 방침을 읽을 수 있다. 전시 상태를 전해주는 사진(그림78, 79)을 보면, 고고학전시실에서는 기둥이나 난간의 장식에도 주형에 의한 복제품을 사용했

다는 것을 알 수 있다. 보조기둥이나 박공은 블랑슈 부자가 설계한 복제품이 아니라, 학원이 이 방을 위해 준비한 장식이다. 미술학교의 협력에 의해 다수의 주형을 사용하여 복제품을 제작하고, 그것을 실내 전면에 끼워 넣은 것이었다.

사진을 관찰하면서 전시품을 몇 가지 확인해두자. 방 한가운데에 진을 치고 있는 것은 장 이브 클레이Jean-Yves Claeys(1896~1979)가 차큐Tta Kieu의 참파 유적에서 막 발굴한 〈차큐의 무용수〉의 석고주형 복제품(투란미술관(현재의 다낭에 있는 참파미술관)의 수장품)과 미손 유적의 대좌臺座이다. 이 대좌를 향해 오른쪽에 있는 다섯 개의 기둥에는 앙리 마셜이 선정한 진품 조각상이 배치되어 있다. 현재, 기메미술관에서 소장하고 있는 프레아 칸 유적에서 출토된 여신상(그림80, 12세기 말~13세기 초의 작품, 바이욘 양식, MG18043)이 보인다. 자야바르만 7세의 왕비를 모델로 했다고 여겨지는 유명한 작품이다. 또한 그 맞은편의 면에 있는 다섯 기둥에도 각각 진품의 고미술품이 진열되었는데, 사진의 가장 앞쪽에 있는 것은 마찬가지로 프레아 칸 유적에서 나온 불타상(13세기 후반~14세기의 작품, 포스트바이욘 양식, 현재 기메미술관 소장, MG18048)이다. 지금 거명한 두 개의 조각상은 1928년의 조사에서 발굴된 신발견 유물이었다.

그 외에, 사진에서는 확인할 수 없지만, 앙코르톰의 스라 타세트에서 나온 가네샤Ganesha*(12세기 말~13세기 초, 바이욘 양식)나, 같은 앙코르톰의 프레아 팔릴라이Preah Palilay에서 출토된 불타의 두부(14~15세기, 포스트바이욘 양식),

---

* 가네샤는 산스크리트어로 군중의 주인을 의미한다.

그림80 〈금강반야바라밀경Prajñāpāramitā, 또는 타라Tārā(여신)상〉,
12세기 말~13세기 초, 프레아 칸 유적 출토, 바이욘 양식

클레이가 차큐에서 발굴한 사자상(10세기, 현재 기메미술관 소장, MG18059),
타인호아Thanh Hóa*(안남)의 동상 일군 등, 총계 27점의 진품 조각상이 전시되었다.[23]

이와 같이, 전람회에 출품된 고미술품의 태반은 최신 발굴조사에 의해 학원이 입수한 유물이었다. 골루베프가 "가장 중요한" 전시라고 생각하고, "세심한 준비기간을 거쳐 준비"했다고 자부하는 전시로서는 약간 쓸쓸한 내용이라고 할 수 있을지도 모르겠다. 프놈펜의 알베르 사로 미술관이 소장하고 있는 1급의 고미술품은 하나도 전시되어 있지 않다. 예술국에서 제공한 소장품의 복제품(프리앙코르시대의 시바상 등)이 전시되었을 뿐이다.

그러나 학원은 결코 겉날림을 한 것은 아닐 것이다. 그때까지 프랑스에서 개최된 박람회의 관례로는, 일시적인 박람회를 위한 것이기는 하지만 일단 인도차이나나 땅을 벗어나 프랑스로 건너간 유물은 인도차이나에 다시 돌아오는 일이 없었다. 학원의 위탁품이라는 형식으로 박람회 후에는 파리의 인도차이나미술관이나 기메미술관에 소장되었다. 실제로 이번에도 박람회 종료 후에 고미술류는 모두 기메미술관의 소장이 되었다. 전술한 바와 같이, 세데스는 사전 교섭을 통해 기메미술관과의 협력관계를 성사시켰고, 골루베프가 7월에 인도차이나로 돌아가고 나서는 그루세와 스테른이 학원전시실을 관리했다. 그 담보로 전시품은 모두 파리에 남게 되었던 것이다. 그러므로 아무리 학원에 의한 고고학의 집대성을 전람한다고 하더라도 1급의 고미술품을 몇 개씩이나 보낼 수는 없었던 것이다.

---

* 베트남의 중북부에 있는 도시이다. 서쪽은 라오스, 동쪽은 통킹 만에 접해 있다.

그림81 〈식민지박람회의 극동학원 전시실〉, 《학원기요》(1932) 삽화

고미술품 이외의 전시품에 대해서도 조금 해설해두자. 전람회에는 학원의 활동을 소개하는 사진이나 지도 등도 다수 전시되었다(그림81). 예를 들면, 파르망티에가 작성한 '캄보디아 고고학 지도', '앙코르국립공원 지도', 막 발굴조사된 '삼보르 프레이 쿡의 유적 지도', 또는 장 이브 클레이에 의한 '참파 유적 지도'나 옛 도읍 싱가푸라Singhapura*의 복원도, 하노이의 미술학교 학생들

---

* 참파 왕국의 가장 오래된 도성이다. 현재의 싱가포르 국명의 유래로, '사자(獅子)의 도시'라는 뜻이다.

• 앙코르와트
— 제국주의 오리엔탈리스트와 앙코르 유적의 역사 활극

이 그린 안남의 건축디자인 등이다. 이러한 자료는 주로 회랑부의 벽에 전시되어 있다. 사진 안쪽에 찍힌 것은 참파 유적의 중심지 동 즈엉에서 나온 청동 불상(투란미술관)의 복제품으로서, 하노이의 응용미술학교 학생들이 제작한 것이다.

이상과 같이, 학원의 고고학전시실은 참파 유적과 앙코르 유적의 유물을 병치하고, 나아가 소수의 진품 고미술품과 다수의 복제품을 혼재시킨 공간이 되었다. 진품과 복제품이 혼재하는 공간은 들라포르트의 인도차이나미술관을 상기시킬 것이다. 1931년의 파리에서, 이 전시실은 약간 복고풍의 전시공간이었다고 하지 않을 수 없을 것이다.

제4장에서 고찰한 것과 같이, 파리에서는 국립미술관 통합으로 인해 트로카데로의 인도차이나미술관에서는 진품과 복제품의 분리가 진행 중이었다. 식민지박람회 후의 전시품의 위탁도, 진품은 기메미술관에, 복제품은 인도차이나미술관으로 구별하여 이루어졌다. 메트로폴의 미술관에서는 현실과 허구가 뒤섞인 공상적 전시공간이 모습을 감추고 있었던 것이다. 그러한 의미에서, 1931년의 학원의 고고학전람회는 과거의 구경거리를 전시하는 역사의 최후를 장식하는 장이었다고 할 수 있을지도 모르겠다. 학술적 전시를 고집하던 극동학원이 현실적인 제약으로 인해 이러한 전시가 불가능하게 된 것은 얄궂기도 하지만 그만큼 신경 쓸 일도 없었을 것이다. 원래 회장 자체가 거대한 복제품이었기 때문이다.

골루베프에 따르면, 학원의 전람회는 성황을 이루었다고 한다. 박람회의 중심이었던 앙코르와트의 내부에서 개최된 것이므로 당연할 것이다. 그러나 "항상 만원 상태"(골루베프의 증언)인 회장에 고미술품을 전시하는 것은 보존의 관점에서 보면 매우 위험한 상태에 있었던 것은 아닐까?

그림82 〈1931년 6월 28일, 소실된 최초의 전시관〉, 《1931년 파리 국제식민지박람회》(1931년) 삽화

　실제로 이 박람회에는 기억에 담아두어야 할 중대한 문화유산의 상실이라
는 사건이 있었다. 인도네시아관의 비극이다. 인도네시아를 식민지 지배했
던 네덜란드는 전시관에 자바Java나 발리Bali의 고미술품을 전시했다. 그러나
박람회를 개막한 지 얼마 지나지 않은 6월 28일, 원인불명의 발화로 인해 전
시관은 전소되고 전시품도 모두 소실되었다(그림82). 소실된 고미술품에는
보르네오 섬의 청동제 불상, 바타비아미술관에서 대여받은 황금 불상 등, 귀
중한 고미술품이 다수 포함되어 있었다(그림83). 그 피해는 막대했고, 직후에
네덜란드인 연구자에 의한 소실유물의 목록과 작품을 기술한 논문이 발표되

• 앙코르와트
— 제국주의 오리엔탈리스트와 앙코르 유적의 역사 활극

그림83 〈최초의 전시관의 불타군(소실 전)〉, 《1931년 파리 국제식민지박람회》(1931년) 삽화

었다.[24] 또한 식민지박람회의 개최에 반대했던 프랑스의 초현실주의surrealism*
예술가들에 의해, 문화유산의 소실을 초래한 박람회를 비난하는 성명도 발
표되었다.[25] 박람회를 위해 준비된 시설은 임시적인 것이었고, 방재 등에 관
한 배려는 최소한이었다고 상상된다. 인도네시아전시관의 소실 사건은 19세
기 중반 이후, 반복적으로 이루어져왔던 박람회에서의 미술품 전시가 내포
하고 있던 위험성을 새삼 가르쳐주었을 것이다.

---

* 20세기 초에 프랑스를 중심으로 전 세계에 퍼진 문예 및 예술 사조의 하나이다. 주로 인간의 무의식을
  표현했고, 인간의 상상에 자유를 부여해야 한다고 생각했다.

식민지궁에서 보는 인도차이나와 앙코르 유적의 표상

박람회의 전시관들은 폐회 후 거의 모두가 해체되고, 하룻밤 꿈을 연출한 앙코르와트의 모습도 뱅센느의 숲에서 모습을 감추었다.[26] 그리고 지금은 당초부터 항구시설로서 건축된 '식민지궁'만이 박람회의 기억을 현대에 전해주고 있다(그림84). 이 장의 후반부에서는 이 건축물의 장식을 주제로 하여, 박람회에서의 앙코르 고고학의 공헌에 대해 더욱 깊이 고찰해가고자 한다.

오늘날 '포르트 도레Palais de la Porte Dorée궁'이라 불리는 이 건축물은, 식민지박람회 후 1939년까지는 '식민지박물관', 그리고 그 후의 1960년까지는 '프랑스의 해외현미술관'이라는 명칭으로, 식민지와 관련된 문물을 전시하는 시설로 사용되었다. 1961년부터는 앙드레 말로 문화부장관에 의해 식민주의시대의 역사를 불식한 명칭 '아프리카·오세아니아미술관'으로 바뀌어, 2002년까지 존속했다. 2003년, 이 미술관의 아프리카와 오세아니아의 컬렉션이 자크 시라크Jacques René Chirac 전 대통령의 주선으로 신설된 케브랑리미술관(2006년 6월 개관)으로 이전하기로 결정되어 미술관으로서의 역할을 끝냈다. 이때 남겨진 건물을 어떻게 이용할 것인가가 문제가 되었고, 해체될 가능성도 있었다. 그러나 2004년에 국립이민역사박물관으로 변신하기로 결정되어, 2007년 4월 새롭게 치장하여 이 박물관이 개관했다.

당시의 흔적은 지금도 남아 있다. 파리지앵 혹은 파리잔느라면 누구나 알고 있지만, 이 건물의 지하는 시영 수족관이다. 수족관만은 박람회 이래 계속 현역으로 존재하고, 어두컴컴한 지하 벽에는 지금도 프랑스 식민지를 황금색으로 칠한 세계지도와 식민지 경영의 역사를 표시한 지도가 남아 있다[27](그림85). 또한 건축물의 정면에는 가로 100미터에 달하는 거대한 부조물이 장

그림84 포르트 도레궁(구 식민지궁)의 남측 정면, 라프라드 설계

식으로 제작되어, 식민지의 원주민이나 동물, 특산물을 새긴 거대 식민지 두루마리가 펼쳐져 있다. 식민지와 프랑스가 일치단결하여 대프랑스제국을 지탱한다는 이념을 노골적으로 전하는 이미지이다. 이러한 것들이 잘도 지금까지 (부서지지 않고) 살아남았다는 생각이 들지 않을 수 없다.

이 건축물에 대해서는 2002년에 프랑스미술관연합이 출판한 『식민지궁─아프리카·오세아니아미술관의 역사』에 상세하게 설명되어 있고, 부조물이나 프레스코벽화, 내장 장식, 살림살이 등을 박람회 당시의 옛 사진과 함께 다각적으로 소개하고 있다.[28] 미술관으로서의 사명을 끝내면서 해체될 가능성마저 있었던 이 미술관의 역사적 가치를 강하게 호소하는 내용으로 되어 있다. 또한 이듬해인 2003년에는 파사드의 부조물을 제작한 조각가 알프레드 쟈니오Alfred Janniot(1889~1969)의 모노그래프도 간행되었다.[29] 식민주의시대의 기억을 말소할 것 같은 2000년대의 파리의 미술관 재편에 대항하는 것처

그림85 포르트 도레궁 지하의 수족관에 있는 지도

럼, 이 건축물이나 관계된 예술가들에 대한 관심이 반동적으로 고양되던 시기였다. 파리 교외의 불로뉴비양쿠르Boulogne-Billancourt*에 '1930년대 미술관'이 창설된 것도 이 무렵의 일이다. 1980년대에 보수적인 미술사가가 행한 19세기 프랑스미술의 수정주의가 20세기에 응용된 것과 같은 느낌이 있다[30](쟈니오의 모노그래프의 서문을 담당한 것은, 수정주의 입역자의 한 사람인 브루노 푸카르Bruno Foucart이다). 또한 전술한 패트리샤 모튼의 『하이브리드 모더니티즈』에서도 식민지궁의 건축구조에 관해 면밀한 분석이 이루어졌다.

이러한 선행연구를 답습하면서 여기에서는 간결하게 이 건축물의 전체상을 소개한 후, 앙코르 유적을 포함한 인도차이나의 풍물이나 미술이 어떻게 표상되었는지를 분석하고자 한다. 선행연구에서는 미술사적 관점에서의 분석이 적을 뿐더러, 또한 인도차이나의 표상에 관한 논의는 거의 전무하다고 해도 좋을 것이다. 하지만 식민지궁의 장식에는 앙코르와트의 이미지나 크메르의 공예품도 등장한다. 이 도상들을 해독함으로써 박람회에서 앙코르 고고학이 어떻게 이해되었는가를 알 수 있게 될 것이다.

식민지궁의 건축양식

우선은, 식민지궁의 설계 경위와 설계를 담당한 건축가 알베르 라프라드 Albert Laprade(1883~1978)의 의도에 대해 개략해두자. 라프라드는 건축물 전체

---

* 프랑스 중북부 오드센 주에 위치한 도시이다. 파리의 근교도시로서의 역할을 한다.

그림86 포르트 도레궁(구 식민지궁)의 서쪽 벽면

의 조화를 도모하기 위해, 장식 플랜에도 관여했다. 따라서 그 장식을 분석하기 위해서라도 이 건축가의 사상을 이해해둘 필요가 있다.

식민지궁은 프랑스에 의한 식민지 경영의 역사와 그 내용을 일반인들에게 알기 쉽게 전하기 위한 전시관이었다. 개회식이나 기념식전 등의 의식도 이 건물의 중앙 홀에서 개최되었다.

지하의 수족관에는 지금도 식민주의의 역사를 전하는 지도가 잔존하고 있다고 앞에서 언급했는데, 외벽 동쪽 면에도 그 기억을 남겨둔 기록이 남아 있다. "그 천재에 의해 제국을 확장하고 해외에 제국의 이름을 사랑해야 하는 것으로 알린 아들에게, 프랑스로부터 감사의 뜻을 담아"라는 표제하에, 프랑스의 식민지 확대에 공헌한 약 100명의 정치가와 군인의 이름이 연대순으로 새겨져 있는 것이다(그림86). 또한 식민지궁 내에서의 행사로는, 복원된 앙코르와트 내에서 개최된 인도차이나미술학교 출신자들에 의한 회화전에 호응하는 형태로, 프랑스인 화가들에 의한 식민지 회화를 한곳에 모은 '오리엔탈리스트 회화전'이 개최되었다. 거기에는 알제리를 그린 들라크루아Ferdinand Victor Eugène Delacroix(1798~1863)*부터, 타이티를 그린 고갱Paul Gauguin(1848~1903)까지, 프랑스 근대미술의 거장들의 그림도 다수 포함되어 있었다.[31] 복원된 앙코르와트의 전시관이 아무리 웅대하다 하더라도, 박람회를 주최하는 프랑스 화가들의 회화전을 식민지의 전시관에서 개최할 수는 없는 것이다. 박람회에서는 본국과 식민지의 구별은 명확히 해야 했다.

설계를 담당한 알베르 라프라드에게는 무엇보다도 이 프랑스와 식민지의 차별화를 시각적으로 표현하는 양식이 요구되었다.[32] 그러나 식민지박람회라는 이벤트에 준엄한 프랑스의 고전주의 양식을 지닌 고풍스러운 건축물은 어울리지 않았다. 식민주의의 근대국가라는 새로운 프랑스의 모습을 상징하는 건축물을 창출해야만 했던 것이다. 라프라드는 모로코 등 북아프리카의 식민지의 건축물에 수없이 관여했고, 이런 종류의 수법에는 정통했다. 그 결과로 완성된 건물은, 식민지의 양식을 상기시키면서도 1930년대의 프랑스에

---

* 프랑스의 19세기 낭만주의를 대표하는 화가. 1822년 〈단테의 작은 배〉로 선배 화가인 앙투안 장 그로의 강력한 추천으로 살롱에 입선했다. 1830년의 7월 혁명 때에는 유명한 〈민중을 이끄는 자유의 여신〉을 제작했다.

특징적인 신고전주의의neo-classicism 양식과 아르데코Art Déco 양식'을 기반으로 하고 있다. 아니 그렇다기보다는 오히려 당시의 신고전주의와 아르데코가 얼마나 식민지의 양식에 깊이 관여했는가를 보여주는 지극히 흥미로운 사례가 되었다고 하는 편이 나을 것이다.

계획 당초, 설계는 파리의 건축가였던 레옹 죠슬리Léon Jaussely(1875~1932)에게 맡겨질 예정이었다. 죠슬리는 '북아프리카풍의 양식'과 프랑스 양식의 혼성적인 건축안을 구상하고 있었다. 당초에는 식민지의 궁전이 아프리카의 전시관으로 이용될 계획이었기 때문이다. 그러나 이 안은 파기되고 프랑스관으로 독립하게 되었고, 죠슬리는 다음 안으로 캄보디아의 "크메르 양식을 현대화"한 계획을 박람회 사무국에 제출했다. 그러나 당국은 이 안에 만족하지 않았다. 계획안은 종주국 프랑스와 식민지의 양식이 혼성적이고, 양자의 위계질서가 모호했기 때문이다.

죠슬리를 대신하여 설계를 담당하게 된 라프라드는 "아프리카적인가 또는 아시아적인가 하는 절충적인 선택으로는 아무런 해결책을 얻을 수 없다"라고 하고, "간소하고 숭고하면서 안정된 구성의 중립적 표현"을 지닌 모던modern한 건축물을 지어야 한다고 주장했다.[33] 그 특징은 파사드에 늘어선 20개의 기둥들에서 단적으로 나타나고 있다. 고전적인 이오니아식의 기둥머리를 아르데코풍으로 추상화한 네모기둥이, 기하학적이고 멋지게 동일한 간격으로 늘어서 있다. 서구의 고전적 조형과 근대적인 추상적 조형을 함께 지닌

---

* 일반적으로 아르누보시대에 이어, 유럽 및 미국(뉴욕)을 중심으로 1910년대 중반부터 1930년대에 걸쳐 유행하고 발전한 장식의 한 경향. 원뜻은 장식미술이다. 기하학 도형을 모티브로 한 기호적 표현이나 원색에 의한 대비표현 등의 특징을 가지고 있다.

파사드는, 그 시대가 요청한 신고전주의적 양식을 대표하는 것이다. 라프라드의 말을 빌리면, 고전과 근대의 융합은 "미개한 것을 문명화하는" 20세기가 추구하는 "위대하고도 단순한" 현대적 표현에 다름 아니었다. 단순한 전통적 고전 건축으로는 현대성을 표현할 수 없고, 르 코르뷔지에로 대표되는 첨예하게 모던한 건축으로는 국가적인 이벤트에 어울리는 위엄이 생겨나지 않는다. 라프라드는 "조금 새로운 정신을 보유하면서도 그것을 완화시킨" 양식을 채택하여, "현대적"이면서 "극도로 유행적"이지는 않은 미술양식, "극단적으로 모던하고 입체주의Cubism적이지 않고, 또한 그렇다고 해서 극도로 범용적인 고전도 아닌" 건축을 이상으로 생각했던 것이다.

상당히 모호한 정식이지만, 이것이야말로 식민지박람회에 관여한 프랑스인 예술가가 지향한 예술양식이었던 것이다. 이 "비결정적인 양식"은, 당시의 어느 미술비평가가 평했듯이, 순수하게 서구적이지도 식민지적이지도 않지만, 그렇기 때문에 더욱더 서구적인 것과 식민지적인 것을 암시적으로 포함할 수 있는 편의적인 양식이었다.[34]

파사드의 거대한 식민지 두루마리그림

라프라드는 식민지궁을 장식하기 위해, 문제의식을 공유하는 예술가를 소집했다. 즉, 고전과 근대와의 조화를 모색하고, 당시의 식민지 미술에도 정통한 보수적인 모더니스트들을 모았던 것이다. (놀랍게도) 그와 같은 예술가는 매우 많았다. 파사드의 부조물 장식에는 조각가인 알프레드 쟈니오가, 그리고 내부의 프레스코 벽화에는 듀코스 데 라 아이유나 루이 부케, 앙드레 유벨 르메트르, 이반나 르메트르 등의 화가들이 모였던 것이다. 전위예술을 축으로 조합된 20세기의 모던 아트의 역사에서 그들은 완전히 망각된 존재이다. 하지만 당시의 기념비적인 공공미술을 담당한 것은 그들이었고, 그들 중 도파의 예술가들이야말로 세계대전 사이의 프랑스를 대표하는 존재였다.

그들은 기본적으로는 고전주의적인 아카데미즘을 준수하면서, 모던한 양식과 식민지(서양 외부)의 양식을 절충하여 새로움을 연출했다. 다른 식으로 표현하면, 이국주의와 제국주의에 의해 약진한 아르데코 미학의 대표자라고 형용할 수 있을 것이다. 아무튼 지금까지 미술사적으로는 평가가 정해지지 않았던(즉, 그다지 중요한 지위를 부여받지 않았던) 그들의 예술양식을 정의하는 것이 용이하지는 않으며, 당시부터 "비결정적인 양식"이라고 형용된 양식을 일부러 정식화할 필요도 없다. 여하튼 1930년경의 식민지 제국 프랑스의 공식예술을 담당한 그들의 작품을 구체적으로 검토해보자.

우선 파사드를 장식한 쟈니오의 부조물을 관찰해보자. 높이 10미터, 가로 100미터의 거대한 벽면에 새겨져 있는 주제는 '프랑스에 대한 식민지의 경제적 공헌'이다. 중앙입구의 상부에는 그리스신화의 풍요의 여신인 포모나 Pomona*가 새겨져 있으며, 그것은 종주국 프랑스를 상징한다(그림87). 풍요롭게 열매를 맺은 포도나무에 둘러싸인 그녀가 '프랑스의 번영'을 보여주고 있는 것이다. 한편 그녀를 중심으로 하여, 좌우 50미터 폭의 거대한 화면에는 각각 프랑스 식민지의 모습이 표현되어 있다. 좌측에는 아프리카와 아메리카대륙의 식민지, 우측에는 아시아와 오세아니아의 식민지의 정경이 새겨져

---

* 그리스 신화에 의하면, 포모나는 어린 제우스에게 젖을 물렸던 염소 아말테아의 뿔이고, 제우스는 이에 감사하는 마음으로 성좌(카페라)로 만들었다고 한다. 로마신화에는 과일의 여신으로 등장한다.

그림87 알프레드 쟈니오 〈포모나〉(〈프랑스에 대한 식민지의 경제적 공헌〉 부분), 1931년, 포르트 도레궁의 부조물, 파리

있다.

　왼쪽의 반을 우선 관찰해보자. 알제리, 튀니지, 모로코, 콩고, 세네갈, 코트 디부아르, 가봉, 수단, 다호메이 등 식민지의 국명과, 목재, 양모, 면, 고무, 카카오, 곡물(시리얼) 등의 식민지의 명산물의 이름이 새겨져 있고, 각각의 업에 종사하는 원주민 남녀가 표현되어 있다. 사회과 교과서를 방불케 하는

그림88 쟈니오 〈가봉의 원주민〉
〈〈프랑스에 대한 식민지의 경제적 공헌〉 부분〉

그림89 쟈니오 〈알제리의 원주민〉
〈〈프랑스에 대한 식민지의 경제적 공헌〉 부분〉

이 식민지 두루마리그림을 보면 각국의 명칭과 명산품을 알 수 있다. 또한 물고기를 잡는 가봉 여성(그림88)이 독특한 헤어스타일로 두터운 입술에 턱이 튀어나온 옆얼굴로 표현되어 있는 한편, 알제리 여성(그림89)은 머리에 보자기를 두르고, 고대 그리스의 조각을 연상케 하는 높은 코와 깊이 파낸 얼굴로 표현되어 있다. 유형적인 민족 표현이며, 당시의 민족학이나 인류학의 교과

• 앙코르와트
— 제국주의 오리엔탈리스트와 앙코르 유적의 역사 활극

서적 표현이라고 형용할 수 있다. 그러나 쟈니오 자신은 각각의 민족을 실제로 관찰하여 제작했다고 주장하고 싶었는지, 다호메이의 여성을 모델로 제작 중인 자신의 모습을 사진에 담아두었다.[35]

식민지에서 일에 종사하고 있는 인물의 배경은, 바나나나 포도, 오렌지, 사보텐 등의 다종다양한 식물, 또는 하마나 코끼리, 낙타, 사자, 사슴 등의 동물, 다양한 종류의 새, 열대에 생식하는 바닷물고기나 열대어나 문어, 앵무새조개 등으로 메워져 있다. "미개척의 삼림"이라는 말도 보인다. 이것들은 마치 식물도감과 동물도감이라고 할까? 박람회를 방문한 사람들을 지하의 수족관이나 열대동물원으로 유도했을 것이다.

오른쪽의 절반도 동일한 구도로서, 코치시나, 캄보디아, 타이티 등의 식민지명과 함께 명산품인 고무, 명주, 쌀, 옥수수, 커피, 기름 등의 문자와 그림이 새겨져 있다. 또한 코끼리나 소, 호랑이, 뱀 또는 벼와 바나나, 야자나무 등의 동식물도 무수히 새겨져 있다. 작업에 힘을 쏟고 있는 아시아의 원주민의 얼굴은, 하나같이 외까풀의 처진 눈을 하고 있고, 뺨이 야윈 것이 인상적이다. 이러한 다양한 이미지 가운데 가장 눈의 띄는 두 개의 머리상 뒤에 앙코르와트를 연상시키는 사원이 보인다(그림90). 박람회에서 복원된 앙코르와트가 그 정도로 정밀했다는 것을 고려하면 정확성을 결여하고 있다고 할 수밖에 없다. 하지만 쟈니오는 정확한 복원을 지향한 것이 아니었다. 아시아를 대표하는 건축물을 그려낸 것일 뿐이었다. 주목해야 할 것은, 이것이 식민지 두루마리그림의 오른쪽의 반에 새겨진 유일한 건축물이라는 점이다. 쟈니오는 아시아의 식민지를 대표하는 건축물로서 앙코르와트를 선택한 것이다.

거대한 부조물 전체의 구도를 이해하기 위해서는 좌우 양 날개에 동일하게 크게 그려진 코끼리의 모습을 보는 것이 좋다(그림91). 아시아 측의 코끼리는

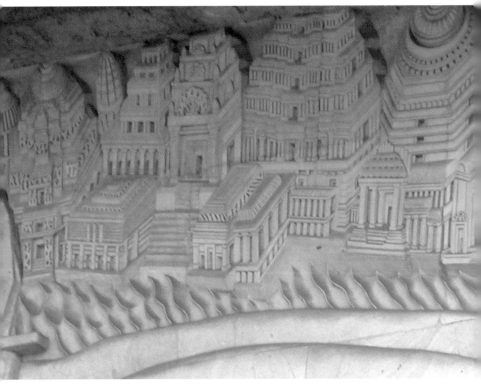

그림90 쟈니오 〈앙코르 유적군〉(〈프랑스에 대한 식민지의 경제적 공헌〉 부분)

왼쪽 방향을 향해 걸어가고 있다. 한편 아프리카 측의 코끼리는 오른쪽 방향
으로 걸어가고 있다. 두 마리가 향하는 목표지점은 부조물의 중앙부, 즉 프랑
스의 상징 포모나이다. 그 외의 동물이나 배 등, 주요한 요소는 모두 중앙으
로 향하는 이동성을 보여주고 있다. 전 세계의 식민지 국가들로부터 중앙의
프랑스를 향해 각지의 산물이 옮겨간다는 알기 쉬운 도식이다. 그리하여 부
조물의 주제 '프랑스에 대한 식민지의 경제적 공헌'이 그림으로 설명되었던

그림91 쟈니오 〈프랑스령 인도차이나〉(〈프랑스에 대한 식민지의 경제적 공헌〉 부분)

것이다.

　식민지 국가들로부터 공물을 획득한 중앙의 포모나는 풍요로운 열매에 둘러싸여 있다. 그녀 주위에는 마르세유, 보르도 등의 프랑스의 항구도시명이 새겨져 있고, 프랑스의 정신을 대표하는 로마네스크나 고딕 양식의 교회도 표현되어 있다. 그리고 평화의 상징인 비둘기가 날아다니고, '평화'와 '자유'의 문자가 기록되어 있다. 프랑스와 식민지의 공영에 의해 상호에게 평화와 자유가 초래되는 것이다.

　개개의 도상을 더 이상 해설할 필요는 없을 것이다. 차마 눈 뜨고는 볼 수 없을 정도로 노골적인 식민주의의 이상을 전하고 있는 도상이며, 난해한 곳은 한 군데도 없다. 이것이야말로 대중이 몰려오는 식민지박람회에 어울리는 공공미술의 도상표현이었다. 이제는 수족관을 찾는 파리지앵들이 망각된 조각가의 부조물에 눈길을 주는 일은 없지만, 당시의 관중은 이 부조물을 앞에 두고, 열대동물원에서 신기한 동물을 구경하는 것처럼 각 식민지의 풍속을 꼼꼼히 관찰했을 것이다.

쟈니오의 양식

　간편한 계몽적 주제에서 돌변하여, 이 거대한 부조물의 양식에는 깊이 생각하게 하는 것이 있다. 전술한 모노그래프 『식민지궁』에서 장식에 관한 논문을 담당한 도미니크 쟈라세Dominique Jarrassé는 20세기 미술가의 수정주의적 관점에서 "오늘날까지 식민주의적 예술은 보수적 정치(제국주의)를 반영하여, '보수적이다', 적어도 '관제예술', '국수주의적', '키치' 등의 편견하에 경시되어 왔는데, 이러한 편견을 배제해야 한다"라고 주장했다.[36] 나는 정말이지 "보수적"인 미술가를 흉내 내어 식민주의 예술의 복권을 호소할 생각은 추호도 없다. 그러나 쟈니오의 양식은 모던 아트의 역사에 대한 재고를 촉진시키는 중요한 특질을 가지고 있다는 점은 강조해두고 싶다.

　예를 들면, 앞에서 본 캄보디아 여성(그림88의 좌측에 서 있는 여성)을 보자. 사실적인 인물 표현과 추상적으로 단순화된 배경이 기묘한 균형을 유지하고 있다. 세련된 고전주의적 요소와, 모던 아트에 특징적인 원시적인 요소가 혼재하는 매력적인 이미지라고 기꺼이 말하고 싶다. 머리부의 배후로부터 뻗어나간 왼쪽 손의 표현 등은, 동시대의 마티스Henri Émile-Benoit Matisse(1869~1954)*나 피카소Signatur Pablo Picasso의 인물 표현을 상기시키는 추상성을 가지고 있다. 이와 같이 현대적으로도 고전적으로도 보이는 특징, 또한 서구적(그리스적)이면서도 원시적인 서구 외부의 표현을 상기시키는 특질은, 바로 라프라드가 건축물 본체에서 보여준 "비결정적인 양식"과 호응하는 것이다.[37]

쟈니오의 양식적 비결정성은 발표 당시에 화제가 되기도 했다. 저널리스트나 비평가는 이 부조물의 양식적 원천이 어디에 있는가에 대해 다양한 상상을 부풀려주고 있다. 분명히 이만큼 거대한 부조 작품은 유럽에는 유례가 없었다. 앙코르 유적을 아는 사람이라면, 양식이야말로 다르지만 앙코르와트의 장대한 유해교반의 부조물이나 바이욘 벽면의 부조물을 상기했을 것이다. 에릭 오르세나Eric Orsenna의 소설 『식민지박람회』(1988)에는 박람회의 전시관을 앞에 두고, "이 이국주의는 인류에 대한 모욕이다"라고 말했던 당시의 변호사의 말이 인용되어 있는데, 쟈니오의 부조물에서는 근대 유럽의 표현보다도, 오리엔탈에서 이국적인 표현을 읽어낼 수 있는 것이 있다고 해도 이상한 일이 아닐 것이다.[38]

구체적으로는 "이집트의 히에로글리프Hieroglyphe**와 벽화", "앙리 루소의 정

---

* 파블로 피카소와 함께 20세기 최대의 화가로 일컬어지는 표현주의 프랑스 화가이다. 원색의 대비를 통하여 선명한 표현을 시도했고, 젊은 화가들의 선두에 서서 포비즘의 기치를 올렸다.
** 상형문자. 원어는 그리스어로 '돌에 새긴 신성한 글자'라는 뜻이다.

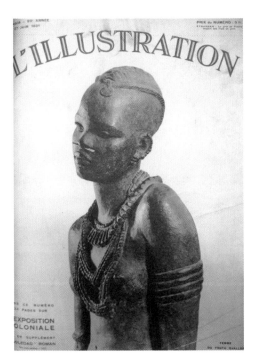

그림92 안나 캥카르 〈푸타잘론(기니)의 여성〉(1931년, 테라코타, 높이 46센티미터),
《일류스트라시옹》(1931년 7월 27일) 표지

글이나 알베르 드카리Albert Decaris(1901~1988)의 판화", "일본의 문신" 등, 동
방의 장식 예술을 연상하게 한다고 평하는 비평이 다수 있었다.[39] 그러나 흥
미를 끄는 것은 그 한편에서 "아주 옛날의(유럽의) 동굴예술"이나 "중세 교회
의 팀파눔", "14~15세기의 플랑드르Flandre*의 타피스리tapisserie**" 등, 서구의 원

---

*   벨기에의 북방을 가리키는 말.
** (벽에 걸거나 테이블에 펴놓는) 장식 융단.

시적인 예술 표현을 떠올리는 비평가도 적지 않게 있었다는 것이다. 당시 유행했던 프랑스 중세풍의 복고적인 민중 판화와의 양식의 유연^{柔軟}성을 지적할 수도 있을 것이다. 결국 당시의 평론가들은 (그리고 현재의 우리들도) 쟈니오의 양식에 결정적인 영향을 끼친 원천을 확인할 수 없었던 것이다. 그 결과 그의 작품은 20세기 미술사의 어떤 조류에도 분류되지 않고, 망각의 쓰라림을 당하게 되었다고 할 수 있다.

  그런데 쟈니오의 양식에 끼친 영향의 원천을 제대로 유추할 수 없는 이유는, 그만의 독특한 단순화의 수법과 다양한 양식을 종합한 비범한 기술에 있다고 할 수 있다. 전술한 바와 같이 그는 인물을 조형할 때에는 각 민족의 유형화를 시도하고 있는데, 그때의 양식을 미묘하게 변화시키고 있다. 예를 들면, 캄보디아 여성(그림88)에는 아프리카의 원시적인 조각을 연상시키는 대담한 데포르메_{déformer}*를 사용하면서, 그 한편으로는 당시의 프랑스에서 유행했던 이국적인 여성 조각상에 전형적인 리얼리즘의 정신을 가미하고 있다. 식민지박람회에서 호평을 받은《일류스트라시옹》표지에도 등장했던 프랑스인 여성 조각가 안나 파니 캥카르_{Anna Quinquard}(1890~1984)의 작품을 예시해 두겠다(그림92).

  한편, 알제리 여성의 표상(그림89)에는 고대 그리스풍의 양식으로 깊이 조각한 인물상이 적용되었다. 또한 인도차이나의 여성을 표현할 때에는 크메르 조각을 방불케 하는 양식으로 미소를 띠고 있는 인물이 조형되었다(그림104를 참조). 게다가 중앙에 있는 프랑스의 상징인 포모나(그림87)는 고대 그

---

* 회화나 조각 등에서 의식적으로 대상을 과장하거나 변형시켜 표현하는 것.

그림93 샤를 에롱 〈서구의 예술〉, 1937년 샤요궁 동쪽 입구 상부의 부조물

리스의 고전적 양식을 답습하면서도 근대성을 느끼게 해주는 것이다. 실로
다양한 양식을 하나의 작품 안에 혼재시킨 것이다. 그러나 그렇다고 해서 작
품 전체의 양식이 뒤죽박죽이라는 것은 아니다. 쟈니오의 천재성은, 다종다
양한 양식을 괴리시키는 것이 아니라, 각 양식의 차이를 완화시키고 장대한
화면 전체에 통일감을 부여하는 능력에 있다. 마치 고대 그리스의 부조물과
아프리카의 조각 사이에, 또는 중세 프랑스의 얇은 부조와 크메르의 조각 표
현 사이에 공통되는 조형적 특질이 있는 것처럼, 모든 요소를 수입하여 조화

그림94 안나 캥카르 〈인도차이나의 예술〉, 1937년 샤요궁 동쪽 입구 상부의 부조물

시키는 것이다. 그 자신도 또한 1930년대의 프랑스의 미술사가와 마찬가지로 그리스에서 아시아, 나아가 남태평양에 이르는 세계 각지의 미술에 양식적인 보편성을 인정했던 것일까? 쟈니오가 활약했던 1930년대가 '보편적 미술사'의 시대였던 것이 우연이지는 않았을 것이다. 세계 각지의 다양한 미술양식을 접목하면서, 통일적인 단순한 양식으로 종합하는 쟈니오의 작품은 그 시대가 요청한 보편적인 양식forme의 하나의 이상이었다고 할 수 있을 것이다.

식민지궁에서 쟈니오가 제시한 양식의 독창성은, 예를 들면 샤요궁에서 시행한 부조물 작품군과 비교하면 더욱 명료해질 것이다. 샤요궁은 1937년의 파리국제박람회('근대생활에 있어서 예술과 기술의 국제박람회')를 위한 건축물로서, 여기에서도 샤를 에롱Charles Hairon 등 오늘날에는 잊힌 조각가가 장식부조물을 담당했다(쟈니오는 1937년의 박람회에서는 팔레 드 도쿄Palais de Tokyo*의 거대 부조물을 담당했다). 입구 상부나 벽에 배치된 직사각형의 부조물군은 소품뿐이지만, 양식의 비교는 유효할 것이다. 예를 들면 입구 상부에 있는 2대 1조의 부조물을 관찰해보자(그림93, 94).

한편은 프랑스를 다른 한편은 캄보디아를 우의寓意적으로 표현하고 있다. 전자를 보면 이 조각가가 고전주의적 양식의 어휘를 자기 집 약장 속自家藥籠의 것으로 생각하고 있다는 것을 알게 된다. 지혜의 여신인 아테나를 안고 있는 성모마리아를 중심으로, 배경에는 중세 프랑스의 기사나 고딕성당을 건설하는 천사의 모습이 표현되어 있다. 프랑스와 고대 그리스를 중첩시킨 것으로서, 프랑스를 고대 그리스의 정통한 계승자로 자리매김하는 전형적인 고전주의적 정신을 보여주고 있다고 할 수 있다. 한편 캄보디아의 표상은 어떨까? 이것은 대조적으로 대담한 추상화가 시도되고 있다. 배경에는 기하학적인 문양이나 동물의 도안 등이 조합되어 있고, 프랑스의 고전주의적 양식과는 이질적인 조형원리에 의해 표현되어 있다. 모방mimesis의 전통 안에 있는 사실적인 유럽과 추상적인 아시아라는 빌헬름 보링거Wilhelm Worringer(1881~1965)** 이후의 틀에 박힌 형, 또는 세련된 서구와 원시적인 아시아라는 이미 익숙해

---

* 프랑스 파리에 있는 현대미술 전시관. 1937년 파리 만국박람회가 개최될 때 일본관으로 지어졌기 때문에 '팔레 드 도쿄'라는 이름을 얻었다.
** 독일에서 출생한 20세기 독일의 미술사가. 미술사에서 빈학파가 제창한 '예술의욕' 개념을 계승했고, 그것을 추상작용과 감정이입작용의 쌍방향의 발전이라고 파악했다.

져버린 상투적인 표현cliché에 의해 양자의 양식을 대조적으로 표현하고 있다고 분석해도 좋을 것이다. 양자는, 전체적인 구도는 연관되어 있는 것 같지만, 인물이나 동물이나 건축물에 부여되어 있는 양식은 이질적이다. 이러한 작품 예들과 비교하면 서구의 고전주의와 서구 외부의 양식을 종합한 쟈니오의 양식이 얼마나 독창적이었던가를 알게 될 것이다.

패트리샤 모튼은 『하이브리드 모더니티즈』에서 라프라드의 비결정적인 양식을 해석할 때에, 이 책의 제6장에서 인용한 알베르 사로의 말(오리엔트나 아프리카의 "젊음이 넘치는 활력을" "말라비틀어진 파리의 동맥에 도입"해야 한다)을 채택하여 서구의 고전주의 양식과 서구 외부의 원시적인 양식을 혼합시키는 절충적인 특질의 설명으로 삼았다. 그러나 쟈니오의 예술을 분석하기 위해서는 이 설명만으로는 충분하지 않다. 절충적인 조형해석은 식민지궁 내부를 장식하고 있던 장 뒤낭'의 옻칠그림 작품 〈아시아 사람들, 인도차이나〉(1930년) 등에는 적용 가능할 것이다. 그러나 쟈니오의 경우에는 이질적인 양식의 '혼합'이라기보다는 다양한 양식의 '혼란'이라고 할 수 있을 것이다.

일반적으로 양식이라는 개념은 다른 양식과의 대비를 통해 명확히 파악되고, 대비에 의해 무언가 예술적인 의지나 정치적 메시지를 암시한다. 예를 들면, 순수추상과 같은 전위적인 양식은 아카데믹한 고전주의적 양식에 대해 명백한 안티테제로서 기능하고 있고, 거꾸로 고전주의적 양식은 파시즘시대의 고전주의적 건축물과 같이 전위적인 모더니즘에 대한 반동으로 작용할

---

* 유럽에서 옻칠기법을 숙지한 것은 20세기 초이다. 옻칠의 패널 그림이나 가구를 발표하여 인기를 모았는데, 뒤낭은 일본의 전통적 옻칠기법을 근대적인 인테리어에 도입하여, 아르데코를 대표하는 공예작가가 되었다.

수 있었다. 다만 쟈니오는 모든 대립적인 양식을 무화시키고, 양식에 의한 메시지를 읽어내는 것을 지극히 곤란하게 만든다. 그 결과, 그가 보수적인 예술가인가 전위적인 예술가인가, 작품의 양식만을 보고서는 용이하게 판단할 수 없다.[40] 그러한 의미에서는 그의 비결정적인 모호한 양식은, 미술사적인 양식 적용의 오류 또는 오용이라고 불러도 좋을 것이다. 이러한 예술을 20세기 미술사에 어떻게 위치 지워야 하는가. 이제부터의 미술사의 한 과제이다. 적어도 전위 대 보수, 추상 대 구상이라는 종래의 알기 쉬운 양식 구분으로는 설명할 수 없다는 것만은 명백할 것이다.

프레스코 장식
—중앙 홀과 두 개의 살롱

이제 파사드의 입구에서 내부로 발걸음을 옮겨보자.

우선은 들어가서 바로 나타나는 중앙 홀이다. 여기에는 사방의 전 벽면에 듀코스 데 라 아이유Pierre-Henri Ducos des La Haille(1889~1972)가 그린 프레스코 회화의 세계가 펼쳐진다(그림95). 각 벽면은 높이 8미터, 가로 10미터, 전개되는 이야기는 파사드와 짝을 이루는 주제이다. 즉, 쟈니오가 〈프랑스에 대한 식민지의 공헌〉을 표현한 것에 대해, 내장을 담당한 데 라 아이유는 〈식민지에 대한 프랑스의 공헌〉을 그려냈다.

대비되는 것은 주제뿐만이 아니다. 파사드의 부조물은 필연적으로 단색화monochrome이지만, 내부는 일전一轉하여 프레스코에 의한 화려한 색채의 세계가 펼쳐진다. 찾아오는 사람들은 어쩔 수 없이 화려한 '프랑스의 공헌'의 세

그림95 듀코스 데 라 아이유 〈식민지에 대한 프랑스의 공헌〉 부분.
1931년, 포르트 도레궁 중앙 홀, 프레스코

계에 매료될 것이다. 이 색채적인 대비는 의도적인 것이었다고 생각해도 좋
다. 과거에 시인인 보들레르가 쓴 것처럼, 조각은 본질적으로 원시적이고 미
개한 예술형식이며, '식민지의 공헌'을 표현하는 데에 어울리고, 한편 종주국
'프랑스의 공헌'을 표현하기 위해서는 서구의 세련되고 화려한 색채의 프레
스코라는 미디어야말로 잘 어울리는 것이었다고 할 수 있기 때문이다.[41] 실제

로 데 라 아이유의 회화는 쟈니오와 같은 단순화된(원시적이라고까지 할 수 있는) 양식이 아니라, 사실적이고 세련된 아카데믹한 양식을 기반으로 하고 있다. 이 양식의 선택은 분명히 주제와 연동한 것이다. 우의상寓意像(=의인상擬人像)도 이용하고는 있지만 기본적으로는 '프랑스의 공헌'이 주제이기 때문에, 입식入植한 동시대의 프랑스인을 중심으로 그려져 있다. 이러한 종류의 일반인 대상의 공공예술에서 프랑스인을 미개하게 그릴 수는 없었을 것이다.

홀 정면의 벽면에서 가장 눈에 띄는 중앙에 그려진 것은 분명 프랑스를 상징하는 우의상이고, 사실성은 약화되어 있다(그림95). 그녀를 둘러싼 페가수스Pegasus나 풍요를 상징하는 식물류도 아르데코풍의 추상도抽象度가 강한 표현이 되어 있다. 그러나 이 표현은 아마도 파사드의 양식상의 연속성을 의도하여 이루어졌을 것이다. 동시대의 프랑스인의 활동이 그려진 양측의 벽면에는 일전하여 사실적인 양식이 채택되었다.

예를 들면, 바라볼 때 왼쪽에는 하얀 제복으로 몸을 감싸고 있는 식민지관리가 원주민에게 의료행위를 베푸는 장면이 정확한 데생에 의해 그려져 있다(그림96). 앞에는 들것에 모로 누워 있는 원주민과 그를 지켜보는 식민지관리가 보인다. 이제부터 병원으로 갈 것이다. 들것을 진 인물의 모자로 판단해 보면, 이것은 인도차이나의 광경이다. 병자의 옆에는 병에 든 치료약이 그려져 있다. 동양의학이 아니라 서양의학에 의해 응급처치가 이루어졌다는 것을 암시하고 있다. 배경에는 원주민에게 예방접종을 하는 프랑스인의 모습도 보인다. 이 장면의 좌측면의 벽에는 다시 의인상이 그려졌고, 위에 기록한 문자를 보면 '과학'의 의인상이라는 것을 알 수 있다. 서양과학에 의한 '프랑스의 공헌'이 여기에서의 주제인 것이다.

왼쪽 벽면을 더 따라가보면, 원주민의 팔에 채워진 쇠사슬을 푸는 프랑스

그림96 데 라 아이유 〈식민지에 대한 프랑스의 공헌〉 부분

그림97 데 라 아이유 〈식민지에 대한 프랑스의 공헌〉 부분

그림98 포르트 도레궁의 아시아 살롱('리요테 살롱'), 1931년

인 선교사의 모습이 그려져 있다(그림97). 중앙아프리카의 정경일 것이다. 배후에는 백마를 타고 즐겁게 들판을 달리는 흑인들이 그려져 있다. 의미는 명백하다. 프랑스인이 흑인을 해방시키고 자유를 주었다고 설명하고 있는 것이다.

이와 같이, 중앙 홀의 프레스코로 표현된 것은 과학기술과 종교에 의해 미개의 땅에서 문명국으로 변모해가는 식민지의 모습이다. 부조물과 마찬가지로 프랑스에게는 너무나 편의적인 시민주의 선전을 계몽적으로 보여주는 단순명쾌한 두루마리그림이다. 사실적인 양식에는 별로 주목할 점이 없다.

양식적인 관점에서 흥미로운 특징을 지적할 수 있는 것은, 건물의 양단에 있는 두 개의 작은 방의 벽화이다. 정면을 향해 왼쪽, 즉 북서쪽에 '대신^{大臣} 살롱'이라 불리던 아프리카 살롱, 남동쪽에 '리요테 살롱'이라 불리던 아시아 살롱(그림98)이 있는데, 각각 아프리카와 아시아의 식민지에서 '지적 공헌과 예술적 공헌'을 주제로 한 프레스코 벽화가 그려져 있다.

아프리카 살롱의 프레스코를 그린 것은 루이 부케Louis Bouquet(1885~1952), 아시아 살롱은 앙드레 유벨 르메트르André Lemaître(1885~?)와 이반나 르메트르Ivanna Lemaître가 담당했다. 파사드에서 표현된 '식민지 프랑스에 대한 공헌'이 제1차 산업에 의한 경제적인 공헌에 거의 한정되어 있던 것에 비해, 양 살롱의 장식에서는 예술문화에 있어서 프랑스에 대한 공헌이 주제가 되어 있다. 너무나도 프랑스다운 주제 선택이라고 할 수 있을 것이다. 살롱은 식민지의 귀중하고 고가인 목재나 귀석貴石을 이용한 아르데코의 고급 생활용품(룰만Ruhlmann이 설계한 책상, 의자, 전기스탠드 등)으로 장식되어 있다. 식민주의(제국주의)와 아르데코의 밀월의 시대에 흐르던 공기를 이만큼 시각적으로 전해주는 예는 그다지 많지 않다.

식민지의 '예술의 공헌'을 주제로 한 프레스코 장식에는 쟈니오의 부조물과 마찬가지로 프랑스인이 한 사람도 그려져 있지 않다. 중앙 홀의 장식이 프랑스가 개입한 후의 식민지시대의 정경이라고 한다면, 이것은 식민지화되기 이전의 현지의 풍속을 전하는 정경이다. 근대적인 도구 사용은 일체 보이지 않는다. 아프리카 살롱에는 사슴을 습격하는 호랑이가 그려져 있는데, 상징적으로 식민지화하기 이전의 미개성을 강조한 것일 터이다. 원주민의 표현으로서 특히 흥미 있는 것은, 아시아 살롱에 그려진 두 환자의 모습이다(그림 101의 왼쪽 끝을 참조). 앞에서 본 중앙 홀의 환자와 비교시키기 위해 그린 것임에 틀림없다. 두 환자 중 한쪽은 고열환자일 것이다. 시중드는 사람이 이마에 손을 대고 간병하고 있다. 한쪽 팔꿈치를 괴고 있는 사람은 정신적인 병인

그림99 루이 부케 〈리라를 켜면서 숲의 원주민을 매료시키는 아폴론〉
(〈지적 공헌과 예술적 공헌〉 부분), 1931년, 포르트 도레궁 내 아시아 살롱, 프레스코

그림100 루이 부케, 〈무하마드〉(〈지적 공헌과 예술적 공헌〉 부분)

것 같다. 그리고 그들 배후에는 큰 뱀 나가에 앉아 있는 불타가 크게 그려져 있다. 병을 앓는 그들을 치유해주기를 바라는 마음으로 불타 앞에 데려온 것이다. 생각대로 병이 낫지를 않아 부처에게 매달리는 원주민이 여기에서의 주제이고, 중앙 홀의 서구의학의 이미지와 대비되고 있는 것이다.

이와 더불어 '예술의 공헌'이라는 주제하에 음악을 즐기는 원주민의 모습이 그려져 있는데, 이것도 또한 '미개'의 전통적 표상의 하나라는 것을 놓치지 말아야 할 것이다. 아프리카 살롱에는 하프를 켜는 아폴론Apollon과 그 음악에 맞추어 춤을 추는 흑인 여성(그녀는 아폴론의 뮤즈Muse*이다)이 그려져 있다(그림99). 또한 아시아 살롱에는 피리를 부는 크리슈나Krishna**와 그를 둘러싼 소 치는 소녀들, 또는 중국 비파의 연주에 맞추어 춤을 추는 캄보디아의 무용수가 그려져 있다(그림102를 참조).

19세기 말 이래, 서구는 음악에서도 아프리카나 아시아로부터 다대한 영향을 받았고, 서구에 대한 '예술적 공헌'을 보여주는 도상으로서 음악과 무용이 선택되었을 것이다. 하지만 한편으로는 음악과 춤을 즐거워하는 향락적인 생활은 오리엔트의 '권태'와 '태만'의 이미지로서, 19세기의 오리엔탈리즘 회화 이래, 빈번하게 그려져온 주제이기도 했다.

여기에서, 양식적인 관점에서 주목해야 할 일례를 들어보겠다. 아프리카 살롱에 그려진 무하마드(마호메트)와 드래곤을 퇴치하는 기사의 양식이다(그

---

* 아폴론은 그리스 신화에 나오는 태양, 예언, 광명, 의술, 궁술, 음악, 시를 주관하는 신으로서, 로마신화의 아폴로와 동일시된다. 뮤즈는 9명의 여신으로, 예술과 학문을 주관한다.
** 힌두교 신화의 영웅신으로서 라마 왕자와 함께 인도의 민중들에게 줄곧 사랑을 받아왔다. 악당을 죽이고 많은 악귀들을 퇴치·정복함으로써 위업을 쌓았고, 후에 비슈누 신의 제8의 화신이 되었다. 소 치는 모습으로 자주 그려진다.

그림101 앙드레 유벨 르메트르와 이반나 르메트르 〈아시아의 종교〉
(〈지적 공헌과 예술적 공헌〉 부분), 1931년, 포르트 도레궁 내 아시아 살롱, 프레스코

림100). 정면으로 보면 고풍으로 그려진 무하마드의 배후에는 극단적인 단축법으로 그려진 건축물이 있고, 이 부분만 투시도법perspective이 이상해진 것처럼 보인다. 아프리카 살롱을 담당했던 루이 부케가 기술적으로 치졸했던 것이 아니다. 비잔틴시대나 르네상스 이전의 회화에서 볼 수 있는 의고적擬古的인 양식을 답습하고 있는 것이다. 르네상스 이전의 미개한 회화공간이야말

로 중동의 과거 시대를 표상하기 위해서는 잘 어울린다는 것이다.

또한 무하마드의 머리 위에서 춤추고 있는 천사의 팔은 누가 보아도 너무나 길어서 비율이 매우 어긋난 것처럼 보인다. 앞에서 이야기 한 춤추는 흑인 여성도 동일하게 지적할 수 있을 것이다(그림99). 세로로 길게 늘어난 것 같은 수족이 강조되고 있다. 이러한 표현도 또한 의고적인 양식, 예를 들면 로마네스크시대의 조각을 상기시킬 것이다. 건축계획을 담당한 라프라드는 이것들을 그린 부케에 대해 "과도하게 추상적이다"라고 주의를 주었다고 하는데, 이 또한 납득이 가는 일이다. 그러나 여기서 볼 수 있는 '추상적' 표현은 쟈니오의 경우와는 달리, 20세기의 미술사에 있어서 특히 중요하다고는 생각되지 않는다. 모던한 정신의 발현이라기보다도, 과거의 양식을 안이하게 모방한 것이다. 불확정적인 양식에 의해 우리들의 상상력을 자극하는 쟈니오의 부조물과는 대조적으로, 부케가 이용한 다양한 양식은 각각에 특정 가능하다. 서구화(근대화)되기 이전의 '미개' 세계를 그리기 위해 프리미티브한 의고적 양식을 응용했을 뿐인 것이다.

여기에서 다시 벽화의 주제내용의 검토로 돌아가, 특필해야 할 하나의 주제에 대해 분석해보고 싶다. 불타나 무하마드의 그림에서 암시되듯이, 양 살롱의 장식에서는 '예술적 공헌'의 주제와 함께 종교가 또 하나의 테마가 되어 있다. 중앙 홀에 기독교의 선교사가 그려져 있었다는 것을 생각해보면, 양 살롱에는 기독교 전래 이전의 아프리카와 아시아의 종교적 세계가 전개되고 있었다고 생각된다. 그러나 도상을 잘 관찰하면, 식민지의 종교를 적확하게 전하려고 하는 의도는 아니라는 것을 알게 된다.

아시아 살롱을 검증해보자. 가장 넓은 벽면에 아시아를 대표하는 세 가지 종교가 주제로 부각되어 있다(그림101). 오른쪽 위에 인도신화에서의 크리슈

그림102 앙드레 유벨 르메트르와 이반나 르메트르 〈지적 공헌과 예술적 공헌〉 부분

나, 그 왼쪽에 나가 위의 불타, 그리고 화면 오른쪽 아래에 설법을 하는 공자
가 그려져 있다. 화면은 세 개로 분할되어, 각각 힌두교, 불교, 유교가 테마가
되어 있다. 그러나 전체를 하나의 장면으로 간주하여, 연속되는 스토리를 (시
계 반대방향으로) 읽어 내는 것도 가능할 것이다. 우선 오른쪽 위의 인도의 장
면에서는, 크리슈나를 둘러싼 소 치는 소녀들이 누드로 그려졌고, 배후에는
아담과 이브를 생각나게 하는 벌거벗은 남녀가 있다. 서구의 도상적 전통을

그림103 소픽 〈아시아〉, 1937년, 샤요궁 동쪽 날개부 벽면의 부조물

생각한다면, 이것은 분명히 낙원의 표현이다. 그 왼쪽에는 불타를 앞에 두고 병으로 고통 받는 원주민을 그린 장면이 전개된다. 낙원에서 일전 ─하여 고뇌하는 인간이 있는 세계이다. 낙원 추방부터, 타락, 그리고 고뇌에 이르는 구약성서의 인류의 이야기가 중첩되어 있다고 보아도 좋을 것이다. 그리고 마지막으로 화면 오른쪽 아래에 이르게 되는데, 여기에서는 공자의 가르침에 귀를 기울이는 민중이 그려져 있다. 말할 나위도 없이, 그것은 사도나 민중들에게 가르침을 설파하는 예수의 모습의 아시아판이다. 이와 같이, 아시

아 살롱에서는 일락逸樂에서 고뇌, 그리고 신앙에 이르는 서구 기독교의 이야기에 따라, 아시아의 종교적 세계가 도상화되었던 것이다.

여기에서 놓칠 수 없는 것은, 아시아의 제 종교가 동일한 하나의 종교인 것처럼 하나의 이야기로 종합했다는 사실이다. 도상적으로도, 예를 들면 여기에 그려진 나가 위의 불타는 기메미술관에 소장되어 있는 바이욘의 부처의 머리(MG18049, 18893) 등을 참고로 한 것이 아닐까 추정할 수 있는데, 그 자세는 비슈누 신을 상기시킨다. 힌두교와 불교의 도상이 융합된 크메르의 불상 표현을 보다 자유롭게 해석한 도상이라고 평가할 수 있을 것이다.

아시아 각 종교의 습합習合*이라는 인상은 마주보는 면에 표현되어 있던 기괴한 정경에 의해 한층 더 강화되고 있다(그림102). 대략 현실에서는 생각할 수 없는 것이지만, 중국 비파를 연주하는 중국옷을 입은 악사의 연주에 맞추어 캄보디아의 무용수가 춤을 보여주고 있다. 게다가 그 배경에는 유명한 인도의 샨티 스투파Santi stupa**에 서 있는 탑문이 보인다. 당시, 이 탑문의 복제품이 기메미술관의 뜰에 있었으므로, 그것을 참고로 했음이 틀림없다. 아무리 아시아를 모르는 사람이라도 여기에 이질적인 것들이 혼재되어 있다는 것은 쉽게 감지할 것이다. 그만큼 이상한 정경이다.

서구에서 제 종교의 습합 사상은 19세기 말의 상징주의 이래 특히 진기한 것이 아니지만, 1930년경의 프랑스에서는 제4장에서 논의한 보편주의의 흐름 안에서 보다 통속적인 수준에서 종교나 음악이나 미술에 공통성과 보편성을 찾아내어, 그것을 구가하는 듯한 도상도 횡행했다. 전술한 샤요궁의 장

---

* 철학이나 종교 따위에서, 서로 다른 학설이나 교리를 절충함을 말한다.
** 인도 잠무카슈미르 주(州) 레 근처에 있는 일본 불교 종파 사원.

식(1937년)에도 불타와 나부裸婦(이브 또는 비너스?)가 어깨를 나란히 하고 있는 이상한 부조가 있다(그림103). 이것들이 신비사상의 표현이 아니라, 대중적인 박람회를 위해 준비된 도상이라는 점에서, 세계대전 사이의 독특한 시대의 공기를 읽어내야 하는 것이다.

그림 속의 고고학과 전통공예

식민지궁의 장식은 파사드든 내부의 프레스코든, 문명교화의 사명이라는 이념을 그림으로 풀어 알기 쉽게 그린 도상으로 넘쳐나고 있다. 오해를 두려워 않고 이야기한다면, 대유행했던 오리엔탈리즘 회화 역사의 최후를 장식하는 집대성이라고 해도 좋을 것이다. 반복하지만, 그 내용은 식민지 환상을 그린 픽션에 지나지 않았고, 지금에 와서 다시 대서특필하여 분석할 필요도 없다. 하지만 픽션이기 때문에 당시의 대중들의 식민지 이해가 투영된 역사적 사료로서 귀중하다고 할 수 있다. 우리들에게 중요한 것은 바로 이 점이다. 왜냐하면 식민지궁의 장식에는, 노골적인 문명교화의 사명을 보여주는 도상에 뒤섞여, 고고학과 관련된 도상이 산발적으로 발견되기 때문이다. 고고학이나 미술사도 또한 1930년경에는 대중에게 식민주의를 계몽하기 위한 매우 편리한 요소로서, 이 픽션 안에 빠져들어 갔던 것이다.

우선 파사드에 등장하는 도상을 검토해보자. 앙코르 유적의 시원을 대표하는 탑이 새겨져 있다는 것은 이미 이야기했다. 그와 더불어 더욱 중요한 도상이 파사드의 오른쪽 끝에 표현되어 있다. 쇠망치와 끌을 손에 들고 캄보디아의 공예품을 제작하는 여성(!)의 모습이다(그림104). '예술ARTS'이라는 문자도

그림104 쟈니오 〈캄보디아예술〉(〈프랑스에 대한 식민지의 경제적 공헌〉 부분)

첨부되어 있다. 쟈니오는 식민지의 특산품의 하나로서 캄보디아에서 생산되는 미술공예품을 모티브로 하여 선택한 것이다. 그만큼 메트로폴에서는 유명했던 것이다. 1920년대 후반에는 크메르의 공예품이 파리에서 유행 중이라는 보고가 들어오기도 했는데, 그것을 보여주는 도상이다.

주목해야 할 것은, 여기에서 여성이 제작하고 있는 것은 크메르의 공예품뿐만이 아니라는 점이다. 끌을 쥔 여성의 발밑에 있는 옆얼굴은 눈을 감고 미소를 띠는 크메르의 불상 머리를 상기시키는데, 완성품으로서 진열대에 진열된 물건들은 중국이나 일본, 또는 타이의 불상을 생각나게 한다. 불상의 아래에는 중국의 청동기와 같은 단지나 수반水盤이 보이고, 당시의 중국 고미술품 붐도 생각나게 한다. 여성이 제작 중인 석상(목상?)도 중국풍이다. 여기에서 쟈니오는 캄보디아나 인도차이나라는 지역성을 아주 분명히 무시하고 있는 것이다. 여기에서도 그는 극동 일대의 미술품을 이른바 추상적으로 일반화하여 표현하고 보여주고 있다고 할 수 있을 것이다.

그렇다면 그는 왜 특정의 크메르 조각상에 한정하여 표현하지 않았을까? (같은 질문을 앙코르사원의 표현에 대해서도 할 수 있을 것이다. 실물을 그대로 모방하지 않고, 아시아풍의 탑을 표현하여 보여주는 것에 머물고 있다.) 또한, 원래 쟈니오가 '예술'을 인도차이나의 특산품으로 다루었던 것은 왜일까?

전술한 대로, 아프리카를 무대로 한 파사드의 왼쪽 절반에서는, 물고기를 잡는 상반신을 벗은 가봉 여성이나 사슴을 습격하는 사자 등 야수의 그림을 통해 아직도 문명화되지 않은 식민지의 상황이 표현되어 있다. 이에 대해, 오른쪽 반을 차지하는 인도차이나 5국의 표상에서는 '예술(미술)'이 중요한 위치를 차지하고 있다는 사실은 주목할 가치가 있다. 세련된 문명국으로서 캄보디아가 표현되어 있는 것이다. 즉, 여기에서 쟈니오는 아시아가 아프리카

보다도 문명화된 예술의 나라라는 통념을 표현하여 보여주었던 것이다.

잘 알려진 바와 같이, 자포니즘시대의 프랑스인들은 일본을 '예술의 일본'이라 평하고, 미술공예품의 질이 높다고 칭송했다. 이러한 동아시아에 대한 예술환상을 반추하면서, 같은 '극동'에 있는 인도차이나를 표상했다고 생각해도 좋을 것이다. 하지만 예술의 나라라고 하는 아시아상 또한 서구인의 환상에 지나지 않는다는 것은 말할 나위도 없다. 인도차이나에서 1910~1930년대에 미술공예품이 왕성하게 제작되었던 것은, 앞 장에서 분석했듯이 입식한 프랑스인이 전통부흥정책을 시행한 결과였다. 그래서 여기에서는 공예제작을 지도하는 프랑스인(그롤리에 등)의 모습은 그리지 않고, 원주민이 자발적으로 공예품을 제작하여 서구에 수출하고 있는 것처럼 그려지고 있다는 점이야말로 픽션이라는 것을 강조하지 않을 수 없다.

픽션이라는 관점에서 보면, 여기에서 공예품 제작에 종사하고 있는 것이 여성이라는 점도 간과해서는 안 된다. 캄보디아의 미술학교에는 여성도 입학할 수 있었지만, 여성은 오로지 직물이나 디자인화에 종사했고, 조각이나 회화나 금속조각은 남성들의 영역이었다. 그럼에도 불구하고, 여기에서는 조각하는 여성의 모습이 표현되어 있는 것이다. 페미니즘연구에서 일찍부터 지적되었듯이, 서구에서는 전통적으로 회화나 조각 등의 '대예술'은 남성이 담당하고, 그 이외의 '소예술'은 여성이 종사한다는 차별적인 분업이 이루어져왔다(이 차별화가 캄보디아의 미술학교에서도 적용되었던 것이다). 이 관례에 반하여, 쟈니오는 여성에게 조각 제작을 시켰지만, 아시아에서는 여성이 조각이라는 대예술에도 종사하고 있다는 것을 사실과는 반대로 전하고 싶었던 것은 아니었을 것이다. 그보다는 여기에 진열되어 있는 아시아의 불상 등의 공예품이 '대예술'이 아니라 여성이 제작한 '소예술'이라고 (아마도 무의식

그림105 데 라 아이유 〈식민지에 대한 프랑스의 공헌〉 부분

적으로) 전하고 있다고 생각하는 것이 맞을 것이다.

　다음으로 중앙 홀에 그려져 있는 그림을 검토해보자. 주목하고 싶은 것은 중앙 정면의 오른쪽 끝에 그려진 고고학 조사에 종사하는 원주민의 모습이다(그림105). 그는 발굴한 유물을 프랑스인에게 바치고 있다. "이것은 뭐지요?"라고 하는 것처럼. 그리고 이 그림의 바로 오른쪽 벽에는 '예술'의 의인상이 그려져 있는데, 흰 옷을 벗고, 아름다운 나체를 드러낸 '진실'의 우의상을 바탕그림으로 하고 있다. 고고학적 발굴 장면의 우의라고 생각해도 좋을 것이다. 고고학 조사에 의해 과거의 '진실'을 밝힌다는 이념이 나타나고 있는 것이다.

　발굴이 이루어지고 있는 장소는 분명히 앙코르 유적도 참파 유적도 아니다. 원주민의 복장이나 배후의 장로의 복장을 보는 한, 중농이거나 북아프리카의 정경일 것이다. 바치는 토기도 중동풍이다. 인도차이나의 유적에는 직접적으로 관련되지 않는 그림이지만, 그러나 고고학이 식민주의 회화의 이코노그래피iconography*로서 등장했다는 사실은 지극히 중요하다. 오리엔탈리즘 회화의 역사에서 고고학을 주제로 한 사례는 고고학적 발굴 그 자체를 전하는 (의사擬似) 학술적 회화를 제외하면 매우 적다. 그 진기한 사례가, 1930년경의 식민주의 이미지 안에서 등장하고 있는 것이다. 앙코르 유적의 고고학이 성숙하는 이 무렵이 되어, 일반 대중도 또한 고고학이 '식민지에 대한 프랑스의 공헌'을 대표하는 중요한 일이라는 것을 인식하기 시작했던 것이다.

---

*　도상학. 회화나 조각 등의 미술표현이 나타내는 의미나 그 유래 등에 대한 연구.

· 앙코르와트
— 제국주의 오리엔탈리스트와 앙코르 유적의 역사 활극

적어도 고고학이나 미술정책이 식민지 지배를 정당화하는 절호의 정치적 선전재료로 이용되었던 것은 분명하다.

박람회와 고고학·미술사

학술적으로 정확하게 복원된 앙코르와트가 등장하고, 극동학원이 고고학 전시를 한 1931년의 박람회에서, 식민지 고고학이나 공예품과 관련된 그림이 장식으로 나타난 것은 아마도 우연이 아닐 것이다. 앙코르와트전시관은 프랑스의 식민지 지배의 성공을 화려하게 연출하는 근대적 기념물로서 기능하고 있었다. 극동학원의 전람회도 또한 프랑스에 의한 고고학적 공헌을 찾아오는 사람들에게 전해주고 있었다. 학술조사나 예술활동이라는 문화 수준에서 프랑스가 식민지의 문명화에 공헌하고 있다는 픽션은, 찾아온 프랑스인의 자존심을 만족시킬 것이다. 복원된 앙코르와트의 장대함, 전람회에서 보여주는 학술활동은 그 성과가 그대로 정치 수준에서의 식민지 경영의 성공인 것처럼 착각하게 하는 마술적인 효과를 지니고 있었다.

이렇게 생각한다면, 식민지박람회를 통해 캄보디아의 고고학을 조망하는 경우, 근대의 고고학이 조사활동이나 보존활동과 함께 행해온 또 하나의 중요한 일이 분명해질 것이다. 즉, 조사·보존활동의 성과를 널리 알리는 홍보활동의 중요성이다. 구미의 외부에서 활동하는 고고학자들은 단순히 현지조사를 수행할 뿐만 아니라, 아시아의 유물이 얼마나 미술적으로 뛰어나고, 조사·보존할 가치가 있는지를 구미를 향해 호소할 필요가 있었다. 관광객이나 구미의 미술관에 대해 이루어진 고미술품 판매가 그것을 보여주는 최대의 예인데, 박람회에 전시된 고미술품도, 학술적 성과를 반영한 앙코르와트의 복원도, 장식벽화의 고고학적 그림도, 모두 본국의 프랑스인들에게 현지조사의 성과와 의의를 호소하기 위해 연출된 것이었다.

문제는, 이 퍼포먼스를 위해 현지의 유적이 다대한 손해를 입는다는 사실이다. 고미술품의 해외유출은 유적보존의 관점에서 본다면 커다란 '손실'이고 '파괴'라고까지 할 수 있을 것이다. 하지만 파괴 없이는 보존을 위한 자금을 얻을 수 없다. 또한 고고학의 성과를 전하기 위해서는 조사·보존에 임해야 할 조사원이 일시적으로 본국으로 돌아가 선전 및 홍보활동을 해야 한다. 더욱이 홍보활동이 성공하여 유적의 지명도가 높아지자 관광객이 한층 더 증가하고, 또한 도굴도 증가하는 악순환도 초래되었다. 근대화의 도상途上에 있던 아시아 고고학은, 이러한 딜레마에 사로잡혀 있었던 것이다.

고고학적 유물과 조사 성과를 '보여주는' 장이었던 식민지박람회는 이 현지 고고학의 딜레마를 가장 잘 드러낸 장소였다. 반복하지만, 박람회에서 복원된 앙코르와트의 총공사비는 1,240만 프랑으로, 극동학원이 약 20년간 (1927~1946년) 고미술품 판매를 통해 얻은 매상 총액의 10배 이상에 해당하는 금액이다. 그래도 박람회 관계자뿐 아니라 학원의 조사원들도 구미를 향해 화려한 전시를 우선시했던 것이다. 파리에 등장한 장대한 앙코르와트의 복제품은, 근대화한 앙코르 고고학의 성과를 전하면서도, 실은 현지에서의 고고학적 조사의 수행을 방해하는 요인이 되기도 했다. 이러한 모순은 이윽고, 1940년대에 큰 구멍이 되어 백일하에 드러나게 된다.

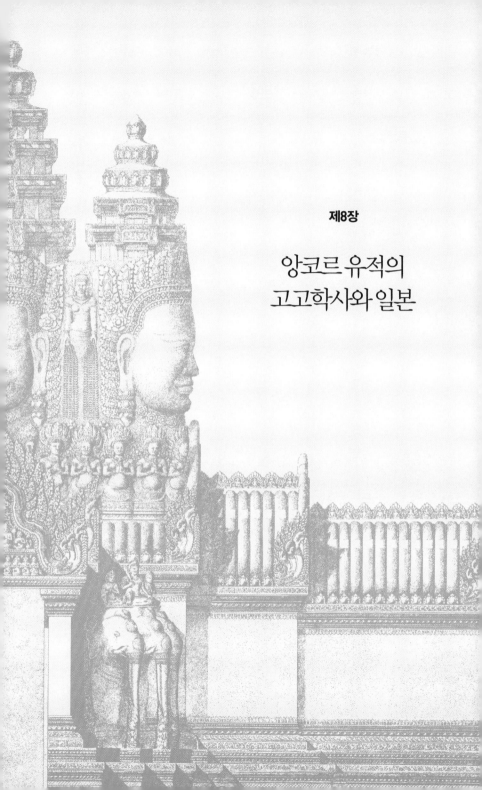

제8장

앙코르 유적의
고고학사와 일본

전시하 일본의 앙코르 붐

1931년의 국제식민지박람회에 즈음하여 프랑스에서는 인도학의 권위자인 실뱅 레비가 감수한 전 2권의 『인도차이나』라는 제목의 호화본이 간행되었다. 박람회를 찾아온 대중들에게 뼈 있는 학술적 정보를 제공하기 위해 출판된 것으로, 각 분야의 전문가가 인도차이나의 민족지나 예술에 대해 집필했다. 고고학에 대해서는 빅토르 골루베프가 「인도차이나의 미술과 고고학」이라는 장을 담당했고, 동시에 극동학원의 30년에 걸친 활동을 보고했다.[1]

그런데 이 책은 일본어로 번역이 되어 있다. 무라마쓰 가쓰村松嘉津가 번역했고, 『불인문화개설仏印文化概説』이라는 제목이 붙어 있다.[2] 일본어로 번역출판된 것은 1943년. 1931년 박람회용의 서적으로서는 분명히 시기를 놓치고 있지만, 일본에 있어서는 의미 있는 시대상에 따른 출판물이었다. 제1장 말미에서 다루었지만, 일본에서 앙코르 유적의 고고학이 본격적으로 소개된 것은 1941년부터 1944년에 걸쳐, 즉 전국戰局을 확대하여 태평양전쟁으로 돌진하던, 화약 냄새 물씬거리던 시대였다.

시대배경을 정리해보자. 1939년 9월 나치 독일이 폴란드 침공을 개시하고, 프랑스는 영국과 함께 선전포고를 하여 제2차 세계대전이 시작되었다. 그로부터 불과 9개월 후인 1940년 6월, 파리는 함락되고 패배한 프랑스는 독일과 휴전협정을 체결한다. 그리고 필립 페탱을 수반으로 하는 신내각을 수립하여 대독협력정책을 취하게 되었다. 이 정세를 지켜본 일본은, 프랑스령 인도차이나에 대해 군사협력을 제의했고, 대 중국정책(원장^{援蔣}물자'의 수송정지와 국경감시단의 수용)에 대한 협력을 요구했다. 페탱 내각을 지지하지 않았던 조르쥬 카트루_{Georges Catroux}(1877~1969) 총독(1939~1940 재임)은 이 요청을 보류했지만, 이 총독도 일주일 후에는 해임되고, 본국의 신정부에 충실한 장 드 쿠_{Jean Decoux}(1884~1963)가 신임 총독(1940~1945 재임)이 되었다. 새로운 총독과의 협의에 따라 일본은 1940년 8월까지 군사협정을 체결하고, 9월부터 '북부 불인진주'를 개시한다. 또한 프랑스 본국과의 협정에 따라 1941년 7월에는 '남부 불인진주'에도 성공한다. 잘 알려진 바와 같이, 이 불인진주가 주요인의 하나가 되어 일본은 동년 12월의 태평양전쟁으로 향하게 된다. 남부 불인진주는 군사사軍事史에서도 지극히 중요한 사건이었다.

1942년 11월 연합군의 반격에 의해 유럽에서는 페탱 내각의 비시정권이 약체화되어가는데, 인도차이나에서는 여전히 페탱을 지지하는 드쿠가 계속 실권을 쥐고 있었다. 저항하는 자유프랑스의 레지스탕스활동도 활발해지는 가운데, 두 개의 프랑스가 분단된 채 혼돈된 상황을 맞이했다. 이러한 정치적 혼란 속에서 일본은 군대뿐 아니라 정치가나 경제인 그리고 대학의 연구자, 예술가 등의 문화인을 잇달아 인도차이나로 보냈다. 그리고 단기간에 서둘러 인도차이나 지역의 정치, 경제, 문화 등 모든 사실과 현상이 일본에 소개되었고,

---

* 중일전쟁부터 태평양전쟁에 걸쳐, 미·영·소 등이 중국의 국민정부군을 원조하기 위하여 물자를 수송하던 것을 가리킨다. '원장'은 '장제스를 돕는다'라는 뜻이다.

연구가 이루어졌던 것이다. 이 상황은 1945년 3월의 이른바 '불인佛印처리'에 의한 인도차이나의 무력제압을 거쳐, 일본이 패전할 때까지 계속되었다.

당시 도쿄공업대학의 조교수였던 후지오카 미치오는 1943년의 저작『앙코르와트』에서 "최근 대동아전쟁의 진전과 더불어 이른바 남방물의 출판이 증가했고, 번역서나 그에 준하는 책도 연이어 나타나기에 이르렀다"라고 쓰고 있는데,[3] 말 그대로 불인진주 시기의 5년간 일본에서는 앙코르 유적을 소개하는 일반서나 연구서가 잇달아 출판되었다.

대표적인 것을 발행연도순으로 열거해보면, 피에르 로티의『앙코르 참배』(사토 데루오佐藤輝夫 옮김, 白水社, 1941), 앙리 무오 저『시암, 캄보디아, 라오스 제 왕국 편력기』(오이와 마코토大岩誠 옮김, 改造社, 1942), P. J. 케시이Casey 저『시바 신의 네 얼굴, 앙코르 유적을 찾아서』(우치야마 쓰토무內山畝 옮김, 南方出版社, 1942), 조르쥬 그롤리에 저『앙코르 유적』(미야케 이치로 옮김, 新紀元社, 1943), 앙리 파르망티에 저『앙코르 유지군』(나가타 이쓰로 永田逸郎 옮김, 育生社弘道閣, 1943), 실뱅 레비 편『불인문화개설』(무라마쓰 가쓰 옮김, 興風館, 1943), 후지오카 미치오 저『앙코르와트』(東亜建築選書, 彰国社, 1943), 도미타 기큐富田亀邱 저『앙코르와트의 조각』(日進社, 1943), 도미타 쇼지富田正二 저『앙코르와트의 경관』(立命館出版部, 1943년), 들라포르트 저『캄보디아기행 크메르예술과 앙코르』(미야케 이치로 옮김, 青磁社, 1944),『앙코르와트』(湯川弘文社, 1944) 등이다.

특히 앙리 무오나 들라포르트, 파르망티에, 그롤리에 등, 이 책에서 다루었던 프랑스인 오리엔탈리스트의 저작들이 연속적으로 번역되었다는 점이 주목할 가치가 있다. 현행 앙코르 관계의 번역서 숫자보다도 많을 정도인데, 당시의 프랑스령 인도차이나에 대한 관심의 크기를 엿볼 수 있다(물론 현재는 일본인 연구자에 의한 우수한 저작물이 다수 있기 때문에 번역이 필요 없을 정도이다). 이 책을 집필하기 위한 연구를 개시했을 무렵의 나는, 지금은 잊혀버린 오리엔탈리스트의 일본어 번역서가 이렇게나 많이 번역되어 있다는 사실에 놀랐었다(그리고 '적국'이었던 프랑스의 저작물이 전시 중에도 지속적으로 다수 번역되었다는 사실에도 당혹감을 감출 수 없었던 기억이 있다). 그만큼 앙코르 유적의 연구는 프랑스인들이 독점하고 있었으며, 역으로 일본인들은 그때까지 앙코르 연구를 거의 하지 않았던 것이다.

이러한 서적들에는 때가 때인 만큼 반드시 '대동아전', '대동아공영권' 구성에 대한 언급이나 암시가 있다. 예를 들면, 그롤리에의 저서를 일본어로 번역한 미야케 이치로는 역자후기에서 다음과 같이 쓰고 있다.

앙코르는 가까이에 있다. 앙코르는 동양의 것이다. 그것은 일본이 반드시 알아야 할 것, 특히 지금부터의 일본이 연구해야 할 것, 서구의 학자들에 의한 연구에만 맡겨서는 안 될 것이다.[4](…)

또한 히가시혼간지東本願寺* 남방미술조사대의 일원으로서 앙코르 유적의 조사에 참가할 예정이었던 도미타 기큐는 1943년의 『앙코르와트의 조각』에서 아래와 같이 쓰고 있다.

맹방국盟邦國 프랑스령 인도차이나의 이 장려한 앙코르와트는 크메르 민족의 상

---

* 일본 교토에 있는 진종대곡파 본산의 통칭이다.

그림106 '앙코르와트 유적을 찾아서 (하)', 《아사히신문》 1941년 8월 10일

징이요, 우리나라의 호류지(法隆寺)가 세계의 자랑이듯이, 함께 세계의 경이적인 존재라는 것을 알아주기 바란다. (…) 과거 1년에 걸쳐 앙코르를 중심으로 한 나 자신의 조사자료에 약간 가필하여 조금이라도 동아문화공영권의 기초가 될 사석이라도 되었으면 하는 생각에서 지극히 통속적인 사진 본위의 저서를 강호에 소개하기로 했다.[5]

그리하여 전쟁 중이던 1941~1945년에 앙코르 유적이 일본인에게 널리 알려지게 되었고, 앙코르 유적 붐이라 표현해도 좋을 상황이 도래했던 것이다. 특히 1941년 여름의 남부 불인진주부터 겨울의 미국에 대한 선전포고까지의

반년간은, 인도차이나로부터 매일같이 새로운 뉴스가 도착하여 일반 신문을 떠들썩하게 했다. 《아사히신문》은 8월 8일~10일에 '앙코르와트 유적을 찾아서'라는 제목의 특파원 특집기사(그림106)를, 또한 8월 8일~18일에는 인도차이나를 방문한 지식인에 의한 '불인을 이야기하는 좌담회'의 모습을 전하고 있다.

이 장에서는 이상과 같은 상황을 고려하여, 일본과 인도차이나와의 관계라는 새로운 축을 도입함으로써, 1940년대의 앙코르 고고학사의 한 페이지를 보태고자 한다. 이 시기에는 극동학원과 일본의 학술기관 사이에 '교수 교환(지식인 교류)'이나 '미술품 교환' 등 중요한 사업이 이루어지고 있었다. 군사적 수준에서 프랑스령 인도차이나 진주가 큰 의미를 가졌던 것과 마찬가지로, 앙코르 유적의 고고학사에 있어서도 일본의 인도차이나 개입은 큰 의미를 지녔다. 일본도 또한 앙코르 고고학사와 결코 무연한 존재가 아니었던 것이다.

제2차 세계대전 이전의 일본인에 의한 앙코르 연구

우선은 제2차 세계대전 이전의 일본에서의 앙코르 연구의 상황을 개관해 두자. 미야케 이치로는 앙코르 연구를 "서구의 학자들에 의한 연구에만 맡겨서는 안 될 것"이라고 했는데, 거꾸로 이야기하면, 그 이전의 앙코르 연구는 서구 학자들에게만 맡겨져 있었다. 이 시기 일본의 고고학자나 미술사가의 관심은, 일본과 중국 그리고 일본 식민지하의 만주와 한반도, 대만을 향해 있었다. 영국은 인도, 네덜란드는 인도네시아, 그리고 프랑스는 인도차이나 등, 열강들은 연구판도를 나누어, 주어진 장소를 독점적으로 조사했다. 일본의 연구자가 자신들의 영역 바깥에 있는 지역으로 조사를 떠나는 것은 매우 드물었다.

예외는 도쿄제국대학 교수였던 건축가이자 건축사가였던 이토 주타(伊東忠太)이다. 1912년 1월에 대학의 출장차 하노이의 극동학원을 방문하여, 약 1개월간 조사를 했다. 앙코르 유적도 방문했다. 하지만 기묘하게도 귀국 후의 조사보고회에서는 건축사의 관점에서 보고하지 않고, 프랑스령 인도차이나의 지리나 역사를 개설하고, 앙코르와트의 사진을 몇 점 소개했을 뿐이었다. 조사에서는 "매일 이 동양학원(극동학원)에 다니면서 사진을 찍거나, 이야기를 듣거나" 했다고 한다. 이토가 방문했을 당시의 극동학원은 일본통인 클로드 메트르가 원장 대리를 수행하고 있었다(제2장 참조). 또한 노가쿠(能楽)'연구로 알려진 노엘 페리도 그 구성원이었다. 일본어로 환담(歡談)하면서 행한 조사였다고 상상된다. 이토는 학원의 연구체제에 큰 감명을 받은 것 같은데, "저는 프랑스인에 대해서는 그다지 감동받은 것이 없었습니다만, 유일하게 학문에 돈을 아끼지 않고 충실하게 연구하고 있는 점만은 크게 감동"했다고 술회했다. 그리고 "일본에도 이러한 연구소가 하나 있었으면 하고 절실하게 부럽다고" 생각했다고 한다.[6]

이토는 적어도 이 시점에서는, 앙코르 유적에 있는 사원들의 건축구조나 건축미에는 관심을 보이지 않고 있다. 그의 관심은 다른 곳에 있었다. 이 조사를 떠나기 전인 1910년에, 그는 건축학회에서 '기원정사도(祇園精舎圖)''와 앙코

---

* 일본의 전통 예능으로서, 노(能)와 교겐(狂言)을 포함하는 총칭이다. 에도시대까지는 사루가쿠(猿楽)라고 불렸으나, 1881년에 노가쿠샤(能楽社)의 설립을 계기로 노가쿠라고 칭하게 되었다.

** 기원정사의 정식명칭은 祇樹給孤独園精舎이고, 범어로는 Jetavana Anathapindadasya-arama이다. 석가가 설법을 행한 장소이다.

르와트'라는 제목의 강연을 했다[7](《건축잡지》에 발표한 것은 1913년). 이토에 의하면, 이 논제는 "올해 7월 10일 도쿄제국대학 졸업식에 메이지 천황의 행행(行幸)·이 있었다. 그때 나는 이 문제에 대해 설명을 드렸다"라고 한 것이므로, 그로서는 소중히 간직해온 이야기였을 것이라 할 수 있다. '기원정사도'란 현재 미토쇼코칸(水戶彰考館)··이 소장하고 있는, 17세기에 제작된 사원의 평면도로서, 이토는 이것을 앙코르와트의 도면이라고 단정했다. 이토의 설은 금방 프랑스인 연구자들에게도 인정을 받아, 오늘날에는 현존하는 세계 최고(最古)의 앙코르와트의 평면도로서 일찍부터 알려지게 되었다. 그렇다면 왜 17세기의 앙코르와트의 도면이 일본인에 의해 그려진 것일까? 이토의 관심은 일본(인)과 앙코르와트와의 역사적 관계의 해명에 있었다. 건축사가로서 앙코르와트에 접근한 것이 아니었다. 그 스스로, "본편의 목적은 앙코르와트의 건축학적 연구보고가 아니라, 시마노(鳴野)의 기원정사도와 대비하여 같고 다름을 변별하는 데 있다"라고 했다.

건축가이기도 했던 이토가 건축물에 관심이 없었을 리는 없을 것이다. 앙코르 방문 후에 그가 설계한 쓰키지혼간지(築地本願寺)···나 교토의 기온카쿠(祇園閣)····

---

* 임금이 대궐 밖으로 거둥함을 말한다.

** 에도시대에 히타치쿠니(常陸国)(현재의 이바라기현)에 있던 미토(水戶)번이 『대일본사』를 편찬하기 위하여 설치한 사국(史局)이다.

*** 일본 관동 지방 사람들에게 잘 알려져 있는 이 절은, 정식명칭이 '정토진종 본원사파 본원사 축지별원(浄土真宗本願寺派本願寺築地別院)'이다. 1617년, 니시혼간지의 별원으로서 제12대 종주인 준뇨쇼닌(准如上人)에 의해 건립되었다.

**** 교토 시내에 있는 건물로서, 오쿠라(大蔵) 재벌의 총수 오쿠라 기하치로(大蔵喜八郎)가 이토 주타에게 설계를 의뢰하여 세웠다. 높이 34미터의 3층 건물로서, 외관은 기온의 야마보코(山鉾)를 모델로 했고, 내부의 조명을 지지하는 괴물상의 장식 등 설계자의 취향이 유감없이 발휘된 것으로 유명하다.

등에서, 크메르 건축을 실제로 본 영향을 읽어낼 수 있을지 모르겠지만, 억측에 가까운 것이다. 건축사적인 관심이 있었다 하더라도, 이토는 "앙코르와트의 건축사상의 위치, 그 예술적 가치는 학술계의 대문제이고, 그 일반 역사 및 종교사상에 공헌하는 바도 실로 큰 것이며, 하루아침, 하룻밤에 풀어낼 수 있는 것이 아니"라고 하는 데 머물고 있으며, 건축사로부터의 접근은 피했다. 시대는 아직 앙코르 지구가 시암으로부터 막 반환되었을 때이고, 프랑스인에 의한 앙코르 연구도 겨우 단서를 잡았을 뿐이었다. 우선은 "서구의 학자들에게만 연구를 맡겨두는" 길을 택했던 것이다.

이토의 후속 일본인 연구자들도 일본과의 역사적 관계를 밝히고자 하는 목적에서 앙코르에 접근했다. 16세기부터 17세기 초기에 걸친 쇄국 이전의 일본은, 동남아시아 국가들과 활발하게 무역을 했고, 각지에 '일본인정日本人町'을 형성했다. 시암의 통치하에 있던 앙코르는 '남천축南天竺'이라 불리었고, 불교도의 순례지로서 알려져 있었던 듯하다. 시암을 방문한 일본인이 이 지역을 찾아오는 경우도 적지 않았다.

가장 유명한 것이 앙코르와트의 기둥에 흑서黑書(낙서)를 남긴 모리모토 우콘다유森本右近太夫라는 인물이다. '기원정사도'의 연구에 이어, 일본의 연구자가 흥미를 가진 것은 이 흑서이다. 1928년에 이와오 세이치岩生成一가 「앙코르와트에 있는 모리모토 우콘다유의 사적」이라는 논문을 발표했다.[8] 후에 『남양 일본인정南洋日本人町의 연구』(1955)로 알려진 이와오는 1928년에 도쿄제국대학 문학부 사료편찬소의 자료편찬관보로서 프랑스령 인도차이나, 시암, 영국령 말레이시아를 현지조사하여, 17세기 초기의 일본과 동남아시아의 교류관계를 밝히고자 했다(이듬해, 타이페이제국대학 문정학부 남양사학 강좌 조교수로 취임한다). 또한 국사편찬으로 잘 알려진 구로이타 가쓰미黑板勝美도

1930년에 「앙코르와트 석주기문에 대하여」라는 제목으로 이 흑서의 역사적 배경에 다가가고 있었다.[9] 한편 민족학적 접근방식으로 인도차이나를 연구한 학자도 있다. 파리 유학의 경험을 가진 게이오기주쿠대학의 마쓰모토 노부히로松村信広는 1933년에 극동학원을 방문하여 현지조사를 했고, 프랑스류의 비교민족학적 관점에서 일본과 동남아시아의 문화적 관련성을 해명하려고 했다.[10]

이와 같이 국사(일본사)나 민족학의 분야에서는 일본과의 관련 범위 내에서 인도차이나에 관심을 보이는 연구도 있었지만, 미술사가나 고고학자가 거기에 반응하는 경우는 없었다. 중국이나 한반도에 비해, 일본의 불교미술과의 관련성이 희박한 크메르미술은, 일본의 고고학이나 미술연구의 연장으로 접근하기도 어렵고, 관심 밖에 놓여 있었던 것이다.[11]

그런데 모리모토 우콘다유의 흑서는 일본사 연구자뿐 아니라 일반적인 일본인의 호기심을 자극한 것 같은데, 1941년의 남부 불인진주 후에 앙코르와트를 찾는 일본인 중에는 모리모토를 모방하여(?) 낙서를 하는 사람도 있었다. 이에 대해 후지오카 미치오가 재미있는 증언을 남기고 있으므로 소개하겠다. 모리모토의 흑서에 대해 언급하고, 낙서는 해서는 안 되지만 지금은 중요한 역사자료가 되어 있다고 한 후, 다음과 같이 이어가고 있다.

그런데 뭔가? 앙코르와트 중앙사당에 가까운, 눈에 띄기 쉬운 기둥 위에 '쇼와 ○년 ○월 ○일 ○모'라고, 교양도 갖추고 있을 모 대백화점 주인이 뻔뻔하게 그 이름을 크게 적어놓지 않았는가? 세 살짜리 아이라면 몰라도, 이것은 유적을 모독하는 것으로서, 그 부끄러움을 해외에 알리는 것이라고 말해주고 싶다. 일본이라면 결국 국보훼손죄로 고발당해도 할 말이 없을 무리들이다. 앞으로 남방에 진출할 일본인은 나날이 증가할 것인데, 그와 함께 이러한 종류의 수치를 드러낼 수밖에 없는 기회가 증가하는 것을 나는 두려워하고 이다. 대동아의 맹주인 일본인은 크게 자중하여 스스로를 깊이 경계해야 한다.[12]

지금도 사원에 낙서를 하기 좋아하는 전통을 잊지 않고 있는 일본인에게는 귀가 아픈 충고일 것이다.

그런데 일본의 역사나 문화와 관련하여 인도차이나에 접근한 일본인의 연구는, 앙코르 고고학의 방계(傍系)적인 연구라고 할 수 있지만, 그래도 1907년부터 학원 멤버가 되었던 노엘 페리의 주목을 받게 되었다. 일본과 깊은 관계가 있는 이 인물에 대해 여기에서 조금 언급해두고자 한다.

1889년부터 1905년까지 일본에 체재했고, 일본의 역사와 전통문화에도 조예가 깊었던 페리는, 1907년에 극동학원의 멤버가 되었다. 그리고 유창한 일본어 능력을 구사하여 일본어 문헌을 접하고, 일본과 인도차이나의 역사적인 교류관계를 포괄적으로 파악하는 연구를 했다. 그 일부가 「16~17세기의 일본과 인도차이나의 관계에 대한 시론」으로서 1923년에 《학원기요》에 발표되었다.[13] 이토 주타가 '발견'한 '기원정사도'도 소개하고, 고문서의 분석을 통해 이토의 설을 지지하고 있다. 1922년에 하노이에서 불우의 사고사를 당한 페리가 이 연구를 완성하지는 않았지만, 수집한 17세기의 시암과 일본의 고문서를 최초로 프랑스어로 번역하여 구미에 전한 귀중한 논문이다.

노엘 페리는 일본의 노가쿠나 요쿄쿠謠曲＊를 프랑스어로 번역한 인물로서, 노가쿠 연구자들에게는 잘 알려진 인물이다.[14] 그에 대해서는 1944년에 법학자인 스기야마 나오지로杉山直次郎가 쓴 전 250쪽에 이르는 주도면밀한 전기가 있다.[15] 그에 따르면, 1889년에 사제로서 일본에 온 페리는 도쿄음악학교의 촉탁교사로서 오르간 화성법과 작곡을 지도하는 한편으로, 일본의 전통문화 연구를 수행했다. 제2장에서 설명한 것처럼, 1920년경까지의 극동학원에서는 원장 대리인 일본연구자 클로드 메트르를 필두로, 인도차이나 외부의 극동연구에 종사하는 사람이 적지 않게 있었다. 학원 멤버로서 종종 일본을 방문했던 메트르는, 일본에서 페리를 만나 금세 '마음의 벗'이 되었다고 한다. 이 메트르의 권유를 받아, 페리는 1907년부터 학원 멤버가 되었던 것이다. 앙코르 고고학의 중요성이 증대되면서 학원의 일본연구는 시들해져 갔지만, 그래도 1920년경까지는 우수한 연구자가 일본연구를 충실히 수행하고 있었던 것이다.

일불회관과 극동학원의 연대

전술한 바와 같이, 스기야마 나오지로가 쓴 노엘 페리의 전기는 1944년에 발표되었다. 그리고 그해에 스기야마는 페리의 노가쿠에 관한 연구논문을 재수록한 『노能 Le No』(프랑스어)를 편찬하여 도쿄의 일불회관에서 간행했다.[16]

＊ 노가쿠의 시가(詞章)에 가락을 붙여서 부르는 것, 그리고 그 노래.

극동학원과 교섭하여 《학원기요》에 발표된 페리의 논문과 요료쿠의 프랑스어 번역본을 한 권으로 정리한 것이었다.[17] 이 간행사업은 페리의 20주기 기념이라는 의미도 있었지만, 그 이상으로 이 장에서 주제로 삼고 있는 제2차 세계대전 중 일본과 인도차이나의 '문화협력'정책과 깊은 관련을 맺고 있다.

스기야마는 당시 도쿄의 일불회관의 대표자를 역임하고 있었는데, 페리의 저작물의 출판에 즈음하여 이렇게 적고 있다. "우리 일불회관도 또한 주로 하내동양학원河內東洋學院(하노이의 극동학원)과 맺어온 다년간의 깊은 문화교류의 인연을 생각하여, 이 일불인日佛印 공동의 염주念珠의 일환을 이루게 된 것"이라고.[18] 스기야마가 증언하듯이, 현재도 활동을 계속하고 있는 일불회관은 제2차 세계대전 중의 일본과 인도차이나의 문화교류에 있어서 중요한 역할을 담당했다. 대전 이전에는 프랑스와 일본의 문화교류의 촉진을 도모했던 이 기관도, 전쟁이 시작되고 프랑스와의 직접적인 교류가 끊어진 시기에는 인도차이나를 통해 프랑스와의 관계유지를 획책하지 않을 수 없었던 것이다. 이 절과 다음 절에서는 이 일불회관의 활동을 통해 일본과 인도차이나의 문화협력의 시대배경에 대한 이해를 심화시켜가도록 하겠다.

우선 대전 중의 일불회관의 활동을 이해하기 위해 이 시설의 역사를 돌아보도록 하자.[19] 일불회관은 1924년 12월에 도쿄에서 개관했다. 일본과 프랑스의 공동출자로 일본인 이사장과 프랑스인 관장을 내세운 독특한 운영방침 하에 설립된 재단법인으로, 일본 측은 일본에서의 프랑스 문화진흥을 위한 기관으로서, 프랑스 측은 프랑스인 젊은 연구자의 일본연구의 장으로서 활동을 전개했다. 설립구상은 제1차 세계대전 중으로 거슬러 올라간다. 이 기관의 일본 측 이사장으로서 설립에 진력한 시부사와 에이치渋沢栄一의 일기에, 처음으로 일불회관 관계의 사건이 기록된 것은 1919년 8월 4일이었다.

조선을 방문 중이던 리옹대학 총장 폴 쥬방 및 동 대학의 문과대학 교수 모리스 쿠랑Maurice Courant(1865~1935)*을 아스카야마飛鳥山邸에 초대하여, 이누카이 쓰요시 犬養毅·후루이치 고이古市公威·도미이 마사아키라富井政章·호즈미 노부시게穗積陳重·사카타니 요시로阪谷芳郎 등과 오찬회를 열었다. 그 자리에서 쥬방으로부터 일불문화 교류기관의 설치에 대한 제안이 있었고, 다 함께 실현을 기하기로 했다.[20]

파리가 아닌 리옹대학과의 교류 중에 일불회관 설립의 구상이 생겨난 것은 주목할 만한 가치가 있을 것이다. 제1차 세계대전 중, 리옹영사관원이었던 기지마 고조木島孝藏는 전시 중의 일본과 프랑스의 동맹관계를 강화하고자 문화활동을 활발히 하여, 1917년에 리옹에 일불위원회를 출범시켰고, 리옹대학의 지식인들과 교류를 심화시켜갔다.[21] 그중에는 리옹대학 미술사 교수였던 앙리 포시용도 있었다. 또한 리옹은 에밀 기메의 출신지이고, 19세기부터 일본과 적지 않은 인연을 가지고 있었던 곳이다. 1874년에 내일來日한 기메는 일본인 유학생을 데리고 프랑스로 귀국했는데, 그중에는 시부사와의 일기에 보이는 회합에 참가했던 도미이 마사아키라도 있었다. 리옹대학에서 법률을 배운 도미이는 이때 도쿄제국대학 법학부 교수가 되어 있었다. 이와 같은 관계로부터 리옹일불위원회가 "일불문화교류기관의 설치"의 제안을 했던 것이다. 기지마는 일본에 귀국한 후 일불회관의 설립에 진력했다.

이 구상이 현실화된 것은, 1921~1927년에 프랑스공화국 특명전권대사로

---

* 프랑스의 동양학자. 파리에서 출생하였으며, 파리대학 부속 동양현대어전문학교를 졸업했다. 그 후 서울, 도쿄, 톈진 등에서 공사관의 통역으로 근무했다. 1890년 조선 주재 프랑스 공사관에 있으면서 대한민국 도서의 연구를 시작했다. 1896년 『조선서지학』 3권을 펴냈는데, 구미의 한국 연구에 귀중한 자료가 되었다. 그 후 리옹대학 중국어 교수를 지냈다.

서 일본에 체재한 폴 클로델Paul Claudel(1868~1955)을 시부사와가 찾아가, 일불회관 "설립의 건에 관한 담화"를 행한 1923년 1월 이후의 일이다. 클로델은 일불회관의 설립에 매우 적극적이었다. 그는 일불교류기관의 필요성을 설명하는 보고서나 편지에서, 제1차 세계대전에서 프랑스가 독일에 '승리'한 후에도 일본의 대학생의 태반은 제2외국어로로 독일어를 선택하고, 프랑스에는 거의 관심이 없는 상태를 탄식했다. 이러한 상황을 극복하고, 일본에서 프랑스의 입장을 향상시키기 위해 노력하고자 했던 것이다. 또한 거꾸로 프랑스에서도 자포니즘 이후, 일본을 연구하는 젊은이들이 격감하고 있었고, 젊은 연구자의 육성을 도모할 필요도 있었다. 클로델은 다음과 같이 이야기했다.

> 일불회관에 장기간에 걸쳐 숙박하는 프랑스인 청년은 2년 또는 3년간 이 나라의 말이나 문자에 대해서 강의를 듣고, 이 나라의 역사, 경제, 예술, 문학을 배웁니다. 그들은 우리 영사관에 있어서, 그리고 프랑스의 산업이나 상업, 예술, 과학, 정치에 있어서, 헤아릴 수 없는 '인재양성기관'이 될 수 있을 것입니다.[22]

그리하여 1924년 3월, 일불회관이 설립되었다. 프랑스에서는 관장 한 명과 네 명의 멤버(일본연구를 위한 특별연구원과 초빙강연자)가 상주했다. 초대관장의 적임자로 여겨졌던 것은 노엘 페리였지만, 페리는 1922년에 불우의 사고사를 당했다. 또한 페리의 '마음의 벗'이었던 메트르도 1925년에 병사했다. 대망의 연구시설이 탄생하여, '이제부터다'라고 할 때에 프랑스는 시대를 대표하는 일본연구자를 잃어버렸다. 일본과 프랑스 모두에게 너무도 아쉬운 일이었다.[23]

이러한 경위를 거쳐 초대관장에는 불교학자인 실뱅 레비가 임명되었다.

그 후에도 알프레드 푸셰나 조제프 아캉 등, 프랑스를 대표하는 오리엔탈리스트가 관장이나 관장 대리를 역임했다.[24] 관장의 면면을 살펴보면, 일본학의 연구교육기관이라기보다는 하노이의 극동학원 출장소라는 느낌이 든다. 실제로 일불회관에 파견된 프랑스인 중에는, 인도차이나나 극동학원과 관계가 있는 사람이 적지 않았다. 원래부터 클로델은 프랑스인 학자나 학생들에게 일본을 포함한 극동의 언어나 문화를 연구하는 기관으로서 일불회관을 자리매김하고 있고, 그러한 의미에서 학술적 기관으로서의 역할에만 주목한다면, 극동학원과 그다지 다를 바가 없었다. 극동에서 연구를 할 의지가 있는 프랑스인이라면, 극동학원과 일불회관 두 개의 시설을 이용할 수 있다는 것이다. 프랑스는 양 시설의 연계를 통해 보다 광범위한 극동연구의 장을 확립하려고 생각하고 있었다고 할 수 있을 것이다.

극동학원과 일불회관과의 연대에 관해, 관장 대리로서 1926년 1월에 내일한 알프레드 푸셰가 중요한 문서를 남기고 있으므로, 여기에서 소개해둔다.

1922년에 결성된 아프가니스탄 고고학 대표단을 통솔한 푸셰는, 1925년에 아프가니스탄을 조사한 후, 카불을 떠나 인도차이나의 극동학원에 부임한다. 그리고 앙코르 유적의 조사 상황을 시찰한 후에 일본에 도착했다. 공무로 인해 일본을 떠나 있던 관장 레비의 대리역으로서, 그는 1926년 1월부터 9월까지 약 반년간 일본에 체재했다. 일본에 있던 중에 일불회관이나 도쿄제국대학에서 앙코르 유적과 불교미술에 관한 강연회를 개최했다.[25]

그런데 학원과 일불회관의 연계에 관한 것으로, 푸셰는 "일불회관의 미래"를 위해서는 학원과의 협조관계를 한층 더 강화할 필요가 있다고 제언했다. 그에 의하면 "인도차이나는 지리적으로도 (일본에) 근접해 있으므로, 협조가 용이"하고, 또한 "일불회관에는 일본 측으로부터 제공된 훌륭한 숙소가 있다", "이것을 이용할 수밖에 없다"라는 것이다. 기관끼리 쌍방의 "긴밀한 연대"가 프랑스의 극동연구의 충실화를 위해서는 불가결하다는 것이 푸셰의 주장이었다. 프랑스 측의 이상으로는, 일불회관에도 극동학원과 같은 연구소로서의 성질을 부여하고, 극동연구의 충실화를 도모하고 싶었던 것이다. 일불회관에는 프랑스(외무성)로부터 주재연구자의 급여나 여비 명목으로 35만 프랑이 충당되었는데, 인도차이나총독부로부터도 설비투자로 3만 엔이 출자되는 등, 재정 면에서도 인도차이나와의 협력관계가 이미 존재했다.

그러나 일본의 관계자들에게는, 프랑스의 오리엔탈리스트가 목적으로 삼고 있는 아시아연구자 육성이라는 과제가 2차적인 것에 지나지 않는다는 것은 더 말할 나위도 없다. "프랑스의 문화전도"야말로 제1의 목적이었다. 그러므로 푸셰는 프랑스 측의 목적을 너무 전면에 내세워서는 안 된다는 인식도 보여주고 있다.

내가 걱정하는 것은, 일불회관의 현상이라기보다는 미래입니다. 즉, 이 시설의 최종적인 지위status는 아직 논의의 여지가 있기 때문입니다. 그러나 현재 시점에서 분명히 말할 수 있는 것은, 프랑스 측의 관점에서 보아 바람직한 것으로 만드는, 즉 로마나 아테네, 카이로나 하노이와 동종의 학원으로 만드는 일은 없을 것이라는 점입니다. 예산도 절반으로 깎였고, 운영도 (일불의) 이중체제이므로, 이 기관은 현재도 그리고 앞으로도 계속 혼성적인 것이 될 것입니다. 외국의 선전광고에 대해서는, 시의심猜疑心이 매우 강한 나라이므로 이 상태가 더 바람직할 것입니다.[26]

일본과 표면적으로는 "서로가 받쳐주는" 형식을 유지하면서, 실질적으로는 인도차이나의 학원과 연대를 강화하여 프랑스의 극동연구에 도움이 되는 기관으로 만들고자 하는 것이 푸셰의 목표였다. 편지의 마지막을 푸셰는 너무나도 정치적인 오리엔탈리스트에 어울리는 말로 끝맺고 있다. 일불회관은 "일본이 육체를, 프랑스가 정신을 부여하는" 기관이고, 서로를 필요로 하고 있기 때문에, 일본과의 협조관계도 어렵지 않다는 것이다. 일본은 그릇만을 준비해주면 되고, 내용은 프랑스가 채운다는 것이다.

한편, 관장이었던 실뱅 레비는 도쿄제국대학의 다카쿠스 준지로高楠順次郎와 공동으로 1926년부터 『법보의림法宝義林』(불교술어해설사전)의 편찬을 개시하는 등, 일본인 연구자와의 연계를 솔선해서 행하고, 일본 측 연구자를 업신여기지 않았다.[27] 그러나 극동학원과 일불회관의 연계에 관해서는 푸셰와 동일한 의견을 가지고 있었다. 1926년에 극동학원 원장에게 보낸 사신에서, 레비는 학원과 일불회관을 "프랑스의 문화전도라는 동일한 길에 있는 두 개의 기관"이라고 평하고, "조직적인 협력체제를 모색해가야 한다"라고 했다.[28] 또한 "독일이 일불회관을 흉내 내어, 일본에 유사한 시설을 설치"하고자 하고 있으므로 학원과의 결속력을 높여야 한다고도 했다. 일불회관은 극동학원과 마찬가지로 극동에서의 프랑스의 문화전략의 한 거점으로서 이해되고 있었던 것이다.

제2차 세계대전 중의 일불회관

이상과 같이, 일불회관은 원칙적으로는 '프랑스의 문화전도'를 슬로건으로 하여 1920~1930년대에 교육·연구활동을 전개했다. 레비의 말에서 엿볼 수 있듯이 독일과의 경계심도 강하게 있었다. 그러나 반독일의 기치는 제2차 세계대전의 개시와 더불어 취하해야 했다. 일본은 추축(枢軸)국의 일원으로서 1940년 9월에 독일과 군사동맹을 체결했고, 프랑스는 그 독일에게 일찍 패배했던 것이다(1940년 6월). 이러한 상황에서 일불회관이 존속할 수 있었던 것 자체가 불가사의한 일인데, 프랑스가 독일과 휴전하고 대독협력정책을 취했기 때문에 살아남을 수 있었을 것이다. 실제로 파리가 해방된 1944년 여름에는 당시의 프랑스인 관장이었던 쥬옹 데 롱그레Frédéric Joüon des Longrais는 도쿄를 떠나, 가루이자와(軽井沢)에서 부득이하게 소개(疏開) 생활을 하고 있었다. 대신에 관장으로서 친일파이자 페탱 지지자인 빅토르 골루베프를 인도차이나로부터 초빙할 계획도 있었는데, 이것은 그의 죽음(1945년 4월)으로 인해 실현할 수 없게 되었다.[29] 아무튼 이러한 전시 중에 '프랑스의 문화전도'라는 제목을 주창할 수는 없었다. 일불회관 멤버의 논조도 저절로 변해갔다.

프랑스가 패한 이듬해인 1942년에 간행된 일불회관 기관지《일불문화》를 읽어보자. 특집은 '불란서 문화의 현재와 장래'이다. 독일에 패배한 프랑스의 문화는 장래에 어떻게 될 것인가? 그것을 검토하고자 한 것이었다. '서(序)'에서 스기야마 나오지로는 다음과 같이 쓰고 있다.

천 수백 년 동안 발전하고 단련되어온 프랑스문화의 고유한 본질은, 어떤 대전환기에 당면하더라도 발자취조차 없이 소실되는 일은 있을 수 없다. 따라서 과거의 프랑스문화의 본질과 그 현상에 관한 일정 정도의 지식과 결부시킨 온고지신적 고찰, 즉 이른바 역사적 필연성에 입각한 고찰의 노력은 반드시 불가능하지도 또한 비과학적이지도 않음에 틀림없다. 우리 황군(皇軍)에는 불가능이라는 글자는 없다. 곤란 앞에서 뒤로 물러서는 것은 대동아 건설지도(建設指導)의 천직을 짊어진 국민이 아니다. 오히려 이러한 기회에, 자칫하면 몰각沒却되기 쉬운 프랑스문명의 불멸의 본질, 그 장단점, 오랜 세월 인류에게 미친 공과, 그에 대한 앞으로의 사명감에 대해, 냉정하고 공평한 총결산적 고찰을 시도하는 것에 필적할 것은 없다.[30]

프랑스 문화를 비판적으로 검증하여, 그 "불멸의 본질"을 찾아내고, "대동아 건설지도의 천직을 짊어진" 일본에게 도움이 되도록 하자는 취지이다. 게재된 논문은 모두 프랑스의 패전에 대한 분석이나 페탱 신정권의 소개였고, 페탱을 지지하겠다는 방침을 선명하게 하고 있다. 특히 극단적인 것은 화가인 세키구치 슌고關口俊吾가 쓴 「프랑스예술의 동향」이라는 논문으로서, 제3공화정하에서 국제화한 프랑스문화를 비난하고 있다. 화단에서 유대인을 배척하는 페탱의 정책을 지지하면서, 세키구치는 다음과 같이 쓰고 있다.

지금 프랑스는 패전을 계기로 번연히 지금까지의 악몽에서 깨어나, 페탱의 이른바 '국가·가정·노동'의 3표어에 꼭 들어맞는 예술이, 가까운 장래 프랑스 땅에 다시금 열매를 맺을 것이라는 것을 나는 믿어 의심치 않는 것이다.[31]

신정권의 보수적 문화정책과 대독협력정책을 지지함으로써, 일불회관이 살아남을 수 있었다고 보아도 틀림없을 것이다.

그러나 대전쟁의 종반에는, 잡지 《일불문화》에서 프랑스문화에 대한 논문이 사라진다. 대신에 논의가 된 것은 인도차이나의 문화였다. 1944년에 간행된 《일불문화》의 특집은 '일불인 문화의 회고와 전망'이라고 되어 있다. 전술한 노엘 페리의 전기가 게재된 것은 이 특집호였다. 인도차이나의 정세를 전하는 기사나 인도차이나와 일본과의 협력관계를 축하하는 문장이 거의 대부분을 차지했다. 예를 들면, 1943년에 하노이와 사이공에 신설된 일본문화회관에 대해 언급하면서 스기야마 나오지로는 다음과 같이 썼다.

우리들은 일불인日佛印의 흥망을 짊어지고, 이 적절한 시설(재불인 일본문화회관)을 이상적인 적임자(요코야마 마사유키橫山正幸)에 의해, 일불인 공동의 광범위하고 중요한 면이 비로소 본격적인 궤도에 올라 획기적인 진전이 출범하는 것을 보고, 올바른 총력적 일불인 문화공영, 따라서 대공영의 확보를 위해 경하해 마지않는 바이다.[32]

일본과 인도차이나의 '문화교류'의 개시를 축하하는 스기야마의 문장에서 '프랑스의 문화전도'의 사명은 형체도 없이 사라졌다. 원래 인도차이나의 일본문화회관은 당지에서의 정치적, 문화적 패권의 일부를 프랑스로부터 탈취하고자 설립한 것이고, 이것을 지원하는 것은 일불회관이 호소해온 프랑스 문화의 보급이라는 슬로건을 배신하는 것에 다름 아닐 것이다. 왜냐하면 관장이 된 공사 요코야마 마사유키에 의하면, 일본문화회관이 목표로 한 "불인에서의 문화공작"은 "프랑스인, 안남인(베트남인) 모두"를 대상으로 하고, "일본 및 일본인에게 충심으로의 존경衷心尊敬과 친근감을 가지도록 노력하는" 것에 있었기 때문이다.[33]

그러나 일불회관 본래의 사명을 포기한 것과 같은 스기야마의 문장에는, 구미의 동양학에 대한 흥미로운 지적도 발견된다. 국수적인 논조가 지배하던 제2차 세계대전 시기의 특유한 언설이라고는 하지만, 지금도 경청할 가치가 있을 것이다. 예를 들면, "우리(일본의) 학계의 동양학적 연구범위는, 주로 앵글로색슨의 배타독점으로 인해 부당하게 움츠러지고 앞뒤가 뒤바뀌어버리는 괴로움을 맛보게 되었다"라고 지적하고, 구미가 주도하는 동양학을 이 제 일본을 중심으로 하는 동양인을 위한 동양학으로 고쳐야 한다고 제언하 고 있다. 일본학도 마찬가지이다. 그가 말하기를 "일본학도 일반 동양 제학諸學 諸學과의 관계도, 종래에는 상호적인 교섭이 거의 없다고 해야 할 정도여서 유 감을 금치 못하겠다. (…) 일본학이라는 것이 고립은커녕 안중에도 들지 않았 던 것은, 우리가 개탄을 금하지 못하는 점이다."[34]

한편으로는 노엘 페리를 칭송하는 전기를 쓰면서, 구미의 동양학자를 비난 하는 문장을 쓴다는 것은 아주 큰 모순이지만, 동양학의 학문구조를 재검토하 고, 아시아 측으로부터 종래의 구조를 바꾸고 싶어 하는 스기야마의 말에 위 선은 없을 것이다. 하지만 이와 같은 문장이 게재된 1944년의《일불문화》는 '프랑스의 문화전도'를 추진한 일불회관의 잡지인가 하고 눈을 의심할 만한 내 용이었다. 불인진주, 그리고 네덜란드령 인도네시아와 영국령 인도에 대한 군사침공과 궤를 같이하여, 일본문화를 아시아 각국에 선전하고, 문화(그리고 동양학)에서의 '대동아공영'을 실현하는 것의 필요성을 설파한 것이었다.

이러한 시대적 요청 중에, 일본의 지식인들은 인도차이나에 적극적으로 손 을 써서 문화협력사업을 수행해간다. 여기에서 이제 극동학원과 일본의 각종 학술기관 사이에 이루어진 '일불인 문화협력사업'의 검토를 해보고자 한다.

일불인 문화협력 전야
—전시하 극동학원의 균열

1940년 9월에 개시된 북부 불인진주에 의해, 일본의 동남아시아 전선확대의 방향성이 구체화되고, 정치경제와 연동된 문화 면에서의 '일불인 협력'(전술한 요코야마의 말을 빌리면 "문화공작")이 획책되었다.

우선 일본 측에서 인도차이나총독부에 최초의 신청이 이루어졌다. 당시 남지나방면군(南支那方面軍)[*] 참모부장이었던 사토 겐료(佐藤賢了)가 총독부에, 극동학원 멤버를 일본으로 파견해줄 것을 제안했다. 1940년 11월 4일, 진주한 지 2개월 후의 재빠른 행동이다. 편지에는 "근년의 일본과 인도차이나의 정치, 경제 수준에서의 접근을 돌아보고, 동시에 양국의 문화수준에서의 관계를 쌓아가기를" 바란다고 되어 있다.[35] 또한 파견된 "일본의 문화와 과학을 연구"하는 연구자에 대해, "6개월 이내의 체재비(이동을 포함)와 왕복 운임(뱃삯)"과 "1개월 500엔(1941년 9월의 협정에서는 총액 2,000엔 정도로 변경)"을 제공하겠다고 약속했다.

그 후의 실질적인 교섭의 창구가 된 것은 국제문화진흥회이다. 국제문화진흥회는 1943년에 외무성의 발안으로 발족한 재단법인으로서, 일본문화를 외국으로 보급하는 것을 목적으로 하여 각종 문화사업을 전개했다. 인도차이나와의 교섭이 개시된 1940년 당시의 이사장은 나가이 마쓰조(永井松三), 부회장은 도쿠가와 요리사다(德川賴貞)와 오카베 나가카게(岡部長景), 전무이사가 구로다 기요시(黒田淸)였다. 교섭에 임한 것은 구로다 기요시였고, 1944년 11월에는 귀족원 의원을 지낸 인물이다. 문화사업을 추진하는 재단법인이라고는 하지만 때가 때인 만큼 그 목적의 정치성은 긴 말을 필요로 하지 않았을 것이다. 이

---

[*] '대일본제국육군'의 방면군의 하나. 1940년 2월 9일에 편성되어 지나파견군 전투서열에 편입되었고, 동년 6월 22일의 광구(広九)작전 후에 대본영 직할군이 되었으며, 9월 5일에 북부 불인진주, 이듬해 1941년 3월 3일 뇌주반도 방면작전과 4월 19일 복주작전을 수행한 후, 6월 28일에 폐지되었다.

에 대해서는 이미 몇 편의 연구논문도 있다.[36] 그러나 정치색이 농후하다고는
하지만, 충실한 활동 모습에는 눈이 휘둥그레질 만한 것이 있다. 음악연구자
들 사이에서는 1940년에 발매된 『일본음악집』 전 5권이 잘 알려져 있다.[37] 아
악雅樂, 노가쿠, 소쿄쿠箏曲, 조루리浄瑠璃, 나가우타長唄, 지우타地唄, 고우타小唄
등, 일본의 전 종류의 음악을 망라하여 음반화했다.

　미술에 관해서도, 동시대의 일본화나 조각이나 공예를 소개하는 구문歐
文 서적을 다수 간행했고, 또한 1937년에 보스턴에서 개최된 일본고미술전
람회, 이듬해에 샌프란시스코 만국박람회에서의 일본고미술전람회를 후원
했고, 카탈로그를 발간했다. 구문 서적의 간행도 적극적으로 추진했다. 기
관지 《국제문화》(1938~1972년)에는 구미의 아시아연구자의 논문이 적극적
으로 게재되었고, 1942년(제20호)에는 극동학원의 세데스가 쓴 「인도문화의
동방전파에 대하여」도 수록되어 있다. 인도차이나와의 사업으로 간행된 특
필할 만한 저작물로는, 1943년의 일어·불어 병기의 잡지 《인도차이나를 알
다Connaissance de l'Indochine》와 프랑스어 잡지 《일본을 알다Connaissance de Japon》가 있
다.[38] 각각 상질의 사진 100매를 삽입한, 전시 중의 잡지로서는 이례적인 호
화 잡지이다. 일불인의 문화협력사업을 상징하는 잡지로서 당시에는 매우
주목받았다.[39]

　그런데 학원 멤버의 일본 파견 의뢰를 받은 총독부는, 신속하게 4일 후인
11월 8일에 인도차이나 공교육성과 협의하여 그 의뢰를 수락하기로 결정했
다. 그리고 수락의 조건으로서, 극동학원에 소속되어 있는 "안남인 교사가
아니라 프랑스인 연구자를 파견할" 것, 그리고 교환으로 "일본인 연구자를
인도차이나에 파견할" 것을 일본 측에 새롭게 제안했다.[40] 고문서를 이용하
여 교섭과정을 추적해보면, 총독부는 프랑스 본국과 협의 없이 이 사업을 진

행시켰던 것 같다. 원래 군사협정조차도 이 시점에서는 본국 간 협정은 체결되지 않았고, 이 시기의 프랑스령 인도차이나의 혼란을 알 수가 있다. 이 혼란은 연구자를 파견할 수밖에 없었던 극동학원에도 파급되었다.

일본의 요청을 수락한 총독부는 즉시, 극동학원에 대해 일본에 파견하기에 적절한 멤버를 선정할 것을 지시했다. 일본의 요망은 "일본의 문화와 과학의 현상을 현지에서 연구할" 파견자였기 때문에 일본연구자가 적절했다. 하지만 1940년 11월 시점에서는 원장인 조르쥬 세데스의 말에 따르면 "외국으로 파견할 수 있는 사람이 (빅토르) 골루베프 씨와 나 두 명밖에 없는" 상황에 처해 있었다.[41]

이 시기의 학원 멤버가 세데스와 골루베프 두 사람만 있었던 것은 아니다. 전시 중에도 앙코르 유적조사와 수복은 계속적으로 이루어졌고, 앙코르보존국장 모리스 글레즈가 그 임무를 담당하고 있었다. 캄보디아예술국의 조르쥬 그롤리에도 1942년 퇴직할 때까지 공무에 종사했고, 앞 장에서 보았던 고미술품 판매 등의 임무도 수행하고 있었다. 또한 캄보디아불교협회에서 활발히 활동했고, 1930년대에는 민족운동에도 깊이 관여하여 유명해졌던 여성 불교학자 슈잔 카르플레스, 또는 일본과 중국 연구를 전문으로 하는 롤프 스타인도 특별연구원이 되어 있었다. 적어도 10여 명의 프랑스인이 학원 멤버로서 1940년대 초기의 인도차이나에서 활동하고 있었던 것이다. 그럼에도 불구하고 세데스는 자신과 골루베프만이 일본에 갈 수 있다고 했다. 여기에서 당시의 학원이 직면하고 있던 곤란한 정치적 문제를 읽어낼 수 있다.

단순히 학술적인 관점에서만 본다면, 일본 파견에는 일본·중국연구자인 롤프 스타인과 불교학 전문가인 슈잔 카르플레스가 적임자였다.[42] 그러나 전시하의 정변으로 인해, 두 사람은 일본에 갈 수 없는 상황에 몰리게 되었던 것이다. 우선 카르플레스에 대해 이야기해보면, 페탱 신정권의 발족에 따라 인도차이나에서도 국수주의와 여성 멸시의 정책을 내세운 악명 높은 1940년 12월 18일의 정령이 적용되어, 학원 멤버에서 제명되는 운명에 처했다. 한 편, 롤프 스타인의 경우에는 유대계 독일인이라는 출신이 문제시되어, 총독 부는 그의 학원 멤버 가입을 완강하게 거부했던 것이다. 스타인은 제2차 세 계대전 개전 직후 프랑스 국적을 취득했지만(1939년 8월 30일), 그래도 총독 부는 그를 정식멤버로 인정하지 않았다. 스타인은 이 건으로 인해 학원장의 태도에 불신감을 가지게 된 것 같다(1944년에 스타인은 헌병대에 체포된다). 제2차 세계대전 후, 그는 전후의 새로운 학원체제는 "전쟁협력자가 아닌 새 로운 인재"로 새로 세워야 한다고 하면서, 암묵적으로 총독부의 방침에 따른 세데스와 골루베프를 비난했다.[43]

전시하에 세데스와 골루베프가 적극적으로 추진했던 일불인 문화협력(나 아가서는 보다 일반적인 의미의 '전쟁협력')에 대한 비판의 소리는 겉으로는 표출되지 않았다. 하지만 전후의 새로운 체제는 그들을 제외하고 이루어졌 다. 세데스는 1947년 정년퇴직 후 파리에서 국립동양어학교 교수가 되었고, 다시는 인도차이나로 돌아가지 않았다. 한편 골루베프는 전술한 바와 같이 1945년에 질병으로 사망하는데, 1966년까지 극동학원은 공식적인 추도문 을 발표하지 않았다. 세데스는 헝가리인 조부가 있는 유대계 프랑스인으로, 1911년부터 타이와 인도네시아에서 살았고, 캄보디아인과 결혼했다. 그의 정치적 신조는 분명하지는 않지만 1940년에는 안남의 드래곤 훈장, 1943 년에는 캄보디아의 오피시에 훈장을 수훈했다. 총독부의 '전쟁협력'에 충실 한 원장으로 간주되었다고 해도 이상할 것은 없을 것이다. 한편 1916년 이 래, 필립 페탱과 친교가 있었던 골루베프는 하노이의 친독의용대에 깊이 관

여했다고 한다.[44]

그리고 무엇보다도, 후술하겠지만, 두 사람은 일불인 협력정책을 거부하지 않고 적극적으로 깊이 관여했다. 친독·친일체제를 지지한 두 사람의 태도와 행동은, 제2차 세계대전 중의 학원 내부에 큰 균열을 만들었음에 틀림없다. 일본 파견이 가능한 것은 두 사람뿐이라고 대답한 세데스의 말은 학원 내부의 정치적 균열을 암시하고 있었던 것이다.

극동학원에는 신정부에 반대하는 드골파에 가세한 사람도 많았고, 레지스탕스에 가입한 사람도 있었다. 예를 들면, 조르주 그롤리에는 예술국장 퇴임(1942년) 후에도 캄보디아에 남아, 자유프랑스의 첩보활동에 참가하고 있었던 것 같다. 그래서 그는 1945년에 헌병대에 체포되어 옥사한다. 또한 라오스에서 연구활동을 하던 앙리 디디에도 레지스탕스 운동에 가담하여 게슈타포에게 쫓기는 몸이 되었다. 1927~1936년까지 학원 멤버로서 안남연구교육에 종사했던 폴 뮈스도 레지스탕스 활동가의 일원으로서 1944년에 통킹의 낙하산부대에 지원했다(대전 후 1946~1969년에 그는 콜레주드프랑스 극동문명 강좌의 교수로 일했다).

그리고 파리의 오리엔탈리스트 중에는 신정권 지지를 거부하는 사람이 많았다. 제4장에서 소개한 것처럼, 조제프 아캉은 휴전협정으로 제대하게 된 후에 비시정부를 지지하지 않는다고 표명하고, 자유프랑스의 활동에 참가했다. "살기 위해서는 위험에 몸을 던져야 한다"라는 신조를 수첩에 적어두고 남아시아의 첩보활동에 종사했는데, 1941년 2월에 전쟁의 희생물이 되어 돌아올 수 없는 사람이 되었다. 폴 펠리오도 독일과의 '문화협력' 요청을 거절했다. 1939년부터 학원의 명예멤버가 된 콜레주드프랑스의 교수 앙리 마스페로는 친독정권에도 자유프랑스에도 가세하지 않았지만, 의용유격대의 멤버였던 아들에 연좌되어 체포되었고, 1944년에 부헨발트의 강제수용所Konzentrationslager Buchenwald*로 보내졌다(수용소 내에서 병사한다). 이와 같은 오리엔탈리스트들의 전시 중의 비명사와 대비할 때, 세데스와 골루베프의 친일적 활동은 자연스럽게 '전쟁협력'으로 간주되는 운명에 처해지게 되었다고 할 수 있을 것이다.

세데스의 행위가 전쟁협력이었는가 아닌가, 우리는 그것을 판정하고 싶은 것도 아니고, 판단할 입장도 아니다. 다만 전시하에서 어지럽게 변화하는 정치 정세를 앞에 두고, 원장인 세데스가 매우 어려운 조타操舵 역을 강요받았던 것은 분명하다. 본국의 정권교체와 일본의 개입을 받아, 인도차이나총독부도 극동학원도 어떠한 정치적 입장을 취해야 할 것인가를 정하지 못하고 있었다. 자유프랑스의 드골은 식민지에 적극적으로 요청하며 정권탈환과 파리 해방의 기회를 엿보고 있었다. 1942년에는 실질적으로 페탱을 지지하는 식민지는 카리브 해와 인도차이나뿐이었다. 이러한 정치 불안 속에서 학원은 내부에 균열을 껴안은 채 활동을 해야만 했던 것이다. 학원을 통괄해야 할 본국의 아카데미도, 점령하의 파리에서는 기능부전에 빠져버렸다. 여기에서 세데스는 전통적으로 정치력을 요구받아온 오리엔탈리스트로서,[45] 정말로 현실적인 의미에서의 정치적인 선택을 해야만 했던 것이다. 그리고 세데스는 거의 독단적으로 '일불인 협력'을 추진하는 선택을 했던 것이다.

이 세데스의 '독단'이라는 점에 대해서 한마디 더 덧붙여두어야겠다. 다음

---

* 나치 독일이 설치한 강제수용소. 바이마르 시의 북서쪽 7킬로미터 정도 떨어진 곳에 있다. 1937년 7월에 설치되어 1945년 4월에 미국에 의해서 해방될 때까지 총 23만 8,000명의 인간이 수인으로 갇혔고, 그중 5만 5,000명 이상이 여기에서 사망했다고 보고 있다.

절 이후, '교수 교환'과 '고미술품 교환'으로 대표되는 문화협력사업을 검토하게 될 터인데, 이들에 관한 자료는 매우 적다. 전란으로 상실되었을 가능성도 있지만, 이유는 그뿐만은 아니라고 생각된다. 현재 극동학원이 보유하고 있는 고문서는 주로 학원(또는 학원장)으로 보내온 편지와 그에 대한 답장으로 구성되어 있다. 그래서 원장이 독단으로 대처한 경우 자료는 남지 않게 된다. 원장이 직접 관여한 사건이야말로 당시의 중요사항이지만, 중요하면 중요할수록 자료가 남지 않는 것이다. 연구자로서는 안타까운 일이고, 이 시기의 학원의 활동을 완전히 파악하는 것이 사실상 지극히 어렵게 되었다. 어쨌든 전시 중의 자료의 누락은 당시의 학원의 혼란과 원장의 독단을 암시하고 있다고 나는 생각한다.

또 하나, 전시하의 학원의 활동을 파악하는 데 곤란한 요인이 있다. 평시에는 충실한 내용을 전해주던 《학원기요》의 '시평'란, 즉 학원의 활동보고와 연보가 전시 중에는 거의 공백이 되어 있었다는 것이다. 《학원기요》는 1942년에 발행된 1941년호까지는 종래 그대로이고, 따라서 1941년에 행해진 제1회 교수 교환의 내용에 대해서는 상세하게 보고되어 있다. 그러나 그다음 호는 1942년부터 1945년까지의 합본이 되었고, 1946년까지 발행되지 않았다. 게다가 주목해야 할 것으로, 그사이의 학원의 활동은 일체 기재되어 있지 않다. 전시 중의 혼란기에 잡지 편집을 할 처지가 아니었다고 하면 그만이지만, 1946년 발행호에 1942~1945년까지의 활동보고를 할 수도 있었을 것이다. 그것을 하지 않고 공백으로 했다는 것은 무엇을 의미하는 것일까?

심술궂게 이야기하면, 공백으로 했다는 것은 아무것도 하지 않았다는 것이다. 형식적으로 생각한다면, 제2차 세계대전 후의 극동학원이, 이 시기의 활동을 '공식' 활동으로 인정하지 않는다는 것이라 생각한다. 본국 아카데미의 지시 없이 원장이 독단으로 행한 비공식적 활동이라고는 하지 않더라도, 어쩔 수 없는 전시하의 정세에서 수행된, 보고하고 싶지 않은 비공식적 활동으로 자리매김하고 있다고 해도 좋을 것이다.

그리하여 이 시기의 일불인 문화협력의 실태를 밝히는 것은 곤란하지만 남겨진 자료를 가능한 한 수집하여 복원하고, 전시하의 극동학원과 일본과의 관계, 나아가 일본과 앙코르 고고학과의 관계에 다가가고자 한다.

제1회 교수 교환, 오타 마사오

우선 일본의 국제문화진흥회와 극동학원과의 사이에 1941년 5월부터 7월에 걸쳐 실시된 '제1회 교수 교환'에 대해 자세하게 살펴보자.

전술한 1940년 11월의 편지에서, 세데스는 일본 파견자로서는 자신과 골루베프밖에 없다고 썼다. 그리고 이어서 그는 "일본의 문화와 과학의 현상을 현지에서 연구하기 위한" 요청이므로, "나보다도 골루베프가 적임자"일 것이라고 전했다. 학원에서 일본으로 파견할 사람은 곧 골루베프로 정해졌다. 다시금, "극동학원의 지적 외교관"이 나설 차례가 되었던 것이다.

한편, 총독부로부터의 제안에 의해 인정된 일본인 연구자의 인도차이나 파견은 어떻게 되었을까? 앞에서 언급한 편지에서 세데스는 인도차이나 파견 후보자로서 "프랑스어 지식"과 "연구의 성격"을 생각해서, 이하의 인물을 희망한다고 썼다. 『만선사연구滿鮮史硏究』(1933~1937)로 유명한 도쿄제국대학 명예교수였던 이케우치 히로시池內宏, 동남아시아사의 전문가였던 타이페이제국대학 교수(후에 오사카대학 교수)였던 구와타 로쿠로桑田六郎, 당시 동양문고에 근무하면서 남방사연구회를 조직했던 야마모토 다쓰로山本達郎, 그리고 일본과 중국의 고고학적 업적으로 구미에 그 이름이 알려진 교토제국대학 교수인 우메하라 스에지梅原末治이다.

흥미롭게도, 세데스가 희망한 후보자는 모두 식민지와 관련된 학문에 종사하고 있던 역사가나 고고학자였다. 세데스의 전문은 불교사이지만, 자신의 전문보다도 시의에 적절한 학문을 우선한 인선을 했다고 할 수 있다. 더불어 일본사나 일본문학이나 일본미술사 등, 순수한 의미에서의 일본문화만을 연구하는 전문가를 요청하지 않았던 점도 주목할 가치가 있다. 요컨대 세데스가 말한 "연구의 성격"을 고려할 때 파견에 어울리는 후보자란, 이른바 식민지학에 정통한 일본의 오리엔탈리스트였다고 해도 좋을 것이다.

그러나 세데스의 희망을 국제문화진흥회는 어느 정도 검토했던 것일까? 제1회 인도차이나 파견자로 선발된 것은, 세데스의 희망에 없던 도쿄제국대학 의학부 교수인 오타 마사오太田正雄였다. '나병(레프라, 한센 병)'의 권위자로서 국제적으로 알려진 인물이었는데, 일반적으로는 '쇼와의 오가이鷗外'라고도 불리었던, 기노시타 모쿠타로木下杢太郎라는 필명을 가진 문인으로서 잘 알려져 있다.[46] 그와 같은 오타가 왜 인도차이나 파견자가 되었을까?

결론부터 이야기하면, 오타는 문인 기노시타로서, 국제문화협회이사인 구로다 기요시와 매우 친한 관계였다. 요컨대, '술친구'였다고 하면 더 할 말이 없지만, 그러한 관계로 인해 구로다의 추천으로 1941년 1월 중순에 돌연 파견이 결정되었던 것이다.[47] 구로다도 국제문화진흥회의 '문화공작'(구로다의

---

* 모리 오가이森鷗外. 일본의 소설가·평론가·군의관. 19세기 후반 당시 신문학의 개척기였던 일본문단의 대표적인 작가의 한 사람으로 많은 업적을 남겼다.

말)을 위해 3월부터 6월까지 3개월간 인도차이나에 체재할 예정이었다. 원래 교수 교환의 사안이 결정된 것이 1940년 11월이고, 실시 예정이 1941년 봄이었기 때문에 조급하게 인선을 서둘러야 했고, 가까운 인물 중에서 적임자를 선택하는 방책이 최선이었을 것이다.

하지만 인도차이나 파견자로서 오타는 진실로 적절한 인물이었던 것도 분명한 사실이었다. 1940년에 일불회관의 주최로 '프랑스의학전람회'가 일본 각지에서 개최되었는데, 오타는 이 전람회의 조직에 진력했고, 동시에 스스로도 '파스퇴르 이후의 미생물학의 동향'이라는 제목의 강연회를 일불회관에서 했다[48](12월 5일). 일불회관에 대한 공헌이라는 점에서도, 오타의 파견에 이의를 제기하는 사람은 없었을 것이다. 또한 그는 1916~1920년의 4년간, '남만의학당南滿醫學堂'* 교수로서 봉천(심양)에 부임했었고, 아시아의 식민지 상황에도 정통했다.

더욱이 일불회관에 대한 공헌에서도 알 수 있듯이, 오타는 프랑스문화에 대한 관심이 강했다. 1922~1924년에는 유럽으로 유학을 했고, 파리의 소르본대학과 생루이병원 및 리옹대학에서 연구를 했으며, 그러한 경험으로부터 일불회관에서의 회합이나 국제문화진흥회 주최의 프랑스 관련 모임에도 빈번히 참가했다. 1940년 4월에 프랑스인을 초대하여 개최했던 다회茶会에서는, 프랑스 태생의 소설가 야마타 기쿠山田菊와 동석하여 유학 시절의 추억담으로 이야기꽃을 피웠던 것 같다.[49] 오타에 의하면, 특히 "프랑스에 매우 호의적francophone"이지는 않았다고 하지만, 그래도 1940년 6월의 파리 함락과 프랑

---

* 1911년 남만주철도주식회사가 설립한 의학교. 만주의과대학의 전신으로서, 1922년에 대학으로 승격했다. 설립목적은, 중일 양국의 학생들에게 의학을 가르치고 대륙에서 활약할 의사를 요청하는 것이었다.

스의 패배에는 마음을 아파했었던 것 같다. 6월 21일의 일기에는 다음과 같은 말도 보인다.

> 매일매일 우울한 요인의 하나는 아무래도 프랑스가 거의 멸망의 지경에 이를 정도로 패배한 것인 듯하다. 독일을 미워할 마음은 조금도 없지만, 프랑스의 멸망은 실로 애처롭기만 하다.[50]

이와 같은 생각도 있어서, 인도차이나에서 또 하나의 프랑스를 찾고자 파견을 받아들였을 것이다.

그리하여 오타 마사오는 4월 30일에 하네다에서 비행기로 출발하여, 이튿날 아침 타이페이(대만)에 도착, 4일간 체재한 후, 5월 5일에 하노이에 도착했다. 하노이에서는 5월 12일부터, 하노이의과대학과 인도차이나의학회에서 두 번의 강의('한센 병에 대한 일본의 최신연구', '극동에서의 진균병과 매개'), 극동학원에서 일본의 의학에 관한 발표('라이 균의 동물에의 접종', 5월 27·30일), 그리고 일반인들을 대상으로 두 번의 강연('16세기의 일본에 대하여', '유럽과의 문화교섭')을 했다. 또한 사이공에서는 '크리스천에 의한 16세기 일본에서의 서양의학의 이입에 대하여'라는 제목의 강연을 했다.[51] 『기노시타 모쿠타로 일기』를 읽어보면, 오타가 정성을 들여 프랑스어 원고를 체크하고, 몇 번이고 의과대학의 프랑스인 교사로부터 발음 지도를 받았다는 것을 알 수 있다. 오랜만에 프랑스어 강연에 임한 오타의 긴장된 모습이 전해져온다. 최초의 강연에는 총독부 비서장, 제2회 때에는 비올레르뒤크 총독이 직접 출석했으므로 긴장하는 것이 당연했다. 강연회장 입구에 "순사 십 수 명"이 경비하는 삼엄한 가운데 이루어진 강연이었다.

그림107 오타 마사오(기노시타 모쿠타로)
〈크메르 조각의 스케치〉, 1941년

그림108 오타 마사오(기노시타 모쿠타로)
〈크메르 조각의 스케치〉, 1941년

지식인과의 교류에 있어서 오타가 가장 자극을 받은 것은, 30일에 극동학원에서 개최된 학회에서의 폴 부데(학원 도서관 사서)의 발표였던 듯하다. 내용은 베트남어를 알파벳으로 표기한 프랑스인의 시도와 역사를 전하는 것이었다. 오타는 일본 귀국 후의 보고회에서는 반드시 이 이야기를 꺼내어, "일본어의 로마자 표기법과 국자國字 문제에 많은 시사"를 줄 뿐만 아니라, "중국어의 로마자 표기법 문제" 등 "언어의 발육을 강구하는 데에도 아주 큰 참고가 된다"라고 평가하고 있다.[52] 인도차이나 체재는 의학자로서보다는 문필가로서 자극을 얻는 것이 더 많았던 것 같다. 하노이에서는 10일간의 단기간이기는 했지만 베트남어를 배웠다.

예정된 강연과 강의를 마친 오타 마사오는, 프놈펜으로 이동하여(6월 22일), 앙코르 유적을 방문했다. 앙코르로 향하기 전에 캄보디아미술학교와 알베르 사로 미술관을 방문했는데, 관장인 그롤리에는 만나지 않았다. 미술관에서는 (고미술이나 복제품이 팔리고 있던 예의) '부티크'에서 그롤리에의 저작 2점을 구입하여 스케치(그림107, 108)를 하면서 열심히 작품을 감상했고, 사색에 빠졌다.

다음에 비치는 두 개의 상은 굽타(고대 인도)로부터 직접 전래된 것이라 여겨지고, 또한 그리스적인 부분도 있으며, 굽타에 그리스의 영향 없이는 말할 수 없다고 문득 생각했다. 특히 연대 불명의 여성의 토르소torso는 비너스를 상기시키는 것이다.[53]

이튿날(24일), 앙코르에 도착한 오타는 보존국을 방문하여 국장인 모리스 글레즈와 면담했다. 글레즈는 우선 타프롬Ta Prohm*을 견학하는 것이 좋을 것이라 권장했던 것 같다. 스포안Spoan(거목)이 삼켜버린 유명한 폐허사원이다. 학원은 바이욘 등의 주요한 사원을 '복원'하는 한편, 타프롬만은 폐허 상태로 보존하고 있었다. 이 방침은 오늘날에도 지켜지고 있어서, 찾아오는 관광객을 놀라게 하고 있다. 일찍이 일반 관광객 대상의 지점을 소개한 글레즈는,

---

* 캄보디아에 있는 앙코르 유적군이라 불리는 많은 사원이나 궁전 등의 하나로서, 12세기 말에 불교사원으로 건립되어, 후에 힌두교 사원으로 개수되었다고 여겨지는 유적. 이 사원을 창건한 것은 자야바르만 7세이다.

고고학적 지식이 없는 일본인 관광객이 찾아왔다는 정도의 인식밖에 가지고 있지 않았던 듯하다. 또는 일본 진주進駐를 탐탁지 않게 여기고 있었을지도 모르겠다. 오타로부터, 미술관에서 느낀 의문, 즉 크메르 조각상과 "굽타와의 관계, 굽타와 그리스, 로마 조각과의 관계"에 대해 질문을 받아도, 글레즈는 "분명한 답변을 하지 않았다"라고 한다.[54] 그래도 오타는 "불어가 가능한 안남인" 가이드와 함께 타프롬을 방문하여, 미술관에서 구입한 그롤리에의 책을 읽으면서 유적을 이해하려고 노력했다.

25일과 26일 이틀간 오타는 글레즈의 안내로, 니악 쁘완, 프레아 칸, 앙코르와트, 앙코르톰의 바이욘, 반테아이 쿠디, 타케우 등, 앙코르 유적의 짧은 순환코스를 한 바퀴 견학했다. 그 감상이 매우 재미있다.

앙코르와트는 사진으로 봐서는 대단한 것이라고는 생각하지 않았고, 따라서 지금까지 연구한 적도 없지만, 오늘 와서 보고 잘했다고 생각했다.

사진에서는 그저 크기만 한 사원이라는 인상을 받았을 뿐으로 흥미를 끌지 않았던 것이, "그 세목들을 보면, 역시 감동받는 것이 있다"라는 것이다. 기왕에 현지를 방문하면서, 그는 (들라포르트가 전하고 싶어 마지않던) 장대한 사원의 전체 구조가 아니라 섬세한 장식을 높이 평가했다. 대형의 석조 건축물에는 친숙함을 못 느끼고, 작은 (목조의) 절이나 신사의 섬세한 장식을 사랑하는 일본인다운 시각이라 할 수 있을지도 모르겠다.

그런데 앙코르와트에서 오타는 "활동사진을 찍고 있는 두 사람의 일본인을 만났다"라고 일기에 쓰고 있는데, 이것은 아마도 쇼치쿠 오후나松竹大船 문화영화부에 의한 영화 〈불인의 인상〉(쓰네키치 다다야스恒吉忠康 감독)의 촬영이

없을 것이다. '남방에서의 영화공작'도 이미 개시되었다.[55]

앙코르 참배를 마친 오타는 다시 하노이로 돌아와 인도차이나 체재의 남은 일정을, 베트남어 공부를 하거나 프랑스 영화를 감상하거나 하면서 보내다 가, 7월 13일에 배편으로 귀국 장도에 올랐다.

불인 순회 현대일본화전람회

1941년 10월, 오타를 인도차이나에 파견한 지 3개월 후, 동일하게 국제문 화진흥회의 주최로 인도차이나에서 '불인 순회 현대일본화전람회'가 개최되 었다.[56] 이 전람회에는 대표자로서, 1920년대의 프랑스에서 성공한 후지타 쓰구하루가 수행하고 있다.

이 전람회는 우선, 일본화를 중심으로 한 동시대의 일본의 미술품 약 200점 을 전시하는 일본화전으로서, 10월 21일~11월 1일에 하노이의 아프이마미 술관에서 개최되었고, 그 후 11월부터 12월에 걸쳐 하이퐁, 후에, 사이공으 로 순회했다(당초 프놈펜으로도 순회할 계획이었으나 12월 8일 태평양전쟁이 발발하면서 중지되었다). 전시품은 요코야마 다이칸橫山大觀, 다케우치 세이호, 야마구치 호슌山口蓬春, 야기오카 슌잔八木岡春山 등 대가들을 중심으로 구성되 어 있고, 일본에서도 화제가 되었다.[57]

한편, 11월 25일부터는 하노이에서 '일불인 친선양화전'도 개최되었다. 이 전람회는 일본인도차이나협회日本印度支那協会가 기획한 것이었는데, 급히 국제 문화진흥회와 공동으로 개최했고, 일본화가와 서양화가 쌍방에 의한 '문화 공작' 사업이 되었다. 여기에는 후지타 쓰구하루, 야마시타 신타로山下新太郎 등

51명의 서양화가의 작품이 출품되었다. 동행한 국제문화진흥회의 오사와 다케오大澤武雄에 의하면, 이 "미술평화진주"에는 "매일 2,000명 가까운 관중이 쇄도하여, 그림 구입신청이 끊이지 않는" 대성공을 거두었다고 한다.[58]

10월 6일에 비행기로 하노이에 입성하여, 2개월간 하이퐁, 후에, 사이공에서의 순회전람회에 수행한 후지타 쓰구하루는, 각지에서 일본미술에 관한 강연을 했다. 구와하라 노리코桑原規子의 연구에 의하면, 전람회 전날에 슬라이드를 사용하여 일본미술의 걸작에 관한 강의를 하고, 아울러 남화가南畵家*인 고무로 스이운小室翠雲의 제작광경을 필름에 담은 영화 〈화가의 하루〉(1936년에 해외수출용으로 국제문화진흥회가 제작)도 상영했다고 한다.[59]

태평양전쟁의 발발로 인해 프놈펜에서의 순회전은 중지되었지만, 후지타는 혼자서 프놈펜으로 가서 앙코르 유적을 실제로 보고 온다. 앙코르 유적을 그린 유화도 있다. 인도차이나 각지에서 데생을 한 후지타는 귀국 후 1942년, 가네코 미쓰하루金子光晴의 아내이면서 시인인 모리 미치요森三千代에 의한 『인도차이나 시집POESIES INDOCHINOISE(불어)』에 10점의 삽화도 그렸다.[60] 또한 1943년 3월에 개최된 육군미술전에 전쟁기록화 〈불인·육지로부터의 진주(동당Đồng Đăng** 진주)〉와 〈불인·바다로부터의 진주(도손 부근의 후쿠사 진주)〉의 연작을 출품했고, 6월 7일에 양 작품을 불인진주부대에 '헌납'했다.[61]

오타든 후지타든 모두 일본 점령기의 인도차이나와의 문화교류로 활약한 것은, 1920년대의 대전 기간을 프랑스에서 지낸 사람들이었다. 그들에게 인

---

* 남화란 중국의 남종화에서 유래하여, 일본적 해석이 이루어진 에도 시대 중기 이후의 화파의 용어이다. 문인화라고도 한다.
** 베트남과 중국 국경 사이에 있는 지역. 베트남 철도역의 끝이다.

도차이나는 프랑스에서의 유학생활을 생각나게 할 수 있는 장소였음에 틀림 없다(후지타는 다시 프랑스로 건너간 1939년에 제2차 세계대전의 발발을 맞아, 일본에 막 귀국한 직후였다). 하노이 체재 중의 오타는 일을 마친 밤에는, 학원의 세데스 부부나 하노이의과대학의 앙리 가이야르 부부, 하노이대학의 폴 위아르 부부 등을 호텔로 초청하여 만찬회를 열고서는, 도쿄의 사진이나 영화를 보여주고, 즐거운 한때를 보냈다고 한다.[62] 특히 가이야르와는 매일같이 대학에서 만나, 그 강의에 출석하는 등 친하게 교류했다.[63]

그런데 인도차이나에서의 순회전이 '성공'하자, 국제문화진흥회는 그 '교환'으로 일본에서 '현대불인미술전'을 조직할 것을 결정했다.[64] 이 전람회는 1년 반 후인 1943년 6월에 도쿄 니혼바시東京 日本橋의 미쓰코시三越와 오사카의 신사이바시 다이마루心齋橋 大丸에서 개최되었고, 나아가 고베, 교토, 후쿠오카를 순회했다. 이 전람회를 위해 인도차이나 각지의 미술학교는, 출품작 선정을 위해 콩쿠르를 열었고, 프랑스의 아카데믹한 유채화와 조각, 베트남의 견본화絹本畵나 칠공예 병풍이나 도자기 등 합계 150점의 미술품을 모았다. 전람회에는 인도차이나(안남)에서 세 명의 화가도 동행했다. 당시의 신문에 의하면, 내일한 베트남 화가에 대해 일본의 "대가들이 화실을 개방하여 지도"에 임할 예정도 있었던 것 같다.[65] 베트남인의 회화보다도 일본화가 더 우수하다는 것, 또는 프랑스인 교수의 교육보다도 일본인 화가의 교육이 우수하다는 것을 암묵적으로 전하고자 하는 신문기사였다고 할 수 있다. 대전 중의 매스미디어의 논조로서는 특별히 진기한 것도 아니다.

그러나 흥미를 끄는 것은, 인도차이나를 방문한 일본의 지식인이나 미술관계자는 한결같이 베트남인의 회화와 프랑스인의 지도를 높게 평가하고 있다. 예를 들면, 미술관계자로는 후지타 외에 화가인 와다 산조和田三造나 이하라 우사부로伊原宇三郞가 1941년에 인도차이나로 건너갔고, 당지의 미술이나 미술행정에 관한 논평을 각종 미디어에 발표했는데, 특히 8월 8일부터 18일에 걸쳐 《아사히신문》이 연재한 '불인을 이야기하는 좌담회'가 주목할 가치가 있다. 이 좌담회에 참가한 이하라는 인도차이나의 미술관이나 미술학교에 대해 언급하고, 그 수준이 높다고 평가하고 있다. 그에 따르면, 하노이의 미술학교의 프랑스인 교수에는 "상당한 사람이 와서" 지도를 하고 있고, "생도들도 일본의 미술학교의 졸업생과 비교"해도 "손색없는 졸업생을 배출하고" 있다고 했다.[66] 전술한 오타 마사오도, 인도차이나 체재 중에 하노이미술학교나 캄보디아미술학교를 방문하여, 마찬가지로 하노이의 교사나 학생의 '서양화'(유채화)를 높게 평가했다. 오타에 의하면, 캄보디아미술학교는 "도제식 학교인 데다가, 14~15세 정도에서 시작하고 있기 때문에 가치가 높은 것은 바랄 수 없으며", "하노이의 학교가 훨씬 더 고등"하다.[67]

이러한 일본인의 평가는 이 책의 제6장에서 검토한 프랑스인 빅토르 골루베프의 평가와는 정반대여서 극히 흥미로운 부분이다. 골루베프로 대표되는 프랑스의 미술통들은 캄보디아미술학교의 학생이 만드는 "전통적인" 공예품을 높게 평가하고, 역으로 베트남의 "현대예술은 과거와의 관계성, 과거의 양식 (…) 과거의 기술과의 관련을 결여하고 있다"라고 비판했다.[68] 같은 관점에서 골루베프가 일본의 서양화를 비판한 것도 상기시켜두고 싶다. 프랑스인이 보면 베트남인들의 서양화는 '서양미술의 아류'로, 평가할 가치가 없고, 아시아의 전통적 공예품이 훨씬 더 질이 높다는 것이 된다. 일불인 간의 미술전의 교류는 서양과 아시아의 미적 가치관의 간극을 드러내는 마당이기도 했다.

골루베프의 내일 강연과 전람회

　오타 마사오가 인도차이나에 파견되었던 1941년 초여름, 일본은 인도차이나로부터 교환교수로 빅토르 골루베프를 맞았다. 그가 도쿄에 도착한 것은 5월 12일이었고, 7월 5일까지의 약 2개월간 일본에 체재한다.

　골루베프는 우선 5월 20일부터 1주간, 일불회관에서 '앙코르의 소생'이라는 제목의 강연을 했다. 영사관원이었던 샤를 아르세느 앙리에 의하면 "외국 지식인과의 교류를 목말라 했던 일본의 지식인들"이 따뜻하게 맞아주어 강연은 대성공이었다고 한다. 골루베프가 지참한 앙코르 유적의 슬라이드가 "대중을 황홀하게 만들었다"라고 보고되기도 했다.[69] 전시戰時에 앙코르 붐이 도래했다고는 하지만, 이 유적에 관한 정보가 범람하는 것은 이 해 여름의 남부 불인진주 이후의 일이다. 골루베프가 내일한 무렵에는 인도차이나 방문을 달성한 일본인 연구자도 아직 적었다. 그러한 의미에서는 일본에서 처음으로 이루어진 전문가에 의한 본격적인 앙코르 유적의 강연회로서 기억해야 할 사건이라고 할 수 있을 것이다.

　그러나 여기에서 골루베프가 강연의 주제를 '앙코르의 소생'이라고 한 사실에 주목해둘 필요가 있다. 밀림 속에 잠겨버린 폐허로서의 앙코르가 아니라, 프랑스인이 '복원'하여 '소생한' 유적의 모습을 그는 일본인에게 전하고자 했던 것이다. 이 점이 후에 문화협력사업에 미묘한 영향을 끼치게 된다.

　이어서 골루베프는 6월 10일에 '안남과 통킹의 미술과 고고학'이라는 강연을, 12일에는 메이지세이메이明治生命회관에서 일반 청중들을 대상으로 '불인의 고대미술'이라는 강연을 했다.[70] 청중은 300명을 넘는 성황을 이루었다고 한다. 당시의 일반 청중에게는, 중국문화의 영향이 짙은 베트남 북부의 불교

유적이나 참의 선사유적이 가깝게 느껴지는 주제였고, 그 주변을 배려한 주제 선택이었다. 또한 북부 진주로부터 1년을 경과하려던 일본에게 있어서는 시사적인 화제이기도 했다. 14일에는 일불회관에서 참가자 250명의 성대한 만찬회도 열렸다.

그 후 골루베프는 교토로 이동하여, 일불학원에서 다시 앙코르 유적에 관한 강연회를 했다. 교토에서는 이듬해에 교수 교환 파견자가 될 우메하라 스에지와 만났다. 1920년대에 유럽 장기유학을 경험했던 우메하라는 골루베프와는 알고 있던 사이로, 함께 "후지이유린칸藤井有鄰館*을 비롯하여, 일본 각지에 있는 청동의 동고銅鼓류를 보고 다녔다."[71] 전술한 대로, 국제문화진흥회는 인도차이나로부터의 파견자에 대해, "일본의 문화와 과학의 현상을 연구"하는 것을 임무의 하나로 부과하고 있었다. 골루베프에게는 '일본 고대의 토우埴輪와 벽화의 연구'라는 테마가 부여되었다.[72]

골루베프는 강연과 연구 외에, 일본에 올 때 가져온 다수의 사진자료를 이용하여 일불회관에서 사진전 '앙코르, 통킹 및 안남에 관한 사진 전람회'를 개최했다. 이 전람회는 "원동遠東불란서학원(극동학원)에서 실시한 발굴기술 중에서 크메르예술 옛터의 발굴재건 방법을 전시하는 사진 수백 점"을 전시하는 것이었다.[73] 제6장에서 소개한 바와 같이, 유복한 러시아 귀족 출신의 골루베프는 사재를 털어 대형사진 카탈로그『아시아의 예술』을 간행하거나, 기메미술관의 '사진자료실'에 자신의 아시아미술사진 컬렉션을 기증하는 등,

---

* 정식명칭은 후지이이쿠세이카이유린칸(藤井育成会有鄰館)이다. 교토 시내에 있는, 중국 고미술 중심의 사립미술관이다. 시가현 출신의 실업가 후지이 젠스케(藤井善助)(후지이방적의 창업자)의 동양미술 컬렉션을 보존·전시하기 위한 기관으로서 1926년에 설립되었다.

사진에 의한 미술의 연구·보급을 적극적으로 실행한 미술가였다. 1932년에는 앙코르 유적군의 연구에 처음으로 '항공사진'을 도입하여 획기적인 연구를 하기도 했다. 일본에서의 전람회도 골루베프 자신이 제안한 것이었다. 전람회는 6월 9일부터 15일까지 1주간이었지만, 약 3,000명의 관객이 내장來場했다고 한다.

사진전의 기획은 내일 이전부터 골루베프와 일불회관 사이에 합의가 이루어졌는데, 국제문화진흥회는 관여하지 않았다. 일본 측은 전람회 개최 비용의 거출을 거절했던 것이다. 그래서 일불회관은 전시 중의 어려운 재정 사정 중에도 전람회 비용을 전액 부담해야 했다. 회장의 설치는, 마침 상공성商工省 수출공예 지도指導의 장식미술고문으로 일본에 초빙되었던 디자이너 샬로트 페리앙이 자원봉사로 했다.[74]

그런데 페리앙은 그 후에 바로 인도차이나로 건너가, 제2차 세계대전이 끝나는 1946년까지 프랑스에는 귀국하지 않았다. 1941년 12월 22일부터 하노이의 백화점 '그랑마가장Grands Magasins'에서 개최된 '일본공예미술전'에서는 출품작품의 해설을 하는 등, 일불인 문화협력에도 진력했다.[75]

골루베프가 기획한 앙코르 유적의 학술적 사진전에 대해, 국제문화진흥회가 재정지원을 하지 않았다는 사실에, 우리들은 이 시기의 독특하고 미묘한 정치적 배경을 읽어내야 할 것이다. 일본의 불인진주 시기에 이러한 종류의 전람회는 특수한 정치적 의미를 지니는 것이다. 이 점에 대해서 다음 절에서 검토해보고자 한다.

남부 불인진주와 문화협력의 변화

최초의 교수 교환 1개월 후, 일본은 남부 불인진주를 개시했다. 앞에서도 소개한 도쿄공업대학의 후지오카 미치오가 바로 이 무렵에 앙코르 유적을 방문하려고 했고, 귀중한 증언을 남기고 있으므로, 그의 말을 빌려 당시의 상황을 확인해두자.

후지오카는 동 대학 건축재료연구소의 조수助手인 스즈키 히로타카鈴木博高와 함께, '열대지대의 기후와 주거형식 간의 관계'를 조사하기 위해 1941년 7월부터 9월에 걸쳐 타이와 프랑스령 인도차이나를 시찰하기로 되어 있었다.[76] 그러나 그에 의하면 "7월 말에 남부 불인진주가 있었고, 그와 동시에 타이도 동부국경 방면에 병력을 집결시켰으므로, 7월 말부터 다시 이 국경이 폐쇄"되는 상황이 되었다. 1941년 5월에 도쿄에서 조인된 '태불인泰仏印 간 평화조약'으로 인해 일본은 프랑스에 대해, 라오스의 메콩 강 오른쪽 하안과 참파사크Champasak* 지방, 그리고 캄보디아의 씨엠립과 바탐방의 양 주를 타이에 할양하게 하고, 8월에는 태불인 국경확정위원회 조사단을 보냈다. 타이의 조사를 끝낸 후지오카는 국경봉쇄의 영향으로 인해 자동차로 앙코르에 들어가는 것을 단념하고, 비행기로 사이공으로 건너가 사이공에서 프놈펜을 거쳐 앙코르 유적으로 갈 수밖에 없었다. 앙코르에서는 해군 중좌 두 명을 대동하고, 빠른 걸음으로 유적을 견학해야 했다.

---

* 라오스 남부 지방. 라오스·타이·캄보디아에 접하는 지대에 위치하고 있다. 18세기 란상 왕국이 분열된 후, 참파사크 왕국의 중심지로 기능했다. 1946년에 루앙파방 왕국을 중심으로 하는 통일 라오스에 편입되었다.

시찰을 마친 후지오카는 '불인사정'에 대한 논평을 남기고 있다. 말하기를 "(안남인은) 일본군이 진주해오면서, 약간씩이기는 하지만 프랑스의 압박이 가라앉았기 때문에, 지금까지 일본에 좋은 감정을 가지고 있게 된 것입니다." 또한 "현재 이 지방에서는 일본어 열풍이 불고 있어서, 우리들에게도 호텔 종업원들이 일본어로 말을 걸어오는" 상태였다고 한다. 일본 편애로 경도된 정보이겠지만, 프랑스와 일본의 틈바구니에 있던 당시의 혼란스러운 인도차이나의 정세를 알 수 있다.

이와 같이 처음으로 교수 교환을 끝낸 1941년 여름, 인도차이나에서의 일본의 존재는 이전에 비해 큰 것이 되었고, 총독부와 프랑스 본국의 입장에서는 중대한 국면을 맞이하고 있었다. 7월에는 '일불공동방위협정'이 성립되고 (26일), 본국 정부는 "불인방위는 일본에 의존한다"라는 공식성명을 발표했다(8월 4일). 이러한 정세의 변화에 수반하여 '문화협력'이 가지는 의미도 당연히 변해갔다. 증대되는 일본의 지배력을 배려한 대응을, 극동학원이나 일불회관은 요구받게 되었던 것이다.

그러한 가운데, 학원의 조르쥬 세데스와 일불회관의 프랑스인 관장 프레드릭 쥬옹 데 롱그레는 앞으로의 문화협력에 있어서 프랑스 측의 목적에 관해 독자적인 합의를 형성하도록 노력하고 있다. 1941년 여름에 롱그레가 인도차이나의 공교육성과 학원을 방문하여, "일본과 불인과의 문화협력의 성격에 관한 제 문제"에 대해 이야기를 나누었던 것이다.[77] 그 내용을 여기에서 살펴보자.

우선, 전시 중의 일불회관이 처한 곤란한 상황에 대해 이해해두어야 한다. 일불이 공동운영하는 이 회관의 일본 측 대표자의 방침전환에 대해서는 앞에서 이미 검토했다. 프랑스문화의 전도라는 사명을 보류해두고, 인도차이나와의 협조와 일본 측의 문화공작을 중시하는 방향으로 목적을 전환시켰다. 그러나 프랑스인 관장이 이에 협조할 리가 없다. '비록 전시 중이었지만'이라기보다는 전시였기 때문에, 적어도 표면적으로는 프랑스를 대표하는 기관이 일본에 존속하고 있다는 것을 호소해야 했기 때문이다. 물론 화려한 퍼포먼스를 할 수는 없었지만, 클로델의 의사를 이어받아 프랑스 문화의 건재함을 무언가의 형태로 보여줄 필요가 있었다. 일본과 인도차이나의 교수 교환의 건이 제안되었을 때, 인도차이나로부터의 파견자를 "안남인이 아니라 프랑스인 연구자"로 하자고 결정된 배경에는 이러한 사정도 있었다고 생각된다. 일불회관으로서는 일불인의 교류가 프랑스와 일본의 문화교류이기도 하다는 것을 강조하고 싶었던 것이다.

제1회 교수 교환을 마치고 세데스와 회담에 임한 쥬옹 데 롱그레는 무엇보다도 이 최후의 사항에 대한 확인을 세데스에게 요구했다. 말하기를, 일불회관은 "일본에 있어서 프랑스의 지知의 대표이고, 일본에 있어서 프랑스문화의 매니페스토manifesto'가 될 조직이다", 따라서 인도차이나에서 파견될 프랑스인과의 문화교류는 어디까지나 "일본과 프랑스의 문화교류"로서, "일불회관의 보호하에 이루어져야 한다"라고 호소했던 것이다. 그 결과, 이하와 같은 합의가 극동학원과 일불회관 사이에 극비로 이루어지게 된다.

(인도차이나로부터 온 프랑스인) 파견자는, (…) 일본에 있어서는 국제문화진흥회

---

* 개인 또는 단체가 그 방침이나 의도를 널리 많은 사람들에게 알리기 위한 문서나 연설. 성명문이나 선언서를 의미한다. 여기에서 의미가 확장되어, 선거에서 정당이 공약으로 내건 요목을 투표에 앞서 발표하는 안내서, 즉 선거 공약을 의미하기도 한다.

의 지원하에 있지만, 프랑스 측 입장에서 보면 일불회관의 보호 아래 일본에서의 프랑스 교육을 대표해야 할 외무성이 파견한다는 형식을 취한다.

　정말 프랑스인다운 일구이언이다. 문화협력을 주최하고, 자금을 제공한 국제문화진흥회로서는 도저히 용인할 수 없는 내용이다. 일본 측에서 보면, 일불인 문화협력사업은 글자 그대로 인도차이나와 일본의 문화교류를 실시하는 것이고, 일불회관은 숙박지나 강연회장을 제공할 뿐인 부차적인 시설에 지나지 않는 것이었다. 새삼 확인한다면, 일본의 또 다른 목적은 인도차이나에 있어서 일본의 존재를 과시하고, 당지에서 '문화공작'을 수행하는 것에 있었다. 그것을 무시한 프랑스 측의 합의가 시대착오라는 것은 말할 나위도 없다. 일불회관은 설립 이래로 일관된 프랑스문화의 전도라는 노선 위에 이 일불인 문화교류를 자리매김해두고, 프랑스문화를 일본에 확산시킨다는 당시로서는 허망한 목적을 남몰래 내세우고 있었던 것이다.

　이 극비의 합의사항에 부수하여, 쥬옹 데 롱그레와 조르쥬 세데스 사이의 거래로, 주요 문장처럼 반복되는 확인사항이 있었다. 프랑스인 파견자의 선정이나 그 강연내용에 대해 "인도차이나문화와 프랑스문화를 구별하지 않는"다는 것이다. 롱그레가 제안한 사항이지만 여기에는 세데스도 크게 찬성을 표시했고, "인도차이나문화와 프랑스문화를 구별하는 것을 피해야 한다는 당신의 의견에는 적극 동의합니다"라고 답변했다. 하지만 양자는 서로의 말을 어긋나게 이해하고 있었을 것이다. 오랫동안 타이와 인도차이나에서 연구를 계속해온 세데스의 입장에서 보면, 프랑스인 오리엔탈리스트로서의 자신의 활동을 프랑스가 높게 평가한 말로 생각했음에 틀림없다. 인도차이나의 문화를 프랑스문화보다 열등한 것으로 간주하지 않고, 양 문화를 상대적으로 평가하는 말이라고 해석할 수 있기 때문이다.

하지만 제2차 세계대전 중이라는 상황에서, 이 표면적인 말의 이해는 오류이다. 이것은 문화의 상대성을 언급한 말이 아니라, 인도차이나와 프랑스가 일체라는 것을 강조한 말이기 때문이다. 즉, 약 반세기에 걸쳐 프랑스인이 조사·연구하고, 나아가 '부흥'시킨 인도차이나문화는 프랑스인의 것이라는 선전적 의미를 지닌 말로서 이해해야 한다.[78] 그러므로 양 문화를 구별하지 않는다고 하면서, 파견자는 "안남인이 아니라 프랑스인 연구자"로 하는 차별이 일견 모순되는 것처럼 보이면서도 양립할 수 있었던 것이다. 그러한 의미를 지닌 "인도차이나문화와 프랑스문화를 구별하지 않는다"라는 합의도, 일본 측이 용인할 수 없는 점이라는 것은 말할 필요도 없다.

그러나 전시 중에도 프랑스문화의 보급활동이 계속적으로 이루어지고 있다는 형식에 일불회관이 집착한 것은, 프랑스의 건재함을 일본인에게 호소하고 싶어서가 아니다. 이 사항은 일본에게는 극비에 합의된 것에 지나지 않는다. 일불회관의 목적은, 프랑스 본국에 전시 중 이 시설의 중요성을 강조하는 것에 있었다. 회관의 프랑스 측 운영자금은 프랑스 본국에서 출자되었다. 정권이 바뀌어도 이 재원을 확보할 필요가 있었다. 전쟁에 패하여, 이제 일본에 이러한 기관은 필요 없다고 판단이 되면 회관을 유지할 수가 없다. 학원과의 합의를 진행시켜가던 이 시기(1941년 9월)에 일본은 독일 및 이탈리아와 삼국동맹을 체결하여, 일본에서의 프랑스의 존재의 의미가 점점 희박해져가고 있었다. 이러한 곤란한 상황하에서도 일불회관이 프랑스문화의 전도라는 사명을 수행하고 있다고 본국 정부에 호소하고 싶었던 것이다. 실제로 이 합의사항에 대해, 쥬옹 데 롱그레는 "프랑스 본국의 외무성에도 보고하도록" 극동학원에 강력하게 희망했다.

한편으로 일불회관은 일본과의 우호적 관계를 유지해야만 했다. 롱그레는 교환교수의 강연록 등이 출판되는 경우에는, 그 내용을 사전에 일불회관에 알리고 일본에도 배려하도록 세데스에게 의뢰했다. 프랑스 본국에 일불회관의 중요성을 전하고 싶은 반면, 일본 측에는 그것을 공공연하게 공언할 수 없는 진퇴유곡의 딜레마에 빠져 있었다. 일본과의 관계에 있어서 쥬옹 데 롱그레가 특히 걱정한 것은, 내일한 골루베프가 행한 극동학원의 사진전이었다. 전술한 바와 같이, 골루베프는 학원의 활동을 전하는 자료의 전람회를 일불회관에서 개최했다. 학원이 요청하고, 일불회관이 응답한 것이었다. 그러나 롱그레는 이후의 교수 교환 때에는 이러한 종류의 전람회의 개최를 약속할 수 없다고 했다. 그의 대응에는 1941년의 새로운 정세의 변화가 반영되어 있다.

교수 교환의 비용 전액을 부담한 국제문화진흥회는 골루베프가 제안한 전람회에는 비용을 제공하지 않았다. 그래서 일불회관이 전람회에 필요한 비용 2,500엔을 부담했다. 국제문화진흥회는 단순히 예정 외의 지출은 불가능하다는 이유로 비용을 내지 않았던 것이 아니다. 앙코르 유적의 소개를 통해 프랑스인의 식민지에 대한 공헌이 강조되는 것에, 일본 측은 강한 불안감을 보여주었던 것이다. 일불회관 관장이 사후에 이 전람회를 문제시한 사실을 보더라도, 일본 측이 회관에 무언가 클레임을 걸지 않았을까 상상할 수도 있을 것이다.

쥬옹 데 롱그레에 의하면, 골루베프의 전람회는 학원에 의한 앙코르 고고학의 활동을 전함으로써 "프랑스인이 시암과의 국경획정에 진력하여 이 땅을 되찾았다는 역사"를 주장하는 결과가 되었다고 한다. 전람회가 기획된 1941년 5월 이전의 단계에서는 아마도 학원도 일불회관도 단순히 프랑스에 의한 앙코르 고고학의 역사를 "일본인에게도 알리고 싶다"라는 생각뿐이었겠지만, 골루베프가 내일 중이던 그 5월에 상황이 일변했다. 반복하지만, 앙코르 지구가 있는 씨엠립 주는 1907년까지 시암(타이)의 영토였고, 프랑스와의 조약으로 인해 캄보디아에 할양된 것이었다. 그러나 프랑스 제3공화국의 해체와 더불어 타이는 1907년의 조약을 무효로 하는 정치적 판단을 보여주었고, 1941년 1월에 국경을 둘러싸고 프랑스와 싸울 자세를 드러냈다. 불인 진주를 개시한 일본은 타이와의 전쟁을 피하기 위해, 그해 5월에 다시 타이와 프랑스령 인도차이나와의 사이에 들어가 평화조약을 체결하게 했고, 앙코르 유적이 있는 씨엠립 주를 다시 타이에 할양시켰다.

이러한 정치적 상황에서 앙코르 유적에 대한 프랑스 고고학의 공헌을 전하는 전람회는, 앙코르 지구의 일부를 다시 타이에 반환시킨 일본에 대한 이의 신청으로 받아들여질 가능성이 있었던 것이다. 그래서 쥬옹 데 롱그레는 계속해서 "당 회관은 학술적 기관이기 때문에, 선전적인 전람회를 위한 자금을 가지고 있지 않다"라고 했고, 앞으로도 전람회의 개최를 희망하는 경우에는 인도차이나총독에게 자금의 거출을 구하도록 재촉하고 있다. 그리고 그는 "골루베프에 의한 전람회를 비난하는 것은 아니지만, 그의 경우에는 약간 예외적이라고 해야 한다"라고 하면서, 사실상 그러한 종류의 전람회를 "일본에서는 개최하지 말 것!"이라는 의사를 전달하고 있는 것이다.

전시하 일본에 있어서 앙코르 유적의 의미

학원의 전람회 개최 비용의 부담을 국제문화진흥회가 거절했다는 사실은, 일본이 불인과의 문화교류에서 무엇을 추구했는가를 명확하게 보여주고 있다. 인도차이나의 미술문화의 소개에는 적극적이지만, 그 보호나 진흥활동에 종사한 프랑스의 공헌에 대해서는 언급하고 싶지 않은 것이다. 한편 프랑스인 파견자는 인도차이나문화의 소개와 함께, 프랑스의 공헌을 일본에게 전하고 싶었다. 골루베프의 일본에서의 강연제목이 '앙코르의 소생'이고, 프랑스에 의한 유적의 수복이나 복원이 테마였다는 것을 여기에서 다시 상기해두고 싶다. 일본과 프랑스의 의도는 크게 달랐던 것이다.

프랑스의 대표자가 일구이언하여 일본과 인도차이나와의 교류를 일불교류로 다르게 표현한 것은 이미 언급한 대로인데, 일본 측으로 봐서도 일불인 문화협력의 자리매김은 매우 모호하고, 실은 일불교류라는 측면도 완전히 버리지는 않았다고 해야 할 것이다. 전술한 대로, 1941년의 인도차이나 파견에 선정된 일본인은 프랑스에 체재한 경험이 있는 오타 마사오나 후지타 쓰구하루였다. 일본문화의 칭찬을 도모할 목적이 있었다고는 하지만, 현실문제로서 이미 반세기 간의 프랑스 지배하에 있었던 인도차이나에서 문화교류를 도모하기 위해서는 프랑스문화에 정통한 인물을 이용하는 것이 상책이었다. 앞에서 언급한 '일본문화의 선양'의 장으로서 설립된 일본문화회관(1943년 설립)의 '문화공작'은 "프랑스인, 안남인 쌍방"을 대상으로 하여 "일본인에게 충심으로 존경과 친숙함을 가지게 하도록 노력할" 것을 목적으로 했다. 그리고 그를 위해서는 "통치자 계급인 프랑스인 및 프랑스에 의존하여 입신한 안남인 유복계급, 즉 불인의 지식계급자에 대한 문화공작"이 필요하며, 프랑스문화와 언어에 대한 지식과 프랑스인과의 융화적인 교류가 요구되었던 것이다.[79]

1941년 3월부터 6월까지 '문화공작'을 위해 인도차이나를 방문하고,[80] 4월에는 세데스와 회견까지 한 국제문화진흥회의 구로다 기요시는, 귀국 후의 보고서에서 다음과 같이 이야기하고 있다.

불인은. 가보니까 프랑스의 세력이 매우 강하다는 것에 놀랐다. 거의 대부분 프랑스어뿐이고, 영어 등은 전혀 통용되지 않는다고 해도 좋다. 그러므로 우리들이 문화정책의 대상으로 하는 것은 프랑스인이고, 현재 교수 교환을 하고 있지만, 앞으로는 학생 교환도 해나가야 한다고 생각한다. 물론 현재는 대일감정이 완전히 좋지는 않지만, 우리는 그런 것에 구애받을 필요는 없다. 안남인에게 직접 공작하는 것은 전혀 무의미하다고 생각한다.[81]

일본도 또한 일본 국내에서는 일본문화의 칭송이라는 제목을 주창하면서도, 인도차이나에서는 일불교류를 추진한다는 양의적인 현실정치real politics를 선택했다고 할 수 있다.

이와 같이, 일불의 쌍방 모두 문화협력사업의 이념과 현실에는 큰 격차가 있고, 그것이 분석을 복잡하게 만든다. 이념에만 주목하면 일불 양국은 다른 목적을 가지고 서로 적대시하는 관계에 있어야 하는데, 현실적으로는 우호적으로, 문자 그대로 서로 '협력'하고 있다. 하노이의 극동학원을 찾은 일본인 연구자나 구로다 기요시 등은 후일, 원장인 세데스에 대해 감사의 뜻을 전하는 사신을 보냈고, 앙코르 유적의 보전에 관한 프랑스의 공헌을 칭송했다(이에 대해서는 후술하겠다). 또한 골루베프 내일 시에 교토에서의 강연에 참가한 오사카외국어학교 프랑스어 교수였던 하타케나카 도시오畠中敏郎는 이것이 인연이 되어, 이듬해에 후에, 사이공, 프놈펜을 방문하여《불인풍물지仏印風物誌》(1943년)를 출간했다.[82] 일불인 문화교류는 분명히 일면에서는 일불교류였다. 또한 외래문화의 수용이 문제시되던 이 시기에도, 앙코르 유적에 관한 프랑스어 문헌이 다수 일본어로 번역되었다는 사실에서도, 프랑스인에게 기대지 않고서는 불인문화의 이해가 어려웠던 당시의 역설적인 상황을 엿볼 수 있을 것이다.

하지만 인도차이나를 방문한 일본인 연구자들은, 일본 국내를 향해서는 프랑스인에 의한 문화정책을 적극적으로 평가하는 것이 지극히 드물었다. 후지오카가 인도차이나의 상황을 "프랑스의 압박"이라고 평한 것이 전형적이다. 앙코르 유적의 소개에 관해서도, 골루베프가 일본강연에서 전한 '앙코르의 소생'에 진력한 프랑스의 공헌에 대해서는 거의 이야기하지 않고, 오히려 역으로 부흥 이전의 앙코르의 폐허를 강조하는 경우가 많았다. 당시의 일본 대중들에 대해서는 프랑스인의 고고학적 공헌보다도, 앙코르가 폐허로 계속되고 있는 것처럼 전하는 것이 중요했던 것이다. 이 점에 대해서는, 루이 들라포르트의 학술적 공헌을 번역서에서 강조한 미야케 이치로는 예외적이지만(이 책 제1장 말미를 참조), 그래도 이 미야케조차 다른 번역서에서는 "앙코르의 모든 문들은 신비유암神秘幽暗을 향해 열려 있다"라는 조르쥬 그롤리에의 말을 인용하면서, 시적인 관점이지만 다음과 같이 쓰고 있다.

> 지금으로부터 약 수천 년 전의 이 대유적은(불과 1,000년 전이라고 감히 이야기하자), 아직도 미지의 것이 많다. 나 같은 사람이 무엇을 말하리오. 실은 기괴한 폐허에 대한 시적 감각이 더 강한 것이다.[83]

남부 불인진주가 완료된 1941년 8월에는 일본인 저널리스트도 잇달아 앙코르에 가서 유적의 상태를 보도하고 있는데, 그러한 뉴스에서 전해지는 것은 어김없이 폐허가 된 앙코르의 모습이었다. 예를 들면 8월 8일~10일에《아사히신문》에 3회에 걸쳐 '앙코르와트의 유적을 찾아서'라는 제목의 기사(그림106 참조)를 쓴 특파원은 '대예술에 둥지를 튼 박쥐'라는 소제목을 붙여, 앙코르와트의 "어두컴컴한 건물 안 등(은) 소변 악취로 견딜 수 없는" 상태이고, "폐허의 괴기스러운 미를 더욱 강조"하고 있다고 쓰고 있다.[84]

밀림 속에 잠든 폐허라는 앙코르의 이미지는 19세기 중반의 프랑스인의 저작에서 형성된 것이었다. 현실적으로 폐허화된 유적도 다수 존재한 것은 확실하지만, 폐허라는 것을 강조하는 언설은 크메르인이 과거의 유산을 버렸다고 비난함으로써 인도차이나에 대한 프랑스의 정치적 개입을 정당화하기 위해 이용된 것이기도 했다(이 책의 제2장 후반부를 참조). 마찬가지로, 1940년대의 일본인에게도 폐허의 앙코르라는 이미지는 정치적인 메시지를 포함하고 있었다고 생각할 수 있지 않을까? 즉, 아시아인으로서, 그리고 일본인이 '동방의 맹주'로서 앙코르의 폐허를 지키는 것이라는 메시지이다. 1941년 8월 10일의 《아사히신문》에는 '히노마루'를 게양하고 앙코르와트의 중앙사당을 오르는 일본병사의 사진이 게재되었고, 2일 후의 기사에는 "황군의 손에 유적도 평안무사"라고 보도되었다(그림109). 프랑스를 대신하여 일본이 유적의 보존에 착수할 것 같은 기세로 보도하고 있다. 또한 이 장의 서두에서 인용한 것처럼, 도미타 기큐는 1943년의 저서에 "동아문화공영권의 기초가 될 사석이라도 되었으면 하는 생각에서" 저작을 발표했다고 기록했는데, 이어서 다음과 같이 쓰고 있다.

---

* 일본의 국기는 공식적으로 일장기(日章旗)라고 불리며, 일본어로는 닛쇼키(日章旗) 또는 히노마루노하타(日の丸の旗), 줄여서 히노마루(日の丸)라고도 한다.

그림109 〈불인 남서부를 전진하는 기타야마北山부대〉,《아사히신문》 1941년 8월 10일

오늘날 캄보디아인이 이 민족의 후예라는 것이 전혀 틀림이 없는 사실이라면, 대동아공영권 확립의 팽배로 동아민족의 피 끓음이, 가사 상태에서 잠들어 있는 민족의 피를 용솟음치게 할 것이라 믿는다.[85]

이러한 말에는, 나라가 망해버린 남방의 일국을 황군이 구출하러 간다는

전시 중의 픽션이 들여다보인다. 19세기에 프랑스가 인도차이나 지배를 정당화하기 위해 행한 식민주의 선전이 다시금 반복되었던 것이다. 이번에는 서구인이 아니라 아시아인에 의해서였다.[86]

제2회 교수 교환, 우메하라 스에지

빅토르 골루베프와 오타 마사오의 교수 교환으로부터 1년여가 경과한 1942년 11월, 국제문화진흥회는 제2회 교수 교환의 일본 측 파견자로 우메하라 스에지를 선출했다. 그의 이름은 제1회 교수 교환 때에 원장 세데스가 희망 파견자로 거명했었고, 원하는 대로의 인선이 되었다. 우메하라는 그해 12월에 인도차이나로 건너가 베트남과 앙코르의 유적을 직접 보게 된다.

20세기 일본 고고학계를 대표하는 우메하라 스에지에 대해, 여기서 새삼 소개할 필요까지는 없을 것이다. 다만 국외파견이라는 점에서 상기해두어야 할 것은, 우메하라도 또한 1920년대에 유럽 유학을 경험했다는 사실이다. 교토제국대학 고고학교실의 하마다 고사쿠濱田耕作의 조수(교무촉탁)로서, 1920년대 전반기에 일본 국내뿐 아니라 한반도의 고고학 조사에 종사했던 우메하라는 중국학자인 나이토 도라지로內藤虎次郎(湖南)의 권유로 1925년 12월에 유럽 외유에 나섰다. 목적지는 런던이었는데, 그 전에 우메하라는 파리에 들러 오리엔탈리스트들의 환영을 받았다. 당시의 파리는 중국 고고학과 고미술연구의 일대 획기를 맞이하고 있었기 때문이다. 나이토는 이 같은 사정을 알고 있었기 때문에 우메하라에게 유학을 권유했던 것이다[87](나이토는 1924년 여름에 2개월간 서구 외유를 했다).

1920년대의 파리는 미국이나 일본의 예술가(문학자, 화가)를 비롯하여 외국인 예술가들이 많이 몰려드는 국제적 도시로서 알려졌는데, 동양고고학자나 중국미술사가도 어쩐 일인지 파리로 몰려들고 있었다. 중요한 중국의 고미술품은 미국이나 런던의 부호들 수중에 있었고 파리의 기메미술관에는 값나가는 물건은 거의 없었는데, 특별히 학술연구에 대해서는 파리가 중심지의 하나였다고 해도 틀린 말은 아니다.[88]

일본에서도 1920~1930년대에는 고고학자인 나카야 지우지로中谷治宇二郎, 모리모토 로쿠지森本六爾가 파리에 유학했다. 우메하라가 유학하던 중에도, 우메하라의 말을 빌리면 "파리에는 후에 도호쿠대학의 교수가 된 동양사의 오카자키 후미오岡崎文夫를 비롯하여, 도쿄대학의 와다 세이和田清(동양사), 게이오대학의 마쓰모토 노부히로(민족학) 등 수재들이 유학 중이었고, 프랑스어를 말하는 것은 물론, 문헌을 읽는 것도 많이 부족했던 나는 크게 도움을 받았다"라고 한다.[89] 일본의 동양사학에 있어서도 1920년대의 파리의 존재는 중요하고, 오리엔탈리스트들의 파리 체험의 의미에 대해서도 새롭게 고찰할 필요도 있을 것이다.[90] 이러한 국제적인 파리의 동양학 환경 안에서, 우메하라는 구미에서 가장 잘 알려진 일본의 고고학자가 되었다. 파리에서 폴 펠리오는 우메하라에 대해 이렇게 이야기했다고 한다.

나(우메하라)의 이름을 알고 있던 그(펠리오)는, 조선 관계의 이야기를 듣고 매우 흥미를 가졌다. 그리고 "자네의 연구성과를 꼭 이용하게 해주게. 그리고 특별히 영국에 가서 공부할 필요 없으니 이곳에 유학하게"라고 말해주었다.[91]

유학의 목적지가 런던에 있었기 때문에 우메하라는 11월 말까지 당지에서 연구활동을 했는데, 그 후 다시 파리에 들러 남유럽과 이집트 여행의 기점으로 삼았다. 1927년에 파리를 출발하여 스위스와 이탈리아, 그리고 러시아로 향하는데, 종종 파리로 불려와 조사를 계속했다. 1928년에는 파리로부터 '북몽골에서 발견한 한나라 시대의 칠기'라는 연재기사를《오사카마이니치신문大阪每日新聞》에 기고했고, 동시에 파리의《아시아미술잡지》에 「조선에 있어서 고고학의 신발견」이라는 제목의 논문을 발표했다.[92] 이러한 공적으로 우메하라는 기메미술관으로부터 아프가니스탄에서 출토된 5개의 불상 머리를 양도받기도 했다.[93]

유럽에서의 이러한 활약으로 인해, 우메하라는 극동학원의 세데스나 골루베프에게도 매우 잘 알려진 존재였다. 그러나 프랑스의 오리엔탈리스트에게 우메하라는 일본 고고학의 전문가라기보다는 오히려 아시아의 식민지 고고학자로서 알려졌다고 해야 할 것이다. 인도차이나에 파견될 즈음에 골루베프는 우메하라에 대해 사전에 강연제목으로 '일본의 청동기시대' 강의와 '조선에서의 일본 고고학'에 대해 논의해줄 것을 의뢰했다.[94]

원래 1920년대의 유럽에서 우메하라가 환영을 받은 것도 일본의 전문가들이 전개하고 있었던 한반도의 고고학에 정통했기 때문이었다. 또한 1930년대 후반에는 중국과의 전쟁 와중에 우메하라를 비롯한 다수의 고고학자가 중국 남부로 건너가 은허'의 유물을 조사하고 연구하고 있었다.[95] 1937년 12월의 '남경점령'과 함께 개시된 '문화공작'(보다 구체적으로 우메하라는 "고고학적 공작"이라고 하고 있다)의 일환으로, "남경에 유기되었다 (…) 국립중앙

---

* 중국 허난성(河南省)에 있는 상나라 시대의 유적이며, 그 유적이 있는 고대도시의 이름이다. 갑골문이 주요 유물로 출토되었다.

연구원 역사언어연구소의 조사와 관계된 허난 안양의 은허·은묘 및 기타의 엄청난 출토품의 정리"를 수행했던 것이다.[96] 계속되는 전쟁 중에 우메하라의 인도차이나 파견이 결정되었는데, 당지에서의 강의나 강연에서 요구되었던 주제, 그리고 우메하라 자신도 아마 원했던 주제는 바로 이러한 전시하의 아시아의 고고학 조사였다.

그런데 우메하라 스에지가 인도차이나에 도착한 것은 1942년 12월 11일이었다.[97] 일본이 미국과 영국에 선전포고를 한 지 1년이 경과했고, 남태평양에서는 교전 상태에 돌입해 있었다. 유럽에서는 1942년 11월에 연합군이 상륙작전을 감행하여, 비시파의 프랑스가 약체화하기 시작하던 그런 시기였다. 우메하라 자신도 "전쟁 중이니만큼 생명의 위험을 느끼면서도, 고노스鴻/巢 비행장에서 군용기로" 하노이에 건너갔다고 회고하고 있다.[98]

2개월의 체재 예정으로 하노이에 1개월 머물고, 그 후 후에, 사이공을 경유하여 도합 9회의 강연을 하고, 마지막으로 프놈펜으로 옮겨 앙코르 유적을 견학할 계획이었다. 여정은 오타 마사오 때와 그다지 변하지 않았지만, 우메하라의 경우에는 그사이에 극동학원미술관도 조사하고 베트남에 남아 있는 유적도 방문했다.

하노이에서는 우선 12월 22일에 루이 피노 극동학원미술관에서, '조선 상대上代 유적의 조사, 특히 고구려 벽화에 대하여'라는 제목의 강연을 했고, 골루베프의 보고서에는 "강연은 대성공이었으며, 300명 이상의 청중이 모였다"라고 한다.[99] 여기에서 우메하라가 인도차이나에서 행한 모든 강연의 주제를 확인해두고자 한다.

유럽에서도 유명한 우메하라의 강연은, 극동학원이 발행하는 출판물로서 프랑스어로 간행될 예정이었지만 결국에는 이루지 못했다. 전술한 대로,

1942~1945년 전시하의 학원의 활동기록은 공개되지 않았고, 필연적으로 우메하라의 강연록도 봉인되어버렸다. 다행히도 프랑스어판을 대신하여, 일본어판 인도차이나 강연집『동아고고학개관』이 1947년에 출판되었다.[100] 이에 따르면, 우메하라가 행한 강연제목은 아래의 9편이다. '고고학상에서 본 일본사 전의 문화', '일본의 청동기', '조선에 있어서 한대漢代 유적의 조사와 그 업적', '조선 상대 유적의 조사, 특히 고구려 벽화에 대하여'(하노이, 12월 22일), '남만주, 특히 관동주의 역사 전 문물에 관한 새로운 견해', '허난성河南省 창덕부彰德府 외 은허·은묘의 발굴', '중국 고대의 칠기에 대하여', '중국 고대의 견직물에 대하여', '최근 일본학자들이 실시하고 있는 중국의 고고학 조사에 대하여'(후에, 1월 20일). 9편 중 일본의 고고학에 관한 내용은 2편뿐이었고, 그 외에는 우메하라가 한반도나 중국대륙에서 종사했던 조사의 보고들이었다. 전시의 고고학에 종사했던 프랑스인들에게 있어서는, 정말로 시국에 맞는 강연이었다고 할 수 있을 것이다.

우메하라의 입장에서 인도차이나 파견은 1937년에 남경에서 수행했던 '고고학적 공작'의 연장선상에 있었다고 할 수 있을지 모르겠다. 오타 마사오가 강연을 통한 '문화교류'에 열심이었던 것과는 대조적으로, 우메하라는 인도차이나에서도 자신의 아시아 고고학의 연구를 진전시키기 위해 마음을 쓰고 있다. 강연 이외의 날에는 학원미술관이나 안남 북부의 유적조사에 시간가는 줄 모르는 나날이었다. 인도차이나 북부에는 한나라시대의 전묘塼墓*가 다수 점재했고, 우메하라 개인의 연구에 있어서도 반드시 해두어야 할 조사였다. 그

---

* 직사각형의 벽돌로 묘실(墓室)을 만든 무덤. 천장을 돔(dome) 형식으로 만든 것과 원기둥을 반으로 잘라 높힌 형식의 것이 있는데, 중국의 전국시대에 발생하여 한나라에 이르러 형식이 완성되었다.

렇기 때문에 "생명의 위험을 느끼면서도" 이곳으로 파견되어왔던 것이다.

　해가 바뀌고 1월 20일, 우메하라 일행은 후에로 이동한다.[101] 그리고 22일에 우메하라는 학원의 도서관 사서인 폴 부데와 총독부 공교육성 관리의 안내를 받아, 안남 청화성(베트남의 타인호아성)의 동손東山* 유적을 시찰했다. 이곳은 1920년대에 극동학원이 발굴을 했고, 중국 남부의 영향을 받았다고 여겨지는 유명한 선사시대의 동고銅鼓가 출토되었다. 우메하라의 안내를 담당했던 골루베프는 참파의 미손 유적을 견학시킬 예정이었는데, 우메하라는 중국 고고학과 밀접히 관련된 동손으로 안내해줄 것을 희망했던 것이다. 무엇보다도 자신의 학문적 관심을 우선시한 우메하라다운 선택이었다.

　동손을 시찰한 후 우메하라가 사이공을 거쳐 프놈펜에 들어간 것은 2월 상순, 앙코르 유적을 방문한 것은 8일이었다. 유적을 안내한 것은 학원을 퇴직한 후에도 명예멤버로서 프놈펜에 체재하던 앙리 파르망티에였다. 후에 우메하라는 "원동학원의 장로 파르망티에 씨가 안내해주어, 대규모의 석축의 유구에 대해 이미 행해졌고 또한 현재 실시 중인 보존설비와 작업 상태를 상세히 볼 수 있었다"라고 쓰고 있다.[102] 남부 불인진주로부터 1년 반이 경과하고, 일본 군대의 감시하에 있었던 1943년 초의 앙코르(그림109 참조)에서 얼마만큼의 복구활동을 할 수 있었던가에 대해서는, 공식문서가 거의 남아 있지 않기 때문에 정확하게 판단하기는 어렵다. 현지에는 보존국장으로서 모리스 글레즈가 있었을 것인데, 우메하라의 회고록에는 그의 이름이 등장하지 않는다. 종전이 가까워졌을 무렵에는, 캄보디아예술국장 퇴직 후에 레지

---

*　베트남 북부의 홍하유역을 중심으로 성립된 동남아시아 초기의 금속기 문화. 기원전 4세기부터 기원전 1세기경까지 존속되었다고 여겨지고 있다.

스탕스의 첩보활동을 했던 조르쥬 그롤리에가 헌병대에 쫓기는 몸이 되어 있었고, 글레즈는 후환을 두려워하여 학원의 활동을 거부했다고 한다. 그렇게 평온하지 못한 상황이 앙코르 지구 주변에 들이닥치고 있었다.

그 가운데 1주일간의 앙코르 유적 시찰을 한 우메하라는, 귀국 후에 세데스와 골루베프에게 보낸 편지에서 "특히 앙코르 방문 시에 귀중한 배려를 잊지 못하겠다"라고 썼다.[103] 그러나 과연 그것이 우메하라의 진심이었을까? 우메하라는 인도차이나에서의 강연록을 출판하면서도, 앙코르 유적에 대해서는 아무것도 쓰지 않았다. 회고록 『고고학 60년』에도 그 유적에 대한 언급은 거의 없다. 거꾸로 스스로 중국 고고학과 관련된 필드인 동손 유적의 시찰에 대해서는 상세하게 쓰고 있다. 더욱이 "인도차이나에서의 나의 주요 관심사는 안남 청화성 동손 유적과, 거기에서 나온 동고에 집중되었었다"라고 명언하면서 이렇게 쓰고 있다.

특히 동손 부락의 배후에 있는 언덕에는, 조선 낙랑의 분묘를 상기시키는 겹겹의 고분묘가 이어져 있고 (…) 나는 이 일대 전부를 새로 면밀히 계획을 세워 발굴을 한다면, 인도차이나 선사시대를 해명하는 훌륭한 열매를 맺을 수 있을지도 모르겠다고 몽상했다.[104]

남부 불인진주 후, 다수의 일본인 연구자가 시류를 타고 앙코르에 들어갔다가 오면서 앙코르 유적 관련 도서가 잇달아 간행되었는데, 우메하라는 이러한 유행과는 무관했다. 불인사정에 관한 정치적인 발언도 일체 남기지 않았다. 인도차이나 체재 중에도 오타처럼 프랑스 영화를 감상하거나, 베트남어를 배운다거나 하지 않고, 리셉션 행사도 하는 둥 마는 둥 하고, 평시와 같이 미술관이나 유적의 조사메모를 부지런히 작성했던 것은 아닐까?

인도차이나에 체재하던 마지막에 사이공에서 원장 세데스와 회견한 우메하라는, 세데스가 "내년도 이후에 예정되어 있는 동손과 같은 유적조사에 참가할 것을" 요구했다고 한다. 전시의 일불인 문화협력 가운데 우메하라가 인도차이나에서 본격적인 유적조사를 했다면, 일본의 고고학사에 있어서도 일대사가 되었겠지만, 아쉽게도 이 공동조사는 실현되지 않았다. 전황이 격변하던 1944년 이후, 이러한 종류의 조사는 실현 불가능했다. 전쟁만 없었더라면, 하는 가정도 성립될지 모르겠으나, 원래 전쟁이 없었다면 일본과 프랑스령 인도차이나의 공동조사 등은 제안조차 이루어지지 않았을 것이다.

인도차이나 체재를 끝낸 우메하라에게는, 총독으로부터 기념으로 "앙코르에서 출토된 크메르의 조각상"이 증정되었다. 총독이 공교육성을 통해, 곧바로 원장인 세데스에게 요청했던 것이다. 총독은 우메하라가 "고고학적 지식을 가지고 있었기 때문에, 특히 신중하게 조각상을 선정"하도록 지시했다. 지시에 따라 학원이 선정한 것은, 정리번호 3883번(지정해제번호 424번)의 도자기로 만든 〈관세음보살 두부〉(앙코르톰 출토)였다.[105] 이러한 유물의 증정에 대해서는 이 장의 마지막 절에서 다시 한 번 더 검토하고자 한다.

세데스의 내일 계획

앙코르 방문을 끝낸 우메하라가 1943년 2월에 사이공에서 학원 원장인 조르쥬 세데스와 만났다고 앞에서 언급했다. 본래대로라면 세데스는 사이공에는 없어야 했다. 프랑스령 인도차이나 측의 교환교수로서 내일할 예정이었기 때문이다.

골루베프가 내일 일정을 마친 직후인 1941년 7월 8일, 국제문화진흥회 이사장 나가이 마쓰조는, 바로 세데스에게 "다음번에는 당신이 반드시 내일해 주시기 바란다"라고 제의했다.[106] 4월에는 하노이에서 인도차이나를 시찰 중이던 구로다 기요시와도 회견했고, 일본 측은 당연히 세데스가 내일하는 것이라 생각하고 있었다. 그러나 그는 교섭에는 적극적으로 움직이지 않았고, 내일도 이루어지지 않았다. 어쩔 수 없이 국제문화진흥회는 1943년 4월에 동아의학대회의 인도차이나 대표로 내일했던 하노이의과대학의 앙리 가이야르를 교환교수로 임명하고, 5월 한 달 동안 그 임무에 종사하게 했다.[107]

세데스는 왜 국제문화진흥회의 내일 요청을 수락하지 않았던 것일까? 이 물음에 답할 수 있는 결정적인 자료는 극동학원에는 남아 있지 않다. 1941년 7월이라고 하면 일본의 남부 불인진주가 개시되고, 인도차이나의 정정政情이 시시각각 변화하고 있었다. 후술하겠지만, 이 시기에는 일본과의 '고미술품 교환' 계획도 추진되고 있었고, 학원의 원장으로서 인도차이나를 2개월씩이나 비워둔다는 것은 현실적으로 어려웠던 것이 사실이다. 그러나 공무다망만이 이유는 아닐 것이다. 앞에서 검토한 것처럼, 1941년 여름에는 일불회관 관장과의 사이에 그 후의 프랑스인 파견에 관한 약정이 이루어졌고, 일본으로의 파견자의 임무가 정치적으로 미묘한 것이 되었다. 공식적인 문화협력 사업이라는 틀에서는 적극적으로 내일할 결심이 서지 않았을 것이다. 실제로 세데스에게는 이 내일 계획과는 별도로 또 하나의 내일 요청이 있었고, 여기에는 적극적인 태도를 보이고 있었다.

세데스의 새로운 내일 계획을 제안한 것은 정토진종의 기베 고지木辺孝慈(오타니 고즈이大谷光瑞의 동생)를 회장으로 하는 대일본불교회(현재의 전일본불교회)로서, 1942년 3월에 교섭이 개시되었다. 불교학자인 다이쇼大正대학 교수 구노 호류久野芳隆(1943년부터 타이페이제국대학 남방인문연구소 교수)가 그 임무에 임했다. 구노는 1941년에 대일본불교회가 인도차이나에 파견한 불교사절의 대표자로서 인도차이나를 방문했었고, 세데스와는 이미 알고 있는 사이였다.[108] 세데스의 초빙은 그 답례이기도 했다. 원래부터 일본에는 일불회관 관장으로서 불교학자인 실뱅 레비가 파견되는 등 프랑스의 불교학자는 잘 알려진 존재였고, 세데스도 또한 1941년에 국제불교협회의 이노우에 데쓰지로井上哲次郎의 의뢰를 받아 기관지에 논문을 기고하기도 했다.

대일본불교회의 요청에 대해서는, 세데스는 매우 적극적으로 "(1943년) 10월에 1개월 동안 내일을 강력히 희망"한다고 인도차이나총독에게 국외출장의 허가를 구하는 서류를 제출했다.[109] 흥미롭게도, 그 편지에서 세데스는 일본 초빙이 "국제문화진흥회와는 무관계"라는 점을 강조하고 있다. 다른 자료로 증빙할 수 없어서 추측의 영역을 벗어나지 않지만, 국제문화진흥회의 교수 교환에는 학원장도 총독도 주저했다는 것을 알 수 있다. 자금 면에서도 국제문화진흥회가 제안한 금액보다 많은 3,000엔을 제공하겠다고 했고, 세데스는 캄보디아인 부인을 동행하고, 베트남인 조수인 창 반 잡도 수행할 계획을 세웠다. 대일본불교협회는 잡에 대해서도 '안남의 불교사' 강의를 의뢰했고, 1,500엔을 지급하겠다고 약속했다. 국제문화진흥회의 교수 교환에서는 불가능했던 베트남인 연구자의 파견이 가능했던 것도, 세데스가 새로운 초빙에는 적극적이었던 이유라고 생각해도 좋을 것이다.

이 계획은 순조롭게 진행되어, 1942년 4월 말에는 "다이쇼, 고마자와駒沢, 릿쇼立正, 류코쿠龍谷, 오타니, 도쿄제국대학"에서의 강의도 정해졌다. 대학의 "학술적academic 강의"로는 주 2회, 합계 6회(상기한 6개 대학에서)로서 "캄보디

아, 시암, 수마트라, 자바의 산스크리트와 파리의 비문 분석"을 하고, 대일
본불교회에서는 4회의 강의로 "몽 크메르의 힌두와 불교", "스리비자야 왕국
과 그 문명", "시암의 대승불교의 미술"에 대해 논한다는 것까지 이야기가 구
체적으로 진행되었다.[110] 그러나 세데스는 내일을 다음 달로 앞둔 9월에 돌연
"인도차이나에서의 공무의 제반 사정으로 인해 일본행은 내년 봄이 될 것이
다"라고 연기를 요청한다. 그리고 봄을 맞아서도 그는 인도차이나를 떠날 수
없었다. 그리고 결국 1943년 4월, "현 시점에서는 언제 인도차이나를 떠날 수
있을지 결정할 수 없다"라고 사실상의 내일 중지의 의지를 일본 측에 전달하
게 되는 것이다.[111]

세데스가 일불회관의 스기야마 나오지로에게 보낸 편지를 믿는다면, 골루
베프의 병상이 악화되어 인도차이나를 떠날 수 없다는 것이 첫 번째 이유였
다.[112] 1943년 1월에 인도차이나를 방문한 우메하라를 안내한 골루베프는 도
중에 이질에 걸려 안내를 중단하고, 요양생활을 하고 있었다.[113] 일본의 불인
진주 시기, 이른바 '친일파'로서 극동학원을 지휘하고 있던 것은 실질적으로
는 세데스와 골루베프 두 사람이었고, 골루베프가 공무를 수행할 수 없는 상
태에서 인도차이나를 떠나는 것은 세데스로서는 할 수 없었던 것이다.

극동학원과 제실박물관의 고미술품 교환

국제문화진흥회는 인도차이나와의 사이에 다양한 문화협력사업을 했지
만, 그중에서 최대의 사업은 일불인 사이에 이루어진 '고미술품 교환'이다.
문화교류의 증거로서 제실帝室박물관(현 도쿄국립박물관)이 소장하고 있던 일

본의 고미술과 프랑스극동학원이 보관하던 크메르 고미술을 '교환'한 것이다. 실현된 것은 1943년부터 1944년에 걸쳐서인데, 계획은 문화협력의 틀이 정해진 1941년 4월에 시작되었고, 가장 중요한 사업으로서 자리매김되었다는 것을 알 수 있다.

현재, 도쿄국립박물관에는 극동학원과의 '교환품 69점'이 전시·보관되어 있다. 1997~1998년에 도쿄와 오사카에서 '앙코르와트와 크메르미술의 1,000년전'이 개최되었을 때, 아사누마 다케시戎淋毅가 극동학원으로부터 온 교환품에 대해 일본 측의 자료(조각실의 일지, 국제문화진흥회의 기관지, 신문 등)를 조사하여 사진자료의 존재도 밝혀졌다. 그 일부는 소책자『앙코르의 미술, 프랑스극동학원 교환품』(1998)에 보고되어 있다.[114]

한편 프랑스 측의 자료로서는, 극동학원의 고문서에서 카르통 구 28번(현재 카르통 9번)에 캄보디아의 고미술품의 교환이나 판매에 관한 자료가 정리되어 있는데, 안타깝게도 일본과의 고미술품 교환에 관한 자료는 모두 행방불명이 되었다. 〈R10-3, 교환〉의 분류항목 아래에, 다른 '증정'이나 '판매' 자료와 함께 정리·보관되어 있다고 생각되는 '학원과 일본의 미술품 교환, 1941년'이라는 제목을 가진 정리파일이 남아 있지만 그 내용물이 없다. 파일에는 "〈J4, 일본의 미술관〉으로 이동"이라고 연필로 쓰여 기재되어 있지만, 〈J4〉의 분류 항목은 현행의 분류에는 없다.[115] 파일의 견출지에 '1941년'이라고 명기되어 있고, 현실적으로는 1943년까지 교환이 실현되지 않았다는 사실을 반영하고 있지 않기 때문에, 자료의 이동은 1941년부터 1942년에 걸쳐 이루어진 것이라 추측된다. 과거의 〈J4, 일본의 미술관〉에는 일본으로부터 극동학원으로 보내져온 편지류가 보관되어 있었을 것이므로, 후술하는 바와 같이 현재 행방불명인, 일본으로부터 송부된 미술품과 함께 이 자료들도 의

도적으로 누군가에 의해 반출된 것은 아닐까 상상할 수도 있다.

여하튼 이 자료를 앞으로 발견하게 되면, 고미술품 교환의 전모를 상세하게 밝힐 수 있을 것이다. 여기에서는, 학원 문서 외의 파일도 포함되어 있는 교환관련 자료와 아사누마가 조사한 일본 측에 남아 있는 자료를 검토하면서, 고미술품 교환의 과정을 가능한 범위 내에서 복원해보고자 한다.

우선, 교환의 제안은 역시 일본 측으로부터 국제문화진흥회를 통해 이루어졌다. 1941년의 구로다 기요시의 인도차이나 방문 시에, 학원장과의 회담에서 고미술품 교환에 관해 타진했다.[116] 상세한 것은 알 수 없지만, 구로다가 귀국하면서 7월에 개최되었던 국제문화진흥회의 이사회에서 '미술관 전시품의 교환'이 제안되었고, 심의와 교섭이 개시되었다.

앞에서 언급한 바와 같이, 구로다는 이 인도차이나 방문을 '문화공작'으로 자리매김했고, 약 2개월간의 체제 기간 동안 각지의 미술관을 방문했으며, 마지막으로는 앙코르 유적과 프놈펜의 알베르 사로 미술관도 견학했다. 귀국 후에 세데스에게 보낸 감사편지에는 "앙코르의 장대하고, 그림처럼 아름다운 이미지를 잊을 수가 없다"라고도 했고, 구로다 자신도 크메르의 미술에 매료되었다는 것을 알 수 있다. 더욱이 프놈펜의 알베르 사로 미술관이나 앙코르보존국의 창고에서는 '고미술품 판매'가 이루어지고 있었다(제6장 후반부를 참조할 것). 구로다가 그것을 보고, 고미술품의 교환이 가능하다고 생각해도 이상할 것은 없었다. 더불어 전술한 《아사히신문》에 실린 '불인을 이야기하는 좌담회'에서 인도차이나 시찰을 마친 이하라 우사부로는 "사이공에 있는 가장 큰 미술관 중에, 중국실은 물론 일본실'도 있는 것에 대해, "거꾸로 일본에는 불인의 미술이 모여 있는 공간이 아직 없으므로, 약간 안타깝게 생각했다"라고 발언했다.[117] 인도차이나를 방문한 일본인들 사이에는, 앙코르 유적을 소개하는 저작뿐 아니라, 고미술품 자체를 일본에 소개하고 싶다는 희망도 나오고 있었다. 국제문화진흥회의 입장에서 보면, 불인 순회 일본 회화전람회를 조직하여 동시대의 미술품을 판매하는 시도도 하고 있고, 그 연장선상에서 서로의 고미술을 전람하고, 나아가서는 교환을 한다는 발상이 생겨나는 것도 필연이었다.

그러나 고미술품 교환은 교수 교환이나 현존 작가의 미술전과 같이 단기간에 용이하게 실현할 수 있는 것은 아니다. 특히 일본의 제실박물관에 있어서 교환품의 선정은 어려운 사업이 되었다. 7월의 국제문화진흥회의 이사회에서 이사장인 나가이 마쓰조는 "지금 다시 검토가 필요"하다고 하면서도, 전향적으로 수속을 진행시킬 방침을 굳히고, 7월 8일 세데스에게 다음과 같이 편지를 보냈다.

⑴ 내가 바라는 것은, 가능하면 크메르미술의 고고학을 조망할 수 있는 일련의 작품군이다

⑵ 일본의 미술품 선택에 관해, 고고학적 유물, 즉 발굴품을 희망하는 것인가 아니면 고미술품을 소망하는 것인가, 특별한 요구가 있으면 그것을 알고 싶다

⑶ 교환 가능한 크메르미술품의 목록과 사진, 그리고 그 평가액을 알고 싶다[18]

우메하라나 불교사절단은 통킹이나 안남의 선사유물이나 불교미술에 관심이 있어서 인도차이나에 갔지만, 국제문화진흥회가 소망하는 것은 크메르 미술품이었다.

나가이의 요청을 받은 학원의 세데스는 "우리들의 일본미술 컬렉션은 적지만, 클로드 메트르나 노엘 페리 등 지식인이 수집한 일품들도 있다"라고 하면

서, "일본 체재 중에 주요한 미술관을 방문한 골루베프로부터 우리들의 컬렉션에 결여되어 있는 중요한 미술품의 목록을 알려드립니다"라고 일본 측에 전달하고 있다[119](7월 24일). 편지의 문면상으로 보면, 세데스는 적극적으로 미술품 교환의 계획에 개입하고 있는 것처럼 보인다.

실제로 세데스가 교환품의 선정을 마치고, 국제문화진흥회에 그 개요를 전달한 것은 9월 13일로서, 불과 2개월이 채 안 되는 기간에 교환품을 결정했다. 학원은 1923년부터 공공연하게 계속적으로 캄보디아의 고미술품을 판매했고, 1930년대에는 구미의 미술관과의 큰 거래도 성공시키고 있었다. 국외로 유출시키는 고미술품을 선정하는 것도, 그 가격을 결정하는 것도, 그다지 곤란하지 않았던 것이다. 요컨대 말은 나쁘지만, 20년의 실적을 지닌 고미술품 판매의 재고, 즉 팔다 남은 것들을 일본에 보내면 되는 것이었다(전술한 대로, 일본과의 교환에 관한 자료는 행방불명이고, 이 건에 대해 학원 내에서 어떠한 논의가 있었는지는 전혀 알 수가 없다. 그러나 고미술품 판매나 구미의 미술관과의 거래의 경험에서, 일본과의 미술품 교환도 특별히 문제가 될 것은 없었을 것이라 상상된다).

1941년 9월 시점에서 극동학원이 선정한 것은, 앙코르 시기의 조각(조각상과 부조물) 33점, 청동기 13점, 도기와 기와 25점, 합계 71점이다. 11월에는 국제문화진흥회로부터의 요망에 응하여 작품의 사진을 송부했다. 사진 송부를 받고 《아사히신문》은 '국외불출의 명품 집결, 도래의 불인 고미술품 71점'이라는 제목으로 교환 예정의 작품 5점을 사진과 함께 게재했다[120](그림110). 기사에 따르면, 교환 예정의 미술품은 "불인의 국보급 미술품"으로서(당연히 인도차이나나 프랑스에는 '국보'라는 개념은 없지만), "그 예술적 가치검토를 위탁받은 제실박물관에서도 경이의 눈으로 바라보고 있다"라고 했다.

그림110 〈도래의 불인 고미술 71점〉,《아사히신문》1941년 11월 20일

이러한 절찬의 배경에는 일본의 미술품이 국외로 유출되는 것을 두려워하여 1933년에 제정된 '중요미술품 등의 보존에 관한 법률'을 통해, 그리고 더욱이 전시를 맞아 '국보'나 '중요미술품'의 수준이 극단적으로 하향 수정되었던 사정도 있었을지 모르겠다. 극동학원이 견적을 낸 고미술품의 평가액은 5만 엔이었고, 뒤에서 검토하겠지만 고미술품의 고고학적 가치, 미술사적 가치를 객관적으로 보면 '국보급'이라는 표현은 전시의 저널리즘 특유의 과대표현이라고 하지 않을 수 없을 것이다.[121] 물론 그렇다고 해서 식민자인 프랑스가 마음대로 법령을 만들어, 캄보디아의 '나라의 보배'라는 의미에서의 미술품을 합법적으로 국외로 유출시킨 것에 대한 변명은 되지 않는다.

한편 일본의 제실박물관의 교환 후보작품의 선정은 그 곤란함이 극에 달했다. 아사누마의 조사에 의하면, 1942년 2월 26일의 제실박물관 조각실 일지에는 "불인에 기증할 수 있는 물건을 열품대장에서 말살하는 건에 대한 심의에서 여러 가지 논의가 있었다. 다른 구匭에서는 유보가 된 것도 있다"라고 했다. 앞에서 언급한 것과 같이, 1930년대에 고미술의 국외유출 문제가 세상을 떠들썩하게 했고, 특히 전시戰時에는 매일같이 새로운 국보와 중요미술품이 지정되는 상황에 있었다. 그렇지 않더라도, 교환이라고는 하지만 제실박물관이 수장품을 공식적으로 외국에 증정하는 것은 드문 경우였고, 작품선정에도 신중해졌다. 일본의 교환품이 결정된 것은 1942년 7월이었고, 선정에 약 1년이나 소요되었던 것이다.

같은 달 23일의 궁내성의 발표에 따르면, 가노 미치노부狩野典信의 산수화를 포함한 회화 3점, 가마쿠라시대의 목조 아미타 입상, 노의 가면 5점 등 합계 31점의 미술품이 선정되었다. 금칠공예蒔絵, 도자기燒物, 고소데小袖* 등도 포함하여, 여러 방면에 걸친 작품을 선정하고 있다.[122] 또한 8월에는 국제문화진흥회가 준비한 녹황색의 갑옷이나 가마 등 8점의 미술공예품과 26점의 '아이누문화자료'도 교환품에 추가되게 되었다.[123] 숫자상으로는 총계 65점으로, 71점의 극동학원으로부터의 교환품에 손색없는 것이 되었다.

선정된 미술품들은, 궁내성의 발표로는 1942년 8월 중에 인도차이나에 발송될 예정이었지만, 현실적으로는 1943년 4월까지 실시되지 않았다. 일찍이 교환품의 선정을 끝낸 학원의 교환품도 일본으로 송부된 것은 1944년 1월(또는 2월)이었다.

송부를 1개월 앞둔 1943년 3월 17일, 제실박물관에서는 주일프랑스대사

---

* 소맷부리가 좁아진 형태의 일본 옷. 처음에는 소박한 통소매의 속옷이었으나 차츰 웃옷으로 발전했다. 또는 헤이안 시대에 예복이었던 오소데(大袖)에 받쳐 입었던 속옷.

아르세느 앙리와 지식인들을 대상으로 내부전시회가 개최되었고, 선정된 미술품의 내용과 질을 일본 국내에 묻고 있다. 한편 인도차이나에서는 4월 일본 고미술품의 도착을 확인한 후, 5월 12일에 드디어 고미술품이 프놈펜의 캄보디아미술관으로부터 사이공의 극동학원미술관 '블랑샤르 드 라 브로스 미술관'(현 호치민역사박물관The Museum of Vietnamese History, Ho Chi Minh City)으로 옮겨졌다. 작품선정의 속도에 비해 이 사이의 반응은 실로 지체되고 있다. 인도차이나의 정정政情변화로 인해, 극동학원은 일불인 문화협력사업에 적극성을 찾아볼 수 없게 된 것이 그 요인이라고 생각된다.

　5월에 사이공에 도착하여 바로 일본에 송부될 예정이었던 크메르의 교환품도 4개월간 그 상태 그대로 미술관에 방치되어, 9월 9일에 겨우 당지에서 '교환기념식전'이 집행되었다. 일본에서는 1941년부터 주불인대사로 근무하고 있던 요시자와 겐키치芳澤謙吉(1930년에는 주프랑스대사로서 프랑스에 부임해 있었다)가 출석했다. 실제로 "합계 8톤, 23상자"(극동학원의 기록)의 대량의 크메르 유물이 일본으로 송부된 것은, 식전이 끝나고 반년이 경과된 1944년 초였다.[124] 아사누마의 조사에 의하면, 1944년의 1월인가 2월에 일본에 도착한 크메르의 유물은, 3월에 국제문화진흥회에 의해 내용이 확인되고, 그 반년 후인 9월에 제실박물관의 조각구彫刻區에 인도되었다고 한다.

　하지만 이 고미술품들은 일본과 프랑스령 인도차이나와의 '문화협력'의 징표로서 일반 공개되지는 않았다. 세계대전이 일거에 종반을 향해 치닫던 시기이다. 같은 해 8월에는 프랑스에 상륙한 연합군이 파리를 해방시켜 독일군을 철퇴시키고, 게다가 남프랑스로의 진군을 계속하여, 필립 페탱의 비시정권은 붕괴되었다. 비시정권을 지지하던 프랑스령 인도차이나는 고립되었다. 한편 일본도 1943년 말부터의 연이은 패배로 인해, 인도차이나 정책의 노선

변경이 불가피해졌다(1945년 3월에 일본은 인도차이나를 무력 제압한다). 이미 일본과 프랑스령 인도차이나의 문화 간 우호관계를 보여준다는 사업은 유명무실한 것이 되어가고 있었던 것이다. 결국 학원의 교환품이 일본에서 처음으로 일반에 전시된 것은, 제2차 세계대전 후인 1947년 9월이었다.

한편 인도차이나로 건너간 일본의 고미술품은 어떻게 되었을까? 아쉽게도 블랑샤르 드 라 브로스 미술관에서의 교환식전 후의 일본 고미술품의 자취가 파악되지 않고 있다. 당초의 예정으로는 하노이의 루이 피노 극동학원미술관으로 이동하여 전시한다는 것이었지만, 남아 있는 자료로는 더 이상의 정보를 얻을 수가 없다. 현재도 또한 전술한 극동학원의 문서자료와 함께 행방불명이 되어 있다.[125]

전시에도 또한 고미술품 판매를 계속하고 있던 극동학원은, 사이공의 미술관 창고에도 크메르의 유물을 옮겨놓고, 예외적으로 그곳에서 판매할 계획을 세우고 있었다. 일본의 북부 불인진주 이후, 인도차이나의 프랑스인 관리와 일본의 재계인들이 집중되어 있던 사이공의 미술관 창고에 크메르의 고미술품을 모아, 대대적인 판매를 하려고 생각하고 있었던 것이다[126](이 미술관에는 현재에도 다수의 크메르미술품이 보관되어 있다). 일본의 지배력이 강화되는 가운데 구미로부터의 관광객, 특히 북미의 관광객이나 재계인의 내방이 격감하고, 크메르미술을 둘러싼 '거래'의 중심은 프놈펜에서 사이공으로 이행되고 있었다. 이러한 혼란의 장소에 일본으로부터 송부되어온 고미술품도 놓이게 되었던 것이다. 크메르 고미술품과 마찬가지로 수집가의 손에 건너가버렸을 가능성도 있지 않을까?

마지막으로, 현재 도쿄국립박물관이 소장하고 있는, 극동학원으로부터의 교환품의 고고학적·미술사적 가치를 검토해보자.

당시의 기록으로는 71점의 고미술품이라고 소개되어 있지만, 현재 등록되어 있는 것은 69점이다. 숫자상으로는 2점이 부족하지만 분실된 것은 아니라고 생각된다. 석상이나 부조물류는 두부나 몸체부가 나뉘어져 송부되었고, 따라서 조합방식에 따라 1점 또는 2점으로 기록이 바뀌기 때문이다. 현재 청동기나 도자기류의 숫자는 당시의 기록과 일치하고 있다.

작품의 내용에 관해서는, 일본 측의 "크메르미술을 조망할 수 있는 일련의 작품군"이라는 최초의 요망에 응답하듯이, 10세기부터 13세기에 걸친 이른바 앙코르시대의 고미술품을 중심으로 시대와 출토지 등이 균형을 맞추어 선정되었다. 또한 불교미술과 힌두교미술의 균형도 배려되었다. 더불어 조각상뿐만 아니라 문미楣나 프라사트, 장식기둥 등의 건축 자재, 그리고 무용수의 부조물 등의 장식 부조도 포함되어 있었고, 다양성이 풍부하게 선정되었다.

질에 대해서 살펴보면, 〈나가 위의 불타 좌상〉(그림111)이나 〈로케슈바라 입상〉(그림112), 〈여신 입상〉(12세기, 앙코르시대) 등은 결손은 있지만 미술관 전시를 할 가치가 있는 일품이라고 할 수 있을 것이다. 그러나 교환품의 대부분을 이루는 것은, 〈불타 두부〉(그림113)나 〈건물장식단편〉(12~13세기) 등의 단편적인 고고학적 유물이다. 연구자료로서는 귀중하지만 미술품으로서의 가치는 그다지 높지 않다고 하지 않을 수 없다.

고고학사의 관점에서 흥미 있는 것은, 도쿄국립박물관의 교환품 카탈로그의 12번에 〈비슈누 입상〉(그림114)으로 등록되어 있는 11개의 단편들이다. 극동학원이 교환에 앞서서 일본에 보낸 사진자료에는 단편을 접합시켜 입상으로 복원되어 있었다(그림115). 유적에서 유물의 단편을 발굴하여, 어떠한 복원작업을 했는가를 보여주는 자료로서 매우 흥미롭다.

그림111 〈나가 위의 불타 좌상〉 12세기, 앙코르시대, 도쿄국립박물관 소장

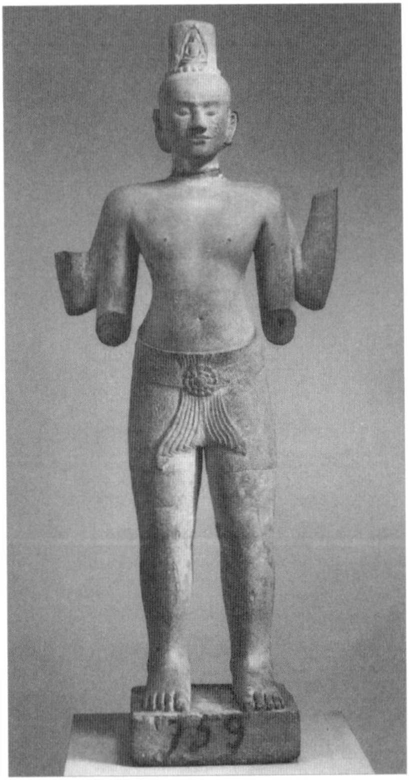

그림112 〈로케슈바라 입상〉 12〜13세기, 앙코르시대, 도쿄국립박물관 소장

　이와 같은 대부분의 단편적 유물은, 학원의 고미술품 판매의 대상이 되었던 전형적인 유물이라고 할 수 있을 것이다. 판매된 무수한 단편적 고미술품의 행방을 더듬어가는 것이 곤란해진 현재, 일본으로 교환품으로서 보내져온 다수의 단편적 유물은, 어떠한 것이 고미술품 판매에 제공되었었던가를 보여주는 귀중한 자료가 되어 있다. 교환품에는 여기에서 제시한 사진으

그림113 〈불타 두부〉 12∼13세기, 출토지 불명, 바이욘 양식, 도쿄국립박물관 소장

로부터도 확인할 수 있듯이 숫자가 직접 쓰여 있다. 〈로케슈바라 입상〉(그림 112)에는 759번, 〈여신 입상〉에는 2889번, 〈불타 두부〉(그림113)에는 1607 번, 〈비슈누 입상〉(그림114, 115)에는 3102번이 붙어 있다. 이것은 학원이 앙 코르보존국에 모아두었던 유물의 정리번호이고, 숫자가 작을수록 오래된 시 기의 조사에서 발굴하거나 수집한 것을 나타내고 있다. 그리고 고미술품 판 매의 자료와 이 숫자를 조합해보면, 각각의 판매에 걸린 시기를 알 수 있다. 1607번의 〈불타 두부〉 등의 단편은 1930년대에 판매하려고 내놓은 것이고, 동일하게 교환품으로 제실박물관에 보관되어 있는 비교적 상태가 좋은 〈남 신 입상〉(앙코르시대 12세기, TC381번)도 또한 1937년에 북미의 미술관과 매 매교섭을 했으면서도 가격에서 타협이 이루어지지 않아 '팔다 남은 물건'이

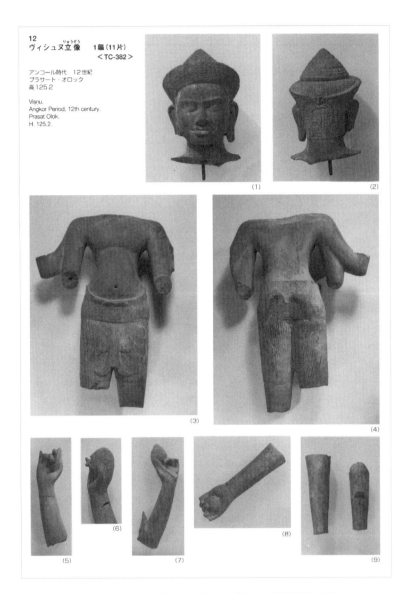

12
ヴィシュヌ立像   1編 (11片)
<TC-382>

アンコール時代　12世紀
プラサート・オロック
高 125.2

Viṣṇu.
Angkor Period. 12th century.
Prasat Olok.
H. 125.2.

(1)

(2)

(3)

(4)

(5)

(6)

(7)

(8)

(9)

그림114 〈비슈누 입상〉 12세기, 앙코르 시대, 도쿄국립박물관 소장

· 앙코르와트
— 제국주의 오리엔탈리스트와 앙코르 유적의 역사 활극

그림115 그림114의 복원사진. 1943년에 프랑스극동학원이 보낸 고사진. 도쿄국립박물관 소장

된 것이었다.[127]

일본의 불인진주 시기에 일본 측으로부터 고미술품의 교환이 제안되고 실행으로 옮겨졌다. 이 정보만 들으면, 일본이 당시의 정치적 세력관계를 배경으로 부당한 거래를 하여, 무리하게 캄보디아의 유물을 탈취한 것은 아닌가 하고 가정하고 싶어진다. 그러나 교환품의 숫자와 고미술품 판매자료를 검토해보면, 그 가정은 성립되지 않는다는 것을 알게 된다. 교환품의 대부분은 이미 고미술품 판매에 내보낸 것들이었고, 단편들은 관광객에게, 비교적 상태가 좋은 것은 북미의 미술관이나 연구소에 매각되려고 한 것들이었다. 또

한 세데스 등 불인 측의 관계자들도 과연 이 유물들을 귀중한 캄보디아의 문화재로서 인식하고 있었는가 심히 의문이 든다. 물론 일본으로의 송부를 미루던 학원의 태도에, 유물송부를 어떻게 해서든 저지하려고 하는 의도를 호의적으로 읽어낼 수도 있지만, 그러나 결국은 "합계 8톤, 23상자"에 이르는 방대한 수량의 유물을 1944년의 위험한 동중국해로 배에 실어 내보냈던 것이다.

전시하의 고미술품 증여와 판매

일본으로 건너간 크메르의 교환품은, 이제 크메르미술의 국제적 인지도 향상에 공헌하는 역할도, 조사자금 조달을 위한 역할도 못하고, 시시각각 변화하는 정정 속에서 곧 숨이 끊길 것만 같은 프랑스령 인도차이나를 지켜내기 위해 제공된, 진정한 의미에서의 정치적 공물貢物이었다고 할 수 있다. 전시의 일본과의 정치적 교섭을 위해 인도차이나의 프랑스인들에게 이용되었던 것이다.

앞에서 언급한 것처럼, 인도차이나를 방문한 우메하라 스에지에게 '문화협력'의 징표로서 총독은 크메르의 유물을 기념품으로 증정했다. 실은 1942년 1월부터 정치나 문화교류를 위해 이용할 수 있는 고미술품의 '일시 대여품' 목록이 작성되었고, 총독부의 고관이 지정에서 벗어난 유물을 자유롭게 '대여'할 수 있게 되었다.[128] 실질적으로는 '증여'인 것이다. 남부 불인에 진주한 일본의 군인에게 유물이 증여되는 경우도 있었고, 예를 들면 1943년의 태불인 국경획정을 위해 조사차 온 야노 마코토矢野真에게 불타 두부가, 또한 대동아성 사무총장으로서 하노이에 주재하고 있던 구리야마 시게루栗山茂에게는 루이 피노 미술관에 소장되어 있던 '1급의 베트남 도기' 2점이 증정되었다.[129] 증정품을 선정한 골루베프의 말에 의하면, 그것들은 "그 이상의 질의 것은 없는" 것으로, "인도차이나에서도, 미술관에서도" 보이지 않는 것들이었다. 전시 중의 재정난에 빠진 프랑스령 인도차이나총독부에게 고미술품은 정치적 교섭에 제공되는, 문자 그대로의 공물이 되어버렸던 것이다.

이와 같은 혼란 속에서, 극동학원은 고미술품 판매에 대해서도 그보다 더한 일탈적인 활동을 하려고 했다. 1944년 11월, 앙코르 지구에서 활동하고 있던 앙리 파르망티에는 골루베프와 세데스에게, 사이공에서 고미술품 판매를 대대적으로 하자는 제안을 한다(이 해에 파르망티에는 다시 학원의 고고학부장에 취임해 있었다). 파르망티에에 의하면, 사이공에서는 "기묘한 상황을 맞아, 모든 이가 창밖으로 돈을 내던지듯이 낭비하고 있고, 고생하지 않고 자금을 손에 넣을 수 있을" 것이라는 것이다. 본국의 파리해방(1944년 8월 10일)을 맞아 인도차이나에 머물고 있던 프랑스인이 재산을 처분해 본국으로 돌아가려고 하고 있는데, 그들을 상대로 고미술품을 판매하면 틀림없이 막대한 자금을 얻을 수 있을 것이라 생각했던 것이다. 파르망티에는 이어서 다음과 같이 이야기한다.

학원에 그 의지가 없다고 하더라도 이제 앙코르에는 방문자도 거의 없으므로, 판매에 제공되는 잡동사니를 모두 사이공에서 처리할 수 있다면, 하고 생각하고 있습니다. 미칠 듯한 성공을 거두게 될 것입니다. (…) 2주일 후, 나는 사이공으로 갑니다. 학원이 이 생각에 동의하신다면, 바로 사이공에서 중개해줄 사람을 찾아보겠습니다. 고미술상 중 한 사람을 생각해두고 있습니다.[130]

세데스는 자금조달이라는 유혹에 져서 파르망티에의 제안에 일단 동의한다.[131] 그러나 이 결정에 앙리 마셜이 이의를 제기했기 때문에 계획은 철회되었다. 1937년에 퇴임하고 한때 프랑스로 돌아갔던 마셜이지만, 1944년에 다시 글레즈와 교체되어 앙코르보존국장으로 현지에 남아 있었다. 마셜에 의하면, 관광객은 분명히 줄었지만 매각에 내놓을 수 있는 유물은 그 당시 30점 정도밖에 없고, 게다가 팔다 남은 소품들뿐이었다.[132] 이와 같은 상태에서 사이공의 고미술품상에 판매를 위탁하게 되면, 다시 다수의 유물에 대해 지정해제의 작업이 필요해진다. "조급히 판매품을 준비"하는 것이 곤란하고 위험하다는 이유로 마셜은 이 계획에 반대했던 것이다.

이 과정에서 우리가 읽어야 할 것은, 파르망티에의 제안을 거절한 세데스의 영단이 아니다. 전시에도 계속적으로 역사적 유물의 지정해제 작업이 이루어지고 있었음에도 불구하고, 1944년 11월의 시점에서 소수의 유물만이 남아 있었다는 사실에 주목해야 할 것이다. 고미술품의 판매 점수는 1943년부터 1944년에 걸쳐 격감했다. 1939년부터 1942년에 걸쳐서는 94점(연 평균 30여 점), 1942년부터 1943년에 걸쳐서는 36점이 매각되었는데, 1943년부터 1944년의 1년간은 18점밖에 매각되지 않았다. 결코 적지 않은 재고도 있었을 터인데, 마셜은 30점만 남아 있다고 했다. 마셜은 그 이유에 대해 설명하지 않았지만, '일시 대여'나 일본과의 고미술품 교환을 위해 다수의 유물이 유출되었던 것이다.

'일시 대여'품에 대해서는 고미술품 판매를 위해 작성된 것과 같은 정확한 목록이 작성되지 않았다. 누구에게 어떤 것이 대여되었는가를 파악하는 것은 어렵다. 그리하여 전시에 다수의 유물이 행방불명이 되어버렸다. 또한 사이공에서의 대량판매 계획은 보류되었다고는 하지만, 1944년 말부터 1946

년 6월 사이에 74점의 고미술품이 매각되었다. 전술한 파르망티에의 편지가 전하듯이, 사이공에는 고미술품을 소망하는 프랑스인이 다수 있었다는 것을 증명해주는 숫자라 해도 좋을 것이다.

행방불명이 된 다수의 유물이나 일본으로부터의 교환품과 마찬가지로, 1942~1945년의 학원의 활동은《학원기요》에는 일체 기록되어 있지 않고, 망각될 운명에 처해 있었다. 전시의 '문화협력'의 사자가 될 것을 약속받고 일본으로 건너가, 그 역할을 다하지 못하고 전후에 조용히 전람될 수밖에 없었던 학원으로부터의 크메르미술 교환품은, 얼마 안 되는 이 망각의 시대의 증언자로서 귀중한 존재이다. 비록 전시의 부채의 유산이라고 하더라도 말이다.

식민지 고고학의 종언과 새로운 비극의 시작

1945년 여름, 전쟁에 패한 일본이 인도차이나를 떠나고, 유럽의 전쟁과 국내의 정권탈취에 '승리'한 자유프랑스(제4공화국)는 다시 제국주의의 첨병기지를 사수하고자 인도차이나 지배를 강화하고자 했다. 제2차 세계대전의 종결은 인도차이나에 있어서 새로운 전쟁의 개시를 의미했다. 1945년 9월에 하노이에서 독립을 선언한 공산주의 베트남민주공화국에 대해, 프랑스는 이듬해 3월 괴뢰정권인 코치시나공화국(1949년에는 베트남국)을 성립시켰고, 같은 해 12월에는 베트남민주공화국과의 전쟁을 개시했다. 그 한편으로 인도차이나 인민의 지지를 획득하고자, 프랑스는 식민지체제를 형식적으로 폐지했다. 신설한 '프랑스연합'의 틀 안에 라오스와 캄보디아를 포함시켜, 1949년에 '공동국가'로서 양국을 독립시켰던 것이다. 민족주의운동에 부분적으로

응답함으로써 전쟁을 유리하게 끌고 가려는 것이었다.

그 후 구 프랑스령 인도차이나 각국을 덮친 비극적인 전쟁의 역사는, 이 책의 주제를 벗어나 있다. 제2차 세계대전 후, 형식적으로 식민지를 처분한 프랑스에 의해 재개된 20세기 후반기의 앙코르 고고학의 간난과 비극으로 넘치는 역사에 대해 이야기하는 것은 다른 책을 준비해야 할 것이다. 내게 그것을 논할 능력은 없다.

정체政體가 교체되어도, 극동학원은 새로운 인도차이나 지배체제에 불가결한 존재로서, 이어서 구 식민지의 학술적 활동을 수행하는 기관으로서 존속했다. 1949년에 공동국가로서, 그리고 1953년에는 완전독립을 이룬 캄보디아 왕국에서, 학원은 새로운 제도하에 재출발을 도모했다. 1950년에는 창립 50주년이라는 전기轉機를 맞았다. 재출발하기에는 좋은 구획기준이었다. 1952년에 파리와 하노이에서 개최된 학원의 창립 50주년을 기념하는 식전에서, 캄보디아 대표인 핑페앙 유칸토르 황태자비는 다음과 같이 학원을 칭송하면서 재출발을 지원했다.

(극동학원은) 프랑스가 인도차이나에 설립한 가장 의의 있는 기관이다. 우리 캄보디아인들은 그 은혜를 받아왔다. (…) 학원 멤버가 우리들의 과거의 위대함을 문명국들에게 보여주지 않았더라면, 그리고 캄보디아 국민의 자랑을 뒷받침해주지 않았더라면, 크메르인의 빛나는 과거의 기억도 잊혔을 것이다. (…) 그들 덕분에 우리들의 과거가 다시 살아나고, 우리들의 예술은 전 세계에 알려지게 되었던 것이다.[133]

식전용의 미사여구이지만, 여기에서 다시 식민지학을 개시한 1900년의 학원의 창설이념이 그대로 반복되고 있다는 사실에 우리들은 놀랄 수밖에 없을 것이다. 과거의 것과 그다지 바뀌지 않은 이념하에, 20세기 후반기의 앙코르 고고학은 재출발했던 것이다.

1956년에는 캄보디아 국왕정부와의 협정에 따라, 프랑스극동학원은 캄보디아 영토 내에서의 고고학 조사의 독점적 권리를 다시 손에 넣었고, 앙코르 유적의 보존과 국립미술관의 관리를 계속하여 행하게 되었다. 그러나 거기에는 일본과의 교류를 추진한 세데스와 골루베프의 모습은 보이지 않았다. 두 사람의 존재와 함께, 제2차 세계대전 중 학원의 '전쟁협력' 활동의 기억을 잊어버리고, 그리고 여기에서부터 새로운 앙코르 고고학의 역사가 시작된 것이다.

마지막으로
―일본이 꾼 앙코르의 꿈

마지막으로 다시 불인진주 시기의 일불인 문화협력으로 돌아가, 아주 짧은 기간이었지만 앙코르 유적과 만난 일본의 연구자가 거기에서 무엇을 꿈꾸었는가를 확인해보고자 한다.

반복해서 인용하지만, 그롤리에의 저작을 일본어로 번역한 미야케 이치로는 '역자후기'에 "앙코르는 동양의 것이다", "서구 학자의 연구에만 맡겨둘 것이 아니다"라고 썼다. 너무나도 시류에 영합한 말이지만, 이 부분만을 인용하는 것은 공정함을 결여하는 것이다. 이 말은 다음과 같이 이어지기 때문이다.

그러나 나는 여기에서 이중으로 이것을 해설한다든지, 시류에 맞추어 흥분한다든지 하겠다고는 생각지 않는다. 또한 공연히 앙코르나 보로부두르의 유적에 대해, 또는 크게 말하면 동양의 종교나 민족이나 역사에 대해 그 갑절의 소리를 높이고 싶지 않다. 아니, 오히려 냉정하게 이것들과 씨름하는 것이 우리들의 의무, 일본인의 사명이지 않겠는가?[34]

앙코르의 연구는 "서구 학자의 연구에만 맡겨둘 것이 아니"지만, 그러나 "일본인의 사명"은 "공연히 (…) 그 갑절의 소리"를 높이는 것이 아니라 "냉정하게 이것들과 씨름하는" 것, 즉 프랑스인 연구자를 선인先人으로 하고 프랑스인의 연구로부터 많은 것을 배워야 한다고 미야케는 이야기하고 있는 것이다. 더 이야기한다면, 미야케의 본뜻은 후반 부분, 즉 프랑스인의 연구를 존중해야 한다는 주장에 있었다. 같은 문장의 말미에, "나는 저자(조르쥬 그롤리에)의 100분의 1에도 미치지 않는, 한 학구學究에 지나지 않는다"라고 쓰고 있다. 이 책의 제1장 마지막에 소개했듯이, 미야케가 "들라포르트를 읽지 않고 앙코르를 논하는 것은 만엽집을 모르면서 단가短歌를 운운하고, 산스크리트의 개념 없이 인도와 유럽 언어학에 대해 지껄이는 것과 같다고 해도 과언이 아닐 것이다"라고 한 것도 상기해야 할 것이다.

앙코르 유적에 대해 직접 언급한 것은 아니지만, 미야케와 거의 동일한 취지의 말을 동양학자인 이시다 미키노스케도 1942년에 피력하고 있다.

동양의 연구는 반드시 동양인이 해야 할 것이다. 더욱이 서양인의 동양진출 이래, 불행하게도 동양인의 동양연구는 그들에게 일등을 빼앗기게 되었다. (…) 학문을 다스리는 방법이 뛰어나 최근 100년간, 그들의 업적은 현저하게 성공했고,

그 결과를 이용하지 않고는 의의가 있는 새로운 연구를 시도하여 동양문화를 발휘하는 것은 거의 불가능한 지경에까지 이르게 되었다.[135]

이시다가 이렇게 쓴 것은 전시에 간행된『구미의 중국연구歐米における支那研究』(1942)라는 제목의 저작의 서두에서였다. 이 저작에서 이시다는 중국 고고학의 태두인 에두아르 샤반느나 베르톨트 라우퍼, 스벤 헤딘 등 구미의 동양 고고학자의 업적을 소개한 것이었다.

고고학이든 미술사학이든 구미의 학술적 방법으로 동양미술을 조사·연구한다는 행위는, 아무리 학술적이고 객관적 그리고 보편적인 울림을 가지고 있다 하더라도, 동양이 역사적·문화적으로 형성해온 가치관에 이의를 제기하고, 동양미술을 연구하는 학술적 패권을 서양이 쥐고 있다는 것을 표명하는 것에 다름 아닐 것이다. 구미 학문의 보편성을 인정한다면, 불평등한 학문적 오리엔탈리즘이라고도 평할 수 있는 환경 안에서, 이시다와 같은 열등감을 품게 될 수밖에 없을 것이다. 민족학의 입장에서이기는 하지만, 시라토리 구라키치白鳥庫吉는 1913년에 이미 "세계의 학술에 공헌"할 수 있어야 한다고, 비통하다고 해도 좋을 주장을 남기고 있다.

우리들은 서구의 학자에 대하여 심심한 존경과 감사의 마음을 품고, 그리고 동시에 동양의 국민이 세계학술에 대해 할 수 있는 것이 적다는 것을 생각하면 부끄러움을 참기 어려운 것이 있다. 다만 만주 및 조선에 이르러서는 그곳이 멀기 때문에, 서양인들의 연구가 아직 미치지 못하고 있는 곳이 많은 듯하다. (…) 이러한 기회를 놓치지 말고, 그 지방의 모든 사물의 연구에 진력을 다하여, 그 성적을 올려 세계의 학술에 공헌해야 할 것이다.[136]

이 말에 호응하듯이, 일본의 고고학자나 건축학자는 한반도를 정력적으로 조사해간다. 그 결과 우메하라 스에지와 같이 1920년대의 유럽 유학에서 오리엔탈리스트들의 환영을 받게 된다. 또한 건축학자인 세키노 다다시關野貞는 『조선고적도보』로 인해, 1917년에 프랑스학사원으로부터 19세기 중국학자의 이름을 붙인 스타니슬라스 쥘리앵Stanislas Julien상(상금 1,500프랑)을 받았다. 일본으로서는 자국의 역사를 위한 정치적 그리고 학술적 연구의 성과도, 구미의 입장에서 보면 구미가 주도권을 쥔 고대 중국 고고학의 공헌이라고 간주된다. 이렇게 주어진 학술적인 불평등을 극복하기 위해서는 "공연히 (…) 갑절의 소리"를 높이는 것처럼 보일 뿐이었다고는 해도, 동양 독자의 특수성을 호소하는 무언가의 동양주의에 의해 서양의 학문과 대결하는 선택밖에 없었을 것이다.

결국 세계대전의 종결과 함께, 이 동양학을 둘러싼 동서대결도 표면적으로는 종식된 것처럼 보이지만, 학문상의 투쟁은 현실의 세계전쟁과는 달리, 패배하는 일도 승리하는 일도 없이, 미결착인 채 (잠재적이기는 하지만) 계속되고 있다고 하지 않을 수 없다. 오랜 구미 열강과 일본의 제국주의시대 안에서 동양의 고고학·미술사는 조각조각 분단되었다. 반복하듯이, 프랑스는 인도차이나를, 영국은 인도를, 네덜란드는 인도네시아를, 일본은 한반도 등을 독점적인 조사의 장으로 삼아, 독자의 (정치적인) 미술사 구상을 키워갔다. 1993년 이후, 앙코르 유적에는 많은 일본 조사대가 들어가 활약하고 있지만, 그래도 동아시아를 전문으로 하는 고고학자나 미술사가는 일본에는 아직 적다. 제국주의 시대에 만들어진 분단의 구도가 지금도 영향을 계속 미치고 있는 것이다.

하지만 역사적으로 형성된 단편적이고 복합적인 아시아 고고학과 미술사학의 단층을, 안이한 방법으로 해소하거나 화해시키는, 즉 동양적인 가치관을 강조하거나 또는 구미 학문의 규준에 따르든지 하는 것만으로는 문제는 해결되지 않을 것이다. 그렇다면 어떻게 하면 좋을 것인가? 21세기에 들어서, 일본의 여러 연구기관이 동아시아나 구미의 연구자를 합동시켜 이 문제에 몰두하고 있지만, 명확한 답은 아직 발견되지 않았다. 내게도 그 답은 전혀 보이지 않는다고 하는 것이 솔직한 지경인데, 분명히 말할 수 있는 것은 우선은, 동서의 경합 중에서 단편화된 20세기의 아시아(고고학·미술사)의 현상을 역사적 현상으로서 정확히 밝혀내야 한다는 것이다.

이 책의 앙코르 고고학사의 연구는, 실은 이제부터 앙코르 유적의 고고학에 대해 생각하기 위한 단서를 부여하는 것에 지나지 않는다. 국제화하면서 새로운 국민주의가 대두되고 있는 오늘날, 그리고 학문의 보편주의도 인습적인 미적 가치관도 신뢰를 줄 수 없게 된 오늘날, 근대의 학문사를 새롭게 묻는 것부터 미래의 아시아의 고고학·미술사를 구상해야 할 것이다.

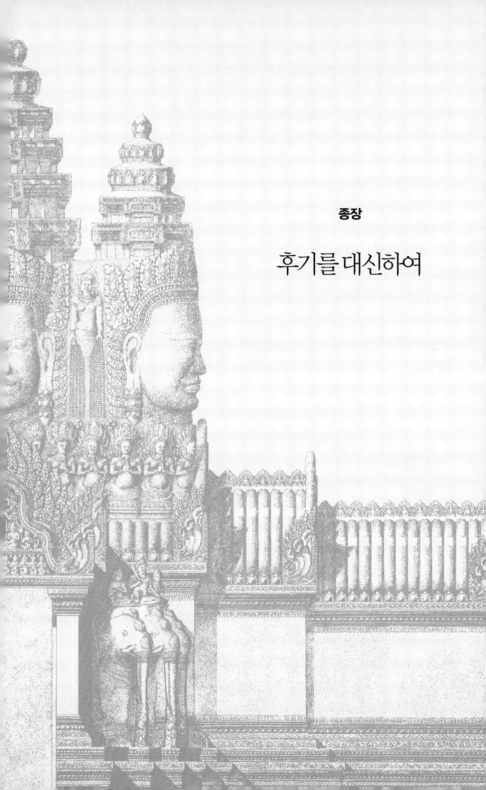

종장

후기를 대신하여

2006년 가을, 나는 대한민국 서울에서 20세기 전반기의 프랑스극동학원과 캄보디아예술국의 고고학적 활동을 소개하는 강연을 했다. 거기에서 나는 프랑스 고고학자들이 프랑스령 인도차이나의 고고학적 유물이나 고미술품을 구미나 일본으로 유출시킨 경위를 설명하면서도, 그들의 학술적 조사활동에 대해서는 부정적인 판단을 내리지 않고, 그 학술적 공헌을 강조했다.

그리고 유물유출과 관련된 연구자의 활동은, 식민지에서의 고고학적 조사 수행 과정에서 학술적이고 정치적인 필연으로서 생겨난 문제이고, 현지조사원의 잘못을 책망하지 말고, 구미와의 교섭 없이는 성립할 수 없었던 근대의 아시아 고고학과 미술사학의 학문적 구조 자체를 문제로 삼아야 한다고 했다. 이 책의 논지와 거의 동일하다. 이에 대해, 한국의 동양미술연구자인 김용철 선생은 다음과 같이 비판했다.

발표의 일부 내용에는 인정할 수 없는 논리가 포함되어 있어서, 몇 가지 지적을 해두고 싶다. 앙코르 고고학의 딜레마를 다룬 부분에서, 프랑스극동학원의 유물 유출 행동(특히 고미술품 판매)을 마치 보존을 위해 어쩔 수 없는 선택이었던 것처럼 논하고 있는데, 그것은 과거의 제국주의시대의 과오라는 관점에서 보면, 매우 위험한 것이 아닐까 생각된다. 특히 제국주의의 모순 또는 후원자의 역할을 한 그들의 활동에 대한, 보다 바람직한 역사적 판단을 위해서는 그들의 활동 자체는 물론이고, 나아가 제국주의에 대해서도 보다 근본적인 수준에서의 인식의 전환이 필요하다고 생각된다.[1]

한마디로 하면, 식민주의시대에 행해진 종주국의 고고학적 활동은, 정치적인 과오의 결과이고, 그 결과를 학술적 공헌으로 평가할 수 없다는 주장이다. 식민주의시대의 아시아 고고학을 테마로 하여 한국에서 강연을 하면, 이러한 비판이 나오는 것은 당연하다. 거의 같은 시기, 이른바 '대일본제국'의 고고학자들이 한반도에 들어가 고고학 조사를 하고, 마찬가지로 유물의 일부를 일본으로 반출했기 때문이다. 비판을 해준 김용철 선생은 "오랫동안, 국제적 문제가 되어 있는 문화재 반환운동에 대해서도 의견을 밝혀주기를 바란다"라고 부가적으로 질문했다.

서울에서 강연을 하게 되면서 이러한 종류의 비판이 나오리라고는 상정하고 있었다. 그보다는 그러한 비판을 기대하고 강연을 하겠다고 수락했다고 해도 좋을 것 같다.

일본에서도 같은 취지의 발표를 몇 번 한 적이 있지만, 이러한 부류의 비판은 기대할 수 없다. 비판이나 의문을 느꼈다 하더라도 학회 등의 학술적인 장에서는, 정치적 문제에 저촉되는 발언은 회피하는 경향이 있다. 또한 일본에서는 일본이 관여하지 않았던 사건, 즉 프랑스와 캄보디아 사이에 발생했던 문제에 대해서는 간섭하지 않는다는 태도를 취한다고는 할 수 없다고 해도, 단순히 타인의 일로서 흥미를 가지지 않는다는 슬픈 실정도 있다(실제로는 관계가 없는 것도 아니지만). 프랑스에서도 작은 동아리이기는 하지만, 같은 내용의 발표를 한 적이 있다. 상황은 일본과 크게 다르지 않았다. 정치적 발언은 너그럽게도 회피되었다.

제7장에서 언급한 것처럼, 프랑스에서는 과거의 식민주의시대에 대한 노스탤지어가 통속적으로는 현저해지고 있지만, 특히 학술적인 장에서는 거꾸로 구 식민지에 대한 관심은 이전보다 저조해졌다(는 느낌이 든다). 포스트식민주의시대도 반세기가 지나, 연구교육시설로부터 구 식민지를 영역으로 하는 지위가 잇달아 모습을 감추었고, 연구자의 숫자가 현실적으로 격감하고 있다. 10년 전에는 열람불가였던 식민주의시대의 자료를 사용하여 연구할 수 있는 시대가 되었는데도, 취직이 어렵기 때문에 구 식민지를 연구하고자 하는 젊은이는 적다. 구 식민지의 역사 등, 이제는 이미 옛날 일이 되어버렸다(이야기가 좀 벗어나지만, 슬프게도 파리의 베트남 요리점은 연이어 회전초밥집으로 간판을 바꾸고 있다).

이것이 현실이라고 반은 포기하면서도, 나는 마음 한구석에서 식민주의시대의 고고학에 대해 연구자와 논의를 불꽃 튀게 붙여보고 싶다고 생각했었던 것이다. 그리고 서울에서의 강연을 수락하고, 예상대로의 비판이 날아왔던 것이다. 적절한 비판을 해준 김 선생에게는 감사하고 있으며, 그 장에서도 감사의 뜻을 전했다. 그리고 그 비판에 대해 나는 다음과 같은 답변을 했다.

질문의 취지는 제국주의적인 이데올로기에 젖어버린 프랑스의 고고학자들의 활동에 내가 동정하고 있는가 하는 것이고, 그것이 문제라는 것입니다. 확실히 나는 당시의 고고학자를, 그 이데올로기의 부당성으로 인해 비난한다는 태도를 취하고 있지 않습니다. 이유는 두 가지가 있습니다.

첫 번째 이유는 이것입니다. 분명히 당시 학자들의 학술적 활동은 제국주의적인 이데올로기와 분리할 수 없습니다만, 그러나 양자를 단락적으로 혼동해서는 안

된다고 생각합니다. 이데올로기가 부당하니까 학술적 공헌도 인정하지 않는다는 것은, 적어도 연구자가 취할 태도는 아니기 때문입니다. 더구나 부당하더라도 이데올로기가 있었기 때문에, 다대한 학술적 공헌이나 학문적 진전이 있었다고 하는 사실을, 오늘날의 연구자는 더욱 진지하게 받아들여야 하지 않을까 생각합니다.

두 번째 이유는, 인도차이나에서 활동했던 프랑스인 고고학자의 특수한 사정에 따른 것입니다. 식민지에서 활동하던 그들의 대부분은, 프랑스 본국에서는 학자로서의 정규직을 손에 넣지 못했던, 이른바 낙오자들이며, 일생을 인도차이나에서 생활할 것을 선택한 사람도 많이 있습니다.

또한 러시아 출신자, 유대계 출신자, 식민지에서 태어난 사람 등, 개인차는 있지만 20세기 전반기의 프랑스 본국에서는 엘리트로서 살아가기가 곤란했던 사람도 있었습니다. 그들은, 따라서 프랑스 본국의 제국주의적 이데올로기의 앞잡이가 되면서도, 한편으로 프랑스 본국의 엘리트들에 대한 비판적인 태도를 가지고 있었습니다.

그러한 의미에서 앙코르 고고학사상에 일어난 문제는, 종주국과 식민지라는 이항대립뿐 아니라, 엘리트 연구자와 현지연구자와의 권력투쟁이라는 프랑스 내부의 계층적 대립의 문제로 이해할 필요도 있습니다. 이데올로기의 담지자로서의 본국의 엘리트와, 식민지에서 생활을 계속하던 그들의 생각은, 당연히 같은 것이 아니었습니다. 식민지에서 활동하는 연구자의 실천은, 때로는 제국과 모순되는 것도 있었습니다. 그러나 제국의 이데올로기하에서 무시되고, 거꾸로 정치적으로 이용당하는 경우도 있었던 것입니다.

이러한 모호한 나의 답변에 대해, 비판을 해준 김용철 선생은 "적절한 답변"에 대해 감사한다고 말했지만, 거기에는 '무난한 답변'이라는 의미도 있었을 것이라 생각한다. 안타깝게도 토론 시간은 그다지 없었지만, 마지막으로 사회자는 나의 답변을 가리켜 "우리 한국인들에게는 원자폭탄과 같은 충격적인 발언이었습니다"라는 야유를 보태주는 것을 잊지 않았다.

이상, 서울에서의 주거니받거니가 전제하고 있는 프랑스극동학원의 활동에 관해서는, 이 책의 제3장과 제4장에서 논의한 그대로이다.

캄보디아에 한정하지 않고, 근대아시아의 고고학·미술사는 구미나 일본의 연구자에 의한 관여 또는 지배하에 수행된 것이고, 그 활동과 당시의 정치적 맥락과 분리하여 생각할 수 없다.

제8장에서 본 것처럼, 제2차 세계대전 중의 일불인 문화협력사업의 과정에서 고미술품 교환이 실현되고, 그 결과로서 오늘날 도쿄국립박물관이 크메르 고미술품을 소장하고 있다는 현실이 있다. 정치적 역사를 무시하고, 이 컬렉션의 존재를 설명할 수는 없다. 제5장에서 논의한 고미술품 판매도, 그 활동에 관한 자료는 1997년까지 역대의 극동학원의 원장만이 열람할 수 있는 문외불출의 극비자료였는데, 그것은 우선 이 활동이 정치적 문제를 자극할 가능성이 있기 때문이다.

하지만 정치적 문제만을 신경 써서, 학술적인 공헌과 그 유산을 정당하게 평가할 수 없다면, 오늘날의 아시아 고고학·미술사를 정면에서 논의할 수 없게 되어버릴 것이다. 또한 역으로, 학술적 공헌만을 주목하여 정치를 무시해버렸다면, 학문의 성립과 진보를 견인한 원동력을 결여한 표면적인 학문사를 쓸 수밖에 없게 된다. 양자를 절충하는 안배가 실로 어렵다.

약간 거칠게 정리하면, 여태까지의 학문은 대략 후자의 입장을 철저히 지키고, 성가신 정치적 문제를 회피하고, 학술적 공헌의 역사로서 구상되어왔다고 할 수 있다. 한편 정치적인 문제는 저널리스트의 손에 맡겨왔다. 아시아의 고고학·미술사를 둘러싼 유물유출 문제 등을 다루는 저작물은 늘 TV 방송국이나 신문사의 지원하에 집필·출판되고, 상당히 선정적인 형태로 문제와 관련된 당사자의 윤리를 규탄하여 보여준다(물론 그렇지 않은 양식적인 저작도 있다). 한편은 정치를 불문에 부치고, 한편은 학문을 낮게 평가하는 극단적인 저작물밖에 없다. 학문과 정치는 여전히 괴리된 채로 학자와 저널리스트가 영역을 나누어, 이중의 근대 아시아의 고고학·미술사의 역사를 각각 이야기하고 있는 것이 현상이지 않을까?

이 책이 시도하고 있는 것은, 학문과 정치가 일체가 된 근대의 학사를 쓰는 것이다. 몇 번이고 반복해서 언급했듯이, 나는 학문이 얼마나 정치적이었던가를 밝히고 싶은 것이 아니다. 학문의 정치성은 결론이 아니라 전제이다. 굳이 이야기한다면, 정치적이었기 때문에 학술적 공헌도 있을 수 있었다고 정색을 하고 사실을 파내어, 오늘날 우리가 계승하고 있는 근대의 학문이, 이미 해체되었던 정치체제와 마찬가지로 얼마나 위험스러운 존재였던가, 그리고 지금도 그러한가, 생각하고 싶었던 것이다.

과거의 정치적 '과오'를 비난함으로써, 또는 그 정치성을 무시함으로써, 오늘날의 학문의 성공을 축하하더라도 의미가 없다. 과거의 식민지학을 비난함으로써, 나아가서는 부채 유산을 망각함으로써 어렵게도 성립시켰던 오늘날의 비정치성을 위장한 학문에 이의를 제기하고, 오늘날의 학문도 또한 얼마나 정치적인가, 거기에다 보다 적극적으로 정치적일 수 있는가, 하는 것을 생각해야 한다. 그리고 미래의 학문에 접속해야 한다고 생각한다.

이와 같은 것들을 생각하면서, 나는 가능한 한 담담하게 학문사를 기술하는 것에 전념했다. 이 책을 전부 읽어주신 독자들은 아마도, 예를 들면 끝없이 인물의 약력소개가 이어지는 제3장 등은 매우 읽기 힘들다고 느끼지는 않았을까 생각하고 있다. 이 책의 초고를 읽어준 내 친구들도 이렇게 길고 단조로운 인물약력은 필요 없을 것이라는 충고를 해주었다. 분명히 이 책의 큰 줄기를 생각하면 필요가 없다. 이후의 역사에도 그다지 영향력을 가지지 못한 인물들이다.

그러나 그 '이후의 역사'란 무엇일까? 학술적 공헌을 늘어놓기만 한 연구사인가, 아니면 정치적 문제를 저널리즘적으로 열거한 정치사인가? 무언가를 은폐하거나 삭제하거나 하여 정리된 것이 역사라는 이야기이겠지만, 그러나 그러한 학문사를 극복하기 위해 집필에 임한 이 책에서는, 일관성 있는 이야기에는 익숙하지 않은 무명의 인물들을 등장시켜 분석을 가하고, 그 시대의 공기를 그대로 그려낼 필요가 있다고 나는 생각했다. 단조로움을 자각하면서도 확신범처럼 제3장을 써 내려갔다. 이 장은 앙코르 고고학사에 대해 생각하기 위한 하나의 허들이라고 생각해주시면 고맙겠다.

말할 나위도 없이, 일관성 있는 이야기로서의 역사의 배후에는, 이야기에는 직접 관여하지 않은 다수의 인물들이 존재했다. 그것을 감각적으로 이해하기 위해서는, 인명사전에 등장하지 않는 무수한 인물의 이름을 외워서, 한참 시간을 들여서, 그 인물이 살았던 시대와 사회를 구상해야 한다. 이 작업을 거치지 않고, 유물유출이나 식민주의정책이나, 고미술품 판매나 전통문화정책이라고 하는, 어떤 의미에서는 저널리즘적인 문제를 생각할 수는 없다고 나는 생각했던 것이다.

물론 남겨진 일이 산더미처럼 있다. 아니, 하지 않은 것이 더 많다.

예를 들면, 제8장의 앙코르 유적의 고고학과 일본과의 관계를 논의한 부분은, 이 책을 위해 여태까지 프랑스에서 해온 조사연구에 부가하여 서둘러 조사하여 쓴 것으로, 아직 조사도 분석도 부족하다, 일본에 대해 너무 몰랐다고 반성하면서 일단 형태를 갖춘 것에 지나지 않는다. 제2차 세계대전 중에는 일불인 간의 '문화협력'뿐 아니라, 독일, 이탈리아, 타이, 네덜란드령의 동인도 등과도 일본은 문화협력사업을 했다는 것, 일본의 각종 불교단체도 또한 적극적인 활동을 했다는 것을 최근에야 알게 되었다. 앞으로 다시 주도면밀한 논문을 작성해야겠다고 생각하고 있다.

그러나 그 이상으로 중대한 결함은, 캄보디아의 앙코르 유적의 고고학을 주제로 하면서도, 캄보디아에 대해서는 일체 생각하지 않았다는 점일 것이다. 이 책에는 주역이 되어야 할 캄보디아인이 한 명도 등장하지 않는다. 캄보디아로부터의 시점이 완전히 빠져 있는 것이다. 이 점은 이미 사사가와 히데오가 저서 『앙코르의 근대』(2006)에서, 내가 2002년에 발표한 논문에 대해 언급하고 비판하고 있는 부분이다. 캄보디아로부터의 시점을 새로운 축으로 하여, 이 책에서 논의한 문제들을 검토해야 비로소 진정한 의미에서의 앙코르 고고학의 근대사가 될 것이다.

그러나 내게는 캄보디아의 시점에서 이 책을 새로 쓸 능력이 없고, 프랑스 측에서 본 일방적인 앙코르 고고학사를 쓰는 선택밖에 없었다. 벼락치기로 캄보디아에 관한 공부를 해보더라도 지금의 내게는 그것이야말로 정치적으로 경사된 안이한 기술밖에 할 수 없을 것이다. 그것보다는, 프랑스인의 활동만을 철저하게 추적하고, 프랑스 측에서 본 일방적인 역사를 가능한 만큼 복원하고자 노력하는 것이 더 좋을 것이라 판단한 것이다.

그래서 이 책은 어디까지나 여럿 있는 앙코르 고고학 역사 속의 '하나의' 이야기에 지나지 않는다. 캄보디아의 앙코르 유적에 대해 쓴 책이라기보다는, 식민주의시대의 프랑스의 역사책이라고 하는 편이 정확할 것이다. 사사가

와의 저작 등을 통해, 캄보디아에서 본 또 하나의 큰 역사와 함께 읽어주시면
더욱 고맙겠다.

감사의 글

이 책을 연구하고 간행하는 데에는, 직접적·간접적으로 많은 연구자나
연구기관에 신세를 졌다. 이 책과 관련된 연구를 내가 개시한 것은 10년 전
(1998년)의 프랑스 유학 시절부터였다. 개인명을 거명하는 것은 삼가겠지만,
당시 내가 재적하고 있던 리옹 제2대학의 지도교수의 지도가 없었다면, 이
책은 형체도 그림자도 없었을 것이다.

또한 파리의 프랑스극동학원과 국립동양어학교, 파리와 리옹의 기메미술
관, 마르세유와 파리의 고문서관 등의 관계자들의 협력이 없었다면, 이 책의
기본이 되었던 고문서의 열람이 불가능했을 것은 말할 나위도 없다. 고문서
라 하더라도 20세기의 문서는 그다지 정리되어 있지 않았고, 원칙적으로는
열람이 불가한 것도 많았다. 존재가 분명하지 않은 문서의 탐색을 요구하는
나를 상대해주신 분들께 깊이 감사의 뜻을 표하고 싶다. 그리고 숫자는 적지
만, 각 기관에서 알게 된 연구자들의 자극이 없었다면, 이 연구를 묶어낼 수
없었을 것이다.

또한 이 책과 관련된 연구발표를 하게 해 준 민족예술학회(2000년 5월), 국
제일본문화연구센터(2001년 6월), 일불미술학회(2006년 1월), 충북대학(2006
년 5월), 동아시아미술문화학회(2006년 11월), 이바라기대학 인문연구회
(2007년 5월), 일본학술진흥회 인문과학프로젝트 '전통과 월경' 서브그룹 연

구회(2007년 12월)의 관계자들께도 감사의 마음을 표하는 바이다.

그리고 본 연구에 관해서는 독립행정법인 일본학술진흥회 과학연구비 조성금을 지원받은 사실—연구제목「구 프랑스령 인도차이나에 있어서 고고학·미술사와 프랑스의 식민지행정」(2003~2004년도, 학문후속세대연구若手研究(B))—을 여기에 표기하고, 감사의 말을 대신하고자 한다.

솔직히 이야기하자면, 이 책을 이와 같은 일반서의 형태로 출판할 생각은 내게는 전혀 없었다. 5년 전에 연구보조금을 받아 (제출할 필요가 없는) 보고서를 작성한 시점에서, 내 나름대로 일단락 지었다고 생각했었다. 그때까지 해왔던 연구발표 등, 나의 적은 경험에서 볼 때 이러한 종류의 화제는 극소수의 연구자들만이 공유할 수 있을 것이라고 내 멋대로 정해버렸던 것이다.

그때에 한국으로부터 강연의뢰가 있었고, 동석한 한국인 연구자들이 반드시 책으로 만들어 출판하기를 고무·격려해주었다. 또한 같은 해에 사사가와 선생의『앙코르의 근대』가 출판되고, 이어서 페니 에드워즈의『캄보디아』도 출판되었다.[2] 거의 같은 시기에 연구를 개시한 동세대의 연구자가 그 성과를 서적으로 공표하기에 이르러, 나는 크게 자극을 받았고, 이제부터 더욱더 이러한 종류의 연구에 관심을 가지는 독자를 조금이라도 개척할 수 있지 않을까 하는 생각에서 출판을 결심하게 되었다.

하지만 이러한 종류의 연구서를 일반서로 출판하는 것이 매우 어려운 세상이다. 나의 생각을 실현시켜주신 메콩めこん출판사의 구와바라 신桑原晨 대표에게는 각별히 감사의 뜻을 표하고 싶다.

그리고 마지막으로 개인적인 사항이지만, 양친과 아내에게도 감사드리고 싶다. 이 연구를 계속해온 지난 10년간은, 내 조사연구를 위해 프랑스의 리옹에서 오사카, 그리고 현재의 이바라기현茨城県의 미토시水戸市로 이동과 이사의

· 앙코르와트
— 제국주의 오리엔탈리스트와 앙코르 유적의 역사 활극

연속이었다. 게다가 그사이에 딸과 아들이 태어나 가족이 두 사람 늘었는데
도, 유럽, 북미, 아시아 각지로 출장을 다녔다. 부모님께는 항상 걱정을 끼쳐
드렸고, 항상 나의 연구를 뒷받침해준 아내에게는 큰 고생을 시켰다. 그 보답
으로는 너무나 미미할지도 모르겠지만, 이 책을 가족에게 바치고 싶다.

2008년 7월
후지하라 사다오

옮긴이의글

앙코르는 9세기부터 15세기까지 크메르제국의 수도였던 곳으로서, 현재의 캄보디아 북서부, 씨엠립 근교에 위치한 왕도이다. 산스크리트어로 도성都城을 의미하며, 왕도를 중심으로 하는 지역, 9세기 초부터 15세기 초까지의 제국, 그 시대의 유적군을 가리키는 말이다. 802년, 힌두교도 왕이었던 자야바르만 2세가 현재의 프놈쿨렌 언덕에 왕조를 창건하고 점차로 국내를 평정하기 시작했다. 이후 아유타야Ayutthaya의 압박을 받아 메콩 강 유역으로 중심을 옮긴 15세기 전반까지를 캄보디아사에서는 앙코르시대라고 부른다.

이 앙코르의 유적은 대부분이 종교 건축물이다. 사원의 건축양식에 따라 두 종류로 분류된다. 기단 위에 줄을 지어 배열된 평지사당형식과, 앙코르와트와 같은 산악사원형식이다. 전자는 주로 왕의 친척 등을 제사지내고, 후자는 왕의 신격화와 관련된 호국사원이다. 캄보디아 사람들에게 사원은 신들이 사는 천상계를 지상에 재현한 것이다. 사원이란 독실한 신자의 신앙심을 자극하여, 그 위용을 자랑하는 외견이나 건축구조가 초현실성을 자아내고, 그 현란한 화려함은 사람들의 눈을 착각으로 이끈다. 벽면에 새겨진 다채로운 문양은 자연과 인간이 일체라는 세계관, 어떤 동물도 생사를 반복하는 하나의 모습에 불과하며 생물은 모두 유전流轉한다는 윤회전생을 구현한 것이다.

이 앙코르 유적들은 앙코르제국이 멸망한 후 19세기 프랑스의 모험가나 고고학자들이 발견하고 발굴할 때까지 밀림에 파묻혀 폐허 상태로 존재했고, 지금은 프랑스와 일본, 유네스코 등의 노력에 의해 세계적인 문화유산으로 유명해졌다. 즉, 프랑스인이 인도차이나 조사를 하기 전에 캄보디아 유적의 다수는 숲속에 파묻힌 상태로, 폐허 그 자체였다.

프랑스인에 의한 고고학에의 기여는 분명 크다고 할 수 있지만, 그 식민지적인 이데올로기, 유적의 유출 등에 의해 큰 그림자가 드리워졌다. 특히 전시戰時 중의 대일협력에 관련된 인물은 공식적인 기록에서도 무시당하고, 불우한 처우를 받았던 것이다. 그 후 1992년 유네스코 세계문화유산에 등록된 앙코르와트는, 매년 10만 명이 넘는 관광객이 방문할 정도로 한국인에게도 잘 알려진 세계적인 명소이다.

이 책은 바로 이 앙코르 유적군에 대해 일본의 미술사학자 후지하라 사다오가 『오리엔탈리스트의 우울オリエンタリストの憂鬱—植民地主義時代のフランス東洋学者とアンコール遺跡の考古学』이라는 제목으로 출간한 것을 우리말로 옮긴 것이다. 본문이 약 500쪽, 색인과 주가 100쪽을 차지하는 매우 두툼한 책이다. 1860년대부터 1940년대에 이르는 프랑스인의 캄보디아·앙코르 유적의 발견과 조사, 그리고 현양顯揚의 역사가 빼곡이 쓰여 있다. 기예의 미술사연구자가, 프랑스로서는 언급하고 싶지 않은 사실도 많이 담겨 있는 방대한 1차 사료를 섭렵하여, 프랑스의 인도차이나 고고학 연구사를 재구축했다.

동양 고고학에 대한 저자의 지적 마력이 책 전체에서 넘쳐난다. 학술서이지만 실제로 읽어보면 흥미진진한 이야기가 가득 들어 있다. 문장도 평이하고 내용도 매우 알기 쉽게 쓰여 있어서, 동남아시아 전공자가 아닌 나도 무척 재미있게 읽을 수 있었다. 저자는 서장에서 이 책이 "앙코르 고고학사의 역사활극으로" 읽힐 것을 기대한다고 했는데, 그 기대는 이루어진 것 같다. 학술사임에 틀림없으면서, 문장은 명쾌하고 웅변적이기까지 하다. 프랑스 제국주의를 등에 업은 오리엔탈리스트들의 '우울'이 그들 자신의 말과 행동에 의해 실로 생생하게 이야기되고 있는 것이다.

19세기 앙코르 유적의 발견 이후에도 프랑스가 인도차이나의 고고학·역사학 연구를 주도해왔다는 것은 주지의 사실이다. 하지만 그 과정에서 앙코르에서 출토된 대량의 미술품을 파리로 가져가, 서구의 이국주의exorcism 기호에 맞추어 변형시켜déformer 소개한 것도 사실이다. 그 배경에 있던 것은 프랑스의 식민지 정책이었다. 과연 고고학은 정치와는 뗄 수 없는 것일까? 이것이 인류학자인 내가 이 책에 흥미를 가진 첫 번째 이유였다. 그리고 저자가 밝힌 스스로의 입장과 이 책의 목적이 또 한 번 눈길을 끌었다.

저자는 "이 책에 등장하는 오리엔탈리스트의 정치적 행위에 대해, 선악의 판단을 할 생각은 없다"라고 했다. 근대정치에는 선악이 존재하지도 않으므로 그것은 당연한 태도일 수 있다. 저자는 한 걸음 더 나아가 "식민주의시대의 오리엔탈리스트는 학문이 정치라고 강하게 자각하고 있었"고, 당시에는 "정치성 없이 학문은 성립할 수 없고, 정치적이기 때문에 충분히 학문적이라는 인식마저 있었다"라는 푸셰의 말을 인용했다. 그러한 자각적 오리엔탈리스트의 행상이나 사적에 대해, 현재의 우리들이 에드워드 사이드의 『오리엔탈리즘』을 방패 삼아 일반적으로 인식하고 있는 오리엔탈리즘에 입각하여, "학문의 이름을 빌린 정치 바로 그것이었다"라고 한다면 그것은 쳇바퀴를 돌리는 "동어반복으로서 의미가 없다"라는 입장을 분명히 하고 있다. 저자는 사이드의 오리엔탈리즘에 대해 다음과 같이 평가하고 있다.

사이드가 제목으로 정한 '오리엔탈리즘'이란, 종래에는 단순히 '동양학'을 의미하는 말이었지만, 그의 저작이 주목을 받게 되면서 그의 말은 무엇보다도 서양인이 동방에 대해 지녔던 지배적이고 경멸적인 태도를 가리키는 것으로 탈바꿈해버렸다(적어도 일본에서는). 나는 사이드의 분석의 골자에 이의를 제기하고 싶은 마음은 없다. 그러나 사이드에 의거하여, 오리엔탈리즘을 단락적으로 이해하여 그것을 정치적 악이라고 비난하고 그것으로 족하다고 하는 담론이 횡행하게 된 현상에는 이의를 제기하고 싶다. 원래 사이드의 이 책이 유행하게 된 것은 당시의 우리들이 오리엔탈리즘(동양학)이란 무엇인가를 전혀 알지 못하였기 때문일 것이다. 가령 푸셰가 이 책을 읽었다면, 무언가 당연한 것을 쓰고 있다고 생각할 뿐이었을 것이다.

이와 같은 입장을 전제로 저자는 이 책의 목적을 다음과 같이 밝히고 있다.

나의 목적은 동양학이 얼마나 정치적이었던가를 밝히는 것이 아니다. 이것은 목적이 아니라 전제이다. 이 전제하에 나는 어떤 의미에서 정치사로서의 앙코르 고고학사를 쓰고, 정치적 성과로서 오늘날의 고고학·미술사학의 모습을 부각시켜야겠다고 생각한다. 20세기의 아시아 고고학이 정치 없이는 성립도 성공도 없었다는 것을 확인하고 싶은 것이다. 그 정치가 악이었다면 학문도 또한 악이다. 정치적 악 아래에서 풍부한 학문적 성과가 초래되었다는 현실도 존재한다. 오늘날 오리엔탈리스트의 담론이나 행동의 정치성이 비난받는다고 한다면, (…1902년의 동양학자회의의 방침에 현저히 나타난 것처럼) 학문과 정치를 분리시켜 학문에 내재해 있던 정치적인 부분을 망각했기 때문인 것이다. 더 이야기한다면 현재에 이르는 학문의 전통을 옹호하기 위하여, 우리들은 그 안에 내재해 있을 정치성을 분리시켜, 그것만을 집중적으로 비난하는 태도로 대해왔던 것이다.

이러한 상황에서는, 식민주의시대를 살았던 오리엔탈리스트의 사적에 대해, 그들의 학문적 업적은 훌륭하지만 정치적으로는 문제가 있다는 식으로 겨우 요점을 벗어난 평가밖에 할 수 없을 것이다. 우리들이 계승한 학문을 옹호하기 위하여 그 희생으로서 과거의 학자들의 정치성이 비난받는다. 그 오리엔탈리스트는 이러한 굴절되고 불행한 운명에 놓여 있었던 것이다. 이것이 이 책의 제목을 '오리엔탈리스트의 우울'이라고 하게 된 까닭이다. 이처럼 편의적으로 학문예찬과 정치비판의 현상에 놓여 있는 학문사를 극복하고, 두드러지게 정치적이었던 오리엔탈리즘의 한 역사를 그려내는 것이 이 책의 목적인 것이다.

원서의 제목에서 나타나듯이, 이 책의 두 핵심어는 '오리엔탈리스트'와 '우울'이다. 오리엔탈리스트들의 행적을 추적하면서, 그들의 우울을 읽어내는 것이 이 책이 주는 재미이자 의미의 하나라고 생각한다. 그 이야기를 추적해 보자.

프랑스가 지금의 베트남, 캄보디아, 라오스를 보호국으로서 '프랑스령 인도차이나' 연방'을 구축한 것은 1887년부터 1893년에 걸쳐서인데, 그보다 20년 이상 전부터 이 지역의 실질적인 식민지화는 진행되고 있었다. 그러한 식민지화의 선두 주자가 된 것이 이 책의 초반부에 등장하는 프랑스 해군 소위

---

* 인도차이나라는 단위는 프랑스에서 자체 발명되었는데, 인도차이나라는 지리 용어를 창작한 말트 브랭(Malte-Brun)은 1804년 출판한 『수학적, 물리적, 정치적 세계지리(Géographie mathématique, physique et politique de toutes les parties du monde)』의 제12권에서 처음으로 인도차이나라는 개념을 선보이며, 1813년 출판된 『세계지리개요(Précis de la géographie universelle)』의 제4권에서 이 개념을 본격적으로 정의한다(김은영, '크메르 문화유산과 식민 지배의 유산', 강희정 엮음 『외부 세계와 동남아』, 이매진, 2011, pp.113-114).

• 앙코르와트
— 제국주의 오리엔탈리스트와 앙코르 유적의 역사 활극

(후에 대위) 루이 들라포르트였다. 그는 1866년, 메콩 강 하류 지역의 답사에 참가하여, 도중에 앙코르의 폐허를 목격하고 그 신비로운 아름다움에 사로잡혀버렸던 것이다. 저자가 말하는 "역사 활극"은 이 아마추어 고고학자의 모험담에서 시작된다.

들라포르트를 크메르 유적의 최초 '발견'자라고 할 수는 없을 것이다. 그런데 그는 최초의 발견으로부터 7년이 지난 후에 다시 그곳을 찾아가, 건축물이나 조각상을 상당히 정밀하게 스케치하고, 유적들의 양식 분석마저 시도함으로써, 앙코르 유적에 대해 고고학적·미술사적으로 해명할 수 있는 단초를 만들었다. 그리고 약 70점에 이르는 크고 작은 조각상 작품들을 현장에서 반출시켜, 크메르미술관을 창설하고자 파리로 반송했다.

이 모험가이자 아마추어 고고학자는 식민지로부터 문화재를 탈취하는 행위가 지닌 '우울'을 깨닫지 못했을 뿐만 아니라, 오히려 새로운 보호자로서의 유적보전과 작품 회수의 '사명'마저 설파할 정도였다. 이후, 1889년에 들라포르트가 염원하던 '인도차이나미술관'이 창립되었고, 그로부터 약 10년 후에는 사이공에 '프랑스극동학원'이 창설되어, 식민지의 문화유산에 대한 본격적인 조사와 연구 및 교육활동이 개시되었다.

저자는 이 학원을 둘러싼 동양학자·고고학자들의 이력과 업적을 극명하게 추적하여, 총독부 지배와 결부된 그 정치성을 확인해가는데, 그 필치는 결코 단순한 고발조가 아니다. 야심가 앙드레 말로가 저지른 앙코르의 도굴 사건마저도 자세하게 설명하고 있다. 이 설명에서 특히 흥미를 끄는 것은, 이 과정에서 전체의 대립축이 드러나고 있다는 점이다. 그 축이란 다름 아닌, 인도차이나에 실제로 부임하여 발굴이나 수복을 한 극동학원 멤버와 파리의 엘리트들이다. 인도차이나 현지에서 발굴 작업을 수행한 고고학자들의 조사보고와, 본국 파리의 기메미술관에 집결시켜 그 보고나 자료를 이용하여 현장에서는 구상할 수 없는 보편적인 아시아미술사·고고사를 잇달아 발표했던 1920년대의 신동양학 엘리트들, 아캉이나 그루세나 스테른 등의 화려한 업적은 서로 어긋나거나 대립의 양상을 보인다. 바로 이 지점에서 우리는 현지 측의 '우울'을 발견하게 된다.

이 '우울'은 현지가 프랑스 본국과 격리되고 단절되었었기 때문에 만들어졌다. 본국 프랑스에서 교육을 받고 학위를 취득한 사람 중 다수나, 군인 등으로부터 고고학자로 전신하려고 하는 아마추어들은, 본국에서 제대로 된 직장을 얻는 것이 용이하지 않았다. 그리하여 그러한 이른바 '지체자'라고 불리는 인재들이 직장을 얻기 위해서 멀리 인도차이나까지 왔다. 따라서 현지에서 유적을 발굴하던 그들은, 본국의 책상물림연구자들에 대한 대항심을 가지게 되었다.

이 '우울'을 보여주는 상징적이고 획기적인 사건이 몇 가지 있는데, 우선 32세의 젊은 나이에, 인도차이나에 발을 내디딘 적도 없는 파리의 연구자 필립 스테른이 저술한 『앙코르 유적 바이욘』(제4장 10절)의 충격을 들 수 있다. 1927년에 발표된 이 연구는 앙코르톰의 바이욘사원의 연대를 고증한 것으로서 매우 획기적인 것으로 평가받고 있다. 그때까지의 설을 뒤엎고, 앙코르와트 건설 후의 시대라고 규명했기 때문이었다. 현재는 너무나 당연한 것으로, 특별히 강조되지도 않고 연대 고증에 논쟁이 있었다는 것조차 회자되지 않는다. 하지만 이것은 1927년이 되어서야 겨우 밝혀진 학설이며, 게다가 현장의 극동학원의 멤버들의 머리 너머로 한 번도 앙코르를 실제로 본 적이 없는 파리의 학자인 스테른에 의해 제창되었다. 이것이 앙코르의 현장에 있던 연구자들에게 깊은 굴욕을 안겨주었던 것이다.

현지에서는 너무나 많은 유물이 혼돈스러운 상태로 들어왔기 때문에, 파리의 연구자와 같은 질서 있는 연구를 할 수 없었을 것이다. 하지만 이 사건으로 인해 인도차이나에서 연구를 수행하던 사람들은 자신들의 한계를 보게 되었다. 현실의 유적 앞에 서면, 더위와 먼지, 진흙과 모래, 식물과 벌레와 같은 혼란과 자연이 맹위를 떨친다. 실제 수복작업을 시작하게 되더라도, 곰팡이나 습기로 인해 변색된 석재의 세부를 검토하여 원래의 위치를 생각하는 것이 고작일 뿐, 전체적인 양식을 고찰하고 있을 여유는 도저히 없었을 것이라 상상된다. 전체적인 양식을 예견하지 않고, 견실하게 부분들을 수복해가는 것이 학문적인 수복이라고 여겼던 것이다.

하지만 그와 반대로 처음부터 완성도를 예상하여 '복원도'를 만들어버렸던 것이 들라포르트와 같은 19세기의 학자들이었다. 이것이 현지 측의 '우울'인 것이다. 그런데 역으로 스테른의 작업은 현장의 유물을 본 적이 없었기 때문에 가능한 성과였다고 할 수 있다. 스테른은 "크기가 반드시 정확하지만은 않은 데생이나 사진만을 검토"해 추측했다. 실증적인 연구성과가 아니라, 이론으로 이끌어낸 고증이었다. 그러나 그 이론적인 고증이 견실한 현장의 연구보다도 정확했던 것이다. 현재의 입장에서 냉정히 생각해보면, 스테른의 방법은 특별히 진귀한 것도 아니고, 극동학원의 멤버가 분하게 여길 정도도 아니라고 할 수 있는 문제였다.

달리 생각해보면, 실제의 유적을 보고 그것이 무엇인지를 금방 알아낼 수 있는 사람은 상당히 훈련을 쌓은 연구자들일 것이다. 대개의 사람들은 사진이나 미술전집에서 본 것을 확인할 뿐이다. 유적 현장에서는 불상의 양식이나 부조물의 구성보다도, 개미나 쇠가죽파리나 도마뱀이 더 신경 쓰였을 것이다. 그리고 현재 간단하게 접근할 수 있는 미술전집의 구성, 오리엔트나 이집트에서 아프리카, 폴리네시아까지를 계열화한다는 발상은, 이 앙코르연구의 직전에 생겨난 새로운 발상이다. 이 새로운 발상 위에서, 세계각지의 양식을 부감할 수 있는 입장의 메트로폴 엘리트들이었기 때문에, 크메르미술의 연대도 추정할 수 있었던 것이다. 저자 또한 양자의 대립을 악으로 보지 않고 있다. 오히려 대립 중에 고고학이나 미술사, 역사학의 성과가 탄생했다고 간주했다.

그 '우울'에도 불구하고, 극동학원은 고고학적 성과를 이루어냈다. 그리고 '대프랑스제국'의 위신을 세계에 알리고, 동시에 이러한 앙코르 조사의 성과를 내보이기 위해 프랑스 제국주의의 자화자찬 이벤트가 1931년 '국제식민지 박람회'라는 이름으로 개최되었다. 이 박람회의 최대 기념물이 앙코르와트의 정밀한 실물복원이었다. 막대한 예산을 들인 이 박람회*는 여러 모로 악명 높았던 행사였다. 이슬람 국가들을 이국적 퇴폐로 간주하고, 아프리카의 원시미를 높이 칭찬하고, 카리브 해의 문명화를 칭송하였으며, 폴리네시아의 무구한 야생을 사랑한다는 식으로 편견이 넘쳐나는 이벤트였다.

이러한 과정에서 두 번째의 '우울'이 생겨난다. 그것은 프랑스 본국에 대한 인도차이나의 프로모션을 무엇보다도 최우선시해야 한다는 것에서 비롯되었다. 20세기 전반에 수차례 개최되었던 파리의 만국박람회에서는 거액의

---

* 박람회의 전시관은 폐회 후에 모두 철거되었는데, 항구적 시설로서 '식민지궁'만이 보존되었다. 1939년까지 '식민지박물관', 그 후 1960년까지 '프랑스 해외영토 미술관(départements et territoires d'outre-mer, 통칭 DOM-TOM)', 1961년부터 '아프리카·오세아니아 미술관'이라고 몇 번이고 명칭을 바꿔가며 존속해왔는데, 2006년 개설된 '케브랑리박물관(Musée du quai Branly)'에 전시물이 이관되어 역할이 끝날 것 같았지만, 다시 보존운동이 일어나 현재 '국립이민사박물관(Cite nationale de l'histoire de l'immigration)'으로 재생되었다.

자금을 투입하여 캄보디아 앙코르 유적들의 복제품이 건설되었다. 그럼에도 불구하고 인도차이나 현지에 공급된 자금은 그다지 윤택하지 않았고, 그로 인해 발굴품의 대량 판매라는 스캔들이 확산되기 시작하였다. 즉, 연구자들이 현지에서 발굴한 유물들을 관광객이나 수집가들에게 팔아버리는, 현대의 관점에서 보면 폭거라고도 할 수 있는 행위를 강요당하게 되었다.

이러한 판매행위는 제2차 세계대전 중에까지 계속되었고, 1991년이 될 때까지는 이에 관한 자료조차 밝혀지지 않고 있었다. 그 이외에도 예를 들면 일본의 동맹국이었던 독일에 의해 프랑스 본국이 점령당했기 때문에, 일본과 우호관계를 맺을 필요에 직면했던 극동학원은 일본에 유적을 보내는 등, 외교카드로서 유적을 사용하게 되는 처지에까지 이르렀던 것이다. 이 '우울'이야말로 아주 나중에까지 남게 되는 오리엔탈리스트들의 최대의 '우울'이었다.

여기까지 읽다 보면, 이 책이 일본제국의 조선지배시대까지 포함한 근현대사에서 여전히 첨예한 주제인 '식민지 고고학'의 공죄, 그리고 무엇보다도 '우울'한 문제에 멈칫거리지 않고 정면에서, 그리고 가능한 한 '공평'한 태도로 부딪혀간 연구서라는 것을 납득하게 될 것이다. 특히 이 연구를 책으로 묶어내게 된 것은 한국에서의 강연이 그 계기가 되었다고 한다. 자신에 대한 비판적 의견을 기대하고 서울에서 발표를 했더니 아니나 다를까 질문이 나왔다고 한다. 이 주제는 '식민지 수탈론'에서 논의해야 할 사항으로서, 프랑스의 오리엔탈리스트를 옹호하는 것은 제국주의가 아닌가 하는 점이었다. 즉, "식민주의시대에 행해진 종주국의 고고학적 활동은, 정치적인 과오의 결과이고, 그 결과를 학술적 공헌으로 평가할 수 없다는 주장"이었다.

이에 대해 저자는, 일본의 사례에 대해서는 언급하지 않고, 프랑스의 오리엔탈리스트들도 외국 출생자나 유대인이 있어서 본국에서는 본류의 엘리트가 되지 못하고 인도차이나로 흘러들어온 사람들이라고 말한다. 그 후 본국이 나치 독일에 점령당하기도 하여, 그들도 또한 식민주의·제국주의의 주변에 불과한 것이라고 답했다고 한다. 저자의 일관적인 태도는, "정치적 문제만을 신경 써서, 학술적인 공헌과 그 유산을 정당하게 평가할 수 없다면, 오늘날의 아시아 고고학·미술사를 정면에서 논의할 수 없게 되어버릴 것이다. 또한 역으로, 학술적 공헌만을 주목하여 정치를 무시해버렸다면, 학문의 성립과 진보를 견인한 원동력을 결여한 표면적인 학문사를 쓸 수밖에 없게 된다. 양자를 절충하는 안배가 실로 어렵다"라는 것이다. 최근의 중불 컬렉션 분쟁 등을 보더라도, 이러한 종류의 문제는 한편이 감정적이 되어버리면 수습되지 않는다. 21세기에 들어서도 아프가니스탄의 '바미얀'과 같은 일이 일어나므로, 19세기에 유적 내셔널리즘의 논리를 끄집어내는 것도 무리가 있을 것이다.

일제에 의한 '식민지' 조선의 고고학적 조사는 1910년 10월 1일에 설치된 조선총독부의 내무부 지방국 제1과의 소관사항으로서, 이미 실시되었던 세키노 다다시 등에 의한 고건축과 고적 조사를 일단 1913년에 완료하여 『조선고적도보』 전 15권(1916~1935)을 간행했다. 그 후의 조사는 1915년의 '총독부박물관', 1916년의 '고적조사위원회'와 '고적 및 유물보존규칙', 총독부박물관의 분관들, 1931년 외부단체로 조직된 '조선고적연구회' 등, 관官이 주도했으며, 실제 작업은 도쿄·교토 양 제국대학과 제실박물관에 소속된 연구자 및 양 대학의 졸업생들에 의해 이루어졌다. 그러나 패전 후, '식민지'에서의 인류학이나 민속학 분야의 연구에 대해서는 일본 국내에서의 검토가 어느 정도 이루어져왔지만, 고고학 분야에서는 '동아 고고학東亞考古學'이라는 관점을 강조하면서 의식적으로 '식민지'의 관점에 대해서는 침묵화의 경향이 존재해왔음을 부정할 수 없다. 이러한 논의와 현상을 보면서 나 자신을 포함한 많은 연구자들의 용기와 역량을 어디로 향하게 해야 할 것인가를 되뇌어보게 해준 책이었다.

이 책을 내게 소개한 것은 동아시아출판사의 한성봉 대표였다. 좋은 책에 대한 욕심(?)에서는 누구에게도 지지 않을 한 대표의 열정이 있었기 때문에 이 책이 빛을 보게 되었다. 오랜 시간이 걸렸음에도 끝까지 옮긴이를 재촉하지 않고 오로지 좋은 책만을 생각하게 했다. 이 자리를 빌려 마음으로 감사를 드린다. 그리고 그 '좋은 책 만들기'에 흔쾌히 동의하고, 끈기 있게 두터운 이 책을 몇 번이고 읽어주고 다듬어준 최초의 독자이자 편집자인 안상준 편집팀장에게도 감사를 드리는 바이다.

2014년 7월
오랫동안 곁에 두었던 앙코르와트의 사진을 벽으로 옮겨 걸며
임경택

| 주 |

이 책에서 프랑스극동학원 고문서(Archive de l'EFEO: AEFEO로 약칭)를 이용했는데, 고문서의 정리번호는 내가 프랑스극동학원 도서관에서 장기적으로 조사를 했던 1997년부터 2000년 3월까지의 것이다. 2001년 이후 극동학원은 고문서를 재정리하여, 현재(2007년 11월)는 정리번호가 바뀌었다. 오늘날의 번호로 수정할 필요가 있지만 자료를 하나하나 재조합할 여유가 없어서, 이 책에서는 예전의 정리번호대로 표기하기로 했다. 정리번호는 다르지만, 정리상자의 표제나 고문서의 제목들을 보면 비교적 용이하게 해당 자료를 찾아낼 수 있을 것이다. 양해해주기 바란다.

제1장

1. Henri Mouhot, *Voyage dans les royaumes de Siam, de Cambodge et de Laos*, Paris, Bibliothèque rose illustrée, 1868. Réédition Olizanne, Genève, 1989. (앙리 무오 저, 오이와 마코토 역, 『시암, 캄보디아, 라오스 제 왕국 편력기シャム、カムボジァ、ラオス諸王国遍歴記』, 改造社, 1942)

2. Francis Garnier, *Le Voyage d'exploration, Indo-Chine effectué pendant les années 1866, 1867 et 1868 par une commission présidée par M. le capitaine de frégate Doudart de Lagrée...*, 2 volume de texte et un Atlas en 2 fascicules, Paris, 1873.

3. Louis Delaporte, *Voyage au Cambodge, l'architecture khmère*, Paris, 1880. Réédition, Paris, 1999. (들라포르트 저, 미야케 이치로 역, 『캄보디아기행 크메르예술과 앙코르カンボヂャ紀行 クメエル芸術とアンコオル』, 青磁社, 1944)

4. J. Thomson, *Antiquities of Cambodia*, Edimbourg, 1867; *Thomson, The Straits of Malacca, Indo-China and China or Ten Years Travels, Adventures and Residence abroad*, London, 1875. (Version française, *Dix ans de voyage dans la Chine et l'Indochine*, traduit en français par A. Talandier et H. Vattemare, Paris, 1877)

5. James Fergusson, *History, of Indian and Eastern Architecture*, John Murray London 1876. Revised ed. by James Burgess and R. Phene Spiers, 1910, London, 2 vols. (Reprint 1972)

6. René de Beauvais, *Louis Delaporte, explorateur(1842-1925)*, Paris, 1929.

7. 동양학의 전통에서 19세기 말에 중국 고고학의 효시가 된 에두아르 샤반느가 배출되었
   는데, 그가 처음으로 중국대륙의 땅을 밟은 것은 1893년이었다.

8. 조사에 참가한 것은 드 라그레, 가르니에, 들라포르트 외에, 글로비스 토렐, 우젠느 쥬
   벨, 루이 드 가르네, 코치시나에서 사진 기사를 하고 있던 에밀 그젤도 앙코르 유적까
   지 동행하여 유적 사진을 촬영했다.

9. 들라포르트에 관해서는 주6에 기재된 전기 외에 아래의 문헌들을 참조할 것. René
   de Beauvais, *La vie de Louis Delaporte, explorateur, 1842-1925. Les ruines d'Angkor*, Paris,
   1931; Houe K., *L'oeuvre d'un conservateur, Louis Delaporte*, Mémoire de muséologie de l'
   Ecole du Louvre, 1991-1992; Thierry Zéphir, Louis Delaporte, au coeur de la forêt
   sacrée, *Âges et visages de l'Aise, un siècle d'exploration à travers les collections du musée Guimet*, cat,
   exp., Dijon, Musée des Beaux-Arts, 1996, pp.60-68.

10. Bruno Dagens, *Angkor, la forêt de pierre*, Découvertes Gallimard, 1989, p.68.

11. Archives nationales F21 4489.

12. Arrêté du ministère de l'Instruction publique, des Cultes et des Beaux-Arts 3 juin
    1873.

13. Delaporte, *Voyage au Cambodge*, op.cit., p.12.

14. *Ibid.*, p.69.

15. *Ibid.*, p.86.

16. *Ibid.*, p.156.

17. *Ibid.*, p.203.

18. *Ibid.*, pp.183-184.

19. *Ibid.*, pp.244-247.

20. *Ibid.*, p.247.

21. *Ibid.*, p.239.

22. *Ibid.*, p.248.

23. *Ibid.*, p.252.

24. *Ibid.*, pp.255-256.

25. Pierre Loti, *Un pèlern d'Angkor*, Paris, 1912. 이하의 문헌에서 인용. *Indochine, un rêve d'Asie*,
    Omnibus, 1995, p.47.

26. Delaporte, *Voyage au Cambodge*, op.cit., pp.10-12.

27. *Ibid.*, pp.319-320.

28. *Ibid.*, p.251.

29. *Ibid.*, p.252.

30. *Ibid.*, p.320.

31. *Ibid.*, p.324.

32. Cf. 이노우에 쇼이치井上章一『호류지의 정신사法隆寺への精神史』, 弘文堂, 1994.

33. *Ibid.*, p.334.

34. Cf. Edmond Pottier, Grèce et Japon, *Gazette des Beaux-Arts*, 1890, pp.105-132.

35. Cf. Emile Guimet, *Exposition universelle, Gallerie historique-Trocadéro-Notice explicative sur les objets exposés par M. Emile Guimet et sur les peintures et dessins faits et dessins faits par M. Felix Régamey*, Paris, Leroux, 1878.

36. 정확을 기하기 위하여 여기에서 한마디 언급해둘 필요가 있다. 1870년대 후반부터 1890년대에 걸쳐, 파리에서 일본의 미술품이 유행하여 수집이 성행했던 것은 사실이지만, 중심이 된 것은 도자기나 칠기, 우키요에 등 이른바 장식예술이었지, 불상이나 불화는 아니었다. 서구인들에게는 종교적인 유물이 받아들여지지 않는다. 들라포르트가 가지고 온 크메르미술은 모두 종교적인 유물이었고, 그것이 파리의 애호가들의 관심을 끌지 않았던 것은, 일본미술의 불상과도 같은 것이었다. 그러한 의미에서는 크메르미술에 대한 관심이 자포니즘에 굴복했다는 것만으로는 부정확한 역사인식이 되어버린다. 여하튼 당시의 파리에서 극동의 종교적인 유물에 경도된 일본주의자들은 매우 적었다. 예외적으로 화가가 극동을 포함한 오리엔트의 표상으로서, 파리로 가져온 불상에 주목한 예는 있었다. 예를 들면, 체르누스키가 파리에 가져온 불상을 바탕으로, 장 레옹 제롬Jean-Léon Gérôme은 일본을 표상했다. 또한, 귀스타브 모로Gustave Moreau는 들라포르트가 가져온 크메르 조각상을 스케치했다. 모로는 제롬과 같이 유채화로 그리지는 않았지만, 양식적인 영향을 받았을 가능성이 없다고는 할 수 없다. 일본미술의 영향에 대해서는 자포니즘 연구자가 이미 논의를 끝낸 느낌도 있지만, 다른 아시아 국가들의 미술의 영향에 대해서도 동일한 연구가 기대된다.

37. Delaporte, *Voyage au Cambodge*, op.cit., p.247.

38. 크메르미술뿐 아니라, 아시아의 미술품이 루브르미술관에 들어가는 것에 대해서는 항상 시끄러운 논의가 오고 갔다. 예를 들면, 1900년경에 일본의 우키요에의 루브르미술관 전시를 둘러싼 소동은, 레이몽 쾨슐랭Raymond Koechlin의『어느 극동미술 애호

가의 추억ある極東美術愛好家の思い出』에 상세하게 기술되어 있다. Raymond Koechlin, *Souvenir d'un vieil amateur d'art d'Extrême Orient*, Chalon-sur-Saône, 1930.

39. Henri Bout de Charlement, *Journal Officiel* du 1 avril 1874, p.2516; Jule Comte, Le nouveau musée khmer de Compiègne, L'Illustration, 22 août 1874.

40. Delaporte, *Voyage au Cambodge*, op.cit., p.248.

41. Emile Soldi, *Les arts méconus: les nouveaux musées du Trocadéro*, Paris, 1881, p.3.

42. *Ibid.*, p.251.

43. Archives nationales F21 4489. Arrêté du ministère de l'Inscription publique et des Beaux-Arts du 8 septembre 1881. 인용은 이하의 논문에 근거했다. Thierry Zéphir, Louis Delaporte au coeur de la forêt sacrée, op.cit., p.67.

44. Musée combodgien, architecture khmers, organisé par les soins de M. L. Delaporte, lieutenant de vaisseau, chef de la mission dexploration des monuments khmers, en 1873. Visite sous la direction de M. F. Roux, architecte du gouvernement, secréteur-rédacteur de la Société Centrale, *L'Architecture*, n. 46, 17 nov. 1888, pp.544-548.

45. *Catalogue de Musée Indochinois*, Inventaire par George Coedès, Paris, 1910.

46. Arrêté du ministère de l'Instruction publique et des Beaux-Arts du 31 janvier 1889. Archives nationales F21 4489. 인용은 주43과 동일.

47. AEFEO, carton 16, Lettre de de L. Delaporte au Directeur de l'EFEO, Palais du Trocadéro, 6 juin 1907.

48. 들라포르트는 1920년대에 간행한 다음의 저작들에서, 미술관의 역사를 뒤돌아보고 있다. 미술관의 명칭은 이 책을 따랐다. L. Delaporte, *Les monuments du Cambodge. D'après les documents recuillis au cours des missions qu'il a dirigées en 1873 et 1882-1883, et de la mission complémentaire de M. Faraut en 1874-1875*, tome 4, Ministère de l'Inscription publique et des Beaux-Arts, Paris, 1923, p.1.

49. 인도차이나미술관의 복제품 연구로서는 다음을 참조할 것. 이케가메 아야池亀彩「파리 · 인도차이나미술관—물라쥬Moulage와 회복되는 시간パリ・インドシナ美術館—ムラージュと回復される時間」, 山路勝彦 · 田中雅一編『식민주의와 인류학植民地主義と人類学』, 関西学院大学出版会, 2002, pp.391-412.

50. 건축 · 유산박물관 Cité de l'architecture et du patrimoine에 관해서는, 개관과 동시에 발행된 미술 잡지나 미술관의 공식 가이드북을 참조할 것. Hors-série de *Connaissance*

des Arts, n.335, 2007, etc.; *Le musée des monuments français*, sous la direction de Léon Pressouyre, Nicolas Chaudun, Paris, 2007.

51. Th. Zéphir, Louis Delaporte au coeur de la forêt sacrée, op.cit.,p.68(note18).

52. Delaporte, *Voyage au Cambodge*, op.cit., p.194.

53. *Ibid.*, pp.249-250.

54. Delaporte, *Les monuments du Cambodge*, tome IV, op.cit., p.118.

55. Etienne Aymonier, *Le Cambodge III. Groupe d'Angkor et l'histiore*, Paris, 1903, p.88.

56. Delaporte, *Voyage au Cambodge*, op.cit., p.168.

57. Aymonier, *Le Cambodge III*, op.cit., p.162.

58. 주25를 참조할 것.

59. Cf. Lyne Therrien, *Histoire de l'art en France, genèse de la discipline*, Paris, 1998. 19세기 프랑스의 반달리즘에 대해서는 다음의 문헌을 참조할 것. Dario Gamboni, *The Destruction of Art, Iconoclasm and Vandalism since the French Revolution*, Reaktion Books, 1997; 졸고「예술파괴와 프랑스 미술사가, 루이 레오 저『반달리즘의 역사』의 여백에芸術破壊とフランスの美術史家,ルイ・レオ著『ヴァンダリスムの歴史』の余白に」,《서양미술연구西洋美術研究》제5호, 三元社, 2001, pp.146-153.

60. Cf. Geneviève Bresc-Bautier et al., *Un combat pour la sculpture: Louis Courajod (1841-1896), Historien d'art et conservateur*, Ecole du Louvre, 2003.

61. Eugène Emmanuel Viollet-le-Duc, Restauration, *Dictionnaire raisonné*, tome 8, Paris, 1866. 비올레르뒤크의 복원관에 관해서는 다수의 선행연구가 있지만 특히 다음의 문헌을 참조할 것. *Viollet-le-Duc*, catalogue d'exposition, Grand Palais, Paris, RMN, 1980; Bruno Foucart, Viollet-le-Duc et la restauration, *Les Lieux de mémoire*, Quatro, Gallimard, tome 1, 1997, pp.1615-1642; Jean-Michel Leniaud, *Viollet-le-Duc ou les délires du système*, Paris: Mengès, 1994; 羽生修二『비올레르뒤크─역사재생의 합리주의자ヴィオレ・ル・デュク─歴史再生のラショナリスト』, 鹿島出版会, 1992.

62. 이 삽화들은 현장에서 촬영한 사진에 기초하여 그려진 것들도 있었던 것 같다.『캄보디아 여행』에서 들라포르트는 삽화를 작성할 때 사진을 크게 이용했다고 보고했다. "땅속에서 발굴한 지극히 섬세하고 우아한 조각상을 복원하는 것 등은, 원래 불가능한 것이었다. 진품의 훌륭함을 알기 위해서는, 미술관이 보관하고 있는 사진자료를 주의 깊게 검토해야 한다. 대부분이 사이공인 그젤 씨의 풍부한 컬렉션을 촬영한 것이었고, 우리들은 몇 번이고 이 책의 삽화를 위해 이용했다."(p.249)

63. Delaporte, *Voyage au Cambodge*, op.cit., p.21.

64. *Ibid.*, p.71.

65. Delaporte, *Voyage au Cambodge*, op.cit., p.158.

66. Louis Delaporte, *Les monuments du Cambodge. D'après les documents recuillis au cours des missions qu'il a dirigées en 1873 et 1882-1883, et de la mission complémentaire de M. Faraut en 1874-1875*, tome 1, Mi─nistère de l'Inscription publique et des Beaux─Arts, Paris, 1914, planche V.

67. Delaporte, *Voyage au Cambodge*, op.cit., p.245.

68. *Ibid.*, p.184.

69. Soldi, *Les arts méconus*, op.cit., p.293.

70. Delaporte, *Voyage au Cambodge*, op.cit., p.141.

71. *Ibid.*, p.185.

72. 1900년의 만국박람회에서도 마찬가지의 '격리'가 답습되어, 비서구지역의 전시관은 '세계일주 전시관'이라는 이름으로 한곳에 모았다. 거기에서는 고고학적 복원이라는 근대정신은 후퇴했고, 이국적인 놀이공원amusement park로 변해버린 건축물들이 늘어서 있었다.

73. Delaporte, *Les monuments du Cambodge*, tome 1, op.cit., p.5.

74. AEFEO, Lettre de L. Delaporte(Musée Indo─Chinois) au directeur d'EFEO, Palais du Trocadéro, 22 mars 1911.

75. Delaporte, *Les monuments du Cambodge*, tome 4, 1923, op.cit., p.5.

76. AEFEO, Lettre de L. Delaporte au directeur d'EFEO (dir, p. i. H. Parmentier), 46, rue Pierre Charron, 22 juin 1920.

77. Delaporte, *Les monuments du Cambodge*, tome 3, 1924, op.cit., pl.12.

78. AEFEO, Lettre de L. Delaporte au directeur d'EFEO, op.cit.

79. Delaporte, *Les monuments du Cambodge*, tome 4, 1923, op.cit., p.5.

80. 후지오카 미치오藤岡通夫, 『앙코르와트アンコール・ワット』, 彰国社, 1943, 쪽 번호 없음(「序」).

81. 들라포르트 저, 미야케 이치로三宅一郎 역, 『캄보디아기행ガンボヂヤ紀行』, 青磁社, 1944, p.5.

제2장

1. 에티엥 에모니에에 관해서는 이하의 추도문을 참조할 것. George Coedès, Etienne-François Aymonier, *BEFEO*, XXIX, 1929, pp.542-548.

2. E. Aymonier, *Vocabulaire cambodien-français*, Saigon, 1874, autographié; *Dictionnaire français-cam-bodgien*, Saigon, 1874, autographié; *Dictionnaire khmer-français*, Saigon, 1878, autographié.

3. 1898년의 시점에서는 '인도차이나Indochine'라는 표기는 정착하지 않았고, '인도-차이나'라고 표기되었다. 문자 그대로 인도와 시나支那=中国 사이에 끼여 있는 지역이라는 것을 명시하고 있다.

4. Arrêté changeant la dénomination de la Mission archéologique d'Indo-Chine en celle d'Ecole française d'Extrême-Orient (20 jan 1900), *Journal officiel*, 1900, p.323.

5. 피노가 재적했던 국립고문서학원에는, 당시 프랑스 중세의 미술사(고고학) 강좌가 있었고, 거기에서 프랑스의 중세미술연구를 짊어질 연구자를 배출하게 되는데, 피노가 어떤 종류의 미술사적 교육을 받았는지의 여부는 알 수가 없다.

6. Arrêté portant réglement pour la Mission archéologique d'Indo-Chine, 15 décembre 1898. Repris dans *Journal Officiel de l'Indo-Chine* (1899, p.99) et *BEFEO*, tome 1, 1901, p.67.

7. 이 파견기간 중이었던 1902년에 펠리오는 주달관周達觀의『진랍풍토기真臘風土記』를 프랑스어로 번역했다. 1819년의 알베르 레뮤자에 이은 프랑스어 번역이었는데, 오늘날 최량의 번역으로 평가받고 있다. 펠리오가 유명한 돈황의 문서를 입수한 것은 1906년의 답사 때였다.

8. 피노는 학원 원장을 4기 역임했다(1898~1904년, 1914~1918년, 1920~1926년, 1928~1930년). 1920년대에는 중대한 고고학적 성과를 올렸다. 이 책 제5장을 참조할 것.

9. Louis Finot, Rapport annuel du Directeur de l'EFEO au Gouverneur général sur les travaux de l'Ecole pendant l'année 1899, ler février 1900, repris dans *BEFEO*, 1901, documents administratifs, pp.69-76.

10. 메트르의 생애에 대해서는 다음의 추도문에 상세하게 기록되어 있다. Claude Maître, 1876-1925, *BEFEO*, 1925, pp.599-624. 극동학원 고문서에는 그가 원장시대에 썼던 편지가 다수 보관되어 있다. 기메미술관에 개인 자료는 없다.

11. Claude Maître, L'art du Yamato, *Revue de l'art ancien et moderne*, IX, 1901,46, pp.49-68

et 47, pp.111-132.

12. C. Maître, La littérature historique du Japon, des origines aux Ashikaga, *BEFEO*, 1903, pp.564-596 et 1904, pp.580-616; Chroniques: Les origines du conflit russo-japonais, *BEFEO*, 1904, pp.499-522.

13. Cf. C. Maître, L'enseignement indigène dans l'Indochine annamite, *BEFEO*, 1906, pp.454-463.

14. C. Maître, Chroniques, *BEFEO*, 1907, pp.166-173. 이 건에 대해서는 다음의 문헌에 상세하게 기술되어 있다. Pierre Singaravélu, *L'École française de lExtrême-Orient ou l'institution des marges(1898-1956), essai d'histoire sociale et politique de la science coloniale*, Paris, 1999. pp.190-194.

15. 루이 피노에게 보낸 1908년 4월 24일의 편지에서, 메트르는 총독에 대한 불만을 이야기하고 있는데, 어디까지나 사신이었다. 그 내용은 후에 잡지 《현대베트남Vietnam contemporain》(1976)에 수록되었다.

16. *Japon et l'Extréme-Orient*, revue mensuelle, Edmond Bernard, Paris,I-X, 1923-1924.

17. *Atlas archéologique de l'Indochine*, Paris, 1900; Luné de Lajonquière, *Inventaire descriptif des monuments du Cambodge*, 3 vol., Paris, 1902, 1907, 1908.

18. Arrêté relatif à la conservation en Indo-Chine des monuments et objets ayant un intérêt historique ou artistique, *Journal officiel*, 1900, p.311. (*BEFEO*, n.1, 1901.)

19. 프랑스보다도 일찍 인도네시아 고고학을 시작했던 네덜란드도 문화재 지정작업을 하지 않았고, 인도차이나 법령을 모방하여 바로 동일한 방법을 적용했다.

20. 다음의 졸고들을 참고할 것. 「예술파괴와 프랑스 미술사가, 루이 레오 저 『반달리즘의 역사』의 여백에」, 《서양미술연구》 5호, 三元社, 2001, pp.146-153.

21. 이케가메 아야 「파리·인도차이나미술관」, 앞의 책, p.402.

22. Ordonnance royale du 31 mars 1911, *Bulletin administratif du Cambodge*, 1911, p.200.

23. 다음의 문헌을 참조할 것. 사사가와 히데오笹川秀夫 『앙코르의 근대, 식민지 캄보디아의 문화와 정치アンコールの近代,植民地カンボジアにおける文化と政治』, 中央公論新社, 2006, pp.64-65.

24. Ordonnance royale relative au classement des monuments historiques du Cambodge, *Bulletin administratif au Cambodge*, 1923, p.809. Repris dans *BEFEO*, XXIV, 1925, p.649.

25. *BEFEO*, t. XXV, n.3-4, 1926, p.570.

26. Finot, Rapport annuel du Directeur de l'EFEO..., op.cit.

27. Lucien Fournereau et Jacques Porcher, *Les Ruines d'Angkor, étude artistique et historique sur les monuments kmers du Cambodge siamois*, Paris, E. Leroux, 1890.

28. Henri Parmentier, Catalogue du musée khmer de Phnom Pench, *BEFEO*, 1912.

29. Communication de Louis Finot à la séance du 10 mai 1900 à l'Académie des Inscriptions et Belles−Lettres, *BEFEO*, t.1, n.4, 1901, p.383.

30. *Ibid.*, pp.383−384.

31. Alfred Foucher, Compte rendu de séance du Congrès des orientalistes de Hambourg de 1902, *BEFEO*, 1902.

32. Communication de Louis Finot à la séance du 10 mai 1900, op.cit., p.383.

33. Emile Senart, Lettre à Louis Finot, retranscrite dans *BEFEO*, 1901.

34. Louis Finot, Leçon inaugurale au Collège de France du 16 mai 1908, *BEFEO*, 1908.

35. Paul Pelliot, Compte rendu de Maurice Courant, *En Chine*, *BEFEO*, I. novembre 1901, p.374.

36. Communication de Louis Finot à la séance du 10 mai 1900, op.cit., p.383.

37. *Ibid.*, p.383.

38. Kakuzo Okakura, *The Ideals of the East, with special refrence to the art of Japon*, J. Murray, 1903. 오카쿠라의 『동양의 이상東洋の理想』이 프랑스어로 번역된 것은 1917년이었다. Kakuzo Okakura, *Les Idéaux de l'Oreint, Le Réveil du Japon*, traduction par J. Serruys, Paris, Payor, 1917. 이 프랑스어판의 역할에 대해서는 졸고를 참조할 것. 후지하라 사다오藤原貞朗「앙리 포시용의 미학·미술사에 끼친 오카쿠라 덴신의 영향アンリ·フォショ ンの美学·美術史における岡倉天心の影響」《美学》제52권 2호(206号), 美学会, 2001, pp.15− 28.; Sadao Fujihara, Henri Focillon et la pensée asiatique de Tenshin Okakura, *Aesthetics*, Numeber 12 March 2006, The Japanese Society for Aesthetics, pp.37−52.

39. *Histoire de l'art du Japon*, publiée par la Commission du Japon à l'Exposition de 1900, Paris, 1900; *BEFEO*, 1901, pp. 378−381.

40. Edward W. Said, *Orientalism*, New York, 1978, p.21.

41. 이나가 시게미稲賀繁美 『회화의 동방 絵画の東方』, 名古屋大学出版会, 1999, p.10.

42. 고에즈카 다카시肥塚隆 책임편집 『세계미술대전집, 동양편, 제12권, 동남아시아世界美術 大全集, 東洋編, 第12巻, 東南アジア』小学館, 2001.

43. AEFEO, Carton 16, lettre de Alfred Foucher de 1926.

제3장

1. Gaston Migeon, *Au Japon, Promemades aux sanctuaires de l'art*, Paris, 1908, p.9.

2. 미종의 증언은 당시의 일본과 구미의 연구방법이나 미적 가치관의 어긋남을 암시하는 것이며, 보다 상세한 분석이 필요하다. 다음의 졸저를 참조할 것. 후지하라 사다오「동양미술사학의 기원에 있어서 역사관·문화적 가치관·분석방법을 둘러싼 일본과 구미의 경합에 대하여, 종합적 검토東洋美術史学の起源における歴史観文化的の価値観·分析方法をめぐる日本と欧米の競合について, 総合的の検討」,《茨城大学人文学部紀要人文学科論集》45号, 2006, pp.1-16.

3. Migeon, *Au Japon*, op. cit., pp.9-10. 앤더슨의 대영박물관소장 일본미술 카탈로그는 다음의 W. Anderson, *Descriptive and historical catalogue of a collection of Japanese and Chinese Painting in British Museum*, 1886.이다. 어니스트 페놀로사는 1913년에 사망했고, 유명한 미완성 원고『동양미술대강東洋美術大綱』은 죽은 후에 출판되었다. 미종은 프랑스어판으로 번역했다. Ernest F. Fenellosa(Fenollosa), *L'art en Chine et au Japon, adaptation de Gaston Migeon*, Paris, Hachette, s. d.(1913).

4. 다음 문헌에서 인용. Maxime Prodromidès, *Angkor, chronique d'une renaissance*, Pairs, Kailash, 1997, p.53.

5. P. Singaravélou, op. cit., p.95.

6. 예를 들면, 다음의 문헌을 참조할 것. 사카즈메 히데이치坂詰秀一「일본고고학사습유: 동아고고학회·동방고고학협회와 일본고대문화학회日本考古学史拾遺: 東亜考古学会·東方考古学協会と日本古代文化学会」,《立正大学文学部論叢》99호, 1994, pp.31-57.; 배형일裵炯逸 저, 후지하라 사다오 역,「조선의 과거에 관한 정치학—한반도에서의 일본식민지고고학의 유산朝鮮の過去をめぐる政治学—朝鮮半島における日本植民地考古学の遺産」,『日本研究』26집, 国際日本文化研究センター, 2002年, pp.15-51.

7. Catherine Clémentin-Ojha et Pierre-Yves Manguin, *Un siècle pour l'Asie, L'Ecole française d'Extrême-Orient*, 1898-2000, EFEO, Paris, 2001; *Chercheurs d'Asie, répertoire biographique des membres scientifiques de l'Ecole française d'Exrtême-Orient, 1898-2002*, EFEO, Paris, 2002.

8. 예를 들면, 극동학원EFEO: Ecole française d'Extrême-Orient의 공식 웹사이트(www.efeo.fr/), 크메르연구교육교류협회AEFEK; association d'échanges et de formation pour les études khmère의 웹사이트(http://aefek, free, fr/)가 있고, 그 외에 앙코르와트온라인(http://angkor.wat.onlinf.fr/) 등이 있다. 2007년 9월 현재.

9. 카바통에 대해서는 다음의 문헌을 참조할 것. Denys Lombard, Un précurseur, Antoine Cabaton, *Archipel* 26, 1983, pp.18-24; Nasir Abdoul-Carime, articles en

ligne de l'AEFEK(http://ae-fek.free.fr/Lecture.htm).

10. Antoine Cabaton, *Nouvelles recherches sur les Chams*, Paris, 1901; *Dictionnaire cham-français*, colaboration avec E. Aymonier, Pairs, 1906.

11. Cabaton, *Les Indes néerlandaises*, Paris, 1910(version anglaise: *Java, Sumatra, and the Other Islands of the Dutch East Indies*, London, 1911).

12. Cabaton, Quelques documents espagnols et portugais sur l'Indochine aux XVIe et XVIIe siècles, *Journal asiatique*, XII, 1908, pp.255-292; Les Malais de l'Indochine française, *Revue indo-chinoise*, 1912, pp.163-171; L'Islam dans l'Indochine française, in *Encyclopédie de l'Islam*, Leiden, tome II, pp.537-542.

13. 라종키에르에 대해서는 다음의 추도문을 참조할 것. Henri Parmentier, Nécrologie de Lunée de Lajonquière, *BEFEO*, XXXII, 1933, pp.1147-1149.

14. André Malraux , *La voie royale*, Paris, 1930.

15. 1907~1908년의 조사보고는 이하. *BEFEO*, VII. 419, VIII. 292, IX.351; *Bulletin de la Commission archéologique*, 1909, p.162.

16. Pierre Vaisse, *La Troisième République et les peintres*, Paris, 1995.

17. Charles Carpeaux et Gustave Geffroy, *La galerie Carpeaux,* Paris, 1894-1895.

18. *Le Bayon d'Angkor Tom. Bas-relief d'après les documents recueillis par la mission Henri Dufour avec la collaboration de Charles Carpeaux*, 2 vol, Paris, 1910-1913.

19. Henri Parmentier, *BEFEO*, t.4 1904, pp.537-5380; Alfred Foucher, *Journal asiatique*, sér.10, 1904, pp.515-516.

20. Jean-Baptiste Carpeaux, *Les ruines d'Angkor, de Duong-Duong et de My-Son*, Paris, Augustin Challamel, 1908. 샤를 카르포의 편지와 일기는 다음의 문헌에 몇 가지 인용되어 있다. M. Prodromidès, *Angkor, chronique d'une renaissance*, op.cit., pp.58-76; Bruno Dagens, *Angkor, la forêt de pierre*, Paris, 1989. (브루노 다전스Bruno Dagens 저, 이시자와 요시아키 石澤良昭 감수 『앙코르와트, 밀림으로 사라져간 문명을 찾아서アンコール・ワット, 密林に消えた文明を求めて』, 創元社, 1995.)

21. Louis Finot, nécrologie de P. Odend'hal, *BEFEO*, 1904, pp.529-537.

22. Alfred Foucher, M. P. Odend'hal , *Journal asiatique*, sér.10, 1904, pp.527-534.

23. Marie-Paule Halgand, 'Architects of EFEO in Indochina: Pioneers of New Methodologies in History of Architecture', Documenting Built Heritage: Revitalization of modern Architecture in Asia, the "modern Asian Architecture

Network"(mAAN) 3rd International Conference in Surabaya, 28th-30th August 2003.

24. Henri Marchal, Henri Parmentier, *Bulletin de la Société des Études Indochinoises*, XXIV, 3, 1949, pp.93-101.

25. H. Parmentier, *Inventaire descriptif des monuments Cams de l'Annam*, Paris, 1909; Complément à l'inventaire descriptif des monuments du Cambodge, *BEFEO*, 1913; *Mémoires archéologiques de l'École Française d'Extrême-Orient I, Temple d'lçvarapura*, Paris, 1926.

26. H. Parmentier, *L'Atr khmèr primitif*, 2 vol., Paris, 1927; *L'Art khmèr classique. Monuments du quadrant Nord-Est*, Paris, 1939.

27. Marchal, op.cit., p.93-94.

28. AEFEO, carton P7, lettre du 14 juillet 1909 de Louis Finot à Claude Maitre, dossier administratif.

29. H. Parmentier, Information, *L'Architecture*, n.10, 1918.

30. 코마이유에 대해서는 다음의 문헌을 참조. H. Parmentier, nécrologie de Jean Commaille, *BEFEO*, 1916, pp.105-107; H. Marchal, allocution à la cérémonie de la mort de Commaille, *BEFEO*, 1926, pp.513-515; AEFFO, Carton P5, dossier administratif confidentiel Commaille.

31. H. Parmentier, nécrologie de Jean Commaille, op.cit., p.105.

32. 조사계획은 1908년의 《인도차이나 고고학위원회 기요インドシナ考古学委員会紀要》에 게재되었다. *Bulletin de la Commission archéologique de l'Indochine*, 1908, pp.46-81

33. Jean Commaille, *Guide aux ruines d'Angkor*, Paris, 1912. 코마이유와 그의 후임인 앙리 마셜의 지도에 따라, 씨엠립과 앙코르와트, 그리고 앙코르톰을 잇는 교통로가 완성된 것은 1919년이었다.

34. 코마이유의 수채화는 현재 극동학원이 소장하고 있다(Collection EFEO, JC-A12, 19, 32). 또한 다음 문헌을 참조할 것. Nadine André-Pallois, Un peintre du dimanche à Angkor: Jean Commaille, *Arts Asiatiques* XLVII, Paris, 1992, pp.29-39; André-Pallois, *L'Indochine: un lieu d'échange culturel? Les peintres français et indochinois(fin XIXe-XXe siècle)*, Paris, 1997.

35. 마셜에 대해서는 다음의 문헌을 참조. Souvenirs d'un Conservateur, *France-Asie* 7/66-67(1951), pp.608-614.

36. H. Marchal, *L'Architecture comparée dans l'Inde et l'Extrême-Orient*, Paris, 1944.

37. Archives de CAOM(Le Centre des archives d'outre-mer), Souvenirs d'un ancien conservateur d'Angkor, 6APOM 1.

38. 그롤리에에 대해서는 앞에 나온 사사가와 히데오 저 『앙코르의 근대』 제5장에 상술되어 있다. 그리고 다음의 문헌을 참조할 것. George Groslier 1887–1945, *France-Asie*, Saigon, n.66–67, 1951; Bernard–Philippe Groslier, George Groslier, peintre, écrivain et archéologue français, *Disciplines croisées, Hommage à Bernard-Philippe Groslier*, publié sous la direction de Georges Condominas, Paris, 1992; Nadine André–Pallois, op.cit., pp.153–156.

39. 유족이 보관하고 있는 자료 중에, 포스터나 우표의 디자인 습작품들이 남아 있다. 실제로 발행된 것은 분명하지는 않다. 그롤리에의 화가로서의 활동에 대해서는 다음의 문헌을 참조할 것. Nadine André–Pallois, op.cit, pp.153–156.

40. George Groslier, *A l'ombre d'Angkor: Notes et impressions sur les temples inconnus d'ancien Cambodge*, Paris, 1916.

41. 1919년 12월 31일부의 캄보디아예술국 설치의 국왕법령 등, 캄보디아의 미술행정에 관계된 일련의 법령은 다음의 문헌에 정리되어 있다. *Arts et archéologie khmères, Revue des recherches sur les arts, les monuments et l'ethnologie du Cambodge, depuis les origines jusu'à nos jours*, tome I, Paris, 1921. 이 책의 제6장에서 법령을 상세하게 검토하고 있다.

42. *Ibid.*, pp.10–11.

43. G. Groslier, *Ars Asiatica XVI, Les collections khmères du Musée Albert Sarraut à Phnom-Penh*, Paris, 1931, introduction.

44. G. Groslier, *Le retour à l'argile*(1929), Edition Kailash, Paris, 1996; Groslier, *La route du plus fort*, Edition Kailash, Paris, 1996.

45. 이 책의 제6장 및 사사가와 히데오 저 『앙코르의 근대』(앞의 책)를 참조할 것.

46. 그 2년 후, 베르나르 필립 그롤리에는 아버지의 죽음을 확인하기 위하여 인도차이나를 방문했다. 아버지의 유지를 잇는 것처럼 그도 또한 극동학원의 멤버가 되었고, 앙코르 유적의 고고학에 종사하게 된다.

제4장

1. 프랑스 고고학·미술사의 교육연구제도의 역사에 대해서는 다음의 문헌을 참조할 것. Lyne Therrien, *Histoire de l'art en France, genèse de la diciplne*, Paris, 1998.

2. Cf. Pierre Singaravélou, op.cit., p.76.

3. 국립동양어학교의 역서에 대해서는 다음의 문헌을 참조할 것. *Langues'o 1795-1995: deux siècles d'histoire de l'Ecole des Langues orientales*, sous la direction de Pierre Labrousse, Paris, 1995.

4. Cf. Paul Demiéville, Henri Maspero et l'avenir des études chinoises, *T'oung Pao* XXXVIII, p.1.

5. 20세기 초의 실용고등학원의 커리큘럼에 대해서는 다음의 연보를 참조할 것. *Annale de l'EPHE*, 1905-1920.

6. Comité-Conseil du Musée Guimet, séance du 28 mai 1907, exposé par M. Emile Guimet, Lyon, 1907.

7. *Catalogue de Musée Indochinois*, inventaire par George Coedès, Paris, 1910.

8. Germain Bazin, *Histoire de l'histoire de l'art de Vasari à nos jours*, Paris, 1986, p.471.

9. AEFEO, Lettre de René Jean, directeur de la bibliothèque Doucet à Claude Maitre, Paris le19 septembre 1912.

10. Ibid. 예를 들면 두세는 1912년에 사진자료의 제공을 학원에 의뢰했을 때, 최신식의 자동 아세틸렌 플래시 라이트와 정액의 보조금을 매년 송부하겠다고 약속했다.

11. AEFEO, Lettre du Gouverneur général de l'Indo-Chine au Ministre de l'Instruction Publique et des Beaux-Arts, Hanoi, le 25 juin 1903.

12. Ibid., Lettre de Claude Maitre à l'administrateur de la Bibliothèque nationale, Hanoi, 29 décembre 1908.

13. 아캉에 대해서는 다음의 문헌들을 참조. René Grousset, Un savant français, Joseph Hackin, *Bilan de l'histoire*, Paris, 1946; Jeannie Auboyer, Joseph Hackin, Conférence pronocnée à Luxembourg, le 8 juillet 1967, in *Biogrphie nationale du pays de Luxembourg*, fascicule 16, pp.395-400; Pierre Cambon, Josephe Hackin ou la nostaligie du désert, *Ages et Visages de l'Asie*, op.cit., pp.85-98.

14. 앙코르 고고학과 관련된 인물로는 후술하는 조르쥬 세데스, 빅토르 골루베프 등과, 그 이외에도 일본연구자인 세르게이 엘리세프, 라파엘 페트루치, 롤프 스타인 등 이루 다 예를 들 수가 없을 정도이다.

15. Joseph Hackin, *Les scènes figurées de la vie du Buddha d'après des peintures tibétaines*, Paris, 1916.

16. J. Auboyer, Joseph Hackin, op.cit., pp.395-400.

17. 아프가니스탄의 고고학 조사에 대해서는 다음의 문헌을 참조할 것. Svetlana Gorshenina et Claude Rapin, *De Kaboul à Samarcande, les archéologies en Asie centrale*, Gallimard, Paris, 2001; *Afghanistan, une histoire millénaire*, cat. expo., Musée national des Arts asiatiques-Guimet, Paris, 2002; Pierre Cambon. op.cit., pp.85-98.

18. 이시다 미키노스케石田幹之助「50년의 추억五十年の思ひ出」《일불문화日仏文化》제30호, 1974, p.95. 또한 아캉이 일본에서 행한 강연기록도 출간되어 있다. *L'Oeuvre de la Délégation archéologique française en Afghanistan 1922-1932, I, Archéologie bouddhique*, Publication de la Maison franco-japonaise, série A, t.1, 1933.

19. 그루세에 대해서는 다음의 문헌을 참조. Sonia Công-thé, *René Grousset et le Musée Cernuschi 1933-1952*, Mémoire soutenue à l'École du Louvre, Monographie de Muséologie, 1999-2000.

20. René Grousset, *Histoire de l'Asie*, 4 vol, Paris, 1922.

21. R. Grousset, *Les civilisations de l'Orient*, 4 vol, Paris, 1926-1930; *Histoire de l'Extrême-Orient*, Paris, 1929; *Histoire des Croisades et du royaume franc de Jérusalem*, 3 vol, Paris, 1934-1936; *Histoire de Chine*, Paris, 1942.

22. 1949년 10월의 동방학회에서 행한 강연의 주제는 다음과 같은 것이었다. '르네 그루세 프랑스국립박물관 총장 환영 강연회, 실뱅 레비, 폴 펠리오, 조제프 아캉, 조르쥬 세데스 등의 업적 일반一班'

23. Philippe Stern, *Le Bayon d'Angkor et l'évolution de l'art khmer, étude et discussion de la chronologie des monuments khmers*, Annales du Musée Guimet, t.47, Paris, 1927.

24. R. Grousset, *Les civilisations de l'Orient*, t.I, Paris, 1924, pp.I-II.

25. R. Grousset, *Les civilisations de l'Orient*, t.IV(Le Japon), Paris, 1930, p.VIII.

26. 다음의 졸고를 참조할 것. 「앙리 포시용의 미학·미술사에 있어서 오카쿠라 덴신의 영향」, 앞의 책; Fujihara, Henri Focillon et la pensée asiatique de Tenshin Okakura, op.cit..

27. Compte-rendu par Louis Finot, *BEFEO*, XXII, 1923.

28. 앞에서 소개한 저작과 함께, 마찬가지로 동서 세계를 한눈에 바라보는 과대망상적인 megalomaniac 그루세의 저작을 추가한다. 『그리스와 동양』(1928), 『불타의 족적』(1929), 『십자군의 역사』전 4권(1934~1936), 『스텝제국』(1939) 등. R. Grousset, *L'empire des steppes: Attila, Gengis-Khan, Tamerlan*, Paris, 1939; *L'empire mongol*, Paris, 1941; *L'Asie orientale, des origines au XVe siècle*(avec J. Auboyer et J. Buhot), Paris, 1941; *Le conquérant du monde: vie de Gengis-Khan*, 1944; *L'Europe orientale de 1081 à 1453*(avec R. Guilland et L.

Oeconomos), Paris, 1945; *L'empire du Levant: histoire de la question d'Orient*, Paris, 1946, etc.

29. 이 소설의 시대설정은 1920년대 초 무렵이고, 말로도 실제로 1923년 12월에 인도차이나를 방문했고, 그때의 원장 대리 레오나르 오루소와 회견했다. 상세한 내용은 제5장을 참조할 것.

30. Malraux, *La voie royale*, op.cit., p.50.

31. *Ibid.*, p.51.

32. 〈그림44〉는 기메미술관에서 '만다라Le Mandara'라고 불리던 도지東寺의 불상군(복제). 사진은 베르나르 프랑 저『일본불교만다라日本仏教曼茶羅』(Bernard Frank, *Le panthéon bouddhique au Japon, collection d'Emile Guimet*, RMN, 1991, p.49.)에서 전재했다. 당시의 전시상황을 전해주는 이 사진은, 현재 기메미술관에 소장되어 있지 않다. 상기한 저작에는 로제 비올레의 클리셰와의 크레디트가 있는데, 기메미술관의 오모토 게이코에 의하면, 로제 비올레의 아카이브에도 이 사진은 현재(2007년 11월) 보이지 않는다고 한다.

33. 1920년대의 기메미술관의 변혁에 대해서는, René Grousset et Joseph Hackin, *Le Musée Guimet(1918-1927)*, Annales du Musée Guimet, t.48 Paris, 1928. 또한 1930년대의 변혁에 대해서는 다음의 석사논문이 있다(미발간). Anne Jeanet et Muriel Mauriac, *Les transformations du musée Guimet dans les années 1930*, Mémoire de Muséologie, École du Louvre, 1992~1993.

34. Cf. 19세기 말에 프랑스에 대량으로 유입된 우키요에 판화는, 1900년경부터 루브르미술관 등의 공공시설에 기증되는데, 이 기메미술관의 결정에서 볼 수 있듯이 1920년경에는 상태가 좋고 "미술적 가치가 있는" 것 이외에는 기증 대상에서 제외되었고, 다시 시장에 나오게 되었다. 앙리 베베르가 수집한 우키요에는 육필화나 데생의 일부가 루브르와 기메미술관에 소장된 것 외에는 시장으로 흘러나갔고, 제1차 세계대전 때에 마쓰가타 고지로松方幸次郎가 다시 사들여, 현재 도쿄국립박물관에 소장되어 있다는 것은 잘 알려져 있다.

35. Archive de Musée Guimet, le projet de la création d'une section photographique, le projet de Victor Goloubew au Comité-Conseil du 17 janvier 1920. Repris dans Grousset et Hackin, op.cit.,

36. J. Hackin, *Guide-Catalogue du Musée Guimet*, Collections bouddhiques, Paris, 1923.

37. *Bulletin archéologique du Musée Guimet*, fascicule I, Salle Ed. Chavannes, 1921; Fascicule II, Asie centrale et Tibet, 1921.

38. Archives de Musée Guimet, Rapport du Comité-Conseil du musée Guimet, le 2 décembre 1925.

39. 미술관 통합계획에 있어서, 창시자의 의사를 존중하자는 의견은 없었던 것일까? 이 책의 주제로는 매우 흥미로운 의문인데, 기메미술관에는 상임위원회에서 논의되었을 내용을 전하는 자료는 현재 남아 있지 않다. 1930년대의 기메미술관의 개혁에 관한 모노그래프를 썼던 앙느 자네와 뮤리엘 모리악에 따르면, 기메미술관의 운영을 통솔해왔던 에밀이 사망한 이후, 특히 1925년경부터 이사회의 회의요록 등의 자료가 눈에 띄게 줄었다고 한다. 독재적 경영자의 사후에는 사무소의 관리마저도 조잡해진 것일까? Jeanet et Mauriac, op.cit., P.30.

40. Cf. Bernard Frank, Le penthéon bouddhique au Japon, Collection d'Emile Guimet, Paris, 1991.

41. 국립미술관 아시아 부문으로 자리매김된 기메미술관에는 루브르미술관이 수장하고 있던 동아시아미술 사료도 이송되었다. 전술한 펠리오가 수집한 중국 서화나 루브르에 기증되었던 우키요에류도 기메미술관이 소장·전시하게 되었다.

42. Grousset, L'art khmer au musée Guimet, Beaux-Arts, 1927.

43. Henri Focillon, Art allemand depuis 1870, Questions de guerre, Lyon, 1916, pp.257-303.

44. Maurice Barrès, La Dépêche coloniale, le 24 février 1932.

45. Jeanet et Mauriac, op.cit., pp.51-54.

46. Henri Verne et al., L'École du Louvre, 1882-1932, Paris, Bibliothèque de l'École du Louvre, 1932, pp.167-180.

47. Nouvelle histoire universelle de l'art, sous la direction de Marcel Aubert, 2vol, Paris, 1932; L'Art des origines à nos jours, sous la direction de Léon Deshairs, 2vol, Paris, 1932; Histoire universelle des art des temps primitifs jusqu'à nos jours, sous la direction de Louis Réau, 4vol, Paris, 1934-1939; Histoire générale de l'art, sous la direction de S. Huisman, Paris, 3 vol, 1938.

48. Emile Mâle, Avant-propos de Nouvelle histoire universelle de l'art, op.cit., t. I, 1932, p.VII.

49. Paul Léon, Préface de L'Art des origines à nos jours, op.cit., t. I, p.VI.

50. R. Grousset, Les cadres historiques et l'évolution de l'art en Asie, Histoire universelle des art. op.cit., t. IV, 1939, p.XI.

51. R. Grousset, Les civilisations de l'Orient, t. IV, op.cit., p.1.

52. R. Grousset, L'Art de l'Inde et de l'Asie cenrtale, *Nouvelle histoire universelle de l'art*, vol.2, pp.331−352; Ph. Stern, L'Art de l'Inde, L'Expansion indienne vers l'Est: La route maritime, *Histoire universelle des art des temps primitifs jusqu'à nos jours*, t. IV, 1939, pp.106−254; J. Hackin et Ph. Stern, L'Expansion indienne vers le Nord : La route terrestre, *Ibid.*, pp.255−284.

53. Ph. Stern, L'Art de l'Inde, op.cit., p.209.

54. Ph. Stern, *Le Bayon d'Angkor et l'évolution de l'art khmer*, op.cit.

55. George Groslier, *Recherches sur les Cambodgiens, d'après les textes et les monuments depuis les premiers siècles de notre ère*, Paris 1921; G. Groslier, *Angkor*, Paris, 1924; G. Groslier, *La sculpture khmère ancienne*, Bruges, Paris, 1925; H. Parmentier, *L'Art khmèr primitif*, 2vol., Paris, 1927, etc.

56. G. Coedès, La date du Bayon, *BEFEO*, XXVIII, 1, p.81.

57. Ph. Stern , *Le Bayon d'Angkor...*, op.cit., pp.9−11.

58. 예를 들면, 프랑스의 양식론의 대표라 여겨지는 앙리 포시용의『형태의 생명形の生命』은 1934년에 출판되었다. 그리고 양식비교를 통해 전 세계의 미술을 이해할 수 있다고 한 스테른의 주장은 1920~1930년대의『보편적 미술사普遍的美術史』총서의 이념과도 통하고 있다.

59. *BEFEO* XXVII, 1928, pp.293−308.

60. Ph. Stern, L'Art de l'Inde, op.cit., pp.219, p.225.

61. M. Prodromidès, op.cit., p.150.

62. G. Groslier, *Angkor*, 2e édition, Paris, 1931.

63. 그롤리에 저, 미야케 이치로 역『앙코르 유적ア ン コ オ ル 遺跡』新紀元社, 1943, p.4.

64. Ph. Stern, Evolution de l'architecture khmère et les transformations de la ville d' Angkor, *Journal asiatique*, 1933, I, pp.352−354; Stern, *L'Art du Champa(ancien Annam) et son évolution*, Toulouse, 1942.

65. 스테른의 앙코르 조사에 대해서는 다음의 문헌을 참조. Prodromidès, op.cit., pp.208−212.

66. 장 프랑수아 자리쥬Jean-François Jarrige「앙코르와 크메르미술의 1,000년ア ン コ ー ル と ク メ ー ル 美術の1000年」『ア ン コ ー ル ワ ッ ト と ク メ ー ル 美術の1000年展』(전람회 카탈로그), 東京都美術館, 大阪市立美術館, 1997−98, p.34.

제5장

1. A. Malraux, *La voie royale*, op. cit.

2. André Vandegans, *La jeunesse litteraire d'Andre Malraux*, *Essai sur l'inspiration farfelue*, Pairs, 1964; Walter Langlois, *Andre Malraux, The Indochina Adventure*, Pall Mall Press, 1966; W. G. Langlois, *Malraux, l'aventure indochinoise*, Traduction française, Mercure de France, 1967; Jean Lacouture, *André Malraux, une vie dans le siècle, Prix aujourd'hui*, Le Seuil, 1973. 일본에서는 가시와쿠라 야스오柏倉康夫「앙드레 말로와 인도차이나アンドレ・マルローとインドシナ」(『20세기 연구二十世紀研究』NO.1, 2000, pp.45-78)에 상세하게 기술되어 있다.

3. M. Prodromidès, op. cit.

4. 인용은 다음 문헌에서 했다. *Ibid.*, pp.136-137. 여기에 인용한 식민지성에서 말로에게 보낸 편지는 막심 프로드로미데스가 발견한 것이다. 도굴사건 후의 재판에서 당국은 이 서류를 "분실"했다고 주장하고 있고, 프로드로미데스가 발견할 때까지 알려지지 않았었다. (식민지성과 극동학원은 의도적으로 이 편지를 감추고 있었던 것이고, 그만큼 극동학원이 말로 사건에 깊이 관여하고 있었다는 것을 대변해준다.) 프로드로미데스는 캄보디아 학예국장인 조르쥬 그롤리에의 유족이 보관하고 있던 개인자료를 열람할 수 있는 기회를 얻어, 이 자료를 발견했다고 한다. 아쉽게도 나는 이 자료를 실제로 보지 못했는데, 그롤리에가 보유하고 있었다는 자료의 존재를 믿기로 한다.

5. A. Malraux, op. cit., p.84.

6. *L'Écho du Cambodge*, le 5 janvier 1924. 인용은 다음 문헌에 의거했다. Langlois, *Malraux*, op. cit., p.24.

7. 이 자료도 또한 프로드로미데스가 발견하기까지 존재가 미확인 상태였다. 1924년 7월 16, 17일의 재판에서 검찰 측은 말로의 인도네시아 입국 후, 식민지성이 인도네시아 총독과 극동학원에 대해, 말로를 감시하도록 (암호에 의한) 통달이 있었다고 증언하고 있는데, 그 자료는 명시되지 않았다. Langlois, *Malraux*, op. cit., p.39.

8. H. Parmentier, *L'Art d'Indravarman*, *BEFEO*, 1919, pp.3-127. 말로는 소설에서는 파르망티에의 논문에 대해 언급하고 있지 않다. 그러나 그렇기 때문에 역으로 현실의 말로에게 이 논문이 가장 중요한 정보원이었지 않았을까 하는 추측도 가능할 것이다.

9. Malraux, op. cit., p.41.

10. *Ibid.*, p.41.

11. *BEFEO*, 1914, p.66

12. *Arts et archeologie khmères*, op.cit., pp.8-10.

13. Malraux, op.cit., pp.53-54.

14. 말로와 그롤리에 사이에 미학적인 친근성을 읽어낸 프로드로미데스는, 말로가 그롤리에의 소설과 잡지 《크메르의 미술과 고고학 クメールの美術と考古学》을 읽고, 미답사한 유적을 잇는 '왕도'의 존재를 알고 있지 않았을까 하고 가정하고 있다. Prodromidès, op.cit., p.129.

15. Malraux, op.cit., p.54.

16. 이 관점은 말로의 극동학원 비판, 나아가 프랑스에 의한 인도차이나 식민지 지배의 정책에 대한 그의 비판의 본질을 이루는 부분이며, 이후의 식민지에서의 정치활동을 생각할 때 매우 중요한 점이다.

17. *BEFEO*, XXII, 1922, pp.388-389.

18. *BEFEO*, XXIII, 1923, pp.580-581.

19. André Rousseaux, Un quart d'heure avec M. André Malraux, *Candide*, 13 novembre 1930.

20. *BEFEO*, 1926, p.526.

21. *Ibid.*, pp.525-668.

22. A. Malraux, *Le musée imaginaire*(1947), Gallimard, Paris, 1996. 2008년 6월 7~9일의 3일간, 아키타秋田현의 국제교양대학에서 '앙드레 말로, 이상과 미술アンドレ・マルロオ, 理想と美術'이라는 제목의 국제회의가 개최되어, 국내외 20명 이상의 연구자들이 충실한 발표와 토의를 했다. 다수의 미술사가들은 『상상 속의 미술관想像上の美術館』에서 개최된 말로의 미학에 새로운 가능성을 인정하는 논조의 발표를 했다. 하지만 아쉽게도 말로 사건을 언급하는 발표는 없었다. 토론 중에 한 번 말로 사건이 화제가 되었는데, 연구자의 태반은 1920년대의 젊은 말로의 사상과 『상상 속의 미술관』의 사상과의 관련성을 부정하는 견해를 보였다. 그러나 유적에서 유물을 반출하는 것에 아무런 윤리적인 죄악감을 가지지 않고, 적극적으로 전 세계의 미술품을 메트로폴에 모으려고 했던 그의 행위는, 그야말로 『상상 속의 미술관』과 통하는 것이 아닐까? 적어도 그 책에서, "현지에서 반출할 수 없는 미술품은, 미술관에 존재하지 않는다"라고 말로가 말했을 때, 스스로가 20년 전에 인도차이나에서 일으킨 사건을 반드시 상기했을 것이라고, 나는 생각한다.

23. Prodromidès, op.cit., p.148.

24. Victor Goloubew, Nécrologie de Léonard Aurousseau, *BEFEO*, 1929.

25. 다음의 문헌에서 인용. Langlois, *Malraux*, op.cit., pp.31 et 40.

26. *BEFEO*, 1924, pp.307-308.

27. L.Finot, V. Goloubew et H. Parmentier, *Mémoires archéologiques publiés par l'EFEO, tome I, Le temple d'Içvarapura, Bantay Srei, Cambodge*, Paris, 1926.

28. *Ibid.*, p.IX.

29. H. Parmentier, L'Art d'Indravarman, *BEFEO*, 1919, pp.3-127.

30. *Ibid.*, p.68.

31. *Ibid.*, p.66.

32. *Ibid.*, p.76.

33. *Ibid.*, p.68.

34. *L'Impartial*, le 21 juillet 1924. 다음의 문헌에서 인용. Langlois, *Malraux*, op.cit., p.26.

35. A. Malraux, op.cit., p.84.

36. 그리스의 아크로폴리스를 복원한 니콜라오스 발라노스Nikolaos M. Balanos의 정의에 따르면, 아나스틸로시스란 "건축물의 구조와 방법에 따라 같은 재료를 사용하여 건축물을 수복 또는 복원하는" 방법이다. "결락된 석재가 있어서 그것 없이는 복원이 불가능한 경우에는, 새로운 석재를 정당한 방법으로 적당하게 사용하는 것도 인정된다." Balanos (N.) *Les Monuments de l'Acropole. Relevement et Conservation*. Paris, 1938.

37. *BEFEO*, 1933, p.518.

38. *Ibid.*, 1933, p.520

39. Prodromidès, op.cit., p.177.

40. *Travaux et perspectives de l'Ecole française d'Extrême-Orient en son 75ᵉ anniversaire*, Paris, 1976. 다음의 문헌에서 인용. Bruno Dagens, *Angkor, la forêt de pierre*, Paris, 1989, p.177.

41. *BEFEO*, 1933, pp.518-520.

제6장

1. 피노는 1898~1904년, 1914~1918년, 1920~1926년, 1928~1929년에 원장을 역임했다.

2. Georges Coedès Inscription de Bhavavarman II, roi de Cambodge, *BEFEO*, 1904, pp.691-697. 세데스에 대해서는 다음 문헌을 참조할 것. Jean Filliozat, Necrologie de

George Coedès, *BEFEO*, 1970, pp.1−24; *Artibus Asiae* 24/3−4(1961), numéro spécial pour le 75ᵉ anniversaire de M. George Coedès, pp.155−186. (여기에서 바바바르만은 부남의 왕자로서 진랍의 공주와 결혼하여 진랍의 왕이 되었고, 후에 부남의 왕인 그의 아버지가 죽자 무력으로 부남을 무너뜨리고 진랍왕국을 건설했다. −varman이라는 칭호는 산스크리트어로 '수호자'라는 의미이다—옮긴이)

3. 조르쥬 세데스 저, 가라시마 노보루辛島昇 외 역 『인도차이나문명사インドシナ文明史』 みすず書房, 1980; 미야케 이치로 역 『앙코르 유적, 장대한 구성의 의미를 찾는다アンコール遺跡 壮大な構想の意味を深る』 連合出版, 1990; 야마모토 치쿄山本智教 역 『동남아시아 문화사東南アジア文化史』 大蔵出版, 2002年.

4. 이 건에 대해서는 다음의 문헌을 참조할 것. André Germain, *La vie amoureuse de d'Annunzio*, 1954; Pierre Pascal, *Le livre secret de G. d'Annunzio et de Donatella Cross*, 1947; Louis Malleret, 20ᵉ anniversaire de la mort de Victor Goloubew, *BEFEO*, 1966.

5. *L'Art bouddhique, collection Gloubew, exposition organisée au Musée Cernuschi*, Paris, 1913.

6. A. Rodin, A. Coomaraswamy, E.B.Havell et V. Goloubew, *Ars Asiatica III, Sculptures çivaïtes de l'Inde*, Paris, 1921; H. Parmentier, *Ars Asiatica IV, Les sculptures chames au Musée de Tourane*, Paris, 1922; G. Coedès, *Ars Asiatica V, Bronzes khmèrs*, Paris, 1923; N. J. Krom, *Ars Asiatica VIII, L'art javanais dansles Musées de Hollande et de Java*, Paris, 1926; V. Goloubew, *Ars Asiatica X, Documents pour servir à l'étude d'Ajanta. Les peintures de la Première Grotte*, Paris, 1927; G. Coedès, *Ars Asiatica XII, Les Collections archéologiques du Musée National de Bangkok*, Paris, 1928; A. K. Coomaraswamy, *Ars Asiatica XIII, Les Miniatures Orientales de la Colleciton Goloubew au Museum of Fine Arts de Boston*, Paris, 1929; J. Ph. Vogel, *Ars Asiatica XV, La sculpture de Mathura*, Paris, 1930; G. Groslier, *Ars Asiatica XVI, Les Collections khmères du Musées Albert Sarraut à Phnom-Penh*, Paris, 1931; A. K. Coomaraswamy, *Ars Asiatica XVIII, La sculpture de Bodhgayā*, Paris, 1935.

7. 이 장소가 주달관이 12세기에 기록한 '북지北池'라고 특정한 것도 골루베프이다.

8. V. Goloubew, Le cheval Balâha, *BEFEO*, 1927, pp.223−237, pl.18−24. 다음의 문헌도 참조할 것. M. Prodromidès, *Angkor*, op.cit., pp.189−190.

9. V. Goloubew, Le Phnom Bakhèn et la ville de Yaçovarman. Rapport sur une mission archéologique dans la région d'Angkor en août−novembre 1932, *BEFEO*, 1933, pp.319−344.

10. 또한 이때에, 자야바르만 2세가 9세기에 축조한 롤루오스 유적군과, 15킬로미터 떨어진 앙코르 유적군을 잇는 도로의 존재도 밝혀졌다. 이 왕 이후, 야소바르만 1세가 구

도읍을 떠나 자신의 도시를 만들고자 앙코르로 향한 길이 가시적으로 제시되었던 것이다.

11. V. Goloubew, L'hydraulique urbaine et agricole à l'époque des rois d'Angkor, *Bulletin économique de l'Indochine* 1, 1941, pp.1-10.

12. Royaume du Cambodge, Ordonnance royale, le 31 décembre 1919, in *Arts et archéologie khmères*, op.cit., p.109.

13. École des arts cambodgiens, ordonnace du 14 décembre 1917, in *Ibid.*, p.108.

14. L. de Lajonquière ,Les provences récouvrées du Cambodge, *BCAF*, 7, mai 1907, pp.155-162. 다음의 문헌에서 인용. Penny Edwards, *Cambodge, The Cultivation of a Nation, 1860-1945*, University of Hawaii Press, 2007, pp.147-148.

15. Henri Marchal, *Revue de la Société des Études Indochinoises*, 2ᵉ semestre 1913. pp.69-75.

16. 다음 문헌을 참조할 것. 사사가와 히데오 「"전통'이 된 궁중무용(「伝統」になった宮廷舞踊)」, 앞의 책, pp.145-174.

17. 미야케 이치로『캄보디아기담カンボジア綺譚』作品社, 1994년, p.26.

18. N. André-Pallois, *L'Indochine: un lieu d'échange culturel?*, op.cit., p.213.

19. Arrêtés du Gouverneur Général, le 12 août 1919, in *Art et Archéologie khmers*, op.cit., p.110.

20. *Art et Archéologie khmères*, op.cit., p.111.

21. G. Groslier, *Ars Asiatica XVI, Les collections khmères du Musée Albert Sarraut à Phnom-Penh*, Paris, 1931.

22. Royaume du Cambodge, Ordonnance royale, le 31 décembre 1919, op.cit., p.109.

23. Procès-verbaux des réunions du Comité cambodgien de la Société des Amis d' Angkor, le 13 février 1920, *Arts et archéologie khmers*, op.cit., p.121.

24. V. Goloubew, Avant-propos de Sapho Marchal, *Costume et parures khmèrs, d'après les devatâ d'Angkor-Vat*(1927), réédition, L'Harmattan, Paris, 1997, pp.X-XI.

25. *Le livre d'or de l'Exposition coloniale internationale de Paris 1931*, publié sous le patronage officiel du Commissariat général de l'Exposition par la Fédération française des anciens coloniaux, Paris 1931, p.124.

26. 사사가와, 앞의 책, pp.145-174.

27. 근대·현대의 구미 열강이 타자에게 '전통'의 부흥을 촉진시킨 사례는 그 예를 일일이 다 들 수 없을 정도로 많다. 아프리카 국가들의 이른바 원시적인 민예품, 인도나 자바

의 무용, 켈트 음악, 그리고 일본의 수출공예품이나 일본화, 아악, 가부키 등도 거기에 포함시켜도 좋을 것이다. 이 '전통'예술들이 얼마나 서양인의 가치관에 의해 '만들어졌던' 것인지는 에릭 홉스봄 편 『만들어진 전통The Invention of Tradition』(마에카와 게이지 前川啓治 역 『만들어진 전통The 創られた伝統』紀伊國屋書店, 1992; 한국어판은 박지향, 장문석 역, 『만들어진 전통』휴머니스트, 2004)을 비롯하여, 인류학 연구나 포스트식민주의 연구에 의해 이미 거의 다 논의되었다는 느낌이 들기 때문에 여기서는 더 이상 반복하지 않겠다. 캄보디아예술국이 소생시킨 전통예술도 또한 '만들어진 전통'이었다.

28. Cf. Stéphane Laurent, *Les arts appliqués an France, Genèse d'un enseignement*, CTHS, Paris, 1999.

29. 근대적 설비를 갖춘 건축물의 외장에 캄보디아풍의 의장意匠을 사용하여 그롤리에가 설계한 건축물은 종주국과 식민지의 양식을 이어붙인 식민주의시대의 독특하고 혼종적인hybrid 식민지 양식과 통하고 있다. 이 양식 그 자체에 식민지시대의 권력관계가 시각화되었다고 해석하는 것도 가능할 것이다. 패트리샤 모튼Patricia A. Morton이 『하이브리드 모더니티즈ハイブリッド·モダニティーズ』에서 보여준 탁월한 분석을 빌린다면, 건축물의 주요한 기둥이 되는 구조는 서양의 것, 그에 종속하는 세부 장식에만 식민지 양식을 적용한다는 사상으로 일관되어 있다. 건축과 장식의 대비에 주종관계가 겹쳐져 있는 것이다. Cf. Patricia A. Morton, *Hybrid Modernities: Architecture and Representation at the 1931 Colonial Exposition, Pairs*, MIT, 2000.

30. *BEFEO*, XXIII, 1923, pp. 560−569.

31. *Ibid*. pp.569.

32. 1920년대의 파리에서 열린 일본미술전에 대해서는, 다음의 문헌을 참조할 것. Yoko Hayashi-Hibino, Les expositions de peinture japonaise contemporaine organisées par le Japon à Paris dans les années vingt, *Histoire de l'art*, n.40−41, 1998, pp.87−97. 및 하야시 요코林洋子『후지타 쓰구하루 작품을 열다藤田嗣治 作品を開く』名古屋大学出版会, 2008. 그리고 다음의 졸고들도 참조할 것. 「나눠본 미술관·전람회─1920~1930년대 파리의 미술관전시에서 보는 프랑스 미술의 안과 밖棲み分ける美術館·展覧会─1920~30年代パリの美術館展示にみるフランス美術の内と外」《西洋美術研究》第10号, 三元社, 2004, pp.145−152.

33. 이 경위에 대해서는 다음의 문헌을 참조. 오카베 아오미岡部あおみ『퐁피두센터 이야기ポンピドゥー·センター物語』, 紀伊国屋書店, 1997, p.63.

34. N. andré-Pallois. op.cit., pp.209−210.

35. Albert Sarrault, *Grandeur et servitude coloniales*, Paris, 1931.

36. A. Sarrault, *La mise en valeur des colonies française*, Paris, 1923, p.104. 다음의 문헌에서 인용. P. Morton. op.cit., p.188.

37. A. Sarrault, L'exposition coloniale, *L'Art vivant*, 7, n.151, 1931, p.373. 다음의 문헌에서 인용. P. Morton, op.cit., p.188.

38. 또한 알베르 사로 총독 아래에서 1920년에 프랑스극동학원은 인도차이나총독부의 무관부문에서 민간부문으로 이행하여 "순수하게 학술적인 기관"으로서 자리매김되었다. 식민지의 학문과 예술이 식민지 지배를 위한 정치적 정책이 아니라, 일반 대중의 예술문화를 보호하기 위한 것이라는 점을 형식적으로 보여주었던 것이다.

39. N. André-Pallois, op.cit., pp.212-213.

40. Arrêté créant une Commission des Antiquités historiques et archéologique, le 12 août 1919, *BEFEO*, 1919, pp.143-145.

41. *Art et archeologie khmères*, op.cit., pp.120-121.

42. *Ibid.*, P.121.

43. Malraux, *La voie royale*, op.cit., pp.43-44.

44. 극동학원 원장에게 보낸 편지에서, 그롤리에는 빙이 판매하고 있던 크메르 조각에 대해 언급하고 있다. 다음의 문헌을 참조할 것. M. Prodromidès, *Angkor*, op.cit., p.150.

45. *Catalogue of the Indian collection in the Museum of Fine Arts of Boston*, 1923.

46. Ananda Coomaraswamy, *Catalogue de pièces khmères conservées dans les musées de l'Amérique du Nord*, pp.235-240. 시카고미술연구소에도 8점의 크메르 고미술품이 기록되어 있는데, 이것은 들라포르트의 조사와 관련되어 있는 장 무라가 입수한 것이다.

47. AEFEO, Carton 28. 1920년대의 자료는 남아 있지 않지만, 1930년대에는 다수가 이와 같은 증정을 통해 건너갔다는 것을 전해주는 문서가 남아 있다. 예를 들면, 1930년에 후에Hue의 고관 루폴에게 조각상 머리부 2점, 1933년에 인도차이나 고관 라비에게 머리부 1점, 1935년에는 코치시나 정부에게 크메르 사자장 2점을 증정했다.

48. Cf. M. Prodromidès, *Angkor*, op.cit., p.126.

49. AEFEO, carton 28: Documents; Ventes d'objets anciens en 1923, 1924, 1925 et 1927. 여태까지의 연구서에서, 극동학원의 고문서를 조사하여 고미술품 판매에 대해 언급하고 있는 것은, 피에르 상가라벨루의 저작뿐이다. P. Singaravélu, op.cit.

50. Arrêté autorisant la vante au Cambodge d'objets anciens provenant de monuments historiques, le 14 février 1923, *Journal officiel*, 17 février 1923, p.308. 중요한 조항을 여기에 번역하여 옮겨두겠다. "제1조, 역사적 건축물에서 나온 고미술품의 판매는, 이하

의 조건하에 캄보디아에서 허가된다. /제2조, 고미술품 판매는 이하의 제3조에 규정된 목록에 따라 허가된다. /제3조, 캄보디아예술국장과 앙코르보존국장은 매년 합의하에, 학술적 또는 미술적으로 가치가 없고, 이미 식민지의 미술관이나 창고에 동종의 유물이 보관되어 있고, 지정목록에서 제외시켜도 좋다고 판단된 물품목록을 작성할 것. 이 목록을 캄보디아 고미술품위원회가 심의하여, 판매가 허가된 물품 목록을 작성한다. 이 목록에는, (1) 통번호 (2) 명칭 및 간결한 작품기술 (3) 크기 또는 무게, (4) 출처, (5) 판매가격이 기재될 것. 이 목록은 프랑스극동학원 원장의 결정에 따라 승인되고, 물품은 알베르 사로 미술관에 수집한다. /제4조, 물품의 판매는 캄보디아예술국장의 입회하에, 알베르 사로 미술관에서만 행할 것. 각각의 물품에는 물품의 상태를 기록한 진품증명서가 붙여지고, 아울러 구입자의 성명과 주소를 기록할 것. (…) /제5조, 판매이익금은 프랑스극동학원 원장이 발행하는 서식에 따라, 캄보디아예술국장이 캄보디아 수입국 관할의 프랑스극동학원의 예산구좌에 입금할 것. 이익금은 앙코르 지구의 보존활동에 할당된다. (…)"

51. AEFEO, carton 28, Procès verbal de la Commission des Antiquités historiques et archéologiques du Cambodge(le 20 août 1923).

52. 이 자료에 따라 판매품의 추적조사도 가능하겠지만, 나는 하지 않았다.

53. AEFEO, carton 28; lettre du directeur des arts cambodgiens au directeur de l' EFEO(le 24 janvier 1924).

54. AEFEO, carton 28, lettre de Glaise à Coedès, 5 avril 1937: Commission de déclassement 1937.

55. AEFEO, carton 28, pierres sculptées declassées par Commission 1933; lettre de Conservateur d'Angkor au directeur de l'EFEO, 18 août 1934: relevé des pierres mises en vente par les Commission 1931–1932 et 1933.

56. 상가라벨루의 산출에 따르면, 연간 매상은 다음과 같다(단위는 피아스톨). 1927년 11월~1929년 3월, 1,515; 1929년 4~12월, 699; 1930년 1~6월, 394; 1930년 7~9월, 688; 1931년 9월, 4,245; 1932년 9월, 3,997.5; 1934년 1월, 4,098; 1936년 3월, 21,707(메트로폴리탄미술관과 거래); 1937년 4월, 2,875; 1938년 3월, 627; 1938년 8월, 750; 1939년 9월, 3,025; 1942년 10월, 4,725. P. Singaravélou, op.cit., p.252.

57. AEFEO, carton28, Ventes des objets anciens, lettre de V. Trouvé au directeur de l' EFEO, 1934.

58. Arrêté relatif à la vente des objets anciens provenant des monuments du Cambodge, le 30 juillet 1931, *BEFEO*, XXXI, 1931; *Journal officiel*, 1931, p.2563.

59. AEFEO, carton 28, lettre de G. Coedès à H. Marchal, 17 mars 1930.

60. AEFEO, carton 28, lettre de G. Groslier à G. Coedès, le 21 janvier 1933.

61. 고미술품이 정치가들에게 증정되는 경우도 적지 않게 있었지만, 일부러 철저하게 판매한다는 선택도 빈번하게 이루어졌다. 흥미로운 것은, 학원 멤버에게도 고미술품은 '매각'되었다는 점이다. 자신의 컬렉션으로서 크메르 고미술품을 갖고 싶은 경우에는, 자기 돈을 들여야 했던 것이다. 그때 '값을 깎아주는' 일은 없었다. 1943년, 세데스는 "학원멤 버에게 앙코르 조각상의 가격을 깎아줄 수가 없다"라는 통지문을 내려보냈다.

62. AEFEO, carton 28, lettre de G. Coedès 1ᵉʳ avril 1931.

63. AEFEO, carton 28, Ventes des objets anciens Musée Amsterdam.

64. AEFEO, carton 28, lettre de G. Groslier à L. Finot, le 24 décembre 1924.

65. AEFEO, carton 28, lettre de G. Coedès au Gouverneur Général de l'Indochine, 28 avril 1931.

66. AEFEO, carton 28, lettre de G. Groslier à G. Coedès, 11 séptembre 1934.

67. AEFEO, carton 28, lettre de G. Coedès à G. Groslier, 21 janvier 1935.

68. AEFEO, carton 28, lettre de G. Coedès, 11 avril 1935.

69. A. Malraux. op.cit., pp.43−44.

70. AEFEO, carton 28, lettre de G. Coedès au Gouverneur Général de l'Indochine, Hanoi, 20 février 1936.

71. AEFEO, carton 28, lettre de Coedès à Silvestre, Résident Supérieur au Cambodge, le 24 février 1936.

72. AEFEO, carton 28, lettre de G. Coedès à V. Goloubew, le 20 février 1936.

73. AEFEO, carton 28, lettre du conservateur d'Angkor au directeur de l'EFEO, le 26 décembre 1933.

74. Lettre du 8 mai 1951 d'Alfred Foucher à Jean Filliozat, archives privées de la famille Filliozat. 다음의 문헌에서 인용. Singaravélou, op.cit., p.248.

75. 장 프랑수아 자리쥬, 「앙코르와 크메르미술의 1,000년」, 앞의 책, p.30.

76. Le Corbusier, *L'Art décoratif d'aujourd'hui*(1925), Flammarion, Paris, 1996. p. 16.

77. *Le livre d'or de l'Exposition coloniale internationale de Paris 1931*, publié sous le patronage officiel du Commissariat général de l'Exposition par la Fédération française des anciens coloniaux, Paris, 1931, p.120.

제7장

1. *Le livre d'or de l'Exposition coloniale internationale...*, op.cit., pp.120−121.

2. *Ibid.*, p.120

3. Charles−Robert Ageron, L'Exposition coloniale de 1931; Mythe républicain ou mythe impérial?, *Les Lieux de mémoire*, Gallimard, 1993, t.I, pp.493−515; Herman Lebovics, *True France, The Wars over Cultural Identities, 1900-1945*, Cornell University, 1992; Jacques Marseille, *L'Age d'or de la France coloniale*, Paris, 1986;, Zeynep Celik et Leila Kinney, Ethnographie and Exhibition at the Exposition universelle, *Assemblage*, 13, 1990, pp.35−39; Panivong Norindr, Representing Indochina, The French Colonial Phantasmatic and the Exposition Coloniale Internationale de Paris, *Phantasmatic Indochina, French Colonial Ideololgy in Architecture, Film, and Literature*, Duke University Press, 1996, pp.14−33. ; Patricia Morton, *Hybrid Modernities*, The MIT Press, 2000(일본어역, 하세가와 아키라長谷川章 역『파리 식민지박람회, 오리엔탈리즘의 욕망과 표상パリ植民地博覧会, オリエンタリズムの欲望と表象』ブリュッケ, 2002; Penny Edwards, *Cambodge, The Cultivation of a Nation*, University of Hawaii Press, 2007, etc.

4. 1931−2006, 75 ans après, regards sur l'Exposition coloniale de 1931, Paris, XIIe arr., 2006.

5. 특히 일본어로 번역된 패트리샤 모튼『하이브리드 모더니티즈』(일본어 번역서의 제목은『파리 식민지박람회』)에서 발견되는 오역에 대해 언급해두겠다. 일본어 번역서에는, 1900년에 학원의 조사에 참가한 문헌학자이자 식민지학자 앙투안 카바통을 "비평가 앙트와느 카바통批評家アントワーヌ・かバトン"(p.56), 캄보디아예술국의 그롤리에는 "캄보디아 아트 서비스 회사의 사장이고 장기간 식민지에 살았던 조르쥬 그롤리에カンボジア・ア□トサ□ビス社の社長で長期間植民地に住んでいたジョルジュ・グロスリエ"(p.40)라고 오역하는 등, 고고학사의 이해를 결여하고 있다. 프랑스어가 불가능하면 학원 멤버에 관한 정보는 입수가 어렵기 때문에, 영문 번역에서 잘못된 세부 오역을 그대로 늘어놓아도 어쩔 수 없을지도 모르겠다. 하지만 일본어 번역서는 전체적으로 볼 때 읽기 쉬운 좋은 서적이 되었다.

6. Yves Tanguy et al., *Premier bilan de l'Exposition coloniale*, le 3 juillet 1931.

7. *Le livre d'or de l'Exposition coloniale internationale* ⋯, op.cit. p.121.

8. *L'Exposition coloniale internationale à Paris en 1931, guide officiel*, Paris, 1931, p.53.

9. *Exposition national coloniale de Marseille*, plublié par le Commissariat général de l'Exposition, 1922, p.10.

10. *BEFEO*, XXIII, 1923, p.561.

11. *Ibid.*, p.561.

12. P. Edwards, op.cit., pp.160-161. 이 흥미로운 일화를 전하는 자료의 출전은 표시되어 있지 않았다.

13. *Le livre d'or de l'Exposition coloniale internationale...*, op.cit., pp.120-121.

14. Pierre Guesde, Note relative aux moulages du Temple d'Angkor, Commissariat du Gouvernement général de l'Indochine, Expo. coloniale, 13 février 1931. AOMA, Expo coloniale, carton 27; Lettre de G. Groslier à V. Goloubew, AOMA, Expo coloniale, carton 27. 다음 문헌을 참고했다. P. Morton, *Hybrid Modernities*, op.cit., p.238.

15. *Mémoire archéologique publiés par l'Ecole française d'Extrême-Orient, tome II, Le Temple d'Angkor Vat*, Paris, 2 vol., Paris, 1930.

16. *Ibid.*, p.6.

17. Claude Farrère, Angkor et Indochine, *Exposition coloniale internationale de Paris 1931*, Paris, 1931. 다음의 문헌에서 인용. P. Edwards, op.cit., p.161.

18. P. Morton, op.cit., p.95.

19. Yves Tanguy et al., op.cit.. 이 증언이 옳고 그른지는 미확인 상태이다. 1930년대에는 앙코르 유적을 모티브나 무대로 삼는 영화가 몇 편인가 촬영되었던 것 같은데(예를 들면, 1935년의 L. C. 쿠크의 B급 영화 〈앙코르〉 등), 이 복제품이 사용되었는지는 확인할 수 없었다.

20. 미술전은 하노이의 인도차이나미술학교의 졸업생이 프랑스에서 작품을 전람할 수 있는 기회가 되었고, 그들에게 방 하나가 부여되었다. 유화, 비단그림, 목조, 수채화, 칠기 등 다기한 작품이 전시되어 즉석에서 판매되었다고 한다. 다음의 문헌을 참조. N. André-Pallois, op.cit., p.221.

21. *Exposition coloniale de Marseille(1992). L'Ecole française d'Extrême-Orient*, Hanoi, 1922.

22. Rapport de Victor Goloubew sur l'Exposition Coloniale de 1931, *BEFEO*, 1932, pp.638-648.

23. *Ibid.*, pp.638-648. 당초에 라오스의 고미술품도 전시할 예정이었지만, '미학적 관점에서' 라오스의 미술품은 모두 사진자료와 함께 라오스전시관에 전시되었다.

24. F. D. K. Bosch et C.C.E.M.Le Roux, Wat te Paris verloren gig, *Tijdschrift voor Indische Taal-Land-en Volkenkunde*, LXXI, 1931, pp.663-683.

25. Premier bilan de l'Exposition coloniale, le 3 juli, 1931. 다음 문헌에 재록. José Pierre, éd., *Tracts surréalistes et déclarations collectives*, Paris, 1980, p.198.

26. 뱅센느의 숲에 오늘날 유일하게 남아 있는 전시관이 카메룬―토고관이고, 현재도 역시 국제불교아카데미Institut internarional bouddhiste의 시설로 이용되고 있다.

27. 인접한 '열대동물원'도 그 기원은 식민지박람회이다. 이 동물원도 노후하여, 2008년에 최신 시설로 다시 태어날 예정이었다.

28. *Palais des colonie Histoire du Musée des Arts d'Afrique et d;Océanie*, éd. par Germain Viatte, RMN, 2002.

29. *Alfred Auguste Janniot*, en collaboration avec Bruno Foucart, Michèle Lefrançoi, etc., avec le soutien du musée des Années 30 de Boulogne―Billancourt, Somogy, 2003.

30. 식민지궁을 설계한 알프레드 라프라드의 모노그래프 연구도 근간 예정이라고 들었다. Jean―Louis Moine, *Albert Laprade*, mémoire de troisième cycle, École du Louvre 1994―1999.

31. Jean Alazard, L'Exotisme dans la peinture française au XIXe siècle, *Gazette des Beaux-Arts*, tome 6, 1931, pp.240―255; Jacques Guenne, Orientalisme, *L'Art vivant*, n.151, août 1931, p.398. 오리엔탈리즘 회화는 근대미술사의 지류 또는 일화적인 분야라고 간주되기 쉽지만, 19세기 말부터 20세기 전반기에는, 미술계의 중요한 한 분야로 중시되었다. 다수의 근대미술사 연구서에서, 독립적으로 한 장을 부여하고 있을 정도이다. 룩셈부르크미술관Musée du Luxembourg의 레옹스 베네디트Léonce Bénédite를 중심으로, 오리엔탈리스트화가협회가 설립된 것은 1893년, 그리고 곧이어 식민지 프랑스예술가협회도 발족하여, 오리엔탈리즘 미술은 화단의 중요한 일부를 형성했다. 다음의 문헌을 참조할 것. Léonce Bénédite, *La Peinture au XIXe siècle*, Paris, s.d.; Alfred Leroy, *Histoire de la peinture française, 1800-1933*, Paris, 1924; Francis Fosca, *La peinture en France depuis trente ans*, Paris, 1948, etc.

32. 설계과정에 대해서는 모튼의 앞의 책에 자세히 기술되어 있다.

33. P. Morton, *Ibid.*, p.267.

34. Léandre Vaillait, *Le Temps*, 13 mars 1928.

35. *Alfred Auguste Janniot*, op.cit., p.38.

36. Dominique Jarrassé, Le décor du Palais des Colonies: un sommet de l'art colonial, *Palais des colonies*, op.cit., p.84.

37. '비결정적 양식' 또는 '불확정적 양식'이라는 관점에서, 쟈니오의 조형적 특질과 1930

년경의 프랑스미술의 양식적 특질을 인정하고, 새삼 미술사적으로 재검토할 필요도 있을 것이다. 모던 아트의 비결정성과 모호성에 대해서는 다음의 문헌을 참조할 것. Dario Gamboni, *Potential Images, Ambiguity and Indetermination in Modern Art*, Reaktion Book, 2002.

38. Eric Orsenna, *Exposition coloniale*, 1988.

39. D. Jarrassé, Le décor du Palais des Colonies, op.cit., p.86.

40. 아마도 비결정적인 양식에 의해, 메시지도 또한 모호한 까닭에, 샤니오는 전쟁 중과 전쟁 후를 통틀어 공공미술의 장식가로서 활약할 수 있었다. 식민지박람회를 위한 장식을 담당했으면서도, 또한 전후의 포스트식민주의시대에도 프랑스의 공공건축의 장식을 담당할 수가 있었고, 나아가서는 미국의 뉴욕의 장식도 담당할 수 있었던 것이다.

41. Charle Boudelaire, *CEuvres complètes*, vol. II, p. 487(Salon de 1846).

제8장

1. *Indochine, Exposition coloniale internationale de Paris, Commissariat général*, ouvrage publié sous la direction de Sylvain Lévi, 2 vol, Paris, 1931(Victor Goloubew, Art et archéologie de l'Indochine, tome II, pp.201-229.)

2. 실뱅 레비 편, 무라마쓰 가쓰村松嘉律 역 『仏印文化概説』興風館, 1943.

3. 후지오카, 앞의 책, 「序」, 쪽 번호 없음.

4. 그롤리에, 앞의 책, pp.203-204.

5. 도미타 기큐富田亀邱 『앙코르와트의 조각アンコール·ワットの彫刻』日進社, 1943, 머리말まえがき.

6. 이토 주타伊東忠太 「프랑스령 인도차이나佛領印度支那」《建築雜誌》310호, 1912. 다음의 문헌에 수록되어 있다. 이토 『동양건축의 연구(하)東洋建築の研究(下)』龍吟社, 1943, pp.265-286.

7. 이토 「기온정사도와 앙코르와트祇園精舎図とアンコル·ワット」《建築雜誌》313호, 1913년, 『동양건축의 연구(하)』(앞의 책, pp.367-406.) 수록.

8. 이와오 세이치岩生成一 「앙코르와트에 있는 모리모토 우콘다유의 사적アンコール·ワットにおける森本右近太夫の史蹟」『歷史敎育』1928, p.8. 다음의 문헌에 수록되어 있다. 이와오 『남양 일본인정의 연구南洋日本人町の研究』岩波書店, 1966, pp.115-121.

9. 구로이타 가쓰미黒板勝美 「앙코르와트 석주기문에 대하여アンコール·ワット石柱記文につい

て」《史学雑誌》41·48호, 1930.

10. AEFEO, lettre du Résident de France à Faifoo à G. Coedès, 14 sep 1933. 마쓰모토의 대표 저작은 다음의 것들이다. 松本信広『인도차이나의 민족과 문화印度支那の民族と文化』岩波書店, 1943;『동아민족문화논고東亜民族文化論攷』誠文堂新光社, 1968;『일본 민족문화의 기원 3, 동남아시아문화와 일본日本民族文化の起源3, 東南アジア文化と日本』講談社, 1978.

11. 예외로서, 미술연구소의 오다카 센노스케尾高鮮之助가 동남아시아에서 중앙아시아를 조사했을 때, 앙코르를 방문한 사례가 있다. 오다카가 기록한 바미얀(아프가니스탄)의 사진은 오늘날 주목받고 있다. Cf. 尾高鮮之助『인도일기—불교미술의 원류를 찾아서印度日記—仏教美術の源流を訪ねて』刀江書院, 1939.

12. 후지오카, 앞의 책, pp.183-184.

13. Noël Péri, Essai sur les relations du Japon et de l'Indochine aux XVIe et XVIIe siècles, BEFEO, 1924, pp.1-136.

14. N. Péri, Le nô de Sotoba-komachi, Le nô d'Ohara gokô, Le nô d'Aya no tsuzumi, BEFEO, 1913-1914, pp.1-113 : Le nô de Mima, Le nô de Tamura, Le nô d' Eguchi, Le nô du kinuta, Le nô de Matsuyama-kagami, BEFEO, 1920, pp.1-110.

15. 스기야마 나오지로杉山直次郎「노엘 페리의 생애와 업적ノエル・ペリーの生涯と業績」《日仏文化》, 신 제9호, 1943, pp.2-253.

16. N. Péri, Le no, Tokyo, Maison franco-japonaise, 1944. (스기야마 나오지로 서문)

17. AEFEO, Lettre de Naojiro Sugiyama au directeur de l'EFEO, signé Naojiro Sugiyama, Tokio, le 2 juillet 1941; Lettre du directeur de la Maison Franco-Japonaise à G. Coedès, Tokio, le 4 juillet; Lettre de G. Coedès au Président de la Commission des Nô à la Maison Franco-Japonaise, Dalat, 25 juillet 1941.

18.《일불문화》신 제9호, 1944, p.248.

19. 일불회관의 역사에 대해서는 다음의 문헌을 참조할 것. Sylvain Levi, La Maison franco-japonaise de Tokyo, La Revue de Pairs, le 15 septembre 1929, pp.410-428; 베르나르 프랑, 이야나가 쇼키치彌永昌吉「일불회관의 역사, 목적 및 활동日仏会館の歴史, 目的および活動」《일불문화》제31호, 1974, pp.1-224. 그리고 극동학원에는 고문서 카르통 16번에 일불회관 관련의 문서가 보관되어 있다.

20. 『시부사와 에이치 전기자료渋沢栄一伝記資料』제39권, 渋沢栄一伝記資料刊行会, 1961, pp.266-267.

21. Archives Henri Focillon (Université de Paris, Bibliothèque d'art et d'archéologie Jacques Doucet, inventaire par Claire Tissot, préface par Hélène Baltrušaitis, Paris, 1998), Boîte 31 / Extrême-Orient : Comité franco-japonais, Hôtel de Ville, Lyon, Prospectus; *Ibid.*, B.28/ no.481 correspondance Kijima Kozo(24/3).

22. 프랑스 외무성 자료(61권, 분류586-1-2, 59호). 클로델 저, 나라 미치코 역 『고독한 제국, 일본의 1920년대孤独な帝国, 日本の1920年代』草思社, 1999년, p.246에서 인용.

23. Cf. 스기야마 나오지로《일불문화》신 제9호, 1944, p.248. "페리야말로, 적어도 클로델 대사에게는, 일불회관 탄생 전야에 초대 프랑스학장 후보로 의중에 두고 있었던 사람이었다는 것은 이미 말한 대로이다. 회관 성립을 목전에 두고 마음 아프게 급서한 페리의 분신 메트르도, 적어도 1, 2년의 건강을 유지해주었다면, 페리의 유지를 계승하여, 중요한 역할을 우리 회관을 위해 해주었을 것이다."

24. 개관 후 2년 사이에 내일한 것은, 일본학자 샤를 아그노르Charles Haguenaur, 해군학교의 지리학자였던 프란시스 룰랑Francis Ruellan, 인도차이나에서 2년의 체재 경험이 있었던 경제학자 마르셀 르퀴엥Marcel Requian, 극동학원의 기숙생으로서 인도차이나에 체재한 경험이 있는 중국학자 폴 드미에빌Paul Demiéville이었다. 그 외에 강연을 위해 파리대학 의학부 교수였던 샤를 아샤르Emile Charles Achard도 내일했다.

25. 푸셰는 도호쿠東北대학, 게이오慶応대학, 고야산高野山대학, 일본동양학회日本東洋学会 등에서도 강연을 했다. 1928년에는 일불회관으로부터 『불교미술연구佛教美術研究』(알프레드 푸셰 저, 역자 불명, 일불회관 편, 大雄閣, 1928)가 출판되었다.

26. AEFEO, Carton 16, lettre de Alfred Foucher, le 15 juillet 1926.

27. 『법보의림法宝義林』에 대해서는 다음의 문헌을 참조할 것. 유베르 뒤르트 「프랑스권 유럽의 불교학과 『법보의림』フランス圏ヨーロッパの仏教学と『法宝義林』(仏教術語解説辞典)」 『大阪大学日本学報』제2호, pp.97-101.

28. AEFEO, Carton 16, Maison Franco-japonaise, s.d. signé: S. Lévi.

29. AEFEO, Carton 16, Maison Franco-japonaise, lettre de Coedès à l'Inspecteur général de l'Insturction publique, le 25 septembre, 1943.

30. 스기야마 「서」, 《일불문화》신 제8호, 1942, pp.1-5.

31. 세키구치 슌고関口俊吾 「프랑스예술의 동향フランス芸術の動向」, 앞의 책, pp.508-512.

32. 스기야마 「노엘 페리의 생애와 업적」, 앞의 책, p.250.

33. 요코야마 마사유키横山正幸 「일불인 문화교환에 대하여日仏印文化交換に就て」, 앞의 책, pp.329-339. 요코야마에 의하면, 일본문화회관의 설립목적은 "목하의 총력전에 즈

음하여 한층 더 그 중요도가 증대되고 있다", "일본문화를 선양할 필요"가 있기 때문이며, "대동아공영권의 일환"으로서 필요불가결한 시설이었다. 그 사업목적은 1) "불인 민정풍속의 연구", 2) "불인에서 프랑스의 문화정책에 관한 조사연구", 3) "화교에 대한 조사연구"였다. 이 사업을 수행하기 위해 '학자의 교환'이나 '유학생 초치招致'를 실행하여, "불인을 통해 프랑스문화 그 자체와의 접촉"을 도모하는 것도 중요시되었다.

34. 스기야마, 앞의 책, pp.237-239.

35. AEFEO, carton 19, Pièce remise par M. le Consul Général Sato au cours d'une visite faite à M. le Secrétaire Général, Consulat général du Japon à Hanoi, Hanoi, le 4 nov. 1940.

36. 예를 들면 다음의 문헌들이다. 다카하시 리쿠마루高橋力丸「사상전으로서의 국제문화교류, 전전의 국제문화진흥회의 활동에 관하여思想戰としての国際文化交流, 戦前の国際文化振興会の活動を巡って」『사회과학연구소기요 별책社会科学研究科紀要, 別冊』제2호, 早稲田大学大学院社会科学研究科, 1998, pp.95-115; 시바사키 아쓰시芝崎厚士「국제문화진흥회의 창설, 전전 일본의 대외문화정책의 역사적 특질国際文化振興会の創設, 戦前日本の対外文化政策の歴史的特質」『국제관계론연구国際関係論研究』国際関係論研究会, 1997, pp.39-64; 후지모토 슈이치藤本周一「국제문화진흥회에 의한 전전의 3사업에 관한 연구노트国際文化振興会による戦前の3事業に関する研究ノート」『大阪経大論集』45호, 大阪経済大学, 1994, pp.525-546.

37. Cf. 日本伝統音楽研究センター編『日本伝統音楽研究資料集成6 日本伝統音楽に関する歴史的音源の発掘と資料化』2006, 교토시립예술대학 일본전통음악연구센터에서는 2006년의 음악 세미나 '국제문화진흥회레코드国際文化振興会レコード'를 개최했다(2006년 7월 6일, 8월 3일).

38. 전자에는 장 이브 클레이의 「불인 비행기여행仏印空の旅」, 장 프랑수아의 「정치와 문교의 도시 하노이政治と文教の都ハノイ」 등의 논문이, 후자에는 우노 엔쿠宇野円空의 「일본의 민족성日本の民族性」, 노마 세이로쿠의 「하니와埴輪」, 야스다 요주로保田興重郎의 「바다에 가면海行かば」 등이 포함된다. 《아사히신문》(1943년 1월 8일)에 이 잡지의 소개기사가 있다.

39. 국제문화진흥회의 인도차이나 관련 사업 및 후술하는 불인 순회 현대미술전람회에 대해서는 다음의 문헌에 상세하게 기술되어 있다. 구와하라 노리코桑原規子「국제문화진흥회 주최 '불인 순회 현대일본화전람회'에서 본 전시기 문화공작—후지타 쓰구하루를 '미술사절'로 하여国際文化振興会主催『仏印巡回現代日本画展覧会』にみる戦時期文化工作—藤田嗣治を「美術使節」として—」《聖徳大学言語文化研究所論叢》15호, 2008, pp.229-262.

40. AEFEO, Lettre du directeur de l'Instruction publique en Indochine à M. le Secrétaire général cu Gouvernement Général de l'Indochine, Hanoi, le 8 nov 1940.

41. AEFEO, Lettre du directeur de l'EFEO à M. Gouverneur Général de l'Indochine, Hanoi, le 16 nov 1940.

42. 앙코르보존국장 글레즈가 유적보존의 임무에서 벗어나는 것은 어려웠을 것이다. 유적의 수복작업은 1942년경까지는 계속 수행되고 있었다(*BEFEO*, 1941, chronique.). 1932년 퇴직 후에도 학원의 명예멤버로서 캄보디아에서 활동했던 전 고고학부장 파르망티에도 있었는데, 그는 연령적으로 일본으로 가는 일은 곤란했을 것이다(당시 71세). 또한 제2차 세계대전 후에 원장이 된 루이 말르레도 1942년부터 학원멤버가 되어 블랑샤르 드 라 브로스 미술관을 정비하는 일에 종사했는데, 젊은이로서 학원을 대표하는 것은 상당히 어려웠다. 같은 이유로 루이 베자시에(안남·통킹 역사미술관 학예원), 폴 부데(학원 도서관 사서) 등도 후보자가 될 수는 없었다. 원래 요구된 것이 "일본의 문화와 과학의 현상을 현지에서 연구하기 위한" 인재였으므로, 상기한 멤버들은 적임자가 아니었다. 극동학원에는 안남의 지식인도 멤버나 조수로 활약하고 있었다. 베트남인으로서 최초로 학원멤버가 된 응우옌 반 휘엔(1940년)(1945년에 설립된 베트남 국립대학에서 대학부장이 된 인물), 1920년부터 극동학원의 직원으로서 원주민에 대한 프랑스어 교육을 담당하고 있던 트랑 함 탄, 투란의 파르망티에 미술관의 비서(1938년)로서 도면작성이나 데생의 임무를 수행했던 응우옌 스안 동 등이다. 그러나 총독부는 일본파견자를 "안남인이 아니라 프랑스인"으로 한다고 한정했기 때문에, 파견 후보가 될 수 없었다.

43. Lettre de Rolf Stein à Paul Lévy, le 6 décembre 1946. 다음의 문헌에서 인용. Singaravélou, op.cit., p.202.

44. *BEFEO*, nécrologie de Goloubew par Louis Malleret, 1966.

45. 오리엔탈리스트의 정치성에 대해서는, 특히 이 책의 제2장을 참조할 것.

46. 오타(기노시타)는 리하르트 뮤타 저 『프랑스미술사フランス美術史』의 번역자로서도 잘 알려져 있다. 리하르트 무테르 저 기노시타 모쿠타로 역 『19세기 프랑스회화사十九世紀佛国絵画史』 甲鳥書林, 1943년(초판1919년).

47. 『기노시타 모쿠타로 일기木下杢太郎日記』 제4권, 岩波書店, 1980년. 또한, 제2회 교수 교환의 파견자로서, 한때 도쿄제국대학 법학부 교수이면서 후에 최고재판소(대법원) 장관이 되는 다나카 고타로가 선출되었고, 신문에도 보도되었는데(1941년 10월 10일의 《아사히신문》), 이 사람도 구로다와 친한 인물이었다. 결국 불인파견은 실현되지 않았지만, 다나카는 1939년에 이미 국제문화진흥회가 주도하는 이탈리아와의 교수 교환

파견자가 되어 있었다.

48. 『기노시타 모쿠타로 일기』 제4권, 앞의 책, p.421. 전람회에 전시된 자료의 일부는, 오타가 근무하던 도쿄제국대학부속 전염병연구소에 기증되었다.

49. 앞의 책, p.358. 야마타 기쿠는 에밀 기메와 함께 프랑스로 건너간 유학생 야마타 다다스미(후에 리옹 주재 2등 영사)의 딸이고, 리옹에서 태어났다. 모친은 프랑스인. 프랑스어로 소설을 발표했다. Cf. Monique Penissard, *La Japolyonnaise*, Lausanne, 1988; 長谷川玲子「キク゠ヤマタ, 生涯と作品」『Les Lettres française』11호, 上智大学, pp.93-102.

50. 『기노시타 모쿠타로 일기』 제4권, 앞의 책, p.376.

51. AEFEO, Lettre de Setsuichi Aoki, Secrétaire général de Kokusai Bunkka Shinkokai à G. Coedès, Tokyo, le 11 mars 1941.

52. 1941년 8월 13일에 국제문화진흥회의 주최로 화족회관에서 열린 보고회 '안남, 캄보디아 견문담女南.カンボジア見聞談'에서의 담화. 다음의 신문기사를 참조할 것. '불인에서 돌아와(기노시타 모쿠타로)佛印から帰って(木下杢太郎)'《아사히신문》1940년 7월 30·31일, 8월 1일.

53. 『기노시타 모쿠타로 일기』 제5권, 岩波書店, 1980, p.83. 그가 구입한 그롤리에의 저작 2점은 다음과 같다. George Groslier, *Angkor*, Paris, 1931; Groslier, *L'Enseignement et la mise en pratique des arts indigènes au Cambodge 1918-1930*, Paris, 1931.

54. 앞의 책, p.85.

55. Cf. 오카다 히데노리岡田秀則「남방에서의 영화공작南方における映画工作」, 이와모토 겐지岩本憲次 편『영화와 '대동아공영권'映画と'大東亜共栄圏'』森話社, 2004, pp.269-288.

56. 불인 순회 현대일본화전람회에 대해서는 다음의 문헌을 참조할 것. 구와하라 노리「국제문화진흥회 주최 '불인 순회 현대일본화전람회'에서 보는 전시기의 문화공작」, 앞의 책.

57. 인도차이나에서의 전람회에 앞서, 9월 9~10일에 니혼바시 미쓰코시日本橋三越에서 내시회가 개최되었다.

58. 《아사히신문》1941년 11월 6일.

59. 구와하라「국제문화진흥회 주최 '불인 순회 현대일본화전람회'에서 보는…」, 앞의 책, p.240.

60. 모리 미치요森三千代『인도차이나 시집インドシナ詩集 POESIES INDOCHINOISE』1942.

61. Cf.『후지타 쓰구하루전藤田嗣治展』카탈로그(東京国立近代美術館, 2006) 및 《아사히신

문》1943년 6월 8일.

62. 『기노시타 모쿠타로 일기』 제5권(1941년 6월 3일), P.55.

63. 앙리 가이야르는 1943년의 교환교수가 되었고, 5월 10일에 '말라리아 예방의 원리에 대하여マラリヤ予防の原理について', 12일에 '필라리아병에 대하여フィラリア病について'라는 제목의 강연을 했고, 6월 2일까지 일본에 체재했다.

64. 「도쿄에서 개최된 불인현대미술전보고東京に於ける仏印現代美術展報告」《国際文化》26호, 1943, p.81. 그리고 다음의 문헌, 구와하라「국제문화진흥회 주최 '불인 순회 현대일본 화전람회'에서 보는…」, 앞의 책, p.250.

65. 《아사히신문》1943년 3월 12일, 5월 11일. 이 계획이 실현되었는지의 여부는 미확인 상태이다.

66. 당시의 하노이의 미술학교 교장은 로마상 수상자이고, 프랑스에서도 공공 조각을 다루는 에바리스트 존셰르였다.

67. 『기노시타 모쿠타로 일기』 제5권, 앞의 책, p.81.

68. *BEFEO*, XXIII, 1923, pp.560−569.

69. AEFEO, Carton 16, Lettre de l'Ambassadeur de France au Japon à M. le Gouverneur général de l'Indochine , signé Charles Arsènes Henry, Tokyo, le 4 juillet 1941.

70. AEFEO, Carton 16, Lettre de V. Goloubew au directeur l'EFEO, Hanoi, le 28 avril 1941, non signé;《아사히신문》1941년 6월 13일. 골루베프를 수행하여, 강연의 통역을 맡았던 것은 민족학자인 마쓰모토 노부히로와 미술사가인 요시카와 이쓰지吉川逸治였다. 요시카와는 1930년대에 파리대학 미술·고고학 연구소에 유학하여, 앙리 포시용의 지도 아래 프랑스 중세미술을 연구했고, 동시에 프랑스류의 보편주의적 미술사 이념을 배워 막 귀국했던 참이었다. 스승을 통해, 프랑스를 방문했던 동양학자나 유르기스 발트르샤이티스 등과도 친교를 맺었다.

71. 우메하라 스에지梅原末治『고고학 60년考古学六十年』平凡社, 1973.

72. 다시 도쿄로 돌아온 골루베프는 일불불교협회Société bouddhique franco-japonaise에서 '라오스의 불교ラオスの仏敎'에 대해, 남양협회南洋協会에서 앙코르와트에 대해 강연했다. *BEFEO*, 1942.

73. 『일불회관 제18회 보고日仏会館第十八回報告』1941, pp.14−15.

74. 르 코르뷔지에의 아트리에에 소속되어 있던 페리앙은, 파리에서 함께 활동했던 적이 있는 사카쿠라 준죠坂倉準三의 중개로 1940년에 일본에 초빙되었다. 1941년에 개최한

'선택 · 전통 · 창조選択·伝統·創造'전은 일찍부터 유명했다.

75. 이 전람회는 특파대사인 요시자와 겐키치芳澤謙吉와 불인교육국장 샤트르의 후원으로 개최되었다.

76. 후지오카 미치오「불인사정과 앙코르佛印事情とアンコール」《建築雜誌》56호, 1942, pp.13-17.

77. 의견조정은 직접적인 회합뿐 아니라, 1941년 7~9월까지 2개월간 교환된, 적어도 4통의 왕복서한을 통해 이루어졌다. AEFEO, Rapport du directeur de la Maison Franco-Japonaise, Eléments d'un projet d'entente à établir entre les organes scientifiques d'Indochine et la Maison Franco-Japonaise. Projet remis à M. Goloubew, premier conférencier d'échange, le 4 juillet 1941; lettre de G. Coedès au directeur de la Maison Franco-Japonaise., Dalat, le 25 juillet 1941; lettre du directeur de la Maison Franco-Japonaise à G. Coedès, 4 sep 1941, signé Joüon des Longrais: Projet concernant les échanges de conférenciers entre l'Indochine et le Japon et leurs rapports avec la Maison Franco-Japonaise; lettre du directeur de la Maison Franco-Japonaise à G. Coedès, le 12 septembre 1941: Note au sujet des échanges de Conférences entre Indochine et Japon.

78. 클로드 파레르가 1931년에, 프랑스가 "옛날 크메르문명의 정통 계승자"라고 썼던 것을 상기해보자. 이 책 제7장 참조.

79. 요코야마 마사유키「일불인 문화교환에 대하여」앞의 책, pp.329-339.

80. AEFEO, Lettrer de Kokusai Bunka Shinkokai(KBS) à G. Codès, Tokyo, le 6 Avirl 1941.

81. 《아사히신문》1941년 6월 8일.

82. 극동학원의 문서 카르통 16번에는, 일본의 지식인이나 고고학자 및 연구기관과 교환한 서류가 보관되어 있다. 본문에서 거론하는 오타 마사오나 우메하라 스에지의 파견 외에, 학원과의 공적·사적 관계를 가진 인물이나 단체를 이곳에 열거해두겠다. 히사노 요시타카久野芳隆(대일본불교회大日本仏教会, 1941년 3월), 이나무라 류이치稲村隆一(개조사 특파원改造社特派員, 1941년), 하타나카 도시로畠中敏郎(오사카 외국어학교 프랑스어 교수大阪外国語学校フランス語教授, 1942년), 히가시혼간지 불교사절東本願寺仏教使節(1942년), 시게후지 다케오重藤威夫(남양학원南洋学院, 1944년), 이노우에 데쓰지로井上哲次郎(도쿄제국대학 교수, 국제불교협회東京帝国大学教授, 国際仏教協会). 나의 조사 부족으로 다음의 인명에 대해서는 더 자세히 알지 못하는 상태이다. 문서에 남아 있는 알파벳 표기를 열거해두겠다. Toshio Nishikawa(1942년), Riitiro

Fujikawa(1942년), Fukui(1942년), Hatchiro Hosaka(南洋学院, 944년), J. Yoneyama et H. Togawa(1944년). 東本願寺仏教使節(1942년)의 멤버로 이름을 남기고 있는 것은, '교토 불교대학京都仏教大学'의 Kotetsu Takazaki와 Susumu Kimura, 그리고 7명의 '화가' Tetsujiro Sugimoto, Shigeru Tsunoda, Tetsuzo Taniguchi, Asaki Nishimura, Koichi Tabata, Takeshi Kono et shigeru Noguchi와 3명의 '사진가' Naoto Nomura, Kasunao Nomura et Suketsune Nomura이다.

83. 그롤리에 저『앙코르 유적』앞의 책, p.205.

84. 《아사히신문》1941년 8월 8일. 이 기자는 이어서 다음과 같이 썼다. "앙코르가 1,000년 전, 그 밀림 안에 건설되었다는 것은 정말 경이로운 일이고, 호류지나 대동의 석불과 함께 동양민족의 자랑이라는 것임에 틀림이 없다. 그러나 그것은 동양에서보다도, 구미에서 훨씬 더 유명한 것 같다. (…) 우리 일본인의 인식이 너무나 빈약한 것을 의미하는 것이 아닐까?" 일본인이 앙코르를 알고, 동양의 자랑이라고 하지 않으면 안 된다고 선동하고 있는 것이다.

85. 도미타, 앞의 책, p.128.

86. 여기에서 상기되는 것은 후지타 쓰구하루의 전쟁기록영화 〈신병의 구출神兵の救出到る〉(1944년, 도쿄국립근대미술관 소장)이다. 프랑스령 동인도를 무대로 한 작품으로서, 식민자인 네덜란드인의 양관洋館에 사용인이 되어 있었던 원주민을 '구출'한다는 설정이다. 이 작품은, 제목에서 일본군에 의한 아시아의 해방이라는 메시지를 지니고 있다는 것은 명백한데, 흥미롭게도 화면을 가득 메운 것은 서양인의 생활을 전하는 가구나 소품들이다. 그림 안에 그려진 2장의 서양회화, 책상 위의 양주, 마루에 굴러다니는 장난감 기관차, 이것들은 후지타가 서양문화에 너무나 깊은 애착을 가지고 있음을 보여준다. 주제(이념)로서는 정치적인 선전이 표명되었지만, 그림 안에는 혐오당할 수도 있는 서구문화에 대한 애착이 드러나고 있다. 프랑스령 인도차이나와의 문화교류도 또한 프랑스의 역성을 드는 일본인에게는, 대동아공영과 프랑스 애호라는 상호 모순되는 이념과 현실이 교차하는 장이었을 것이다.

87. 우메하라에 따르면, "펠리오, 그라네, 마스페로 등이 활약하는 프랑스의 중국학계에서는 당시에 외몽고의 노인·우라 산중에 있는 흉노고분군 발굴과 관련된 스키타이문화의 동방전파 등이 화제가 되어 있었고, 대가인 펠리오는 그것 때문에 러시아로 출장을 갔다. 그러한 분위기를 알고 있었던 나이토 선생은, 여태까지 내가 냈던 출판물이나, 내가 조사한 한국 관계의 거울이나 칠기 사진을 많이 가져가라고 조언해주셨다. 선생의 혜안대로, 이것이 크게 도움이 되었다." 우메라하『고고학 60년』, 앞의 책, pp.71-72.

88. 파리에서는 예를 들어 스웨덴의 오스왈드 시렌이나 러시아의 세르게이 엘리세프 등이 활약하고 있었다. 극동학원 멤버가 된 러시아 출신의 골루베프도 또한 파리의 흡인력에 이끌려 동양학자가 되었던 것이다.

89. 우메하라, 앞의 책, p.71.

90. 그러한 고찰의 시도로서 다음의 졸고를 참조할 것. 「동양미술사학의 기원에 있어서 역사관·문화적 가치관·분석방법을 둘러싼 일본과 구미의 경합에 대하여, 종합적 검토」 《茨城大学人文学部紀要人文学科論集》45호, 2006, pp.1-16.

91. 우메하라, 앞의 책, p.73.

92. 「북몽골에서 발견한 한나라시대의 칠기, 북구잡기, 파리에서, 우메하라 스에지北蒙古で発見の漢代の漆器, 北欧雑記から, パリにて 梅原末治」《大阪毎日新聞》1928년 4월 8일~13일 및 Sueji Umehara, Nouvelle découvertes archéologiques en Corée, *Revue des arts asiatiques*, III, 2, 1928.

93. 2점이 교토제국대학에, 3점이 조선경성제국대학에, 3점이 경성의 조선총독부에 기증되었다. 다음의 문헌을 참조할 것. 하마다 고사쿠浜田耕作「아프가니스탄의 불두アフガニスタンの佛頭」(1929)『東洋美術研究』1942, pp.109-116.

94. AEFEO, carton 16, Letter de Comte Kiyoshi Kuroda, administrateur secrétaire général de Kokusai Bunka Shinkokai à Goloubew, Tokyo, le 26 mai, 1942; Lettre de Goloubew à Kiyoshi Kuroda, Hanoi, 1 août 1942.

95. 중일전쟁부터 태평양전쟁에 걸친 시기의 일본의 아시아 고고학에 관해서는 다음의 논문을 참조할 것. 사카즈메 히데이치坂詰秀一「속일본고고학사습유~대동아공영권의 고고학続日本考古学史拾遺~大東亜共栄圏の考古学」《立正大学文学部研究紀要》11호, 1995, pp.1-16.

96. 우메하라「최근 일본학자가 수행한 중국의 고고학 조사에 대하여最近日本学者の行ふた支那の考古学調査に就いて」『東亜考古学概観』星野書店, 1947, p.110.

97. 극동학원이 보유한 고문서에는 우메하라에 관한 17점의 서류가 보관되어 있다. AEFEO, carton 16, Échange de conférence. 제1회 교수 교환한 오타 마사오의 경우에는 몇 점만이 남아 있다. 학원은 주도면밀하게 우메하라의 일정을 준비했다. 자료가 많은 이유는 주로 골루베프가 우메하라를 안내했기 때문이다. 행동을 하나하나 세데스에게 보고했던 것이다.

98. 우메하라, 앞의 책, p.199.

99. AEFEO, carton 16, Télégramme officiel de Goloubew à Directeur de EFEO, 8 Domenjod, Saigon, Hanoi, le 23 déc 1942.

100. 우메하라『동아고고학개관』, 앞의 책.

101. 극동학원의 고문서(1943년 1월 19일)에 의하면, 우메하라의 이동에는 "후쿠이, 이소이, 후지와라, 아시하라 등 4명"이 동행했다는 것을 알 수 있다. 이 일본인들이 일본에서 동행했던 연구자인지, 인도차이나에 주재하는 관리나 병사인지, 아직 조사되지 않았다. 골루베프는 "우메하라는 영어를 조금 할 줄 알지만, 다른 일본인들은 일본어밖에 할 줄 몰랐다"라고 보고했다. AEFEO, Carton 16, lettre de l'Inspecteur général de l'Instruction publique à Coedès, le 19 janvier 1943.

102. 우메하라, 앞의 책, p.203.

103. AEFEO, lettre de S. Umehara à Goloubew, Tokyo, le 22 mars 1943, signé; lettre de S. Umehara à G. Coedès, Tokyo, le 22 mars 1943, signé.

104. 우메하라, 앞의 책, pp.201-202.

105. AEFEO, Carton 16, lettre de l'Inspecteur général de l'Instruction publique à Coedès, le 19 janvier 1943; AEFEO, Ventes divers, don à Umehara, lettre de Coedès, Hanoi, le 9 mars 1943. 당시의 평가액은 250피아스톨. 한편, 우메하라는 극동학원에 "귀중한 도서자료와 약간의 선사유물"을 기증했다고 한다. 상세한 내용에 대해서는 알 수가 없다. AEFEO, télégramme de Victor Goloubew, n.2136.

106. AEFEO, lettre de Matsuzo Nagai, Président du Conseil d'Administration de KBS à G. Coedès, Tokyo, 8 juillet, 1941.

107. 이 장 주63을 참조할 것.

108. 히사노 요시타카에 대해서는 다음의 문헌을 참조. 오사와 고지大澤広嗣「쇼와 전기의 종교인류학과 조사연구기관—히사노 요시타카의 경우昭和前期の宗教人類学と調査研究機関—久野芳隆の場合」『東洋大学アジア文化研究所研究年報』40호, 2005, pp.9-24.

109. AEFEO, lettre de l'Association bouddhique au Japon à Coedès, Tokio, le 9 mars 1942; lettre du directeur de l'EFEO au Gouverneur Général de l'Indochine, Hanoi, 23 avril 1942.

110. Ibid., Carton16, Correspondance avec des sociétés savants japonaises(1923-1944), lettre de N. Ogawa (Cousul Général du Japon) à G. Coedès, Hanoi, le 30 avril 1942.

111. Ibid., lettre de Coedès au Consul général, Ogawa, Mission japonaise, le 2 avril 1943.

112. Ibid., lettre de Coedès à Sugiyama, le 1er avril 1943.

113. Ibid., Lettre de Goloubew, le 16 janvier 1943.

114. 아사누마 쓰요시浅沼毅 편 『앙코르의 미술―프랑스극동학원 교환품목록アンコールの美術―フランス極東学院交換品目録』, 東京国立博物館, 발행년기 없음(1998).

115. AEFEO, R.10.3. Echange, Echange d'objets archéologiques entre l'École et le Musée du Japon, 1941. (연필로 "→ J4 Musée du Japon"이라고 기록되어 있다.)

116. Ibid., lettre de KBS à G. Codès, Tokyo, le 6 Avril 1941; lettre de Comte Kiyoshi Kuroda à G. Coedès, Tokyo, le 16 juin 1941. 《아사히신문》(1941년 11월 20일)도 참조할 것.

117. 《아사히신문》 1941년 8월 12일.

118. AEFEO, lettre de Matsuzo Nagai à G. Coedès, Tokyo, le 8 juillet, 1941.

119. Ibid., lettre de G. Coedès à Matsuzo Nagai, Dalat, le 24 juillet 1941.

120. 《아사히신문》 1941년 11월 20일.

121. 평가액 5만 엔이라고 하면 어느 정도의 미술품일까? 비교가 적절하지는 않지만, 예를 들면, 1932년에 보스턴미술관이 구입한 진실로 '국보급'에 해당하는 〈기비노오토도 닛토에마키吉備大臣入唐絵巻〉는 와카사 사카이케若州酒井家의 경매에서 18만 엔의 가격이 매겨졌었다. 그때 경매 최고액이었던 당나라의 대명물 '고쿠시나스国司茄子' 차도구는 20만 엔(입찰 가격은 40만 엔)이었다고 한다. 이것들과 비교하면, 71점의 총평가액이 5만 엔이라는 고미술품을 '국보급'이라고 부르기는 어려울 것이다.

122. 31점을 열거하면 다음과 같다. 3점의 회화의 내역은, 〈四季花鳥図屏風〉 한 쌍(작자불명, 에도시대), 〈山水図〉 3폭(가노 마치노부), 〈宇治川網代図などの屏風〉 한 쌍(모리키 아키라), 조각은 〈阿弥陀如来立像〉(작자불명, 가마쿠라시대), 5점의 노 가면은 각각 〈朝倉尉〉, 〈小面〉, 〈般若〉, 〈狂言面賢徳〉, 〈武悪〉, 기타 상자 2점 〈千鳥蒔絵料紙箱〉과 〈山吹蒔絵硯箱〉, 인갑 1점 〈梅蒔絵印籠〉, 칼 1점 〈銀造野太刀〉, 10점의 칼날 鍔(덴마타시치伝又七 작 7점 포함), 장식물 1점 〈清水焼猿置物〉, 꽃병 1점 〈薩摩焼色絵龍耳花瓶〉, 무늬접시 3점 〈九谷焼色絵葡萄文皿〉, 〈鍋島焼染付宝珠文皿〉, 〈伊万里焼色絵大皿〉, 세토 도자기 상자 1점 〈瀬戸焼色絵六角重箱〉, 생황그림 1점 〈孔雀蒔絵笙〉, 기모노후리소데 1점 〈白綸子地竹折鶴模様小袖〉.

123. 내역은 다음과 같다. 萌黄威胴丸(세트)(단바 시노야마丹波篠山의 번주藩主 아오야마케青山家 소장), 御駕籠, 御先箱(한 쌍), 槲대衣桁, 평상복小袖, 띠帯, 분라쿠인형文楽人形 2점 〈羽柴久吉〉, 〈鬼女〉, 상아세공인형象牙細工人形, '아이누문화자료アイヌ文化資料'란 화살대箆, 아쓰시 직물厚司織, 담뱃갑煙草入, 쟁반盆, 대도太刀, 단도腰刀 등이다.

124. AEFEO, Carton 16, Échange de conférence, 1941-1943.

125. 일본의 교환품의 소재를 찾아 조사를 한 아사누마도, "극동학원에서도 하노이 역사박물관으로부터 그럴싸한 미술·공예품을 현재 소장하고 있지 않다는 답변"을 받고, 유적을 단념했다. 『앙코르의 미술』, 앞의 책, p.3.

126. 이에 대해서는 다음의 문헌을 참조할 것. 미즈노 사야水野さや「호치민시 역사박물관 소장의 크메르 조각에 대하여ホーチミン市歷史博物館所蔵のクメール彫刻について」《大東文化大学紀要》44호, 2006, pp.293-312.

127. AEFEO, Vente à The Buffalo Fine Arts Academy, 1938: lettre du 30 novembre 1937. 교섭 시에 학원이 낸 견적으로는 평가액이 2,000피아스톨(2만 프랑)이었다.

128. Ibid., carton 28, lettre de Lieutenant-Colonel de Kermel,, Commissaire délégué aux relations franco-japonaises au directeur de l'EFEO, le 10 janvier 1945.

129. Ibid., carton 28, lettre de Victor Goloubew au directeur de l'EFEO, le 24 octobre 1941; Télégramme codé du gouverneur général au directeur de l'EFEO, le 9 août 1943; lettre do Goloubew à Coedès, Hanoi, le 12 août 1943.

130. Ibid., carton 28, lettre de Parmentier au directeur de l'EFEO, le 18 novembre 1944.

131. Ibid., carton 28, télégramme officiel de Coedès à Parmentir, le 28 novembre 1944.

132. Ibid., carton 28, lettre de Henri Marchal au directeur de l'EFEO, le 20 novembre 1944.

133. *Le cinquantenaire de l'École française d'Extrême-Orient, Compte rendu des fêtes et cérémonies*, Paris, Hanoi, 1953, p.53.

134. 그롤리에 저, 앞의 책, pp.203-204.

135. 이시다 미키노스케石田幹之助『구미의 중국연구欧米における支那研究』創元社, 1942, p.1. 「샤우만 박사 소전シャヴァヌ博士小伝」(p.335), 「베르톨트 라우퍼 박사의 부음을 듣고ベルトールド·ラウファー博士の訃を聞きて」(p.363), 「스벤 헤딘의 업적スウェン·ヘディンの業績」(p.407).

136. 시라토리 구라키치白鳥庫吉『만주역사지리満州歷史地理』南満州鉄道株式会社歷史調査報告第一, 1913. 다음의 문헌에서 인용. 서소빈徐蘇斌「동양건축사의 성립에서 보는 아카데미와 내셔널리즘東洋建築史学の成立に見るアカデミーとナショナリズム」『日本研究』제26집, 2002, p.111.

종장

1. 강연내용과 질의응답을 게재한 잡지가 출간되어 있다. *Art and Culture in East Asia*, 제3호, 동아시아미술문화학회, 한국 서울, 2007(후지하라 사다오 「파리 만국박람회와 앙코르 고고학의 근대화パリの万国博覧会とアンコール考古学の近代化」, pp.171−216.).

2. 사사가와 히데오 『앙코르의 근대, 식민지 캄보디아에 있어서 문화와 정치アンコールの近代、植民地カンボジアにおける文化と政治』、中央公論新社, 2006; Penny Edwards, *Cambodge, The Cultivation of a Nation, 1860-1945*, University of Hawaii Press, 2007.

• 앙코르와트
— 제국주의 오리엔탈리스트와 앙코르 유적의 역사 활극

| 참고문헌 |

이 책의 내용을 연구하는 과정에서 사용한 (1) 고문서자료와 육필원고, (2) 저작물(인쇄물)의 일람을 정리한 것이다.

(1) 고문서자료, 육필원고 Archives

Archives Henri Focillon

Boîte 28 / no. 481 correspondance Kijima Kozo (24/3).

Boîte 31/Extêrme—Orient : Comité franco—japonais, Hôtel de Ville, Lyon Prospectus

Archives nationales de France

F21 4489.

Archives d'Outre-Mer, Aix-en-Provence(AOMA)

Lettre de G. Groslier à V. Goloubew, AOMA, Expo coloniale, carton 27.

Pierre Guesde, Note relative aux moulages du Temple d'Angkor, Commissariat du Gouvernement général de l'Indochine, Exposition coloniale, 13 février 1931. AOMA, Exposition coloniale, carton 27.

Centre des archives d'outre-mer(CAOM)

Archives de CAOM, Souvenirs d'un ancien conservateur d'Angkor, 6APOM 1.

Ecole française d'Extrême-Orient(EFEO)

아래의 고문서 정리번호는, 내가 프랑스극동학원 도서관에서 장기적으로 조사를 실시한 2000년 3월까지의 것이다. 2001년 이후 극동학원은 고문서를 재정리하여, 현재(2007년 11월)는 정리번호가 크게 바뀌었다. 오늘날의 번호로 바꿀 필요가 있지만, 자료를 하나하나 재점검할 여유가 없어서, 이 책에서는 예전의 정리번호를 그대로 소개하기로 했다. 카르통의 번호는 다르지만, 표제어나 고문서의 표제를 보면, 비교적 용이하게 고문서 안에서 해당하는 자료를 찾을 수 있을 것이다.

Carton 16

1. Inauguration de la Maison Franco-Japonaise, 1917-1926

- Projet d'un Institut français à Tokio, 1917−1926

    Lettre du Ministre des Affaires Étrangères au Ministre des Colonies signé : P. de Margerie, Paris, 10 décembre 1917, Ministères des Affaires Étrangères, Direction des Affaires Politiques et Commerciales, Asie−Océanie, no, 1416 : projet de création d'un Institut français à Tokyo 1 f.

    Lettre de Regnault, ambassadeur de la République Françaises à Tokyo à M. Ribot, Président du Conseil, Ministre des Affaires Étrangères, Tokyo, 4 juin 1917 : Projet de création d'un Institut français au Japon, 4 ff..

    Lettre du Ministre des colonies au Gouverneur général de l'Indochine, signé : You, Paris, 26 février 1918, no.51 : projet de création d'un institutionfrançais à Tokyo

    Projet d'Institut Français, Programmme des cuors, 3 ff.

    Projet de budget de l'Institut, 2 ff.

    Note sur la Maison de France de Tokio, 2 ff., s.d.(1920?)

    Lettre du Directeur de l'EFEO au Gouverneur Général de l'Indochine, non signé, Hanoi, 21 Novembre 1922 ; projet de la Maison de Tokyo.

    Manuscrit, Points principaux … (du Projet de la Maison à Tokyo), s. d., 5 ff.

    2 télégrammes ; 29/11/1925 et 27/03/1926 : la subvention de 10000 yen à la Maison

    Arrêté du 08/04/1926 : subvention à la Maison franco−japonaise

- Alfred Foucher, 1925L−1926

Télégramme officiel ; de le Consul France à Gougal destinée à Hanoï (l'EFEO?),
Colombo, le 9 décembre 1925.

Manuscrit pour une lettre du Directeur de lEFEO au Gouverneur Général,
Hanoi, 12 décembre 1925.

Lettre de Alfred Foucher au Gouverneur Général, A bord de l'Amazone, le 15
décembre 1925, 3 ff.

Lettre du Gouverneur Général de l'Indochine au Directeur de l'EFEO, Hanoi, 6
janvier 1926 : Mission de M. Foucher..

Lettre de Alfred Foucher au Gouverneur Général, Tokio, 15 juillet 1926, signé
: A. Foucher, enveloppe de Maison Franco—Japonaise, 28 Nichômé Nagatatcho,
kojimatchi—kou Tokio, 8 pp. : rapport de la Maison Franco—Japonaise.

• Paul Claudel, 1926

Lettre de Paul Claudel, ambassadeur de France à Tokyo à Son Excellence
Monsieur le Ministre des Affaires Etrangères à Paris, Tokyo, 13 avril 1926.

Lettre de Paul Claudel, ambassadeur de France à Tokyo à Son Excellence
Monsieur le Gouverneur Général de l'Indochine, à Hanoi, signé : P.Claudel,
Tokyo, 23 juillet 1926

2. Congrés pacifique à Tokyo en octobre 1926

• Exposition des travaux frnçais sur l'Extrême—Orient, à l'occasion du congrès, 1926

Télégramme, Saigon, 3 septembre 1926, Gougal à Résident supérieur au Tonkin
Hanoi : A l'occasion Congrès Pascifique à Tokio au début octobre.

Télégramme, Hué, Annam, 06/09/1926, à Lénoard Aurousseau(EFEO Hanoi).

Télégrammme, Hanoi, Tonkin, 06/09/1926 : demande de l'envoi au Japon pour l'
exposition d'une COLLECTION COMPLÈTE BULLETIN 1901 À 1925.

Lettre du Directeur de l'EFEO au Résident supérieur au Tonkins (Inspection des
Affaires Politiques et Administratives), Hanoi, 07/09/1926 : réponse au télégramme
ci—dessus.

Lettre deu Gouverneur général de l'Indechine au directeur de l'EFEO à Hanoi, Saigon, 11 sep 1926.

• Sylvain Lévi, 1926

Lettre (Messageries maritimes) de Sylvain Lévi, Saigon, 27 août 1926, signé : S. Lévi

Lettre de Sylvain Lévi au directeur de l'EFEO, s.d.

Carte (Maison Franco-Japonaise Tokio) de S. Lévi, 4 sep 1926, signé : S. Lévi

Carte (Maison Franco-Japonaise Tokio) de S. Lévi, s.d. signé : S. Lévi

Lettre de Sylvain Lévi au Gouverneur général de l'Indochine, Hanoi, Maison Franco-Japonaise 2 novemmbre 1926, signé : SYLVAIN LEVI.

3. Acitivités de la Maison franco-japonaise, 1928-1932

• Blaringhem, 1928

Lettre du Ministre des affaires étrangère au Ministre des colonies, signé, Paris, 27 juillet 1928

Lettre de L. Blaringham, professeur de botanique à la Sorbonne, membre de l' Académie des Science, au Gouverneur général de l'Indochine, Tokio, 30 décembre 1928, signé, 5 ff.

• K. Kijima, 1929

Lettre de kozo kijima à l'EFEO, Tokio, 19 septembre 1929, signé Administrateur de la Maison franco-japonaise, k. kijima

Lettre; du directeur de l'EFEO à l'Administrateur de la Maison Franco-Japonaise. Hanoi, 2 octobre 1929

• Joseph Hackin, 1932

Lettre du Directeur de l'EFEO au Directeur de la Maison franco-japonaise, Hanoi, 7 novembre 1932

Lettre du Directeur français de la Maison franco-japonaise au Directeur de l'

EFEO, signé : J. Hackin, Tokyo, 22 novembre 1932

4. Echange de Conférence, 1940-1944 : (i) personalités françaises au Japon

- Invitation des savants français au Japon ; projet de kokusai bunka shinkokai, 1940

    Lettre intitulé Pièce remise par M. le Consul Général Sato au cours d'une visite faite à M. le Secrétaire Général, Consulat général du Japon à Hanoi, Hanoi, 4 novembre 1940

    Lettre du Directeur de l'Instruction publique en Indochine (Charton) au Secrétaire général du Gouvernement Général de l'Indochine, Hanoi, 8 novembre 1940

    Lettre de Vice-Amiral d'Escadre Jean Decoux au Consul Général du Japon, Hanoi, 14 novermbre 1940

    Lettre de Vice-Amiral d'Escadre Jean Decoux au directeur de l'EFEO, Hanoi, 14 novembre 1940

    Lettre du directeur de l'EFEO au Gouverneur général de l'Indochine, Hanoi, 16 novembre 1940

- Conférences de Goloubew au Japon, 1940-1941

    Lettre de Joüon des Longrais, Directeur de la Maison Franco-Japonaise, au Directeur de l'EFEO, 10 décembre 1940

    Lettre de G.eorge Coedès au Directeur de la Maison Franco-Japonaise, 14 février 1941

    Lettre du Directeur français de la Maison Franco-Japonaise au Directeur de l' EFEO, Tokio, 19 avril 1941

    Lettre de Victor Goloubew au Directeur de l'EFEO, Hanoi, 28 avril 1941, non signé.

    Télégramme à Joün des Longrais, 28 avril 1941

    Lettre du Directeur de la Maison Franco-Japonaise au Directeur de l'EFEO, Tokio, 7 mai 1941

Lettre de George Coedès à Jouon des Longrais, signé : G. Coedès, 24 juillet 1941

Lettre de l'Ambassadeur de France au Japon au Gouverneur général de l'Indochine, signé Charles Arsènes Henry, Tokyo, 4 juillet 1941

Lettre de Matsuzo Nagai, Président du Conseil d'Administration de Kokusai Bunka Shinkokai à G. Coedès, Tokyo, 8 juillet, 1941

Lettre de G. Coedès à Matsuzo Nagai, Dalat, 24 juillet 1941

• Conférence de Victor Goloubew, 1941 : relation avec Kokusai Bunka Shinkokai
  Dossier intitulé Extrait du JAPAN TIMES AND ADVERTISER du 15 janvier 1941

  Lettre : de Setsuichi Aoki, Secrétaire général de Kokusai Bunka Shinkokai à George Coedès, Tokyo, 11 mars 1941

• Relation de Victor Goloubew avec H. Matsumiya, 1941
  Lettre de Goloubew à Matsumiya (The Gaimusho, Tokyo, l'ambassadeur), Hanoi, 17 février 1941

  Lettre du Directeur de l'Ecole des Beaux-Arts Appliqués de l'Indochine à V. Goloubew, signé Jonchère (?), 18 mars 1941, Hanoi

• Projet d'échanges après Victor Goloubew, 1941 ; projet de la Maison Franco-Japonaise et de Kokusai Bunka Shinkokai
  Rapport du Directeur de la Maison Franco-Japonaise(?), intitulé Eléments d'un projet d'entente à établir entre les organes scientifiques d'Indochine et la Maison Franco-Japonaise. Projet remis à M. Goloubew, premier conférencier d'échange, le 4 juillet 1941

  Lettre de George Coedès au Directeur de La Maison Franco-Japonaise, Dalat, 25 Juillet 1941 : réponse aux Eléments d'un projet d'entente … , (Voir aussi Traduction de Noel Peri, 3 correspondances) ;

  Lettre du Directeur de la Maison Franco-Japonaise à George Coedès, 4 septembre 1941, signé Joüon des Longrais : Projet concernant les échanges de conférenciers entre l'Indochine et le Japon et leurs rapports avec la Maison Franco—Japonaise

Lettre de George Coedès au Directeur de la Maison Franco—Japonaise, sans dates, non signé (réponse de la lettre du dernier en date du 4 sep 1941), intitulé Note au sujet des échanges de conférenciers entre l'Indochine et le Japon,

Lettre du Directeur de la Maison Franco—Japonaise à Geoge Coedès 12 septembre 1941 : Notre au sujet des échanges de Conférences entre Indochine et Japon

• Projet de conférence de George Coèdes au Japon, 1942—1943 : projet de l'Association bouddhique au Japon

Lettre de l'Association bouddhique au Japon, Tokio, 9 mars 1942, non signé.

Lettre du Directeur de l'EFEO au Gouverneur général de l'Indochine, Hanoi, 23 avril 1942

Lettre de N. Ogawa (Consul Général du Japon, Dir du Service d'Information à la Misson Japonaise en Indochine) à George Coedès, Hanoi, le 30 avril 1942, concernant la délégation du Consul T. Watanabe,

Télégramme de George Coedès à la Maison Franco—Japonaise, Hanoi, 14 septembre 1942

Lettre de N. Sugiyama (Maison Franco—Japonaise) à George Coedès, Tokyo, 15 décembre 1942 : concernant le delai de la départ de Coedès et 20e anniversaire de la mort de Noël Peri.

Lettre de George Coedès au Consul général, Ogawa, Mission japonaise, 2 avril 1943

5. Echange de Conférence, 1940-1944 : (ii) personalités japonaises en Indochine

• Nobuhiro Matsumoto, voyage en Indochine, 1933

Lettre du Résident de France à Faifoo, à Gerge Coedès, 14 septembre 1933

• Kiyoshi Kuroda, voyage en Indochine, 1941 : Kokusai Bunka Shinkokai (Voir la

Revue Kokusai Bunka, un article de Coedès, 1942)

Lettre de Kokusai Bunka Shinkokai (KBS) à George Coedès, Tokyo, 6 avril 1941 ; envoi de M. le Comte Kroda, membre actif du Comité de Direction de notre Société à Hanoi.

Lettre du Comte Kiyoshi Kuroda à George Coedès, Tokyo, 16 juin 1941 ; remerciement de son voyage.

• Horyu Kuno, voyage en Indochine, 1941

Lettre du Directeur de la Maison Franco-Japonaise au Directeur de l'EFEO, Tokio, 1er mars 1941

• Hatakenaka, voyage en Indochine, 1941 ?

Lettre de Hatakenaka à Victor Goloubew, Osaka, le 22 juillet (1941?), signé T. Hatakenaka, Prof à l'Ecole des Langues vivantes d'Osaka

• R. Inamura, correspondant de la Revue Kaizo, voyage en Indochine, 1941

Lettre de N. Ogawa, le Consul Général à George Coedès, 14 décembre 1941

• Toshio Nishikawa, voyage en Indochine, 1942

Lettre de Victor Goloubew à Louis Malleret (Saigon), 12 juillet 1942

• Riitiro Fujikawa, voyage en Indochine, 1942

Télégramme du Gouverneur général de l'Indochine au directeur de l'EFEO, 26 octobre 1942, Kobe

• Sueji Umehara, échange des savants 1942-1943 : réalsié par Kokusai Bunka Shinkokai

Lettre du Comte Kiyoshi Kuroda, administrateur secrétaire général de KBS à Victor Goloubew, Tokyo, 26 mai 1942

Lettre de Victor Goloubew à Kiyoshi Kuroda, Hanoi, 1er août 1942

Télégramme d'État, de Depeyre à Gougal, 12 novembre 1942

Télégramme de Victor Goloubew au Directeur de l'EFEO, Hanoi, 12 décembre 1942

Télégramme de Victor Goloubew, Hanoi, 16 décembre 1942

2 Lettres de Goloubew à Messieurs Yokoyama (Minsitre plénipotentiaire) et Ogawa (Consul général du japon), 18 décembre 1942

Télégramme officiel de Victor Goloubew au Directeur de l'EFEO, Hanoi, 23 décembre 1942

Lettre de Victor Goloubew au directeur de l'EFEO, 31 décembre 1942

Lettre de Victor Goloubew à Paul Bondet, directeur des Archives et des Bibliothèques de l'Indochine, 2 janvier 1943

Lettre de A. Charton (directeur de l'Instruction publique en Indechine) au Directeur de l'EFEO, Hanoi, 7 janvier 1943

Télégramme de Victor Goloubew au Directeur de l'EFEO, soins Institut bouddhique, Phnompenh, 19 janvier 1943

Lettre de l'Inspecteur Général de l'Instruction Publique, directeur de l'Instruction Publique en Indochine au Directeur de l'EFEO, Hanoi, 19 janvier 1943

Télégramme : 23/1/43, Saigon Tourane.

Lettre du Conservateur des monuments du Groupe d'Angkor au Directeur de l'EFEO, Siemréap, 8 février 1943

Lettre du Comte Kiyoshi Kroda, Administrateur Secrétaire Général de KBS à M. Jean Chabas, Secrétaire au Secrétariat des Relations Intellectuelles avec les pays voisins, direction de l'Instruction Publique, Hanoi, Tokyo, 15 février 1943

Lettre de S. Umehara à Victor Goloubew, Tokyo, 22 mars 1943, signé, enveloppe de KBS

Lettre de S. Umehara à George Coedès, Tokyo, 22 mars 1943, signé enveloppe de KBS

• Fukui, voyage en Indochie, 1942

Lettre du Directeur de la Maison Franco-Japonaise à George Coedès, 16 novembre 1942

- Mission Nishihonganji en Indochine, 1942

    Télégrammme de Gouverneru Général de l'Indochine à l'EFEO, 14 octobre 1942

- Mission bouddhique japonaise (Mission Nishihonganji en Indochine, 1942)

    Lettre de Yokoyama (Masayuki) (Président de l'Institut culturel du japon, conseiller auprès de la mission jponaise) à Victor Goloubew.

    Dossiers intitulés Visites à Hanoi de monuments religieux, etc (programme de la Mission bouddhique à l'Indochine)

- Takeo Sigefuji et Hatchiro Hosaka, voyage en Indochine, 1944

    Lettre de la Mission Japonaise en Indochine à l'EFEO, 23 octobre 1944

- J. Yoneyama et H. Togawa, voyage en Indochine 1944

    Lettre de K. Omiya (secrétaire général de l'Institut culturel du Japon) à George Coedès, Hanoi, 19 octobre 1944

6. Divers

- Université impériale de Tokyo, 1923-1931 : concours des étrangers lors du séisme de Tokyo en 1923

    Lettre du Directeur de l'EFEO au Consul de Japon, Hanoi, 6 septembre 1923 : sur le séisme

    Lettre du Président de l'Université (de Tokyo) au Directeur de l'EFEO, signé Y. Kozai, Tokyo, 7 novembre 1923 : sur le dégât du tremblement de terre et la demande de soutien pour la reconstitution de la bibliothèque.

    Lettre du Président de l'Université (de Tokyo) au Directeur de l'EFEO, signé Y. Kozai, Tokyo, 9 juin 1924 : remerciement

    Lettre du Bibliothécaire en chef, professeur au Directeur de l'EFEO, signé M. Anesaki, Tokyo, 7 octobre 1924

    Lettre de Paul Claudel à A. Varenne, Gouverneur général de l'Indochine, Tokyo, 10 mars 1926

Lettre : de M. Anesaki (Tokyo Imperial University Library) à l'EFEO, Tokyo, février 1931

- Institut franco-japonais du Kansai, Kyoto, 1928-35

    Lettre du Directeur de l'Institut franco-japonais de Kansai au Directeur de l'EFEO, Kyoto, 4/9/28 : programme et les publications de l'Institut de Kansai

    5 lettres sur l'envoi de 2 vol de Angkor Vat en 1933

    Lettre de Louis Marchand, Directeur de l'Institut franco-japonais de Kansai à Victor Goloubew, kyoto, 14 octobre 1935

    Une carte postale d'Institut franco-japonais de Kansai, Kyoto

- Hobogirin, 1933

    Lettre de Hasugawa (rédacteur en chef) au Directeur de l'EFEO, Tokyo, 16 février 1933

- Traduction japonaise de Foucher, 1933

    Lettre de K. Okamoto (10, Matukiyo-cho, Asakusa-ku, Tokio, Japon) à George Coedès, 13 septembre 1933

- Inauguration de l'Université inpériale de Taihoku à Formose, 1936

    Lettre du Conseil général du Japon à Hanoi à George Coedès, Hanoi, 16 avril 1936 Photpgraphie d'Horyuji, 1936

    Lettre de KBS à l'EFEO, en anglais, 10 December 1936, signé Setsuichi Aoki, General Secretary

- Concours international d'articls sur la culture japonaise, Kokusai Bunka Shinkokai, 1940

    Lettre de Matsuzo Nagai à l'EFEO, Tokyo, 26 fevrier 1940 : sur Concours international d'articles sur la culture japonaise, organisé pour commémorer le 26e centenaire de la fondation de l'Empire du Japon, KBS. 10 pp.

- Revue Kokusai Bunka, article de Coedès, 1942 (Voir Kiyoshi Kuroda, voyage en Indochiine, 1941)

Lettre de Kuroda Kiyoshi à George Coedès, Tokyo, 29 mai 1942

Lettre de Kuroda Kiyoshi à George Coedès, Tokyo, 6 octobre 1942 : envoi de 5 exemplaires de Kokusai Bunka, numéro spécialement (n. 21 ?) consacré à l'étude des Indes. Le traducteur japonais en fut Monsieur Nobuhiro Matsumoto, professeur de l'Université de Keito et directeur de la Société des études nipp-indochinoises. (cf. Voir Nobuhiro Matsumoto, 1933)

• Traduction de Nô de Péri, 1941 (Voir Projet d'échange après Goloubew, 1941)

Lettre de Naojiro Sugiyama (l'Administrateur-gérant de la Maison franco-japonaise, pour la Commission de publication du Nô) au Directeur de l'EFEO, Tokio, 2 juillet 1941

Lettre du Directeur de la Maison Franco-Japonaise à George Coedès, Tokio, 4 juillet (1941)

Lettre de George Coedès au Président de la Commission de Nô à la Maison Franco-Japonaise, Dalat, 25 juillet 1941

• Relation avec la Kokusai Bukkyo Kyokai (Société Internationale du Bouddhisme), 1941-1942

Lettre du Dr. Tetsujiro Inouye, Président de la Société Internationale du Bouddhisme à George Coedès, 16 octobre 1941

Lettre du Dr. Tetsujiro Inouye à George Coedès, 17 novembre (1941)

Lettre de T. Inoue au Directeur de l'EFEO, 26 juin 17e année Syowa (2485e année çaka) (1942)

Lettre de T. Inoue au Directeur de l'EFEO, 10 décembre 17e année Syowa(1942)

Lettre de T. Inoue au Directeur de l'EFEO, le 18 février 1943

• Shinbi-shoin, 1941-1943

4 lettres du Directeur de la Maison Franco-Japonais au Directeur de l'EFEO : Tokio, 10 octobre 1941, Tokio, 26 janvier 1942, Tokio, 31 janvier 1942, Tokio, 1er avril 1942

Lettre de Victor Goloubew au Directeur de la Maison Franco-Japonaise, 27 février 1942, non signé

Lettre de George Coedès (Goloubew) au Directeur de la Maison Franco-Japonaise, 13 juin 1942

Télégramme de George Coedès (Goloubew) au Directeur de la Maison Franco-Japonaise, 4 octobre 1942

Lettre du Consul Général N. Ogawa, directeur du Service d'information à la Mission Japonaise à George Coedès, Hanoi, 31 octobre 1942

Télégramme de Shimbi Shoin à l'EFEO, 22/01/43

• The Toyo Bunko (The Oriental Library), 147 Kami-fujimaecho, Hongo, Tokyo. 2 lettres à George Coedès

Carton 19

1. Organismes scientifiques et société savants 1903-1918

• Musée du Louvre (Ministère de l'Instruction publique et des Beaux-Arts), don de 150 Peintures, 1903-1904

Lettre du Gouverneur général de l'Indo-Chine au Ministre de l'Instructoin Publique et des Beaux-Arts, Hanoi, 25 juin 1903, signé Beau

Lettre du Directeur de l'EFEO au Gouverneur général de l'Ido-Chine, Hanoi, 30 décembre 1903, signé, Finot

Lettre du Gouverneur général de l'Indo-Chine au Ministre des Colonie 31/12/03? (Hanoi, le 8 janv 1904), signé Beau

Lettre du conservateur des Antiquités Egyptiennes du Louvre au Directeur de l' EFEO, Palais du Louvre, 27 avril 1904

Lettre de Gaston Migeon à Louis Finot, Directeur de l'Institut archéologque d' E-O, Palais du Louvre, 2 juin 1904

Lettre du minstre de l'Instruction piblique et des Beaux−Arts à Louis Fiont, Palais Royal, 7 juillet 1904

- BNF(Bilbliothèque nationale de France), 1903−1908

Lettre de l'Administrateur général de la BNF au Gouverneur général de l'Indo−chine, Paris, 13 février 1904

Lettre de Claude Maitre à l'Administrateur de la BNF, Hanoi, 29 décembre 1908

- Bibliothèque d'Art et d'Archéologie 1912−13

Lettre de René Jean, bibliothèquaire, au Directeur de l'EFEO (Cl. E. Maitre), Paris, 19 septembre 1912

Lettre de Claude Mairte à René Jean, Hanoi, 24 octobre 1912

7 lettres René Jean au Directeur de l'EFEO : Paris, 27 novembre 1912, Paris, 9 décembre, Paris, 17 décembre, Paris, 8 janvier 1913, Paris, 24 février(1913), Paris, 19 avril (1913), Paris, sept 1913

6 lettres de Claude Maitre, directeur de l'EFEO à René Jean : Hanoi, 17 janvier 1913, Hanoi, 12 février 1913, Hanoi, 7 mai 1913, Hanoi, 12 juin 1913, Hanoi, 23 Juillet 1913, Hanoi, 5 novembre 1913

2 Telegrammes du Résident supérieur au Directeur de l'EFEO : 7 mai 1913, 13 mai 1913

2. Correspondance personnelle des directeurs de l'EFEO avec des personalités métropolitaines, 1907-1920

- Edouard Chavannes 1907−1918, 19 lettres

Télégramme au Gouverneur général à Hanoi, Paris, 7 janvier 1907

Arrêté du 24 janvier 1907, article ler : Ed Chavannes est attaché à l'EFEO pendant l'année 1907 et chargé d'une misson en Chine.

Lettre du Ministre des Colonies au Gouverneur généralde l'Indo−Chine, Paris 20 mars 1907

- Louis Delaporte, 1920

  Lettre de Louis Delaporte du Musée Indo-Chinois au Directeur de l'EFEO, Palais du Trocadéro, 6 juin 1907

  Lettre de Louis Delaporte au Directeur de l'EFEO, Palais du Trocadéro, 22 mars 1911

  Lettre de Louis Delaporte au Directeur de l'EFEO (dir, p. i. H. Parmentier), 46, rue Pierre Charron, 22 juin 1920

Carton 28 : Monuments histoirques

2. Documents (Ensemble à ne pas communiquer, avril 1997)

- Ventes d'objets anciens en 1923, 1924, 1925 et 1927

  Lettre du Directeur des Arts Cambodgiens, Conservateur du Musée du Cambodge au Directeur de l'EFEO, Phnom Penh, 27 février 1923

  Lettre du Directeur des Arts Cambodgiens, Conservateur du Musée du Cambodge au Directeur de l'EFEO, Phnom Penh, 24 janvier 1924

  Lettre du Directeur de l'EFEO au Directeur des Arts Cambodgiens, Phnom Penh, Hanoi, 8 octobre 1924

  Inventaire des objets anciens vendus de janvier à septembre 1924, Phnom Penh, 24 septembre 1924

  Inventaire des objets anciens à vendre, approuvé par la Commission des Antiquités du Cambodge en ses réunions du 18 oct 1924 et 17 août 1925

  Fragments de Inventaire en 1927

- Ventes, 1930-1932, sculptures khmères au Recteur du Musée royal d'Amsterdam, 1930-1932

  Lettre du Directeur de l'EFEO au Gouverneur général de l'Indochine, 5 décembre 1930

Lettre du Conservateur d'Angkor au Directeur de l'EFEO, 15 janvier 1931

Lettre de H. K. Westendorp à Marchal, Amsterdam, ler avril 1931

Lettre du Directeur de l'EFEO au Gouverneur général de l'Indochine, 28 avril 1931

Lettre du Directeur des Arts Cambodgiens au Directeur de l'EFEO, Phnom Penh, 2 avril 1932 : versement de 2400 piastres de la vente au Wastendorp, président de la Société des Amis de l'Art Asiatique, Musée de la ville Paulus Potterstraat 13 à Amsterdam.

- Vente d'une tête khmère à Mme, Noël, 1932 (Guimet)
- Cession Citroen, 1932–1933, 35 documents
- Vente Spalaïng, 1934, 19 lettres
- Ventes, 1935–36, seculptures khmères à Martin Birnbaum (Metropolitan Museum of New York)

Lettre de G.eorge Coedès à M. Birbaum, c/o Morgan et co. 14 Place Vendôme, Paris, Hanoi, 11 avril 1935

Lettre du Directeur de l'EFEO au Conservateur d'Ankor, Hanoi, 11 avril 1935

Lettre de Victor Goloubew à Martin Birnbaum, 22 juillet 1935 : prix des objects(sculptures chams).

Lettre de M. Birmbaux (Le Reynolds, 6 Avenue du Parc Morceau Paris) à George Coedès, 8 janvier 1936

Lettre du Directeur de l'EFEO à Conservateur d'Angkor, Hanoi, 20 février 1936

Lettre du Directeur de l'EFEO à Victor Goloubew, Hanoi, 20 février 1936

Lettre du Directeur de l'EFEO à Gouverneur général de l'Indochine, Hanoi, 20 février 1936

Lettre de Martin Birnbaum au Directeur de l'EFEO, 22 février 1936

Lettre de George Coedès à Silvestre, Résident Supérieur au Cambodge, Phnom penh, 24 février 1936

- Ventes, 1936, 11 documents
- Ventes, 1938, The Buffalo Fine Arts Academy
- Ventes d'antiquité indochinoises, divers, 1927—1945

Liste des objets anciens vendus sous le contrôle de la Direction des Arts cambodgiens du 24 février 1925 au 13 janvier 1927

(Dossier du Musée Albert Sarraut)

Liste des pierres anciennes vendues à Angkor (de novembre 1927 à fin mars 1929) : 0112 n.159 du 26 avril 1929 de 1,607 piastres 78 Ex. 1928

Relevé des sculptures anciennes en grès vendues à Angkor—les—Ruines d'avril 1929 à décembre 1929 : ordre de recette N. 109 du 2 avril 1930 de 668 piastres 68 (Dossier de la Direction des Arts cambodgiens)

Relevé des sculptures anciennes vendues à Angkor de janvier à octobre 1930

Procès verbal de la Commission de déclassement, le 2 septembre 1931, avec estimation de prix

Pierres sculptées déclassées par Commission 1931

Vente de pierres déclassées au Bungalow d'Angkor, pierres déclassées par Commission 1931

Relève des ventes des pierres d'Angkor aux hôtels en 1932, avec une lettre de Grand Hotel d'Angkor et Hotel des Ruines à siemréap Angkor à l'EFEO, ler juillet 1932

Rapport de vente pierres année 1932 du Conservateur p.i. d'Angkor destiné au Directeur de l'EFEO, Siemréap, ler décembre 1932

Pierres sculptées déclassées par Commission 1932

Relevé des pierres vendues mises en vente en 1933, avec une lettre du Directeur des Arts Combodgiens au Directeur de l'EFEO, 16 octobre 1933

Pierres sculptées déclassées par Commission 1933

Relevé des pirres mises en vente par les Commission 1931−1932 et 1933 avec une lettre du Conservateur d'Angkor au Directeur de l'EFEO, 18 août 1934

Pierres sculptées déclassées par Commission 1934

Relevé des pierres mises en vente par les Commission 1931−1932, 1933 et 1934, avec une lettre du Conservateur d'Angkor au Directeur de l'EFEO, 25 mai 1935

Liste des pierres déposées au Grand Hotel de Siemréap et vendues en décembre 1937

Liste des sculptures d'Angkor en dépôt au Musée Blanchard de la Brosse, pour la vente en 1939

Liste des sculptures vendues à Saigon, 31 janvier 1939, signé Conservateur Maugot

Télégramme au Conservateur d'Angkor, 14 septembre 1927 : autorisation de la cession demandée par Gougal, deux têtes et un antéfixe accordée.

Télégramme du Directeur de l'EFEO au Conservateur d'Angkor, Hanoi, 9 février 1930 : Société Etudes Indochinoises décrivant offrir souvenir Bouchat quittant Sagion

Lettre du Conservateur des Monuments du Groupe d'Angkor (Henri Marchal) au Directeur des Arts cambodgiens, Siem Réap, 8 avril 1930 : une tête de buddha achetée par Dr Voronoff, 2000 piastres

Télégramme du Directeur de l'EFEO au Conservateur d'Angkor, 11 fériver 1931

Lettre du Conservateur des Monuments du group d'Angkor au Directeur de l' EFEO, 9 février 1933

Lettre du Directeur des Arts Combodgiens au Directeur de l'EFEO, 21 jan 1933 : versement de la somme de la vante des objets anciens

Lettre du Conservateur du Groupe d'Angkor au Directeur de l'EFEO, 15 mars 1934 : procéder sans plus délai à un nouveau déclassement, en vue de la vente aux touristes.

Lettre du Conservateur du Groupe d'Angkor au Direceteur de l'EFEO, 24 mars 1934 : versement au Percepteur de Siemréap pour le compte de l'EFEO, 17 mars 1934, 192 piastres 20 cents

Lettre du Conservateur du Groupe d'Angkor au Directeur de l'EFEO, 17 septembre 1934 : achat de pierres sculptées par le Baron Empain (1515 piastres)

Lettre du Conservateur d'Angkor au Directeur de l'EFEO, 22 septembre 1934 : demande des pièces 136 et 87 par M. Delorme

Lettre du Chef du Service archéologique au Conservateur de Musée Guimet, 22 novembre 1934

Lettre de la Cité universitaire de Paris au Directeur de l'EFEO, Paris, 6 décembre 1934

Lettre du Conservateur d'Angkor au Directeur de l'EFEO, 2 avril 1935 : liste des pièces khmères demandées par M. Janse, 1083, 1274, 3034, 389, 1651, 2394

Lettre du Conservateur d'Angkor au Directeur de l'EFEO, 5 juin 1936 : demande de Martin S. Rosenblatt

Lettre du Conservateur d'Angkor au Directeur de l'EFEO, 4 novembre 1936 : demande d'achat de Georges Picot, Secrétaire de la Légation de France à Bangkok.

Lettre de George Coedès à Maurice Glaize, Conservateur d'Angkor, 12 mai 1937 : sur l'envoi à Janse

Lettre du Conservateur d'Angkor au Directeur de l'EFEO, 13 décembre 1937 : demande d'achat de Vicomte de Dampierre, un touriste de passage.

Lettre de Maurice Glaise à George Coedès, 5 avril 1937 : Commission de déclassement 1937

3. Vente des antiquités généralité

• Commission de vente des antiquités khmères, 1931-1936, 26 documents

Procès verbal de la Commission de vente du 2 septembre 1931

Le procès verbal de la réunion de la Commission chargée de dresser au Cambodge la liste annuelle des objets susceptibles d'être aliénés comme ne présentant pas un intérêt scientifique ou artistique du 2 septembre 1931

Le procès verbale de de la réunion pour examiner les pièces de sculptures susceptibles d'être liverées à la vente : 63 morceaux de sculpture, 28 septembre 1932

• Commission de déclassement, 1936−1938

Procès verbal de la Commission de declassement 1936

Procès verbal de la Commission de déclassement du 7 avril 1937 : 65 morceaux de sculptures ont été désignés…

Procès verbal de la Commission de déclassement du 14 février 1938 : 77 morceaux de sculpture ont été désignés…

Procès verbal de la Commission de déclassement du 26 août 1938 : 26 pièces sculptures khmères provenant des fouilles de Parh Khan…

Procès verbal de la Commission de declassement du 10 août 1939

• Commission de déclassement 1942, 6 août 1942, 86 morceaux.
• Commission de déclassement 1943, 15 août 1943, 36 morceaux.
• Commission de declassement en 1946
• Divers

Lettre du Conservateur des Monuments du groupe d'Angkor au Dir de l'EFEO, Siem−Réap 5 septembre 1931 : envoi du procès verbal de la commission de vente tenu le 31 juillet 1931

Lettre du Coⴀnsetvateur des Monuments du groupe d'Angkor au Directeur de l' EFEO, Siem−Réap, 26 décembre 1933.

Lettre de l'inspecteur du Science archéologique f. f. de le Conservateur des Monuments du groupe d'Angkor au Directeur de l'EFEO, Siem−Réap, 31 mars

1937 : Commission de déclassment tenue le 7 avril 71 objets.

Lettre du Conservateur des Monuments du groupe d'Angkor au Directeur de l'
EFEO, Siem-Réap, 3 janvier 1938

Lettre du Conservateur des Monuments Historiques de Cochinchine-Cambodge
au Directeur de l'EFEO, Sagion, 15 septembre 1938

Lettre de George Coedès à H. Mauger, Conservateur des monuments historiques
de Cochinchine-Cambodge, Conservateur du Musée Blanchard de la Brosse, 19
septembre 1938

4. Emprunts et prêts, 1933 et 1942-1945

Lettre de Louis Malleret, correspondant de l'EFEO, conservateur du Musée
Blanchard de la Brosse au Directeur de l'EFEO, Saigon, 14 octobre 1942

Lettre de Louis Malleret au Directeur de l'EFEO, Saigon, 10 janvier 1944

Lettre du Conservateur des Monuments du Groupe d'Angkor au Conservateur du
Musée Blanchard de la Brosse, 1er février 1944

Lettre du Directeur de la Cité universitaire, Hanoi, au Direceur de l'EFEO,
Hanoi, 27 octobre 1944

Lettre de George G. Coedès au Directeur de la Cité universitare, Hanoi, 30
octobre 1944

Lettre du Lieutenant Colonel de Kermel Commissaire delegué aux relations
Franco-Japonaises, au Directeur de l'EFEO, Hanoi, 10 janvier 1945

• Dons, Cadeaux (Don de 2 assiettes en céramique à Kuriyama, 1943), 5 documents
Lettre de Victor Goloubew à George Coedès, Hanoi, 12 août 1943

• Echange d'objets archéologiques entre l'Ecole et le Musée du Japon, 1941, voir J.4,
Musée du Japon

• Echange des sculptures avec l'Amérique, 5 documents
Lettre du Directeur de l'EFEO au Gouverneur général de l'Indochine, Hanoi, 25

janvier 1930

Lettre du Gouverneur général de l'Indochine au Directeur de l'EFEO, Hanoi, 17 mars 1930

Lettre de Victor Goloubew (séjour à Paris, Musée Guimet) au Directeur de l' EFEO, 8 avril 1930

• Echanges, 1936−1942

Lettre à Chao Khun (His Excellency Phya nagor Brah Ram, Lord−Lieutnant), Hanoi, 28 avril 1933

Lettre de Victor, Goloubew à Stoclet (Bruxelles), 18 janvier 1936

Lettre de Victor Goloubew à Madame Stoclet (Bruxelles), 1er juillet 1936

Lettre de Victor Goloubew à Stoclet, 19 avril 1937

2 Télégrammes de secrécorient à direcorient Siemréap : 17 juillet 1937, 19 juillet 1937

Lettre du Conservateur des Monuments du groupe d'Angkor au Directeur de l' EFEO, Siem−Réap, 15 septembre 1937

• Nombreuses correspondances concernant l'echange Francis Rose et Stoclet

Lettre de L. Rollet (Directeur de l'Ecole des Arts Cambogiens, Phnom Penh) à George Coedès, Phnôm−Penh, 3 février 1942

Lettre de George Coedès à L. Rollet, 8 février 1942

etc...

• Dons, divers

Lettre du Directeur des Affaires Economiques (Gouvernement général de l' Indochine) au Directeur de l'EFEO, Hanoi, 7 mars 1925

Lettre du Directeur de l'EFEO au Directeur des Affaires Economiques, Hanoi, 10 mars 1925

Lettre du Chef du Service Archéologique de l'EFEO à M. Lefol (Résident

Supérieur à Huè), 2 août 1930

Lettre : de W Earl Hopper, directeur du Palais des Nations, New Jersey, au Secrétaire général du Gouvernement général de l'Indochine, 18 avril 1931

Lettre du Directeur de l'EFEO au Gouverneur général de l'Indochine (service des Affaires Extérieures), 21 septembre 1931

Lettre de George Grosiler au Directeur de l'EFEO, 17 janv 1932 : sur le souvenir à Lavit

Lettre du Conservateur des Monuments du Groupe d'Angkor au Directeur de l' EFEO, Siem-Réap, 4 avril 1933

Lettre de Robin (?) à André Honnorat, directeur de la Cité universitaire à Paris, Paris, 21 avril 1934

2 Télégrammes de George Trouvé au Directeur de l'EFEO : Hanoi, ler juillet 1933, 2 juillet 1933

Télégramme du Directeur de l'EFEO à Goerge Trouvé, Hanoi, ler juillet 1933

Lettre du chef du Services des Affaires extérieures au Gouverneur général de l' indochine, 10 août 1934

Télégramme de George Trouvé au Directeur de l'EFEO, 19 septembre 1934

Télégramme du Directeur de l'EFEO à George Trouvé, 19 septembre 1934 : Pouvez offrir petite téte de préférence à Madame Robin. Tâchez emmener Gougal Bantay Srei

Lettre du Directur de l'EFEO au Conservateur d'Angkor, ler février 1935

Lettre du Conservaetur des Monuments du groupe d'Angkor au Directeur de l' EFEO, Siem-Réap, 4 mars 1935 : proposition de 12 pièces, avec 12 photos jointes

Lettre du Directeur de l'EFEO au Contre-Amiral Richard, commandant les forces navales en Extrême-Orient, Hanoi, Hanoi, 20 avril 1935 : envoi de le petit bronze comme sourvenir de cette cordiale collaboration

Lettre du Contre-Amiral Richard au Directeur de l'EFEO, 22 avril 1935

Télégramme du Conservateur d'Angkor au Directeur de l'EFEO, 10 avril 1941

Lettre du Conservateur des monuments du Groupe d'Angkor au Directeur de l' EFEO, Siemréap, 24 octobre 1941

Lettre de l'Enseigne de Vaisseau de Boysson, Aide de Camp de Sa Majesté, à Maurice Glaize, conservateur des Ruines d'Angkor, Phnom Penh, 6 juillet 1942

Lettre de George Coedès à l'Enseigne de vaisseau de Boysson, Dalat, 13 août 1942

Télégramme du Conservateur d'Angkor au Directerur de l'EFEO, 2 novembre 1942

Télégramme du Directeur de l'EFEO au Conservateur d'Angkor, 3 novembre 1942

(2) 저작물(인쇄물) Textes imprim□s

Nasir Abdoul-Carime, articles en ligne de l'AEFEK (http://aefek.free.fr/Lecture.htm.)

Afghanistan, une histoire milénaire, cat. expo., Musée national des Arts asiatiques-Guimet, Paris, 2002.

Charles-Robert Ageron, L'Exposition coloniale de 1931 ; Mythe républicain ou mythe impérial, *Les Lieux de mémoire*, Gallimard 1933, t.I, pp.493-515.

Âges et visages de l'Asie, un siècle d'exploration à travers les collections du musée Guimet, cat. exp., Dijon, Musée des Beaux-Arts, 1996.

Jean Alazard, L'Exotisme dans la peinture française au XIXe siècle, *Gazette des Beaux-Arts*, tome 6, 1931, pp.240-255.

W. Anderson, *Descriptive and historical catalogue of a collection of Japanses and Chinese*

Painting in British Museum, London, 1886.

Nadine André-Pallois, *Un peintre du dimanche à Angkor* : Jean Commaille, *Arts Asiatiques* XLVII, Paris, 1992, pp.29-39.

Nadine André-Pallois, *L'Indochine ; un lieu d'échange culturel? Les peintres français et indochinois*, Paris, 1997.

Annale de l'Ecole pratique des Hautes-Études, 1905-1920.

Arrêté autorisant la vente au Cambodge d'objets anciens provenant de monuments hisotriques, *Journal officiel*, février 1923, p.308 (*BEFEO*, 1924, pp.575-576.)

Arrêté changeant la dénomination de la Misson archéologique d'Indo-Chine encelle d'Ecole française d'Extrême-Orient, *Journal officiel*, 1900, p.323.

Arrêté créant une Commission des Antiquités historiques et archéologique, *BEFEO*, 1919, pp.143-145

Arrêté du Gouverneur Général, le 12 août 1919, *Art et Archéologie khméres*, Paris, p.110.

Arrêté relatif à la conservation en Indo-Chine des monuments et objets ayant un intérêt historique ou artistique, *Journal officiel*, 1900, p.311. (*BEFEO*, n.1, 1901).

Arrêté relatif à la vente des objets anciens provenant des monuments du Cambodge, *Journal officiel*, 1931, p.2563 (*BEFEO* XXXI, 1931).

L'Art bouddhique, collection Goloubew, exposition organisée au Musée Cernuschi, Paris, 1913.

L'Art des origines à nos jours, sous la direction de Léon Deshairs, 2vol, Paris, 1932.

Artibus Asiae 24/3-4 (1961), numéro spécial pour le 75e anniversaire de M. George Coedès, pp.155-186.

Arts et archéologie khmères, Revue des recherches sur les arts, les monuments et l'ethnologie du Cambodge, depuis les origines jusu'à nos jours, dirigé par Georg Groslier, Paris, 1921-1923

《朝日新聞》縮小版 (1941~1944).

浅湫穀編『アンコールの美術, フランス極東学院交換品目録』, 東京国立博物館, 発行年表記なし(1998).

Jeannie Auboyer, Joseph Hackin (Conférence pronocnée à Luxembourg, le 8 juillet 1967), in *Biographie nationale du pays de Luxembourg*, fascicule 16, pp.395−400.

Léonard Aurousseau, Claude Eugène Maitre (nécrologie), *BEFEO*, t.XXV, 1925, pp.599−619.

Etienne Aymonier, *Le Cambodge*, 3 vol., Paris, 1901−1903.

N.Balanos, *Les Monuments de l'Acropole, Relevement et Conservation*, Paris, 1938.

Maurice Barrès, *La Dépêche coloniale*, 24 février 1932.

Charle Baudelaire, *Œuvres complètes*, vol. II, p. 487 (*Salon de 1846*).

Germain Bazin, *Histoire de l'histoire de l'art, de Vasari à nos jours*, Paris, 1986.

René de Beauvais, *Louis Delaporte, explorateur* (1842−1925), Paris, 1929.

René de Beauvais, *La vie de Louis Delaporte, explorateur, 1842-1925. Les ruines d'Angkor*, Paris, 1931.

Léonce Bénédite, *La Peinture au XIXe siècle*, Paris, s.d.

J.Boisselier, *Le Cambodge*, Paris, 1966.

J.Boisselier, Note sur l'art du bronze dans l'ancien Cambodge, *Artibus Asiae*, t.29/4, 1967.

エリック・ボムズボウム編, 前川啓治ほか訳『創られた伝統』, 紀伊国屋書店, 1992.

F. D. K Bosch et C.C.E.M.Le Roux, Wat te Pairs verloren gig, *Tijdschrift voor Indische Taal-Land-en Volkenkunde*, LXXI, 1931, pp.663−683.

Charles−E. Bouillevaux, *Voyage dans l'Indochine (1848-1856)*, Bar−le−Duc et Paris, 1858.

J. Boulbet et B. Dagens, Les Sites archéologiques de la région du Bhnam Gulen, *Arts asiatiques*, t.27, 1973.

Bulletin de la Commission archéologique, Paris, 1909.

Bulletin de l'École française d'Extrême-Orient (*BEFEO*), Hanoï, 1901.

Bulletin archéologique du Musée Guimet, fasc. I–II, Paris, 1921.

Antoine Cabaton, *Nouvelles recherches sur les Chams*, Paris, 1901.

Antoine Cabaton, colaboration avec E. Aymonier, *Dictionnaire cam-français*, Paris, 1906.

Antoine Cabaton, *Les Indes néerlundaises*, Paris, 1910 (version anglaise : *Java, Sumatra, and the Other Islands of the Dutch East Indies*, London, 1911).

Antoine Cabaton, Quelques documents espagnols et portugais sur l'Indochine aux XVIe et XVIIe siècles, *Journal asiatique*, XII, 1908, pp.255–292.

Antoine Cabaton, Les Malais de l'Indochine française, *Revue indochinoise*, 1912, pp.163–171.

Antoine Cabaton, L'Islam dans l'Indochine française, in *Encyclopédie de l'Islam*, Leiden, tome II, pp.537–542.

Pierre Cambon, Josephe Hackin ou la nostaligie du désert, *Âges et visages de l'Asie, un siècle de'exploration à travers les collections du musée Guimet*, cat, exp., Dijon, Musée des Beaux–Arts, 1996, pp.85–98.

Catalogue de Musée Indochinois, inventaire par George Coedès, Paris, 1910.

Catalogue of the Indian collection in the Museum of Fine Arts of Boston, Boston, 1923.

Zeynep Celik et Leila Kinney, Ethnographie and Exhibition at the Exposition universelle, *Assemblage*, 13, 1990, pp.35–59.

Charles Carpeaux et Gustave Geffroy, *La galerie Carpeaux*, Paris, 1894–95.

Charles Carpeaux et Henri Dufour, *Le Bayon d'Angkor Tom, Bas-reliefs, d'après les documents recueillis par la mission Henri Dufour avec la collaboration de Charles Carpeaux*, 2 vol., Paris, 1910–13.

Jean–Baptiste Carpeaux, *Les ruines d'Angkor, de Duong-Duong et de My-Son*, Paris, 1908.

P・J・ケ・シイ著, 内山敏訳『シバ神の四つの顔, アンコールの遺跡を探る』, 南方出版社, 1942.

Christophe Charle, *Les professeurs de la Faculté des Lettres de Paris, dictionnaire biographique 1909-1939*, volume 2, Institut national de Recherche Pédagogique, Éditions du CNRS. 1986.

Christophe Charle et Eva Telkes, *Les professeurs du Collège de France, dictionnaire biographique (1901-1939)*, Paris, 1988.

Édouard Chavannes et Raphaël Petrucci, *Ars Asiatica I : La peinture chinoise au Musée Cernuschi*, Paris et Bruxelle, 1914.

Édouard Chavannes, *Ars Asiatica II : Six monuments de la Sculpture chinosie*, Paris et Bruxelle, 1914.

Chercheurs d'Asie, répertoire biographique des membres scientifiques de l'Ecole française d'Extrême-Orient, 1898-2002, EFEO, Paris, 2002.

André Chevrillon, *Dans l'Inde*, Paris, 1891.

Le cinquantenaire de l'École française d'Extrême-Orient, Compte rendu des fêtes et cérémonies, Paris, Hanoi, 1953.

ポール・クローデル著, 奈良道子訳『孤独な帝国, 日本の1920年代』, 草思社, 1999.

Catherine Clémentin−Ojha et Pierre−Yves Manguin, *Un siècle pour l'Asie, L'Ecole française d'Extrême-Orient, 1898-2000*, les éditions du Pacifique, EFEO, Paris, 2001.

Georges Coedès, Inscription de Rhavavarman II, roi de Cambodge, *BEFEO*, 1904, pp.691−697.

George Coedès, *Ars Asiatica V : Bronzes khmèrs*, Bruxelle et Paris, 1923.

George Coedès, *Ars Asiatica XII : Les collections archéologiques du Musée National de Bangkok*, Bruxelle et Paris, 1928.

George Coedès, La date du Bayon, *BEFEO*, XXVIII.1929, p.81.

George Coedès, *Pour mieux comprendre Angkor*, Paris, Musée Guimet, 1947.(三宅 訳,

『アンコール遺跡』連合出版.)

George Coedès, *Les Peuples de la péninsule indochinoise*, Paris, 1962.

ジョルジュ・セデス著, 三宅一郎訳『アンコール遺跡 壮大な構想の意味を探る』, 連合出版, 1990.

ジョルジュ・セデス著, 辛島昇ほか訳『インドシナ文明史』, みすず書房, 1980.

ジョルジュ・セデス著, 山本智教訳『東南アジア文明史』, 大蔵出版, 2002.

Jean Commaille, *Guide aux ruines d'Angkor*, Paris, 1912.

Jule Comte, Le nouveau musée khmer de Compiègne, *L'Illustration*, le 22 août 1874.

Sonia Công-thé, *René Grousset et le Musée Cernuschi 1933-1952*, Mémoire soutenue à l'École du Louvre, Monographie de Muséologie, 1999-2000.

A. K. Coomaraswamy, *Ars Asiatica XIII, Les Miniatures Orientales de la Collection Goloubew au Museum of Fine Arts de Boston*, Paris, 1929.

A.K. Coomaraswamy, *Ars Asiatica XVIII, La sculpture de Bodhgayā*, Paris, 1935.

Bruno Dagens, *Angkor, la forêt de pierre*, Découvertes Gallimard, Paris, 1989. (石澤良昭監修『アンコール・ワット, 密林に消えた文明を求めて』, 創元社, 1995.)

Louis Delaporte, *Voyage au Cambodge, l'architecture khmère*, Paris, 1880. (Réédition, Paris, 1999.) (ドラポルト著, 三宅一郎訳『カンボヂャ紀行, クメエル芸術とアンコオル』, 青磁社, 1944.)

Louis Delaporte, *Les monuments du Cambodge, D'après les documents recuillis au cours des missions qu'il a dirigées en 1873 et 1882-1883, et de la mission complémentaire de M. Faraut en 1874-1875*, 4 vols, Ministère de l'Inscription publique et des Beaux-Arts, Commission archéologique de l'Indochine, Paris, 1914-1924.

Paul Demiéville, Henri Maspero et l'avenir des étdues chinoises, *Toung Pao*, XXXVIII, p.1.

ユーベル・デュルト「フランス圏ヨーロッパの仏教学と『法宝義林』(仏教術語解説辞

典)」『大阪大学日本学報』vol 2, pp.97-101.

Jacques Dumarçay, *Le Bayon, histoire architecturale du temple*, Paris, 1967.

Jacques Dumarçay, *Documents graphiques de la conservation d'Angkor*, EFEO, Paris, 1988.

Penny Edwards, *Cambodge, The Cultivation of a Nation, 1860-1945*, University of Hawaii Press, 2007.

Études asatiques, 2 vol., paris, 1925. (Antoine Cabaton, A propos d'une langue spéciale de l'indochine ; George Coedès, Tablettes votives bouddhiques du Siam ; Louis Finot, Lokeçvara en Indochine Victor Goloubew, Le Vase Curtis au musée du Louvre; George Groslier, Note sur la sculpture Khmère ancienne, etc.)

Exposition national coloniale de Marseille, plublié par le Commissariat général de l'Exposition, 1922.

L'Exposition coloniale internationale à Paris en 1931, guide officiel, Paris, 1931.

Exposition coloniale de Marseille (1922). L'Ecole française d'Extrême-Orient, Hanoi, 1922.

Claude Farrère, Angkor et Indochine*, Exposition Coloniale internationale de Paris 1931*, Paris, 1931.

Élie Faure, *L'art médiéval, l'histoire de l'art*, Paris, 1912.

Ernest F. Fenellosa(Fenollosa), *L'art en Chine et au Japon*, adaptation de Gaston Migeon, Paris, Hachette, s. d. (1913)

James Fergusson, *History of Indian and Eastern Architecture*, London, 1876. Revised ed. by James Burgess and R. Phene Spiers, 1910, London, 2vol. (Reprint 1972.)

Jean Filliozat, George Coedès, *BEFEO*, 1970, pp.1-24.

Louis Finot, Communication de Louis Finot à la séance du 10 mai 1900 à l'Académie des Inscriptions et Belles-Letters, *BEFEO*, 1901, p.383.

Louis Finot, Rapport annuel du Directeur de l'EFEO au Gouverneur général sur les travaux de l'Ecole pendant l'année 1899, repris in *BEFEO*, 1901, documents administratifs.

Louis Finot, P. Odend'hal, *BEFEO*, 1904, pp.529-537.

Louis Finot, Leçon inaugurale au Collège de France du 16 mai 1908, *BEFEO*, 1908.

Henri Focillon, Art allemand depuis 1870, *Questions de guerre*, Lyon, 1916, pp. 257-303.

Bruno Foucart, Viollet-le-Duc et la restauration, *Les Lieux de mémoire*, Quatro, Gallimard, tome 1, 1997, pp.1615-1642.

Alfred Foucher, Compte rendu de séance du Congrès des orientalistes de Hambourg, *BEFEO*, 1902.

Alfred Foucher, M. P. Odend'hal, *Journal asiatique*, 1904, pp.527-534.

Alfred Foucher, Charles Carpeaux, *Journal asiatique*, 1904.

アルフレド・フシエ著『佛教美術研究』, 日佛會館編, 大雄閣, 1928.

Lucien Fournereau et Jacques Porcher, *Les Ruines d'Angkor, étude artistique et historique sur les monuments kmers du Cambodge siamois*, Paris, 1890

Bernard Frank, *Le penthéon bouddbique au Japon, Collection d'Emile Guimet*, Paris, 1991.

ベルナール・フランク, 彌永昌吉「日仏会館の歴史, 目的および活動」,《日仏文化》第31号, 1874, pp.1-224.

Sadao Fujihara, Henri Focillon et le Japon, *Histoire de l'art*, n.47, Paris, novembre 2000, pp.19-28.

Sadao Fujihara, L'Extrême-Orient d'Henri Focillon, *La Vie des fromes ; Henri Focillon et les arts*, Paris, Institut national d'histoire de l'art, catalogue d'exposition tenue au Musée des Beaux-Arts de Lyon, 2004, pp.241-247.

Sadao Fujihara, Henri Focillon et son étude sur Hokusai, Postface de *Hokousaï* par Henri Focillon, réédition, Édition Philippe Grand, Lyon, 2004.

Sadao Fujihara, Henri Focillon et la pensée asiatique de Tenshin Okakura,

Aesthetics, Number 12, The Japanese Society for Aesthetics, 2006, p.37-52.

　藤原貞朗「アンリ フォションの浮世絵解釈とジャポニスム以後の日本美術史編纂」，『美術 フォーラム21』第1号，醍醐書房，1999, pp.90-94.

　藤原貞朗「アンリ・フォションの美学・美術史学における岡倉天心の影響」，『美学』第52巻2号 (206号)，美学会，2001, pp.15-28.

　藤原貞朗「芸術破壊とフランスの美術史家，ルイ・レオ著『ヴァンダリスムの歴史』，の余白 に」，『西洋美術研究』，第5号，三元社，2001, pp.146-153.

　藤原貞朗「フランスによるアンコール考古学・美術史編纂の『内』と『外』一極東研究をめぐる現地と本国の権力闘争とアンコールの『攪拌』」，『フィロカリア』，19号，大阪大学大学院文学 研究科芸術学 ・芸術史講座，2002, pp.47-100.

　藤原貞朗「アンコール遺跡の保存と破壊のあいだに―仏印時代，フランス極東学院の知られざる行状とその結末」，『民族藝術』，第18号，民族藝術学会，2002, pp.157-162.

　藤原貞朗「20世紀前半期におけるアンコール遺跡の考古学と仏領インドシナの植民地政策」，『日本研究』第26集，国際日本文化研究センター，2002, pp.221-253.

　藤原貞朗「棲み分ける美術館・展覧会―1920-30年代パリの美術館展示にみるフランス美術の 内と外」，『西洋美術研究』第10号，三元社，2004, pp.142-152.

　藤原貞朗「美術史学と国際主義―1920年代の美術史家の成功とその意味」，『美術フォーラム21』第9号，醍醐書房，2004, pp.90-95.

　藤原貞朗「東洋美術史学の起源における歴史観・文化的価値観・分析方法をめぐる日本と欧米の競合について，総合的検討」『茨城大学人文学部紀要人文学科論集』45号，2006, pp.1-16.

　藤原貞朗「パリの万国博覧会とアンコール考古学の近代化」，Art and Culture East Asia, 第3号，東アジア美術文化学会，韓国ソウル，2007, pp.171-216.

　藤原貞朗「第二次世界大戦期の日本と仏領インドシナの文化協力～アンコール遺跡の考古学をめぐって～(前編)」，『茨城大学人文学部紀要社会科学論集』45号，2008, pp.107-127.

藤原貞朗「第二次世界大戦期の日本と仏領インドシナの文化協力〜アンコール遺跡の考古学をめぐって〜(後編)」,『茨城大学人文学部紀要　社会科学論集』46号, 2008, pp.1−20.

藤本周一「国際文化振興会による戦前の3事業に関する研究ノート」『大阪経大論集』vol.45, 大阪経済大学, 1994, pp.525−546.

藤岡通夫「佛印事情とアンコール」『建築雑誌』56号, 1942, pp.13−17.

藤岡通夫『アンコール・ワット』, 彰国社, 1943.

『藤田嗣治展』カタログ, 東京国立近代美術館, 2006.

Dario Gamboni, *The Destruction of Art, Iconoclasm and Vandalism since the French Revolution*, Reaktion Books, 1997.

Dario Gamboni, *Potential Images, Ambiguity and Indetermination in Modern Art*, Reaktion Book, 2002.

Francis Gamier, *Le voyage d'exploration, Indo-chine effectué pendant les années 1866, 1867 et 1868 par une commission présidée par M. le capitaine de frégate Doudart de Lagrée et publiée par les ordres du ministre de la Marine sous la direction de M. le lieutenant de vaisseau F. Garnier*, 2 volume de texte et un Atlas en 2 fascicules, Paris, 1873.

André Germain, *La vie amoureuse d'Annunzio*, Paris, 1954.

Madeleine Giteau, *Les Khmers, sculptures khmères, reflets de la civilisation d'Angkor*, Fribourg, 1972.

Maurice Glaize, *Les Monuments du groupe d'Angkor*, 3ᵉ édition, Paris, 1963.

Victor Goloubew, *Ars Asiatica X : Documents pour servir à l'étude d'Ajanta. Les peintures de la Première Grotte*, Bruxelle et Paris, 1927.

Victor Goloubew, Le cheval Balâha, *BEFEO*, 1927, pp.223−237.

Victor Goloubew, Avant−propos de Sappo Marchal, *Costume et parures khmèrs* (1927), l'Harmattan, Paris, 1977, pp. IX−XI.

Victor Goloubew, L'âge du bronze au Tonkin et dans le Nord de l'Annam,

BEFEO, XXIX, 1929.

Victor Goloubew, Léonard Aurousseau, *BEFEO*, 1929.

Victor Goloubew, Rapport de l'Exposition au directeur de l'EFEO, *BEFEO*, 1931, pp.638-648.

Victor Goloubew, Art et archéologie de l'Indochine, *Indochine, Exposition coloniale internationale de Paris*, tome II, Paris, 1931, pp.201-229.

Victor Goloubew, Le Phnom Bakhèn et la ville de Yaçovarman, Rapport sur une mission archéologique dans la région d'Angkor en août-novembre 1932, *BEFEO*, 1933, pp.319-344.

Victor Goloubew, L'hydraulique urbaine et agricole à l'époque des rois d'Angkor, *Bulletin économique de l'Indochine* 1, 1941, pp.1-10.

Svetlana Gorshenina et Claude Rapin, *De Kaboul à Samarcande, les archéologies en Asie centrale*, Gallimard, Paris, 2001.

Bernard-Philippe Groslier, *Angkor et le Cambodge au XVIe siècle d'après les sources portugaises et espagnols*, Paris, PUF, 1958. (石澤良昭ほか訳,『西欧が見たアンコール, 水利都市アンコールの繁栄と没落』, 連合出版, 1997.)

Bernard-Philippe Groslier, *Indochine, carrefour des Arts*, Paris, 1961.

Bernard-Philippe Groslier, *Inscriptions du Bayon*, Paris, 1973.

Bernard-Philippe Groslier, George Groslier, peintre, écrivain et archéologue français, *Disciplines croisées, Hommage à Bernard-Philippe Groslier*, publié sous la direction de Geroges Condominas, Paris, 1992.

George Groslier, *Danseuses cambodgiennes anciennes et modernes*, Paris, 1913.

George Groslier, *A l'ombre d'Angkor : Notes et impressions sur les temples inconnus d'ancien Cambodge*, Paris, 1916.

George Groslier, *Recherches sur les Cambodgiens d'après les textes et monuments, depuis les premiers siècles de notre ère*, Paris, 1921.

Geogre Groslier, *Angkor*, Paris, 1924.

George Groslier, *La sculpture khmère ancienne*, Paris, 1925.

George Groslier, *Le retour à l'argile* (1929), Edition Kailash, Paris, 1996.

George Groslier, *Angkor*, 2e édition, Paris, 1931. (ジョルヂュ・グロスリエ著, 三宅一郎訳『アンコオル遺跡』, 新紀元社, 1943.)

George Groslier, *Ars Asiatica XVI: Les collections khmères du Musées Albert Sarraut à Phnom-Penh*, Paris et Bruxelle, 1931.

Geogre Groslier, *La route du plus fort*, Edition Kailash, Paris, 1996.

George Groslier 1887−1945, *France-Asie*, Saigon, n.66/67, 1951.

René Grousset, *Histoire de l'Asie*, 4 vol, Paris, 1922.

René Grousset, L'art khmer au musée Guimet, *Beaux-Arts*, 1927.

René Grousset, *Les civilisations de l'Orient*, 4 vol, Paris, 1926−1930.

René Grousset, *Histoire de l'Extrême-Orient*, Paris, 1929.

René Grousset, *Histoire des Croisades et du royaume franc de Jérusalem*, 3, vol, Paris, 1934−1936.

René Grousset, *L'empire des steppes : Attila, Gengis-Khan, Tamerlan*, Paris, 1939.

René Grousset, Les cadres historiques et l'évolution de l'art en Asie, *Histoire universelle des arts des temps primitifs jusqu'à nos jours*, sous la direction de Louis Réau, t.IV, 1939, p.XI.

René Grousset, L'Art de l'Inde et de l'Asie centrale, *Nouvelle histoire universelle de l'art*, sous la direction de Marcel Aubert, 1932, tome 2, pp.331−352.

René Grousset, *L'empire mongol*, Paris, 1941.

René Grousset (avec J. Auboyer et J. Buhot), *L'Asie orientale, des origines au XVe siècle*, Paris, 1941.

René Grousset, *Histoire de chine*, Paris, 1942.

• 앙코르와트
— 제국주의 오리엔탈리스트와 앙코르 유적의 역사 환극

René Grousset, *Le conquérant du monde: vie de Gengis-khan*, 1944.

René Grousset (avec R. Guilland et L. Oeconomos), *L'Europe orientale de 1081 à 1453*, Paris, 1945.

René Grousset, *L'empire du Levant : histoire de la question d'Orient*, Paris, 1946.

René Grousset, Un savant français : Joseph Hackin, *Bilan de l'histoire*, Paris, 1946, pp.307−320.

Jacques Guenne, Orientalisme, *L'Art vivant*, n.151, août 1931, p.398.

Emile Guimet, *Comité-Conseil du Musée Guimet, séance du 28 mai 1907, exposée par M. Émile Guimet*, Lyon, 1907.

Emile Guimet, *Exposition universelle, Gallerie historique-Trocadéro–Notice explicative sur les objets exposés par M. Emile Guimet et sur les peintures et dessins faits par M. Felix Régamey*, Paris, Leroux, 1878.

Musée Guimet (Réorganisaton), *L'Illustration*, le 9 avril, 1932.

Joseph Hackin, *Les scènes figurées de la vie du Buddha d'après des peintures tibétaines*, Paris, 1916.

Joseph Hackin, *Guide-Catalogue du Musée Guimet, Collections bouddhiques*, Paris, 1923.

Joseph Hackin et René Grousset, *Musée Guimet (1918-1927)*, Paris, 1928.

Joseph Hackin, *L'Oeuvre de la Délégation archéologique française en Afghanistan 1922-1932, I, Archéologie bouddhique*, Publication de la Maison franco−japonaise, 1933.

Joseph Hackin et Philippe Stern, L'Expansion indienne vers le Nord : La rout terrestre, *Histoire universelle des arts des temps primitifs jusqu'à nos jours*, tome 4, 1939, pp.255−284.

Marie−Paule Halgand, 'Architects of EFEO in Indochina: Pioneers of New Methodologies in History of Architecture', Documenting Built Heritage: Revitalization of modern Architecture in Asia, the modern Asian Architecture Network (mAAN) 3rd International Conference in Surabaya, 28th−30th August

2003.

薄葉義治訳『アンコール・ワット』, 湯川弘文社, 1944.

浜田耕作「アフガニスタンの佛頭」(1929),『東洋美術史研究』, 座右宝刊行会, 1942,
pp.109-116.

羽生修二『ヴィオレ・ル・デュク―歴史再生のラショナリスト』, 鹿島出版会,
1992.

長崎川玲子「キク=ヤマタ, 生涯と作品」『Les Lettres française』11号, 上智大学,
pp.93-102.

畠中敏郎『佛印風物誌』, 生活社, 1943.

林洋子『藤田嗣治 作品を開く』, 名古屋大学出版会, 2008.

Yoko Hayashi-Hibino, Les expositions de peinture japonaise contemporaine
organisées par le Japon à Paris dans les années vingt, *Histoire de l'art*, n.40-41, 1998,
pp.87-97.

Histoire de l'art du Japon, publiée par la Commission du Japon à l'Exposition de
1900, Paris, 1900.

Histoire universelle des arts temps prmitifs jusqu'à nos jours, sous la direction de Louis
Réau, 4vol, Paris, 1934-1939.

Histoire générale de l'art, sous la direction de S. Huisman, Paris, 3 vol, 1938.

Houe K., *L,oeuvre d'un conservateur, Louis Delaporte*, Mémoire de muséologie de l'
Ecole du Louvre, 1991-1992.

池亀彩「パリ・トンドシナ美術館―ムラージュと回復される時間」, 山路勝彦, 田中
雅一編『植民地主義と人類学』, 関西学院大学出版会, 2002, pp.391-412.

稲賀繁美『絵画の東方』, 名古屋大学出版会, 1999.

石田軒之助『欧米における支那研究』, 創元社, 1942.

石田軒之助「五十年の思ひ出」,《日仏文化》第30号, 1974, pp.90-97.

伊東忠太「佛領印度支那」,《建築雑誌》310号, 1912.『東洋建築の研究(下)』(龍吟社,

1943, pp. 265-286) 게재.

伊東忠太「祇園清舎図とアンコル・ワット」、『建築雑誌』313号, 1913. 『東洋建築の研究(下)』(龍吟社, 1943, pp.367-406) 게재.

岩生成一「アンコール・ワットにおける森本右近太夫の史蹟」『歴史教育』, 1928, p.8. 『南洋日本人町の研究』(岩波書店, 1966, pp.115-121) 게재.

Alfred Auguste Janniot, en collaboration avec Bruno Foucart, Michèle Lefrançois etc., avec le soutien de musée des Années 30 de Boulogne-Billancourt, Paris, 2003.

Japon et l'Extrême-Orient, I-X, Edmond Bernard, Paris, 1923-1924.

Dominique Jarrassé, Le décor du Palais des Colonies : un sommet de l'art colonial, *Palais des colonie, Histoire du Musée des Arts d'Afrique et d'Océanie*, éd. par Germain Viatte, Paris, 2002, p.84.

ジャン=フランソワ・ジャリージュ、「アンコールとクメール美術の1000年」、『アンコールワットとクメール美術の1000年展』(展覧会カタログ), 東京都美術館, 大阪市立美術館, 1997-98, p.34.

Anne Jeanet et Muriel Maurac, *Les transformations du musée Guimet dans les années 1930*, Mémoire de Muséologie, École du Louvre, 1992-1993.

徐蘇斌「東洋建築史学の成立に見るアカデミーとナショナリズム」、『日本研究』第26集, 2002, p.111.

『木下杢太郎日記』第4巻, 第5, 岩波書店, 1980.

Raymond Koechlin, *Souvenir d'un vieil amateur d'art d'Extrême Orient*, Chalon-sur-Saône, 1930.

柏倉康夫「アンドレ・マルロー・とインドシナ」、『二十世紀研究』NO.1, 2000, pp.45-78.

黒板勝美「アンコール・ワット石柱記文について」、《史学雑誌》41・48号, 1930.

肥塚隆責任編集『世界美術大全集,東洋編,第12巻,東南アジア』, 小学館, 2001.

国際文化振興會編輯『印度支那 Connaissance de l'Indochine』日佛印親善協會, 1942.

N. J. Krom, *Art Asiatica VIII, L'art javanais dans les Musées de Hollande et de Java*, Paris, 1926.

桑原規子「国際文化振興会主催『仏印巡回現代日本画展覧会』にみる戦時期文化工作—藤田嗣治を『美術使節』として―」,『聖徳大学言語文化研究所論叢』15号, 2008, pp.229-262.

Jean Lacouture, *André Malraux, une vie dans le siècle*, Seuil, Paris, 1973.

Lunet de Lajonquière, *Atlas archéologique de l'Indochine*, Paris, 1908.

Lunet de Lajonquière, *Inventaire descriptif des monuments du Cambodge*, 3 vol. et cartes en portefeuille, Paris, 1902, 1907, 1911.

Walter Langlois, *Andre Malraux, The Indochina Adventure*, Pall Mall Press, 1966.

Walter G. Langlois, *Malraux, l'aventure indochinoise*, Paris, Mercure de France, 1967.

Langues'o 1795-1995 : deux siècles d'histoire de l'École des Langues orientales, sous la direction de Pierre labrousse, Paris, 1995.

Herman Lebovics, *True France, The Wars over Cultural Indentities, 1900-1945*, Cornell University, 1992.

Le Corbusier, *L'Art décoratif d'aujourd'hui* (1925), Flammarion, Paris, 1996.

Jean-Michel Leniaud, *Viollet-le-Duc ou les délires du système*, Paris, Mengès, 1994.

Paul Léon, Préface de *L'Art des origines à nos jours, sous la direction de Léon Deshairs*, 2vol, Paris, 1932, tome 1, p.VI

Alfred Leory, *Histoire de la peinture française, 1800-1933*, Paris, 1924.

Sylvain Lévi, La Maison franco-japonaise de Tokyo, *La Revue de Paris*, setembre 1929, pp.410-428.

Sylvain Lévi et al, *Indochine, Exposition coloniale internationale de Paris, Commissariat général*, 2 vol, Paris, 1931. (村松嘉津訳,『仏印文化概説』, 興風館, 1943.)

Le Livre d'or le de l'Exposition coloniale internationale de Paris 1931, publié sous le partonage officel du Commissariat Géneral de l'Exosition par la Fédération Française des Anciens Coloniaux, Paris, 1931.

Denys Lombard, Un précurseur, Antoine Cabaton, *Archipel 26*, 1983, pp.18−24.

Pierre Loti, *Le pèlerin d'Angkor*, Calmann−Lévy, Paris, 1912. (ビエル・ロティ著,佐藤輝夫訳『アンコール詣で』, 白水社, 1941.)

Claude Maître, 1876−1925, *BEFEO*, 1925, p.599−624.

Claude Maître, L'art du Yamato, *Revue de l'art ancien et moderne*, IX, 1901, pp.49−68 et 47, p.111−132.

Claude Maître, Notes de bibliographie japonaise, I, Une nouvelle édition du Tripitaka chinois, *BEFEO*, 1902, pp.341−351.

Claude Maître, La littérature historique du Japon, des origines aux Ashikaga, *BEFEO*, 1903, pp.564−596 et *BEFEO*, 1904, pp.580−616.

Claude Maître, Chroniques, *BEFEO*, 1907, pp.166−173.

Claude Maître, L'enseignement indigène dans l'Indochine annamite, *BEFEO*, 1906, pp.454−463.

Emile Mâle, Avant−propos de *Nouvelle histoire universelle de l'art*, sous, la direction de Marcel Aubert, tome 1, 1932, p.VII.

Louis Malleret, *Le cinquantenaire de l'École française d'Extréme-Orient, Compte-rendu des fêtes et cérémonies*, Paris, Hanoï, 1953.

Louis Malleret, 20ᵉ anniversaire de la mort de Victor Goloubew, *BEFEO*, 1966.

André Malraux, *La voie royale* (1930), Paris, 1976.

André Malraux, *Le musée imaginaire* (1947), Gallimard, Paris, 1996.

Henri Marchal, Allocution à la cérémonie de la mort de Commaille, *BEFEO*, 1926, pp.513−515.

Henri Marchal, *L'Architecture comparée dans l'Inde et l'Extréme-Orient*, Paris, 1944.

Henri Marchal, Henri Parmentier, *Bulletin de la Société des Études Indochinoises*, XXIV, 1949, pp.93-101.

Sapho Marchal, *Costumes et parures khmères, d'après les devatâ d'Angkor-Vat* (1927), réédition, l'Harmattan, Paris, 1997.

Jacques Marseille, *L'Age d'or de la France coloniale*, Paris, 1986.

松本信広『印度支那の民族と文化』, 岩波書店, 1943.

Mémires archéologiques publiés par l'EFEO, Le temple d'Içvarapura, Bantay Seri, Cambodge, col. Louis Finot, Victor Goloubew et Henri Parmentier, Paris, 1926.

Mémoire archéologique publiés par l'Ecole françasie d'Extrême-Orient, Le Temple d'Angkor Vat, col. Louis Finot, Victor Goloubew et Henri Parmentier, 2 vol., Paris, 1930.

Gaston Migeon, *Au Japon, promenades aux sanctuaires de l'art*, Paris, 1908.

Léon de Milloué, *Conférences Musée Guimet 1898-1899, Annales du Musée Guimet*, Paris, 1902.

三宅一郎『カンボジア綺譚』, 作品社, 1994.

水野さや「ホーチミン市歴史博物館所蔵のクメール彫刻について」, 『大東文化大学紀要』44号, 2006, pp.293-321.

Jean-Louis Moine, *Albert Laprade*, mémoire de troisième cycle, École du Louvre 1994-1999.

森三千代『インドシナ詩集POESIES INDOCHINOISE』, 1942.

Patricia A. Morton, 'National and Colonial: The Musée *des Colonies at the Colonial Exposition, Paris, 1931', The Art Bulletin*, Vol. 80, 1998). pp.357-377

Patricia A. Morton, *Hybrid Modernities: Architecture and Representation at the 1931 Colonial Exposition, Paris*, MIT, 2000. (長谷川章訳『パリ植民博覧会, オリエンタリズムの欲望と表象』, ブリュッケ, 2002.)

Henri Mouhot, *Travels in the Central Parts of Indo-China*, 2 vol., London, 1864.

Henri Mouhot, *Voyage dans les royaumes de Siam, de Cambodge et de Laos*, Paris,

Bibliothèque rose illustrée, 1868. (Réédition Olizanne, Genève, 1989.) (大岩誠訳『シャム, カムボジァ, ラオス諸王国遍歴記』, 改造社, 1942.)

Paul Mus, Le symbolisme à Angkor-Tom : le grand miracle du Bayon, *Comptes rendus de l'Académie des Inscriptions et Belles-Lettres*, 1936.

Paul Mus, Le sourire d'Angkor, *Artibus Asiae*, t.24, 1961.

Musée Guimet, *Le jubilé du Musée Guimet, vingt-cinquième anniversaire de sa fondation 1879-1904*, Paris, 1904.

Musée Guimet (Réorganisation), *L'Illustration*, le 9 avril 1932.

Le musée des monuments français, cité de l'architecture et du patrimoine, sous la direction de Léon Pressouryre, Paris, 2007.

リヒヤルド・ムウテル著, 木下杢太郎訳『十九世紀佛國絵畫史』, 日本美術学院, 1919.『日仏会館第18回報告』, 1941.

Panivong Norindr, Representing Indochina, The French Colonial Phantasmatic and the Exposition Coloniale Internationale de Paris, *Phantasmatic Indochina, French Colonial Ideology in Architecture, Film, and Literature*, Duke University Press, 1996, pp.14-33.

Nouvelle histoire universelle de l'art, sous la direction de Marcel Aubert, 2vol, Paris, 1932.

尾高鮮之助『印度日記―仏教美術の源流を訪ねて』, 刀江書院, 1939.

岡田秀則「南方における映画工作」, 岩本憲次編『映画と「大東亜共栄圏」』, 森話社, 2004, pp.269-288.

岡部あおみ『ポンピドゥーセンター物語』, 紀伊国屋書店, 1997.

Kauzo Okakura, *The Ideals of the East*, with special refernce to the art of japon, J. Murray, 1903.

Kauzo Okakura, *Les Idéaux de l'Orient, Le Réveil du Japon*, traduction française par J. Serruys, Paris, Payot, 1917.

Ordonnance royale du 31 mars 1911, *Bulletin administratif du Cambodge*, 1911, p.200.

Ordonnance royale, Royaume du Cambodge, le 31 déc. 1919, in *Arts et archéologie khmers* tome I. Paris, 1921, p.109.

Ordonnance du 14 décembre 1917, École des arts cambodgiens, in *Arts et archéologie khmers*, tome I, Paris, 1921, p.108.

Ordonnance royale relative au classement des monuments historiques du Cambodge, *Bulletin administratif au Cambodge*, 1923, p.809. (*BEFEO*, 1925, p.649.)

Eric Orsenna, *Exposition coloniale*, 1988.

Pascal Ory, *Le Palais de Chaillot*, Actes Sud, Paris, 2006.

大澤広嗣「昭和前期の宗教人類学と調査研究機関―久野芳隆の場合」,『東洋大学アジア文化研究所研究年報』40号, 2005, pp.9-24.

Palais des colonie, Histoire du Musée des Arts d'Afrique et d'Océanie, éd. par Germain Viatte, RMN, Paris, 2002.

Henri Parmentier, La religion ancienne de l'Annam, d'après les dernières découvertes archéologiques de l'École française d'Éxtrême-Orient, *Coférences au Musée Guimet en 1904-1905 (suite)*, t. XX, 1906.

Henri Parmentier, le projet de l'archéologie d'Angkor, *Bulletin de la Commission archéologique de l'Indochine*, 1908, pp.46-81.

Henri Parmentier, *Inventaire descriptif des monuments Cams de l'Annam*, Paris, 1909.

Henri Parmentier, Catalogue du mesée khmer de Phnom Penh, *BEFEO*, 1912.

Henri Parmentier, Complément à l'inventaire descriptif des monuments du Cambodge, *BEFEO*, 1913.

Henri Parmentier, Jean Commaille, *BEFEO*, 1916, pp.105-107.

Henri Parmentier, Information, *L'Architecture*, n. 10, 1918.

Henri Parmentier, L'Art d'Indravarman, *BEFEO*, 1919, pp.3-127.

Henri Parmentier, *Ars Asiatica IV : Les sculptures chames au Musée de Tourane*, Bruxelle et

Paris, 1922.

Henri Parmentier, *L'Art khmber primitif*, 2 vol., EFEO, Paris, 1927.

Henri Parmentier, Lunée de Lajonquière, *BEFEO*, 1933, pp.1147−1149.

Henri Parmentier, *L'Art khmer classique : les monuments du quadrant nord-est*, 2 vol., Paris, 1939.

アンリ パルマンティエ著, 永田逸郎訳『アンコール遺址群』, 育生社弘道閣, 1943.

Pierre Pascal, *Le livre secret de G. d'Annunzio et de Donatella Cross*, 1947.

Paul Pelliot, Mémoires sur les coutumes du Cambodge, par Tcheou Ta−kouan, *BEFEO*, 1902.

Paul Pelliot, Compte rendu de Maurice Courant, *En chine*, *BEFEO*, 1901, p.374.

Monique Penissard, *La Japolyonnaise*, Lausanne, 1988.

Noël Péri, La nô de Sotoba−komachi, Le nô d'Ohara gokô, Le nô d'Aya no tsuzumi, *BEFEO* 13−4, 1913, pp.1−113.

Noël Péri, Le nô de Mima, Le nô de Tamura, Le nô d'Eguchi, Le nô du kinuta, Le nô de Matsuyama−kagami, *BEFEO*, 1920, pp.1−110.

Noël Péri, Essai sur les relations du Japon et de l'Indochine aux XVIe et XVIIe siècles, *BEFEO*, 1924, pp.1−136.

Noël Péri, *Le no*, Tokyo, Maison franco−japonaise, 1944. (日仏会館編, 杉山直治郎 序文.)

José Pierre, éd., *Tracts surréalistes et déclarations collectives*, Paris, 1980.

Edmond Pottier, Grèce et Japon, *Gazette des Beaux-Arts*, 1890, pp.105−132.

Procès−verbaux des réunions du Comité cambodgien de la Société des Amis d' Ankor, in *Arts et archéologie khmers*, 1921, p.121.

Maxime Prodromidès, *Angkor, chronique d'une renaissance,* Édition Kailash, Paris, 1997.

Emile Senart, Lettre à Louis Finot, retranscrite dans *BEFEO*, 1901.

Le rapport du Musée Guimet, *BEFEO*, 1932, pp.631−633.

Règlement du Musée Albert Sarraut, *BEFEO*, 1925, p.651.

Revue des arts asiatiques, Musée Guimet, Paris, 1924(−).

August Rodin, Ananda Coomaraswamy, E. B. Havell et V. Goloubew, *Ars Asiatica III: Sculptures çivaïtes de l'Inde*, Paris et Bruxelle, 1921.

Jocelyne Rotily, Artistes américains à Paris, 1914−1939, Paris, L'Harmattan, 1998.

André Rousseaux, Un quart d'heure avec M. André Malraux, *Candide*, 13 novembre 1930.

F. Roux, Musée combodgien, architecture khmer, organisé par les soins de M. L. Delaporte, lieutenant de vaisseau, chef de la mission d'exploration des monuments khmers, en 1873− Visite sous la direction de M. F. Roux, architecte du gouvernement, secréteure−rédacteur de la Société Centrale, *L'Architecture*, 46, 1888, pp.544−548.

Edward W. Said, *Orientalism*, New York, 1978.

坂詰秀一「続日本考古学史拾遺～大東亜共栄圏の考古学」,《立正大学文学部研究紀要》11号, 1995, pp.1−16.

笹川秀夫『アンコールの近代,植民地カンボジアにおける文化と政治』,中央公論新社, 2006.

Albert Sarrault, *La mise en valeur des colonies française*, Paris, 1923.

Albert Sarrault, *Grandeur et servitude coloniales*, Paris, 1931.

Albert Sarrault, L'exposition coloniale, *L'Art vivant*, 7, n.151, 1931, p.373.

関口俊吾「フランス藝術の動向」,《日仏文化》新第8号, 1942, pp.508−512.

『渋沢栄一伝記資料』第39巻, 渋沢栄一伝記資料刊行会, 1961.

芝崎厚士「国際文化振興会の創設, 戦前日本の対外文化政策の歴史的特質」,『国際関係論研究』, 国際関係論研究会, 1997, pp.39−64.

白鳥庫吉『満州歴史地理』, 南満州鉄道株式会社歴史調査報告第一, 1913.

Pierre Singalavélu, *L'École française de l'Extrême-Orient ou l'institution des marges* (1898–1956), *essai d'histoire sociale et politique de la science coloniale,* Paris, L'Harmattan, 1999.

Emile Soldi, *Les arts méconus : les nouveaux musées du Trocadéro*, Paris, 1881.

Philippe Stern, *Le Bayon d'Angkor et l'évolution de l'art khmer, étude et discussion de la chronologie des monuments khmers*, Annales du Musée Guimet, Paris, 1927.

Philippe Stern, Evolution de l'architecture khmère et les transformations de la ville d'Angkor, *Journal asiatique*, 1933, I, pp.352–354.

Philippe Stern, L'Art de l'Inde, L'Expansion indienne vers l'Est : La route maritime, *Histoire universelle* des arts des temps primitifs jusqu'à nos jours, sous la direction de Louis Réau, Paris, t.IV, 1939, pp.106–254.

Philippe Stern, *L'Art du champa (ancien Annam) et son évolution*, Toulouse, 1942.

Philippe Stern, *Les monuments khmers du style du Bayon*, Paris, musée Guimet, 1965.

杉山直治郎「序」,《日仏文化》新第8号, 1942, pp.1–5.

杉山直治郎「ノエル・ペリーの生涯と業績」,《日仏文化》新第9号, 1994, pp.2–253.

高橋力丸「思想戦としての国際文化交流 戦前の国際文化振興会の活動を巡って」, 『社会科学研究科紀要, 別冊』N0.2, 早稲田大学大学院社会科学研究科, 1998, pp.95–115.

Lyne Therrien, *Histoire de l'art en France, genèse de la discipline, Paris, 1998.*

John Thomson, *Antiquities of Cambodia*, Edimbourg, 1867.

John Thomson, *The Straits of Malacca, Indo-china and China or Ten Years Travels, Adventures and Residence abroad*, London, 1875. (*Dix ans de voyage dans la chine et l'Indochine*, traduit en français par A. Talandier et H. Vattemare, Paris, 1877).

富田亀邱著『アンコールワットの彫刻』, 日進社, 1943.

富田正二著『アンコール・ワットの景観』, 立命館出版部, 1943.

Travaux et perspectives de l'École Française d'Extrême-Orient pour son 75e anniversaire, Paris,

1976.

梅原末治『東亜考古学概観』, 星野書店, 1947.

梅原末治『考古学六十年』, 平凡社, 1973.

Sueji Umehara, Nouvelle découvertes archéologiques en Corée, *Revue des arts asiatiques*, III, 1928.

Pierre Vaisse, *La Troisième République et les peintres*, Paris, 1995.

André Vandegans, *La jeunesse litteraire d'Andre Malraux, Essai sur l'inspiration farfelue*, Paris, 1964.

Henri Verne et al., *L'École du Louvre, 1882-1932*, Paris, Bibliothèque de l'école du Louvre, 1932.

Viollet-le-Duc, catalogue d'exposition, Grand Palais, Paris, RMN, 1980.

J. Ph. Vogel, *Ars Asiatica XV, La sculpture de Mathurâ*, Paris, 1930.

横山正幸「日仏印文化交換に就て」,《日仏文化》新第9号, pp.329-339.

Thierry Zéphir, Louis Delaporte au, coeur de la forêt sacrée, *Âges et visages de l'Asie, un siècle de'exploration à travers les collections du musée Guimet*, cat. exp., Dijon, Musée des Beaux-Arts, 1996, pp.60-68.

| 찾아보기 |

주로 본문에서 언급한 1. 인명, 2. 단체명, 연구·교육기관, 3. 저작물, 4. 주요 유적과 예술 작품, 5. 기타(사건, 법령, 주요 개념)를 모았다. 다만 앙코르 유적, 크메르미술, 프랑스극동학원 등, 이 책의 주제로 빈번히 등장하는 용어는 생략한다.

※ 옮긴이가 전체의 이해를 위해 필요하다고 생각하는 것들도 추가로 포함시켰으며, 저자가 표기하지 않은 인물의 생몰연대도 보충했다. 인명의 경우 성姓의 가나다순으로 배열했다.

1. 인명

ㄱ

일본 인명

※ 일본 인명은 옮긴이가 생몰연대와 직업을 조사하여 보충했다(가나다순 배열).

• 앙코르와트
— 제국주의 오리엔탈리스트와 앙코르 유적의 역사 활극

3. 저작물(저서, 논문, 잡지 등)

4. 주요 유적과 예술작품

• 앙코르와트
― 제국주의 오리엔탈리스트와 앙코르 유적의 역사 활극

5. 기타(사건, 법령, 주요 개념 등)

지은이 후지하라 사다오 藤原貞朗

1967년 일본 오사카 출생. 오사카대학교 문학부 졸업 및 동 대학원을 수료한 뒤, 프랑스
리옹 제2대학교에서 미술사를 공부했다. 오사카대학교 대학원 문학연구과 조수를 거쳐,
현재 이바라키(茨城)대학교 인문학부 교수이다. 근현대 프랑스의 미술 연구 외에 미술사
학사 연구도 수행하고 있다. 최근에는 1900년대 전반기의 동양미술사 편찬, 제1차 세계
대전과 프랑스의 미술사학에 대해 연구하고 있다.
주요 논문으로 「예술파괴와 프랑스 미술사가」(2001), 「20세기 전반기의 앙코르 유적 고고
학과 프랑스령 인도차이나의 식민지정책」(2002), 「미술사학과 국제주의」(2004), 「분리·공
존하는 미술관·전람회」(2004) 등이 있고, 저서로 『미술사의 스펙트럼』(공저, 1996), 『유럽미
술사』(공저, 1997), *La Vie des formes; Henri Focillon et les arts* (공저, 2004), *Hokusai* (공저, 2005) 등
이 있으며, 번역서로 다리오 감보니(Dario Gamboni) 저 『잠재적 이미지』(2007) 등이 있다.
이 책으로 2009년에 제31회 산토리학예상과 제26회 시부사와·클로델상을 수상했다.

옮긴이 임경택 林慶澤

서강대학교(영어영문학과)를 졸업하고 서울대학교 대학원 인류학과를 거쳐, 도쿄대학교
대학원 총합문화연구과 문화인류학 연구실에서 '일본자본주의와 이에(家)'에 관한 논문
으로 박사학위를 취득했다. 현재 전북대학교 일어일문학과 교수로서 일본문화에 대해
가르치고 있고, 동 대학 '문화다양성연구소' 소장을 맡고 있다. '메이지유신'과 패전을 계
기로 변화해온 일본의 역사와 문화를 추적하는 데 중점을 둔 일본 연구와, 동아시아에서
의 지식의 공유와 교류에 중점을 두는 연구를 병행하고 있다.
주요 논문으로 「야나기타 쿠니오(柳田國男)의 일국민속학과 식민주의에 대한 일고찰」, 「일
본식 근대호적기술의 전개과정과 이에 및 이에 제도」, 「니노미야 손토쿠(二宮尊徳)의 농촌
개발방식—보덕사법(報德仕法)과 실천적 사상」, 「일본의 전통적 도시공간에 관한 고찰」
등이 있고, 저서로 『'일본'의 발명과 근대』(공저), 『동북아 '집단' 이해의 다양성』(공저), 『유지
와 명망가』(공저) 등이 있으며, 번역서로 『후쿠시마 일본 핵발전의 진실』, 『일본 사회 일본
문화』 등이 있다.

인류의 오래된 미래, 동남아시아의 모든 것
메콩 시리즈

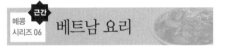